青川郝家坪战国墓木牍考古发现与研究

青川县文物管理所 编

巴蜀书社

图书在版编目(CIP)数据

青川郝家坪战国墓木牍考古发现与研究/李蓉、黄家祥主编. —成都：巴蜀书社,2018.10

ISBN 978-7-5531-1018-9

Ⅰ.①青… ②黄… Ⅱ.①李… Ⅲ.①战国墓—青川县—文集 Ⅳ.①K878.84-53

中国版本图书馆 CIP 数据核字(2018)第 168396 号

青川郝家坪战国墓木牍考古发现与研究

QINGCHUAN HAOJIAPING ZHANGUOMU MUDU KAOGU FAXIAN YU YANJIU

李蓉 主编

责任编辑	童际鹏
审　　订	黄家祥
出　　版	巴蜀书社
	成都市槐树街2号　邮编610031
	总编室电话:(028)86259397
网　　址	www.bsbook.com
发　　行	巴蜀书社
	发行科电话:(028)86259422　86259423
经　　销	新华书店
照　　排	成都完美科技有限责任公司
印　　刷	成都市金雅迪彩色印刷有限公司
版　　次	2018年11月第1版
印　　次	2018年11月第1次印刷
成品尺寸	210mm×285mm
印　　张	30　插页 4
字　　数	650千
书　　号	ISBN 978-7-5531-1018-9
定　　价	480.00元

本书若有印装质量问题,请与工厂调换

《青川郝家坪战国墓木牍考古发现与研究》编辑委员会

荣誉顾问：何天谷
顾　　问：罗　云　刘自强　殷扶炯　杨政国
主　　任：陈明忠　刘　飘　段　菲　贾　琳
常务副主任：白培峰
副　主　任：李　顺

学术顾问：高大伦　霍　巍　白　彬　黄家祥　刘振宇
　　　　　俞天喜
主　　编：李　蓉
编　　委：李太元　孙　禹　冯　丹　柳明飞

青川木牘及摹本

摹本（正面）

二年十一月己酉朔朔日王命丞相戊內史匽氏臂更脩象田律田廣一步袤八則爲畛畮二百卌步爲頃一百道壃立封埒年以秋八月脩封埒正壃畍九月大除道及阪險十月爲橋脩陂堤利津關鮮草離非除道之時而有陷敗不可行相爲之□□

摹本（背面）

四年十二月不除道者
□一日，□二日，□二日
戊□一日

释文：二年十一月己酉朔朔日，王命丞相戊（茂）、内史匽，□□更脩为田律：田广一步，袤八则为畛。亩二畛，一百（陌）道。百亩为顷，一千（阡）道，道广三步。封，高四尺，大称其高。捋（埒），高尺，下厚二尺。以秋八月，脩封捋（埒），正疆畔，及发千（阡）百（陌）之大草。九月，大除道及除隙（涂）。十月为桥，脩陂隄，利津口。鲜草，雖（虽）非除道之时，而有陷败不可行，相为之□□。

正面摹本局部三　　正面摹本局部二　　正面摹本局部一

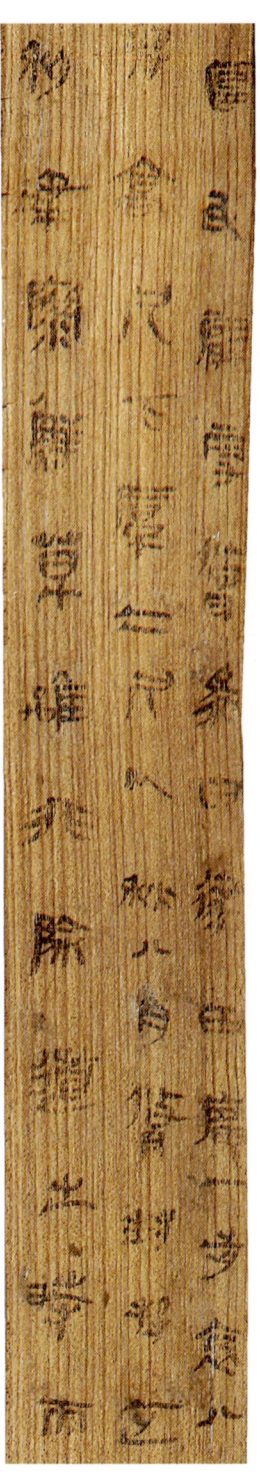

正面局部三　　　　正面局部二　　　　正面局部一

释文：四年十二月不除道者：囗二日，囗一日，辛一日，壬一日，亥一日，辰一日，戌一日，囗一日。

背面局部三　　背面局部二　　背面摹本局部　　背面局部一

序

2018年盛夏,在国家博物馆开展的"古蜀华章——四川古代文物菁华"巡回展精选了四川近七十年来考古出土的132件一级文物,以几十年来重大考古发现不断的四川这个文物大省来说,能入选132件之列的一级文物,不容置疑是精品中的精品,一定是优中选优的,有着重要的历史价值,是见证了四川历史的重要文物。特别值得一提的是,由青川县文物管理所提供的青川郝家坪战国墓群出土的《更修为田律》木牍就是这132件文物中的一件珍品。

这件珍品是在20世纪70年代末期,由四川省文物考古研究院的考古专家在青川县郝家坪战国墓群发掘出来的。在它出土之前,全国其他省,如甘肃、内蒙古、新疆、青海、湖南、湖北、江西、江苏、安徽、陕西、河南、河北、山东等地已经有过竹简木牍出土,而四川却一片也没有。青川出土的木牍便光荣地填补了四川考古这个空白。四川当时虽然也发掘了许多先秦时期的遗址和墓葬,铜器、陶器、漆木器也出土了不少,但最缺的就是成篇、成段,甚至成句的文字实物资料,大家都一直渴盼着有甲骨文、金文、竹简木牍的出土,因此,青川木牍一出土,就让四川考古界激动万分,兴奋不已。

小小一片木牍,虽然其貌不扬,却引起了海内外专家的浓厚兴趣,其原因显然不仅仅因为它是四川首次出土的简牍,真正引起大家浓厚兴趣的是简牍上的文字,它们记载的是秦代一篇完整的法律文书《更修为田律》。这篇法律文书没有出现在早于它几年在湖北云梦睡虎地出土的上千支法律文书中,在学者们眼中自然是弥足珍贵,又由于时间上的巧合,给正被大家热议的秦代法律文书的研究增添了新的第一手资料,互为补充,相得益彰,因此激起了海内外研究秦汉史及古文字学者的浓厚兴趣,其中大家名家如杨宽、李学勤、于豪亮、林剑鸣,后起之秀如李零、李均明、罗开玉等都纷纷撰文发表高见,对青川木牍的研究一时形成了海内外关注的极大热点。由于有众多学者的参与,犹如进行了一场国内外学者的联合学术攻关,帮助发掘单位解决了许多学术问题,在四川考古史上留下了浓墨重彩的一笔。

在这些论著中,有关墓葬的年代、墓主的身份、墓地的性质、文字的释读、秦代田亩制度、秦代土地管理等内容都有所涉及。虽然学术热点因时代不同而有变化,但学术研究之路却永无止境。在当年的研究中,学者们争论的一些问题因新资料的出土而得解;有一些问题,如墓地主人是秦人抑或楚人以及对这件木牍的定名等都还有不同的意见,个别文字释读也存在较大的分歧,这些都有待更多的发现和更深的研究来解决。

青川历史悠久,地扼秦蜀之间,尤其在秦汉以前地理位置十分重要,郝家坪战国墓群就是其重要性的一个佐证。此墓地自发掘以来,得到了很好的保护。在2008年"5.12"特大地震中,属于极重灾区的青川,因灾后重建的需要,又在四川省文物考古研究院的带领下组织过再次发掘。2013年,青川郝家坪战国墓群被国务院公布为第七批全国重点文物保护单位,中共青川县委、县人民政府和文物管理部门对其进行了更为科学和严格的保护,使之焕发出了更加迷人的光彩。

在国家对文化遗产空前重视,四川将文化遗产保护利用达到前所未有的高度的大好局面下,中共青川县委、县人民政府抓住机遇,乘势而上,在文化遗产保护尤其是郝家坪战国墓群的保护和展示上做了许多的实事好事。现在又将几十年来关于青川木牍的研究论文收集整理,汇编成册出版。遗产保护,研究先行,青川走的是文化遗产保护的正路,值得大力推广和发扬,作为发掘单位,在赞誉他们的同时,也对青川的这一壮举深表敬意和感谢。窃以为,本书论文作者和研究同好的心情和我们是一致的。

青川木牍出土后,我们曾希望四川再出些竹简木牍,但这一等就是30年。直到前些年成都天回镇老官山汉墓出土了上千枚竹简后,我们才在四川又一次见到这类文物的出土。据悉,老官山汉墓竹简整理已杀青,近期也将结集出版。就在我写本文时,四川省文物考古研究院在川东北的渠县城坝遗址考古工地又传来喜讯,在汉井和遗址层堆积中都发现了竹简木牍。这是一个让人欣喜的好兆头,真心希望它是四川大批出土竹简木牍的新开端。

编辑出版本书的目的是推动文化遗产的研究保护和展示利用,其意义是多方面的,不仅仅是为了今天,也不仅仅是为了青川,而是为了日后四川大批量出土竹简木牍做学术准备。

综上所述,不管世事如何变迁,我们都不能忘记青川木牍在四川考古史上的重要意义,因为它是四川考古发现的首例竹简木牍。

我们相信,随着时代的进步和事物的发展,编辑出版《青川郝家坪战国墓木牍考古发现与研究》这本书的意义将随着时间的推进而愈加凸现,愈加作用非凡。

四川省文物考古研究院
高大伦
2018 年 8 月

目 录

青川县出土秦更修田律木牍
　　——四川青川县战国墓发掘简报 ………………………………… 四川省博物馆　青川县文化馆（1）
四川青川县郝家坪战国墓群 M50 发掘简报 ………… 四川省文物考古研究院　青川县文物管理所（25）
四川青川县郝家坪战国墓葬群 2010 年发掘简报 …… 四川省文物考古研究院　青川县文物管理所（33）
郝家坪秦墓木牍 …………………………………………………………………… 陈　伟　高大伦（54）
青川木牍简论 ……………………………………………………………………… 徐中舒　伍士谦（63）
青川郝家坪木牍研究 ……………………………………………………………………… 李学勤（69）
竹简秦汉律与《周礼》 …………………………………………………………………… 李学勤（75）
四川青川出土秦"为田律"木牍的重要价值 ……………………………………………… 黄家祥（80）
秦田律考释 ………………………………………………………………………… 田宜超　刘　钊（84）
四川青川秦墓为田律木牍考释并略论我国古代田亩制度 ………………………………… 胡澱咸（89）
青川秦牍田制考辨 ………………………………………………………………………… 祝中熹（96）
论青川墓群文化及其政治经济问题 ……………………………………………………… 唐嘉弘（102）
四川省青川战国墓的研究 ………………………………………… ［日］间濑收芳　高大伦　译（110）
青川战国墓研究 …………………………………………………………………… 李　蓉　黄家祥（123）
解读青川秦墓木牍的一把钥匙 …………………………………………………… 胡平生　韩自强（130）
青川秦墓木牍"为田律"所反映的田亩制度 …………………………………………… 胡平生（132）
青川秦墓木牍内容探讨 …………………………………………………………………… 林剑鸣（136）
释青川秦墓木牍 …………………………………………………………………………… 于豪亮（140）
秦青川木牍 ………………………………………………………………………………… 汤余惠（143）
青川郝家坪秦墓木牍研究之我见 ………………………………………………………… 丁光勋（145）
关于青川秦牍的年代 ………………………………………………………………………… 王　云（150）
释"利津□"和战国人名中的□与□字 ……………………………………………………… 李　零（153）
释青川木牍《田律》的"利津关" ………………………………………………………… 刘洪涛（155）
青川出土木牍文字简考 …………………………………………………………………… 李昭和（158）
《青川木牍》补释一则 …………………………………………………………… 侯　娜　方　勇（162）
秦系简牍文字译释商榷（三则） ………………………………………………………… 黄文杰（165）
青川秦牍《为田律》研究 ………………………………………………………………… 罗开玉（169）
青川秦牍《为田律》再研究 ……………………………………………………………… 罗开玉（181）

青川秦牍《为田律》所规定的"为田"制	罗开玉	(187)
论青川秦牍中的"为田"制度	张金光	(193)
青川秦牍《更修为田律》适用范围管见	张金光	(201)
青川秦牍《为田律》释义及战国秦土地性质检讨	南玉泉	(205)
张家山汉简《田律》与青川秦木牍《为田律》比较研究	高大伦	(218)
青川新出秦田律木牍及其相关问题	黄盛璋	(226)
释青川秦牍的田亩制度	杨宽	(232)
论秦田阡陌制度的复原及其形成线索——郝家坪秦牍《为田律》研究述评	李零	(235)
对《秦商鞅变法后田制问题商榷》的商榷	张金光	(244)
简论青川秦牍《为田律》	李根蟠	(253)
青川秦牍《田律》争议问题总议	黄盛璋	(260)
战国秦汉时期大、小亩制新证	张学锋	(270)
秦在巴蜀的经济管理制度试析——说青川秦牍、"成亭"漆器印文和蜀戈铭文	罗开玉	(295)
"开阡陌"辨析	徐喜辰	(303)
"阡陌"与"顷畔"释义辨析	魏天安	(311)
析"阡陌封埒"——同魏天安同志讨论	袁林	(316)
再谈"阡陌与顷畔"——答袁林同志	魏天安	(321)
秦简牍所见内史非郡辨	张金光	(323)
简牍法制史料概说	李均明	(326)
秦《为田律》农田规划制度再释	袁林	(335)
秦墓《为田律》文学译解	刘奉光	(338)
古隶小议——青川木牍书体浅说	李昭和	(341)
小篆为战国文字说	徐无闻	(345)
小篆产生以前的隶书墨迹——介绍青川战国木牍兼谈"初有隶书"问题	尹显德	(360)
秦隶的造型研究——以《青川木牍》为例	裴丹丹	(364)
青川木牍隶书墨迹探源	黄家祥	(367)
概述隶书	华人德	(370)
青川木牍的秦篆形体析论	林进忠	(382)
青川郝家坪秦牍《田律》历日考释	许名玱	(402)
秦汉农田道路与农田运输	王子今	(410)
四川青川秦律与稻作农业	罗二虎	(417)
青川秦墓木牍を読む	[日]楠山修作	(422)
阡陌制论	[日]渡边信一郎	(434)
青川秦墓木牍考	[日]原田浩	(459)
后记		(475)

青川县出土秦更修田律木牍

——四川青川县战国墓发掘简报

四川省博物馆　青川县文化馆

青川县在川北白龙江下游，地当川、甘、陕三省交界处。1979年1月，青川县城郊公社白井坝生产队社员在郝家坪修建房屋时，发现一座古墓。四川省博物馆和青川县文化馆随即进行清理。以后，又在郝家坪双坟梁发现一百座战国墓（图一、二二）。自1979年2月至1980年7月，先后作了三次发掘，共清理七十二座墓葬（编号M1—M72）。简报如下。

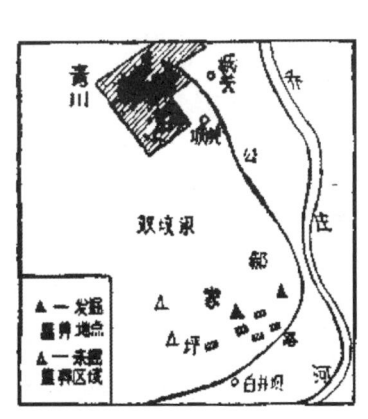

图一　青川战国墓地理位置示意图

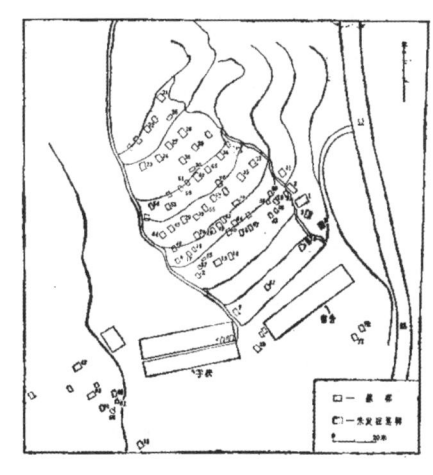

图二　青川墓葬分布图

一、地理概貌及墓群分布

青川战国墓群位于县城（乔庄）南约一公里的郝家坪，地处双坟梁的山腰，东距乔庄河约300米，南距国营万众机械厂子弟学校约200米。就地层而论，整个墓地从上至下可分为两层：覆盖层和千枚岩。覆盖层又分黄褐色黏土和卵砾石层，黏土厚约5米~8米，卵砾石层部分已胶结，厚约1米~2米。所有墓葬都在黏土层之中，其填土均为质地松软的黄褐色"五花土"（夹少许白膏泥），多数经过夯筑，夯窝直径为

* 《文物》，1982年第1期。

0.1 米~0.15 米、夯层为 0.1 米~0.2 米。墓坑的分布是按台地逐层排列。坑距一般为 5 米~7 米。墓向亦基本一致，在 300~340 度左右（图二）。整个墓群都没有叠压与打破关系的发现，因而显得坑位有序，排列整齐，可能是族葬制度的反映。

图三　M1 器物分布图

1. 铜鼎　2. 铜器座　3. 铜环　4. 玉质圭形器　5、6. 陶罐　7. 漆鹰壶
8、14、23. 漆耳盒　9、27. 残漆器　10. 漆扁壶　11、12. 马俑
15，16，20，21. 漆碗　17. 木壁　18. 车轮　19. 漆壶
22、24、25、26. 漆耳杯　28. 漆奁盒　29. 漆匕　30. 藤条

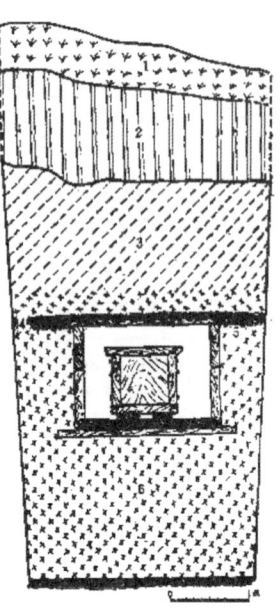

图四　M1 纵剖面图

1. 耕土　2. 黄土　3. 填土
4. 桦树皮　5. 黄沙石
6. 白膏泥

二、墓葬形制

这七十二座墓葬皆为长方形竖穴土坑墓，无封土，无墓道。墓坑的长宽比例一般在 1.3：1 左右。

按其形制，七十二座墓可分四类：一棺一椁；有棺无椁；无棺有椁，无棺无椁（土坑墓）。现分述于下：

1. 一棺一椁

共四十五座。棺、椁多楠木，保存较好，仅少数有朽坏。

（1）椁室结构：椁室由盖、墙、档及底板套合而成。墙板和档板各由两块木板竖叠，墙板插于档板两端的凹槽之中，平面呈"Π"形。底板用二—三块木板嵌于墙板和档板下端的凹槽中，套合成椁室。盖板用四—九块木板横铺，有的四周有框边，呈"口"形。盖板之上有的还铺有二—三层桦树皮，其上施10厘米~30厘米厚的白膏泥，又盖一层 5 厘米~15 厘米厚的黄色砂质土，上面即是填土。墓底多夯填白膏泥，有的厚 5 厘米，有的达 2 米多，椁室四周也填白膏泥。如 M1 是整个墓群中最大的一个墓，坑长 5.10 米、宽 3.46 米、深 7 米，墓底夯填 2 米深的白膏泥，上置两根横垫木，然后套合椁室。木棺四角也用四段木块垫衬（多数墓的棺直接承放椁底之上）。随葬品置于木棺四周，有四十多件，较为丰富（图三、六、二三）。

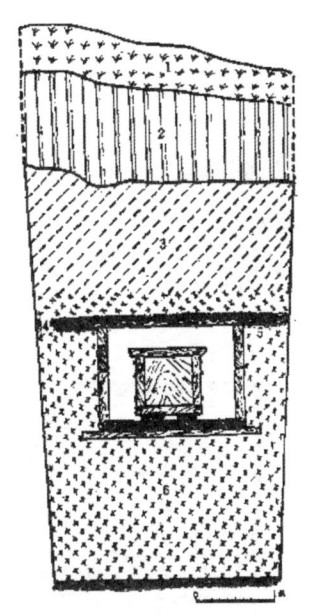
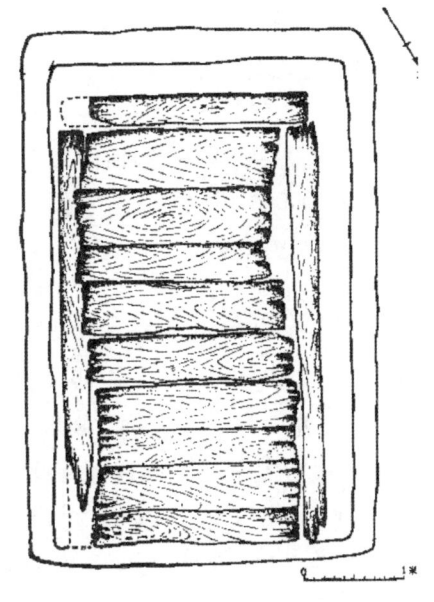

图五　M1 横剖面图　　　图六　M1 椁盖平面图

（2）木棺结构：木棺结构较为复杂，大致可为五类：

A 型外棺，棺盖及棺底四周皆有凹槽，棺壁榫眼接合插入凹槽，上下套合而成（图七：1）。

B 型木棺，棺盖无凹槽，有的铺二—三块薄木板。棺壁下端各有两方孔，棺底板的两侧也有对应的方孔，用楔子插入，形成边榫结构（图七：2）。

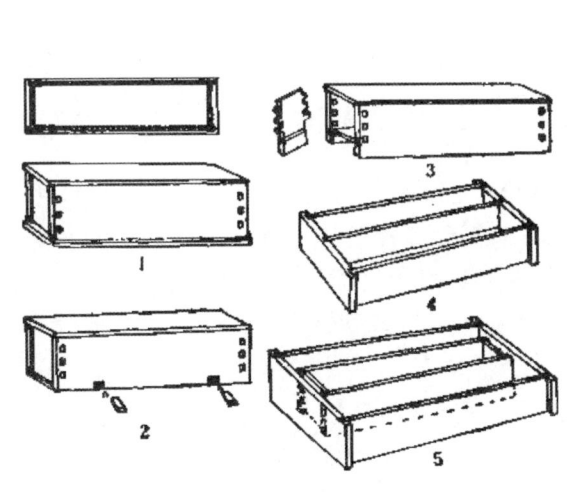
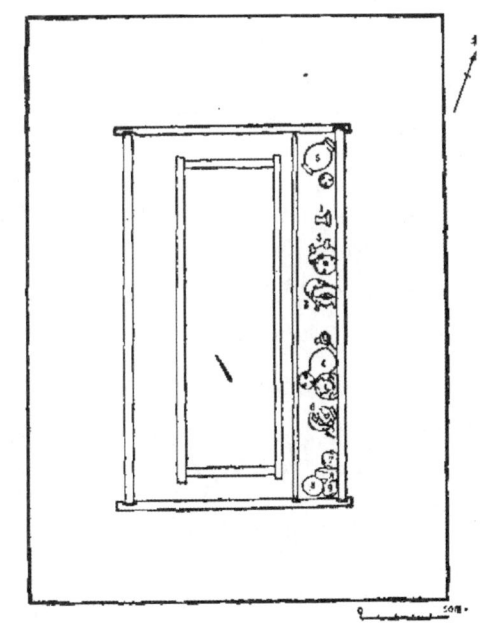

图七　木棺分类示意图　　　　　　　图八　M23 平面图
1. A 型木棺　2. B 型木棺　3. C 型木棺　　1、10. 陶豆　2、3. 陶鼎　4、5. 陶壶
4. D 型木棺　5. E 型木棺　　　　　　　　6. 陶盒（残）　7、9. 漆耳杯　8. 漆奁

C 型木棺，棺盖有凹槽，棺壁插入其内。与 A 型所不同的是，棺壁下部有凹槽，棺底板嵌入凹槽，距底 10—15 厘米。为"悬底棺"（图七：3）。

D 型木棺，仅 M32 一例。椁室结构与他墓同，平面呈"Ⅱ"形，无盖板。椁室内有一木板竖插入档板凹槽，将椁室分成一大一小两部分，小室为边厢，随葬一件深腹罐；大室为棺室，陈尸其中（图七：4）。

E 型木棺，只 M45 一例。棺、椁皆无盖，也无棺底，直接陈尸于椁底（图七：5）。

（3）边箱

多数墓葬将木棺移至椁室的一侧，另一边留出较大的空隙放置随葬品。有的椁室内另隔边箱，如 M23 即以长 3.3 米、宽 0.6 米、厚 0.04 米的木板插入椁室墙板的凹槽之中，随葬品即放在边厢内（图八）。M37 边箱内还发现矩形木条，将边箱隔成三个隔箱。M36 边箱上的盖板除两端搭在椁档板凹槽上外，还用三条木棍支撑。整个墓群有边箱的墓葬不多，共十三座。

（4）二层台

M16 墓坑挖至 0.8 米深时，四边留下生土台阶，而在墓的中部往下挖长 1.96 米、宽 1.06 米、深 0.68 米的坑放置棺椁（图九）。所有二层台上一般不放置随葬品，仅 M1、M2、M40、M41、M50 五座墓的二层台上还盖有桦树皮。桦树皮上还有一层厚 7—10 厘米的黄砂土。二层台与椁室之间的空隙，都是用白膏泥填充。

（5）随葬品的位置

随葬品多放置边箱之内。没有边箱的墓葬，则放在木棺另一侧的空隙处。M1 为整个墓群中最大的一个墓，椁室长 3.9 米、宽 1.84 米、深 1.42 米。木棺置于椁室正中，四周放置随葬品（图三、二四）。陶铜器多在脚端，其余三面多漆木器。棺内放置随葬品的情况较少，

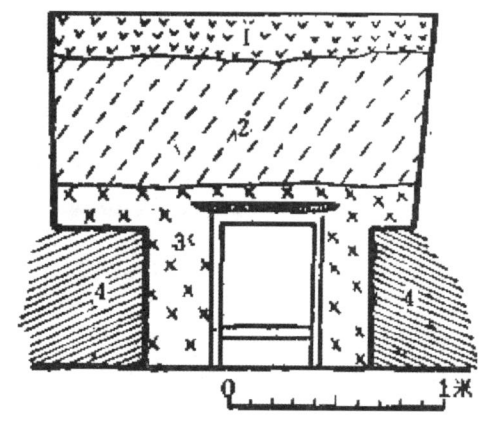

图九　M16 横剖面图
1. 耕土　2. 填土　3. 白膏泥　4. 生土二层台

一般为装饰品。如 M13，棺内有琉璃珠、发笄等。M29 椁盖板的中部还发现一件铜带钩。所有墓葬填土之中，都有夹砂红陶、夹碳黑陶及泥质灰陶片。

2. 有棺无椁

共十一座。A 型木棺三座，B 型木棺二座，C 型木棺六座。这类墓葬无椁室。木棺放在墓坑正中者，随葬品一般放在棺首；木棺放在墓坑一侧者，随葬品则置于另一侧。棺内很少发现随葬物（图二五）。

3. 无棺有椁

仅三座。该类墓葬无棺，但有椁室。椁之构筑甚为简陋，无盖板。以 M5 为例：坑长 2.92 米、宽 1.94 米、深 3.24 米，椁的墙板仅一块，嵌在白膏泥之中，与档板无套榫结构。档板由两块木板拼成，紧靠坑壁。底板用薄木板拼合，今见残板三块，余皆腐朽。尸置底板之上，无木棺。椁室长 1.8 米、宽 1.2 米、高 0.25 米（按墙板计算）。随葬器物仅两件残陶罐，位置近西边墙板处（图二六）。椁室四周皆有白膏泥和黄砂土填充，底板之下白膏泥约厚 5 厘米。

4. 无棺无椁（土坑墓）

共十三座。此类墓葬仅有长方形竖穴土坑，无葬具。以 M47 为最大，墓口长 3.4 米、宽 3.2 米、墓底长 3 米、宽 2.8 米、深 3.52 米。墓坑接近方形。随葬品放置骨架四周，共九件，多数已朽或残破。M42 最小，坑长 2.23 米、宽 1.3 米、深 1.25 米。其坑挖至约 1 米处，四周留为生土二层台，台宽约 0.15 米。再于墓坑中部挖一小坑，长 1.93 米、宽 1.05 米、深 0.25 米，此小坑四壁齐整，尸体置此坑内，满填白膏泥，无随葬品（图二七）。

所有墓葬的棺、椁内都有积水和淤泥，尸骨都保存不好，有的墓葬仅见其头发和丝织品的残痕（图二八）。土坑墓以白膏泥掩尸，虽未积水，尸骨也已腐朽。依据朽骨痕迹及木棺长宽比例及形制进行推断，多数可能为仰身直肢葬。

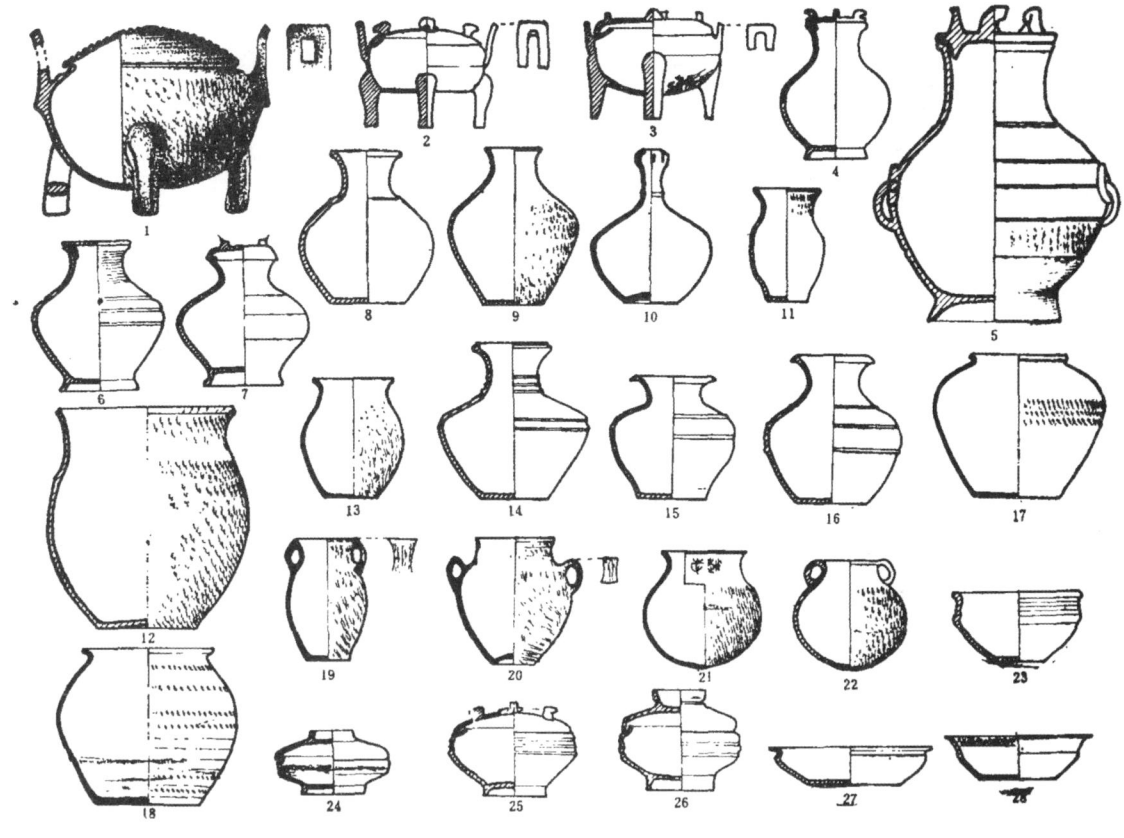

图一〇 陶器

1. Ⅰ式陶鼎（M2：2）　2. Ⅱ式陶鼎（M35：2）　3. Ⅱ式陶鼎（M40：2）　4. Ⅰ式陶壶（M34：5）
5. Ⅱ式陶壶（M13：1）　6. Ⅲ式陶壶（M40：3）　7. Ⅳ汉式陶壶（M21：2）　8. Ⅴ式陶壶（M45：1）
9. Ⅵ式陶壶（M41：1）　10. 蒜头壶（M64：1）　11. Ⅰ式陶罐（M32：1）　12. Ⅰ式陶罐（M1：5）
13. Ⅰ式陶罐（M72：1）　14. Ⅱ式陶罐（M38：1）　15. Ⅱ式陶罐（M33：1）　16. Ⅱ式陶罐（M55：1）
17. Ⅲ式陶罐（M50：1）　18. Ⅲ式陶罐（M71：1）　19. 双耳罐（M64：2）　20. 双耳罐（M57：1）
21. Ⅰ式陶釜（M50：2）　22. Ⅱ式陶釜（M40：4）　23. 陶钵（M17：1）　24. Ⅰ式陶盒（M21：1）
25. Ⅱ式陶盒（M35：3）　26. Ⅰ式陶盒（M40：6）　27. 黄褐色陶盆（M37：2）　28. 灰陶盆（M40：9）

三、随葬器物

随葬器物四百多件，主要为生活用器。

1. 陶器一百二十四件，以泥质灰陶为主，也有少量夹砂红陶、黑陶及黄褐色陶。其制法以轮制为主，也有少数捏制和模制。纹饰有弦纹、绳纹、网纹及瓦纹等，多数素面。

陶鼎　十二件。均系泥质灰陶，质较疏松，可分三式。

Ⅰ式二件。皆出 M2。子母口，有盖，通饰凹弦纹。直耳，六棱柱形足，通饰绳纹。M2：2，口径 14.2 厘米、腹径 17 厘米、通高 15 厘米（图版叁：1，图一〇：1）。

Ⅱ式九件。子母口，有盖。盖上有四纽，中间为衔环桥形纽，外有三个矩形纽。附耳，腹中部有一道凸棱，大平底，兽足，通体涂黑漆。M35：2，口径 13.6 厘米、腹径 18.4 厘米、底径 14.4 厘米、通高 17.6 厘米（图版叁：2，图一〇：2）。

Ⅲ式一件。形与Ⅱ式接近，盖中部为半圆形纽（无穿），圜底，柱足，下腹饰绳纹，通体涂黑漆。M40：2，口径13.6厘米、腹径20.4厘米、通高17.2厘米（图版叁：3，图一〇：3）。

陶壶　十九件。可分六式。

Ⅰ式十件。敞口，有盖，盖上有三个矩形纽。长颈、球腹、圈足。泥质灰陶，黑色陶衣。M34：5，通高23.2厘米、腹径17.2厘米（图四七：1，图一〇：4）。

Ⅱ式三件。敞口、直颈、圈足。腹的最大径近肩部，两侧有双衔环耳。泥质灰陶，涂黑漆。M13：1，通高24.8厘米、腹径17.6厘米、口径9.2厘米（图一〇：5，图四七：2）。

Ⅲ式一件。无纽塞状盖，敞口、束颈，颈较长，有数周细弦纹。鼓腹，有三周凹弦纹，下腹内收呈圈足。M40：3，通高24厘米、腹径20厘米、口径10厘米（图一〇：6，图四七：3）。

Ⅳ式二件。侈口，覆盘形盖，盖上有三个矩形纽。短颈、鼓腹、圈足。腹上有三周凸弦纹。M21：2，高22厘米、腹径20.4厘米（图一〇：7，图四七：5）。

Ⅴ式一件。敞口，卷唇，无盖，长颈，球腹，平底。M45：1，口径10.8厘米、高24厘米、腹径20.8厘米（图一〇：8，图四七：6）。

Ⅵ式二件。敞口，长颈，斜肩，鼓腹，下腹内收。黄褐色陶，涂黑漆。M41：1，通高24.8厘米、腹径20厘米（图一〇：9，图四七：4）。

蒜头壶　一件。M64：1，泥质灰陶，黑色陶衣。长颈，中起一凸棱，球腹，小平底（图版叁：4，图一〇：10）。

陶豆　九件，可分三式。

Ⅰ式六件。泥质灰陶，浅盘，高柄，底座较小。M34：6，盘径12.5厘米、高10.2厘米（图四七：7）。

Ⅱ式一件。M10：2，黄褐色陶，手制，未经烧焙。敛口、浅盘、短柄。通高6.5厘米、盘径14厘米（图四七：8）。

Ⅲ式二件，皆出于M33。泥质灰陶，敛口，深盘，喇叭状圈足接于盘上。M33：2，盘径14厘米、高8.1厘米（图四七：9）。

陶罐　六十三件。器形较为复杂，可分三式。

Ⅰ式五十六件。其中泥质灰陶八件，手制。敞口，高领，深腹微鼓，素面，小平底。M32：1，高18.0厘米、口径10.8厘米、腹径12厘米、底径6.4厘米（图一〇：11，图四七：10）。黑陶七件，通体绳纹。M1：5，高17.4厘米、口径14厘米（图一〇：12，图四七：11）。夹砂红陶四十一件，火候较低。侈口，腹微鼓，小平底，通饰绳纹。M72：1，高18.4厘米、口径12.8厘米（图一〇：13，图四七：12）。

Ⅱ式五件。其中方唇高颈二件，广肩，有五周凸弦纹。腹的最大径在肩部，下腹锐收，小平底。M38：1，口径12厘米、腹径23.6厘米、高24.8厘米、底径10.4厘米（图一〇：14，图四八：1）。短颈一件，折肩，腹的最大径靠肩部，下腹内收，小平底。M33：1，口径13.2厘米、腹径20.5厘米、底径10.8厘米、通高19.5厘米（图一〇：15，图四八：2）。束颈二件，鼓腹，平底，有三道凸弦纹。M55：1，口径13.2厘米、腹径21.6厘米、高23.6厘米、底径11.2厘米（图一〇：16，图四八：4）。

Ⅲ式二件。其中泥质黑陶一件。敛口，口沿外侈，球腹，平底。腹中部分四栏饰绳纹。M50：1，口径15.2、腹径27.2厘米、通高22.4厘米、底径13.6厘米（图一〇：17，图四八：3）。泥质灰陶一件，口沿外侈，鼓腹，平底，通饰绳纹。M71：1，口径20.4厘米、腹径28厘米、高24.8厘米、底径16厘米（图一〇：18，图四八：5）。

总的来看，Ⅰ式陶罐以夹砂红陶和黑陶为主，器形较小，体较瘦高，以敞口、深腹为其特点，Ⅱ式陶罐以夹砂灰陶为主，器形较大，以广肩或折肩、小平底为其特色，Ⅲ式陶罐以细泥黑陶和灰陶为主，以侈唇、鼓腹、大平底为特点，器形矮胖，较为常见。

双耳陶罐 二件。M64：2，黑陶，大双耳，敞口、深腹、小平底，肩以下通饰篦纹。口径9.6厘米、通高19.2厘米、底径6.8厘米（图版叁：5，图一〇：19）。M57：1，高20厘米、口径12厘米、腹径18厘米、底径6.5厘米。直口，唇微卷，双耳在肩部，肩以下通饰绳纹，凹底（图版叁：6，图一〇：20）。

陶釜 六件，可分二式。I式五件。颈较长，球腹，肩以下通饰绳纹。M50：2，口径13.2厘米、腹径18.8厘米、通高18.4厘米，肩上篆书"赵志"二字（图版叁：7，图一一：3，图一〇：21）。

II式一件。短颈，鼓腹，口沿至肩部有双耳，肩以下满布绳纹。M40：4，高17.6厘米、口径8.8厘米、腹径18厘米（图版叁：8，图一〇：22）。

陶钵 一件。M17：1，夹砂灰陶，火候较高。直口、平沿、斜腹、小平底。高11.2厘米、口径20.5厘米、底径8.3厘米（图一〇：23，图四八：6）。

陶盒 七件，均为泥质灰陶，可分二式。

I式六件。直口有盖，盖呈覆豆状。直壁斜腹，圈足，素面。M21：1，通高10厘米、口径18厘米、底径10厘米（图一〇：24，图四八：9）。M40：7通高19.2厘米、口径21厘米、底径10.8厘米，饰瓦纹三周，圈足外撇（图四八：11）。M40：6，通高16厘米、口径8.8厘米、底径10.8厘米，瓦纹只有两周（图一〇：26）。

II式一件。M35：3，子口有盖，盖与II式鼎盖同。敛口，直壁，斜腹，圈足，盒底部饰三周瓦纹。通高14.8厘米、口径19.2厘米、底径10厘米（图一〇：25，图四八：10）。

陶盆 四件。其中黄褐色陶三件，平沿，折腹，大平底。M37：2，高5.8厘米、口径26厘米、底径14.8厘米（图一〇：27，图四八：7）。灰陶一件，M40：9，高7厘米、口径23.5厘米、腹径19.2厘米、底径12厘米。内外施黑漆，盆内近口沿处，有两周网纹（图一〇：28，图四八：8）。

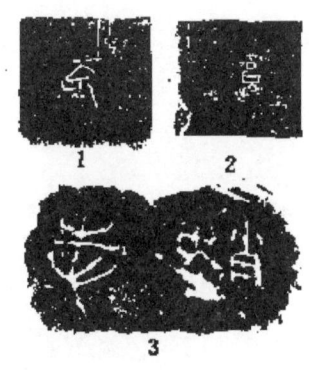

图一一

1、2. 铜鼎铭文（M1：1） 3. I式陶釜铭文（M50：2）

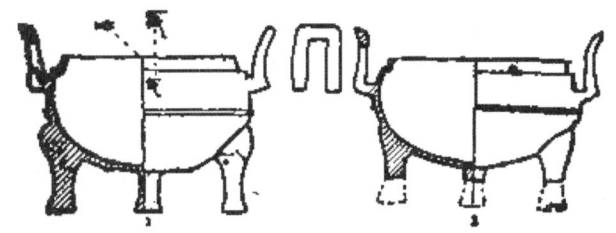

图一二

1. 铜鼎（M1：1） 2. 铜鼎（M13：5）

2. 铜器五十八件。数量不多，纹样简单。

铜鼎 二件。M1：1，子口缺盖，附耳，兽足，腹有凸棱一周，素面，小平底，有烟炱痕迹，一腿断后，施加了三颗铆钉，近口沿处阴刻篆书"壹""长"二字（图一二：1，一一：1、2）。口径15厘米、腹径17.6厘米、底径7.4厘米、通高13.4厘米（图版叁：9）。M13：5，双耳一高一低，圜底。三足残断。底部也有烟炱痕迹。口径15.4厘米、腹径17.8厘米、残高11.4厘米（图版叁：10，图一二：2）。

铃形器 七件。桥形纽，器身扁平，钲部有四个椭圆形镂孔，形似铃而无舌。M2出土六件，大小有次，最大者长5.4厘米、宽2.5厘米，最小者长4.6厘米、宽1.8厘米（图四九），M36：7仅一面中间有缺口，长4.3厘米、下宽2.6厘米、上宽1.7厘米（图五三：右）。

铜铃 一件。M36：8，桥形纽，身扁平，有舌。长2.7厘米、宽2.8厘米（图五三：左）。

铜镜　四件。一件三弦钮，羽状纹地菱纹（图五五）。三件三弦钮，素面，有两周弦纹（图五二）。

带钩　八件。可分三式。Ⅰ式四件，钩似蛇头，器身错银。M13：18，以菱纹为主，间以小圆点，长16.5厘米（图一三：1）。Ⅱ式三件。M26：14，素面，突纽，器身呈带状，首部有两道凸弦纹，残长7.5厘米（图一三：2）。Ⅲ式一件。M41：6，钩呈鹅头形，长颈，身扁平，长7.3厘米（图一三：3）。

铜鍪　三件。敞口，沿外侈，长颈，鼓腹，圜底，辫索纹环形单耳，底部有烟垢。M26：2，高16.5厘米、口径12.6厘米、腹径17.5厘米（图版叁：11）

桥形铜饰　二十三件。桥形，中有一穿。一种两端似兽头，其颈部正面和背面都各有一组长方格图案。其余都为素面，正面光平，背面上方有较宽之折沿（图五一）。一种背面无折沿，两面皆有"S"形纹饰（图五〇）。又一种正面和反面除"S"形外，还各饰一组"穗纹"。

器座　一件。M1：2，口径4厘米、底径6厘米、高2.3厘米，近口沿处有三小孔，底之中部有一方形小穿，疑为烛台残件（图二九：1，图五四）。

铜环　八件。大者直径4.5厘米、小者直径2厘米。

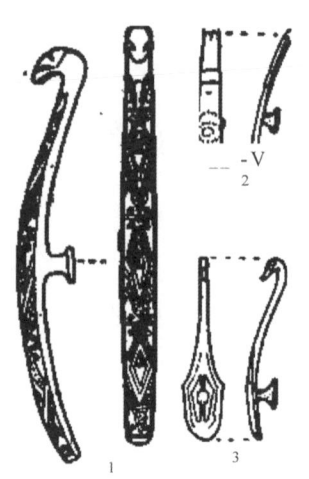

图一三
Ⅰ式带钩（M13：18）
Ⅱ式带钩（M26：14）
Ⅲ式带钩（M41：6）

3. 漆器一百七十七件。占随葬器物的41%，为这批墓葬最具特色的随葬品。可惜多数保存不好，少数保存较好，色泽如新。这批漆器皆为生活用器。胎骨多木胎，也有在木胎上贴麻布的作法。制法有旋、雕、挖、卷、削等几种。工艺技法有彩绘、雕绘、镶嵌和针刻等。纹饰有龙、凤、鸟、兽、鱼、云纹、花草及各种几何形图案。

4. 鸱鸮壶　一件。M1：7质为厚木胎，器形较大，通高32.2厘米、腹径22厘米。形若鸱鸮。头顶正中有一圆孔，即为壶口，径3厘米。翅、尾下垂。此壶用两块整木剔挖粘合而成，再经过合缝、梢当、垸漆等工序。雕绘结合，黑底朱绘，用黑、褐、红等色，有的地方还采用了暗花（即漆下彩）绘绒毛的技巧（图三〇，图版贰：1）。

扁壶　五件。圆口无盖，短颈、扁腹、长方形圈足。M1：10，薄木胎，通高27.5厘米、腹径30厘米，腹上黑地朱绘对舞双凤。侧腹厚7厘米，并饰以几何形图案（图三二，图版贰：2）。另四件为厚木胎，形制有大、小两种，通体漆黑备，素面。M26：1，通高29.5厘米、腹径32厘米（图一四）。

圆壶　一件。M1：19，已残，仅见口沿及颈部。圆口有盖，长颈，髹黑漆。

漆耳杯　八十六件。可分四式。

Ⅰ式四十一件，有髹褐色漆、黑色漆、内红外黑漆等三种，薄木胎，素面，双耳略上翘。M1：22，长12.5厘米、宽9厘米、高4.5厘米（图五六：4）

Ⅱ式二十五件。厚木胎，其口沿部分较薄，底部浑厚，耳部与口沿平。髹漆有内红外黑及外红内黑两种。M26：9，长14.5厘米、宽11厘米、高4.5厘米。一耳有针刻"丌"符号（图五六：1）。

Ⅲ式八件。厚木胎，耳部略低于口沿。耳上黑地朱绘变形云纹和曲折纹等几何图案，盘内口沿朱绘一周宽边。M40：8，长4.8厘米、宽11厘米、高4.2厘米。一耳刻划"X"符号（图三一，图五六：2）。

图一四　漆扁壶（M26：1）

Ⅳ式十二件。有薄木胎和在木胎上贴麻布两种作法，耳部略高于口沿而上翘。多数耳部绘有花草等几何形图案，器内黑地朱绘（有的朱地黑绘）圆点、花草、变形凤纹和云纹图案。多数耳部或底部有针刻符号和文字（图一五）。M26：8，长16厘米、宽12厘米、高4.5厘米，底部刻有"東"字（图版壹：4，图三八）。M37：1，红地黑绘凤纹，一耳背面有烙印符号（图三四）。M37：3，红地黑绘凤纹，底部有针刻文字（图三九）。

双耳长盒十二件，椭圆形盘，附长方形双耳，弧形假足（中不相连），分底、盖两部分，近双耳处用凸榫凹槽扣合。大者木胎较厚，通体髹黑漆。M2：8，长36厘米、宽16厘米、高14.7厘米，内有针刻文字（图版二：1）；小者，M1：8，长26.6厘米、宽13.3厘米、高12厘米，口沿及底部各朱绘一周宽边，盘内有刻划符号（图五六：3）。

漆碗　七件。厚木胎，平沿，直壁，下腹内收，圈足。M1：15，口径22.3厘米、底径12.7厘米、高8厘米。口沿和腹部黑地朱绘几何纹、云纹及花草，底以双凤为主题，间以云纹（图三三、图版二：2）。M1：16腹上还刻有与M1：8长盒内同样的符号。

漆奁　五十六件。一般盖大于底部，套在外面，少数盖小于底而套在里面。器壁多数采用薄木胎、夹纻或竹胎卷制而成。故极易压坏而保存不好，多数奁仅存盖之顶部和底部。盖之顶部有隆起和平顶两种，朱绘多在顶部（少数素面），绘于器壁者极少，较多的奁还有烙印戳记及针刻文字或符号。据尺寸大小分为三型。第一型盖径一般20厘米左右；第二型为16—17厘米；第三型为13厘米左右。

第一型三十件。M41：2，盖径21.5厘米、底径17厘米、通高11.7厘米。盖顶隆起，朱绘四龙，间以云纹，周围还有一组几何形图案（图三七）。通体髹黑漆，上有两组填朱的"成亭"烙印戳记（图五七）。M50：9，盖径22.5厘米、高14.8厘米、底径20厘米。盖上朱绘双凤纹，间以云纹及几何纹陪衬，器壁绘有几组穗纹（图版壹：5，图四〇）。

第二型十五件。M41：4，器壁已残，盖径17厘米。单绘一凤，在黑底上运用朱、白两色（图三五）。M23：8，器身已残，仅存一盖，径16.6厘米。朱绘一三尾兽，形若鼠，张嘴吐舌。间以云纹（图三六）。

第三型十一件。M26：4，盖径14.2厘米、底径13.2厘米、高9厘米。盖顶以变形凤纹三分圆形画面，器壁多变形云纹、草叶纹和几何形纹，内盛梳、篦（图版壹：3，图四一）。M41：3，器身已残，仅存一盖，径13厘米，以变形凤纹三分圆形画面，间以云纹，其周朱绘圆形宽边，其外还有一组草叶为主题的带形图案。M50：6，盖径13.7厘米、底径13厘米、高9厘米，盖顶黑地朱绘，并间以黄褐等色，以"十"字形纹将圆形画面四分，间以双钩图案。器壁饰以水草及变形鱼纹（图四四、五九）。

漆卮　四件。圆筒形，无盖。用薄木板卷成筒形，再在接缝处安上一个把手。M26：7，口径12.5厘米、底径12.5厘米、高11.5厘米。口沿及底部各朱绘带形图案一组。底部有"成亭"的戳记（图四五、图版贰：4）。M2：9，口径7.3厘米、底径7.5厘米、高6.8厘米，器壁系竹片卷制，纹饰与M26：7相同，底上也有两组"成亭"戳记（图四二）。M50：4，口备11.7厘米、高12厘米、壁厚0.5厘米，壁上朱绘三组带形图案，其单位图案是变形云纹和曲折纹等（图四三）。

漆匕　一件。M1：29，长28.5厘米。竹管柄，髹黑漆，有两周朱绘宽边。匙为舌形，夹纻胎。匙之前部用它物镶嵌两鱼（现已脱落）。匙之背面朱地黑绘兽面纹（图四六、图版贰：5）。

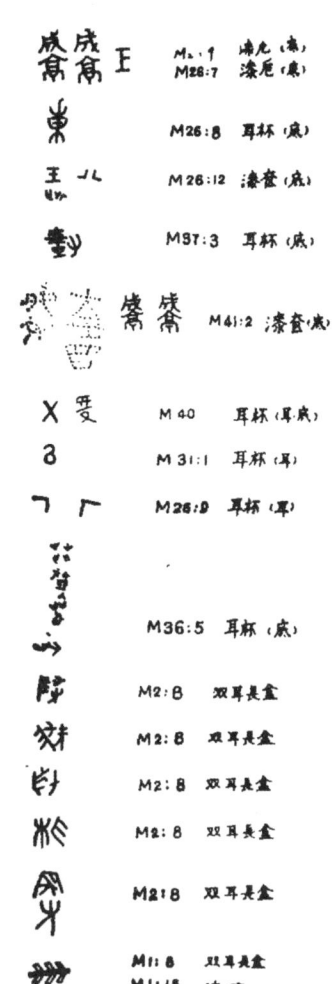

图一五　青川漆器文字示意图

圆漆盒　三件。厚木胎，子母口，扣合。M2∶10，通高19.2厘米、盖高8厘米、口径12.7厘米、盒高11.2厘米、口径12.5厘米。近口沿处有一组带形图案，以曲折纹为主，间以圆点花草，腹部饰以变形鱼纹。盒盖圈足部分饰以花瓣纹，间以云纹（图一八、图版贰∶3）。M13∶2，通高19.7厘米、盖高7.5厘米、口径22.5厘米、盒高12.2厘米、口径22.5厘米。口沿处的带形图案以曲折纹为主，间以云纹，腹部也饰以变形鱼纹，盒盖圈足部分为变形凤纹。

4. 竹、木器五十件。

竹筐　二件。M13∶9，残长12厘米、宽11厘米，仅存竹筐底部（图一七）。

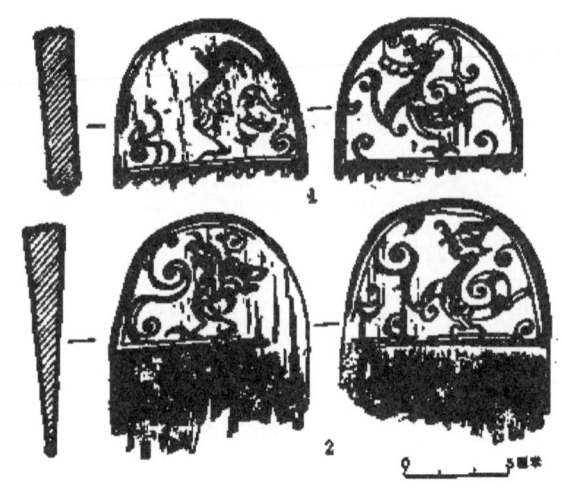

图一六

1. 木梳（M13∶10）　2. 木篦（M13∶10）

竹笄十八根。M13出土九根，长约20.5厘米。M36出土九根，残长16厘米。其形有三棱、圆形、一头尖一头圆和两端削尖等几种，都出于木棺之内。

发簪　四件。M64∶1竹制，长15.4厘米、宽0.3厘米、厚0.2厘米。两处缠有数周细铜丝，下分四齿。M41∶10木质，残长8厘米、宽1.5厘米。外涂黑漆，一头大，一头小。

此外尚有木梳、木篦、木枇（图六六）

图一七　竹筐（M13∶9）

图一八　圆漆盒（M2∶10）

木俑　十一件。皆出于M1，已损坏的数目不清。现存男俑六件，女俑五件。因长期浸泡，有的已朽。俑皆以小枝削成，刀法简练，墨绘眉目，多彩绘衣袍，为交袵宽袖服。男俑无冠，女俑后髻。俑高者18.2厘米，低者为坐俑，高9.5厘米（图六一、六三）。

马俑　一件。因M1破坏，件数不清，仅发现M1∶13一件，圆雕，腿皆残断，长11厘米、残高9.5厘米。（图六二、六四∶下）。

车轮　二件。M1∶18，径8厘米，辐条十六根，轴为瓶状。轺车部件不全。

木牍　二件。出于M50边箱之内。M50∶17，长46厘米、宽3.5厘米、厚0.5厘米，文字已残损不清，无法辨识。

M50∶16，长46厘米、宽2.5厘米、厚0.4厘米，其正面和背面皆墨书文字，残损较少，字迹清晰（图一九、二〇）。计一百二十一字，认读如下：

　　二年十一月己酉朔朔日，王命丞相戊（茂）、内史匽，□□更脩为田律：
　　田广一步，袤八则为畛。亩二畛，一百（陌）道。百亩为顷，一千（阡）道，道广三步。封，高四尺，大称其高。捋（埒），高尺，下厚二尺。以秋八月，脩封捋（埒），正疆畔，及登千（阡）百（陌）之大草。九月，大除道及除陯（澮）。

十月为桥，脩陂隄，利津□。鲜草，雕（雖）非除道之时，而有陷败不可行，相为之□□。

背面文字与正面颇有关联，惜字迹残蚀过甚，多不可识。背面分上、中、下三栏书写，仅上面部分直书四行共三十三字，也只能略通大意。

四年十二月不除道者：
□一日，□一日，辛一日，
壬一日，亥一日，辰一日，
戌一日，□一日。

牍文似属追述记事性质，叙述了新令颁行的时间及过程。大意是：更修田律，律令内容，修改封疆，修道治浍，筑堤修桥，疏通河道等六件大事。

玉石器饰件有玉瑗（图六七）、玉圭、玉环（图六八）、琉璃珠（图二九：2，图六九）、绿松石管饰等。

棕套一件。M50：17，残长27厘米、径1.7厘米，纤细，柔软，涂黑漆。以粗细不等的棕丝，采用斜方格法精工编织成套，两端已残。出于棺内尸骨头部（图六五）。

半两钱七枚。皆出M50（图二一）。

四、结论

一、青川墓群各类型墓葬中，都大量施用白膏泥，这是楚墓葬制的特点之一。其晚期随葬品，虽没有楚墓"鼎、敦、壶"的陶礼器组合，但"鼎、盒、壶"的器形还是与之接近的。其他如羽状纹地菱纹镜等小件铜器，也是楚墓中较为常见的器物。由于巴蜀与楚毗邻，其民族融合与文化交往就更为频繁。就髹漆工艺而论，它们之间存在着许多共性。例如，长沙左家公山漆耳杯，与青川Ⅳ式漆耳杯极为相似；江陵雨台山、长沙杨家湾等地所出漆耳杯也多与青川漆器相似。左家公山和杨家湾出土的漆奁也与青川第三型漆奁接近。说明巴蜀与楚的漆器工艺虽然分属两个不同的地方工艺系统，各有个性，但又有共性，在

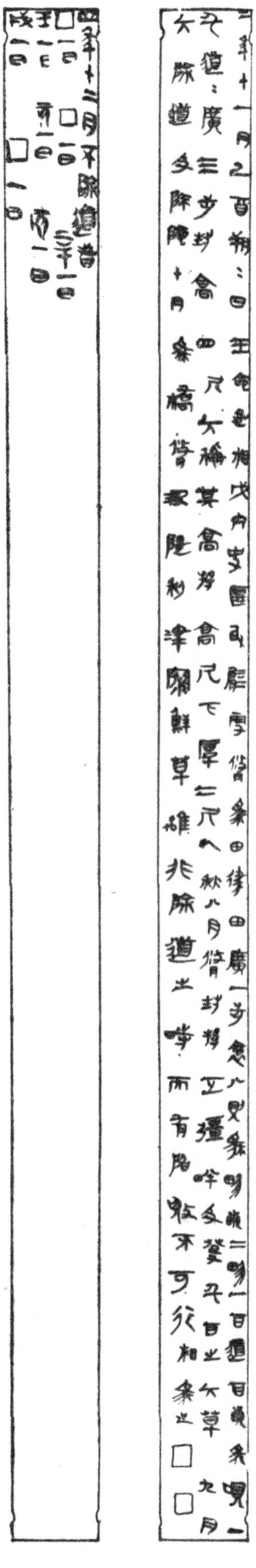

图二〇 木牍摹本（左·背面、右·正面）

图一九 木牍（正面）

战国时期就相互影响。

青川 M50 所出木牍，记载了秦武王二年，王命左丞相甘茂更修田律等事。按《史记》所记，武王元年（前310）甘茂伐蜀，二年定相位正与此合。该墓所出的"半两钱"，"半"字下横较短，"两"字上横也较短，有秦钱的特征，说明与"秦文化"有关。据《华阳国志·蜀志》记载，公元前329年，秦灭巴蜀后，因"戎伯尚强，乃移秦民万家实之"。秦统一巴蜀前后，多有秦民移川活动，其入川路线，必经葭萌（昭化）。《史记·货殖列传》云："秦破赵，迁卓氏……诸迁虏少有余财，争与吏，求近处，处葭萌。"此说时代稍晚，然"迁民"途经昭化，沿白龙江、浔江而上进入青川，应是可能的。从考古材料看，青川墓群所出土唯一的两件铜鼎，腿皆残断。M1∶1 一腿断后，施加铆钉接上，底部有烟炱。M13∶5 一腿断后，不能使用，又无法接补，乃将其余两条腿打断，现残存高度基本相同，底部亦有烟熏痕迹。说明它们生前为用器，死后又用之随葬，可见视为珍品，抑或即是入川携带之物。青川墓群不出兵器，铜器所出甚少，且多小件器物，很多都不是巴蜀产品。陶器的组合，也与中原地区同时期文化一致。青川墓群多数墓葬很可能与"秦民移川"有关。

青川出土的有些器物，可能为本地产品。如Ⅰ式陶釜、Ⅰ式陶罐、铜鍪、Ⅰ式带钩、琉璃珠等，在四川地区船棺葬和其他战国墓中，也较为常见。特别是漆器，发现"成亭"的烙印戳记。按"成"应指其制地而言，它与汉初漆器上的"成市"铭文可互证，其制地都应该是指古代的成都。据《华阳国志·蜀志》所记，蜀王开明九世"自梦郭移，乃徙治成都"。说明在战国中期，成都可能拥有规模较大的漆器作坊。

二、关于青川墓群的年代问题，以有明确纪年的 M50 为基础，结合各墓出土器物进行分析、比较，加以初步推断。

M50 出土的两件木牍，其中一件的牍文记载："二年十一月己酉朔朔日，王命丞相戊、内史匽，□□更脩为田律。"按牍文称"王"不称帝，下文"正疆畔"的"正"字又不避秦皇政之讳，故下限当在始皇称帝以前。据《史记·秦本纪》所载，秦国在武王二年（前309）"初置丞相"，故牍文所称"丞相戊"，其上限又当在武王二年之后。再参照该墓出土的半两钱，则"丞相戊"应是秦相。武王之后，始皇之前，只有昭王、孝文王、庄襄王三王。孝文王在位仅一年，与牍文"二年"不合，应排除。庄襄王在位三年，然以吕不韦为相，又与"丞相戊"矛盾，也不应考虑。详查史料，与此相合者，唯武王时期左丞相甘茂其人。而昭王元年，甘茂因"击魏皮氏，未拔"，为向寿、公孙奭所谮，故亡秦奔齐了。所以，昭王二年，甘茂已不在秦国，秦已相向寿，则牍文所记，只能是秦武王二年。按历法推算，也与此合。汪曰桢《历代长术辑要》所推，秦武王二年十一月初一，正逢"二年十一月己酉朔"，与牍文纪年亦是吻合的。根据牍文，说明墓主人可能为执行律令的官吏。墓内所出木牍及半两钱，可能正是秦之"迁民"的佐证。惜另一件木牍残不可识，墓主人的身份不能明确断定。牍文纪年由二年十一月至四年十二月止，则该墓下葬时间只能是在武王四年十二月之后，武王在位仅四年，昭王元年甘茂已不为秦相，若该墓下葬时间在昭王元年之后，则与丞相戊不合。故该墓的下葬时间又当在甘茂"亡秦奔齐"之前，可能是在昭王元年（前306）左右。就 M50 棺椁形制及随葬器物与他墓相比，属于战国晚期墓，这与牍文纪年也相符合。

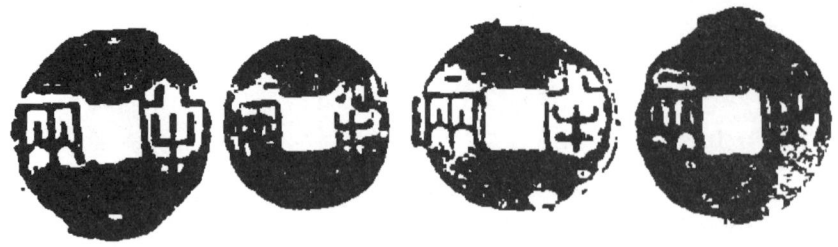

图二一　半两钱（M50∶15）

青川墓群的早期墓葬四十七座，陶器组合以"鼎、豆、壶"为代表；晚期墓葬二十四座，以"鼎、盒、壶"组合为代表。早期相当于战国中期，晚期相当于战国晚期。

三、青川墓群多数为土坑竖穴木椁墓，这是四川地区与船棺葬不同的另一类型战国墓葬。像这样数量众多、墓葬集中的木椁墓，在四川地区也是第一次发现。这对于研究秦、楚、巴蜀三者之间的文化关系，及秦灭巴蜀进而统一全国所采取的政治措施诸方面，提供了珍贵的实物资料。M50出土的木牍，对于研究先秦田律，探索商鞅变法及先秦的土地制度都很有参考价值。

青川出土的半两钱，与秦半两是有所区别的。秦统一前的半两，近年来在陕西咸阳、四川郫县及茂汶等地已有所发现。青川M50内半两钱与秦武王二年木牍同出，这就为先秦半两提供了可靠的年代依据。说明秦惠文王二年"初行钱"以来，秦半两就可能出现了。始皇统一货币，只不过罢其与秦币不合者，正是在先秦半两的基础上，统一为"识曰半两，重如其文"的秦半两。朱活同志帮助鉴定青川钱币时指出，巴蜀受秦影响较深，秦惠王时的"蛮夷赋"，就是包括"岁出赋钱"的，认为青川出土的秦半两，很可能铸造于巴蜀，其中有的可能就是私铸。

自古以来，四川即为漆之重要产区。其漆器作坊，在汉代就享有很高的声誉。"蜀郡工官"和"广汉郡工官"的漆器，在朝鲜古乐浪郡和贵州清镇平坝大量发现。其后，湖南长沙马王堆及湖北江陵凤凰山，又出土有"成市"铭文的漆器，将西汉中叶以后的"工官"漆器，提前到汉的文景时期。1978年，四川荥经又发现了"成亭"戳记的秦代漆器①。青川漆器的大量出土，又将"成亭"的时代上推战国中、晚期。为研究我国髹漆工艺史，增添了早期的重要资料。

参加发掘人员：左培鼎、吴光烈、尹显德、左世权、张林、文然、陈光轩、胡国富、王小灵、孙亚樵、侯莉、罗军、代福森、江聪、陈显双、王有鹏、于采芑、莫洪贵、李昭和

执笔：李昭和、莫洪贵、于采芑

绘图：刘瑛、彭朝蓉

照相：陈振戈、江聪

漆器脱水处理：曾忠懋、马家郁

---

① 四川省博物馆《四川荥经秦汉墓发掘简报》，《文物资料丛刊》第4辑。

图二二　青川墓群外景

图二三　M1椁盖情况

图二四　M1器物分布

图二五　M9有棺无椁

图二六　M5无棺无椁

图二七　M61无棺无椁

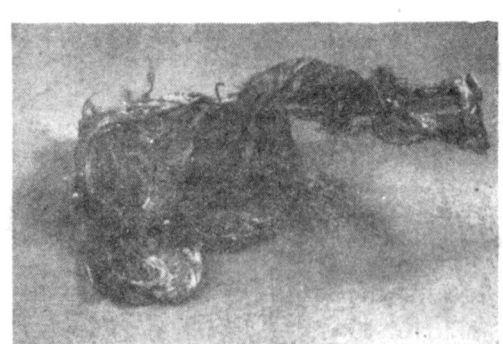
图二八　M41棺内头发

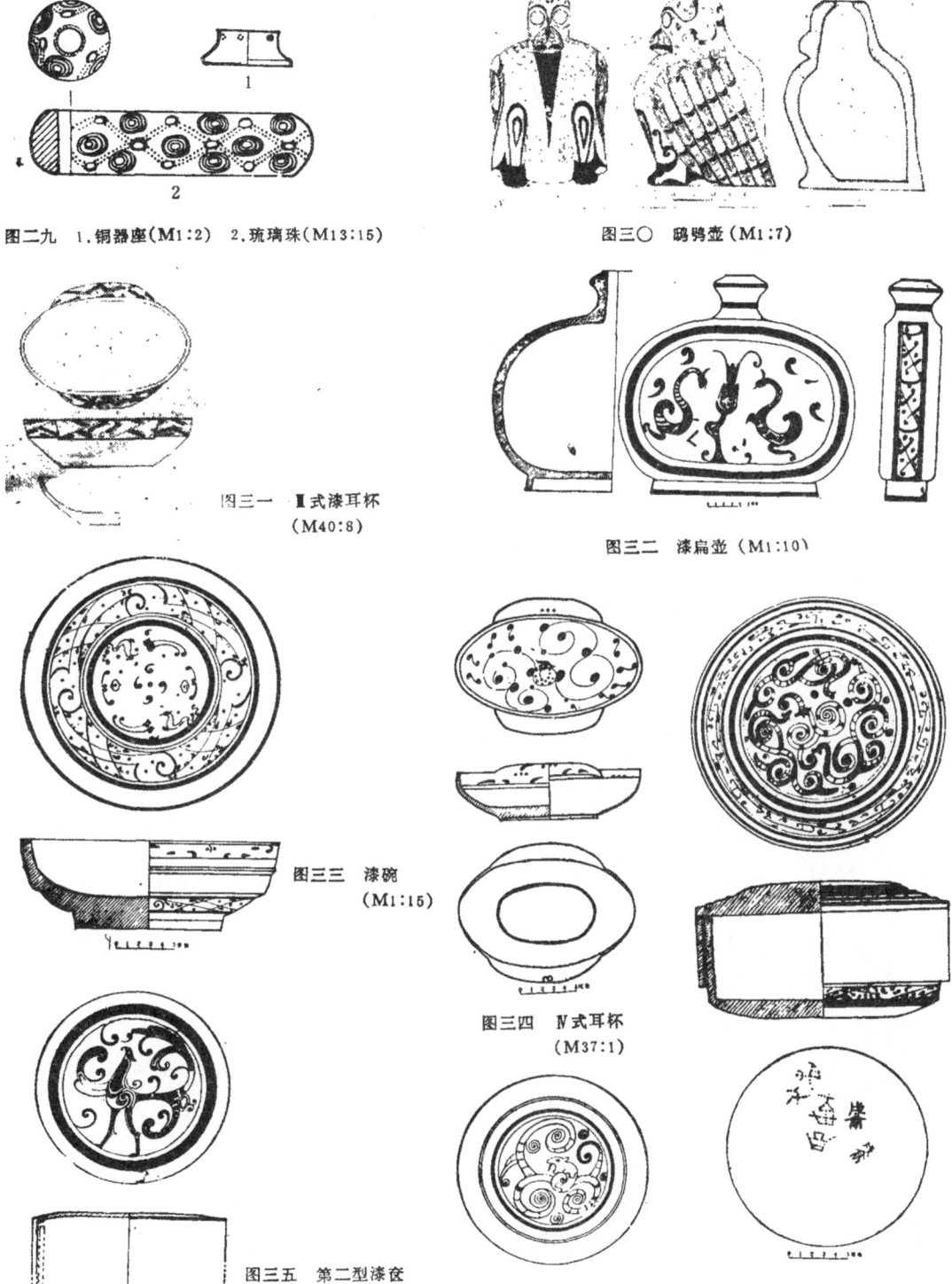

图二九 1.铜器座(M1:2) 2.琉璃珠(M13:15)　　图三〇 鸱鸮壶(M1:7)

图三一 Ⅲ式漆耳杯(M40:8)

图三二 漆扁壶(M1:10)

图三三 漆碗(M1:15)

图三四 Ⅳ式耳杯(M37:1)

图三五 第二型漆奁(M41:4)

图三六 第二型漆奁(M23:8)

图三七 第一型漆奁(M41:2)

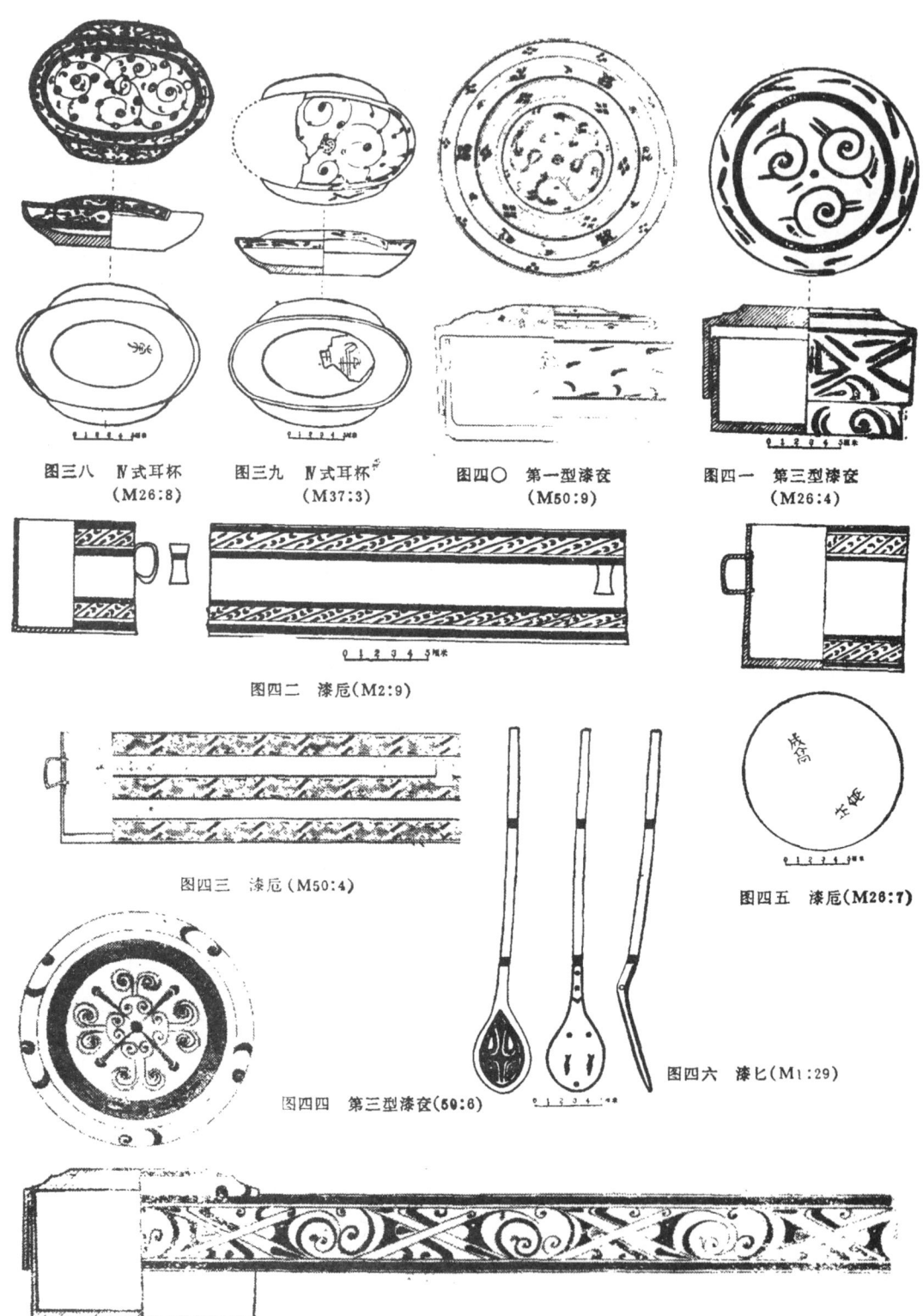

图三八 Ⅳ式耳杯 (M26:8)　图三九 Ⅳ式耳杯 (M37:3)　图四〇 第一型漆奁 (M50:9)　图四一 第三型漆奁 (M26:4)

图四二 漆卮 (M2:9)

图四三 漆卮 (M50:4)

图四四 第三型漆奁 (50:6)　图四五 漆卮 (M26:7)

图四六 漆匕 (M1:29)

图四七 1. Ⅰ式陶壶(M34:5) 2. Ⅱ式陶壶(M13:1) 3. Ⅲ式陶壶(M40:3) 4. Ⅵ式陶壶(M41:1) 5. Ⅳ式陶壶(M21:2) 6. Ⅴ式陶壶(M45:1) 7. Ⅰ式陶豆(M34:6) 8. Ⅱ式陶豆(M10:2) 9. Ⅲ式陶豆(M33:2) 10. Ⅰ式陶罐(M32:1) 11. Ⅰ式陶罐(M1:5) 12. Ⅰ式陶罐(M72:1)

图四八 1. Ⅰ式陶罐(M38:1) 2. Ⅱ式陶罐(M33:1) 3. Ⅲ式陶罐(M50:1) 4. Ⅳ式陶罐(M55:1) 5. Ⅴ式陶罐(M71:1) 6. 陶钵(M17:1) 7. 黄褐色陶盆(M37:2) 8. 灰陶盆(M40:9) 9. Ⅰ式陶盒(M21:1) 10. Ⅱ式陶盒(M35:3) 11. Ⅰ式陶盒(M40:7)

图四九 铃形器(M2:5)

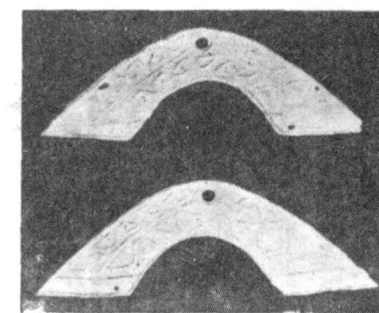

图五〇 桥形铜饰(M34:2)

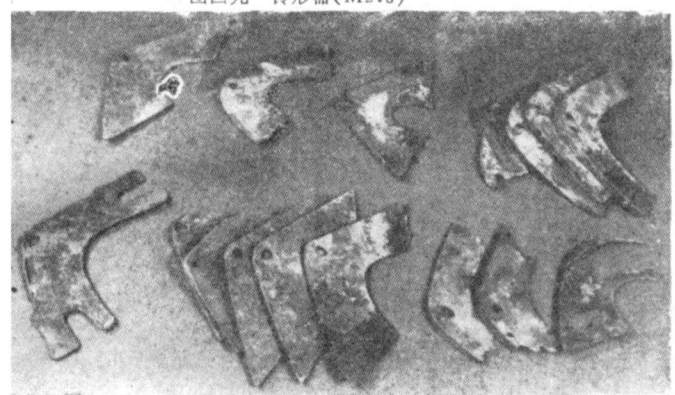

图五一 桥形铜饰(M36:12)

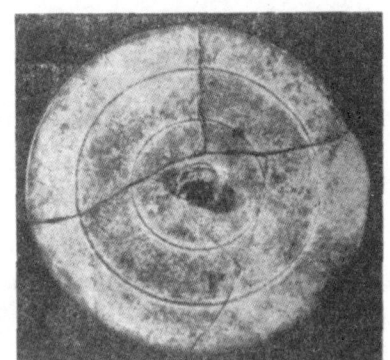

图五二 素面铜镜(M39:3)

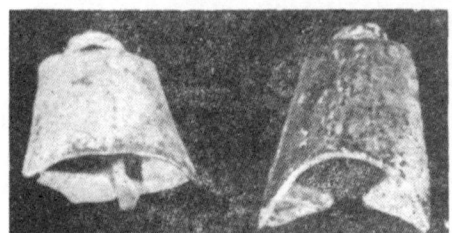

图五三 左:铜铃(M36:8) 右:铃形器(36:7)

图五四 铜器座(M1:2)

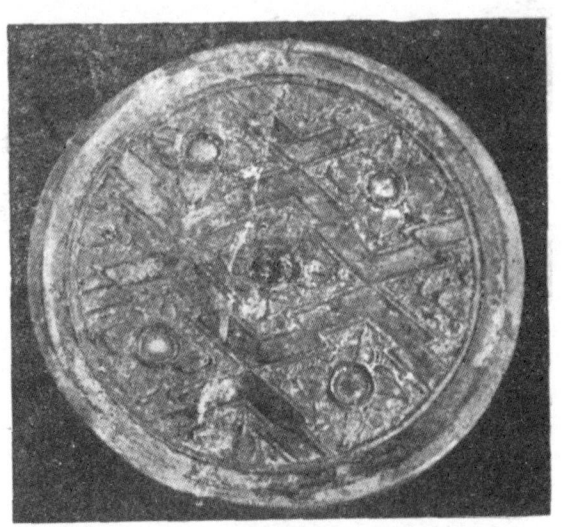

图五五 菱纹铜镜(M13:13)

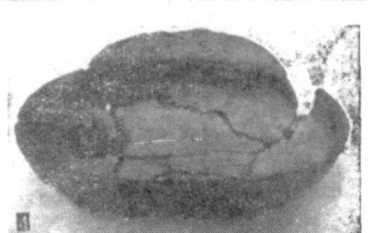

图五六
1. Ⅱ式漆耳杯(M26:9)
2. Ⅲ式漆耳杯(M40:8)
3. 双耳长盒(M1:8)
4. Ⅰ式漆耳杯(M1:22)

图五七　第一型漆奁(M41:2盖)　　　底部铭文　　　第一型漆奁底部

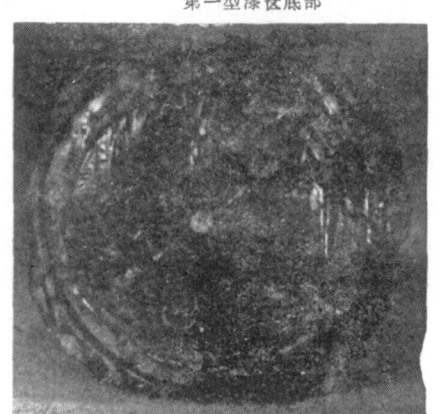

图五八　第三型漆奁(M40:3)　　　图五九　第三型漆盒(M50:6)

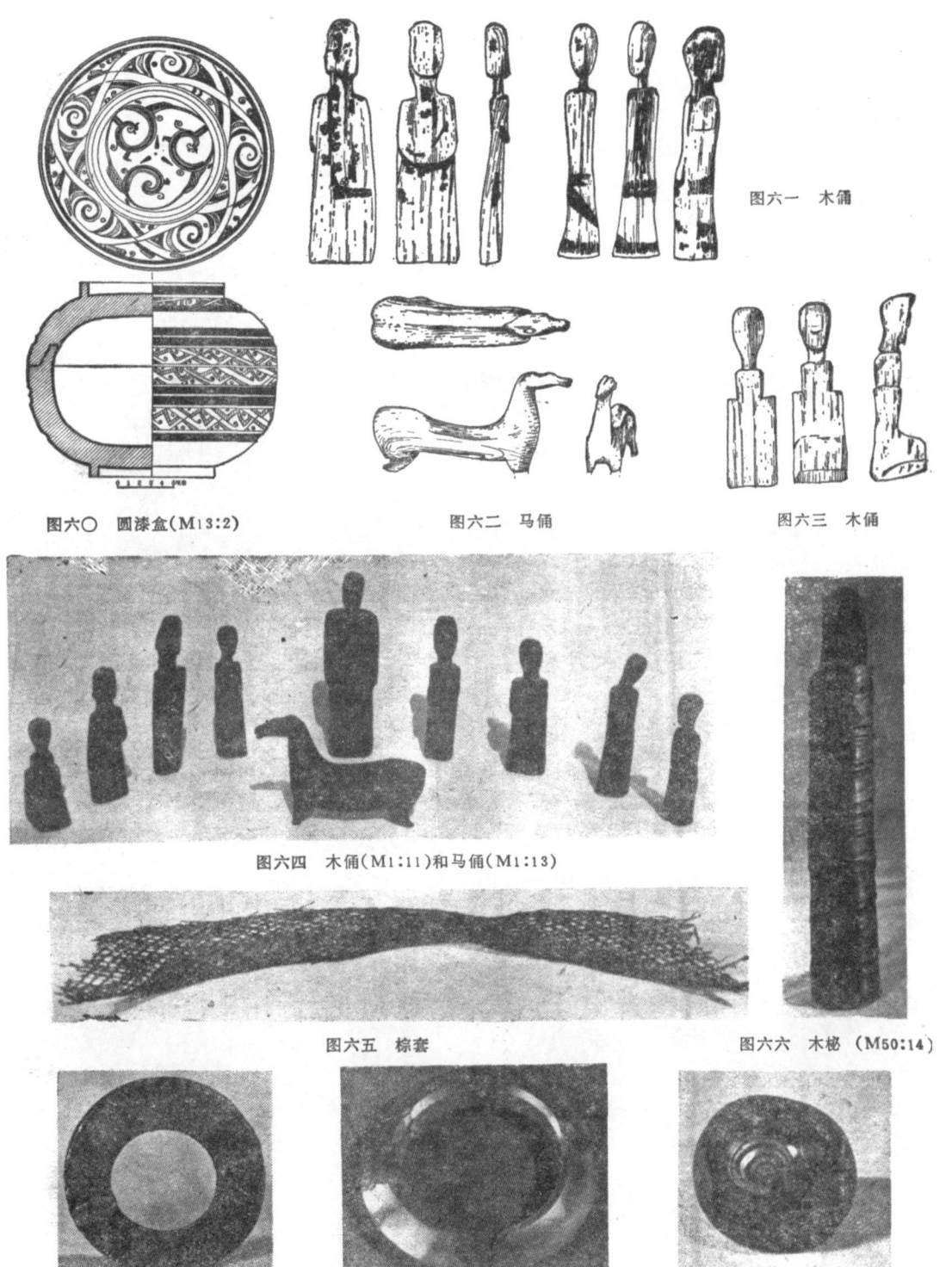

图六〇 圆漆盒(M13:2)　　图六一 木俑　　图六二 马俑　　图六三 木俑

图六四 木俑(M1:11)和马俑(M1:13)

图六五 棕套　　图六六 木柲(M50:14)

图六七 玉瑗(M2:6)　　图六八 玉环(M36:9)　　图六九 琉璃珠(M13:15)

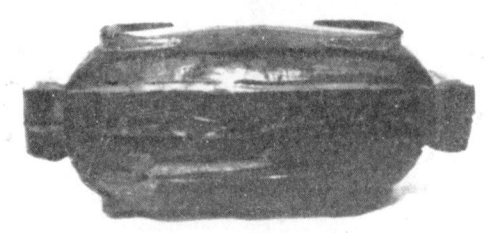
1 双耳漆长盒（M2:8）

2 漆碗（M1:15）

3 第三型漆奁（M26:4）

4 Ⅳ式漆耳杯（M26:8）

5 第一型漆奁（M50:9）

1 鸱鸮壶 (M1:7)　　2 漆扁壶 (M1:10)

3 圆漆盒 (M2:10)　　4 漆卮 (M26:7)

5 漆匕 (M1:29)

1. Ⅰ式陶鼎（M2:2） 2. Ⅱ式陶鼎（M35:2） 3. Ⅲ式陶鼎（M40:2）
4. 蒜头陶壶（M64:1） 5. 双耳陶罐（M64:2） 6. 双耳罐（M57:1）
7. Ⅰ式陶釜（M50:2） 8. Ⅱ式陶釜（M40:4） 9. 铜鼎（M1:1）
10. 铜鼎（M13:5） 11. 铜鍪（M26:2）

四川青川县郝家坪战国墓群 M50 发掘简报

四川省文物考古研究院　青川县文物管理所

一、前　言

1979年2月—1980年8月，四川省博物馆会同青川县文化馆，对四川青川县郝家坪战国墓群前后进行了3次发掘，共清理墓葬72座。《文物》1982年第1期刊发了《青川县出土秦更修田律木牍——四川青川县战国墓发掘简报》（以下简称"《简报》"），首次公布了青川郝家坪72座墓葬的考古发掘资料。囿于篇幅，出土秦武王二年"更修为田律"木牍的 M50 资料并未全部刊布。鉴于 M50 的重要学术价值，现将该墓的资料完整公布，以利学界研究。

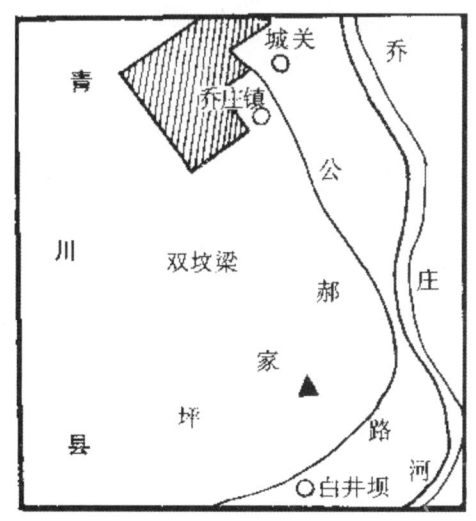

图一　郝家坪墓群位置示意图

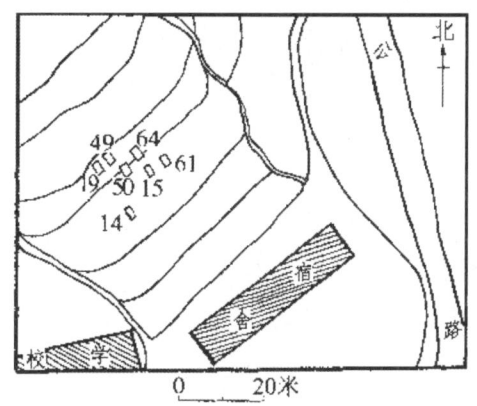

图二　M50 位置示意图

战国墓群的发现地点，处于今青川县城所在地乔庄镇南约1公里的郝家坪（图一）。具体位置在郝家坪双坟梁山腰第三台坡地上。M50 发现于1980年6月2日，位于该墓群 M49、M43、M64、M15 之间（图二）。

M50 为长方形竖穴土坑墓，一棺一椁，方向330°。墓坑长2.9米、宽2.2米、深4.27米。建造方法是，先在坑底夯筑0.4米的白膏泥，再在坑中部放置椁室，置棺于椁内，再铺上椁室盖板。椁室与坑壁的

---

* 《四川文物》，2014年第3期。

四周空隙皆以白膏泥填充、夯实。白膏泥厚0.2~0.4米、深0.9米。椁室盖板上铺2层桦树皮，再盖0.15米厚的白膏泥，其上再施一层厚0.1米的黄砂土。填土为黄褐色黏土，夹少许白膏泥，质较松软，厚2.7米。经夯筑，夯窝径0.13、夯层厚0.15米。农耕土灰褐色，厚0.6米，耕土下即可见坑口（图三）。

椁室由盖、墙、底面档板套合而成，质皆楠木。长2.35米、宽1.6米、深0.92米。盖板由6块木板横铺组或，长1.64米~1.72米、宽0.2米~0.5米、厚0.05米~0.08米（图三）。东西两墙各由2块长2.22米、宽0.45米、厚0.08米的木板竖叠，南北档板也各由2块长1.6米、宽0.46米、厚0.08米的木板叠成。墙板插于档板两端的凹槽之中，组成槽榫结构，平面呈"Ⅱ"形。板由3块长2.22米、宽0.38米~0.5米、厚0.08米的木板，按竖直方向拼合，再嵌于墙板和档板下端的凹槽之中，套合成椁室。椁室共用木板17块，椁室套合非常牢固。

木棺长2米、宽0.6米、高0.68米。棺盖四周有凹槽棺壁与两头档板插入棺盖的凹槽之中，为槽榫结构其档板两边各有三榫，棺壁两端各有三方銎与之对应，组成榫眼结构。另外，棺壁及档板下部均有凹槽，底板嵌入凹槽之内，故棺底距椁室底板之间留有0.12米的空隙，即所谓"悬底棺"的形式（图三）。

该墓将木棺放置椁室偏西，其东面留出0.5米空隙放置随葬品，作为东箱。椁室两端档板上方，砍有宽2.2米、深0.1米的凹槽，上另置一块长2.2米、宽0.2米、厚0.04米的木板，与棺盖并列，压在椁室盖板之下，搭于两端档板之上，作为箱盖（图五）。

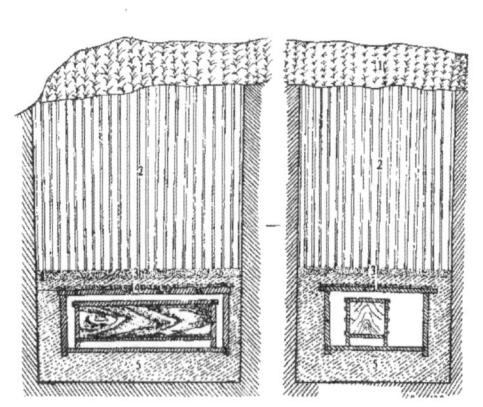

图三　M50纵、横剖面图

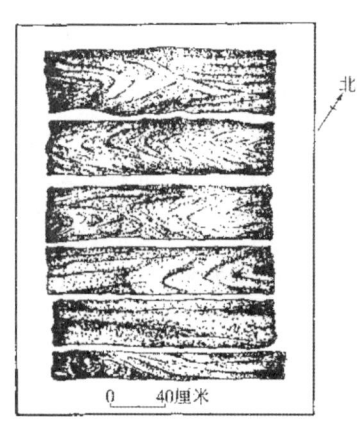

图四　M50椁盖平面图

棺、椁内满积水和淤泥，尸骨已朽，仅就朽骨残骸及木棺比例和形制，参照该墓群其他墓葬情况推测，其葬式应属仰身直肢葬。

三、出土器物

共出土器物24件，计陶器2件、铜器2件、漆木器10件、棕套1件、木牍2枚和半两钱7枚。

1. 陶器2件。

陶罐1件。M50∶2，泥质黑陶，敛口，口沿外侈，鼓腹，平底。腹中部分四栏饰绳纹。口径15.2厘米、腹径27.2厘米、底径13.6厘米、通高22.4厘米（图六∶1）。

陶釜1件。M50∶1，泥质黑陶，撇口微喇，颈较长，球腹，圜底，肩以下饰绳纹。肩上刻有篆书"赵志"二字。口径13.2厘米、腹径18.8厘米、通高18.4厘米（图六∶2）。

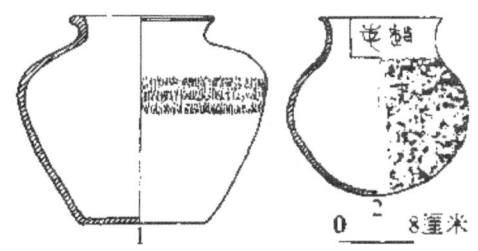

图六　出土陶器

1. 陶罐（M50：2）　2. 陶釜（M50：1）

2. 漆木器 10 件。

漆耳杯 4 件。保存很差。标本 M50：7，椭圆形盘，新月形耳，双耳略上翘，口沿较薄，底部较厚。髹漆内红外黑，双耳及口沿部分黑地朱绘云纹，花草及几何形纹。长 15 厘米、耳宽 10.5 厘米、高 4.5 厘米。余件仅存少量漆皮痕。

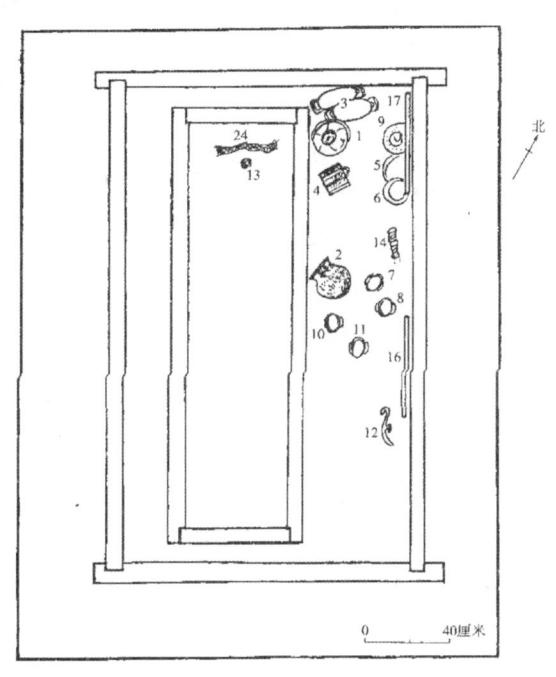

图五　M50 平面图

1. 陶罐　2. 陶釜　3. 漆双耳长盒　4. 漆卮　5、6、9. 漆奁　7、8、10、11. 漆耳杯　12. 铜带钩
13. 铜环　14. 木枕　15、18~23. 半两钱（出于 M50：6 漆奁内）　16、17. 木牍　24. 棕套

漆卮 1 件。M50：4，薄木胎，圆筒形，无盖。器壁选用薄木片卷制而成，可见接缝痕迹。把手也选用带状薄木片卷成耳状插入壁内，并在内壁以一小木栓插入把手的两孔之中，紧贴内壁，使之牢固，外壁黑地朱绘三周带形图案，单位纹样是卷云纹、曲折纹和几何形纹饰。口径 11.2 厘米、高 11.7 厘米、壁厚 0.3 厘米、底厚 0.9 厘米（图七：1）。

双耳长盒 1 件。M50：3，椭圆形盘，附长方形双耳。底有弧形假足（中不相连），其双耳近口沿处，一端作长方形凹槽（另件作长方形凸榫），它端作三角形凸榫（另件作三角形凹槽），一式两件，分底、盖两部分和合而成，通体髹黑漆，器较残。长 27 厘米、宽 11.8 厘米、高 11.5 厘米、厚 0.4 厘米（图七：2）。

漆奁 3 件。由底、盖两部分套合。盖大于底，套在外面，夹纻胎，盖顶隆起，较大型者 2 件，小型者 1 件，皆残朽。M50：9，盖上黑地朱绘双凤，另有花瓣纹四菱形纹、四叶纹、变形鸟纹、花草纹等，器壁朱绘几组穗纹。盖径 22.5 厘米、高 12.5 厘米、底径 18 厘米（图七：4）。M50：6，盖顶黑地朱绘，间以黄、褐等色，以"十"字形纹将圆形画面四分，间以四组双钩图案，另有云纹、叶纹及"芒"形纹，器壁饰"草叶"纹及几何形纹，较残。盒内装有 7 枚半两钱。盖径 13.2 厘米、底径 12.2 厘米、高 7.9 厘米（图七：3）。

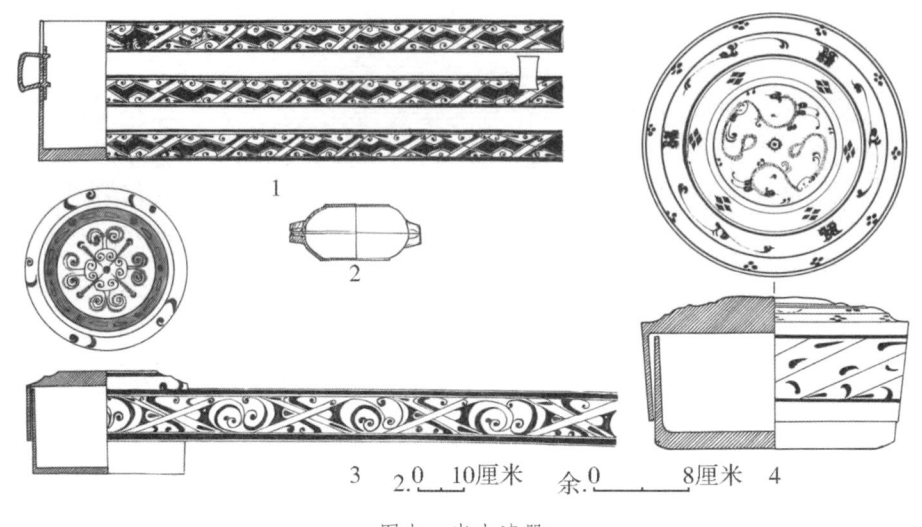

图七　出土漆器

1. 漆卮（M50：4）　2. 双耳长盒（M50：3）　3、4. 漆奁（M50：6、M50：9）

3. 铜器 2 件。

铜带钩 1 件。M50：12，横断面为圆形，钩呈龙蛇形，颈尾略细，首略残，中部有圆形凸钮。长 10.6 厘米、直径 0.4 厘米~0.6 厘米（图八：2）。

铜环 1 件。M50：13，断面略呈椭圆形，素面。径 4.7 厘米、宽 0.5 厘米、厚 0.2 厘米（图八：1）。

木柲 1 件。M50：14，木质，胎较厚。平面呈长方形，断面呈椭圆形，缠包桦树皮。长 15.5 厘米、宽 2.8 厘米。

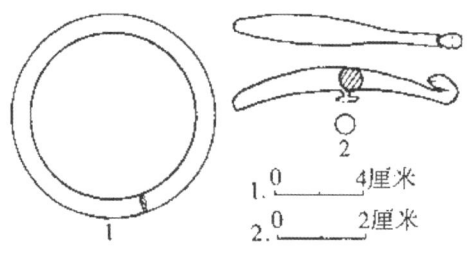

图八　出土铜器

1. 铜环（M50：13）　2. 铜带钩（M50：12）

4. 铜钱 7 枚。

均为半两，出于奁盒（M50：6）内。M50：15，较薄，方孔，幕平，面幕皆无郭，制作粗糙，边缘剪范不整齐，上方和左方带有铜汁流入口所留的铸口柄。面有"半两"二字，"两"字上横较短，其"两"字下部分右竖近边缘处，留有铸口柄，"半两"二字近小篆，笔画圆转，不规范。钱径 3.2、孔径 0.8 厘米、肉厚 0.11 厘米、流口上 0.53 厘米、左 0.92 厘米。重 4.3 克（图九：1）。M50：18，较厚，方孔，幕平，面幕均无郭，上、下留有较宽的铸口柄。"半两"二字，笔画较粗，"两"字下部分左竖压方孔边缘，笔画圆转，不规范。钱径3.2厘米、孔径背0.95厘米、面0.74厘米、肉厚0.19厘米、流口上1.12厘米、下0.54厘米。重9.8克（图九：2）。M50：19，方孔，幕平，面幕皆无郭。"半两"二字接近小篆，转折较直而方整，"两"字下部分左竖压方孔边缘。钱径3.17厘米、孔径0.78厘米、肉厚0.11厘米，上、下有铸口柄，流口上1.1厘米、下1.3厘米。重6.7克（图九：3）。M50：20，方孔，面平，幕略有凹凸，面幕皆无郭。"半两"二字，笔画较粗，"两"字上横较短，其"两"字下部分左竖压方孔边缘，"半"字下横较短，不规范。钱径3.17厘米、孔径0.83厘米、肉厚0.11厘米，上、下有铸口柄，流口上1.21厘米、下0.96厘米。重5.6克（图九：4）。M50：21，极薄。面幕较平，皆无郭。"半两"二字皆压方孔边缘，写法极不规范。"两"字上横极短，偏左，"两"字下部分的中间部分靠下，中竖与"冫ㄑ"不相连接，"半"字上为"八"而不像小篆的"冫ㄑ"，且缺右"丶"，"半"字下横较短。钱径2.7厘米、孔径0.77厘米、肉厚0.06厘米。重2克。上有铸口柄，流口0.57厘米（图九：5）。M50：22，较薄，面幕平，皆无郭。"半两"二字较齐整，转折较直，接近小篆，"两"字上横偏左，较短。钱径3.21厘米、孔径0.86厘米、肉厚0.08厘米，重4.5克。上方和右方有铸口柄，流口上1.06厘米、右0.67厘米（图九：6）。M50：23，面幕较平，皆无郭。"半两"二字笔画较粗，"两"字下部分左竖压方孔边缘。钱径3.14厘米、孔径0.86厘米、肉厚0.09厘米。上、下有较宽的铸口柄，流口上1.11厘米、下0.87厘米。重3.9克（图九：7）。

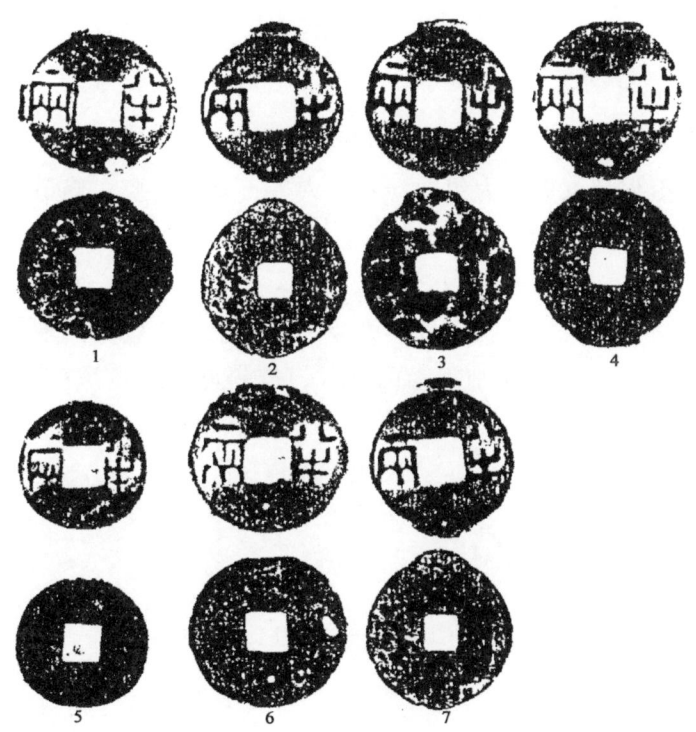

图九　出土半两钱拓片

1. M50：15　2. M50：18　3. M50：19　4. M50：20　5. M50：21　6. M50：22　7. M50：23

5. 木牍2枚。

M50：17，出于椁室东北角，紧靠椁室东墙。文字残损不清，无法辨识。长46厘米、宽3.5厘米、厚0.5厘米。

M50：16，出于椁室中下部，紧靠椁室东墙。其正面和背面皆有墨书文字，正面残损较少，字迹清晰，文字直书由右至左 3 行，共 121 字。长 46 厘米、宽 2.5 厘米、厚 0.4 厘米。牍文隶定如下：

  二年十一月己酉朔朔日，王命丞相戊（茂），内史匽，□□更修为田律：田广一步，袤八则为畛。亩二畛，一百（陌）道。百亩为顷，一千（阡）道，道广三步。封，高四尺，大称其高。捋（埒），高尺，下厚二尺。以秋八月，脩封捋（埒），正疆畔，及癹千（阡）百（陌）之大草。九月，大除道及除鄭（澮）。十月为桥，脩陂隄，利津□。鲜草，离（虽）非除道之时，而有陷败不可行，相为之□□①。

木牍背面文字与正面颇有关联，惜字迹残蚀过甚，多不可识。分上、中、下三栏书写，下面部分已无法辨识，上栏直书 4 行，共 33 字，仅略通大意，释读如下：

  四年十二月不除道者：
  □一日，□一日，辛一日，
  壬一日，亥一日，辰一日，
  戌一日，□一日（图一〇）。

牍文内容属追述纪事性质，叙述了新令颁行的时间及过程。其内容大致是秦武王二年（前 309），王命丞相甘茂更修为田律，新令内容，修改封疆，修道治浍，筑堤修桥，疏通河道等几件大事②。

6. 其他

棕套 1 件。M50：24，出于棺内尸骨头部处，可能系头上束发之物。两端已残。纤细、柔软而有强度，涂黑漆，以粗细不等的棕丝，按斜方格法编织而成。残长 27 厘米、径 1.7 厘米。

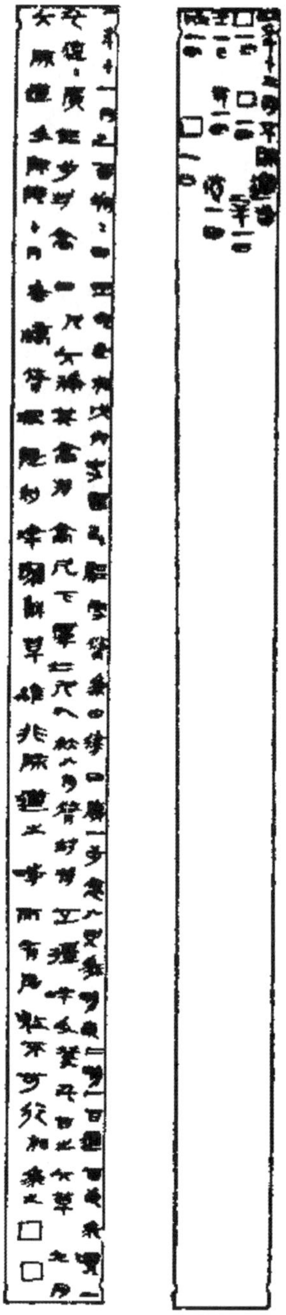

图一〇　出土木牍（M50：16）释文摹本
1. 正面　2. 背面

四、结语

（一）墓葬时代

郝家坪墓群的时代，《简报》已按墓葬形制，随葬品组合等方面将之分为早晚

---

① 四川省博物馆、青川县文化馆《青川县出土秦更修田律木牍——四川青川县战国墓发掘简报》，《文物》1982 年第 1 期。
② 李昭和《青川出土木牍文字简考》，《文物》1982 年第 1 期。

两期①。M50 的葬制是一棺一椁，椁室四周填充大量白膏泥，有中原地区，特别是楚墓的显著特征，出土的陶器和漆器，也和郝家坪墓群晚期的文化内涵一致。

M50 出土的漆卮、漆奁、双耳长盒和漆耳杯等，属于郝家坪墓群有"成亭"戳记的战国晚期漆器群。它从髹漆工艺、器形和纹饰等各方面，都有别于西汉初年长沙马王堆和江陵凤凰山等地的"成市"漆器，更不同于武帝前后的朝鲜乐浪郡和贵州清镇、平坝等地的"蜀郡工官"和"广汉郡工官"的"工官"漆器，从"成亭""成市""工官"，可见四川髹漆工艺从战国到西汉、东汉时期的继承和发展过程②。

青川地处川、甘、陕三省交界处，有阴平道、白水关等要塞重地。秦取巴蜀后，因"戎伯尚强"，乃"移秦民万家实之"。故《史记·货殖列传》有"秦破赵，迁卓氏……诸迁虏少有余财，争与吏，求近处，处葭萌"的记载。M50 发现的刻有小篆"赵志"的陶釜，或即秦破赵的"移民"，也有可能即 M50 的墓主。

M50 木牍所记的时间由"二年十一月"至"四年十二月"止，经考证"二年"为秦武王二年（前309），"丞相戊"即武王二年"初置丞相"的左丞相"甘茂"。则该墓下葬时间，只能是在秦武王四年十二月之后，可能在秦昭王元年左右，即 M50 的下葬时间。

综上所述，我们推断的 M50 时代为战国晚期。

（二）学术价值

M50 木牍的出土，对于研究先秦律法、田亩制度、商鞅变法等诸问题十分重要。《简报》隶定牍文第 3 行"利津□"中"□"未释，于豪亮、唐嘉弘等先生释"□"为"梁"字③。张家山汉简《二年律令·田律》中的一枚简的内容与青川木牍十分接近，其文字如下：

> 田广一步，袤二百卌步，为畛，亩二畛，一佰（陌）道；百亩为顷，十顷一千（阡）道，道广二丈。恒以秋七月除千（阡）佰（陌）之大草；九月大除道□阪险；十月为桥，修波（陂）堤，利津梁。虽非除道之时而有陷败不可行，辄为之。……④

此枚汉简对秦"更修为田律"牍文的文字隶定与释读提供了最为有力的出土文字资料证据，在国内外学术界引起了极大的轰动，讨论也非常激烈⑤。

青川木牍内容主要叙述了新令颁行的时间及过程。内容可分为三部分：一、王命更修田律；二、新颁律令内容；三、律令实施过程。其内容大致是：更修田律、新令内容、整治封疆、修道治涂、筑堤修桥、疏通河道等。牍文背面还记录了实施律令"四年十二月不除道者"，即不维修整治道路的天数。

M50 出土的 7 枚半两钱，皆系圆钱，方孔，幕平，面幕皆无郭。制作粗糙，朴实厚重，多带有较宽的

---

① 《简报》："青川墓群早期墓葬47座，早期陶器组合以'鼎豆壶'为代表，晚期墓葬25座，晚期以'鼎盒壶'为代表，早期相当战国中期，晚期相当于战国晚期。"
② 李昭和《巴蜀与楚漆器初探》，《中国考古学会第二次年会论文集》，第93页，文物出版社，1980年。
③ a. 于豪亮《释青川秦墓木牍》，《文物》1982年第1期；b. 唐嘉弘《论青川墓群文化及其政治经济问题》，《先秦史新探》，第100页，河南大学出版社，1988年。
④ 张家山二四七号汉墓竹简整理小组编《张家山汉墓竹简〔二四七号墓〕》（释文修订本），第42页，文物出版社，2006年。
⑤ 黄家祥《四川青川出土秦"为田律"木牍的重要价值》，《四川文物》2006年第2期。

铜汁流入口所谓的铸口柄。钱文一般"两"字上横较短,"半"字下横较短,笔画粗细、圆转、方转各不相同,不属整齐划一规范的小篆,且"半两"二字多有笔画压在方孔边缘上者。钱径 2.7 厘米~3.21 厘米、孔径 0.74 厘米~0.95 厘米、肉厚 0.06 厘米~0.19 厘米,铜汁流入口宽 0.53 厘米~1.3 厘米,重 2 克~9.8 克。从以上数据观察,足见铸钱工艺极不规范。其大小、厚薄、轻重,"半两"二字写法,笔画粗细等各方面都不相同,极不规范。与"秦半两"和西汉初年及武帝前后的"四铢半两"和"八铢半两"更不相同。"秦半两"直径最大,且"重如其文,识曰半两","半两"二字为整齐划一规范的小篆,无铸口柄,有郭,钱很规范。"四铢半两"和"八铢半两"都是有郭钱,有的也有铸口柄,但每枚钱的厚薄、轻重较为一致,差别不大,较青川"半两"钱规范得多。更值得注意的是,7 枚半两钱,大小、轻重、厚薄、文字写法等虽然不尽相同,但皆出于 M50 的一个奁盒内。M50 属于战国晚期墓,且与"秦武王二年"木牍同出,这就为先秦半两钱提供了可靠的年代依据。按《史记·秦始皇本纪》载:秦惠文王二年"初行钱",《秦本纪》和《六国年表》也有"惠文王二年,天子贺行钱"的记载。惠文王在位 27 年,秦武王在位仅 4 年,史书也没有武王行钱的记载,可能武王时期所使用的"半两"钱正是惠文王二年的"初行"钱。这种先秦半两钱,其实早在 20 世纪 50 年代就有所发现。沈仲常、王家祐就明确提出"半两钱可能铸行于秦始皇统一中国之前的观点"。[①] 后在四川郫县、茂汶,秦都咸阳、雍城等地均有所发现。说明秦始皇统一货币,正是在先秦半两的基础上,罢其不与秦币合者,统一为"识曰半两,重如其文"的秦半两。

发掘:左培鼎　吴光烈　尹显德　左世权　张林　文然　陈光轩　胡国富　王小灵　孙亚樵　侯莉
　　　罗军　戴福森　江聪　陈显双　王有鹏　于采芑　莫洪贵　李昭和

绘图:刘瑛　彭朝蓉

摄影:陈振戈　江聪

漆器脱水处理:曾忠懋　马家郁

执笔:李昭和　李昊　黄家祥

[①] 沈仲常、王家祐《记四川巴县冬笋坝出土古印及古货币》,《考古通讯》1955 年第 6 期。

四川青川县郝家坪战国墓葬群 2010 年发掘简报

四川省文物考古研究院　青川县文物管理所

一、前　言

郝家坪战国墓葬群位于四川青川县乔庄镇双坟梁东南侧山腰阶地之上，分布面积约 27000 平方米，中心地理坐标为北纬 32°34′50.8″，东经 105°14′16.3″，海拔高程 613 米。墓葬群东部边缘为陡坎和悬崖，其下即为乔庄河；南邻乔庄中学；西、北两侧均为陡坡林地（图一）。

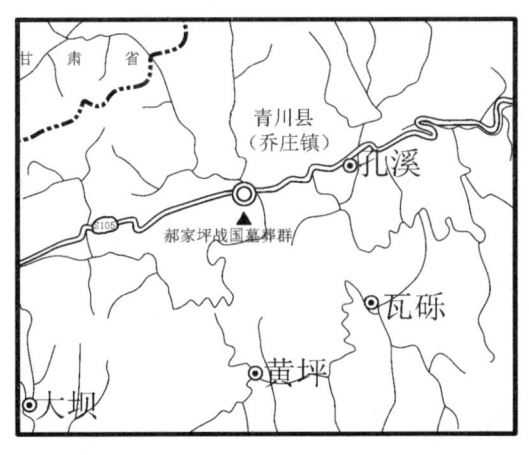

图一　郝家坪战国墓葬群位置示意图

图二　郝家坪战国墓葬群 2010 年发掘范围示意图

郝家坪战国墓葬群于 1979 年 1 月被发现。1979 年 2 月至 1980 年 7 月，四川省博物馆、青川县文化馆对墓葬群进行了 3 次发掘，清理了战国中晚期墓葬 72 座。1987 年和 2002 年，郝家坪战国墓葬群先后被公布为市级和省级文物保护单位。

2010 年 3 月 29 日，位于郝家坪战国墓葬群南侧的乔庄初级中学校（以下简称乔庄中学）在"5.12"汶川地震灾后重建工作中发现古墓。经实地调查，确认该校范围内的古墓属于郝家坪战国墓葬群的一部分，随即四川省文物考古研究院与青川县文物管理所联合组队，对乔庄中学灾后重建综合楼和教学行政楼占地范围的墓葬进行了抢救性发掘（图二）。

---

* 四川省博物馆、青川县文化馆《青川县出土秦更修田律木牍——四川青川县战国墓发掘简报》，《文物》1982 年第 1 期。

此次发掘工作从 2010 年 4 月 3 日开始，至 6 月 24 日结束。发掘面积约 2700 平方米（综合楼约 1500 平方米、教学行政楼约 1200 平方米）。共清理墓葬 34 座，编号 2010SQQM1～2010SQQM34（以下简称 M1～M34），其中位于综合楼占地范围内 29 座（图三），教学行政楼占地范围内 5 座（图四）。现将此次发掘情况简报于下。

图四　乔庄中学教学行政楼占地范围墓葬分布图

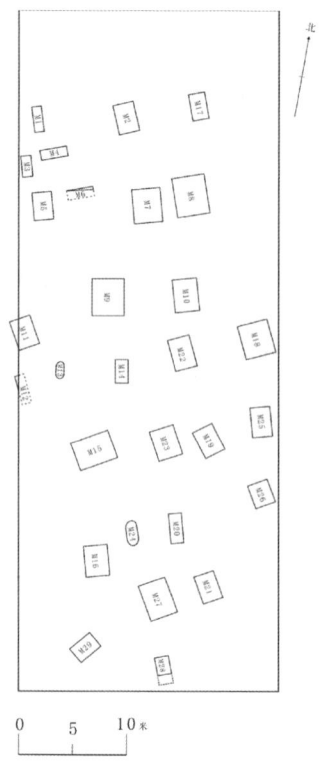

图三　乔庄中学综合楼占地范围墓葬分布图

二、发掘情况

34 座墓均为竖穴土坑墓，墓葬间未见打破或叠压关系，多数墓葬墓向相近、排列有序。所有墓葬均受到不同程度的破坏或扰动，现开口均位于表土之下，并直接打破生土。各墓均未见封土、墓道。

根据各墓有无椁室的差异，可将 34 座墓分为甲、乙两类，即有椁墓和无椁墓。

（一）甲类墓（有椁墓）

共清理 21 座，即 M2、M5、M7～M11、M15～M19、M21～M23、M25～M27、M32～M34。均为一棺一椁。现存墓口均为长方形或近正方形，长 2.25～3.7、宽 1.8～3 米，长宽比 1.14∶1～1.54∶1，其中长宽比大于 1.5∶1 的墓葬仅 2 座（M25、M34）；直壁或近直壁；平底均呈长方形，长 2.1～3.2、宽 1.4～2.5 米，长宽比 1.19∶1～1.71∶1（附表一）。部分保存较好的甲类墓有生土或熟土二层台，墓底以白膏泥填充，二层台内、白膏泥之上建置椁室，椁室内放置木棺。椁室四周亦以白膏泥填充。椁盖板及二层台面之上覆盖有树皮，树皮之上再覆盖有厚约 0.2 米的白膏泥及黄沙土层，黄沙土层之上则为灰黄色填土，填土中杂有少量白膏泥。

保存较好的木椁均由盖、墙、档及底板套合而成，平面呈"Ⅱ"形。椁盖板为多块木板横铺而成，两侧墙板各由 2～3 块长方形木板竖叠而成，南北两端档板也各由 2～3 块长方形木板竖叠而成。墙板两端插于档板两端的凹槽之中，以槽榫结构套合。椁底板由多块长方形木板纵向平铺而成，墙板、档板及木棺均直接叠压于椁底板之上。椁底板之下横向平铺木板或枋木作为垫板（木）。

木棺位于椁室中部或一侧，由盖、壁、档板及底板套合而成，整体呈长方盒形。棺盖、壁、档及底板均为一块长方形木板，档板与壁板之间以槽榫和榫卯结构套合。少量甲类墓在棺盖板和椁盖板之间垫有 2～4 块纵向平铺的薄木板（M7、M23、M27）。

根据椁室内是否隔出边箱，可将甲类墓中的13座分为A、B两型（其余8座棺椁保存极差，无法辨识棺椁套合方式）：

A型墓　未隔出边箱墓。可辨出11座，即M2、M5、M10、M15、M16、M18、M19、M22、M23、M25、M26。木椁内未隔出边箱，木棺位于椁室中部或略偏往一侧，随葬器物位于椁内棺外一侧。

根据木棺的构建差异，A型墓又可分为二亚型：

Aa型　悬底棺墓，即壁板、档板内侧下部凿有凹槽，底板四边分别插于壁板、档板凹槽，棺底板至椁底板之间留有空隙。可辨出使用悬底棺的Aa型墓有10座，即M2、M5、M10、M15、M16、M18、M22、M23、M25、M26。

悬底棺棺盖与壁板、档板之间的套合方式有两种，一种为棺盖板底面凿有一周凹槽，棺档板、壁板顶部插入盖板底面凹槽组成棺室；另一种为棺盖板底部两侧与壁板顶部两端分别凿有两两相对的长方形槽洞，两者之间应是以木楔插于槽洞之内进行加固。10座Aa型墓中可辨出采用前一种木棺构建方式的有3座（M15、M16、M22）、采用后一种木棺构建方式的有3座（M10、M23、M25）。现以M23、M25为例介绍于下。

M23　位于综合楼发掘区中部，东邻M19、北邻M22、西邻M15、南邻M20。墓向332°。现存开口呈长方形，长约2.9、宽2.36~2.28米。距开口约1.25米深处建有一周熟土二层台，台面宽约0.2~0.4米、高2.74米。壁近直，长方形平底，长2.8、宽2.14米。墓底填有厚1.7米的白膏泥，白膏泥之上、二层台内内建置椁室。椁室外四周以白膏泥填充，椁室内放置木棺。

椁室长2.34、宽1.24、高0.96米，其内积满淤泥和渗水。椁盖板横向平铺，共7块，保存较差（图五）。墙板与档板之间以槽榫结构套合，平面呈"Ⅱ"形。椁底板由3块长方形木板纵向平铺而成，墙板、档板及木棺壁板、档板均直接叠压于椁底板之上。椁底板之下横向放置两根枋木作垫。

图五　M23椁盖板（西→东）

木棺位于椁室内中部偏东，长1.92、宽0.6、高0.66米。棺盖板、墙板、档板及底板均保存较好，为悬底棺，但底板已经脱落于椁底板之上。棺档板与壁板之间以槽榫和榫卯结构套合，壁板顶部与盖板底部均凿有两两相对的槽洞。棺盖板与椁盖板之间平铺有1块薄木板（图六）。

图六　M23棺椁（北→南）

随葬器物位于西侧棺椁之间，共8件，包括5件漆器痕迹（M23:1、M23:2、M23:3、M23:5、M23:6）、1件陶釜（M23:4）、1件铜带钩（M23:7）、1件铜环（M23:8）（图七）。

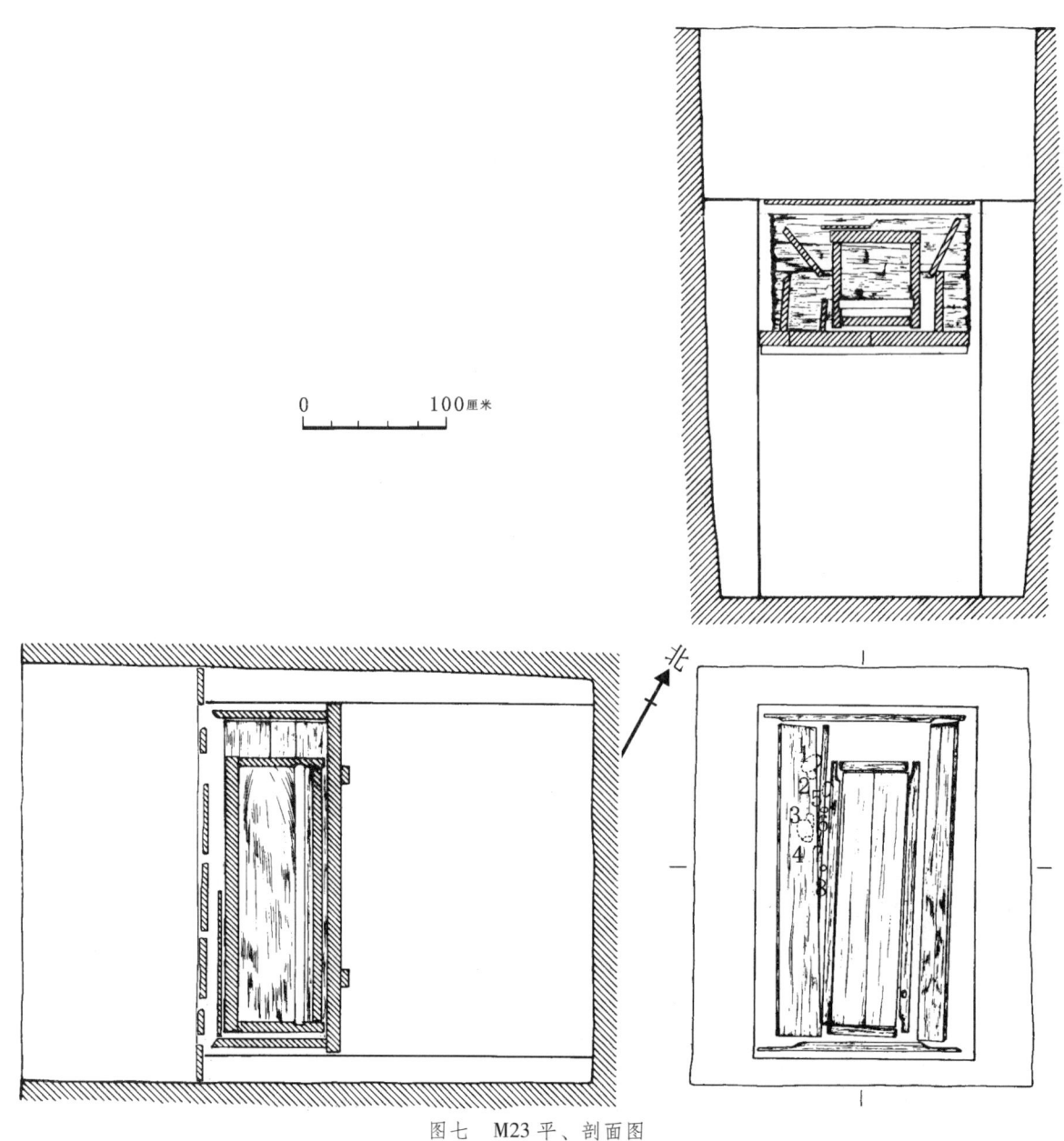

图七 M23 平、剖面图
1~3、5、6. 漆器痕迹 4. 陶釜 7. 铜带钩 8. 铜环

M25 位于综合楼发掘区东部边缘，北邻 M18、西邻 M19、南邻 M26。墓向 345°。现存开口为长方形，长 2.8、宽 1.82 米。距开口约 1.05 米深处建有一周熟土二层台，台面宽约 0.1~0.2、高 1.67 米。直壁，长方形平底，长 2.8、宽 1.8 米。墓底填有厚 0.9 米的白膏泥，白膏泥之上、二层台内内建置椁室。椁室外四周以白膏泥填充，椁室内放置木棺。

木椁位于墓室中部，长 2.28、宽 1.56、高 0.92 米，其内积满淤泥和渗水。椁盖板横向平铺，共 5 块，保存较差（封二：1）。椁东西两侧墙板、南北两端档板及底板保存较好，但部分墙板有所移位。木椁四周以白膏泥填充。椁底填有深 0.9 米的白膏泥。木棺位于椁室内中部偏东，长 1.8、宽 0.56、高 0.66 米。棺盖板、墙板、档板及底板均保存较好，为悬底棺（封二：2）。

随葬器物位于西侧棺椁之间，共 4 件，包括 2 件陶罐（M25：1、M25：2）、1 件漆器痕迹（M25：3）、

1件铜带钩（M25∶4）（图八）。

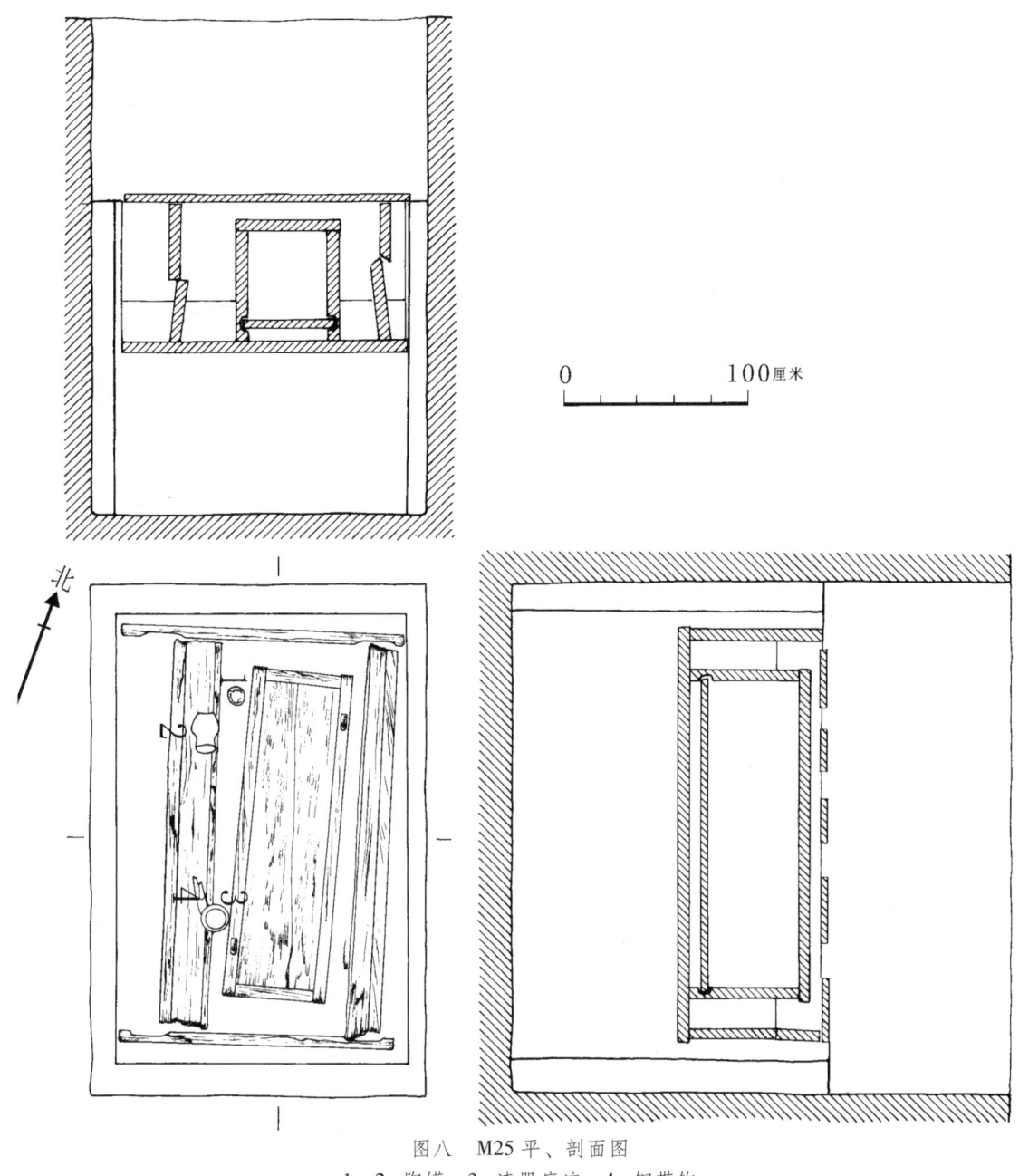

图八　M25平、剖面图
1、2.陶罐　3.漆器痕迹　4.铜带钩

Ab型　平底棺墓，即棺底板直接叠压平放于椁底板之上。可辨出使用平底棺的A型甲类墓仅1座，即M19，其木棺底板直接叠放于椁底板之上，棺底板表面凿有一周凹槽，盖板底面亦凿有一周凹槽，棺档板、壁板底部、顶部分别插入底板、盖板凹槽组成棺室。

M19　位于综合楼发掘区中部偏东，东邻M25、北邻M22、西邻M23、东南邻M26。墓向323°。现存开口为长方形，长2.7、宽2米。距开口约0.6米深处建有一周熟土二层台，台面宽约0.15～0.25、高1.34米。直壁，长方形平底，长2.7、宽2米。墓底填有厚0.8米的白膏泥，白膏泥之上、二层台内建置椁室。椁室外四周以白膏泥填充，椁室内放置木棺。

椁室位于墓坑中部，长2.22、宽1.64、高0.56米，其内积满淤泥和渗水。椁室由盖、墙、底及档板组合而成。盖板横向平铺，仅残存4块，且腐朽严重（图九）。南北两侧墙板、东西两端档板均各由2块长方形木板竖叠而成。墙板两端插于档板两端的凹槽之中，平面呈"Ⅱ"形。椁底板由2块长方形木板纵向平铺而成，墙板、档板及木棺底板均直接叠压于椁底板之上。

图九　M19椁盖板（西→东）

图一〇　M19棺椁（西→东）

木棺位于椁室内中部，为平底棺，长2.02、宽0.5、高0.46米。棺盖板保存较差，但仍可辨出盖板底面四周凿有凹槽，其与棺壁板和档板是以槽榫结构套合。棺底板直接平铺于椁底板之上，底板表面四周亦凿有凹槽，棺壁板及档板下端应是插入底板凹槽之内以槽榫结构套合（图一〇）。

随葬器物放置于西侧棺椁之间，共5件，包括1件陶釜（M19：1）、4件铜桥形饰（M19：2~M19：5）（图一一）。

B型墓　隔有边箱墓。可辨出2座，即M7、M27。

椁室档板　除两端各凿有1处竖直凹槽之外，在中部偏一侧位置另凿有1处垂直凹槽，插入长方形木板隔出边箱，其内放置随葬品。木棺则位于椁室另一侧，为平底棺，壁板、档板底部直接叠压于底板表面，棺底板表面与壁板底部两端分别凿有两两相对的长方形槽洞，棺盖板底部两侧与壁板顶部两端亦分别凿有两两相对的长方形槽洞，壁板与盖板、底板之间应是以木楔插于槽洞之内进行加固。

M7　位于综合楼发掘区北部，东邻M6、北邻M3、M4。墓向345°。现存墓坑开口平面为不规则长方形，长约3.2、宽2.64米。距开口约0.94米深处留有一周生土二层台，台面宽约0.18~0.4、高1.76米。直壁，长方形平

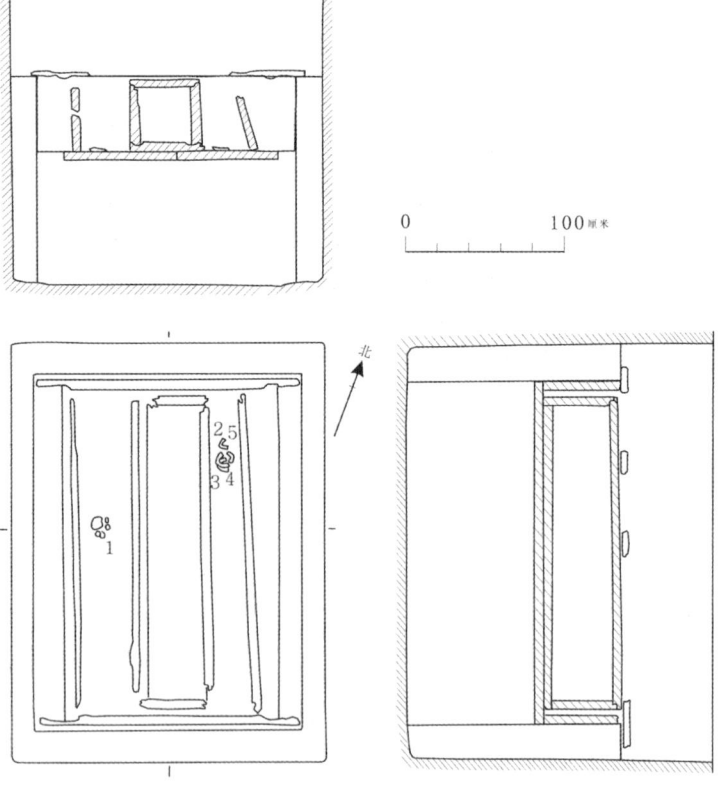

图一一　M19平、剖面图
1. 陶罐　2~5. 铜桥形饰

底，长2.4、宽1.84米。墓底填有厚0.8米的白膏泥，白膏泥之上、二层台内内建置椁室。椁室外四周以白膏泥填充，椁室内放置木棺。

椁室长2.4、宽1.6、高1米，其内积满淤泥和渗水。椁盖板及二层台面之上覆盖有2~4层交错叠放平铺的树皮，树皮之上再覆盖有厚约0.2米的白膏泥及黄沙土层，黄沙土层之上则为灰黄色填土，填土中杂有少量白膏泥。椁盖板为6块木板横铺而成，从北往南第2、3块盖板之间空隙较大（图一二）。东西两侧墙板各由2块长方形木板竖叠而成，南北两端档板也各由2块长方形木板竖叠而成。墙板两端插于档板两端的凹槽之中，组成槽榫结构。南北档板除两端各凿有1处竖直凹槽之外，在中部偏西位置另凿有1处垂直凹槽，插入长方形木板隔出边箱。椁底板由3块长方形木板纵向平铺而成，墙板、档板及木棺底板均直接叠压于椁底板之上。

图一二　M7椁盖板（北→南）

木棺位于椁室内东部。由于椁室内积水严重，并可能受到自然因素如地震等影响，清理时木棺盖板、墙板及档板均有所移位。棺长1.9、宽0.74、高0.62米，由盖板、壁板、档板和底板组成。在棺盖板和椁盖板之间垫有4块纵向平铺的薄木板。棺盖板为一块长1.9、宽0.74、厚0.1米的长方形木板，在其底部东侧近北端和西侧近南端处分别凿有长0.08、宽0.02米的长方形槽洞，似用于插入木楔。棺东西两侧壁板各为1块长方形木板竖立而成，东西壁板南北两端内侧分别凿有与档板厚度相当的凹槽，凹槽之内凿有2处方形卯眼。棺东壁板顶部近北端和西壁板顶部近南端处分别凿有长0.08、宽0.02米的槽洞，正与盖板底部的槽洞两两相对。棺东壁板底部近南端和西壁板底部近北端处亦分别凿有长0.08、宽0.02米的槽洞，亦正与棺底板表面的槽洞两两相对。棺南北档板均为一块近方形木板竖立而成，其东西两端各留有2方榫。档板与壁板之间以槽榫和榫卯结构套合。棺底部为一块长1.84、宽0.72、厚0.1米的长方形木板，平铺于椁底板之上。在棺底板表面东侧近南端和西侧近北端处亦凿有长方形槽洞，但槽洞之中插入的木楔已不存（图一三）。

图一三　M7棺椁（北→南）

随葬器物或痕迹主要位于西侧棺椁之间、椁底板之上，共8件，包括1件漆耳盒（M7∶1）、2件漆器痕迹（M7∶2、M7∶3）、1件铜鍪（M7∶4）、1件漆盒盖（M7∶5和M7∶6）、1件玛瑙手镯（M7∶7）（图一四）。

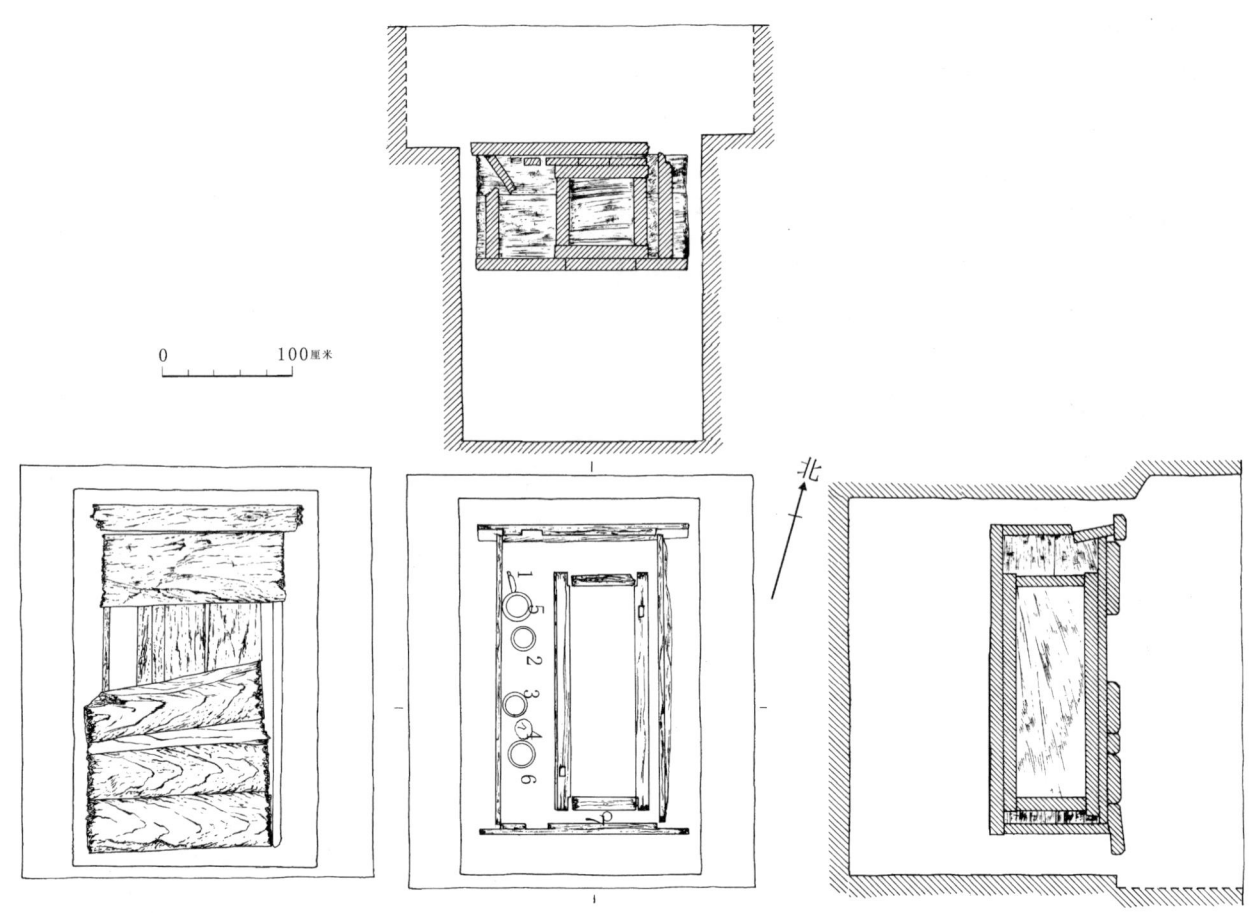

图一四　M7椁室盖板俯视图及墓葬平、剖面图
1. 漆耳盒　2、3. 漆器痕　4. 铜鍪　5、6. 漆盒盖　7. 玉手镯

M27　位于综合楼发掘区中部，东北邻M16、北邻M24和M20、南邻M28、西南邻M29。墓向330°。现存开口为长方形，长3.5、宽2.6米。距开口约2.1米深处留有一周生土二层台，台面宽约0.3~0.35、高2米。直壁，长方形平底，长2.8、宽1.9米。墓底填有厚1米的白膏泥，白膏泥之上、二层台内内建置椁室。椁室外四周以白膏泥填充，椁室内放置木棺。

椁室长2.1、宽1.3、高0.92米。椁盖板及二层台面之上覆盖有3~4层桦树皮（封二：3），树皮之上再覆盖有厚约0.2米的白膏泥及黄沙土层，其上为灰黄色填土。椁盖板、壁板、档板及底板均保存较好。椁室内西部以一块长1.9、宽0.08、厚0.06米的木板竖立于椁底板之上隔成边箱。

木棺位于椁室内东部，保存较好，长1.8、宽0.64、高0.86米。为平底棺，棺底板直接平放于椁底板之上，棺档板与壁板之间以槽榫和榫卯结构套合（封二：4）。棺盖板与椁盖板之间纵向平铺2块薄木板。

随葬器物位于西侧棺椁之间，共5件，包括2件漆耳盒（M27：1、M27：2）、1件漆器痕迹（M27：3）、1件陶鼎（M27：4，M27：5为鼎盖，整理时合号为M27：4）、1件铜带钩（M27：6）（图一五）。

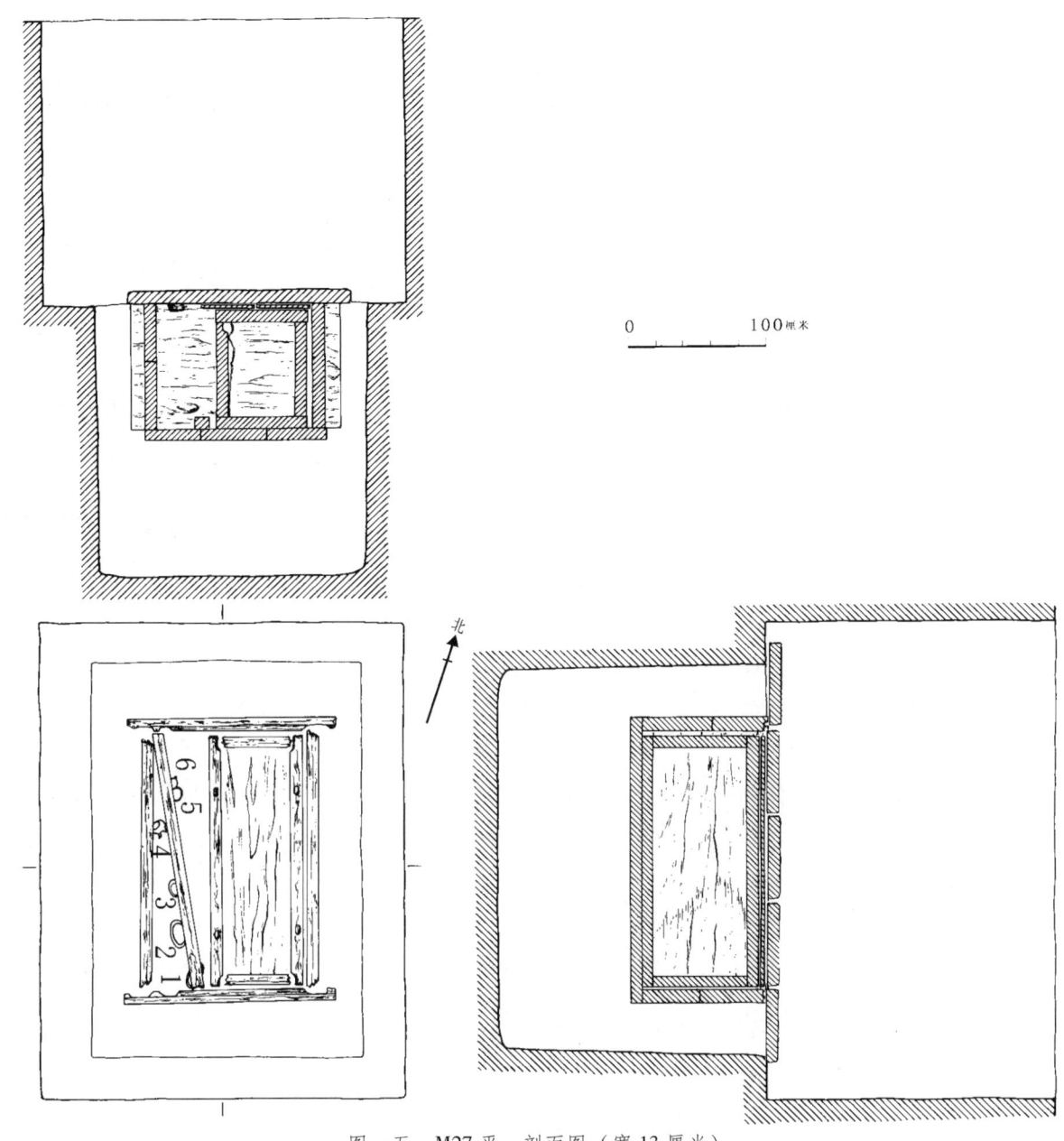

图一五　M27 平、剖面图（宽 13 厘米）
1、2. 漆耳盒　3. 漆器痕迹　4、5. 陶鼎及盖　6. 铜带钩

（二）乙类墓（无椁墓）

共清理13座，即M1、M3、M4、M6、M12~M14、M20、M24、M28~M31。均已受到严重破坏或扰动，部分墓葬仅存局部。现存墓口多为不规则圆角长方形，少数为不规则椭圆形，宽度多在120厘米以下，墓坑底部为长方形。无椁，单棺或无棺，随葬品多放置于棺首或棺尾之外，填土为灰黄色粘土，较纯净。

根据墓坑底部长宽比例等情况，乙类墓可分为二型：

A型　狭长方形墓底，墓底长宽比例大于2.5∶1或接近3∶1。根据墓坑底部是否填充白膏泥，A型墓又可分为二亚型：

Aa 型　墓坑底部，特别是棺四周填充有较多白膏泥。共 5 座，即 M1、M12~M14、M20。现以 M13、M14 为例介绍于下。

M13　位于综合楼发掘区中部偏西，东邻 M14、西南邻 M12、西北邻 M11、东北邻 M9。墓向 350°。受损严重，仅残存墓坑局部。现存开口为圆角长方形，长约 1.56、宽约 1 米。斜壁，平底，残深约 0.6 米。墓底呈长方形，长约 1.4、宽约 0.64 米。填土为灰黄色粘土，较松软，其内杂有白膏泥。墓底残存木棺痕迹，长 1.2、宽 0.45、残高 0.1 米。木棺痕迹四周底部残存大量白膏泥。

棺痕外北侧中部残存 1 件陶壶（M13:1）、1 件陶罐（M13:2）（图一六）。

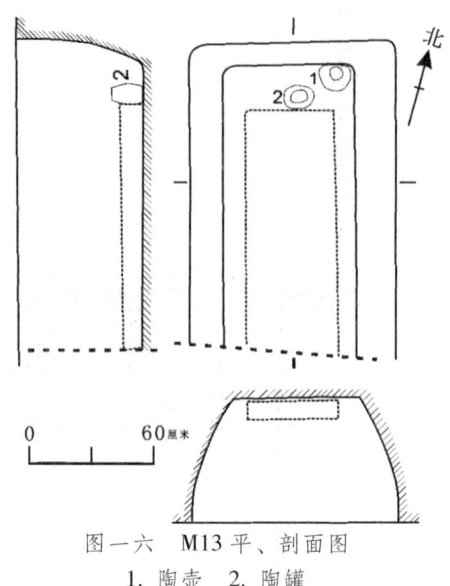

图一六　M13 平、剖面图
1. 陶壶　2. 陶罐

M14　位于综合楼发掘区中部偏西，东邻 M22、西邻 M13、北邻 M9、南邻 M15。墓向 350°。现存开口为不规则椭圆形，长约 2.2、宽约 1.2 米。斜壁，平底，残深约 0.5 米，墓底呈长方形，长约 1.95、宽约 1 米。填土为灰色粘土，其内杂有白膏泥。墓坑底部填有白膏泥。墓底中部残存木棺痕迹，长 1.96、宽 0.4、残高 0.1 米。

棺痕外北侧残存 1 件陶罐（M14:1）和 1 处漆器痕迹（M14:2）（图一七）。

Ab 型　墓坑底部未填充有白膏泥。共 3 座，即 M3、M4、M6。现以 M4 为例介绍于下。

M4　位于综合楼发掘区西北部，东北邻 M2、北邻 M1、西邻 M3、南邻 M5。墓向 350°。现存开口平面为不规则圆角长方形，长约 2.5、宽约 0.92 米。斜壁，平底，残深约 1.46 米。墓底呈长方形，长约 1.8、宽约 0.64 米。

未见葬具、人骨、随葬品（图一八）。

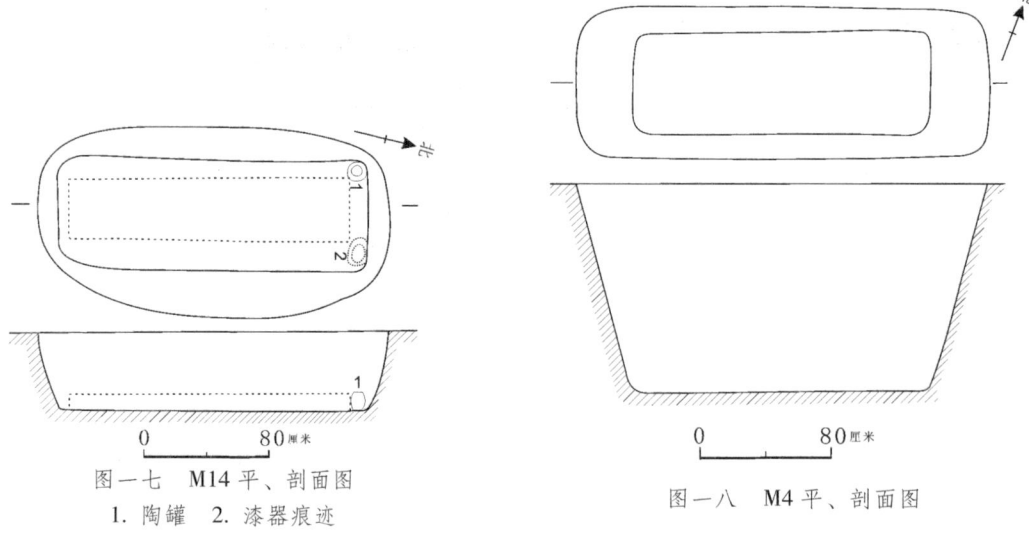

图一七　M14 平、剖面图
1. 陶罐　2. 漆器痕迹

图一八　M4 平、剖面图

B 型　长方形墓底，墓底长宽比例小于 2.5:1。共 5 座，即 M24、M28~M31。现以 M29 为例介绍于下。

M29　位于综合楼发掘区西南角，北邻 M16、东北邻 M27、东邻 M28。墓向 40°。现存开口为长方形，残长约 2.4、宽约 1.66 米。斜壁、平底。残深约 1.62 米，墓底呈长方形，长约 2.02、宽约 1.34 米。墓底残存木棺痕迹，长 1.82、宽 0.52、残高 0.28 米。棺痕四周有较多白膏泥。

随葬器物位于棺痕东侧，共 7 件（组），包括 1 件铜镜（M29：1）、1 组煤精饰（M29：2）、4 件漆器痕迹（M29：3~M29：5、M29：7）、1 件陶罐（M29：6）（图一九）。

三、出土器物

此次清理的 34 座墓均受到不同程度的破坏或扰动，9 座（M4、M6、M8~M10、M12、M30~M32）未出土随葬器物，其余 26 座墓共出土各种

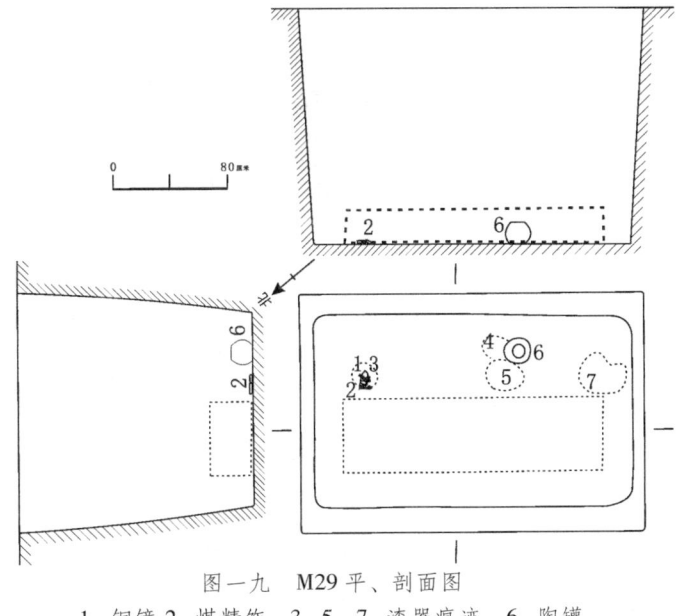

图一九　M29 平、剖面图
1. 铜镜　2. 煤精饰　3~5、7. 漆器痕迹　6. 陶罐

随葬器物（或痕迹）90 余件（组）。出土器物按质地可分为陶器、漆器、铜器、玛瑙器、木器等，漆器多数仅存痕迹，部分陶器仅余少量残片。甲类墓随葬器物多位于椁内棺外一侧，乙类墓随葬器物多位于棺首或棺尾之外。

（一）陶器

29 件，包括罐 18 件，釜 3 件，壶、蒜头壶、鼎各 1 件，及陶片若干（分属 5 件陶器）。多残损。以夹砂灰褐陶为主，平底器居多，另有圜底、圈足、柱足器等。制法以轮制为主，部分器物局部为捏制并经修整，如器耳、柱足。多为素面，部分器物器表饰有绳纹、弦纹、竖条纹等。

罐　18 件，其中 9 件可辨出器形。

深腹罐　5 件。夹砂灰褐陶。深腹微鼓，平底。底径小于 10 厘米，最大腹径略大于底径。素面。根据底部与腹壁厚度差异可分为二型：

A 型　底部较厚，其厚度明显大于腹壁厚度。1 件。M25：1，圆尖唇，侈口，平底，底部较厚。口径 10、腹径 9.2、底径 6.6、高 13 厘米（图二○：11、图二一：1）。

B 型　底部厚度与腹壁厚度相近。4 件。根据下腹部形态差异可分为二亚型：

Ba 型　下腹部近底处较直。1 件。M13：2，口部缺失。深腹微鼓，平底微内凹。腹径 10、底径 8.4、残高 14 厘米（图二○：12）。

Bb 型　下腹内收至平底。3 件。口部均残。深腹微鼓。M14：1，口部缺失。腹径 13.2、底径 7、残高 11.6 厘米（图二○：7）。M1：1，残存部分腹部及底部。底径 7、残高 11.8 厘米（图二○：13）。M20：1，残，无法修复。鼓腹，平底微内凹。

高领罐　3 件。残。侈口，高领，鼓腹，平底，口径与底径相近，肩腹部饰弦纹。可分为二型：

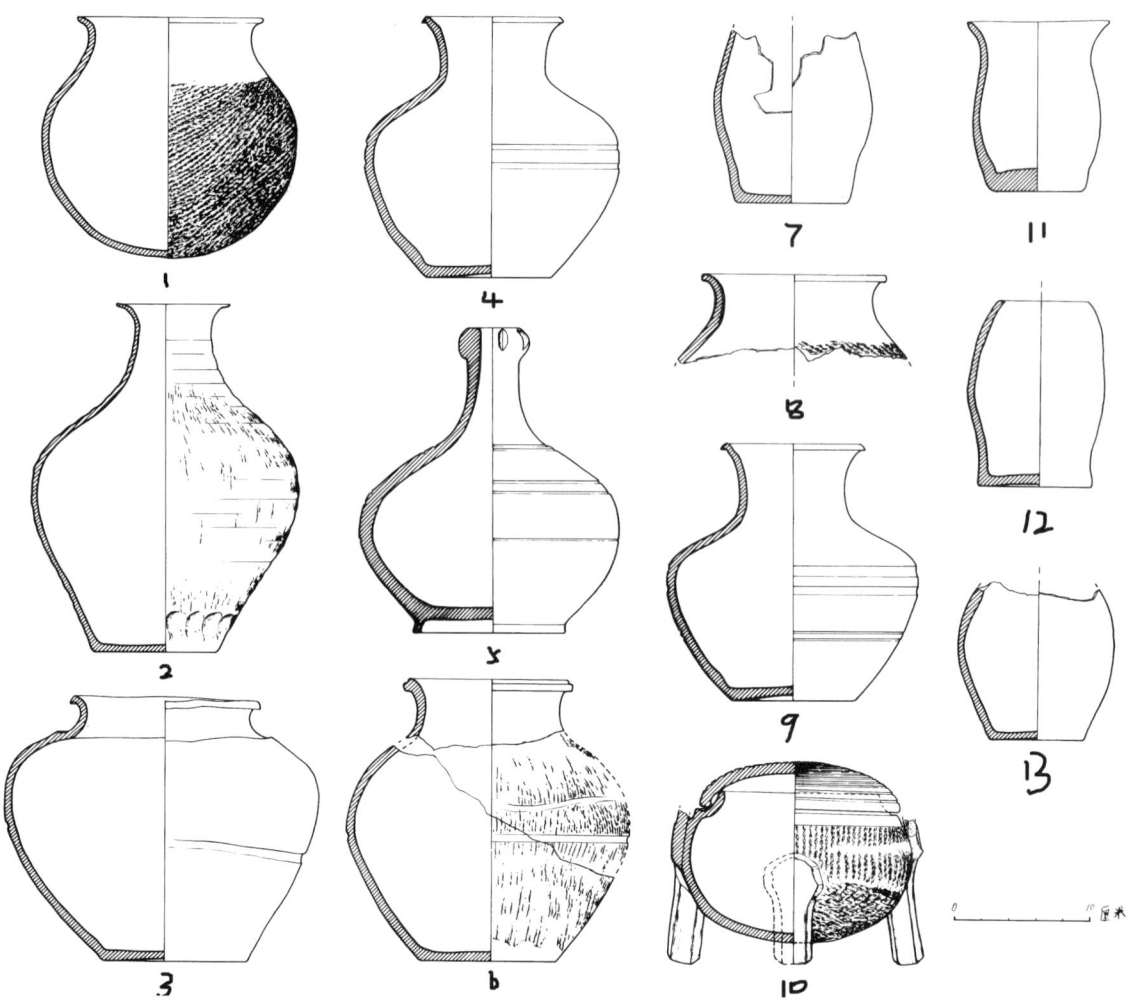

图二〇 出土陶器

1、8. 釜（M23：4、22：1） 2. 壶（M13：1） 3. 矮领罐（M11：5） 4、9. A型高领罐（M26：1、M25：2）
5. 蒜头壶（M5：2） 6. B型高领罐（M15：2） 7、13. Bb型深腹罐（M14：1、M1：1） 10. 陶鼎（M27：4）
11. A型深腹罐（M25：1） 12. Ba型深腹罐（M13：2）

图二一 出土陶器
1. 深腹罐（M25：1） 2. 釜（M23：4）

A型 2件。夹砂灰褐陶。斜肩，最大径位于肩部，腹部内收至平底。M25：2，肩腹部饰3周宽凹弦纹。口径10、腹径18.6、底径9、高19.4厘米（封三：1；图二〇：9）。M26：1，最大径上下各饰1周宽凹弦纹。口径10、腹径19、底径9.6、高19.6厘米（图二〇：4）。

B型　1件。M15：2，夹砂灰陶。鼓腹，平底。腹部最大径位于上腹部，其上下各饰有1周宽凹弦纹，下腹内收至平底。口径12、腹径21、底径10、高21厘米（图二〇：6）。

矮领罐　1件。M11：5，残。夹砂灰褐陶，侈口，唇沿外折，低领，斜肩，下腹内收，腹最大径靠肩部，平底微内凹。颈肩结合部饰有一周凸弦纹，腹最大径下侧饰有1周宽凹弦纹。口径13.8、最大腹径24、底径11、高20厘米（图二〇：3）。

壶　1件。M13：1，残。夹砂灰褐陶。敞口，长颈，溜肩，鼓腹，平底。肩、腹部饰有竖条纹。口径7、腹径20、底径9.2、高26厘米（封三：2；图二〇：2）。

蒜头壶　1件。M5：2，夹细砂灰陶，黑色陶衣。小口微侈，平唇，唇下外鼓呈蒜瓣形，长颈，溜肩，鼓腹，圈足微外撇。颈肩部、上腹部及下腹部分饰2周、2周和1周凹弦纹。口径2、最大腹径19、底径11.6、高23厘米（封三：3；图二〇：5）。

釜　3件。残。侈口，束颈，球腹，圜底。肩腹部饰绳纹或竖条纹。腹径与通高相近。M19：1，灰褐色夹砂陶。口径10.8、腹径19、高18.5厘米。M23：4，灰色夹砂陶。口径13、腹径19、高18厘米（图二〇：1、图二一：2）。M22：1，残存口部及颈部局部。夹砂灰陶。肩腹部饰有不规则竖条纹。口径12、残高3.5厘米（图二〇：8）。

鼎　1件。M27：4，残。夹砂灰陶。有盖，子母口，盖面饰多周凹弦纹；球腹圜底，肩腹部有对称双立耳，耳仅存局部；下腹部有三足，均为六棱柱形。腹部通体饰绳纹。口径11.6、腹径17、通高15.2厘米（封三：4；图二〇：10）。

（二）漆器

共发现残漆器（痕迹）37件（处），其中可分辨器形的5件，包括器盖2件、耳盒3件。其余均仅存漆皮痕迹或少量木胎，器形已不可辨。

器盖　2件。残存局部。木胎。圆饼形。M7：5，顶部微凸。盖顶表面黑地朱绘龙纹、逗点纹等，近边沿饰有1周凹宽弦纹，弦纹内髹朱漆。残存盖径22、厚1.2厘米（图二二：1）。M7：6，表面残存2周弦纹。残存部分直径22、厚1厘米（图二二：2）。

耳盒　3件。残存局部。椭圆形盘，两端附长方形双耳，盘底残留圈足痕迹。

M27：1，盘内髹红器，其余部位髹黑漆。残长34、残宽15厘米（图二二：5）。M27：2，木胎。盘内髹红漆，其余部位髹黑漆。残长30、残宽12厘米（图二二：3）。M7：1，木胎。髹黑漆。残长30厘米、残宽6厘米（图二二：4）。

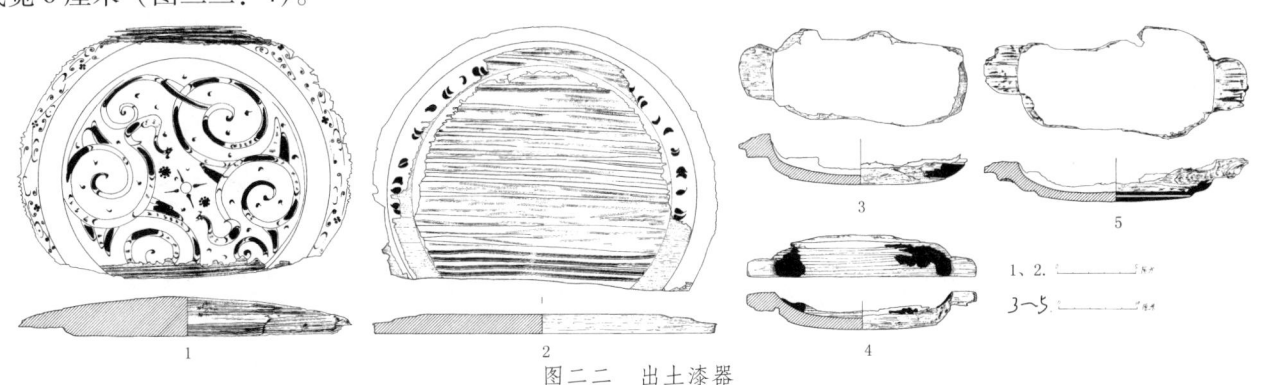

图二二　出土漆器
1、2. 器盖（M7：5、M7：6）　3~5. 耳盒（M27：2、M7：1、M27：1）

（三）铜器

17件（组），包括鍪1件、带钩5件、镜2件、桥形饰4件、环1件、印章1枚、镞1枚、铃形器1件、残片1组。

鍪　1件。M7：4，残存部分口、颈、腹及耳。敞口，束颈，鼓腹，底部缺失。肩腹部残存一瓣索纹环形耳局部。

镜　2件。残。三弦钮。背有2周凸弦纹。M22：5，镜径7.5、厚0.1厘米（封三：5；图二三：5）。M29：1，直径7、厚0.1厘米。

带钩　5件。可分为三型：

A型　器身扁平呈带状，圆钮位于钩背中部。素面。2件。残。锈蚀较重。M18：1，钩首缺失。残长8厘米（图二三：7）。M25：4，钩首顶部有一凸起。残长7.5厘米（图二三：6）。

B型　蛇首，器身横截面呈圆形，圆钮位于钩背中部，腹部饰有错银云纹和圆点纹。2件。锈蚀严重。M22：2，钩身腹部以错银饰卷云纹。长11.6厘米（图二三：3）。M23：7，钩身腹部饰有卷云纹等。长11.1厘米（图二三：4）。

C型　首部缺失，器身横断面呈圆形，圆钮位于钩背中部偏钩首处。1件。M27：6，残。锈蚀严重。残长8.6厘米（图二三：8）。

环　1件。M23：8，残。横断面扁平，内侧较平，外侧微凸。内径3.9、外径5.22厘米（图二三：11）。

镞　1枚。M28：1。残。镞头圆锥形，无翼，实心圆铤。残长2.7、最大径0.6厘米，圆铤残长1.4、直径0.4厘米。

印　1枚。M22：9，四层台形，桥形钮。印面呈长方形，面上凿刻"日"字形界格，格内分别凿刻"备"、"充"。印面长2.2、宽1.3、通高1.5厘米（图二三：9、图二四）。

桥形饰　4件。可分为二型：

A型　1件。M19：4，通体扁平，一端略残。桥形顶部有一穿。正反面均有"S"形纹饰。残长9.6、宽3.5厘米，厚0.1厘米（图二三：1）。

B型　3件。通体扁平，素面。桥形顶部有一穿，正面平整，背面上方有折沿。M19：2，两端残。残长7、残高3.7、厚0.1厘米。M19：3，长11.9、高5.3、厚0.1厘米（图二三：2）。M19：5，两端残。残长10.5、高5、厚0.1厘米。

铃形器　1件。M22：3。残。桥形钮，横断面为圆角长方形，中空无舌。壁厚0.1、长2、宽1、通高4.9厘米（图二三：10）。

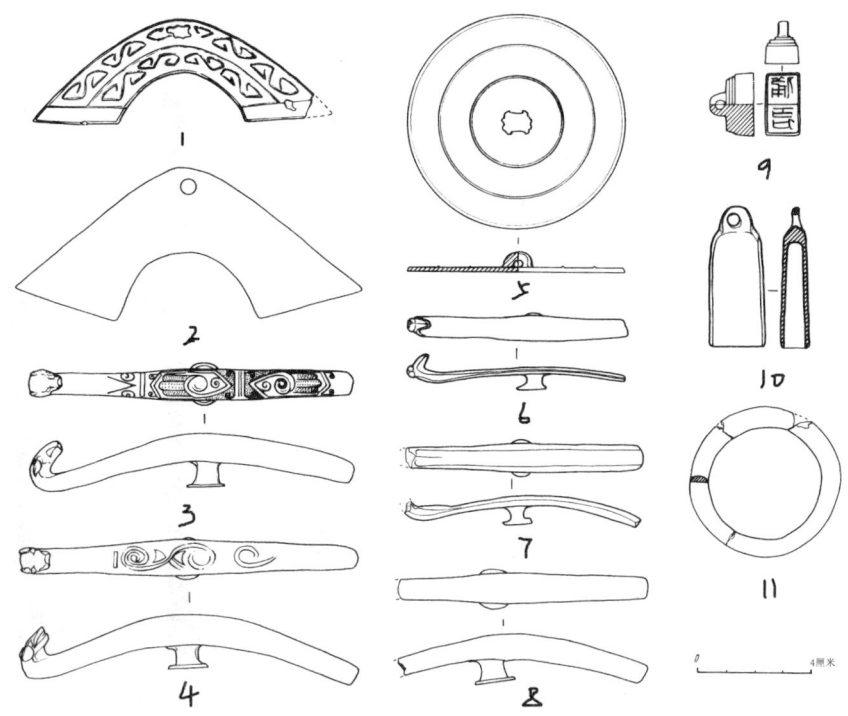

图二三　出土铜器

1. A型桥形饰（M19∶3）　2. B型桥形饰（M19∶4）　3、4. B型带钩（M22∶2、M23∶7）　5. 镜（M22∶5）
6、7. A型带钩（M25∶4、M18∶1）　8. C型带钩（M27∶6）　9. 印章（M22∶9）　10. 铃形器（M22∶3）
11. 环（M23∶8）

图二四　出土铜印（M22∶9）

（四）其他

7件（组）。包括玉器1件、兽骨2件、木器3件、煤精器1组。

玛瑙手镯　1件。M7∶7，通体半透明，横断面略呈菱形。外径6.9、内径5、横断面最厚处1.1厘米（封三∶6）。

木器　3件。均出土于M22。M22∶4，腐朽严重，仅存局部，器形不明。M22∶10，簪，残。木质圆柱形，一端缠有铜丝。柱径0.5、残长3.2厘米。

煤精饰　1组7件。M29：2-1、M29：2-2、M29：2-3、M29：2-4，均残。八棱柱形，一端较大。柱径0.9~1.1、残长2.2~3.5厘米。M29：2-5、M29：2-6、M29：2-7，圆柱形体，一端呈喇叭状。柱径2.4~2.6、长4.7~6.2厘米（图二五）。

兽骨　2件。M3：1，似为兔上齿骨。残长9.2厘米。M3：2，似为兔下齿骨。残长8.4厘米。

四、分期与年代

34座墓主要分布在乔庄中学行政楼占地范围。各墓均受到不同程度的破坏和扰动，其中墓葬形制较明晰、出土有可辨器形随葬器物的墓葬有10座，即M5、M7、M15、M18、M19、M22、M23、M25~M27，另有葬具形制不明晰但出土有可辨器形随葬器物的墓葬6座（M1、M11、M13、M14、M20、M29），葬具形制较明晰但未出土可辨器形随葬器物的墓葬2座（M10、M16），葬具形制不明晰且未出土可辨器形随葬器物的墓葬13座（M2、M3、M8、M9、M17、M21、M24、M28、M30~M34），未见葬具和随葬器物的空墓3座（M4、M6、M12）。

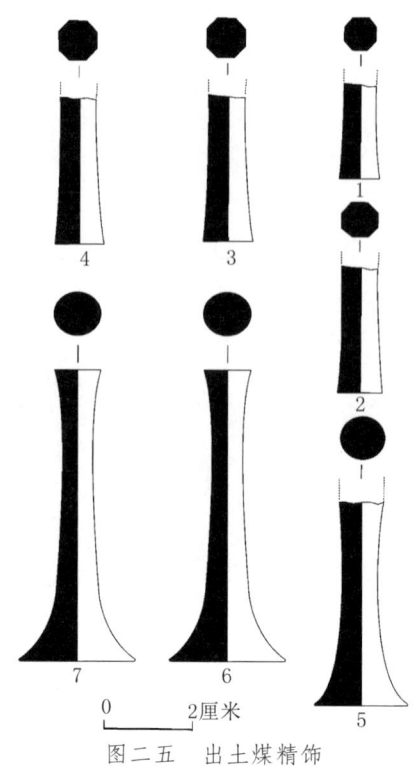

图二五　出土煤精饰
1. M29：2-4　2. M29：2-7　3. M29：2-3
4. M29：2-6　5. M29：2-1　6. M29：2-2
7. M29：2-5

上述形制较清晰，或出土有可辨器形随葬器物的16座墓，其发展序列和墓葬年代，可运用类型学方法，通过对残存墓葬形制和随葬器物及组合等的对比和分析，并参考已有的研究成果进行判断。其余未留存有可辨器形随葬器物的18座墓，则只能根据各墓残存形制和所处位置等情况进行初步判断。

（一）分期

前述形制较清晰，或出土有可辨器形随葬器物的16座墓。根据其墓葬形制，或可辨器形随葬器物种类及组合等情况，可分为二期：

第一期：8座，包括甲类墓4座（M5、M18、M25、M26）、乙类墓4座（M1、M13、M14、M20）。甲类墓均为Aa型即无边箱悬底棺墓，随葬器物较少，以陶器（深腹罐、A型高领罐等）为主，铜器（A型带钩）、漆器较少。乙类墓形制均为Aa型，随葬品以陶器（深腹罐、壶）为主，漆器较少，不见铜器。

第二期：8座，包括甲类墓7座（M7、M11、M15、M19、M22、M23、M27）、乙类墓1座（M29）。甲类墓中在继续出现Aa型墓之外，新出现Ab型及B型墓，随葬器物种类和数量增多，以陶器（B型高领罐、矮领罐、釜、鼎等）、漆器为主，铜器较少但种类增加（鍪、B型和C型带钩、印章、铜桥形饰等），木器、玉器等较少。乙类墓形制为B型，随葬器物种类和数量增多，有陶器（罐）、铜器、漆器、煤精器等。

根据其形制及位置等，在上述16座墓之外的18座墓中，大致可归入一期的有甲类墓2座（M2、

M17)、乙类 Aa 墓 1 座（M12）；可归入二期的有甲类墓 8 座（M8~M10、M16、M21、M32~M34）、乙类 B 型墓 4 座（M24、M28、M30、M31）。

乙类墓中的 3 座 Ab 墓（M3、M4、M6），在形制与随葬器物等方面均与甲类墓和其他乙类墓存在较大的区别，如墓室内未填充明显的白膏泥、未发现葬具及未出土人工制品等，其形制等与一、二期墓葬差异较大，暂时不能纳入分期研究。

（二）年代

此次所发掘墓葬与 1979 年至 1980 年在郝家坪发掘的 72 座墓属于同一墓地，两批墓葬性质及年代等应大致相同。1979 年至 1980 年所发掘的 72 座墓葬主要分为早晚两期，早期年代相当于战国中期，晚期年代相当于战国晚期，其中属于战国晚期的 M50 中曾出土有明确纪年的"更修田律"木牍。[①] 此次发掘的 34 座墓的年代，可主要通过在形制与随葬器物等方面与 1979 年至 1980 年发掘的 72 座墓进行对比和分析来确定。

一期年代：本期墓葬中甲类墓和乙类墓的形制均较单一，随葬品种类和数量均极少，深腹陶罐、A 型高领罐和 A 型铜带钩分别与出土于战国中期墓的陶罐（青川 M32：1、青川 M1：6）、铜带钩（青川 M26：2），在器物形态、大小等方面均极为相近，墓葬形制上亦与郝家坪 1979 年至 1980 年期间所发掘的战国中期墓葬相似。由此判断，本期年代可定为战国中期，或战国中期偏晚。

二期年代：本期墓葬在形制及随葬器物种类数量等方面均较一期墓葬均有所增多，铜器、漆器等开始明显增多。本期墓葬中出土的陶釜（M23：4、M19：1）、铜环（M23：8）、M22、M23、M27 出土的铜带钩（M22：2、M23：9、M27：6），与属于战国晚期的、随葬有明确纪年材料的青川 M50 所出土的陶釜（青川 M50：1）、铜环（青川 M50：13）、铜带钩（青川 M50：12）等在形态、大小方面均极为相近。二期墓葬中出土的陶矮领罐、陶釜、陶鼎及铜鍪、B 型和 C 型铜带钩、铜桥形饰等亦与郝家坪 1979 年至 1980 年期间所发掘的战国晚期墓葬同类随葬器物相似。M22 出土的铜印具有较明显的战国晚期秦印特征，如台形印身、桥形钮、"日"字形界格等。M29 出土煤精饰（亦可能为窍塞）与出土于四川荥经曾家沟战国墓[②]、四川荥经古城坪秦汉墓[③]、四川奉节风箱峡崖棺葬[④]的发簪或发饰相似。综合以上信息，可将二期墓葬年代定为战国晚期。

如前所述，乙类墓中的 3 座 Ab 墓（M3、M4、M6），在形制与随葬器物等方面均与甲类墓和其他乙类墓存在较大的区别，且在现存开口与相邻墓葬大致处于同一水平位的情况下，墓坑明显深于相邻甲类墓和乙类 Aa 型墓（均仅存墓底），其年代可能晚于相邻墓葬，即可能晚于战国晚期。

五、结　语

此次清理的 34 座墓多数属于战国中晚期墓葬。根据墓葬形制和随葬器物，可分为战国中期、战国晚期

---

① 四川省博物馆、青川县文化馆：《青川县出土秦更修田律木牍——四川青川县战国墓发掘简报》，《文物》1982 年第 1 期。
② 四川省文管会等《四川荥经曾家沟战国墓群第一、二次发掘》，《考古》1984 年第 12 期。
③ 荥经古墓发掘小组《四川荥经古城坪秦汉墓》，《文物资料丛刊》4，第 72 页，文物出版社，1981 年。
④ 李莉《四川奉节县风箱峡崖棺葬》，《文物》1978 年第 7 期。

两个阶段，每个阶段的典型墓葬和随葬器物在具有一定的共性和延续性，如使用大量白膏泥填充、随葬器物较少等之外，仍存在一定的差异和特点，可归纳如下。

在墓葬形制方面，战国中期墓葬既有无椁土坑墓，亦有一棺一椁的土坑墓，两者数量比例较近，有椁墓中的木棺以悬底棺为主。战国晚期墓葬则以一棺一椁的有椁墓为主，部分木椁内隔有边箱，木棺在悬底棺之外新出现平底棺。

在随葬器物方面，战国中期墓随葬器物较少，其中以陶器为主，铜器和漆器较少见，陶器以深腹罐、高领罐及蒜头壶、壶为主，铜带钩器身呈扁平状，未见兵器。战国晚期墓随葬器物相对较多，以陶器、漆器为主，但铜器已较为常见，陶器中出现釜、鼎等，铜器有素面弦纹镜、日字形界格印、桥形饰、带钩等，带钩器身呈圆柱形且表面饰有纹饰，在个别墓葬中出现兵器。

此次清理的战国中晚期墓葬与1979年至1980年期间所清理的战国中晚期墓葬在形制、随葬器物等方面均具有较高的相似度，反映了两批墓葬墓主应同属一个族群，郝家坪应是该族群长期使用的一处公共墓地。而郝家坪战国墓葬群以有椁墓为主、葬具四周以白膏泥填充的形制特征等与蜀地传统墓葬形制特征差异较大，其墓主可能为外地迁入蜀地族群，或为受到外来文化较大影响的本地族群。

在墓主身份地位及财富等方面，根据上诉墓葬形制及随葬品差异判断，战国中期部分墓葬采用一棺一椁的形制，其墓主身份应属于大夫或士阶层，而采用无椁墓形制的墓主，其身份应属于平民。但从两类墓葬的随葬品种类数量均较一致的情况判断，则两类墓主身前贫富差距不大。战国晚期多数墓葬采用一棺一椁的形制，其墓主身份应多属于大夫或士阶层，而采用无椁墓形制的墓主，其身份应属于平民。但考虑到战国晚期"礼崩乐坏"，在葬俗方面僭越传统礼制的情况已不少见，故不排除部分采用一棺一椁形制的墓主亦是平民。在随葬品种类和数量等方面，战国晚期有椁墓和无椁墓之间、有椁墓和有椁墓之间及无椁墓和无椁墓之间均存在较大差异，则可能是战国晚期各墓葬墓主之间贫富差异较大的反应，显示出战国晚期社会分化程度已较战国中期有所扩大。

据《华阳国志·蜀志》记载："周赧王元年（前314年），秦惠王封子通国为蜀侯，……戎伯尚强，乃移秦民万家实之。"[①] 这是史籍记载秦向蜀地第一次有组织的大规模移民。青川县现位于川、甘、陕三省交界地带，在秦灭蜀之后展开的"移民实蜀"行动中，部分入蜀移民留驻距秦地不远的青川并将郝家坪作为族群墓地完全具有可能。

郝家坪战国墓葬群战国中期墓葬中出土器物很少，但出土有蒜头壶等具有典型秦文化特征的器物。青川M50出土的木牍，明确记载了秦武王二年，王命左丞相甘茂更修田律等事，应是其墓主属于秦民或处于秦国直接管辖之下的确证。战国晚期墓葬中出土有侈口束颈圜底陶釜、铜桥形饰、铜鍪、烙有"成亭"字样戳记的漆器等，则可能是秦、蜀两地文化逐渐接触和交汇的反应。综合以上信息，应可大致判断郝家坪战国墓葬群多数墓主应为秦国移民及其后人。

领队：孙智彬

发掘：万　靖　李　蓉　欧严艳　田春梅　赵　璋　刘红庆

线图：曾令玲

执笔：万　靖　孙智彬　李　蓉

---

① （晋）常璩撰，任乃强校注《华阳国志校补图注》，第128页，上海古籍出版社，1987年。

附表一　郝家坪战国墓葬群2010年发掘墓葬登记表

墓号	形制	分期	年代	方向	墓坑 开口 长宽深（米）	墓坑 墓底 长宽深（米）	二层台	葬具 棺 长宽高（米）	葬具 椁 长宽高（米）	葬式	随葬器物 陶器	随葬器物 铜器	随葬器物 其他	备注
M1	乙类Aa型	一	战国中期	343°	2.4×0.92-0.2	2.40×0.92-0.55	无	0.64×0.44-0.15	无	不明	C深腹罐1		漆器痕迹1	仅存墓底
M2	甲类Aa型	一	战国中期	337°	2.8×2.1-0.2	2.1×1.4-1.96	有	1.8×0.4-0.48平底棺	2.12×1.2-0.54	不明	罐1			受扰严重
M3	乙类Ab型	三	晚于战国	345°	2×0.92-0.2	1.68×0.66-1.48	无	1.02×0.58-0.35	无	不明	陶片1		兽牙2	受扰严重
M4	乙类Ab型	三	晚于战国	250°	2.5×0.92-0.2	1.8×0.64-1.66	无	无	无	不明				受扰严重
M5	甲类Aa型	一	战国中期	345°	2.6×1.8-0.2	2.4×1.48-1.92	有	1.84×0.5-0.6悬底棺	2.1×0.96-0.76	不明	罐1,蒜头壶1			受扰严重
M6	乙类Ab型	三	晚于战国	250°	残2.45×0.44-0.2		无	无	无	不明				仅余一角
M7	甲类B型	二	战国晚期	345°	3.2×2.64-0.2	2.4×1.84-2.9	有	1.88×0.7-0.62平底棺	2.4×1.6-1	不明		鍪1	漆耳盒2,漆痕2,玉手镯1	受扰严重
M8	甲类	二	战国晚期	341°	3.7×3-0.2	2.4×1.7-1.74	有	1.7×0.6-0.6	2.4×1.7-0.8	不明				受扰严重
M9	甲类	二	战国晚期	350°	3.5×3-0.2	3.2×2.4-2.8	有	不明	2.4×1.7-0.8	不明				受扰严重
M10	甲类Aa型	二	战国晚期	344°	3.1×2.1-0.2	2.8×1.8-2.16	有	1.98×0.5-0.54悬底棺	2.2×1.5-0.7	不明	矮领罐1,罐1		漆器痕迹3	受扰严重
M11	甲类	二	战国晚期	331°	2.5	2.5×1.6-2.86	不明	1.9×0.5-1.4	2.2×1.2-3.4	不明	壶1,B深腹罐1			仅余北部
M12	乙类Aa型	一	战国中期	335°	残1.59×0.44-0.3		无	无	无	不明				仅余一角
M13	乙类Aa型	一	战国中期	350°	残1.56×1-0.	残1.4×0.64-0.9	无	1.2×0.45-0.1	无	不明	C深腹罐1		漆器痕迹1	受扰严重
M14	乙类Aa型	一	战国中期	351°	2.2×1.2-0.3	1.95×0.8-0.8	无	1.96×0.4-0.1	无	不明	B高领罐1		漆痕1	受扰严重
M15	甲类Aa型	二	战国晚期	240°	3.64×2.74-0.4	2.2×1.38-5.24	有	1.2×0.6-0.74悬底棺	2.26×1.38-1	不明				受扰严重
M16	甲类Aa型	二	战国晚期	345°	2.9×2.2-0.5	2.74×2-3.02	有	1.6×0.4-0.5悬底棺	2×1.06-0.6	不明	罐1		漆痕3	受扰严重

墓号	形制	分期	年代	方向	墓坑 开口 长宽深(米)	墓坑 墓底 长宽深(米)	二层台	葬具 棺 长宽高(米)	葬具 椁 长宽高(米)	葬式	随葬器物 陶器	随葬器物 铜器	随葬器物 其他	备注
M17	甲类	一	战国中期	340°	残 2.5×1.5-0.2	2.4×1.4-0.83	不明	1.86×0.-0.18	无	不明	罐1			仅存墓底
M18	甲类 Aa 型	一	战国中期	335°	3.2×2.8-1	3×2.52-3.12	有	1.9×0.6-0.54 悬底棺	2.28×1.28-0.18	不明	罐1	A带钩1,残片1		受扰严重
M19	甲类 Ab 型	二	战国晚期	323°	2.7×2.2-0.7	2.7×2.2-2.64	有	2.02×0.5-0.46 平底棺	2.24×1.3-0.66	不明	釜1	A桥形饰1,B桥形饰3		受扰严重
M20	乙类 Aa 型	一	战国中期	345°	2.8×1.2-0.8	2.13×0.88-1.48	无	2×0.44-0.2	2.22×1.64-0.56	不明	C深腹罐1		漆痕1	受扰严重
M21	甲类	二	战国晚期	331°	2.7×1.9-1	2.46×1.8-2.16	有	1.9×0.58-0	无	不明	罐1		漆痕3	受扰严重
M22	甲类 Aa 型	二	战国晚期	335°	3×2.1-0.40	2.8×1.94-3.6	有	1.8×0.6-0.54 悬底棺	2.16×1.06-0.88	不明	釜1	B带钩1,铃形器1,木印1	漆痕2,木器1,木箆1,木簪1	保存较差
M23	甲类 Aa 型	二	战国晚期	332°	2.9×2.3-0.4	2.8×2.14-4.38	有	1.92×0.6-0.66 悬底棺	2.18×1.40-0.88	不明	釜1	B带钩1,环1	漆痕5	保存较差
M24	乙类 B 型	二	战国晚期	346°	2.28×1.38-0.4	2.1×0.8-1.4	无	1.8×0.48-0.28	2.34×1.24-0.96	不明	陶片2组		漆痕2	受扰严重
M25	甲类 Aa 型	一	战国中期	345°	2.8×1.82-1	2.8×1.8-3.72	无	1.8×0.56-0.66 悬底棺	2.28×1.56-0.92	不明	A深腹罐1,A高领罐1	A带钩1	漆残1	保存较差
M26	甲类 Aa	一	战国中期	330°	2.25×1.9-1	2.2×1.8-2.86	有	1.62×0.44-0.56 平底棺	1.9×0.1-0.66	不明	A高领罐1,罐1			保存较差
M27	甲类 B 型	二	战国晚期	330°	3.5×2.6-1	2.8×1.9-5.1	有	1.8×0.64-0.86 平底棺	2.1×1.3-0.92	不明	鼎1,鼎盖1	C带钩1	漆耳盒2,漆痕1	保存较差
M28	乙类 B 型	二	战国晚期	340°	残1.7×1.3-1.2	残1.56×0.9-2.52	无	1.36×0.3-0.26	无	不明		镦1		仅存北部
M29	乙类 B 型	二	战国晚期	40°	残2.4×1.66-1.2	2.02×1.34-2.82	无	1.82×0.52-0.28	无	不明	罐1	镜1	漆痕4,煤精器1组	保存很差
M30	乙类 B 型	二	战国晚期	10°	残1.64×0.84-1.4	残1.6×0.84-1.72	无	1.5×0.4-0.32	无	不明				仅余南部
M31	乙类 B 型	二	战国晚期	55°	残2.3×1.2-0.8	残2.3×1.18-0.96	无	1.9×0.54-0.14	无	不明				仅余底部
M32	甲类	二	战国晚期	20°	残2.5×1.6-1.2	2.5×1.6-1.3	不明	1.6×0.6-0.1	2.1×1.1-0.1	不明				仅余底部

墓号	形制	分期	年代	方向	墓坑 开口 长宽深（米）	墓坑 墓底 长宽深（米）	二层台	葬具 棺 长宽高（米）	葬具 椁 长宽高（米）	葬式	随葬器物 陶器	随葬器物 铜器	随葬器物 其他	备注
M33	甲类	二	战国晚期	335°	残 2.36×1.34－1.2	残 2.36×1.34－1.48	不明	1.64×0.42－0.12	2×1－0.18	不明	陶片			仅余底部
M34	甲类	二	战国晚期	5°	3.4×2.2－1	3.2×1.92－3.92	有	1.7×0.6－0.5	2.1×1.3－0.6	不明	陶片		漆痕 2	受扰严重

说明：墓坑形制"开口"及"墓底"两项中的"深"指该平面距地表面的距离；葬具形制"棺"、"椁"两项中的"高"指棺或椁底部至盖板表面的距离。

郝家坪秦墓木牍*

陈 伟 高大伦

概 述

郝家坪战国墓地位于四川青川县城关，地处双坟梁的山腰，东距乔庄河约 300 米。1979 年 1 月，村民建房时发现一座古墓，四川省博物馆和青川县文化馆随即进行清理。1979 年 2 月至 1980 年 7 月，先后三次发掘，共清理墓葬 72 座。其中 50 号墓采用一棺一椁，整理者从木牍和陶器组合推测，年代在战国晚期。张金光先生（2004，148 页）指出：墓主与木牍的抄存者应是一人，其身份当为乡间小吏。今按：16 号牍正背面均书有"章手"，"章"亦见载于该牍背面不除道者的名单中，墓主或许就叫"章"。

在该墓边箱出土木牍二件，器物号分别是 16、17。16 号木牍长 46 厘米，宽 2.5 厘米，厚 0.4 厘米，正、背面皆有墨书文字。正面字迹出土时比较清晰。背面字迹多不可识，整理者以为分三栏书写。1982 年，四川省博物馆、青川县文化馆

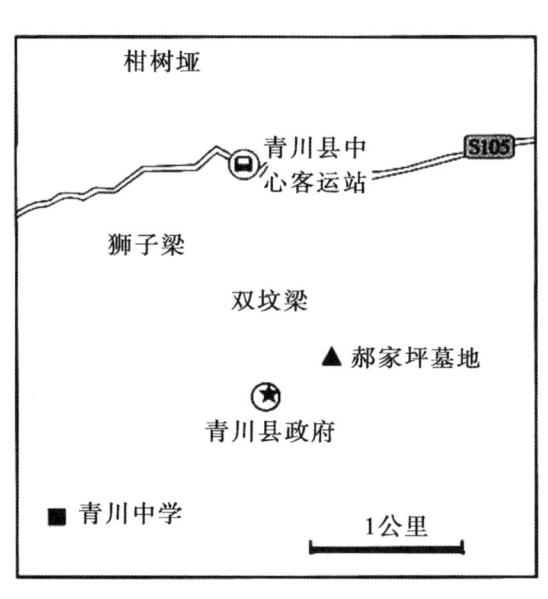

郝家坪墓地位置示意

发表缩小的正面照片和正面、背面的摹本及其释文①。1987 年，同时刊布两种正背面彩色照片②。1992 年、1993 年，徐中舒、伍仕谦先生和汤余惠先生先后发表摹本③。2007 年，黄家祥先生发表了近乎原大的正、

---

* 四川省文物考古所、湖北省文物考古所、武汉大学简帛研究中心编《秦简牍合集 2》，武汉大学出版社，2014 年版，第 185-210、273-280、347-352 页。

① 四川省博物馆、青川县文化馆《青川县出土秦更修田律木牍——四川青川县战国墓发掘简报》，《文物》1982 年第 1 期。徐中舒、伍仕谦（1992）："此牍若非出于墓葬，若非经红外显形，则时过境迁，很可能被后代人认为伪作。"当时采用红外摄影。

② 文化部文物局、故宫博物院《全国出土文物珍品选 1976-1984》，图版 265，文物出版社 1987 年版；中国美术全集编辑委员会编《中国美术全集书法篆刻编 1 商周至秦汉书法》，人民美术出版社 1987 年版，第 47-48 页。前者图幅较小，后者有较小的正、背面图，亦有近乎原大的正面图。看裂缝有无，二者应非同时拍摄。

③ 徐中舒、伍仕谦《青川木牍简论》，《古文字研究》第 19 辑，中华书局，1992 年；汤余惠：《战国铭文选》，吉林大学出版社，1993 年，第 155 页。

背面彩色照片①。学界通常所说的"青川木牍"其实仅仅指此而言。17 号木牍长 46 厘米，宽 3.5 厘米，厚 0.5 厘米，肉眼无法辨识字迹，一直未刊布图像、释文②。2009 年 4 月，课题组用红外相机对这 2 件木牍进行拍摄，16 号木牍的图像比先前所见的更为清晰，17 号木牍正面字迹依稀可见，背面似有数个字。从 16 号、17 号牍的红外影像以及 16 号牍彩色照片上，可以看到两件牍上下两端的左右，都开有契口，原先可能编在一册。

16 号牍正面记载田律条文，背面记 8 位不除道之人及其天数。17 号牍正面似记述若干人不除道天数折合钱款之事。由于所录《田律》以道路为中心，这些牍文恐怕彼此相关，是记叙除道的规定及其执行中的相关之事。

本次整理由武汉大学简帛研究中心与四川省文物考古研究院合作进行。图版采用黄家祥先生提供的彩色图版和课题组摄取的红外影像。

一、16 号木牍

二年十一月己酉朔朔日[1]，王命丞相戉（茂）、内史匽氏臂更脩（修）为《田律》[2]：田广一步[3]，袤八则[4]，为畛[5]。畮（亩）二畛[6]，一百（陌）道[7]。百畮（亩）为顷[8]，一千（阡）道[9]。道广三步。封高四尺[10]，大称其高。捋（埒）高尺[11]，下厚二尺。以秋八月，脩（修）封捋（埒），正疆畔[12]，及癹千（阡）百（陌）之大草[13]。九月，Ⅱ大除道及阪险[14]。十月为桥[15]，脩（修）波隄[16]，利津□鲜草[17]。虽非除道之时[18]，而有陷败不可行[19]，辄为之[20]。章手[21]。Ⅲ16

四年十二月不除道者[22]：壹Ⅰ□二日[23]，壹Ⅱ□九日[24]，壹Ⅲ□一日[25]，壹Ⅳ□一日，贰Ⅱ□一日[26]，贰Ⅲ丹一日[27]，贰Ⅳ章一日[28]，叁Ⅱ辰一日[29]。叁Ⅲ

凡□田□□……[30] 贰Ⅰ

章手[31]。叁Ⅳ16 反

【注释】

[1] 二年，整理者：秦武王二年。按《史记》所记，武王元年（前 310）甘茂伐蜀，二年定相位，正与此合。汪曰桢《历代长术辑要》所推，秦武王二年十一月初一，正逢"二年十一月己酉朔"，与牍文纪年亦是吻合的。

[2] 丞相戉，李昭和（1982）：详查史料，与此相合者，唯武王时期左丞相甘茂。"戉"通"茂"。

内史，李昭和（1982）：内史之职见于《周礼》，其"内史"条云："内史掌王之八枋之法，以诏王治。"又言："王制禄，则赞为之，以方出之。"郑注："赞为之，为之辞也。"又引郑司农说："以方出之，以方版书而出之。"贾公彦引杜子春云："方，直谓今时牍也者，古时名为方，汉时名为牍。"牍文内容乃更修田律一事，故王命内史匽书之于木牍。李学勤（1982）：秦的内史源于周制。《周礼》

---

① 黄家祥《青川木牍隶书墨迹探源》，《出土文献研究》第 7 辑，上海古籍出版社，2005 年。照片实刊于《出土文献研究》第 8 辑（上海古籍出版社，2007 年），张廷皓先生在第 8 辑"序"中指出："上辑《青川木牍隶书墨迹探源》漏登一版简影，本辑所补是今见最清晰者。"

② 李学勤（1982）：编号 17 的木牍较宽而厚，牍背不平，正面色泽斑驳，是否有字在疑似之间，有可能只作封缄字牍之用。

云内史"执国法及国令之贰,以考政事,以逆会计",有掌管法令副本的职责,因此秦武王改订法律,所命除丞相甘茂外,还有内史。黄盛璋(1982):这条田律既是秦武王命丞相与内史所更修,则必与内史管辖有关。《汉书·百官公卿表》:"内史,周官,秦因之,掌治京师。"按西周之内史铜器多见,掌出纳王命与册命赏锡等,属史官之属,因在王左右,故称内史。秦之内史名称虽来自周官,但性质、职掌完全不一样。秦之内史掌治京师,属地方行政长官。彭邦炯(1987):秦的内史,从战国开始已明显与西周的内史职掌不同。西周以来的内史职掌,到了战国时代,不少国家已由御史所取代,内史则变成主管全国财政经济的了。《汉书·百官公卿表序》所讲的"掌治京师",决非战国时代秦内史的职掌范围。张金光(1992)略同,并指出:内史既为中央大员,而非郡级,那么,对于秦武王二年"更修为田律",以有内史参修为由,因将其定为地方区域性法规之诸说,也便不能成立了。

匽氏臂,整理者于"匽"下断读,以为内史之名。"氏臂"二字,整理者未释。李昭和(1982)疑为"取臂",读作"取譬"。于豪亮(1982)释作"民愿"。李学勤(1982)释作"民臂",将"臂"读为"僻"。黄盛璋(1982):匽即燕,当为内史之姓;"取臂(譬)"为其名。丞相用名而内史姓名皆全,类似之例亦见汉简,用名或用姓名不必绝对统一。胡平生(1983):参照秦始皇二十六年诏书"乃诏丞相状、绾"的体例以及其他秦代文献,应是两个人名,当读做"内史匽民、臂"。"匽"通"晏"。《说文》:"晏,安也。""要民"即安民。意与汉人之名"安国""安世"等相近。以"臂"为名者,见于汉印的有"毕臂"(《汉印文字征》),可以旁证。黄盛璋(1987):"匽"与"取臂(譬)"当皆为内史之名,秦丞相有左右,内史当也有左右。李学勤(1989):依文例,"民"应为职官名,或为职官名的省称。"臂"人名。徐中舒、伍仕谦(1992):应为"吏臂"二字之残损。汤余惠(1993,157页):匽、取臂,人名。黄文杰(1996)将"匽"下一字改释为"氏",从黄盛璋旧说以"匽(燕)氏□"为内史姓名。李学勤(2005)认为黄文杰说可从。今按:看红外影像,氏、臂二字清晰无误。但丞相单称名而内史姓氏俱全并在姓后加一"氏",在秦文书中似未曾见。如何断读待考。

更修为田律,李学勤(1982):秦简《语书》:"故腾为是而修法律令、田令及为闲私方而下之。"与牍文此句对照,知道"修"是动词,"为田律"是律名。"为"义为作、治,"为田"的意思是制田。《为田律》是关于农田的法律,与云梦简《田律》有所区别。由牍文还可知,秦武王以前已有《为田律》,此时不过进行改订。黄盛璋(1982):"更修"二字古今语义稍有不同,容易误解。"修"字先秦经籍多训"治";但修并不是一般的治,而是对旧事、旧物的治。《论语》皇疏:"治故曰修。"《国策·魏策》注:"温故曰修。"《左氏春秋·序》疏:"修者治旧之名。"《礼记·月令》疏:"修者修理旧物。"今语"修理"就是从此而来。上引《语书》说腾"修法律令、田令",正是重申旧令,令吏明布,而绝不是创修或修订。胡平生(1983):此律之名应当叫做"为田律"才对。"为田"即《史记·秦本纪》、《商君列传》所记秦孝公十二年商鞅"为田开阡陌""为田开阡陌封疆"之"为田"。"为"的意思是造、作、治。如果同《睡虎地秦墓竹简》中的"田律"对比,二者的差异显而易见。看起来,"田律"的内容要广泛得多,它似应包括农业生产的各个方面。尤其是《田律》中关于按照拥有田亩交纳刍藁的律文,更是"为田律"所没有的。张金光(1985):应名之曰《更修为田律》。其系将秦武王前之《为田律》加以更修改订而成。牍文"更修"为动词,"为"应属下读,"为田律"三字联意。黄盛璋(1987):秦自商鞅以来,即名《田律》,云梦秦简田律即其证明。田律不仅秦律有,汉律亦有,汉以后仍有此律,证明皆一脉相承,而《为田律》则绝不见。二则牍文所载此律也包括去草、除道、修桥梁陂堤等,并非限于"为田"。牍背所记皆为"不除道之日"。田按照规定设立阡陌、畛、封埒，制成田亩制度，以后主要工作与任务即为修治封疆道路等，无须再"为田"。《田律》所包广，自包"为田"在内。"为田"所包狭，时间亦短暂，不仅古无此名，取为律名与传统律名相违，且与律文规定不能尽合。三则"为"字与上"修"字连读，"修为"，"更为"，"创为"，不仅经史常见，且比属下读要通顺得多。今按：类似内容见于张家山汉简《二年律令·田律》，黄氏之说是。

[3] 田，李根蟠（1990）："田"字处宜断开，因为如前所述，它不是泛指农田，而是实指百亩为顷之田；在这里它总起全律，全部律文都是阐述作为农田单位的田的法定布局。

广一步，李昭和（1982）：《说文》云："南北曰袤，东西曰广。"周秦以"六尺为步"。李学勤（1982）：青川木牍所反映的，是孝公以后的秦制，自与井田制有很大的区别。《说文》小徐本："畮（亩），六尺为步，步百为畮（亩），秦田二百四十步为畮（亩）。"《风俗通义》佚文："秦孝公以二百四十步为畮（亩），五十畮（亩）为畦。"《玉篇》："秦孝公二百三（'四'字之误）十步为亩，三十步（'亩'字之误）为畹。"秦以二百四十步为亩，三十亩为畹，五十亩为畦，百亩为顷，沿用至汉代。秦孝公时改以二百四十步为亩，亩的形状如何，也是可以考定的。《吕氏春秋·任地篇》："六尺之耜，所以成亩也；其博八寸，所以成甽也。"注："耜六尺，其刃广八寸。"耜的刃部宽八寸，以一耜成甽，和《考工记》所说耜刃宽五寸，以二耜成甽不同，从而前人认为"秦法贵小甽"。这条材料证明，秦制的亩仍然是宽六尺，也就是一步。由此可见，秦亩和周亩一样，都是长条形田，只是长度有所差异而已。《太平御览》卷750引江本《一位算法》云商鞅献三术，"内一开道阡陌，以五尺为步，二百四十步为亩"。五尺为一步，那么二百四十步的亩刚好是周亩的一倍。同时，战国时期确有五尺为步的实例，如河北平山中山王墓出土的"兆域图"。不过，《一位算法》时代较晚，不合于汉人师说，在没有更多证据以前，似可置之不论。

[4] 八则，木牍发表之初，学者多将"则"字理解为连词，对"袤八则为畛"的含义颇感困惑。胡澱咸（1983）转述于琨奇先生猜测"则"为量词，是长度名称，十步为一则。胡平生（1983）与胡平生、韩自强（1986）披露阜阳双古堆汉墓残简有"卅步为则"的记载，指出八则即二百四十步。学者多信从。李学勤（1989）：在张家山汉墓竹简整理小组《江陵张家山汉简概述》（《文物》1998年第1期）一文中，我们已接受"八则"即二百四十步之说，并引张家山汉简加以证实。高大伦（2002）：胡平生先生举安徽阜阳汉简"三十步为则"的新材料，句读问题迎刃而解，意思也立即明了。在《田律》中则径言"二百四十步"，更是直接证明了"一则"合三十步的解释的正确性。今按：岳麓秦简《数》简63（1714）记□田之述（术）曰："以从（纵）二百卌步者，除广一步，得田一亩；除广十步，得田十亩；除广百步，得田一顷；除广千步得田……"① 这是秦以宽1步、长240步为亩的最直接的文献资料。

[5] 为畛，关于"畛"，主要有三种意见：（1）田间道路，或者说是标志界限的道路。于豪亮（1982）：畛是田间小径。《诗·载芟》"徂隰徂畛"，笺："畛谓田有径路者。"《庄子·齐物论》"为是而有畛也"，注："畛谓封域畛陌也。"《楚辞·大招》："田邑千畛，人阜昌只。"王注："畛，田上道也。"均其证。关于"亩二畛"的布局，又分四种看法：其一，于豪亮（1982）、李学勤（1982）、李零（1987）、袁林（1992A）认为在亩的两个长边。其二，杨宽（1982）、黄盛璋（1982、1987）、魏天安（1989）认为在亩两端的短边。其三，胡澱咸（1983）引于琨奇认为畛是横的道路，亩二畛是把

---

① 朱汉民、陈松长主编《岳麓书院藏秦简〔贰〕》，上海辞书出版社，2011年版，第66页。

一亩分成三段。唐嘉弘（1988）也说："畛"很有可能即后世的"埂"字，"亩二畛"即每亩田地开立二埂，亦即每亩田地划作三个部分。李根蟠（1990）认为一为长边、一为短边。（2）田域。胡澱咸（1983）：银雀山汉墓竹简《孙子兵法·吴问》的"畛"为垄亩。牍文"畛"也必是指垄亩。"田广一步，袤八则为畛"，是说田宽一步，长八则为一畛。"亩二畛"是说一亩田分为二畛。胡平生（1983）："畛"既是一道田界，又是一块田区。每亩田有二畛，则面积为四百八十平方步①。张金光（1985）：青川牍文所言"畛"为畛域，是具有固定规格形状的田面区划名称，由律文言"田广袤"可证。银雀山汉简二娷娺一畛，青川牍则二畛为一亩。徐中舒、伍仕谦（1992）、祝中熹（1996）略同。（3）界限。林剑鸣（1982）："畛"尚有一解，即界限，《庄子·齐物论》"请言其畛"，"为是而有畛也"。注曰："畛，谓封域畛陌也。"此处"畛"作界限解，引申而为界限之标志。青川木牍中之"畛"即应此意。在具体形态上，林剑鸣先生以为是沟。

[6] 晦，李昭和（1982）：古亩字。《说文·田部》："晦，六尺为步，步百为晦。"《周礼·封人》："不易之地，家百晦。"郑注："亩本亦作古晦字。"自周以来，亩的制度是以步计算，步又以尺计。周代实行井田制度，乃是以六尺为步，步百为亩（方步）。秦孝公时，商鞅开阡陌，废井田，其亩制为二百四十平方步。今按：关于秦亩的面积，参看前注。

[7] 陌道，于豪亮（1982）：律文规定，每亩田之外，必须有一条"百（陌）道"，这一条"百（陌）道"，似乎应该与两条畛垂直相交。《汉书·食货志》："及秦孝公用商君，坏井田，开仟佰。"师古注："仟佰，田间之道也。南北曰仟，东西曰佰。"《地理志》云："孝公用商君，制辕田，开仟佰，东雄诸侯。"师古曰："南北曰仟，东西曰佰。皆谓开田之疆亩也。"《史记·秦本纪》索隐引应劭《风俗通义》云："南北曰阡，东西曰陌。河东以东西为阡，南北为陌。"青川为秦地，秦在河西。自然是以南北为阡，东西为陌了。杨宽（1982）、李学勤（1982）、李零（1987）等也均认为与两条畛垂直相交。李根蟠（1990）认为与每亩长边之畛垂直相交。张金光（1985）则以为陌道从构成一亩的两畛之间穿过。李零（1987）：陌道用以隔顷。高大伦（2002）：结合张家山汉简《田律》的"十顷一千（阡）道"，从文义和实际情况来分析，不难将全句理解成百亩田以上要设一条陌道，千亩田以上要设一条阡道。

陌道的宽度，李学勤（1982）：律文确定阡道应宽三步，即十八尺，对陌道和畛则无规定。段玉裁曾提出"陌广六尺"，也许是适当的。黄盛璋（1982）：陌至少广二步。胡平生（1983）、袁林（1992A）：陌道和阡道都宽三步。

[8] 顷，田宜超、刘钊（1982）："百亩为顷"，秦与古同。唯其面积有大小之异，以秦二百四十平方步为"亩"，而古百平方步为"亩"。《汉书·食货志上》："率十二夫为田一井一屋，故晦五顷……"颜注引邓展曰："九夫为井，三夫为屋，夫百晦，于古为十二顷。古百步为晦，汉时二百四十步为晦，古千二百晦，则得今五顷。"张金光（1985）：牍文言"百亩为顷"。而《周礼》言田制则有百亩、二百亩、三百亩者；《吕氏春秋》述魏氏行田有百亩、二百亩者；赵简子誓词有"土田十万"之说。皆不言"顷"。很可能"百亩为顷"的概念首创自秦。秦简《田律》言"入顷刍稾"，《法律答问》言"顷畔"。此二律皆应早于秦武王时期。"百亩为顷"的概念大抵在商鞅变法后即成立。今按：前揭岳麓秦简《数》简1714是关于秦顷面积最直接的文献资料。

[9] 阡道，杨宽（1982）：律文又说："百亩为顷，一千（阡）道。道广三步。"每一百亩田连接

---

① 胡平生、李天虹（2004，220页）指出：胡平生当时假设秦武王时实行过一种广两步、袤二百四十步的大亩，不过后来没有实行下去。现在看来这种假设可能性不大。

成一顷，有一条"阡道"，成为一顷田边缘的道路。如果一顷田和另一顷田连接的话，"阡道"就成为间隔顷与顷之间的道路。田宜超、刘钊（1982）："一千道"者，道在"顷"端，而与十"百"相交也。李零（1987）：阡道，连接每顷长边的道路，用以隔千亩。高大伦（2002）：张家山汉简《田律》中在"一阡道"前加上"十顷"两字，意思就清楚多了。就是说千亩田就要设阡道。"道广三步"，按秦制，一步等于六尺，十尺合一丈，三步等于一丈八尺，而张家山《田律》说"道广二丈"，我们知道汉尺和秦尺基本相等，这样汉阡道比秦要宽二尺。

[10] 封，李昭和（1982）：聚土也，即田阡陌（云梦秦律）。《急就篇》"顷町界亩畦埒封"，师古注："埒者，田间堳道也，一说庳垣也，今之圃或为短墙，盖埒之谓也。封，谓聚土以为田之分界也。"可见封、埒皆为田之经界。封是土堆，为界上的标志。于豪亮（1982）：律文说："封高四尺，大称其高。"则封的长度、宽度亦各为四尺。汉尺一尺为二十三厘米，因此，封的长、宽、高各为九十二厘米。封是田界的标志。杨宽（1982）："封"是作为疆界标志的封土堆，高度和长度、宽度都是四尺。就是崔豹《古今注》所说"封土为台，以表识疆境也"；《急就篇》颜师古注"封，谓聚土以为田之分界也"。黄盛璋（1982）：云梦秦律说："盗徙封，赎耐。可（何）如为封？'封'即田千佰顷半封也。""半"即"畔"字，边界之意，意思是封筑在阡、陌与顷之边缘上，但并不是阡陌。胡平生（1983）：作为田界标志的"封"不大可能专门做成一种长、宽、高皆相等的正六面体，"为田律"用"大称其高"四字，很贴切地表示出对它的形制要求并不十分严格。如果依照"壅本曰封"或者"封比干之坟"（《礼记》）等来推测，"封"大概是一种圆台体或方台体。

[11] 埒（埒），于豪亮（1982）：律文说："埒（埒）高尺，下厚二尺。"按：《说文》土部云："埒，卑垣也。"《仪礼·士觐礼》"为宫方三百步"，注："宫谓壝土为埒，以象墙壁也。"《周礼·掌舍》"为坛壝宫"，注："谓王行止宿，平地筑坛，又委壝土起堳埒以为宫。"《公羊传》昭公二十五年"以人为菑"注："菑，周埒垣也。"疏："犹言周匝为埒墙。"凡此皆埒是矮墙之证。田界除了以封作为标志外，封与封之间还以矮墙相连，这样，各户所占有的土地界限就很明确了。崔豹《古今注》云："封疆画界者，封土为台，以表识疆境也。画界者于二封之间又为墙埒以画分界域也。"这是对于封埒最正确的解释。杨宽（1982）："封"与"封"之间接连的矮墙，矮墙的地基厚二尺，矮墙本身高一尺，用作田地的分界。就是崔豹《古今注》所说"画界者于二封之间又为墙埒以画分界域也"。李学勤（1982）：由简文知道，封是高四尺的土台，连接两封的埒高一尺，底基厚二尺，这是封埒的具体形态。阡陌起着地界的作用，所以封埒虽然不等于阡陌，却与阡陌有密切的联系。商鞅变法以后，实行军功益田，又允许耕田的买卖，造成富者田连阡陌的现象，在同一田主的土地内部，可能只有阡陌而不设封埒。张金光（1985）：青川秦牍所言"封埒"，其性质与作用当为地界，别无他用。封为土台，标志着一定地域之四极（四至）即距中心最远之点；埒是连接封之间的土岗，以分划封域周围之具体边限。"封"是一个高四尺、底长宽各四尺的土堆，呈四棱锥状。埒是高一尺，横断面呈等腰三角形状，底边长二尺。

[12] 疆（疆）畔，李昭和（1982）：即界域，按周制为用来标志各级贵族所占井田的范围。《国语·周语》"修其疆畔"，韦解："疆，境也。畔，界也。"《礼记·月令》："王命布农事，命田舍东郊，皆修封疆，审端经术。"又言："田事既饬，先定准直，农乃不惑。"孔颖达谓："先定其封疆径遂，以劝农夫，农夫知田事先后，审疆界畔域，乃不有疑惑。"此说与牍文正合。秦武王令甘茂更修田律，以劝农事。并规定了有关畛、道、亩、顷、阡陌及封埒的准直，于是秋八月始行新令。修封埒、正疆畔，即所谓"审端经术"。

[13] 癹，于豪亮（1982）：《说文》癶部云："癹，以足蹋夷草也。从癶从殳。《春秋传》曰：癹夷蕰崇之。"今本《左传》隐公六年作"芟夷蕰崇之"。由此可知癹与芟的涵义相同，《左传》杜注云："芟，刈也。"因此癹也是割草的意义，不一定解释为"以足蹋夷草也"。徐中舒、伍仕谦（1992）："发千百之大草"应即开阡陌以外之荒地。草，即《商君书·垦令》"则草必垦矣"之草字。商君实行重农政策，提出了二十种措施，以督促人民积极垦荒。所谓"则草必垦矣"之草即荒地也。"癹"，于豪亮释"芟"，似可商。此牍文作"癹"，以释"发"为是。《诗·噫嘻》"骏发尔私"，疏："伐也"或"开也"。发阡陌之大草，即开发阡陌旁畛域之荒地，使之成为可耕地。汤余惠（1993，158 页）："癹"，通"拨"。《广雅·释诂》："拨，除也。"《诗·大雅·荡》："颠沛之揭，枝叶未有害，本实先拨。"郑笺："拨，犹绝也。"古书又作拂、茀。《大雅·生民》"茀厥丰草"，韩诗作拂。古云癹、拨、拂、茀，今言则为拔。阡陌大草，根大茎粗，不易铲锄，拔之可也。今按：张家山汉简《二年律令·田律》246 号简作"恒以秋七月除千（阡）佰（陌）之大草"。于豪亮（1982）所引《说文》之外，《广韵·末韵》亦云："癹，除草也。"癹、除义通。《吕氏春秋·任地》："大草不生。"高诱注："草，秽也。"

[14] 除道，李昭和（1982）：即修治道路。《战国策·西周》有"除道属之于河"之说。于豪亮（1982）：除，修治。《礼记·曲礼》："驰道不除。"注："除，治也。"

阪险，整理者释作"除洽（澮）"。于豪亮（1982）改释"阪险"，指道路险峻之处。《吕氏春秋·孟春纪》"阪险原隰"，注："阪险，倾危也。"今按：看红外图像，于氏释是。《二年律令·田律》简 247 亦作"阪险"。

[15] 桥，田宜超、刘钊（1982）：桥梁。《国语·周语中》："夫辰角见而雨毕，天根见而水涸……故先王之教曰：雨毕而除道，水涸而成梁……故《夏令》曰：九月除道，十月成梁。"

[16] 波堤，第一字，李昭和（1982）释为"陂"，读为"波"。于豪亮（1982）释为"波"，读为"陂"。田宜超、刘钊（1982）："波"借为"陂"。《诗·陈风·泽陂》："彼泽之陂，有蒲与荷。"毛传："陂，泽障也。""修波堤"，谓修治川泽之堤障也。今按：《汉书·高帝纪上》："尝息大泽之陂。"师古曰："蓄水曰陂，盖于泽陂隄塘之上休息而寝寐也。"这里的"陂"也是泽障。

[17] 津□，"津"下一字，整理者未释。李昭和（1982）释为"深"。于豪亮（1982）释为"梁（梁）"。李学勤（1982）以为从二"阜"，从"水""刃"声，亦释为"梁"。黄盛璋（1982）释为"隘"。田宜超、刘钊（1982）释为"廉"，读为"康"，指大道。胡平生、韩自强（1986）释为"沱"，读为"渡"。陈世辉、汤余惠（1988，254 页）释为"涧"。李零（1989）释为"衍"，指大泽。李零（1998）释为"衍"，读为"干"或"岸"。禤健聪（2004）释为"渊"。刘洪涛（2008）赞成释为"涧"，读为"关"。周波（2008A、2008B）重申释为"渺（梁）"。周波（2008A）网文之下"战国时代"评论据《出土文献研究》第八辑所刊彩照认为：中间的部分像是正面人形，不像"刃"形，怀疑这个字是从"亢"声，读为"梁"。今按：看彩色照片与红外影像，此字二"阜"之间、"水"上的部分，似是"豕"。古文献中，逐、遂二字或混用。如《山海经·西山经》"逐水出焉"，郭璞注："逐，或作遂。"①《春秋繁露·考功名》"各逐其弟"，凌曙注："官本案：逐，他本作遂。"②《周易·大畜》"良马逐"，马王堆汉帛书本与双古堆汉简本均作"遂"，张政烺先生指出："帛

---

① 毕沅校正《山海经》，上海古籍出版社，1989 年，第 19 页。
② 王先谦编《续清经解》第四册，上海书店，1988 年，第 87 页。

书常以遂为逐。此处似遂字义长。"①《二年律令·田律》简247"利津"下一字，整理者释为"梁"。何有祖（2011）据残画疑释为"隧"，"利津隧"似指疏通道路（或水道、地下水道）。今按：木牍此字或是"隧"之异体，其构形可与《说文》"䜹（隧）"字比观。隧有水中道路一义。《荀子·大略》："迷者不问路，溺者不问遂，亡人好独。"杨倞注："遂谓径隧，水中可涉之径也。"所以与"津"（渡口）并列。

鲜草，学者多与其下一字连读。于豪亮（1982）：鲜读为獮。《史记·鲁世家》："于是伯禽率师伐之于肸，作肸誓。"集解："徐广曰：肸一作鲜，一作獮。"《尔雅·释诂》："獮，杀也。"离当以双声读为荥。"鲜草离"意思是除去草。田宜超、刘钊（1982）：鲜草，绿草也。"利津䜹鲜草"者，谓以石为轮，轹杀津渡通道之绿草也。唐嘉弘（1988）："鲜草离（荥）"和"利津梁"、"修波（陂）堤"为同一句式，桥上的草有限，陂堤上的草亦无必要铲除，故不能释"鲜"为"杀"。鲜训好、善，引申为荣华。徐中舒、伍士谦（1992）：鲜草离，鲜草，谓新垦之荒地。离，《仪礼·士冠礼》注："割也。"谓新垦之地此时垦毕也。汤余惠（1993年，158页）：鲜草离，即鲜草荥，除灭杂草的意思。鲜，通斯、澌，有尽、灭等义。刘洪涛（2008）：张家山汉简《二年律令·田律》跟青川木牍《田律》相同的一条律文没有"鲜草"二字，牍文"鲜草"二字可能是衍文。侯娜、方勇（2013）：鲜读为散，表示芟杀草木之义。今按："鲜草"与"津遂"并举，恐亦指交通设施。鲜，或可读为"栈"，指栈道。草，疑读为"造"，指造舟为梁，即浮桥②。

[18] 虽，李昭和（1982）释，黄盛璋（1982）、田宜超、刘钊（1982）说同。于豪亮（1982）释为"离"，与"鲜草"连读，李学勤（1982）、唐嘉弘（1988）、徐中舒、伍仕谦（1992）、汤余惠（1993年）从之。今按：《二年律令·田律》简247作"虽"，且无"鲜草"二字，牍文释"虽"无疑。

[19] 陷败，《吕氏春秋·论威》"虽有大山之塞则陷之"，高诱注："陷，坏也。"陷败犹坏败、溃败。

[20] 辄，李昭和（1982）释为"相"，田宜超、刘钊（1982）从之。于豪亮（1982）：改释，黄盛璋（1982）从之。今按：看红外影像，释"辄"是。《二年律令·田律》简247亦作"辄"。

[21] 章手，整理者未识。于豪亮（1982）以为无字。黄盛璋（1982）："之"字下乃墨迹溅渍，非文字也。今按：看红外影像，为"章手"二字，位置比上文偏左，笔画较粗，与背面"章手"二字类似。据里耶秦简等资料可知，章当为人名，手指手书、记录③。

[22] 四年，李学勤（1982）：当是秦武王四年（前307）。

[23] 第一字，整理者缺释。今按：看红外影像，似是"桃"或"秾"。

牍背一至三栏二至四列首字，李昭和（1982）除少数缺释外，多释为干支字。田宜超、刘钊（1982）因而认为所记是"除道日禁"。汤余惠（1993年）也以为是"不宜修路的日子"。张金光（2004，148页）则认为：木牍正面律文，即其此类政事活动的法律依据；反面文字，即其据律所做诸事的片断记录。今按：张氏所云近是。这些字均当为人名。背面牍文主要是记载不除道的人及其天数。

二，李昭和释为"一"，于豪亮（1982）、李学勤（1982）释为"二"。

---

① 张政烺《马王堆帛书周易经传校读》，中华书局，2008年，第71页；韩自强《阜阳汉简〈周易〉研究》，上海古籍出版社，2004年，第60页。
② 参看顾颉刚《史林杂识》，中华书局，1963年，第125–130页。
③ 参看陈伟主编《里耶秦简牍校释》第1卷，武汉大学出版社，2012年，第5页。

日，整理者、于豪亮（1982）、李昭和（1982）释。李学勤（1982）释为"田"。今按：释"日"是。

整理者与相关研究者释文均以壹Ⅱ、贰Ⅱ、叁Ⅱ、壹Ⅲ、贰Ⅲ、叁Ⅲ、壹Ⅳ、贰Ⅳ为序。今按：兹依分栏处理。

[24] 第一字，整理者、李昭和（1982）释为"壬"，于豪亮（1982）缺释。今按：看红外影像，或是"卑"。

九，于豪亮（1982）释。整理者、李昭和（1982）释为"一"，李学勤（1982）释为"六"。今按：看红外影像，于氏释是。

[25] 第一字，整理者、李昭和（1982）释为"戌"，于豪亮（1982）、李学勤（1982）缺释。今按：字从"又"作，或是"及"。

[26] 第一字，整理者、李昭和（1982）释为"亥"，于豪亮（1982）、李学勤（1982）缺释。今按：看红外影像，似是"赤"。

[27] 丹，整理者缺释。今按：据红外影像释出。

[28] 章，整理者、李昭和（1982）释为"辛"，于豪亮（1982）、李学勤（1982）释为"章"。今按：看红外影像，于、李二氏所释是。

[29] 辰，整理者、李昭和（1982）释。

[30] 凡、田，据红外影像释出。"凡"下一字，疑是"有"。"田"下一字，疑是"者"。

[31] 章手，据红外影像释出。

二、17 号木牍

□二□不除然道□十二□□□田者□一畮（亩）当十八钱[1]。取菆
□□□□□□□□一□□Ⅰ三□钱十五[2]。□□一日二户，户六□□卅□。凡□[3]。Ⅱ
年不□□五日，日六□钱卅[4]。不除道二日，日十二橡□□□□□一日，日六。□□，一日，日六。凡六十六钱。Ⅲ
□□八。年……□□□□不出……Ⅳ 17
□□□□17 反

【注释】

[1] 然道，似是道路名。"道"下一字，似是"直"。"二"下一字，似是"羽"或"明"。"田"上一字，似是"假（假）"。

[2] "钱"上一字，似为"为"。

[3] "凡"下一字，似是"二"。

[4] "钱"上一字，似为"为"。

青川木牍简论

徐中舒　伍士谦

1980年四川青川县郝家坪发掘一批战国墓，其中五十号墓出土木牍一件，经过科学方法处理显现了木牍原文，其内容为田律，年代为秦武王二年（前309），其背面为武王四年（前312）。详细情况已见《文物》1982年1期简报。此牍若非出土于墓葬，若非经红外显影，则时过境迁，很可能被后代人误认为伪作，如诅楚文一样（从元代起就有人误认为伪作）。今查牍之字体及内容，实有启后人怀疑之处。第一，字体不类六国文字。既不同于三晋的盟书、中山鼎铭和楚、蔡、吴、越文字的形体，也与秦公钟镈铭文、秦诏版、石鼓文、诅楚文不相类。字体风格和结构颇类秦初期隶书。第二，牍文第二句"王命丞相戊"。丞相之称，不见于出土的先秦兵器铭文，秦及六国'传世铜戈、戟铭文都称相邦，秦始皇时乃有丞相之名。此牍所谓"丞相戊"，适与《史记·秦本纪》"武王二年以甘茂为丞相"相合。后之见此牍者，很可能据此为牍文抄袭《史记》，是作伪的"铁证"。第三，从水偏旁之字，周金文，侯马盟书、中山国铜器铭文，战国楚帛书等俱作〰、〵、〴诸形，从来没有作三形的。而此牍之波、津等字，偏旁均作三。还有从广的广字，周金文作𠪳（墙盘）或𠪴（士父钟），只有《说文》小篆作𠪳。此牍之广字。不同于古而同于以后之《说文》。第四，数目字之十，金文作↑、●、↑等形，七字作十，横竖二画相等。此牍之十月、十一月，两个十字皆横竖相等，与先秦文字之七相混，这也是可疑之处。五、草字的出现，按《说文》以艸为草，以草为皂；徐铉认为草之为艸，乃俗字。此牍有草字，也是疑点之一。现在我们知道此牍是经过科学发掘得到的，经过最新科学处理显现其字迹的，确切无讹，是十分可靠的文物，绝不是赝品，那么上面提出的一些问题，就值得我们重新估价。

现在先来解释全牍文字（附摹本）

＊《古文字研究》第19辑，中华书局，1982年，282—289页。

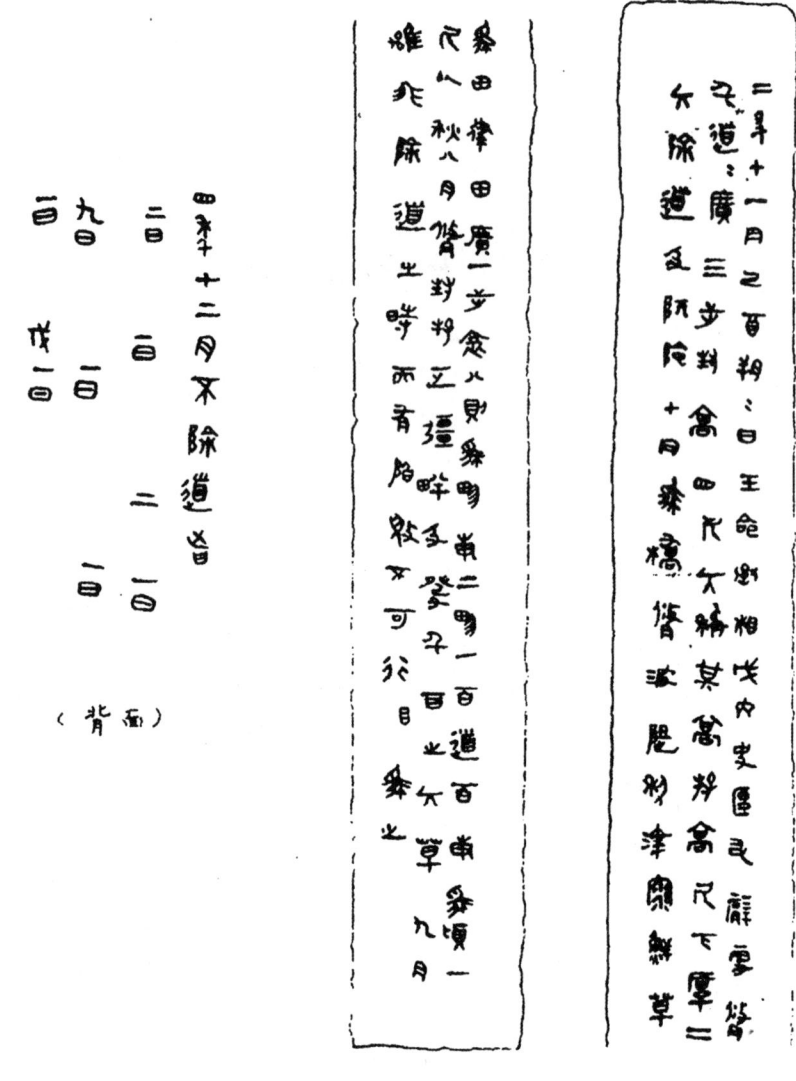

二年十一月己酉朔朔日，王命丞相戊（茂）、内史匽、昌辥（吏臂），更修为田律。田广一步、袤八则为畛，一百（陌）道，百亩为顷，一千（阡）道。道广三尺，封高四尺。大称其高。捋（埒）高尺，下厚二尺，以秋八月修封、捋，正疆畔，及发（发）千（阡）百（陌）之大草。九月大除道及阬险，十月为桥，修波隄、利津𣫽（梁），鲜草离。非除道之时而有陷败不可行，日（相）为之。

上为正面。下为背面文字，

四年十二月不除道者

 　　□二日　□一日　□一日
 　　□九日　□一日　□一日
 　　□一日　戊一日

按考释古代铜器铭文及其他简帛文字，应注意通读全篇，不能仅局限于只注意一字一句的论释，此牍是一篇安民告示，应该是文从字顺，通俗易懂。字体亦应为秦地民间通用的文字。兹逐句进行通释：

二年十一月己酉朔朔日

根据汪曰桢《历代长术辑要》推算，秦武王二年十一月己酉朔，年、月、日、朔皆合。按《汉书·律历志》载汉兴袭秦正朔，用颛顼术。张苍等以为颛顼术比五家（指黄帝、夏、商、周、鲁历）疏阔中最为近密。这是不错的。六历中颛顼术比较进步，主要为四分术，即一年为三百六十五日又四分之一日。十九年七闰。今长术可推至秦惠文王称王初更元年丁酉至子婴元年己未。凡一百一十九年。由此牍之发现，可知秦武王时已经使用比较先进的历法。

王命丞相戊、内史█，█（吏）臂，更修为田律。

按《史记·秦本纪》及《甘茂列传》，均记秦武王二年（前309）以甘茂为丞相，此与牍文完全相同。所谓丞相戊，实即茂字，李昭和同志已有考证（见《文物》1982年1期）。丞相之职，据《汉书·百官公卿表》云："相国、丞相均秦官。"《通典》："始皇始置相国。"《历代职官表》，"相国在丞相之上"。对丞相、相国、相邦这三种职称，究竟应当怎样看待呢？相邦即相国，这是避刘邦讳而改定的。相国与丞相是一职之异名，或为两种不同的职官称谓呢？今据牍文"丞相戊……为田律"又《史记》记载"魏冉数相秦，昭王十二年以为相国"、"秦庄襄王以吕不韦丞相，太子改立，尊之为相国"，其职权如《汉书·百官公卿表》所称"掌丞天子，助理万机"，应该就是百官之长，由此看来，丞相、相国同是一职，丞相是正式的官名，相邦、相国当为对丞相的尊称。王静安先生在《匈奴相邦印跋》（见《史林》十）一文中谓"六国执政者均称相邦，秦有相邦吕不韦，见五年相邦吕不韦戈，魏有相邦建信候。史家作相国者，盖避汉高帝讳故。"再，传世铜兵器《四年相邦樛斿戟》（见《双剑誃吉金图录》卷下三十一页）。按《秦本纪》昭王五十一年，将军樛攻韩，取阳城，负黍。樛斿，当即此将军樛，睡虎地秦简编年纪亦载，"昭王五十一年取阳城"。正与《秦本纪》合。看来这位将军樛也作过相邦。又如《二十一年相邦冉戟》（见《双剑誃吉金图录》卷下三十二页）、《中山王鼎》称中山王█命相邦█。其他如《战国策》、《吕氏春秋》等古籍多称相国。故相国与丞相很难认为是两种职官名称。

内史一职，据《周礼》"执国法及国令之贰，以考政事，以逆会计。"因此改定田律、公布国家法令等事，要内史署名。匽即内史之名。

内史匽以下二字，各家解释不同。今细审原文，为"█辟"应为"吏臂"二字之残损。有些同志释为"取壁"或"民辟"，看来俱不很确切。按睡虎地秦简《语书》云："故腾为是而修法律令、田令及为间私方而下之，令吏明布。"可见法律令、田令，都要由吏公布。所以政府公布的田律，在丞相、内史署名之下，最基层的行政官员"吏"也要同时署名。由此可以推断此残文决为吏字，而臂即吏之名。五十号墓主人，有可能就是这个吏臂。

更修为田律

由更修二字，可知以前有过田律，这一次是重新更改田律。按青川地处甘肃、陕西、四川之间，在巴蜀境内。《史记》秦武王元年，"蜀侯恽，相壮反，秦使甘茂定蜀。"定蜀之后，必重定田律，划定田界，规定亩顷，正式收为秦国领土。这就是更修田律的根据。

田广一步，袤八则为畛，亩二畛，一百（陌）道；百亩为顷，一千（阡）道。道广三尺。

此段考释者多家，迄无定论。我们认为此文之关键，是"则""畛"二字。则字在句中的地位应为量词，是长度的名称。孙常叙先生在《则、法度量则、则誓三事试释》一文中，谓"则之义为计量器的标准器或标准。"甚是。"则"究竟有多长？今年九月初在西安召开的五届中国古文字学年会上，胡平生、韩自强同志的一篇论文认为"则是长度量词"，同时根据阜阳出土汉残简所记"卅步为则"，以为一则就是三十步长。此说可以参考。"则"是否为三十步，秦制是否与汉制相同，值得进一步探讨。但"则"之为长度单位，是没有问题的。畛，各家考释咸根据《周礼·遂人》"十夫有沟，沟上有畛"之说，释为田上之道，或地畔之径路，为农田间的地界。我们认为畛不是田间小道，应是一块整田。《庄子·齐物论》"请言其畛"注："谓封域畛陌也。"《楚辞·大招》"田邑千畛"，《战国策》"楚叶公子高食田六百畛"。这些畛字作为田间小道解释，文义难明，千畛、六百畛，应作一千块田、六百块田解释，就文从字顺了。说某人有六百条田道，究竟不如说某人有六百块田明白易懂。故这一段话的解释，应为广一尺、长八则就是一整块田。两整块就是一亩，有一陌道，百亩是一顷，有一阡道。阡、陌是田间的道路。应劭《风俗通》"南北曰阡，东西曰陌。"阡陌的道路宽三尺。

封高四尺，大称其高；捋（埒）高尺，下厚二尺。以秋八月修封、捋（埒），正疆畔，及发千（阡）百（陌）之大草。

封，据《史记·商君列传》《正义》"封，聚土也，疆界也，谓界上封记也。"睡虎地秦简《田律答问》："盗徙封，何如为封？封即阡陌顷畔封也。"故封就是在阡陌上所作的田界标志。封高四尺，大称其高，就是一个高四尺、长宽各四尺的方形土堆。此种封堆，不准任何人移动，如果私自移动，要判刑。

捋，应假为埒。《史游急就篇》"顷町界亩畦埒"，师古注"埒，田间塭道也。一说库垣也。今之圃或为短墙，盖埒之谓也。"《说文》："埒，库垣也。"段注，"引申之为卑垣也。"换言之，即田间矮墙，以别田界。埒高一尺，下基厚二尺，以秋八月修封和埒，正疆界。

"及发阡陌之大草"，此句各家解释不同。按朱熹《开阡陌辩》："陌之为言百也，遂洫纵而径涂亦纵，遂间千亩、洫间百夫，而径涂为百矣。阡之为言千也，沟浍横而畛道亦横，则沟间千亩，浍间千夫，而畛为阡矣。阡陌之名。由此而得。"故开阡陌者，开千亩百亩旁之畛或空地而利用之也。此牍"发千百之大草"，应即开阡陌以外之荒地。草，即《商君书·垦令》"则草必垦矣"之草字。商君实行重农政策，提出了二十种措施，以督促人民积极垦荒。所谓"则草必垦矣"之草即荒地也。发，于豪亮释芟，似可商。按中山王大鼎"语不发哉"发作𤼥、马王堆帛书《老子》乙本"驰骋田猎，使人心发狂"发字作𤼥，与小篆同，此牍文作𤼥，以释发为是。《诗·周颂·噫嘻》"骏发尔私"，《疏》："伐也"或"开也"，发阡陌之大草，即开发阡陌旁畛域之荒地，使之成为可耕地也。商鞅变法，颁布一系列奖励耕战的命令，立了军功的人，可以得到土地和爵位。分军爵为十八级，斩首一级，赐爵一级，赐田百亩，赐宅九亩。同时奖励垦荒，定垦荒条例二十条。荒地垦，则耕地日增。秦孝公以后，继嗣诸王，守法不变。荀卿入蜀，极赞秦士大夫公忠之精神与百姓淳朴之风俗。军功赏田，田从何来？应是不断侵略别国土地，推行秦之田律，积极垦荒，修农田水利的结果，秦武王并蜀以后，由甘茂等定田律，使巴蜀地区纳入秦的统治范围以内，同时还大量移民，迁入蜀地。据《华阳国志》载"秦惠王封子通为蜀侯，张若为蜀守，移民万家实之。"即其一例。从此蜀之沃壤成为秦国之后方根据地。人力财力之输送，实利赖之。我们可以说秦国大统一局面的完成，实由吞并巴蜀开其端。

九月大除道及阬险

大除道，即大修田道之义。阬，坎也；险，阻难也，谓道有阬坎或阻难之处，则修治之也。

十月为桥，修波堤，利津梁，鲜草离。

桥即梁也。修波堤，即治理沟洫堤防，既使水能通畅，又能防治水患。🈁字释梁，可从。谓修桥以利交通。按《周语》："雨毕而除道，水涸而成梁。故夏令曰：九月除道，十月成梁。"此正与木牍文合。这些方法，可见田律文明确规定九月大除道及平治坑险，十月造桥修渠治水都是沿袭周制。鲜草离，鲜草，谓新垦之荒地。离，《仪礼·士冠礼》注"割也"。谓新垦之地此时垦毕也。

非除道之时，而有陷败不可行，🈁为之。

按目字残损，或释为相，或释为辄，俱可通，此句谓即使非除道日期，而道路有陷败不利交通的情况，也要及时进行修治。

木牍背面文字残损过多，似为秦武王四年特别规定的不修道路的日期。

读了木牍全文以后，再谈一点秦篆及隶书的起源问题。秦国文字最初是直接继承西周文字的。宋代出土的秦公钟、清代土出的秦公簋、近年宝鸡出土的秦公镈、钟铭文，都和西周金文是一脉相承的。石鼓文、诅楚文也是秦刻文字，其年代晚于秦公钟。更晚一点的新郪、阳城二虎符文字，王国维先生以为始皇时造。这些秦文字都与青川木牍及睡虎地秦简文字风格不同，青川木牍年代为秦武王四年（前307），睡虎地秦简为始皇三十年（前217），相去九十年。二者都是用笔书写的，书法风格和字体完全相同。如四、内、则、其、道、出、高、行、千、百等字，形态俱同。再就二者的字形比较，有长方、正方、扁平等，笔画肥瘦刚柔变化，无一不类。其中有些捺笔，已有明显的波势。此种书法，已与长沙马王堆帛书老子甲本相近。到了西汉初文帝时所写的帛书老子乙本，已经明显地成了汉隶的雏形。从青川木牍到睡虎地秦简到帛书老子甲、乙本，完全是一脉相承。所以我们认为木牍文字的书法，就是隶书的先导。按《水经·谷水注》："古隶之书，起于秦代。而篆字文繁，无会剧务，故用隶人之省，谓之隶书。或云：即程邈于云阳增损者，是言隶者，篆捷也。"《汉书·艺文志》在"秦篆"下称："是时始建隶书矣。起于官狱多事，苟趋省易，施之于隶徒也。"许慎《说文解字》序云："是时秦焚烧经书，涤除旧典，大发隶卒，兴成役，官狱职务繁，初有隶书，以趋约易，而古文由此绝矣。"王僧虔《名书录》云："秦狱史程邈善大篆，得罪，系云阳狱，增减大篆，去其繁复，始皇善之，出为御史，名其书曰隶书。"卫恒《四体书势》在"小篆"下云；"下邽人程邈为衙狱吏，得罪始皇，幽系云阳狱十年，从狱中改大篆，少者增益，多者省简，方者使圆，圆者使方，奏之始皇，始皇善之，出以为御史，使定书。或曰邈所定乃隶书。"以上的记载都认为秦始皇时程邈始作隶书，千年以来，此说不易。今以牍文观之，文字形体风格，确与籀文和小篆不同。在书写时，比篆文简易，而且确是官府文书，但年代则为秦武王四年：比秦始皇统一中国早八十余年，比睡虎地秦简书写之年早九十年。故始皇时程邈始作隶书之说不可信，看来这种书体的形成来源更古，当不始于秦武王二年，应该有一个比较长期的发展。更可以看出秦始皇统一文字，只不过是用秦国几代通用的文字以代替异形的六国文字。还有后人强分秦简文与汉简文为二种书体，也是不符合实际的。秦汉简书都为同一类型的书体，有继承关系。此种书体，既为隶书前导，而又创于秦武王之前，时隶之与篆，都应是同时代的产物，不能说隶书晚于篆书。从前有些文字学家已发现有些隶书文字更近于古，而不知其所以然，今得此牍文，可知某些隶文之更近于古，其原因即在于此。此牍从水之偏旁作三，从三之偏旁作广，数目之一十作十，艸之为草，其年代都应早于小篆，徐铉以草为艸之俗字，是错误的。

还有一个问题，由于牍文的发现，更使我们得到一些启示。就是汉代所谓今古文经之争。这个两千年来学术界的争论问题，我们也可以作一些合理的解释。今古文是西汉时代经学上两个不同的派别。汉武帝时，共设十五个五经博士，他们所传习的经典，出于先师口授，即用当时通用的隶书抄写。例如伏生传《尚书》。伏生在汉文帝时年已九十余岁，文帝命晁错往受业。伏生老不能正言，使其女传言教错。齐地方言多与颍川异，晁错略以其意属读。（见《汉书·儒林传》师古注）可知晁错所记录的书体，应与马王堆帛书《老子》乙本同，是即所谓今文经。同时六国古文旧书，由于汉废除挟书之令，秦火焚禁之后，民间所藏书也渐次出于人间，其书皆用六国古文字书写，其写书的年代，也不过比隶书略早一些。这种古文，既不能说是春秋以前的古文，更不能说是比春秋时代更早的殷周古文。这种古文经的古文，有严格的时间和地区的限制，它只是战国时代通行于齐、鲁、三晋之间的文字。我们只要牢牢掌握这一点，那么古文的源流就明白如昼了。由于此牍的出现，使我们了解到古文经实为东方诸国通行之文字，而所谓今文，实是从秦隶一派相承而下的汉隶。两者有什么区别呢？我们认为二者皆出于西周文字，来源相同，只是书写风格不同。所以在汉代，古文经并不难认识。就是钟鼎文字，也有人认识。《汉书·郊祀志》载张敞就认识。即使到了晋代，汲冢古文的出现，也有人认识。直到今天，中山王器铭文，侯马盟书，温县盟书，楚、蔡、吴、越铜器铭文等等文字，我们还是能够认识其中绝大部分。

我们有幸生于今天，看见距今二千三百多年以前一位高明的书手，用秦代武王时官府通用、民间认识的字体写下了一百四十多字的田律，给我们解决了历史上的一些有争议的问题，更正了一些错误的结论，也给我们展示了隶书的起源和发展的情况。这是多么了不起的考古发现，是多么重要的一件历史文物啊！

1984 年 10 月

青川郝家坪木牍研究

李学勤

1979 年至 1980 年，四川省考古工作者在川北青川县郝家坪发掘一批战国墓，简报业已发表[①]。其中 50 号墓所出木牍，内容异常重要，引起学术界重视，于豪亮、李昭和、杨宽等同志都有很好的研究[②]。我在这里提出一些补充，与同志们商榷。

木牍出自 50 号墓边箱，有两件，长度同为 46 厘米。编号 M50：17 的一件较宽而厚，牍背不平，正面色泽斑驳，是否有字在疑似之间，有可能只作封缄字牍之用。M50：16 较薄，两面平滑，都有墨书文字。正面是以秦王诏令形式颁布的法律，背面为与该法律有关的记事，分述如下。

一、释文

先写出木牍正面三行文字的释文，并仿照云梦睡虎地秦简的体例，附以语译：

> 二年十一月己酉朔朔日，王命丞相戊、内史匽，民臂（僻），更修《为田律》：田广一步，袤八，则为畛。亩二畛，一百（陌）道；百亩为顷，一千（阡）道，道广三步。封高四尺，大称其高；埒（埒）高尺，下厚二尺。以秋八月，修封埒（埒），正彊（疆）畔，及殳千（阡）百（陌）之大草；九月，大除道及阪险；十月，为桥，修波（陂）隄，利津梁，鲜草离。非除道之时而有陷败不可行，辄为之。

〔译文〕二年十一月初一日己酉，王命令丞相甘茂和内史匽，百姓邪僻不守法，现对《为田律》加以改订：农田宽一步，长八步，就要造畛。每亩两条畛，一条陌道；一百亩为一顷，一条阡道，道宽三步。封高四尺，大小与高度相当；埒高一尺，基部厚二尺。在秋季八月，修筑封埒，划定田界，

---

* 《文物》，1982 年第 10 期。
① 四川省博物馆、青川县文化馆《青川县出土秦更修田律木牍》，《文物》1982 年第 1 期。
② 于豪亮《释青川秦墓木牍》，《文物》1982 年第 1 期。
　 李昭和《青川出土木牍文字简考》。
　 杨宽《释青川秦牍的田亩制度》，《文物》1982 年第 7 期。

并除去阡陌上生长的草；九月，大规模修治道路和难行的地方；十月，造桥，修筑池塘水隄，使渡口和桥梁畅通，清除杂草。不在规定修治道路的时节，如道路破坏不能通行，也应立即修治。

释文有几点需要说明。

牍文是秦人字体。"二年十一月己酉朔"：据汪曰桢《历代长术辑要》等书，与秦武王二年（前309）相合，但这是周历。云梦秦简所载秦昭王至始皇帝的历朔，都属于颛顼历。秦武王时用周历，这是历法史上的一项新知识。

"丞相戊"：即甘茂。吴师道《战国策补正》论《东周策》甘茂之名云："茂一作戊，后多有。《说苑》作戊，古字通。"从牍文可知"戊"是本字。《史记·秦本纪》和《甘茂列传》均记秦武王二年初置丞相，以甘茂为左丞相①，同木牍完全符合。

"内史匽"："匽"为人名。秦的内史源于周制。《周礼》云内史"执国法及国令之贰，以考政事，以逆会计"，有掌管法令副本的职责，因此秦武王改订法律，所命除丞相甘茂外，还有内史②。

"民臂"："臂"读为邪僻的僻。云梦秦简《语书》："是以圣王作为法度，以矫端民心，去其邪僻，除其恶俗。"邪僻即指不遵守法度。

"更修《为田律》"：秦简《语书》："故腾为是而修法律令、田令及为间私方而下之。"与牍文此句对照，知道"修"是动词，"为田律"是律名。"为"义为作、治，"为田"的意思是制田。《为田律》是关于农田规划的法律，与云梦简《田律》有所区别。由牍文还可知，秦武王以前已有《为田律》，此时不过进行改订。

"田广一步，袤八，则为畛"："八"字下省一"步"字。从句子的结构看，应在"袤八（步）"处断读。"为"和上述"为田"的"为"，以及下文"为桥""辄为之"的"为"一样，训为作、治，而和"百亩为顷"的"为"意义不同。

"千百"：系"阡陌"的古写，云梦简作"千佰"。东汉时的《说文》，还没有"阡陌"这两个字③。

"梁"字，牍文原从二"阜"，从"水""刅"声。"蓥"字，于豪亮同志根据《说文》段注，认为和"芟"字义近；"离"字，于氏以为读作"莱"④，都是可取的。

木牍背面的文字，有些地方漫漶不易辨识，试释为：

四年十二月不除道者：
□二田，□一田，章一田，
□六田，□一田，□一田，
□一田，□一田。

"田"字，简报摹本作"日"，但牍文第二行的"田"字，中笔还可看见。"四年"当即秦武王四年（前307）。

---

① 参看韩养民《秦置相邦丞相渊源考》，《人文杂志》1982年第2期。
② 参看于豪亮《云梦秦简所见职官述略》，《文史》第8辑。
③ 钮树玉《说文新附考》。
④ 同《释青川秦墓木牍文》于豪亮文。

《为田律》要求每年八至十月修整道路，牍背所记是当年某一地区内不依法修路的情况记录。"章一田"等等，头一字是田主的名字，下面是他所有的未按规定修道的田数。秦法严密，估计对这些违法的人一定有惩处的办法。

云梦秦简已经说明，秦的法律种类很多，每种律的条文也非常繁复。木牍所记载的，可能只是《为田律》中秦武王作了修改的部分，而不是这种律的全部条文。

二、与《周礼》的比较

《为田律》是关于农田制度的法律，而牍上的律文却以道路的建造修治为主，这是什么缘故呢？原来，中国古代的田制，总是同道路系统不可分的。这一事实，在《周礼》书中表现得最为清楚。

《周礼·遂人》有下列一段文字：

> 凡治野，夫间有遂，遂上有径；十夫有沟，沟上有畛；百夫有洫，洫上有涂；千夫有浍，浍上有道；万夫有川，川上有路，以达于畿。

这里农田、沟洫和道路三者的规划结合在一起。木牍的《为田律》，则只涉及农田、道路，没有提到沟洫，以下我们的比较，就只限于这两个方面。

农田和道路的规划相结合，意味着以道路为田界，在农田间修造有系统的交通网。

《遂人》郑注云：

> 径、畛、涂、道、路，皆所以通道路于国都也。径容牛马，畛容大车，涂容乘车一轨，道容二轨，路容三轨。

依照车制的记载，不难推算出涂的宽度是八尺，道宽十六尺，路宽二十四尺。径和畛缺乏明确依据，前人一般认为径宽二尺，畛宽六尺[①]。这样，《周礼》农田、道路的关系如下表：

夫	100 亩	径	宽 2 尺
十夫	1000 亩	畛	宽 6 尺
百夫	10000 亩	涂	宽 8 尺
千夫	100000 亩	道	宽 16 尺
万夫	1000000 亩	路	宽 24 尺

《周礼》代表了井田制。秦孝公任用商鞅，"坏井田，开阡陌"。青川木牍所反映的，是孝公以后的秦制，自与井田制有很大的区别。其中与《为田律》关系最大的一点，是亩制的改革。在这方面，文献有比较明晰的记载：

---

① 中国农业科学院、南京农学院中国农业遗产研究室《中国农学史》上册第七章第三节，科学出版社，1959 年。

《说文》小徐本："晦（亩），六尺为步，步百为晦（亩），秦田二百四十步为晦（亩）。"

《风俗通义》佚文："秦孝公以二百四十步为晦（亩），五十晦（亩）为畦。"[1]

《玉篇》："秦孝公二百三（'四'字之误）十步为亩，三十步（'亩'字之误）为畹。"

秦以二百四十步为亩，三十亩为畹，五十亩为畦，百亩为顷，沿用至汉代。《说文》"畹""畦"等字解释都同于秦制，足作证明。

周制的亩，是宽一步、长百步的长条形田，清代学者桂馥《说文解字义证》历引《司马法》等文献，讨论甚详。其所以采取这样的形态，是由当时的农业工具决定的。《考工记·匠人》云："耜广五寸，二耜为耦，一耦之伐广尺深尺，谓之畎。"耕作时使用耜，所造成的畎宽度是一尺。一亩宽六尺，恰好是三畎三垄，畎和垄的宽度都是一尺[2]。直到《汉书·食货志》讲的赵过能为代田，仍然是"一亩三畎，岁代处"。这是古代农业长期沿用的耕作制度。

秦孝公时改以二百四十步为亩，亩的形状如何，也是可以考定的。《吕氏春秋》一书，成于秦始皇八年，书中《任地篇》有下面一段话：

六尺之耜，所以成亩也；其博八寸，所以成畎也。注：耜六尺，其刃广八寸。

耜的刃部宽八寸，以一耜成畎，和《考工记》所说耜刃宽五寸，以二耜成畎不同，从而前人认为"秦法贵小畎"。这条材料证明，秦制的亩仍然是宽六尺，也就是一步。由此可见，秦亩和周亩一样，都是长条形田，只是长度有所差异而已。

附带说一下，《太平御览》卷七五〇引江本《一位算法》云商鞅献三术，"内一开道阡陌，以五尺为步，二百四十步为亩"。五尺为一步，那么二百四十步的亩刚好是周亩的一倍。同时，战国时期确有五尺为步的实例，如河北平山中山王墓出土的"兆域图"。不过《一位算法》时代较晚，不合于汉人师说，在没有更多证据以前，似可置之不论。

三、畛与阡陌

青川木牍最费解的，是"田广一步，袤八，则为畛"一句。

关于"畛"，古书有这样一些解释：

《小尔雅·广诂》："界也。"

《楚辞·大招》王逸注："田上道也。"《诗·载芟》疏："谓地畔之径路也。""畛"是农田间的地界，上面可以通行。因此，凡起地界作用的田间小道，都称为"畛"。

《周礼》所说的"畛"，则专指十夫之田间的道路，有其特定的宽度。《说文》解释"畛"字为"井田间陌也"，即指《周礼》的"畛"。这是狭义的"畛"，不能移用来说明秦律。

《楚辞·大招》："田邑千畛"，《战国策》也提到楚叶公子高食田六百畛。清代学者孔广森指出，这可

---

[1] 王利器《风俗通义校注》佚文《数纪》，中华书局，1981年。
[2] 孙诒让《周礼正义》卷八十五。

能是把井田制的"畛"的意义引申了,把十夫之地千亩称作"畛"①。这和木牍律文中的"畛"意义也不相合。

细读牍文,《为田律》所说的"畛"是起分界作用的小道,但也有其特殊的意义。

前面已经分析过:"田广一步,袤八,则为畛"的"为"字,是造、作的意思。我们认为,这一句是包括畸零的农田而言。耕田只要有宽一步、长八步的面积,也就是秦亩的三十分之一,就应修造名为"畛"的小道,作为与其他耕田区分的地界。

有没有可能"畛"本身是宽一步、长八步呢?我们觉得是没有可能的。律文清楚地说"田广一步,袤八",而不是畛广一步、袤八。从农田制度来说,那样理解更有很大的困难。

第一,是与秦亩制不合。假设畛宽一步,长八步,和律文下面的"亩二畛"连读,那么"畛"在亩的两端,亩成为一边八步、一边三十步的长方形田,如图一所示。这同《吕氏春秋》所述秦亩是矛盾的。

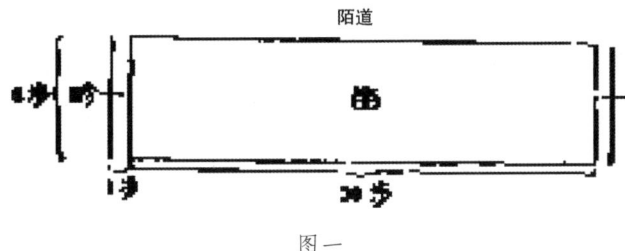

图一

第二,是与秦法的精神不合。商鞅变法,本诸法家"尽地力"的传统思想,充分利用耕地,促进农业发展。如果每亩农田的两端都开设宽一步(六尺,约合今1.38米)的"畛",另两侧又有更宽的"陌道",在百亩之田中势必占去很大一部分面积。这样规模的交通网,不仅不必要,而且实际上是不可能实现的。

《为田律》规定的畛和阡陌的关系,可能如图二所示。畛是亩与亩之间的田埂,作为小道,通向亩端的陌道。就一亩耕田而言,从其面积中划出左右两畛和其一端的陌道,另一端的陌道则从其他亩中划出,所以律文说:"亩二畛,一陌道。"陌道通向阡道,从百亩的面积中划出其一端的阡道,另一端的阡道也从其他百亩中划出,所以律文又说:"百亩为顷,一阡道。"

陌是东西的,阡是南北的。律文确定阡道应宽三步,即十八尺,对陌道和畛则无规定。清代段玉裁曾提出"陌广六尺"②,也许是适当的。畛,自然更窄一些。

南宋时朱熹作《开阡陌辩》③,清代程瑶田加以发挥,作《阡陌考》,提出"阡陌之名,从《遂人》百亩千亩、百夫千夫生义"④。现在《为田律》的陌是百亩间的界道,阡是千亩间的界道,证明程氏之说基本上是合乎实际的。

四、封埒

牍文关于封、埒的记载,十分重要,所述形制过去很少了解。

---

① 孙诒让《周礼正义》卷八十五。
② 段玉裁《说文解字注》"畷"字。
③ 朱熹《晦庵先生朱文公文集》卷七十二。
④ 程瑶田《沟洫疆理小记》。

封埒的制度，与《周礼·封人》的记载有沿袭关系。《封人》云：

> 掌设王之社壝，为畿封而树之。
> 凡封国，设其社稷之壝，封其四疆，造都邑之封域者亦如之。

周人的大块农田，也进行封树，杨宽同志已举例说明①。

《封人》郑注云："壝，谓坛及堳埒也。畿上有封，若今时界矣。"孙诒让《正义》解释说："封，起土界也。崔氏《古今注》云：封疆画界者，封土为台，以表识疆境也。画界者，于二封之间又为墙埒，以画分界域也。"由牍文知道，封是高四尺的土台，连接两封的埒高一尺，底基厚二尺，这是封埒的具体形态。

阡陌起着地界的作用，所以封埒虽然不等于阡陌，却与阡陌有密切的联系。商鞅变法以后，实行军功益田，又允许耕田的买卖，造成富者田连阡陌的现象，在同一田主的土地内部，可能只有阡陌而不设封埒。

云梦秦简《法律答问》有这样一条：

> "'盗徙封，赎耐。'何如为'封'？'封'即田阡陌。顷畔'封'也，且非是？而盗徙之，赎耐，何重也？是，不重。"

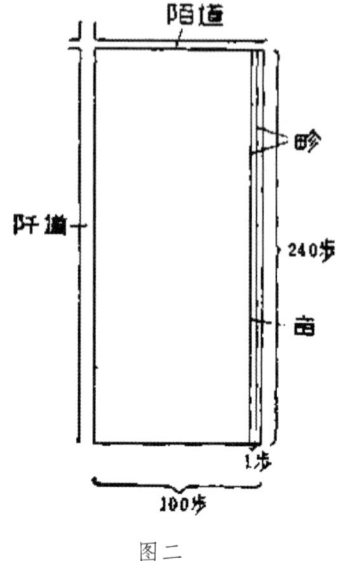

图二

"盗徙封，赎耐"，是秦律本文，意思是私自将封移动位置，偷占田地，应处以赎耐的刑罚。"何如为封"以下，是对律意的说明。简文把"封"解释成阡陌，并且举出"顷畔"即百亩之田的田界，认为就是律文所指的"封"，如有人私加移动，当援律判处赎耐。《法律答问》成书年代在秦昭王以后，只提阡陌而不讲封埒，可能《为田律》那种封埒当时已很少修造了。

---

① 杨宽《释青川秦牍的田亩制度》文。

竹简秦汉律与《周礼》

李学勤

汉代学者多以《周礼》与汉律并称，如《说文》第十五卷所载许冲上书云：

> 今五经之道昭炳光明，而文字者其本所由生，自《周礼》、汉律，皆当学六书，贯通其意。

可证《周礼》一书虽非狭义的法律，但同法律有密切关系，近代研究中国法律史的学者也多溯及《周礼》，清末名家沈家本对先秦、秦汉法律探讨甚深，他能"于《周官》多创获"[①]，是一个重要原因。

《周礼》自西汉时期发现以来，就不断引起争论，唐代贾公彦疏所附《序〈周礼〉废兴》已述其大略。晚清以来，由于经学今文学派及疑古思潮的盛行，《周礼》的真伪问题更纷如聚讼，多数学者斥为伪作，以为不足信据。虽然如此，几乎所有涉及古代历史文化的作品，包括各种法律史，又都不能离开《周礼》。这是因为《周礼》蕴含许多宝贵材料，是研究者无法避而不视的。

在以前，人们只能通过分析《周礼》本书或以《周礼》与其他文献对比，来谈论该书的真伪问题。在这一方面，清末孙诒让的《周礼正义》已集前贤之大成。近年来，中国考古工作迅速发展，使我们能运用考古学及古文字学的研究成果，去印证检验《周礼》。最近有学者综合考察青铜器铭文，认为"《周礼》在主要内容上，与西周铭文所反映的西周官制，颇多一致或相近的地方"[②]，即其一例。

1975年底，在湖北云梦睡虎地发现了竹简秦律；到1983年底，又在湖北江陵张家山出土了吕后时期的竹简汉律。这两项重大发现，为具体认识《周礼》、秦律、汉律三者之间的关系，提供了前所未有的条件。睡虎地竹简秦律早已公布，得到海内外学术界的重视，许多学者写了专著或论文[③]，而张家山竹简汉律的整理工作尚未完结，释文没有发表，本文只能就业已公开的材料，列举几个例子，提出己见，切意大家指正。

---

* 《当代学者自选文库·李学勤卷》，安徽教育出版社，1999年，第383—391页。
① 《清史稿》本传。
② 张亚初、刘雨《西周金文官制研究·前言》，中华书局，1986年。
③ 堀毅《秦汉法制史论考》附《有关云梦秦简的资料和著述目录》，法律出版社，1988年。

一

睡虎地竹简秦律《田律》有一条说：

> 春二月，毋敢伐材木山林，及雍（壅）堤水。不夏月，毋敢夜草为灰，取生荔麛卵鷇。毋……毒鱼鳖，置阱网，到七月而纵之①。

张家山竹简汉律也有类似的一条说：

> 禁诸民吏徒隶，春复毋敢伐材木山林，及进堤水泉，燔草为灰，取产麛卵鷇，毋杀其绳（孕）重者，毋毒鱼……②

两条互相对照，可以看出彼此都有个别错讹。张家山简"进堤水泉"的"进"字，显然是"雍"字之误。睡虎地简此句"水"之下，很可能脱了"泉"字。睡虎地简"夜草为灰"的"夜"字，应为"燔"或其同义字之误。特别是睡虎地简"荔"字，注释疑读为"甲"，有学者表示不同意③，现在知道是衍文。至于"生""产"二字，秦至汉初简帛常常互用，无需详论。睡虎地简"春二月"的"二"字，有可能是"三"字之误。《逸周书》的《大聚》云：

> 春三月，山林不登斧，以成草木之长。夏三月，川泽不入网罟，以成鱼鳖之长。

可与此相比。我们甚至可以猜测，同简"不夏月"的"不"字其实是"泉"字的误写，因为当时这两个字非常形似，而"夏"字下又脱了"三"字，不过，这一点还无法证明。

睡虎地简秦律的规定，分叙春、夏，最后说"到七月而纵之"，则包括春夏几个月在禁期以内。张家山简汉律，则开头就合言春夏，在说明禁期更为简单明确，同时，加上"禁诸民吏徒隶"一句，说明禁止的适用范围，较之秦律也有改进。

由此可见，汉初袭秦律，对于律文也有所更改。

秦律《田律》的这一条，在思想上和《吕氏春秋·十二纪》相一致。如《孟春纪》说：

> 是月也……禁止伐木，无覆巢，无杀孩虫胎夭飞鸟，无麛无卵。

《仲春纪》说：

> 是月也，无竭川泽，无漉陂池，无焚山林。

---

① 睡虎地秦墓竹简整理小组《睡虎地秦墓竹简》第26页，文物出版社，1978年。
② 张家山汉墓竹简整理小组《江陵张家山汉简概述》图版壹，《文物》1985年第1期。
③ 何四维：《秦律遗文》（英文）A2，莱登，1985年。参看李学勤《何四维〈秦律遗文〉评介》，《中国史研究》1985年第4期。

《季夏纪》说：

是月也，树木方盛，乃命虞人入山行木，无或斩伐。

本于《十二纪》的《礼纪·月令》于仲夏之月云："毋烧灰。"这些都和律文相近。《十二纪》成于秦始皇即位八年（前239）①，和秦律间有影响是自然的。《十二纪》体现了四时生杀的阴阳思想②，所以秦律的规定不仅反映了生产的需要，也有着特殊的思想文化史背景，是特定时期的产物，汉律则沿袭其说。

秦汉律这一内容，在《周礼》中有其渊源。其《地官·山虞》云：

山虞掌山林之政令，物为之厉，而为之守禁。仲冬斩阳木。仲夏斩阴木，凡服耜，斩季材，以时入之。令万民时斩材，有期日。凡邦工入山林而抡材，不禁。春秋之斩木，不入禁。

同篇《迹人》云：

迹人常邦田之地政，为之厉禁而守之，凡田猎者受令焉，禁麛卵者，与其毒矢射者。

不难看出，《周礼》的规定比较简单，而且不具有那种四时阴阳的色彩。在这里，斩伐山林的树木是在冬夏，斩材只说有期日，禁麛卵也没有和一定日期联系起来。显然，《周礼》要早于秦汉律，而且比《逸周书·大聚》似乎也要早一个时期。

二

1979至1980年，四川青川郝家坪出土一件木牍，正面写有一条秦律。这是睡虎地竹简之外发现的唯一秦律文字，已有不少学者进行研究，我在1982年也有小文试论③。其后，看到一些很好的论文，特别是胡平生根据安徽阜阳双古堆竹简"卅步为则"所作考订④，是一个突破。同时，我再一次观察过原件，对个别有争议的字得以释疑。现在看来，牍上的文字应该是这样的：

二年十一月己酉朔朔日，王命丞相戊、内史匽、丞臂更修《为田律》：田广一步，袤八则，为畛，亩二畛，一陌道；百亩为顷，一阡道，道广三步。封高四尺，大称其高；埒高尺，下厚二尺，以秋八月，修封埒，正疆畔，及發阡陌之大草。九月，大除道及阪险。十月，为桥，修陂堤，利津梁，鲜草离。非除道之时而有陷败不可行，辄为之。

---

① 《吕氏春秋·序意》。
② 陈奇猷《吕氏春秋校释》卷一第3页，学林出版社，1984年。
③ 李学勤《青川郝坪家木牍研究》，《文物》1982年第10期。
④ 胡平生《青川秦墓木牍"为田律"所反映的田亩制度》，《文史》第19辑，1983年。

这是我们明确知道制立时间的一条律文。"二年十一月己酉朔"。我曾指出用汪曰桢《历代长术辑要》，与秦武王二年（前309）相合。近时出版的张培瑜氏《中国先秦史历表》，也是一样的。这个十一月是周正的十一月。前几年始有拓本公布的秦惠文王四年瓦书，也是用周历①。由此知道，秦国在采用颛顼历以前曾长时期使用周历。"丞相戊"即左丞相甘茂，丞臂是内史匽的副手。

内史一职，《汉书·百官公卿表》云："周官，秦因之，掌治京师。"汉初沿袭其制，至景帝时分置左、右内史，武帝时更名右内史为京兆尹，左内史为左冯翊，与主爵中尉更名的右扶风合称三辅②。然而不能因此以为内史匽的参与制定《为田律》，是由于该律行于京师之故。我们过去已说明，秦的内史之官，源于周制。《周礼》内史有掌管法令副贰的职责，因而秦武王改订法律，在丞相外要命及内史。秦的内史与法律有关，实由《周礼》演变而来。

这条秦律，也为汉律所沿用。张家山简汉律中的这一条，与青川牍文大体相同，只是部分文字有增减和更易。最主要的是"田广一步，袤八则"的"八则"，改成了"二百卌（四十）步"。这证明用阜阳双古堆简文解释秦律是正确的，也说明"则"这一单位到汉初已不很通行了。

宽一步、长二百四十步的亩，根据多种文献记载，是秦孝公用商鞅变法时的创制。我在以前讲青川牍文的小文中说过，周制的亩宽一步、长百步，其所以采取这样的形态，是当时的农业工具耜决定的，见于《周礼·考工记·匠人》。山东临沂银雀山竹简《孙子·吴问》记载，春秋晚年的晋六卿制田，已有百六十步、二百步、二百四十步等不同规定③，都是对周制的亩作出的改革。秦汉律的规定，当然也晚于《周礼》。

秦汉律所用的词，如"畛"，意义与《周礼·遂人》所说有些差异。《遂人》的畛专指十夫之亩间的道路，而秦汉律畛则系亩与亩间的田埂。不过，《周礼》和秦汉律有一点是共同的，就是农田与道路的结合。律文规定的重点在于道路的修造维护，而汉律还增加了由乡部和田等官吏分工主管其事的制度，这个例子，再一次说明了秦汉律的因袭，而《周礼》要比它们更早一个时期。

三

睡虎地简秦律发现以来，其中隶臣妾的性质问题一直受到学者们的注意，发表了好多论作，或认为刑徒，或认为官奴婢，还有认为可作刑徒与官奴婢两部分的，意见纷纭不一。张家山汉律也有不少有关内容，情形与秦律颇为类似，相信在简文发表后，这方面的讨论会有新的进展。

有学者在研究隶臣妾时提到《周礼》④。《周礼》关于隶有相当详细的记载，对认识秦汉律的隶臣妾很有意义。

《周礼·秋官·司厉》云：

> 司厉掌盗贼之任器、货贿。辨其物，皆有数量，贾而楬之，入于司兵。其奴，男子入于罪隶，女子入于舂稾。凡有爵者，与七十者，与未龀者，皆不为奴。

---

① 郭子直《战国秦封宗邑瓦书铭文新释》，《古文字研究》第14辑，1986年。
② 安作璋、熊铁基《秦汉官制史稿》下册第39-41页，齐鲁书社，1985年。
③ 银雀山汉墓竹简整理小组《孙子兵法》第94-95页，文物出版社，1976年。
④ 栗劲《秦律通论》第五章，三，山东人民出版社，1985年。

司厉一官的职责在于没收犯盗贼罪者的器物、财产和家属。所谓"任器"是盗贼持用伤人的兵器，"货贿"是无主之赃与贼的家财，这些都要统计估价，然后交纳给司兵。盗贼的家属也要被没收，郑玄注云："奴，从坐而没入县官者，男女同名"，是正确的。

被没收的男女，分送于罪隶、舂槀三官，孙氏《正义》云：

> 谓司厉收其人，输彼三官，使为奴给役。男即罪隶百二十人，如即女舂抌二人、如槀十六人及奚各五人是也。……惠士奇云：罪隶百有二十人，役辱事，积任器，助牵车，汉律所谓隶臣。《地官》如舂枕、女槀，皆有奚，奄人掌之，是为舂槀，而《天官》女酒、女浆、女笾、女醢、女醯、女盐、女幂，《春官》女祧，皆有奚，奄人掌之，名曰女奴，不独给事舂人、槀人，总谓之舂槀。若汉律之白粲、鬼薪。

此说已经指出了秦汉刑名隶臣妾、舂以及白粲、鬼薪等的渊源。沈家本《刑法分考》在讨论《司厉》时也说：

> 此女奴之能舂者，故入于舂人，尚非以舂为罪之名。汉时之城旦、舂，则竟以其所任之事为罪名矣。

又云：

> 白粲与舂，其执役同，第一以供祠祀，一为食徒者，为不同耳。周之女舂可当秦汉之白粲，汉之女舂则小异矣①。

文献中所载汉制，隶臣妾是犯罪的刑徒，而且是二岁的有期刑，这一规定应该是较晚的，竹简秦汉律的隶臣妾则确有一定社会自分的性质，类似《周礼》，已有学者论及。

简文隶臣妾还有一些近于《周礼》之处，如《秋官·罪隶》云"掌役百官府与凡有守者"，指官府中种种劳务均由之负担，简文所见如隶臣妾从事公，隶臣妾行传书，小隶臣将牧公马牛，均为实例。《罪隶》又云"守王宫与其厉禁"，简文则言宫隶有刑称"宫更人"，是守宫值更的人。《秋官·司隶》云"帅其民而搏盗贼"，"囚执人"，简文有在监狱服事的牢隶臣，和参与检验的隶妾。至于像《周礼》所载用于官府手工业的隶臣妾，简文中也有不少。

总之，竹简秦汉律的隶臣妾，性质居于《周礼》所述隶、奚之类，与文献中汉制二岁刑的隶臣妾之间，这是《周礼》应早于秦汉律的又一证据。

江陵张家山汉律不久即将公布，希望届时能有学者以之与《周礼》、秦律作系统的比较研究。这不但对中国法律史是重要贡献，也有利于进一步弄清《周礼》这部要籍的问题②。

---

① 沈家本《历代刑法考》第292-293页，中华书局，1985年。
② 本节所论，详见李学勤《〈周礼〉与秦律——读〈周礼正义〉札记之一》，1988年纪念孙诒让学术讨论会论文，本文摘录了其一部分内容。

四川青川出土秦"为田律"木牍的重要价值

黄家祥

《文物》1982年1期发表了四川青川郝家坪战国墓发掘简报,共清理墓葬72座,这群墓葬出土随葬品计400余件,包括陶器124件,漆器177件,竹木器50余件,还有少量玉石器、钱币等。其中M50号墓出土木牍一件,其上文字墨迹残损较少,文字较为清晰。木牍牍文内容主要反映了秦统一中国以前的秦国田律制度,是一件十分珍贵的历史文物,是研究当时秦国政治、经济,考察秦国拓辟疆域的依据之一。

一、青川木牍出土地的历史文化背景

青川位于四川北部川、陕、甘三省交界处,地处白龙江中下游,流经县城之乔庄河在今沙洲(古代的白水县)汇入白龙江,白龙江顺流而下在昭化(古代葭萌)汇入嘉陵江。战国至秦,青川处于汉中郡、蜀郡和陇西郡南白马地区之间[1],西汉时曾在此设四氐道[2]。青川正是在这一个大范围内。历史上这一区域曾经是民族走廊地区,呈现出古代民族的复杂性。战国时青川一带应是蜀人的政治势力范围内。由于这里特殊的地理位置,战国时代曾是楚、秦两国必争之地,春秋时楚的王族势力已在川陕交界的广元昭化一带根植[3]。

为争夺汉中等地,楚、秦进行过长达百年的征战[4]。到秦经汉中石牛道,当甘茂定蜀以后,青川、平武一带成为秦国疆土,这或许就是在那里出土秦"更修为田律"木牍和发现含有楚、秦文化因素墓葬的历史文化背景。

---

* 《四川文物》,2006年第2期。
① 《史记·西南夷列传》"自冉駹以东北,君长以什数,白马最大,皆氐类也"。《诗》有"自彼氐羌,莫敢不来王"。
② 即陇西郡氐道(今甘肃天水西南),甸氐道(甘肃文县)、湔氐道(四川松潘)、刚氐道(平武、青川)。关于"氐,道",《汉书·地理志》陇西郡氐道下颜师古注:"氐,夷种名也;氐之所居,故曰氐道。"《汉书·百官公卿表》:"县有蛮曰道。"《北史·氐传》"氐者,西夷之别种也,号曰白马。"
③ 《左传·僖公二十八年》"汉阳诸姬,楚实尽之。"《淮南子·兵略训》"楚人地南卷沅湘,水绕颍泗,西包巴蜀……"《华阳国志·蜀志》中记,秦惠文王认为"得蜀则得楚,楚亡则天下亡矣"。
④ 《史记·苏秦列传》楚威王答苏秦云:"寡人之国西与秦接境,秦有举巴蜀并汉中之心。"《史记·张仪列传》"楚尝与秦构难,战于汉中,楚人不胜,列侯执珪死者七十余人,遂亡汉中。楚王大怒,倾国出动,兴兵袭秦,战于蓝田"。

二、田律内容及诸家讨论

青川木牍出土于墓地编号 M50 号墓的边箱中，共二件。其一，编号 M50：17，长 46 厘米、宽 2.5 厘米、厚 0.5 厘米，文字已残损不清，无法辨认。其二，编号 M50：16，长 46 厘米、宽 2.5 厘米、厚 0.4 厘米，正面墨书文字残损较少，字迹清晰，墨书三行，共计 121 字，背面文字残损较多，墨书四行，共计 33 字。现将简报认读的牍文抄录如下。

木牍牍文（正面）：

二年十一月己酉溯溯日，王命丞相戊（茂）、内史堰，□□更修为田律：田广一步，袤八则为畛。亩二畛，一百（陌）道。百亩为顷，一（一行）

千（阡）道，道广三步。封，高四尺，大称其高。捋（埒），高尺，下厚二尺。以秋八月，修封捋（埒），正疆畔，及癹千（阡）百（陌）之大草。九月，（二行）

大除道及除（澮）。十月为桥，脩陂堤，利津□。鲜草，離（雖）非除道之时，而有陷败不可行，相为□□。（三行）

木牍牍文（背面）：

四年十二月不除道者：（一行）

□一日，□一日，辛一日，（二行）

壬一日，亥一日，辰一日，（三行）

戌一日，□一日。（四行）

关于青川木牍正面牍文的隶定、释文与讨论研究，虽然木牍正、背两面的牍文共计只有 154 字，但在学术界所引起的争鸣是热烈的，据目前所知，已有五十余篇文章从不同角度对青川木牍进行讨论：这从一个方面表现出青川木牍所具有的重要学术价值（见附表）。

在发表四川青川县郝家坪战国墓发掘简报的同期《文物》中还刊发了李昭和对简报公布的木牍牍文中有两处未释读的文字进行了隶定释文，既第一行"□□更修为田律"的前两字隶定为"取譬"；第三行"利津□"的后一字隶定为"深"字。于豪亮先生则在释文中将"更修为田律"前两字隶定为"民（愿）"，后一字释为"梁"，将简报内释为"（虽）非除道之时"的"虽"隶定为"离"，牍文最后的"相为之"隶定为"辄为之"。

李文中隶定为"取譬"二字所引征的文献有《论语·雍也》："夫仁者，己欲立而人，己欲达而达人，能近取譬，可谓仁之方也已。"《说文·言部》曰："譬，谕也，从言辟声。"《墨子·小取》曰："辟（譬）也者，举他物而一明知也。"王念孙云："举他物以明此物，谓之譬。"《淮南子·要略》曰"假象取称，以相譬喻。"由此可知，牍文"取譬更修为田律"，上言"取譬"下言"更修"，皆为田律之令。即武王取譬秦律到蜀地后根据蜀地情况将"秦律"更为"蜀律"。然"利津"后面一字隶定为"深"，既"利津深",未对隶定为"深"一字进行论证①。于文隶定为"民(愿)","利津"后一字隶定为"梁"字,"虽非除道"之"虽"隶定为"离"字,并指出"鲜草离"的"离"当以双声读为莱。意思是除去草莱。即除去桥上和坡堤上的草。另外还将牍文最后"相为之"之"相"隶定为"辄"字②。徐中舒、伍仕谦先生则将"□□更修为田律"前二字隶定为"吏臂",引用睡虎地秦简《语书》云:"故滕为是而修法律令、田令及为间私方而下之,令吏明布。""可见法律令、田令、都要由吏公布。所以政府公布的田律,在丞相、内史署名之下,最基层的行政官员'吏'也要同时署名,由此可以推断此残文绝为吏字,而臂即吏名"③。唐嘉弘先生则指出"睡虎地秦简《语书》明言国家的法律令和田令等均要'令吏命布'秦汉简帛书和漆器等亦有多列吏工之名,故此内史堰下二字释为'吏臂'甚是。并同意于文释"利津"后一定为"梁",'鲜草'后一字为'离',还进一步论证"雨毕而除道,水沽而成梁——即《夏令》所说'九月除道,十月成梁'"④。胡平生先生释"则",指出则是长度单位,并引用阜阳双古堆出土汉简有"三十步为则"的记载加以证明⑤。徐中舒、伍仕谦、唐嘉弘诸先生同意此说。李零释"畛"为土埂,唐嘉弘先生在此基础上进一步列举四川峨眉出土东汉石刻水田、新津出土陶水田模型予以论证⑥。

汉承秦制。1983年至1984年在湖北江陵张家山发掘的247号汉墓中出土一批汉简,其中有1枚简与青川木牍牍文内容十分接近,张家山247号汉墓出土的这枚简的简文,对"畛"字的讨论更加详细具体,其简文的详细内容如下:

  田广一步,袤二百步,为畛,亩二畛,一佰(陌)道;百亩为顷,十顷一千(阡)道,道广二丈。恒以秋七月除千(阡)佰(陌)之大草,九月大除道□阪险;十月为桥,修波(陂)堤,利津梁。虽非除道之时而有陷败不可行,辄为之。乡部主邑中道,田主田道。道有陷败不可行者,罚其啬夫、吏主者黄金二两。□□□□□□及□工,罚金二两⑦。

三、最早的隶书墨迹及其年代学价值

青川木牍从目前发表的五十余篇研究文章看,讨论木牍命书"为田律"的秦的田亩制度内容占绝大多数,从其土地田亩制度的内容考察,它是先秦土地制度和秦灭蜀后在蜀地推行秦的土地法律制度的重要出土文献。而作为书写这件木牍牍文的文字书体墨迹,同样也表现出它在中国文字书体发展、演变过程所占有的重要地位,是不可多得的研究中国文字书体——隶书的发展演变的一件珍贵实物资料。许慎在《说文·叙》说:"秦书有八体;一曰大篆,二曰小篆,三曰刻符,四曰虫书,五曰摹印,六曰署书,七曰殳书,八曰隶书。汉兴有草书。"将这八类加以区分,实为两类,大、小篆,隶书是为以字体分类,刻符、

---

① 李昭和《青川出土木牍文字简考》,《文物》1982年第1期。
② 于豪亮《释青川秦墓牍》,《文物》1982年第1期。
③ 徐中舒、伍仕谦《青川木牍简论》,《先秦史论集》,中州古籍出版社,1989年。
④ 唐嘉弘《论青川墓群文化及政治经济问题》,《先秦史新探》,河南大学出版社,1988年。
⑤ 胡平生《青川木牍"为田律"所反映的田亩制度》,《文史》第十九集。
⑥ 唐嘉弘《论青川墓群文化及政治经济问题》,《先秦史新探》,河南大学出版社,1988年。
⑦ 张家山二四七号汉墓竹简整理小组《张家山汉墓竹简(二四七号墓)》第166页,文物出版社,2001年。

摹印、署书、殳书等五种类型以按用途定名的可能性较大。实为前述三种书体的衍生。《水经·谷水注》云："古隶之书，起于秦代，而篆字文繁，无会剧务，故用隶人之省，谓之隶书。或云：即程邈于云阳增损者，是言隶者，篆捷也。"关于隶书之起源，《说文·叙》说"是时秦焚烧经书涤除旧典，大发隶卒，兴成役，官狱职务繁，初有隶书，以趋约易，而古文由此绝矣。"还记秦始皇使下杜人程邈所作隶书，千年以来此说不易，随着各地简牍墨迹材料的出土，上述记载实难成立。秦国文字源于西周文字，出土之秦公簋、秦公钟、石鼓文等均为秦系文字。青川木牍墨书文字书体是为秦系文字书体，与小篆、籀文均系秦国文字，其书体结构和风格似为先秦古隶。书写时比篆文简易，如牍文中带水旁的"波""津"字，其水旁已不作篆文"㏄"，简化为"氵"，"广"字之广不作"厂"写作"广"，草书为"草"不作"艸"，数字十直书为十，横竖二划相等，不作"↑""↑"。而这件木牍又确为朝廷所颁的官府"命书"，准确年代根据牍文可确定为秦武王二年（前309）比秦统一中国早八十余年。看来这种书体当来源更古，其形成与发展已有一段时间。因此不能说隶书比小篆晚。徐铉以草为"艹"之俗是不正确的，草字当来源于先秦。如果将青川木牍文字书体与睡虎地秦简隶书、天水放马滩秦简、龙岗出土秦简、里耶秦简墨迹、马王堆帛书文字和汉简（阜阳双古堆汉简、江陵张家山汉简、武威汉简、悬泉置汉简等）墨书字迹串联观察，隶书这一书体演变进程的脉络则基本清晰，由圆转改为方折，渐有点划波势，字形由方趋扁，几将篆意脱尽，清楚地展示了隶书起源与发展的轨迹。

与青川木牍同出的七枚"半两"钱币，因木牍上有准确纪年，故半两钱铸行的年代当至少在秦武王二年（前309）以前，表明秦始皇统一货币只是罢其不与秦币合者，在先秦半两的基础上统一，也说明秦惠文王"初行钱"以来，半两钱就可能出现，这也许就是目前国内所知有准确纪年的、年代最早的"半两"钱币之一。因此，青川木牍也为货币金融史中半两钱的铸行，提供了准确的年代学依据。

另外，青川郝家坪M50墓所出木牍以及同出的一组随葬器物，不仅可以准确地断定这墓下葬的年代不会早于秦武王二年（前309），而随葬的一组器物，也为田野考古学中战国晚期至秦的同一类型秦墓的分期与年代学考察，提供了可资参考的年代标尺。

综上所述，青川木牍其重要价值至少体现在以下几方面：木牍所出地点正处于川、陕、甘三省交界处的四川青川县，显示出其地理位置的重要；木牍牍文所记载的内容是当时中央王朝政府所颁"命书"，亦是一份重要的出土文献，学术界对牍文内容争鸣的热烈程度也是其重要价值的表现；青川木牍的文字墨迹在古文字学和书法史上，可以肯定青川木牍的文字墨迹是秦系文字，其中有的文字书体既有对殷周古文字的传承，也有改造和隶变，在古文字和书法史上具有不可替代的价值[1]，表明隶书这一书体当时不仅仅在民间流行，至少在秦武王二年（前309）已经在朝廷官府中广泛使用古隶这一书体誊写法律文书档案；与木牍共存、同出先秦半两钱币、陶器以及漆木器等，这对先秦货币金融史，考古学中器物年代学的判定均具有准确的年代依据。

附记：本文能在较短时间完成，中国文物研究所领导、各位师长予以关心，李均明、胡平生二位先生予以帮助，刘军老师创造了良好的学习与生活环境。在此谨致由衷谢意。

附　表（参考文献略）

---

[1] 黄家祥《青川木牍隶书墨迹探源》，《出土文献研究》第七辑，上海古籍出版社，2005年。

秦田律考释

田宜超　刘　钊

木牍《秦田律》，1979 年 2 月出土于四川青川郝家坪 50 号秦墓，简报见《文物》1982 年 1 期。牍长 46 厘米、宽 2.5 厘米、厚 0.4 厘米。律文墨书，凡三行，百二十一字（图一）。考释如次。

二年十一月己酉朔＝日

据下文"王命丞相戊"，"二年"，当为秦武王二年，即公元前 309 年。

据《睡虎地秦墓竹简·编年记》"五十六年后九月昭死，正月遬产"，知秦正建亥，而月次则从夏正。其"十一月"，盖即建子之月也。

"己酉朔"，书朔之辞。"朔日"，书日之辞。盖自战国至于秦、汉，其记时之程式，咸以备书年、月、朔、日为正。如《睡虎地秦墓竹简·语书》："廿年四月丙戌朔丁亥，南郡守腾谓县、道啬夫……"其曰"丙戌朔"者，书朔之辞也。其曰"丁亥"者，书日之辞也。又如《睡虎地秦墓竹简·为吏之道》引《魏户律》："廿五年闰再十二月丙午朔辛亥，告相邦……"其曰"丙午朔"者，书朔之辞也。其曰"辛亥"者，书日之辞也。若其所书之日即朔日，则曰"某某朔朔之日"，如《吕氏春秋·序意》书"甲子朔朔之日"是也。或曰"某某朔朔日"，如此《律》书"己酉朔＝日"是也。又或重书朔日干支，如《居延汉简甲编》第九四一书"甲辰朔甲辰"是也。

王命丞相戊内史匽取

"王"，秦武王。

"丞相"，秦官。《史记·秦本纪》"武王……二年，初置丞相。"

"戊"，人名。《说苑·杂言》："甘戊使于齐……"字或作"茂"。《史记·秦本纪》："武王……二年……樗里疾、甘茂为左右丞相。"

"内史"，周官，秦因之，掌治京师①。

"匽"，人名，于史无考。

"虘"，古"毃敔"字。凡人见侮，必攘臂以敔，故从"臂"省，"彡"（同"五"）声。此用为地名，即见于《春秋左氏传》之"鱼"国，其故城在今四川奉节东五里。《水经·江水》："又东过鱼复县南……"郦道元注："故鱼国也。《春秋左传·文公十六年》'庸与群蛮叛楚，庄王伐之，七遇皆北，惟裨、鯈、鱼人逐之'是也。"古音"虘"与"鱼"并属"疑"母、"鱼"部，两字声母、韵母皆同。

"取虘"，即"取鱼"也。战国之世，文武之分职弗严，故出兵略地，命及"丞相""内史"。

---

* 《考古》，1983 年第 6 期。
① 见《汉书·百官公卿表上》。

更修为田律

秦地原有田律，以用于新辟疆土，须因地制宜，故更修为之也。

田

"田"，谓"制田"也。银雀山汉墓出土《孙子》佚篇《吴问》："范、中行是制田……"又曰："韩、巍制田……"又曰"赵是制田……"此但曰"田"者，古语疏略，省去动词，犹捕鱼之称"鱼"①，采樵之称"樵"，取苏之称"苏"②也。

广一步袤八则为畛

"畛"，"畷裵"也。古音"畛"属"端"母、"真"部，"畷"属"端"母、"月"部，两字声母相同，韵腹相近。《说文·田部》："畷，两陌间道也，广六尺。"古六尺为步，"广六尺"，犹言"广一步"也。其袤则八步，故曰"广一步袤八则为畛"。"八"下"步"字，承上文而省。

畞二畛

"畞"，古"晦"字。述古堂景写宋刻徐锴本《说文·田部》："畞，晦或从十久。"宜超按：银雀山汉墓出土《孙子》佚篇《吴问》："范、中行是制田，以八十步为婉，以百六十步为畞（同"畞"）……韩、巍制田，以百步为婉，以二百步为畞……赵是制田，以百二十步为婉，以二百卌步为畞……"其畞积虽有大小之异，而一"畞"分为二"婉"则无不同。故"畞"从"日"，象一"畞"分为二"婉"之形。后世改从"日"为从"田"，非古也。钊按："畞"，《简报》摹本失真③。原牍现藏四川省博物馆，可以复视。

"畞二畛"者，秦田二百四十平方步为"畞"，"畞"广八步，袤三十二步，二"畛"，一在"畞"端，一在"畞"中，相距十五步，而平分一为二"婉"也。故"婉"广八步，袤十五步，十五乘八，得百二十平方步。合二"婉"为一"畞"，则得二百四十平方步。徐锴本《说文·田部》："六尺为步，百步为晦，秦田二百四十步为晦。"盖古面积量词称"步"，皆谓平方步也。宜超按：商鞅"制辕田，开仟伯"④，实取法于三晋⑤，故秦田以二百四十平方步为"畞"，而与赵氏相同。

一百道

"百"借为"陌"。"一百道"者，道在"畞"侧，而与二"畛"相交也（图二）。

百畞为顷

"百畞为顷"，秦与古同。唯其面积有大小之异，以秦二百四十平方步为"畞"，而古百平方步为"畞"也。《汉书·食货志上》："率十二夫为田一井一屋，

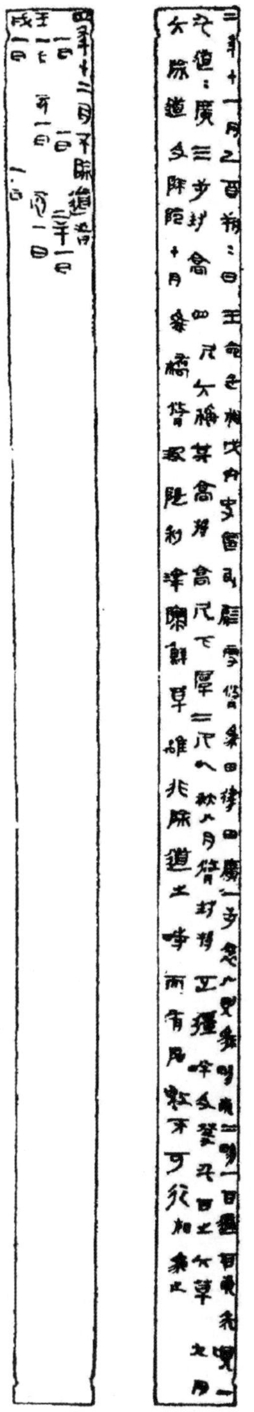

---

① 《春秋左氏·隐公五年传》："公将如棠观鱼者。"
② 《汉书·韩信传》："樵苏后爨。"
③ 见《文物》1982 年第 1 期。
④ 见《汉书·地理志下》。
⑤ 晋作"辕田"见《春秋左氏·僖公十五年传》及《国语·晋语三》，时在公元前 645 年，盖早于商鞅"制辕田，开仟伯"295 年。

图一　秦田律摹本
左．背面除道日禁
右．正面律

故晦五顷……"颜师古注引邓展曰："九夫为井，三夫为屋，夫百晦，于古为十二顷。古百步为晦，汉时二百四十步为晦，古千二百晦，则得今五顷。"汉制同秦制，故秦五顷，当古十二顷，秦一顷，当古二又五分之二顷。

一千道

"千"借为"阡"。"一千道"者，道在"顷"端，而与十"百"相交也（图三）。《史记·秦本纪》司马贞索隐引《风俗通》曰："南北曰阡，东西曰陌。河东以东西为阡，南北为陌。"宜超按："千""百"所乡，当因地形而异，是故秦人弗著于《律》。

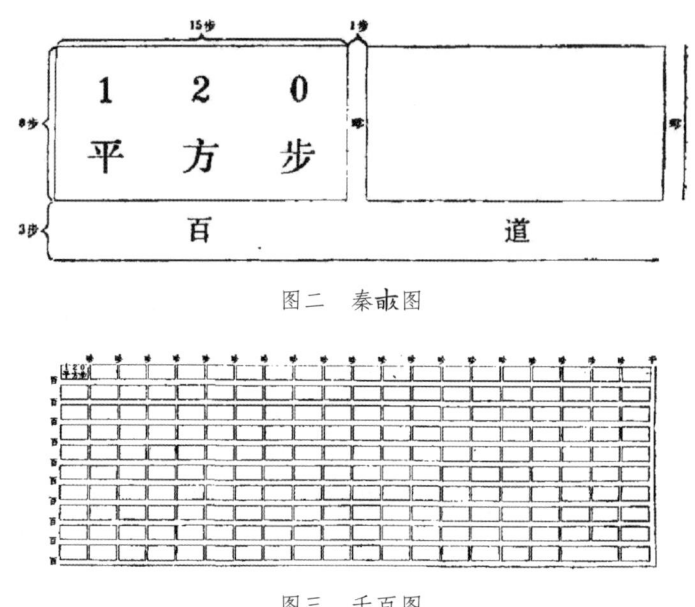

图二　秦畮图

图三　千百图

道广三步封高四尺六

"道"与"封"，并总括"千""百"而言，语其广，则曰"道"，谓其高，则曰"封"，两者名异而指同。

称其高捋高尺

"捋"借为"埒"。古音"捋"与"埒"并属"来"母、"月"部，两字声母、韵腹皆同。《集韵·入声·薛》："埒，耕田起土也。""捋"之高，必须与"千""百"之高相称，故曰"称其高，捋高尺"。

下厚二尺

但曰"下厚二尺"，而不言上厚者，"捋"形如鱼脊，上削下广也。宜超按："捋"间广尺深尺谓之"甽"，田边倍之，广二尺深二尺谓之"遂"①。古之井田，"遂"在"夫"间，"千""百"之制，"遂"在"畹"侧，此其所以异也。是故"畹"广八步，可容十五"捋"，十四"甽"。其两侧则有"遂"，"遂"上则有"百"（图四）。

以秋八月修封捋

"修封捋"，谓修治"千""百""畹""捋"也。

正疆畔

---

① 见《周礼·冬官·匠人》。

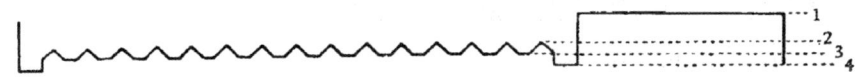

图四　封埒图

1. 道广三步，封高四尺六。2. 埒高尺，下厚二尺。3. 埒间广尺深尺谓之𤰝。
4. 田边倍之，广二尺深二尺谓之遂。

"正彊畔"，谓端正"顷""畮"之经界也。《汉书·食货志上》："理民之道，地著为本，故必建步立畮，正其经界。"

及获千百之六草

获当作芟。"芟"也。从"芟"省，"𣂑"声。许慎以为从𣂑，从殳，误。

"六"借为"䕧"。古音"六"与"䕧"并属"来"母、"觉"部，两字声母、韵母皆同。《说文·中部》："䕧，菌䕧，地蕈，丛生田中。"钊按：田中有之，则"千""百"之旁亦当有之。宜超按：诸家释"六"为"大"，皆非。《吕氏春秋·士容论·任地》："大草不生"大亦当作六。今弗据此《律》以正《吕氏春秋》之误，反改字以就之，是亦惑也。

"获千、百之六草"，谓芟夷"千""百"之䕧、艸也。《周礼·秋官·薙氏》："薙氏掌杀草……秋绳而芟之。"《春秋左氏·隐公六年传》："如农夫之务去草焉，芟夷蕴崇之，绝其本根，勿使能殖。"

九月六除道及除阴

"阴"，低湿之地。《吕氏春秋·士容论·任地》："子能藏其恶而揖之以阴乎？"高诱注："阴犹润泽也。"低湿之地，土常润泽，杂草丛生其间，故曰"阴"。

"九月六除道及除阴"者，谓季秋之月，修治道路凡六次，而低湿之地芟夷杂草亦凡六次也。

十月为桥

"桥"，桥梁。《国语·周语中》："夫辰角见而雨毕，天根见而水涸……故先王之教曰：'雨毕而除道，水涸而成梁……'故《夏令》曰：'九月除道，十月成梁，'"韦昭解："九月雨毕，十月水涸也。"

修波隄

"波"借为"陂"。《汉书·江都易王非传》："后游雷波，天大风，建使郎二人乘小船入波中。"颜师古注："波读为陂。"古音"波"与"陂"并属"帮"母、"歌"部，两字声母、韵腹皆同。《诗·陈风·泽陂》："彼泽之陂，有蒲与荷。"毛传："陂，泽障也。"

"修波隄"，谓修治川泽之隄障也。

利津窽鲜草

"利"借为"躒"。古音"利"属"来"母、"质"部，"躒"属"来"母、"真"部，两字声母、韵腹皆同。《说文·足部》："躒，轹也。"

"窽"，古"康"字。从"穴"，"康"省声。字通作"康"。古音"窽"与"康"并属"溪"母、"阳"部，两字声母、韵母皆同。《释名·释道》："五达曰康。康，昌也。昌，盛也。车步并列并用之，言充盛也。"

"鲜草"，绿草也。今四川东南地区，气候温暖，无霜期长达十一月，加以秦武王时代之年平均温度，较之今日，约高摄氏0.6度[①]，故虽时届孟冬，而津渡通道犹有绿草。《吕氏春秋·季秋纪》："是月也，草

---

① 《考古学报》1972年1期，36页"中国温度变迁图"。

木黄落",乃就关中平原言之,未可与四川东南地区同日语也。

"利津窲鲜草"者,谓以石为轮,轆杀津渡通道之绿草也。

雡非除道之时　而有陷败不可　行相为之□

"雡",古"雖"字。从"禹","唯"省声。

"禹"蟲也。"虫"(音虺),亦蟲也。古之谐声字,其义符可以用含义相同或相近之字代换,故"雡"之从"禹""唯"省声,与"雖"之从"虫""唯"声无异。宜超按:或有释"雡"为"离"者,盖据元、明时代世俗流行之讹写以考释先秦文字,徒滋惑乱,不足法也。

"相"读为"其相胡公、大姬"之"相"。《春秋左氏·昭公三年传》:"公弃其民,而归于陈氏。……箕伯、直柄、虞遂、伯戏,其相胡公、大姬已在齐矣。"孔颖达正义引服虔注:"相,随也。"

"为之"下,尚有二字,墨迹漫漶,无从辨认。然熟读全文,反复求之,其大意可得。

"雡非除道之时,而有陷败不可行,相为之□□"者,谓《律》载九月除道,如道有陷落败坏,不可以通行旅,则应随时修除,不必待至九月也。

《律》文竟此。牍之背面,墨书"除道日禁",凡四行,三十三字。其文曰:"四年十二月不除道者,□一日,□一日,辛一日壬一日,亥一日,辰一日,戌一日,□一日。"宜超按:《论衡·讥日》举"日禁之书",有《葬历》,有《祭祀之历》,有《沐书》,有《裁衣之书》,有《工伎之书》,然则除道亦当有书也。唯"日禁之书",传自民间,未可与国家律令混为一谈。今此牍附"日禁"于《秦田律》之后,盖出自墓主或抄录者之手,非是秦人尚避忌,而著"日禁"于律令也。

四川青川秦墓为田律木牍考释并略论我国古代田亩制度

胡澱咸

1979 年，在四川青川县郝家坪秦墓中出土一秦为田律木牍。文云：

> 二年十一月己酉朔朔日，王命丞相戊（茂）、内史匽，□□更脩为田律：田广一步，袤八则为畛。亩二畛，一百（陌）道。百亩为顷，一千（阡）道，道广三步。封，高四尺，大称其高。埒（埒）高尺，下厚二尺。以秋八月，脩封埒（埒），正疆畔，及獖千（阡）百（陌）之大草。九月，大除道及除澮（澮）。十月为桥，脩波（陂）隄，利津□，鲜草，雖（雖）非除道之时，而有陷败不可行，相为之□□。

这确实是一有价值的发现。它记述了战国时秦国田亩制度的具体情况，不仅使我们对秦国的土地制度有明确的了解，对研究我国古代的土地制度也有很大的帮助。

牍文已有好几位学者作过考释，大部分都已可以了解。但有的地方也还没有能解释通畅，意见也没有一致。这里我略说一点自己的想法。

"二年"，学者谓是秦武王二年（前309），丞相戊即甘茂，这是正确的。《史记·秦本纪》："武王二年，初置丞相，樗里子、甘茂为左右丞相。"《史记·甘茂列传》："蜀侯煇，相壮反，秦使甘茂定蜀，还而以甘茂为左丞相。"此律当就是在甘茂定蜀还秦以后制定的。秦在定蜀后，很快就制定这一法律，疑即因蜀新定，要把秦的田制推行到蜀地的缘故，换句话说，这一《为田律》乃是要把秦的田制推行到蜀地而制定的。

"更脩为田律"，李学勤同志谓"为田律"是律名，"为田"意思是制作田，甚是。我以为"为田"实就是《史记·秦本纪》"为田开阡陌"，《史记·商君列传》"为田开阡陌封疆"之"为田"。"为田"是说造一种新的田，也即建立新的田亩制度。《为田律》即是对建立新田亩形制的法律规定。这种《为田律》秦在此以前已经有过，所以这里说"更脩"。

"田广一步，袤八则为畛，亩二畛，一百（陌）道"。这句话很难解释。一说这是秦自商鞅变法后，改

---

* 《安徽师大学报（哲学社会科学版）》，1983 年第 3 期。

井田制的一亩百步为二百四十步，每亩宽八步，在八步的两端各起一条畛，这两条畛是平行的。因为是二百四十步为一亩，田宽八步，则一亩长度应为三十步。但田并不是每块田都长三十步，也许不足三十步，这样的田，仍然要筑畛，即是一块田，仅是广一步，只要是袤八步，也要筑畛。所以律文说"田广一步，袤八，则为畛"①。一谓"畛"是指一亩田两端的小道，所以说"亩二畛"。"田广一步，袤八则为畛"，是说畛宽一步，长八步。"陌道"是一亩田旁边的道路，也就是亩与亩之间的道路，与畛垂直相交，使亩成为一块长方形的田。畛的长度就是亩的宽度，陌道的长度就是亩的长度。既然规定畛的长度是八步，亩的宽度就是八步。当时以二百四十步为亩，亩的宽度为八步，亩的长度该是三十步，陌道的长度也是三十步②。

一说畛是起分界作用的小道，但也有其特殊的意义。这句话是包括畸零的农田而言。"耕田只要宽一步，长八步的面积，也就是亩的三十分之一，就应修造名为畛的小道，作为与其他耕田区分的地界"。"亩二畛，一陌道"，畛是亩与亩之间的田埂，作为小道通向亩端的陌道③。

这些解释显然难令人相信，例如谓亩宽八步，长八步。律文明谓亩广一步，怎么是亩广八步呢？这显是曲解。又如说"田广一步，袤八则为畛"，是在亩八步，即亩的三十分之一的地方作一名畛的小道。"亩二畛"是亩间的小道。这显是割裂原句，曲解畛是两种不同的小道。又如说畛和陌是亩与亩之间的道路。按秦亩广一步，长二百四十步，是一窄狭的长条，相当于现在的一垄。在这样窄狭的长条两边都筑起一道埂（陌或畛），那在百亩的土地上就有一百零一道埂，有此必要吗？这对耕作，恐不仅无益，反而有害。若如上面所说在三十分之一亩的地方还要作一道小道，那一亩地就要分成三十块宽一步，长八步的小长方块，这样小的田怎么能耕种呢？这种解释显然不合事实，不合事理。

这句话关键在"则"和"畛"两个字。学者都以"则"为虚字，是个连接词，"畛"义为小道。这样，就说不通了。

于琨奇君（于君是安徽师大先秦史研究生）来我处。他说这句话"袤八则"应连读。"袤八则为畛"，是在长八则处作一畛。"亩二畛"是说在一亩上作两道畛。畛是横的道路，亩二畛是把一亩分成三段。一亩二百四十步，分成三段，每段八十步。"八则"为八十步，则一"则"为十步。这个想法很有意思。从文句上讲，这样句读较合乎文法，解释也较通畅些。但苦"则"仍不好解释。"则"在这里是个量词，是长度的名称，即十步为一"则"，这在训诂上没有根据。同时释"畛"为小道，仍不正确。《古文字研究》第七辑载孙常叙同志《则，法度量则，则誓三事试解》，谓"则"义为计量器的标准器。其说甚是。秦始皇廿六年秦权铭云："乃诏丞相状、绾，灋（法）度量则，不壹歉疑者，皆明壹之。""则"义非为度量的标准不可，"则"为度量的标准器，则这句话便可以解释。但有一点，"则"究竟多长，是否为十步，仍无确证。不过，无论如何，这样讲总较接近于律文的文义。

"畛"释为田间小道，决不可通。考银雀山汉墓竹简《孙子兵法》佚篇《吴问》云：

> 范、中行是（氏）制田，以八十步为婉（畹），以百六十步为畛，而伍税之。韩、巍（魏）制田，以百步为婉（畹），以二百步为畛，而伍税焉……
>
> 赵是（氏）制田，以百廿步为婉（畹），以二百卌步为畛，公亡税焉。

---

① 于豪亮《释青川秦墓木牍》，《文物》1982 年第 2 期。
② 杨宽《释青川秦牍的田亩制度》，《文物》1982 年第 7 期。
③ 李学勤《青川郝家坪木牍研究》，《文物》1982 年第 10 期。

此处"畛"显不是小道或界，而就是垄亩。牍文"畛"也必是指垄亩。"田广一步，袤八则为畛"，是说田宽一步，长八则为一畛。"亩二畛"是说一亩田分为二畛。范氏、中行氏以八十步为畹，百六十步为畛；韩、魏以百步为畹，二百步为畛；赵氏以百二十步为畹，二百四十步为畛，都是一畛二畹，这正与一亩二畛一样。与赵制更是完全相同。商鞅变法，制定新的田制，盖是仿照赵氏的。

"百亩为顷，一阡道，道广三步。封高四尺，大称其高。埒高尺，下厚二尺"。"封"，《周礼·地官大司徒叙官·封人》郑玄注云："聚土曰封，谓壝堳埒及小封疆也。"《周礼·大司徒》云："制其畿疆而沟封之"，郑玄注云："封，起土界也。"《史记·商君列传》正义云："封，聚土也，疆，界也，谓界上封记也。"《睡虎地秦墓竹简·田律答问》云："盗徙封，可（何）如为封？封即千佰顷半（畔）封也。"封是在阡陌上所作的田界的标志。"封高四尺，大称其高"，是个四尺见方的土堆。这犹如后世田上的界碑。

"以秋八月脩封埒，正疆畔，及癹阡陌大草"。这是说八月份需要修理田上的封埒，将田上的疆界修好。《说文》云："癹，以足蹋夷艸，从癶从殳。"春秋传曰："癹夷蕴崇之。""癹"今《左传》作"茇"。癹是"茇"字之变，《说文》云："茇，刈草也。""癹阡陌大草"是说刈除阡陌上的草。《国语·周语》："火朝觌矣，道茀不可行。"韦昭云："觌，见也。草秽塞路为茀。朝见，谓夏正十月，晨见于辰也"。古代在十月以前，都是要将道路上的草刈除。《说文》云："茀，道多草不可行。"道路上草多，妨碍行走，除去道路上的草，可以使交通便利。

"九月大除道及陂险。十月为桥，脩波（陂）堤，利津梁"。"除"，治也。"大除道"是说大修理道路。《说文》云："阪，坡者曰阪。"又云："险，阻难也。""阪险"是道路有山坡和险阻的地方。"波"读为"陂"。古用"波"为"陂"。《汉书·景十三王传》："后游雷波"，师古云："波读为陂。""陂"义为障，《诗·陈风·泽陂》："彼泽之陂，有蒲与荷。"《传》云："陂，泽障也。"《国语·周语》："泽不陂"，韦昭云："陂，障也。"这是说九月份要大修理道路和山坡险阻的地方，十月份要作桥，修理堤防，要津梁便利。《国语·周语》："故先王之教曰：雨毕而除道，水涸而成梁……故夏令曰：九月除道，十月成梁。"韦昭云："夏令，夏后氏之令，周所因也。除道所以便行旅，成梁所便民，使不涉也。"每年九月十月要修理道路桥梁，我国古代很早就有这种规定了。秦律的规定乃是因袭前代的。由此可知，我国古代很早就很重视道路交通了。

我国古代有"爰田"。现今学者多谓"爰田"是换田，是一种土地制度。

"爰田"这个名称最早见于《左传》僖公十五年。旧时对此有不同的解释。杜预云："分公田之税应入公者，爰之于所赏之众。"《正义》引服虔、孔晁云："爰，易也，赏众以田，易其疆畔。"《国语·晋语》注引贾逵云："辕，易也，为易田之法，赏众以田，易者，易疆界也。"《汉书·地理志》："（秦）孝公用商鞅，制辕田阡陌。"注引孟康云："三年爰土易居，古制也。末世浸废，商鞅相秦，复立爰田，上田不易，中田一易，下田再易，爰自在其田，不复易居也。"

这里服虔、孔晁、贾逵都只说爰田是易疆界，不是易田，杜预不但没有说爰田是易田或易疆界，即"爰"字的字义也不是易。只有孟康说爰田是易田。现今学者谓爰田是换田就是根据孟康之说的。

晋作"爰田"是在晋惠公六年（前645），这一年，晋与秦战于韩，晋惠公为秦所俘虏。后秦穆公答应与晋言和，晋惠公命郤乞回国告诉吕饴甥。吕饴甥要郤乞告国人以晋惠公的命令，立太子圉为晋侯，赏赐群臣，"晋于是乎作爰田"。《左传》云：

> 晋侯使郤乞告瑕吕饴甥，且召之，子金教之言曰："召国人而以君命赏，且告之曰：孤虽归，辱社稷矣。其卜贰圉也。"众皆哭，晋于是乎作爰田。吕甥曰："君亡之不恤，而群臣是忧，惠之至也。"

很清楚，"爰田"是为赏赐晋群臣而作的，并没有说这是易田，是实行一种土地制度。"易田"最早见于《周礼》。《周礼·大司徒》云：

> 凡造都鄙，制其地域而封沟之。以其室数别之，不易之地家百晦，一易之地家二百晦，再易之地家三百晦。

这里并没有说这是"爰田"。郑玄注《周礼》也没有说这是"爰田"。

"换田易居"见于宣公十五年《公羊传》何休注：

> 司空谨别田之高下善恶，分为三品：上田一岁一垦，中田二岁一垦，下田三岁一垦。肥饶不得独乐，墝埆不得独苦，故三岁一换土易居，财均力平……

也没有说这是"爰田"。

把"爰田"和易田连在一起，最早是班固。《汉书·食货志》云：

> 民受田，上夫田百晦，中夫二百晦，下夫三百。岁耕种者为不易上田，休一岁者为一易中田，休二岁者为再易下田，三岁更耕，自爰其处。

及至孟康说："三年爰土易居，古制也"，于是爰田便成为易田了。班固"自爰其处"这句话何所根据，我们找不到。如果是据晋国的"爰田"，那显是误解，是附会。晋作"爰田"并不是易田。孟康的话显是根据何休的。只把"换"字改为"爰"。这实是臆改的。孟康说："三年爰土易居，古制也，末世浸废。商鞅相秦，复立爰田，上田不易，中田一易，下田再易，爰自在其地，不复易居也。"孟康这段话是他注《汉书》，解释商鞅所制的辕田的。我们可以看出，他是根据班固之说把商鞅所作的辕田解释为恢复古代易田制的"爰田"制。为要证明商鞅所制的辕田是易田制的"爰田"，又改"换田易居"为"爰田易居"。商鞅所制的辕田根本不是易田，没有把田分为上、中、下三等。孟康之说显是错误的，不足信的。根据孟康这种靠不住的话就说我国古代"爰田"是换田制，实是空中楼阁。

> 《史记·秦本纪》：（孝公十二年）为田开阡陌。
> 《史记·商君列传》：为田开阡陌封疆而赋税平，
> 《汉书·地理志》：孝公用商君，制辕田，开阡陌，东雄诸侯。

据此，商鞅变法，改革田制，他所制的田制就是辕田制。商鞅改革田制，《史记》、《汉书》都说他

"开阡陌"。"开阡陌"人们都以为是破坏阡陌，即破坏井田制，近李解民作《"开阡陌"辨正》①，认为"开阡陌"乃是置立阡陌，而不是破坏阡陌，甚是。其实，我们对《史记》、《汉书》这几句话稍加玩索，便可知这绝不是破坏阡陌。这实是说：造田，修建阡陌封疆，商鞅变法，改革土地，是改变旧的亩制，实行新的亩制，所以要把原来的田亩统统改造，按照新的规定，建立起新的田亩制度，这就必须要建立新的阡陌疆界。所以说："为田、开阡陌。"自秦孝公十二年（前350）商鞅制辕田到秦武王二年（前309），为时只四十二年。这期间，秦没有进行过什么土地改革。甘茂更修《为田律》应是根据商鞅的。商鞅改革土地制度，可能也制有《为田律》。我们把青川木牍《为田律》所说的情况与《史记》"为田、开阡陌封疆"对照起来看，二者所说的内容基本上显然是一样的。由此可以推知，商鞅所作田亩的形制必与青川木牍《为田律》所说的相同。换句话说，青川木牍《为田律》所述田亩的形制就是"辕田"。商鞅制"辕田"，主要的是建立封埒阡陌疆界，我疑"辕田"这个名称就是由此而来。

"爰田"，《国语》和《汉书》都作"辕田"，《说文》作"䡇田"。金文有"䡇"字。"爰田"之"爰"应初是作"䡇"。按，"䡇"字古与"桓"字通用。如田齐桓公，《齐侯䡇》作"䡇公"。《虢季子白盘》："䡇子白"，"䡇䡇"显即是"桓桓"，"桓"有旋回之义。《水经注·桓水》云："桓是陇坂之名，其道盘桓旋曲而上，故名曰桓。"《说文》云："亘，求回也。从二从回，回，古文回，象亘回之形。"《说文》云："回、转也。"亘"义也为回旋、回转，与"桓"相同。"亘"当就是"䡇""桓"的初字。"䡇""桓"都是由"亘"孳乳的。我疑"垣"字也是由"亘"孳乳的。垣是墙，墙也是四周环绕的，所以墙又名为垣。按牍文封与封之间有埒。《说文》云："埒，庳垣也"，也即是矮墙。这种田所以称为"䡇田"，就是因为它四周用垣围绕着的缘故。

按从"亘"作的字往往又和从"宣"作的字通用。例如成公十二年《左传》："曹桓公卒于师"，《礼记·檀弓》《史记·曹叔世家》《汉书·人表》都作宣公。魏桓子，《韩非子·十过篇》及《说林上》《国策·魏策》都作宣子。《诗·卫风·淇奥》："赫兮咺兮"，《释文》引韩诗作"赫兮宣兮"，《大学》作"赫兮喧兮"，《说文》作"赫兮愃兮"。这些字当也都同是由"亘"孳乳的，所以可以通用。《诗·緜》："乃慰乃止，乃左乃右，乃疆乃理，乃宣乃亩。"郑玄《笺》云："时耕曰宣"，朱熹云："宣，布散而耕也，或曰导其沟洫也。"孔颖达《正义》云："时耕曰宣，无他文也，郑以义言之耳。"可知郑玄实不知道"宣"字的字义，他说"时耕曰宣"，没有训诂的根据，只是望文想象。朱熹之说自更是臆度。《尔雅·释言》云："宣，徇，徧也。"郭璞云："皆周匝也。"是"宣"也有围绕之义。这与"桓""䡇"义相同。我们以为"宣"义也与"垣"相同。"乃疆乃理，乃宣乃亩"，是说划分田界，田四周作垣，开田为亩。如此说不误，则周在太王迁周原时，田地已作田埂，耕种已作垄亩了。甲骨文有"彊"及"畺"字，也足证殷代田已有疆畔。

"䡇田"又作"爰田"。这最简单的解释是"爰"与"䡇"音同通用。按"爰"与"寽"古通。《说文》云："钹，锊也。"《考工记·冶氏》郑玄注引《说文解字》云："锊，锾也。"《考工记·弓人》："膠三锊"，郑玄注云："锊，锾也。"贾公彦疏云："锊与锾为一物"。金文"锊"只作"寽"，如《扬簋》："取徵五寽"，《番生簋》："取徵廿寽"，后加"金"旁作"锊"。"爰"盖为"寽"之讹误。"获田"，"爰"即阡陌上所作的"埒"，"爰田"即由此而得名。

"爰田"应就是以百亩为单位，四周修筑阡陌封埒以为疆界的田，与易田没有关系。

---

① 《文史》第十一辑。

晋作"爰田"是为了赏赐群臣。赏赐群臣为什么要作"爰田"呢？其真相已不能确知。贾逵、服虔、孔晁都谓是"赐众以田，易其疆界"。从上述"爰田"的情况看，这应是赐田作疆界。《孟子》云："夫仁政必自经界始，经界不正，井地不均，谷禄不平，是故暴君污吏必慢其经界。经界既正，分田制禄，可坐而定。"古代田的疆界是很重要的，而"暴君污吏"又常常要破坏田界。又如郑国子产执政，使"田有封洫，庐井有伍"。"封洫"也是田界。这也必是在此以前，郑国田亩疆界遭受破坏，所以子产执政，首先就整理封洫。我疑古代土地疆界原只有封而无埒。有封无埒，疆界就不十分明确，因而"暴君污吏"恃势欺凌，侵占他人的土地，就很容易地破坏田界。晋在作"爰田"以前，情况可能也是如此，土地疆界错乱。晋赏赐群臣贵族土地，把所赐田地的四周修筑起封埒，使疆界明确固定。这样，贵族们得到土地，确切可认。征收租赋也就比较容易。所以晋作"爰田"，吕甥说："惠之至也。"

商鞅作"辕田"当是仿照晋的。但商鞅"辕田"的面积比以前要大。杜佑《通典·州郡典·雍州风俗》："按周制步百为亩，亩百给一夫。商鞅佐秦，以一夫力余，地力不尽，于是改二百四十步为亩，亩百给一夫。"这比以前增加了一倍以上。其所以要如此，显是因为商鞅要实行农战政策，发展农业，增加生产，故扩大耕地面积，使农民劳动力充分发挥。睡虎地秦墓竹简《田律》："入顷刍稾，以其受田之数，无垦不垦，顷入刍三石，稾二石。"田无论垦不垦都要纳刍稾，这更是用征税来强迫农民必须尽力耕种了。同时，当时的农业生产技术已进步了，一个农民和他的家人也能够耕种这么多的土地了。

过去，人们都认为商鞅变法，废除井田，令民得买卖，土地可以私有。近时因睡虎地秦墓竹简《田律》有"受田"记载，有人认为商鞅变法后，秦是实行授田制。按杜佑云：商鞅变法，"改制二百四十步为亩，百亩给一夫"。杜佑就以商鞅所行的是授田制。我认为商鞅确实行了授田。商鞅制辕田，把田的面积扩大了一倍多，田又按百亩为单位四周修筑封埒阡陌。很明显，这是对旧田制进行了彻底的大改造。这样改造以后，田的大小形状都改变了。这样，农民原来耕种的土地也面貌皆非了，各人再不能耕种自己原来的土地。在这种情况下，试想：土地怎么不需要重行分配呢？这必须要实行授田，而且必须按新建的辕田制每户百亩授予农民。

《汉书·地理志》注引张晏云："商鞅始割列田地，开立阡陌，令民各有常制。"《史记·蔡泽列传》云：商君"决裂阡陌，以静生民之业。"从这两句话看，田既授之后，是相当固定的，农民可以安定地生产。由此看来，农民受了田，即使不是归其所有，也必是长期地为其所使用，而不是定期还田于国家。这样，时间既久，便可能逐渐事实上成为私有，虽法律上还不承认私有。又商鞅变法，"明尊卑爵秩等级各以差次，名田宅臣妾衣服各以家次"。"名田宅"应是田宅私有。这应是规定有官爵和有功受赏的田宅即为其所有，不再归还国家。这似也可以窥见当时土地已可以私有。商鞅变法，实行授田，虽不能说就是土地私有，似也可以说是秦国土地私有的滥觞。

《汉书·礼乐志》引贾谊的话说："秦人家富子壮则出分，家贫子壮则出赘。"这应是在商鞅变法后，秦国真实的情况。从这两句话，我们可以推测，秦在商鞅授田以后，似没有再继续授田，至少不经常进行授田。商鞅之法："民有二男不分异者倍其赋。"男子成人以后，一定要分居。贫穷的人家，男孩子成人以后，为什么不分居，而要去做人家的赘婿？这当是他家没有财物土地可分，同时国家又不授予他土地，他没有土地可以生产，便不得已去做人家的赘婿。富人家有多的土地，孩子长大成人，分居可以给他土地财物，他可以独立劳动，独立生活。从这些情况看，自商鞅实行授田以后，授田似并没有成为一种固定的制度，继续执行下去。一般平民已有贫富之分，土地买卖可能已存在。

我国古代记载都谓土地的面积是以百亩为一单位。如《孟子》云："周人百亩而彻。"又云："百亩之田，勿夺其时，数口之家，可以无饥矣。"据《汉书·食货志》，魏文侯时，李悝作尽地力之教云："今一夫挟五口，治田百亩。"《荀子·大略篇》："家五亩宅，百亩田。"《吕氏春秋·乐成篇》："魏氏之行田也百亩"，《周礼·大司徒》："不易之田家百亩。"《礼记·王制》："制农田百亩。"从青川木牍秦《为田律》看，先秦时代，土地面积确实是以一百亩为一单位，而且确实是一户的耕作单位。

这里我想对井田制再简单地说几句。

关于井田制，长期以来争论不休，及今还不能解决，目前对于井田制有几种说法：

1. 没有井田制。
2. 有像孟子所说的那种井田制。
3. 井田即方块田。
4. 在平原地区、地理条件适宜的地方实行井田制。在山林沼泽地区，地形不适宜的地方，未实行井田制。井田制不是普遍通行的制度，

像孟子所说的"方里而井，井九百亩，其中为公田，八家皆私百亩，同养公田"这样的井田制，肯定是没有的。这显然只是孟子对滕文公作的一种建议，不是事实。孟子明明说："周人百亩而彻"，周所行的是百亩制，不是井田制。第三种说法，"井田即方块田"，不是九百亩为一井。那只要说方块田就行了，何必说它是井田制呢？把方块田加上个井田制的名称，就无此必要。第四种说法，井田只是在某些地理条件适宜的地区实行，不是普遍通行的制度。井田制既不是我国古代通行的制度，那在我国古代土地制度上就不占主要的地位，它在我国古代土地制度上既不占主要地位，那它对我国古代社会经济就不是起主要的作用，研究我国古代的社会经济也就不能以它为依据，讨论井田制也就没有什么重要的意义。

我国古代文献记载，农田都是以一百亩为一单位。辕（爰）田也是以一百亩为一单位。井田也是以一百亩为一单位，三者都是以一百亩为一单位，这不是一样吗？以百亩为一单位在我国古代应是最普遍、最通行的制度。从这种情形看，我国古代主要的土地制度应只有一种，即百亩制。

我国古代农田是以一百亩为一单位。田广一步、长百步为一亩，百亩正是个长广各百步的正方形。所有的田都是这样一般大小的正方形，正是整整齐齐的。在平原地区，在这样的田野上，田界道路纵横也一定是很直的，呈方格形，井田的名称可能一由此而来。井田应只是指田界的形状而言，不是土地制度。

爰（辕）田、井田，商鞅变法，改革土地的情况及其所行的土地制变，都是难以确知、纷争不已的问题。青川秦为田律木牍使我们能把这些问题联系起来，得到一个比较合理的解释，使我们对我国古代的土地制度有个比较明确的认识，其价值真是不小。

青川秦牍田制考辨

甘肃省博物馆 祝中熹

青川秦墓更修《为田律》木牍问世后，古史学界给予了极大关注，连续发表了许多考释、论析文章。但由于各家对牍文中某些关键词语理解有误，故使该律的部分内容未得到合理的、令人信服的说明。后来胡平生同志两次撰文[①]，指出牍文中的"则"系长度单位，而非连词，"三十步为则"。这样便纠正了通行释文断句及训义上的双重错误，为正确解读律文、进一步研究秦之田制，扫除了一大障碍，确为学界值得称道的快事。但在当时耕地规划格式，特别是阡陌配置及其名称缘由等问题上，史学界仍有不少混乱的认识。笔者愿将个人学习、思考所得在此提出，以就教于方家。

一

关于周代的亩积，《周礼·小司徒》郑注引《司马法》："六尺为步，步百为亩。"古今学者对此无异辞。这就是先秦盛行的长亩制。《诗·小雅·甫田》："禾宜长亩，终善且有。"这种长亩格局便于耕作和排水，便于田地的宏观规划、治理，适应于当时的农业生产水平。时至战国，由于生产力的发展，可耕地大量垦辟，亩积也随之发生变化。各国亩积不尽相同，但总的趋势是不断增大。从银雀山汉墓所出简书《孙子兵法·吴问》篇反映的情况看，赵国地区早在春秋后期即已推行二百四十步的大亩制了。秦国至迟在商鞅变法时也已采用了长二百四十步的亩制，《说文》《风俗通义》等书都肯定了秦亩长度为二百四十步。秦统一时间太短，未来得及在全国范围内亩制划一，汉初亦然。在一个相当长的时期内，两种主要的亩制并存：长百步的称小亩，亦释东亩[②]；长二百四十步的称大亩，亦称秦亩。直到汉武帝末年，全国才统一为秦亩。桑弘羊在与诸生辩论时说："古者制田百步为亩，民井田而耕，什而借一，义先公而后己，民臣之职也。先帝哀怜百姓之愁苦，衣食不足，制田二百四十步而一亩，率三十而税一。"[③] 他把功劳都记在了汉武帝名下，回避了二百四十步一亩乃秦制的事实。

青川木牍律文："田广一步，袤八则为畛。亩二畛，"首先须弄明白"畛"的含义。许多学者承袭传统

---

* 李学勤主编：《简帛研究》第二辑，法律出版社，1996年，第69-79页。
① 《青川秦墓木牍"为田律"所反映的田亩制度》，载《文史》十九辑；《解读青川秦墓木牍的一把钥匙》，载《文史》二十六辑。后文系胡平生与韩自强合写。
② 东亩中又含亩积更小的古亩，此不详述。
③ 《盐铁论·未通》

解释，谓畛乃田间道路。但此释用之于律文，不论视"则"为连词还是量词，都无法圆其说。如视"则"为连词，"袤八"无疑应指长八步。我们已知秦亩是宽一步长二百四十步的条亩，两条畛在这一亩地中如何安置呢？按律文要求，"广一步袤八"步应为一田区，这种田区在一亩地中可划三十块，两条畛何能将一亩地分割成三十等份？如视"则"为量词，像胡平生同志所指出的那样，三十步为则，那么，"田广一步袤八则"正好是一个秦制长亩，两条畛还是无从安置。若顺长亩纵向安置，一亩地本有一步宽，在这一步宽幅内再修两条平行的道路，不仅占尽了耕地，实在地无此必要。若垂直于长亩横向安置，即以畛作长亩的两端，如杨宽先生所主张的那样，① 初看似较合理，但律文紧接在"亩二畛"之后，还有"一陌道"的要求。这条陌道须"广三步"，当然不可能作长亩与长亩之间的界路，它只能安置在长亩顶端（它也不可能安置在长亩之中，下文将详述之）。这样的话，长亩顶端的畛道和陌道必然相重。

于是人们转而把畛理解为田域。其实，古人言土地之疆理，界名与所界之区名常常通用，畛字本即有田域义项。《诗·周颂·载芟》："千耦其耘，徂隰徂畛。"郑笺："隰谓新发田也，畛谓旧田有径路者。"意思很清楚：畛为有径路的田域。旧田者，长期耕种之熟地也。熟地修治畛畦，是精耕细作的需要。《战国策·楚策》言"叶公子高，食田六百畛。"言叶公被"封之执圭，田六百畛。"《左传·定公四年》述康叔之封："封畛土略，自武父以南及圃田之北竟。"《楚辞·大招》："田邑千畛，人阜昌只。"均为在田域意义上使用"畛"字之例。畛作为田域，是由小径分割开的，故畛间小径便也称畛。后世注家单以田间小径释畛，是失之片面的。

青川木牍的"畛"应当也只能理解为田域。但新的问题也随之而来。若视"则"为连词，广一步袤八步即为一畛，那么，一亩地恰好是三十畛，而决不会是二畛；若视"则"为量词，一则三十步，那么，一畛的面积就是宽一步长二百四十步，这正是一个秦亩，"亩二畛"岂不又陷入荒谬？有的学者据此而认为秦亩为四百八十步的大亩②，但这在古文献中找不到任何佐证，很难被人们接受。

问题的症结在于对律文"为"字的理解上。李学勤同志曾正确地指出："为"字义为作、治，"为田"的意思就是制田，"为畛"的为字亦如之③。在古汉语中，"为"作动词有两种截然不同的用法：一种是作联系动词，相当于现代汉语中的"是"；一种是作动作动词，意为造作、建树、整治。"为田律"的"为"，无疑是动作动词："为畛"的"为"，用法与之同。这也正是《史记·秦始皇本纪》所载"献公立七年，初行为市；十年，为户籍相伍。"昭襄王"立四年，初为田开阡陌"的为字用法。律文下言"百亩为顷"亦同理。"顷"是战国以后盛行的田制术语，可能与商鞅"废井田，开阡陌"确定新亩积的份地制有关。顷包含一百亩耕地，但却不完全是百亩的同义词。顷须经过规范化的整治并有封界，即云梦秦简所谓之"顷畔"。顷乃一完整的份地单位，而百亩只表示田地数量。云梦秦简《田律》言"入顷刍稿"，言"顷入刍若干"，表明作为份地单位的顷，已是语言中定型的专称。因此，"为顷"和"为畛"一样，都是"为田"的具体内容。

"为畛"者，修治田畦也。此义一明，我们便可从量度计算的矛盾中解脱出来。"广一步，袤八则"，说的就是一个长亩，在此长亩中修治两片畛畦。剩下的问题只是：这两片畛域是顺着长亩纵向划分呢，还是从长亩正中作横向截断？稍有点农耕实践经验的人都会想到，纵向划分是不可能的。因为一亩地只有一步宽（是时六尺，相当于今市尺四尺左右），在此幅度内只允许容纳培植农作物所必需的几条畎垄（以汉代赵过所行的代田法而言，一亩宽度仅容三畎），实在无法再培筑一条哪怕是很窄的道路，硬要这么做，

---

① 《释青川秦牍的田亩制度》，载《文物》1982 年 7 期。
② 参看注《文史》《青川秦墓木牍"为田律"所反映的田亩制度》，载《文史》十九辑。
③ 《青川郝家坪木牍的田亩研究》，载《文物》1982 年 7 期。

则至少会浪费三分之一的耕地。张金光同志提出长亩中间横向辟路分为二畛的意见，并指出："战国时在田间布置规划上通行着把一亩分作二区的耕作制度。"① 张说极是。我这里再作点补充论证：在长亩制下，特别是在二百四十步的长亩制下，将条亩横断为二域，是农业操作的实际需要。畛作为田区其实也就是畦。《说文》："田五十亩曰畦，从田，圭声。"慧琳《一切经音义》引《风俗通义》："秦孝公以二百四十步为田，五十亩为畦。"从"圭"之字，多含物半之义，《孟子·滕文公上》："卿以下必有圭田，圭田五十亩。"战国授田以百亩为率，五十亩乃份地量之半，故曰圭田。《说文》："赶，半步也，从走，圭声。"段注引《司马法》："一举足曰跬，跬三尺；两举足曰步，步六尺。"《方言》："半步为跬。""畦"字从圭，正取"田之半"义。从百亩份地中部：横辟一条道路，将份地中分为两片田畦，每一片田畦包含一百个半亩，即五十亩。可惜张金光同志未见或见而未采胡平生"三十步为则"之说，故在解释亩积时仍视"则"为连词，并认为律文"袤八"之下脱一"十"字，这显然是一种臆断。此外，他认为二畛之间的界路，即是律文所言的"一陌道"，这也很值得商榷。第一，份地内的道路，纯为农事操作往来便利而设，以人畜能通行为度，不需太宽；太宽不仅多占耕地，且也虚耗筑路之功。木牍律文所言之陌道，要求三步宽（合今市尺一丈二尺左右），并由政府督促每年定期除草修垫，分明具有公共道路的性质，与份地内畛域间的小径有别。第二，云梦秦简《法律答问》："何如为封？封即田阡陌。顷畔封也，且非是……是。"封即地界，律文说得很明确：阡陌即一块份地的四界，相当于顷畔。假如横贯一家份地之中的田道即为陌道，则与此律文不合，因为封是法律保护的、标志土地归属的界标，自家份地内是没有也不需要封的。第三，我们知道，先秦的长亩制延续到了汉代，汉代土地买卖是以亩为单位的，从我们今天所能见到的买地契约看，大都以陌标志其位置。如果陌道曾经是份地制下每家田地内之横向中线的话，土地买卖时以陌为界划分两家所有权的现象就不可理解，难道所有出卖土地的人，都把自己的耕地以半亩为单位往外卖。

二

要澄清律文所言"亩二畛，一陌道；百亩为顷，一阡道。道广三步"的问题，须先从宏观上把握当时土地规划治理的总体面貌。许多同志的错误即在于囿于一亩地或一顷地的小范围内思考，而未能将律文内容纳入先秦广泛存在的大型田域中察辨。古代耕地广域连片的形式，是农田垦殖规律所决定的，是氏族时代集体耕作传统所决定的。先秦耕地宏观治理的主体形式，就是在广阔的田域中按定制作统一规划，多以河流为中心轴线，采长亩制的百亩为单位配置阡陌，极注意沟洫道路的配套系统。这是往昔家族公社及后来的农村公社时代推行份地制的必然结果。《周礼·地官·遂人》对这种统一治理格局的大型田域有着样板式的叙述："凡治野：夫间有遂，遂上有径；十夫有沟，沟上有畛；百夫有洫，洫上有涂，千夫有浍，浍上有道；万夫有川，川上有路，以达于畿。"这种万家百万亩的大型田域，按当时的量度标准计算，纵横各三十余里，这大约是周代村社上土地连片规划的最大规模。在都邑周围的平野上，这是完全可以做到的。《诗·周颂·噫嘻》所言"骏发尔私，终三十里，亦服尔耕，十千维耦。"描绘的就是万家份地百万亩大型田域上春耕的景象，清儒程瑶田在其《沟洫考》中说："里曰三十，是万夫之田。方三十三里又少半里，举成数之证也。"都邑周围的沃壤无莱田，程氏的计算无误。《汉书·刑法志》："地方一里为井，井十为通，通十为成。成方十里，成十为终。""终"作为大型田域中的一个级层，其包含耕地面积合计也是三

---

① 《论青川秦牍中的"为田"制度》，《文史哲》1985年6期。

十余里见方。《考工记》："凡天下之地势，两山之间，必有川焉；大川之上，必有涂焉。凡沟逆地防，谓之不行；水属不理孙，谓之不行。梢沟三十里而广倍。"郑玄注："谓不垦地之沟也。"这里实际上是讲后备耕地的治理，先开沟以泄水，其沟比耕地之沟宽一倍，其治理规模着眼于未来的大型田域，故作三十里见方的筹划。银雀山汉墓竹简有齐国的《田法》，也说："州乡以地次受田于野，百人为区，千人为域。"此尤为大型田域存在之力证。有些学者怀疑《周礼》，更怀疑《周礼》的田制，认为我国地势复杂，丘原交错，山林遍布，《周礼》所言那么整齐划一的田洫配置，只是一种设想，不可能实施。持此类意见的同志忽略了我国三代时的实情，而用后世人烟稠密、可耕地尽辟的景况以律古昔。须知那时人口较少，聚居于都邑之内，耕地则从都邑周围向外展开。那时的都邑，均选择在河川流经的平野，或背山面水拥有一片川原的地带，耕地大片连域是具备条件的。只要份地制存在，这种统一规划的大型田域就是必然的现实。商鞅变法因为要扩大亩积，增多份地量以行"自爱其处"的辕田制，不得不"开阡陌"，调整一下田亩界畔的原有结构，使每家份地单位"顷"的区域得以扩拓。但大型田域仍然存在，且新的阡陌业经确定，便很难再变。即使到份地制早已消失了的汉代，由于农业生产技术并未出现飞跃性进展，我们仍能看到先秦授田制下大型田域的历史遗踪。如"陌"，就仍在起着田地界标的作用：

《汉书·匡衡传》：乡本田提封三千一百顷，南以闽陌为界。初元元年，郡国误以闽陌为平陵陌。
《后汉书·光武帝纪》：命有司设坛场于鄗南千秋亭五成陌。
《孙成买地券》：左骏良厩官大奴孙成，以雒阳男子张伯始卖所名有广德亭部罗陌田一町……①
《王朱卿买地铅券》：河内怀男子王未卿，从河南街邮部男子袁叔威买皋门亭部什三陌西袁田三亩……②
《樊利家买地铅券》：平阴男子樊利家，从洛阳男子杜谓子子弟□买石梁亭部桓阡东、比是陌北田五亩……田南尽陌北，东自比谓子，西比……③
《王当墓买地铅券》：谷郟亭部三陌西袁田十亩……田本曹奉祖田，卖与左仲敬等，仲敬转卖与……④

以上材料在亭部成邮部之后即言陌。用陌标明某块田地的方位和归属，这只有在大型田域中方有可能。陌前冠以数字，就能说明问题：这种作为田区位置坐标的陌道，是按一定次序平行排列的（因此《匡衡传》中郡国官吏把闽陌当作了平陵陌，据后文说，一陌之差造成了四百顷的出入），这正是统一规划的大型田域的历史遗存。每一条阡陌都统领着若干家的份地单位"顷"，每一条阡陌都有自己的名称或编号。尽管份地制早已消失，尽管往昔的份地单位"顷"，在土地自由买卖的潮流中，也许早已被零碎分割，数易其主（如《王当墓地券》所反映的那样），人们却习用原阡陌为座标示其所在。"桓阡东比是陌比"一语，表明比处之阡为南北走向，陌为东西走向，确证阡与陌是垂直的。"陌西""陌北"杂现，表明陌的走向或南北，或东西，全依长亩的纵向如何而定。《汉书·食货志》颜注所谓"东西曰陌"的定向说不可取。我在十几年前的一篇文章中曾指出：古代长亩的走向，一般说与附近河流的方向有关⑤。有东西方向者，有南北方向者，故《诗·小雅·信南山》云："我疆我理，南东其亩。"陌与长亩走向垂直，长亩走向不

---

① 见罗振玉《贞松堂集古遗文》卷十五。
② 见罗振玉《贞松堂集古遗文》卷十五。
③ 见罗振玉《贞松堂集古遗文》卷十五。
④ 洛阳博物馆《洛阳东汉光和二年王当墓发掘简报》，载《文物》1980年6期。
⑤ 《〈周礼〉社会制度论略》，载《人文杂志》1982年先秦史专刊。

一，陌便不可能定向。

对这种统一布局、按定制规划的大型田域有了总体认识之后，再回过头来看木牍律文的"为田"规定，思路便畅通无碍了。"田广一步，袤八则，为畛，亩二畛"，是说先定宽一步、长二百四十步的条亩，然后在条亩内修治畛畦，即在条亩正中横向修一条畛径，将和亩分隔为两片畦域。"一陌道"，是说在所有长亩终端，修一条与长亩走向垂直的陌道，以作为与另一家份地之间的界限。当然，长亩的另一端出有一条陌道，但那由另一家份地主人负责修治，每家只需修一段陌道即可。由于陌道与畛径平行而且等长，故在后世田域术语使用不甚严格的情况下，有时也将畛径称作陌道，如《说文》即谓："畛，并田间陌也。"畛、陌混称由来已久。"百亩为顷，一阡道"，是说一百个条亩平行并列治为一顷，这是一家的份地，在并列相排的第一百个条亩的地边，应修一条与长亩平行的阡道，以作为与另一份地带之间的界限。当然，在相反方向即第一个条亩的地边，也有一条阡道，但那由另一家份地主人负责修治，每家只需修一段阡道即可。"道广三步"，是因为阡陌不仅是每家份地的边界，也是大型田域中的公用道路，此非份地内便于农作的畛间小径可比，故需三步之宽。阡陌格局是定型的，因此两侧植桑，车骑旅人均可通行，如古乐府名篇《陌上桑》所描写的那样，按照这种为田制度，每家份地都被框在纵横垂直相交的阡陌之内，成一宽百步，长二百四十步的矩形，矩形的长边为阡，短边为陌。阡陌为每家份地四面的边界，故云梦秦简说阡陌也就是"顷畔"，也就是"对"。阡陌是法定的，是不能私自更动的，私自更动即犯"赎耐"之界。汉代阡陌所以成为辨分田地归属的权威界标，道理即在于此。

三

人们可能会提出这样一个问题：既然阡陌实即一块份地的四边，而阡又是四边中的两条长边，为什么存世的许多汉代土地买卖券契，在述及地亩所处位置时，几乎皆以陌为坐标而很少以阡为坐标呢？探明这个问题对我们理解阡陌制度及古代土地所有制形态的发展变化，是有重要意义的。

农村公社瓦解后，份地固定为各家的私产。战国时的授田制，其实质不过是村社份地制的历史惯性顺延，它表明国家对农民拥有一块份地的权力，给予了法律承认。当授田制也被废止后，土地私有权便完全确立。西汉时代如汪洋大海般存在着的自耕农阶层，便是村社制度结束后的产物。随着人口的繁衍，随着原份地家庭的分异，随着土地买卖的展开，以"顷"为单位的份地作为小农的私产而被不断切割易主。原有的阡陌虽仍如旧，但百亩一家的格局却渐被破坏，一顷份地可能为数家所有。汉代田地买卖券契反映的情况正是如此，一般田地交易不过数亩或数十亩，这是土地私有化之后的正常现象。明白了这一点，再联系长亩与阡陌的配置关系思考，汉代标示田地位置多言陌而极少言阡的疑问即可冰释：阡与过去的每一块份地相关联，但却不与每一亩地相关联，因此在确定几亩或几十亩地的位置时，很难以阡为轴标；陌则不同，陌是所有条亩的端线，像鱼的脊骨统领每一根刺一样，陌统领着每一个长亩。因此凡是份地制大型田域中任何一亩或若干亩土地，都可以用陌来标示其位置。（参看附图）

最后，还有个阡陌命名义缘的问题，即阡为什么叫阡，陌为什么叫陌。阡陌以本质上说，都是田界兼道路，阡与陌的区别，除了前者与长亩走向平行，后者与长亩走向垂直这一点外，还有些更深层的含义，这同我国农村公社后期份地配置原则有关。村社时代份地生产是社会经济构成的主体，村社成员是社会生产的主要承担者，是剩余产品的提供者，是各种徭役的负担者，也是军队中的基本战斗力量。正因为如此，政府最重要的职能便是加强对村社成员的控制，于是产生了一整套严密的户籍制度。农村公社越向后期演化，这种加强户籍管理的趋势越明显。周代上层统治机构中据重要位置的"司徒"一职，在西周中期以前一直称"司土"，西周晚期以后渐改称"司徒"。徐中舒先生曾说："先称司土，后称司徒，司土变司徒，是很有意思的，人民被束缚在土地上了。"① 愚意不然。本称司土，是因为农村公社前、中期，土地管理是头等大事：耕地垦辟与份地等量分割，须统一规划布局；各家份地每隔三年要重新分配，以解决饶瘠不均的矛盾；还有莱田的配置及新生劳力份地的授予等等。总之，村社的管理与控制，是以土地为中心的。到农村公社后期，情况逐渐发生了变化：大型田域配置格局已完全规范，"爰田制"推行后，莱田渐消失，休耕轮作在各家份地内进行，份地被固定化并渐成农民私产，在国家的行政管理中，人的因素日益突出。《白虎通·封公侯》云："司徒主人。不言人者徒者，徒，众也，重民众。"这便是春秋以后各国强化户籍制度的背景。在农村公社后期的户籍制度下，生产的进行，税赋的收取，徭役的征发，军伍的组合，均应互相照应，紧紧地联结在一起。集居相邻的各农家，编为最基层的行政单位；在军队中，这基层行政单位各家的服役者，相应地编为一个战斗集体，即"伍"和"什"；他们的份地，也在大型田域中被规划在同一个长条带中，这长条带被夹在两条阡道之间，由若干个份地单位"顷"排列组成。此即《周礼·族师》所述："五家为比，十家为联；五人为伍，十人为联；四闾为族，八闾为联。使之相保相受，刑罚奖赏相及相共，以受邦职，以役国事，以相埋葬。"也即《逸周书·大聚》所言："五户为伍，以首为长；十夫为什，以年为长；合闾立教，以威为长；合旅同亲，以敬为长。饮食相约，与弹相庸，耦耕俱耘，男女有婚，坟墓相连，民乃有亲。"也即《国语·齐语》所谓："伍之人，祭祀同福，死丧同恤，祸灾共之。人与人相畴，世同居，少同游。故夜战声相闻，足以不乖；昼战目相见，足以相识。"正如"什"在当时是军队中的基层战斗集体一样，十家份地相连而成的"千亩"，也是当时通用的份地规划单位。因此，纵向区分十家份地千亩的封界兼道路，便被称作"阡"；横向区分每家份地百亩的封界兼道路，便被称作"陌"。阡与阡相接，构成长阡；陌与陌相接，构成长陌。许多条平行的长阡，与许多条平行的长陌，纵横交叉，组成了马克思所说的那种典型的农村公社份地形态——棋盘状耕地。《乐志》载曹植《琴调歌》一诗，其中有句曰："东西经七陌，南北越九阡"，也是大型田域中阡陌配置的写照。程瑶田《沟洫疆理小记·阡陌考》"当千亩之间故谓之阡"，"当百亩之间故谓之陌"的说法，基本上是正确的，青川秦牍进一步证实了程说。

附：《畛域阡陌示意图》

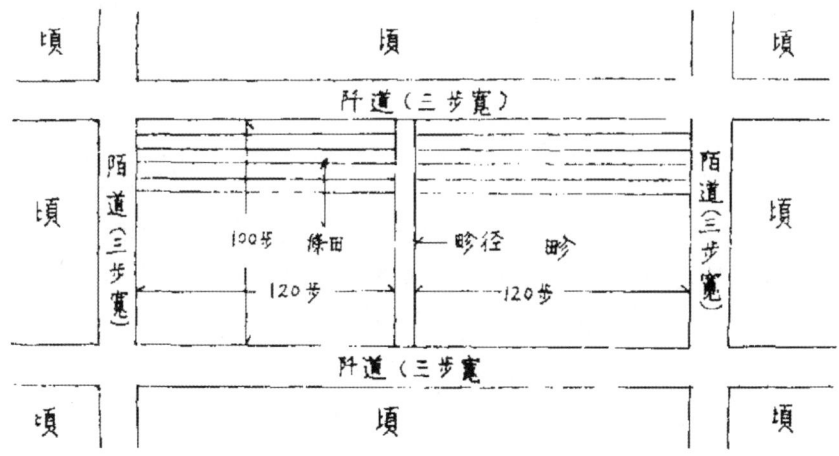

---

① 《先秦史论稿》，巴蜀书社，1992年，第368页。

论青川墓群文化及其政治经济问题

唐嘉弘

1979年至1980年在四川青川县郝家坪先后清理七十余座战国墓葬（编号M1—M72），这一墓群的墓葬形制均为长方形竖穴土坑墓，无封土，无墓道。随葬器物四百余件，未见兵器，主要为生活用器，其中陶器124件，铜器58件，漆器177件，竹木器有50件，此外尚有玉器、琉璃珠、绿松石、棕套、半两钱等。详情参见《文物》1982年1期的《四川青川县战国墓发掘简报》。

在M50边箱中出土木牍二件，其一文字残损，无法辨识；其一长46厘米、宽2.5厘米、厚0.4厘米，正面和背面皆有墨书文字，残损较少，字迹较为清晰。木牍反映出秦国田制的具体内容，是一件十分珍贵的先秦历史文物，不仅可以说明秦国当时的土地制度，还可作为理解当时中原各国田制的重要参证和考察秦国疆域拓辟的依据。应当说该木牍确为当时秦国政治经济的第一手材料。

由于青川木牍具有的特殊意义，因而引起了不少历史和考古工作者的重视，写出了一些论著，加以探讨；大体上对于释文作了较多的工作，但仍有语焉不详和难以通解之处，特别是关于田制方面的问题，有待于深入探研；对于青川木牍出现的民族社会历史背景、当时各国间形势的分析和墓群的文化内涵还很少涉及，有些主要论点仍有可资商榷之处。本文拟对上述问题，略抒己见，以供讨论。

一

青川地区在白河下游，白河又名白水河，白龙江在它的北面经过甘肃武都南下至碧口北，二水汇合后流入嘉陵江，在秦代，青川处于汉中郡、蜀郡和陇西郡南白马地区之间；汉代初年——刘邦六年（前201），分巴、蜀二郡置广汉郡，今青川县约当汉初广汉郡的白水县。周代居住在这里的居民大多属于氐人，或称为戎人、夷人。

《史记·西南夷列传》："自冉駹以东北，君长以什数，白马最大，皆氐类也。"冉駹约在今茂汶一带。司马迁的这段描写，和汉代以后民族志的材料，基本一致。如《北史·氐传》说："氐者，西夷之别种，号曰白马。三代之际，盖自有君长，而世一朝见。故《诗》称：'自彼氐羌，莫敢不来王'也。秦汉以来，世居岐陇以南，汉川以西，自立豪帅。汉武帝遣中郎将郭昌、卫广灭之，以其地为武都郡。自汧渭抵于巴

---

* 唐嘉弘《先秦史新探》，河南大学出版社，1988年，第100-116页。

蜀，种类实繁。或谓之白氏，或谓之故氏，各有侯王，受中国拜封。"历来对于"白马"的解释，均忽略了这是一个音译的词汇，从而无法理解它的族源。"白马"实为"沙满"的异译，"沙满"在《清史稿·礼志》中译作"萨妈"，索礼安的《满洲四礼集》作"萨莫"，《西伯利亚东偏纪要》作"叉妈"，《松花江下游的赫哲族》作"萨满"，还有"贞末""叉满""沙马""沙门""折逮""赞普"等多种译写。凉山滇黔夷族的"毕母""呗髦""子莫""稼"均和它同源。它就是东北地区经蒙古草原直到新疆阿尔泰语系各部落信奉的沙满巫教的巫师。古代原始社会阶段政教合一，酋长即巫师，是这些部落的代表人物，因而用"白马"作为这些部落的称号。

《史记》和《北史》所记白马氏人的活动地区，约当今陕西西南部、四川西北部和甘肃东南部之间。这一广大地区有洮河、渭河、汉水、嘉陵江、岷江等河流上游经过其中，在漫长的古代历史上曾经作民族走廊地区和尾闾地区而呈现出古代民族的特殊复杂性。但在秦汉之际，似乎以氏人为主。西汉政府在这里设立四个"氏道。"《汉书·百官公卿表》："县有蛮曰道。"《汉书·地理志》陇西郡氏道下颜师古注："氏，夷种名也；氏之所居，故曰氏道。"陇西郡氏道约当今甘肃天水西南；广汉郡的刚氏道约当今四川平武，与青川毗邻，甸氏道约当今甘肃文县，湔氏道约当今四川松潘。青川的地理位置，正在这个大范围内，东面有阳平，西北有阴平，地处邓至山和马阁（角）上东麓。《水经注·漾水》记："白水西北出于临洮县西南西倾山，水色白浊。白水又东南入阴平，白水又东南经阴平故城南，即广汉之北部也，广汉属国都尉治。汉安帝永初三年分广汉蛮夷置。有白马水，出长松县西南白马溪，东北经长松县北而东北，注白水。白水又东经阴平大城北，盖其渠帅自故城徙居也。"这一地区在汉魏时地广人稀。所以唐代杜佑在《通典》中说阴平郡龙州是"无人之境"。《通典·州郡典》还说武都郡、同谷郡均为古白马氏国，而他们又是"西戎别种也"。氏人和戎人有密切的关系，渐趋融合，故称为西戎别种。毗邻的顺政郡兴州，故治在略阳，战国时为白马氏东境。周代青川地区，亦当为氏人或戎人的活动地区。

汉武帝开冉駹故地为汶山郡，据《后汉书·南蛮西南夷列传》说："其山有六夷、七羌、九氏。"可见这些部落在不断增殖、裂变的过程中，不断繁衍分化。大约在早期阶段，戎氏之人均"贵货易土"，重视牲畜等动产，对土地并不如"以农立国"的人那样重视。但随着与华夏人和汉人的交互影响，氏人"善种田，畜养豕、牛、马、驴、骡""俗能织布"（均见《三国志·魏书·乌丸鲜卑东夷传》注引《魏略·西戎传》）。《史记·张仪列传》和《华阳国志·蜀志》中记秦惠王时，司马错和张仪都说蜀是"西僻之国"，为"戎翟之长"，秦灭蜀后，"戎伯尚强"，即不少部落和部落联盟的首领仍有强大实力。青川、平武等地的戎、氏部落这时均应属于蜀人的政治势力范围。在秦国甘茂定蜀后，青川木牍上所说秦武王二年命令丞相甘茂等人更修为田律，显然是适用于新近属领的土地，针对定蜀后所采取的政治经济措施。为田律的实行，对于川甘陕边区的戎氏之人（还有巴蜀地区）农业的发展，起到了促进和推动的作用。秦国在拓殖的过程中，将中原土地制度推广到新领的少数民族地区，这在客观上，有利于民族地区和各族人民。

大量民族调查材料说明，白马氏人的传统习俗是屈肢葬；而目前全国范围已经发掘出土的屈肢葬又以陕西为最多；过去有人认为秦文化是戎氏文化，并非毫无根据。此说的谬误在于不够全面，忽视了秦统治者属于中原文化系统，戎氏诸部落是在被属领下逐渐融合的。青川墓群中基本上是直肢葬，其主人当为由中原派驻的官吏及其私属；再参证墓群文化内含的大量中原文化的因素，应当说青川墓群文化基本上属于中原文化系统（其中许多因素已融合于楚文化和秦文化中）；从大量的历史事实分析，青川和巴蜀等地所受到的楚文化的影响，较诸秦文化，要长远许多（后面将详细论述）。张忠培同志早在1963年对于所谓"蜀戈"进行了细致的分析，他认为"蜀戈"基本上乃是自中原地区传入的或受中原文化影响而自造的。近年来在宝鸡地区发现不少西周时期的类似"巴蜀文化"的器物，其中一些完全一致，因而可以肯定这里是战国时期巴蜀文化的祖源之一；它的另一重要源头和内涵特点就是楚文化。

对于上述一系列的基本历史事实，有人视而不见，忽略了楚国对南郑、汉中、巴蜀（包括青川、平武等地）的深远影响，忽略了当时的历史背景及春秋战国时期的国际形势，断言青川、荥经两地的考古文化主要部分"都属秦人"，其器物如漆器"非巴蜀文化的""只能是秦文化的"，将一些巴蜀文化混同于秦文化，显然把复杂的历史现象简单化了，并割断历史。我们认为在巴蜀文化中确实有不少楚文化的因素存在，也有一些秦文化的因素；由于"秦之兴也暴焉"，故不如楚文化影响的深远。这些现象和史籍的记述完全一致。应当看到，楚秦二国的文化亦非单纯划一，正如秦孝公时商鞅变法所说："始秦戎翟之教"，秦文化中有不少戎翟（狄，或通氐）文化的因素，楚文化中亦有不少蛮夷文化的因素；而中原文化通过楚秦二文化对于巴蜀均有程度不等的影响和渗透。所谓青川、荥经墓地的"秦文化"，在实际上，许多均属中原文化系统。大量考古遗存说明，要找出一个单纯的或纯粹的文化类型相当困难；复合的交互影响渗透的文化类型，却比比皆是。因此，绝对化的简单的强调青川、荥经考古文化属于"秦文化"，是一个缺乏科学性的命题。

《楚文化新探》中陈振裕同志论及湖北发现的秦墓及秦楚关系时，根据大量的湖北秦墓与关中、三晋和湖南、两广等地区的秦墓及其文化，进行比较分析，又将湖北秦墓和楚墓作了对比研究，最后认为湖北秦墓虽然保存了不少关中秦墓的特点，但也出现了许多新的文化，接受了一些楚人的影响。在秦统一六国的过程中，三晋地区的秦墓已经基本上与关中秦墓相同了。原来隶属于楚国的两湖秦墓保留了许多楚国的传统习俗。楚国势力曾到达的岭南地区（两广）的秦墓，尚可看到一些楚国的传统习俗与楚式文物。我们认为这样的描述楚秦墓葬关系及其文化，是符合实际的。青川、荥经墓群的文化，大体如此，它们中有楚文化，时已有大量于融合楚秦文化中，还有一些巴蜀文化或戎氐文化的因素。

二

秦孝公元年（公元前361），据《史记·秦本纪》所记当时的国际形势，"河山以东强国六……楚自汉中，南有巴、黔中"，楚国是当时特大的强国，而秦国"僻在雍州，不与中国（中原）诸侯之会盟，夷翟遇之"，秦孝公在变法改革以前曾说："厉、躁、简、公、出子之不宁，国家内忧，未遑事外，三晋攻夺我先君河西地，诸侯卑秦，丑莫大焉。"从秦国最初"在西戎，保西垂"，直到战国初期和中期，在列强竞雄中，长期处在被动地位，追随于晋楚之后，只能在西戎中发展；秦的南疆是南郑和汉中（史称"褒汉之地"与巴蜀关系密切），虽然时有交往，但由于渭水流域的关中盆地——秦国的中心地区，向南有秦岭山脉横阻其间，所以巴蜀汉中与秦的交通，自古号称天险；可能在秦汉之际，只能依靠褒斜栈道交通往来，发生政治经济和文化的交流。《史记·留侯世家》："汉王之国，良送至褒中，遣良归韩，良因说汉王曰：'王何不烧绝所过栈道，示天下无还心，以固项王意。'乃遣良还，烧绝栈道。"似乎当时除此褒斜栈道外，关中即无大道可以交通汉中地区。《战国策·秦策》记范雎相秦，"栈道千里，通于蜀汉"，此处"蜀汉"连称，和《华阳国志·蜀志》所说"蜀王有褒汉之地"，具有相同意义。这一栈道，乃长期修建而成。《史记·货殖列传》记巴蜀"四塞，栈道千里，无所不通，唯褒斜绾毂其口"，可见褒斜道的重要性。

秦国处心积虑地克服了政治生活中的消极因素，在变法图强和经济改革的基础上，直到秦惠文王（或称惠文君、惠王、文王）后元九年（前316）才先后吞灭巴蜀；到后元十三年（前312），"庶长章击楚于丹阳，虏其将屈匄，斩首八万，又攻楚汉中，取地六百里，置汉中郡"；到秦武王元年（前310）甘茂定蜀，二年在蜀地青川更修为田律，秦国这时才在蜀地建立了较为深入的政治力量。如果从秦厉公（厉共公）前476—前442）开始和蜀人正式往来计算，中间经过秦惠公十三年（前387），秦蜀反复争夺南郑（参见《史记》中的《秦本纪》和《六国年表》），到秦夺取楚汉中，整整花去了约160年的时间。

秦惠文王为了灭取蜀汉，确曾煞费苦心。据《水经注·沔水》于石门下引来敏《本论蜀》和《华阳国志·蜀志》，惠文王等人认为蜀巴居于汉中楚地上游，巴蜀为入楚必由之路，故惠文王和蜀要好，以离间楚蜀关系，从而进攻蜀汉。"尝遇蜀王行猎褒汉谷中，以金一笥遗之，蜀亦报以珍玩之物"。又作石牛五头，"朝泻金其后"，扬言牛便为金，蜀王得惠文王应允送此便金之牛，乃修道路以迎牛。传说此即石牛道的来由，司马错和张仪攻灭蜀巴，即由此路，惠文王又常常进献蜀王以美女，借以取悦于蜀王。秦惠文王十分欣赏司马错的战略："且蜀，水通于楚，有巴之劲卒浮大船以东向楚，楚地可得。得蜀则得楚，楚亡而天下并矣。"（参见《华阳国志·蜀志》）后来的历史证明，司马错的分析完全正确。

楚国通往巴蜀南郑、汉中的地理环境，远较秦国优越。早在楚国熊渠当政时，国力已达汉水沿岸竹山等地。春秋初期，楚武王已服汉水流域许多小国和部落；其子文王时，由南阳盆地进入淮水上游。正如《左传》僖公二十八年栾贞子（枝）所说："汉阳诸姬，楚实尽之。"楚国已经奠定了北上、东征和西进的有利条件。

楚人政治经济中心本在汉水中游南阳丹淅一带，由此西北丹淅二水至秦，历来为一捷径通道；由其西面溯汉水而上，可直经汉中达南郑褒城以至阳平关迤西之地。《淮南子·兵略训》记："楚人地南卷沅湘，北绕颍泗，西包巴蜀，东裹剡淮，颍汝以为洫，江汉以为池，垣之以邓林，绵之以方城。"《吕氏春秋》《荀子》和《战国策》等史籍均有类似记载。事实上，战国时期的楚国政治力量已远达今四川西部金沙江流域和滇黔一带。徐中舒教授和我合写的《古代楚蜀的关系》（《文物》1981年6期）已经论及，此处不赘。

战国时期楚国对汉中地区十分重视，长期以来经营从襄樊经郧县、白河、安康、洋县以至南郑和蜀之前门褒斜一带地区，"南郑本为蜀地"，其东面与楚的汉中密迩毗邻。《史记·项羽本纪》记刘邦为汉王，"王巴蜀汉中，都南郑"；汉承秦制，在政治地理概念上，仍将巴、蜀、汉中、南郑等地视作一体。《华阳国志·蜀志》记秦灭巴蜀后，"赧王三年（前312）分巴蜀置汉中郡"，同书又说："周显王之世（前368—前321），蜀王有褒汉之地；因猎谷中，与秦惠王遇。"看来长期历史说明楚由东向西，由汉中而至巴蜀南郑，甚至溯沅水，"略巴蜀黔中以西"，其政治势力和文化传播确曾远达巴蜀及其西部一带。邵思《姓解》卷三"刀部"："利，《左传》'楚公子食采于利'，后以为氏，今之萨萌也。汉有中山相利乾。"《广韵·六至》引《风俗通》"利氏，汉有利乾为中山相"，可见楚王支裔的利氏在秦汉之际已逐渐繁衍兴旺，以今四川广元、昭化一带为中心，个别裔孙又向北中国移殖。这位利氏始祖的楚公子后嗣子孙中，除迁往黄河流域外，可能主要仍在长江中下游的楚地活动，如楚汉之际项羽将军中的利儿，还有见诸史册的利豨、利汉、利扶（秩）等，长沙马王堆汉墓出土利苍玉印，王利器先生考订此人是江夏郡竟陵县人氏，先祖为楚王公子，利苍被封为轪侯，有"衣锦还乡"的意义，并利用楚人"存恤楚众"。从利氏的源流中看出，早在春秋之时，楚国的王族势力已在川陕界边的咽喉重地广元昭化一带植根，和逐渐不断向黄河、长江中下游移徙发展。如果忽略了这一系列历史事实，对于川西地区和滇黔的徙人遗迹及其文化，就难以理解了。

为了争夺汉中等地，楚人和秦人进行了殊死的杀伐。从楚威王（前339—前329）和苏秦的对话中，可以看到楚国是何等的关心汉中、巴蜀地区，《史记·苏秦列传》："楚威王答苏秦云：'寡人之国西与秦接境，秦有举巴蜀并汉中之心。寡人卧不安席，食不甘味，心摇摇然如悬旌，而无所终薄。'"显然，巴蜀汉中成了楚国的生命线。秦国始终认定"得蜀则得楚"，以构成高屋建瓴和夺取楚的生命线的优势。楚怀王时，与秦国一次战争中，战死八万，丢失丹阳、汉中之地，《史记·张仪列传》说："楚与秦构难，战于汉中，楚人不胜，列侯执珪死者七十余人，遂亡汉中。楚王大怒，倾国出动，兴兵袭秦，战于兰田。"韩国闻楚困于兰田，发兵攻楚后方，进兵至邓（河南邓县），迫使楚国退兵。

从上面历史实际的分析中，可以清楚看出南郑、汉中或巴蜀（包括青川、平武一带）和楚国的关系远较秦国源远流长，他们之间政治、经济和文化的影响，自然楚国也较秦国深远。把这些史实进行清理之后，自然也就明了巴蜀等地区楚文化因素的来龙去脉了。

三

关于青川墓群的文化，其内涵除了楚文化、秦文化和巴文化的因素外，还有中原文化因素（其中大多是通过楚文化和秦文化的影响传播），我们可以从许多陶器、铜器和玉器以及墓葬形制等等方面清楚看见其反映，青川木牍所记的土地制度还可以充分说明这一历史事实。

木牍首先指出制定新的田制的时间和人物："二年十一月己酉朔朔日，王命丞相戊（茂）、内史匽、吏臂更修为田律"（此处释文正字据徐中舒教授、伍士谦同志合写的《青川木牍简论》文稿）。《史记·秦本纪》："武王二年（前309），初置丞相，樗里子、甘茂为左右丞相。"《史记·甘茂列传》："蜀侯辉、相壮反，秦使甘茂定蜀，还而以甘茂为左丞相。"甘茂定蜀后，秦武王二年初置丞相，即以甘茂为左丞相，显系为甘茂等有功而设，《史记》此处系年，和木牍所记，完全一致；再据《历代长术》推算，年、月、朔日均合。当甘茂定蜀以后，青川平武地区正式属于秦国领域，直接由秦治理，所以规定田律，按照秦国土地制度统治新拓疆土。"吏臂"或释"民愿""取臂"等，均误。睡虎地秦简《语书》明言国家的法律令和田令等均要"令史明布"，秦汉简帛书和漆器等亦多列吏工之名，故此内史匽下二字释为"吏臂"，甚是。

青川木牍的核心部分是更修为田律的具体规定：

> 田广一步，袤八则为畛；亩二畛；一百（陌）道。百亩为顷，一千（阡）道。道广三步；封高四尺，大称其高。埒（埒）高尺，下厚二尺。秋八月，修封埒（埒），正疆畔，及登（发）千（阡）百（陌）之大草。九月，大除道及阪险。十月，为桥，修波（陂）堤，利津梁，鲜草离（荔）。非除道之时，而有陷败不可行，相为之。□矣。

这一系列关于土地制度的规定，包括其中两三处难于解释的文词，均可在《左传》《国语》《周礼》《管子》《孟子》《商君书》《吕氏春秋》《战国策》《睡虎地秦墓竹简》《史记》以及《齐民要术》等农书中找到直接的或间接的线索和参证。秦孝公时商鞅变法的有关规定，基本从三晋孕育衍化而来，武王二年青川为田律又直接渊源于商鞅变法的田制，所以我们说秦国在青川施行的田制可以溯源到中原地区，属于中原文化系统。

周定王（前606—前586）派出卿士单襄公聘问宋国，完成任务后经过陈国再到楚国聘问。据《国语·周语》中记载，单襄公回归周王朝向定王汇报在陈国看见的情况："今陈国火（心星）朝觌（夏正十月，辰见于晨），而道路若塞，野场若弃（野无庚积，场功未毕），泽不陂障（泽有窦阙），川无舟梁（河川没有以舟为梁）"，单襄公认为陈国不仅废弃了先王之教，"雨毕而除道，水涸而成梁"——即《夏令》

所说"九月除道,十月成梁",同时违反了周人传统的制度:"列树以表道,立鄙食以守路(野鄙十里有庐,庐有饮食),国有郊牧,疆有寓望(境界有寄寓之舍,候望之人),薮有圃草(草以养兽,并作材用,'野无奥草'为失政),囿有林池,所以御灾也。"秦武王二年的青川木牍制度比上引《周语》制度晚了约三百年,如与上引《夏令》比较,晚了一千余年,它们规定九、十两月的时间及其应做的具体事务,完全相同,这当然不会是一种巧合,而是一种直接的传承关系。

木牍上的"鲜草"(莱),即"薮有圃草"。或释"鲜"为"杀","指除去桥上和陂堤上的草",和先秦社会制度不符,非是。古代重视畜牧,长林丰草正好育养禽兽,早在原始社会末期农村公社已逐渐形成一整套传统的社会制度(包括田制),即使到了周代仍然保留下大量的遗存,"青川木牍""周制""夏令"和"先王之教"都可充分反映出来;这一系列制度和马克思描写的印度村社是何等的相似!看来,古代东方和希腊、罗马却有重大的差异性。周代流行的井田制度不能和农村公社等同,但是其中存在了大量的村社制度。

"鲜草离(莱)"和"利津梁""脩波(陂)堤"为同一句式,桥上的草有限,陂堤上的草亦无必要斩除,故不能释"鲜"为"杀"。《广雅·释诂一》:鲜,好也,南楚之外通语也。《方言十》:鲜,明好也。《玉篇》:鲜,善也。"鲜"引申为"荣华",如《文选·登徒子好色赋》:"寝春风兮发鲜荣。"古代重视草木的荣华善好,与古代社会的经济生活有密切关系。《管子·立政》指出"山林、林薮积草"为"财之所出","使民〔足〕宫室之用,薪蒸之积"。《文选·东都赋》:"丰圃草可毓兽。"《左传》昭公二年:"山林之木,衡鹿守之;泽之雀蒲,舟鲛守之;薮之薪蒸,虞候守之;海之盐蜃,祁望守之。"古代长林丰草有颇大的经济价值,人民日常生活不能或缺,所以设有专人管理,订立必要制度,《周礼》规定了严格的禁令以保护草木。《国语·齐语》:"山泽各致其时,则民不苟。"《礼记·王制》规定:"草木零落,然后入山林。"《逸周书·大聚解》记"禹之禁":"春三月,山林不登斧斤,以成草木之长。"《孟子·梁惠王上》亦记:"斧斤以时入山林""材木不可胜用也。"显然,草木受到重视和保护,绝对不能随意斩杀的。"鲜草离(莱)"正好反映了这一历史背景和社会经济制度。

木牍上记秋八月"登(发)千(阡)百(陌)之大草",或释"登"为"芟"、"刈"(割草),非是。《国语·周语中》:"垦田若艺",韦昭注:"发田曰垦。"木牍此句应释为"垦田",不宜释为一般的割草。秋八月在阡陌之间从事垦田农作是传统经验的总结,《氾胜之书》有精当解释:"凡耕之本,在于趣时和土,务粪泽,早锄早获。春冻解,地气始通,土一和解。夏至,天气始暑,阴气始盛,土复解。夏至后九十日昼夜分,天地气和,以此时耕田,一而当五,名曰膏泽,皆得时功。"原来在秋八月垦田,正是"膏泽"之时,可以有五倍的收益。

青川为田律中的"袤八则为畛",颇为费解,诸家释文分歧较大,但可肯定,释"则"为一连词,释"畛"为小道,确难通释,不妥。"则"有"法则"义,故释"则"为一标志性计量数,是有根据的。至于"畛"字,很有可能即后世的"埂"字,"亩二畛"即每亩田地开立二埂,亦即每亩田地划作三个部分。《史记·秦本纪》说商鞅"开阡陌""东地度洛",变法改革过程中,商鞅将旧制"步百为亩"改为"240步为亩",故必须另立阡陌,但只限于秦地,洛东的东方六国仍然行"百步为亩"的旧制,汉代尚称之为"东田"如果"亩二畛"是平均划分,就像胡瀔咸先生所说是在长八则处作一畛,按一亩240步计,一亩三等分,每分80步,符合"袤八则为畛",每则是十步。

"畛"释为"埂",不仅声音训诂上可通,在农作技术上也有根据,并有考古出土材料作为参证。《吕氏春秋·任地》:"上田弃亩,下田弃甽(畎)。"《庄子·让王》司马彪注:"垄上曰亩,下曰甽",前者称为"高畦",后者称为"低畦"。"垄""亩"本是一事,为人工开立的田地中高埂,"甽"是田地中低沟。

高地农作时，因防风和吸水需要，放弃高埂不种，而种植农作物于低沟中，此即弃亩取甽。至于低地下田，风沙危害不大，就放弃低沟（甽），种植于高埂上，从而防止水分过多损害作物，这就是所谓"高畦栽培法"。《吕氏春秋·任地》还具体说明，"是以六尺之距，所以成亩也，其博（铺）八寸，所以成甽也，耨柄尺，此其度也"。甽亩的构成和使用的农具有一定关系，相互配合，先秦农业的高度水平，于此可见一斑。甽亩的宽度以耨柄一尺为准。《汉书·食货志》也说道，"二耜为耦，广尺深尺为甽，长终亩，一亩三甽，一夫三百甽"。这里的甽是一尺见方、长六百尺的低沟，它和"长亩是一致的，和周制也是一致的"。

水田农作中，我们同样能见到类似在田亩中为"埂"（"畛"）的情况。

沈仲常同志在其《东汉石刻水塘水田图像略说》（见《农业考古》1981年2期）提出一件珍贵的田制文物，对四川峨眉出土的这件石刻进行了分析研究，指出石刻面上分为三个部分：一为水塘，中有游鱼、蛙、螺、鸭、船、莲斗等，水塘紧靠于田亩之侧，一为水田，中有二俯身农民，正在蓐秧，一为备有两堆绿肥的农田。值特别提出的是在这副完整的画面里刚好有二埂（畛），把它划为三分，在水塘与农田之间的一埂，有一水口，是调节水量的设施，另一埂将农田一分而为二，亦在埂上设有水口。

示意图如右：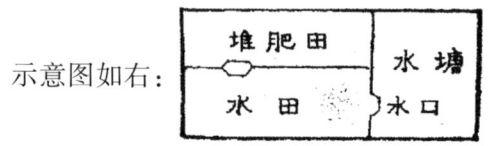

水塘或称水池，它和青川木牍"脩波（陂）堤"中的"陂"属于同类事物，不过规模较小，大型陂障堤防和它没有本质区别。新津县宝子山出土汉代陶水田图面上亦有田埂将田划成几个部分，中间二埂形成一个沟洫，中有游鱼，埂上有水口，两侧为农田，田中似乎秧苗密布。看来，无论是旱地或水田，从农作技术考虑，均须设立畛埂，以便耕作和求得好的收获。

"封""埒"的设立可以上溯到私有制出现的时代。到了周代，《周礼·大司徒》说：对于邦国都鄙，均须"制其畿疆而沟封之"。至于农夫，"皆修封疆，审端经术。田事既饬，先定准直，农乃不惑"（《礼记·月令》）。《国语·周语上》也说："民用莫不震动，恪恭于勤，修其疆畔（封埒）日服其铺，不解（懈）于时。"《孟子·滕文公上》对于这件事有一较合实际的解释："经界不正，井地不均，谷禄不平，是故暴君污吏，必漫其经界。经界既正，分田制禄，可坐而定也。"《国语·齐语》记管仲治齐提出"井田畴均，则民不憾（惑）"，子产治郑，"使都鄙有章，上下有服，田有封洫，庐井有伍"（《左传》襄公三十年）。齐郑二国的历史经验，正是孟子所关心和总结的。

西周、春秋、战国时，中原地区基本上施行的是井田制，并逐渐向周边扩散传播，虽然它们的形式可以是多种多样，但是，它们似均具有下述特征：

1. 从农田形象看，它具有豆腐干块式的区划，最小单元类似井字，封、沟、洫、浍、川、经、涂、道、路（包括阡、陌）等均为井田制的组成部分。

2. 从实质上看，井田制是由村社组织到各级贵族（官吏）执行的授田制，从"田里不鬻"的土地公有制逐渐走向土地私有制，这正符合马克思和恩格斯所提出的村社的二重性。

3. 由于井田制在运动和变化发展中，所以它的剥削方式可以从贡赋、劳役地租直到实物地租。与之相适应的上层建筑是一整套的细密的管理体系。

4. 它以个体家庭耕作为主，起初是定期的，而后来是永远地分配耕地和草地。

上述特征，在欧洲的日耳曼人、亚洲的印度人、中国傣族人等的历史上都曾见于记载，大同小异，那些否定井田制的论著，缺乏事实根据和说服力。

先秦史上从刀耕火种到《周礼·遂人》的"莱田制"和《大司徒》受的"易地制"以及《汉书·食

货志》上中下三田的"受田制",均可称为"爰田制"。从实质上看,"爰田制"仍属井田制的范畴,可称为广义的井田制;至于孟子所说的井田制:"井九百亩,其中为公田,八家皆私百亩,同养公田,公事毕,然后敢治私事。"亦非乌托邦。古今中外的民族志上亦有类似情况,可称为狭义的井田制,属于农作技术较为先进的一类,因为它的土地已是年年耕种了。《左传》记舆人之诵:"爰田每每,舍其旧而新是谋",受田制下当地力耗尽时,必然舍旧谋新,另垦土地,以增加产量,产生了"易田之法"。无论是"三年换土易居"或"爰自在其田,不复易居",一直到汉代赵过的"代田法",六朝时的"谷田必须岁易"(《齐民要术·种谷第三》),实质上都是共通的,均说明传统的农村公社旧制并未完全废弃,程度尚不等的或变形的保留下来。

青川木牍所记田制,似仍属井田制的受田制范畴,由地方官吏按传统习俗作了颇为详尽的规定。这些规定和中原地区传统的田制并无本质的不同,相反,基本上是一致的。秦国一夫受百亩,即一个5口之家有一步宽、240步长的100个并列的长亩。在这100个长亩周围的疆界道路称为陌(10夫有1000个长亩,即10个陌),在它周围的疆界道路称为阡。每个长亩东西向为东亩,南北向为南亩,亩东西行,阡陌也是东西行,亩南北行,阡陌也是南北行。《左传》成公二年记晋国郤克战胜齐国后,要求齐之封内"尽东其亩",就是利用有利于己的习俗以取得对齐国行军作战的方便条件。总之,青川木牍田制的所有规定,和中原田制相比完全一致,因而它不会是井田制以外的另一种田制。

恩格斯在记述日耳曼的玛尔克体制时说:村社总是尽量平均的分配土地,务必使每一个人所分到的一股田地里都有三种不同田地的成分,而且分量还须相等,因为只有这样,每个人才会自觉地遵守公社传统的习俗。这和"井田畴均,使民不惑""肥饶不得独乐,墝确不得独苦"(《公羊传》宣公十五年何休注)的井田制,何其相似乃尔?

马克思记述印度的农村公社时说:这种公社虽然不同地区有不同形式,但都是一个自给自足的生产整体。我们还可以看到它有一个"首领",一个记账员,一个官吏——缉捕罪犯、保护旅客并把他们从一个村庄送到另一村庄,一个边防人员防守公社边界,一个管水员,二个婆罗门——司理宗教仪式和"敬授民时",一个教员——在沙土上教公社儿童写字读书,还有铁匠、木匠、银匠、理发师和洗衣工各一个。这十余人的生活资料由全公社负担。我们不难看出,印度村社的组织,和秦汉的乡官体制有不少相似之处,先秦史上亦多有线索可寻。

西双版纳傣族的农村公社和周代的井田制有许多类似之处。傣族的村社成员,只要不离开村社,均可接受一份土地,即"份地",村社尽量力争份地能公平合理。村寨日常事务由寨父(波曼)和寨母(咩曼、男性)管理,土地、迁徙、收新成员、宗教活动、调解纠纷、婚丧事务等,他们均要过问。下面还有一些公职人员,分别职掌文书(昆欠)、管理水利(波板)、带领武装(旱悍)等往重大事件如调整土地、兴修水利、选举公职人员等,寨父往:亲自召开民众大会。每个村社大体上都有不完全脱离农业生产的银工、金工、铁工、木工、猎手、屠师、酒师、巫医、马医、阴阳乃至歌手、诗人等。

傣族村社的闭塞性,和印度村社一样,也和先秦史上三代村社大同小异,都有一个细密的管理体系,都缺乏社会大分工,都是中央集权的专制主义的基础。青川木牍反映的田制及其村社结构,显然是不完备的,但在短短数行中,它的井田制的因素确是不少的。它的基本点属于井田制体系。正如马克思所说:"这些田园风味的农村公社不管初看起来怎样勿害于人,却始终是东方专制制度的牢固基础。"秦国中央政府命令丞相甘茂、内史匽吏臂更修为田律,在青川地区推广施行,正是为了要加强和充实秦国专制制度的牢固基础。

四川省青川战国墓的研究

（日）间濑收芳

高大伦 译

一、序　言

《文物》1982 年第 1 期刊载了四川省青川县郝家坪战国墓发掘报告。发掘报告指出，所有的墓葬都施以白膏泥，这是楚墓葬制的一个特征；随葬品中也有和楚墓类似之处，因此，将这一墓群的性质看作是巴蜀和楚之间文化交流的结果；又以出秦田律木牍、秦半两钱为依据，结合文献记载，认为多数墓葬的主人与秦民移入四川有关。因考虑到木牍田律上写有"二年"即秦武王二年（前309）和随葬陶器组合上的差异，发掘报告将墓葬分为早晚两期，将出木牍的 50 号墓等归入战国晚期，余为战国中期。

然而，这个墓群的性质和埋葬年代仍有商榷之处。我认为，这一墓群中，有很多被人忽略的揭示秦统一帝国形成时期秦、巴蜀、楚之间历史动向的珍贵资料。对此，为弄清某些历史问题，我据考古学资料对墓葬、墓主及其性质、埋葬年代，试作推考。

二、青川县的地望

战国时，青川县位于秦都咸阳至蜀郡成都的大道上。由咸阳沿渭水向西，从宝鸡南下，进入今四川广元县一带，是一条交通要道。《史记》卷一二九《货殖列传》："蜀卓氏之先，赵人也，用铁冶富，秦破赵、迁卓氏。……诸迁虏小有余财，争与吏，求近处，处葭萌。"葭萌即今广元县，青川县位于其西约 70 公里的山中，当交通要道。《读史方舆纪要》卷七三龙安府（今平武县）条青川守御千户所记："府东百二十里，即汉刚氏道。……天宝初改名青川县。明洪武四年，置守御千户所……其地当白草番后路，东临白水抵阳平关接陕西宁羌州界，西通白马路转古城驿抵龙安，南至椒园堡丛林密菁多盗贼，北通青塘岭直达阶、文，乃秦蜀间襟要之处。"今过青川县的道路有四条，其一是沿白水而通过阳平关，直达汉江上游的勉县，顺

---

* 间濑收芳。1930 年生，1984 年京都大学大学院东洋史学专业博士课程修业。文学硕士。主要研究中国春秋战国史和楚国历史、文化及其与周边文化交流，发表《云梦睡虎地秦汉墓被葬者的原籍》、《蜀楚关系史的试论》等文章。原文载《史林》67 卷 1 号，1984 年 1 月。原题《秦帝国形成过程的一个考察——四川青川县战国墓的研究》，翻译时作了部分删节，并更题目与内容相适应。

汉江而下达湖北省进入楚国地界，即青川原处于通向楚的一条直线位置上。

三、墓葬和随葬品

1. 墓葬上的特征

发掘的所有墓葬均为长方形竖穴墓，各墓间隔约 5~7 米，墓向 300~340 度，墓与墓之间无打破关系。报告认为这种有条不紊的排列是族葬制度的反映。

所有墓葬填土均为五花土，且经夯筑，墓底的白膏泥也经夯过，棺椁周围也充填白膏泥。从人骨架痕迹、木棺的长宽之比等来看，可以判断葬式多为仰身直肢葬。关于棺椁，一棺一椁 45 座，有棺无椁墓 11 座，无棺有椁墓 3 座，无棺无椁墓 13 座。棺的形制也可分为五型，表现出多样化。无棺无椁的 12 座墓不能简单地认为是贫贱者，因为在这类墓中最大的 47 号墓墓口长 3.4 米，宽 3.2 米，随葬品达 9 件，全部 72 座墓随葬品 400 余件，它比平均每墓五六件还多。最小的 42 号墓虽无随葬品，但在墓坑中挖有更小的坑存放尸体，小坑四壁齐整，还填充了白膏泥。所有墓坑大量地使用白膏泥，是该墓群引人注目的一个特征，下面将通过对白膏泥的考察来探讨青川战国墓的性质。

2. 白膏泥

顾铁符在《试论长沙汉墓的保存条件》[①] 中说："白膏泥的性能极富有粘性和可塑性，能够用来作为陶土。"《考古学报》1975 年第 1 期刊载的《长沙出土的三座大型木椁墓》中也列举了墓圹中白膏泥的功能：1. 粘性大，利于版筑，使得与外界空气隔绝；2. 防止水的浸透等等。例如《考古学报》1959 年第 1 期刊载的《长沙楚墓》报告，叙述到在椁的四周上下往往有灰白色的膏泥，从有白膏泥的墓能发现完整或残存的棺椁痕迹，相反，没有白膏泥的墓未发现棺椁痕迹。

这里所说的膏泥即是报告中分别称呼的白膏泥、青膏泥、青灰泥等。至于颜色不同，《考古通讯》1957 年第 1 期登载的《湖南长沙紫檀铺战国晚期木椁墓》对墓坑上部的填土是红土，下面和葬具周围是膏泥作了观察后认为："红土下面的一层是纯白色，接近葬具的部位呈灰紫色，这种不同颜色，大概是由于葬具腐蚀部分的杂质掺入青泥内所致。"

楚墓中能广泛地看到白膏泥的使用，但是在北方的墓中却几乎不见。南方地下水位高，使用白膏泥很有必要，这可以认为是南北土壤各自的不同。中国科学院南京土壤研究所主编的《中国土壤》说：由于北方气候寒冷雨水少，土壤风化弱，土壤中的砂粒，粉粒多而粘性少，南方气候温暖，降雨量大，风化强，所以土壤中粘粒含量多。夏湘蓉《中国古代矿业开发史》将黄河流域新石器和殷周时代的陶器制造所用土壤列表分析揭示，其成分有生土、沉积土、黄土、红土、黑土、马兰黄土；而江苏省宜兴的制陶用粘土列表分析，其成分有白泥、黄泥、乌泥、黄沙泥、红棕泥、绿泥。这些土壤分析表的数值，前者和后者有很

---

① 《考古》1972 年第 6 期。

大的差异。酸化铝的含有量，前者的各种土占百分之十几，后者占百分之二十几到百分之三十几；相反，酸化钙的含有量，前者含有量不到后者的百分之一；酸化钾钠，后者没有，南方大量的雨水将土壤中可溶性的钠、钙、钾溶解了，矾土和残留硅酸相结合形成了高岭土[①]。如果白膏泥就是这样一种陶土，那么可以认为北方这种白膏泥几乎是不存在的，因而使用白膏泥的习俗无法普及。

使用白膏泥的地域，从历史状况来看，我们将战国以前白膏泥出土资料收集汇制成表一。表中将战国楚墓，尤其是长沙楚墓省略了相当一部分。另外，考虑到四川省土著习俗，被秦吞并以前的例子也列入表中，其年代推断根据了宋治民的《略论四川战国秦墓的分期》。从表上可知，北方也有使用白膏泥的例子，即北京昌平白浮西周墓，但西周时期仅此一例，通观春秋战国也不过有限的几例。经勘察证明，凤翔雍城南郊秦公大墓中用了白膏泥。但整个春秋战国时期其他秦墓未见，雍城南郊发掘的86座秦墓多数是有椁墓，其中有的还是重椁墓，都未用白膏泥。唯有秦旧都雍城陵墓的一部分较为特殊，用了白膏泥。从这样地域的、历史的使用状况和青川战国72座墓都大量使用了白膏泥结合起来考虑，那么，把墓主视为秦人或三晋人就有重新认识的必要。此外，也不能将青川战国墓白膏泥看作是四川的习俗。因为在四川省也只有新都战国早中期木椁墓的椁周围用青白膏泥和成都西郊战国中晚期木椁墓墓壁和墓底涂灰白色膏泥的例子，且这两处战国墓如后述那样明显受到楚文化影响。所以，青川墓也以考虑是受到楚的影响为妥，从而可以认为白膏泥的使用习俗在巴蜀是不存在的。

再细看白膏泥表，白膏泥首见于北方，四川也有出土的例子，但它们都极其有限。在河南省南部、湖北、湖南这一楚文化地域里广泛盛行白膏泥的使用，是很有特征的墓葬习俗。从殷墟期开始，进而西周、春秋时代都能见到，战国楚墓中几乎都能看到。当然，应该注意的还有几点。第一，虽然在楚文化领域内广泛流行，但并不是见于所有楚墓，我们看看发掘墓数较多的报告，在湖北江陵雨台山588座墓中，青灰泥墓占304座，五花土墓占254座。《长沙发掘报告》的73座战国墓中，白膏泥、青灰泥占24座。其次，从墓的形制来看，就时代上说，早期是小型墓也有，狭长形墓也有。再次，主要见于有椁墓，小型木棺墓几乎不用。试举湖北黄陂鲁台山为例，在西周五座墓中，有三座有椁墓用了白膏泥；但从春秋战国时期的30座随葬品在10件以上的只3座，基本可以看作小型墓，填土全是花土，无白膏泥。此表以外，湖南长沙魏家堆的19座战国墓全是土坑墓，填土也全是红土。相反，河南省信阳长台关，湖北江陵望山等大型木椁墓都被厚厚的膏泥包裹着。综上所述，可以认为中大型木椁墓为保护椁而用白膏泥。当然，中大型墓墓主所处的阶级地位能讲究相应的葬具和保护措施。庶民或下层士人不用白膏泥，这在研究青川战国墓时必须予以足够重视。

3. 随葬品

1）陶器　在总数约400件随葬品中，陶器占124件。有几点应予注意的举例说明。鼎出土12件，Ⅰ鼎9件，Ⅲ鼎1件。子母口有盖、盖上有三纽或在中央还有一纽。中原、秦鼎全是三纽，四纽是楚鼎的特征。足，中原、秦的战国鼎是粗胖的矮足，而Ⅰ、Ⅱ鼎是长足，长足是战国楚鼎的显著特征。从整体形状来看，这批鼎有十件可以判定为楚鼎。Ⅰ鼎2件，出2号墓，从图上看，是矮足；子母口、有盖，和中原战国鼎器形差异明显；深腹、器体呈球形，口沿向内收敛，盖中央有突出的笠形、无纽。这类器，从发掘

[①] 福井英一郎编《自然地理学·Ⅲ、土壤的生成过程》。

报告中可以找到唯一相似的是陕西凤翔高庄战国墓（战国晚期前半阶段）出土的一件陶鼎。1 鼎可以看作是秦鼎。此外，19 件陶壶中有一件蒜头壶，是典型秦器。陶罐 63 件中，双耳罐 2 件，从图上来看，这是新石器时代在以甘肃东南部为中心的齐家文化繁荣阶段流行的器形。齐家文化的双耳罐、壶多是深腹、小平底，并有一对小型把手连接口沿和颈部以及被称为安佛拉型的长颈，连接口沿到腹部的大把手。青川出土双耳罐属于前者。进入铁器时代后，这类陶器在四川西部的山地也出土。例如，米易湾丘战国大石墓就出土了许多双耳罐和类似双耳罐的器物。理县理番文化的安佛拉型黑陶壶是很有名的，出土这类陶器的墓主族属应是中国边境少数民族。陶器出土 6 件，50 号墓出土的一件阴刻篆书"赵志"。124 件陶器中，秦、楚和少数民族等各种文化因素混合一处了。

2）铜器　铜鼎 2 件，非常奇特。从口沿有子母口来看应是有盖的却没有，耳、脚是破损后修理过的，尤其是 13 号墓出土的铜鼎脚部残断，两鼎底部有烟痕，是实用器。这样极为罕见的例子，在湖北云梦睡虎地出土铜鼎中也能见到。它们都是在战国末年的动乱中破损，被获得后经过修理再供实用。3 件铜錾是典型巴蜀器。4 面铜镜，其中 13 号墓出土的一面报告称为羽状菱纹镜并有照片，樋口隆康氏认为这种镜系羽状兽文地花陵文镜第一群①，和湖南长沙沙湖桥战国墓及长沙廖家湾、东塘、伍家岭出土铜镜属于同类。这样，铜器中也包括了秦、巴蜀、楚器，反映了战国晚期最后阶段的历史状况。

3）漆器　共有 177 件，占 400 余件随葬品种类的最多数，这也是该墓群的显著特征之一。以器种来分，共有鸥鹈壶 1、扁壶 5、圆壶 1、耳杯 86、双耳长盒 12、碗 7、奁 56、卮 4、匕 1、圆盒 3。将这些丰富的随葬漆器和北方墓里的金属器及楚墓的漆器作大略对比，可知和楚的关系要深，从每件漆器都可看出与楚的联系密切。对此，李昭和在《"巴蜀"与"楚"漆器初探》一文中已将青川战国墓漆器的品种和楚作比较而得到启示。此外，青川漆奁纹饰（M50：6）和睡虎地双耳长盒的纹饰极为相似。再从李昭和文中谈及的三凤图案来看，青川漆奁（M40：3）和长沙左家公山战国墓出土漆奁、青川圆漆奁（M3：2）和河南泌阳秦墓出土圆盒以及长沙沙湖桥战国墓漆奁都有极为相似的三凤图案。随葬品中占比例最大的漆器和战国楚墓出土漆器，尤其是长沙、云梦出土漆器有强烈的一致。如何看待这一现象呢？对此，有必要对漆器生产历史作一概略考察，再就此问题作进一步研究。

中国古代漆器，佐藤武敏的《中国古代工业史研究》第四章"中国古代的漆器工业"论述颇详。河姆渡新石器时代遗址文化层出土了一件漆木碗，《文物》1980 年 5 期刊登了浙江河姆渡遗址第二期发掘的主要收获，公布了碗的朱红色涂料鉴定结果："其光谱图和马王堆汉墓出土漆皮的裂介光谱图相似。"殷代墓出漆器的报告也有好几起，现将发掘报告中认为是漆或类似漆的资料收集列表（见表二）以便研究（关于战国楚墓和四川省的资料，以表一白膏泥统计表同样的标准收集）。根据此表推测中国古代漆器的使用状况，在此基础上，以漆器为线索进一步探讨青川战国墓的位置。

由表二知道，早在新石器时代和殷代初期，就出现了漆器，殷代是在河南省北部特别是以殷墟为中心的地域范围内使用漆器，进入西周，漆器的使用转移到了周文化中心地区的陕西省，两个王朝都各自在自己的中心地区使用漆器。从西周到东周，陕西漆器出土急剧减少，周王朝东迁后在陕西省兴起的秦，漆器生产不怎么发达。周东迁，虽然漆土也跟随迁向东方，但春秋时代从东方出土漆器少，春秋中期以后，漆器生产的中心转移到了南方，河南信阳长台关和固始侯古堆就出土了数量众多质量精巧华丽的漆器。直到战国时代，这种倾向无任何改变，楚文化中心的长沙、江陵出土突然增多，河南省北部、河北、山东、陕

---

① 《古镜》第 51、52 页，新潮社，1979 年。

西各省虽也有若干发现。战国漆器的使用虽也较普及，但各国均不及楚国兴盛。从漆器的种类来看，楚也和北方各国不同，从发掘报告了解到，北方棺椁较多，从二里头、殷代即如此。另外，从车器、兵器到弓、矢箭、筋、甲、盾也很普遍地髹漆。对比起来，楚墓的漆器除棺椁、车器、兵器以外，瑟、鼓架、钟架、酒食器耳杯、奁盒等密器也是髹漆的。北方虽也能看到盒、豆等出土，但将其和常用漆器的楚比较，就可看出有明显的差异。战国楚墓漆耳杯出土的特点是数量大，例如，湖北松滋大岩咀 27 号墓、江陵葛陂寺 34 号墓、湖南常德德山 5 号和 12 号墓都出这种器物。长沙 406 号墓除髹漆武器外，还有大漆耳杯 4、小漆耳杯 10 余件。湖南湘乡牛形山 1 号墓出土 33 件。江陵沙塚 1 号墓出土 18 件。江陵雨台山 558 座墓出土 272 件耳杯，在总共 854 件漆器中，此种器最多。江陵马山 1 号墓出土的 15 件漆器中耳杯占多数。从这些数据可以看出，大量的楚漆器中，耳杯占明显的多数。然而北方却完全没有出耳杯的报道，唯有山东栖霞杨家圈战国墓出土的大量漆片中，有极薄的三片，报告也仅仅推断其中的一片也许是漆耳杯或其他小型器物的底或壁。漆耳杯是典型的战国楚文化，青川战国墓随葬品中占多数的漆器里漆耳杯又占了半数，无可辩驳地揭示了它和楚的密切关系。

四川没有春秋以前漆器出土的报告，进入战国后也只在新都、成都西郊、巴县等地出土。另外，成都羊子山 172 号墓和涪陵小田溪 3 座墓也有，但是宋治民《略论四川战国秦墓的分期》一文中将它们的时代划入秦代，故本表未统计进去。又《四川船棺葬发掘报告》中也有几处漆器的报告，但皆为秦灭巴蜀以后的墓葬。巴县冬笋坝有漆痕的墓属于战国时期的 4 座中，53、61 号墓葬具不明，因为时代早的船棺葬 49、50 号墓属于战国末，故这 4 座墓时代，均可断在秦并巴蜀以后。在秦入川以前，从墓葬中出漆器的只剩下新都和成都西郊战国墓，但这两处墓葬受楚影响都很明显。例如，除墓的构造、膏泥的使用外，两处都出铜鼎、铜敦、铜壶等楚器，敦是有典型楚文化特征的球形敦。新都战国墓的邵之伦飤鼎铭文是楚文字。两报告的结语也总结说有许多楚文化因素，这是根据器物分析得出的自然结论。如果上述分析不错，则新都和成都西郊战国墓和楚必定有特殊关系。四川本地漆工艺的存在是大有疑问的，进入汉代，四川漆工艺突然兴盛，定是漆工从外地迁入四川所致。这些迁入者自然是楚人，青川出土漆器上有"成亭"印可以断定是成都制造。汉代四川在成都和广汉置工官，它的纪年铭文漆器从朝鲜乐浪郡遗址出土就是相当有名的。长沙马王堆、江陵凤凰山 8 号、168 号墓等也有成都漆器出土，这样骤兴的四川漆工艺，只应看作是楚漆工带入的。

最后，应予以注意的是漆器在古代是有极高价值的。这一点，前面提到的佐藤武敏论文里已详细叙述了。町田章《战国时代的漆器》中便认为："从出土情况看，漆器主要集中出在大型墓……可以这样说，漆器是诸统治阶级中的王和王身边贵族的奢侈品，一般庶民是与之无缘的。"

四、墓主和埋葬年代

1. 墓主的原籍、性质、埋葬年代

由前面的考察可知，青川战国墓不是秦或三晋式，而是楚习俗的墓葬；埋葬者中也有秦或三晋、巴蜀、西北边境诸民族混杂一起的可能性。将各地的人向四川地区迁移，从文献上也可找到证据。久村因《论古

代四川土著汉民族的来历》[①] 一文有详细论述,他举了《华阳国志》里"戎伯尚强,乃移民万家实之"的例子,在第二章又引《史记·货殖列传》中的山东诸迁虏和《太平御览》卷 166 州郡部引《蜀记》"秦灭楚,徙严王之族于此,故谓之严道"的迁楚王族的资料。最近出土的睡虎地秦律《封诊式》迁子条中有"迁蜀边县"一语,秦律中有关迁蜀的款项有十多条,可以窥知迁蜀刑徒之多。青川战国墓墓群就是由各地出生的人组成的集团。

这些籍贯不同的人所组成的集团,墓葬却又是统一的楚式,其中自有奥秘。即这个集团形成之初,文化上、习俗上给予的影响多是"楚式"的,也就是说集团内大半是楚人。若是从相反方面来认识,假定集团形成之初,是秦人向这个集团输入了文化,那一定有不少的秦器出土而且不用白膏泥。我们还知道,一部分战国秦墓的特征是盛行洞室和屈肢葬。试举一例,西安半坡 112 座战国墓,屈肢葬占 104 座,直肢葬 5 座,洞室墓 101 座,竖穴墓 11 座。一比较即可清楚青川墓的埋葬者大多数是楚人。再从前面的分析来看,随葬品中楚鼎、漆器多,尤其是漆耳杯占半数,更提供了充分的证据。

在确认埋葬者大半是楚人的前提下,再来分析这些楚人的性质。1. 出土秦田律木牍;2. 位于汉中、巴以西山中;3. 巴蜀于惠文王后九年(前 316)被秦灭,其后,秦军出巴蜀攻楚;4. 结合秦的徙民政策来看是楚人集团迁徙至此。若将楚器的大量出土单纯地看作是文化交流的结果,显然是太牵强,根据白膏泥的考察又知他们绝非一般庶民。因此,解释为被迁徙的旧楚统治阶级的人是最合理的。

	史记·秦本纪	史记·楚世家	史记·六国年表
前 312	攻楚汉中,置汉中郡	秦遂取汉中郡	
311	伐楚,取召陵		
304	与楚上庸	秦复与上庸部	秦复归我上庸
301		秦取我重丘而去	
300	拔新城		秦取我襄城
299	攻楚,取新市	秦复取楚八城	秦取我八城
298	攻楚,取八城	秦取析十五城而去	秦取我十六城
292	攻楚,取宛		
280	因蜀攻楚黔中,拔之	割上庸、汉北之地予秦	同前
279	攻楚,取鄢、邓	秦将白起拔我西陵	秦拔鄢、西陵
278	攻楚,取郢为南郡	遂拔我郢	同前
277	取巫郡及江南为黔中郡	秦复拔我巫、黔中郡	同前

现在来探讨他们被迁徙的时间。以上将秦进攻楚的历史用简表列示:秦破郢后,楚都迁陈,又徙钜锡、寿春。以上过程中,秦迁楚人于巴蜀的青川的时间,不是从汉中被攻占后,应是郢都陷落、秦置南郡后。我们的根据是:1. 迁徙集团的大半在开初是被征服的楚民,迁徙人于蜀是秦对楚取得决定性胜利并设置南郡后才采取的措施;2. 楚北部,用白膏泥的墓少,襄阳山湾从春秋中期至战国晚期的 33 座墓尽管包括大墓在内的填土也都是五花土而不见膏泥。表一河南淅川毛坪春秋战国 27 墓内有一座墓墓底也不过只有一层白膏泥;3. 随葬漆器和长沙漆器强烈的类似,而且有和长河楚镜一样的铜镜,等等。

现在可以得出这样的结论,公元前 278 年楚都郢陷落后,旧楚统治者中的一部分人被迁往青川(刚氏

---

① 《历史学研究》1957 年 2 期。

道），到这个地方后，加上秦人和其他地方的迁徙者形成了新的集团。与此同时，旧楚的漆工也被迁到了成都或其他地方。也许正因为如此，大量漆器出现在青川。由以上结论，又可进一步推定青川战国墓群埋葬年代是公元前 278 年以后，即战国末期或到了秦代。这个结论和开初介绍的发掘报告所推断的战国中晚期有差别。很明显，已不能断到战国中期。

2. 发掘报告推定年代的商榷

报告根据木牍田律上写的"二年十一月己酉朔朔日，王命丞相戊、内史匽……"的"二年"，定为秦武王二年，并据木牍背面的"四年十二月"将出土木牍的 50 号墓埋葬年代上限断在秦武王四年（前 307）后。一方面，又据有"王命"，律文不避始皇讳"正"将下限断在始皇称帝以前。再据有丞相戊名的武王四年的次年即昭王元年甘茂离秦，把埋葬的时期断到昭王元年后和丞相戊不合，故甘茂离开秦以前的昭王元年（前 306）相当于 50 号墓的埋葬时期，从而得出 50 号墓时代为战国晚期的结论。又将墓群划分出早期墓 47 座，晚期墓 24 座，陶器组合既有代表前期的鼎、豆、壶，又有代表后期的鼎、盒、壶，因而早期相当于战国中期，晚期相当于战国晚期，即大多数墓葬是公元前 306 年以前的，我们认为这些判断年代的根据值得商榷。

首先，据"二年""丞相戊"决定埋葬年代是比较武断的，丞相替换后，难道前丞相制定的法律就一定会随同被废除吗？武王二年四年的纪年也与埋葬年代下限无关，比如睡虎地秦简中的"为吏之道"末尾记有"魏户律""魏奔命律""廿五年闰再十二月丙午朔辛亥。"廿五年是魏安釐王 25 年（前 252），而出土秦简的 11 号墓埋葬年代是始皇三十年，与魏律的纪年相差 35 年，魏律在纪年后也记"告相邦……""告将军……"和秦律一样是王命的律文，当时发布律文的年月日按习惯在发布时是要写上去的，讳"正"也不能作为否定是秦始皇时代的根据，睡虎地秦简中已有这种情形。

从陶器的组合来说，报告把鼎豆壶的组合归入战国中期，鼎盒壶的组合归入战国晚期。确切地说，盒的出现已到了战国最后阶段。豆仅限于楚墓，鼎豆壶的组合不能断定在战国中期，到战国末期，楚墓也常能见到豆作为随葬品。例如，宜城楚皇城西 8 座战国墓都出豆，唯一出盒的 10 号墓也出陶鼎 2、豆 13、盒 1、壶 2，即是说从晚期墓也出了大量的豆。同一地点的 6 座秦汉墓均无盒出土，9 号墓的器物组合是铜鼎 2、陶豆 2、铜壶 2。青川 23 号墓也出楚鼎 2，墓主属楚人可能性大，随葬品还有陶盒 1、陶豆 2、陶壶 2、漆器 3。湖南常德德山战国晚期至秦汉之际的 49 座墓葬，随葬品未按墓登记，全部随葬品中，有陶鼎 65、陶豆 62、陶盒 4、陶壶 65，基本是鼎豆壶的组合。如果青川战国墓墓主的多数属楚人的话，当然也就不能根据鼎豆壶这种组合将时代划到战国中期。报告或以中原如《洛阳中州路》为基准，但这个基准只在中原有效，而青川墓多为楚人，不适用这个基准，这是很清楚的。

以上的分析已很清楚，发掘报告推断的战国中晚期根据不足，加上我们已知随葬品的漆器和楚漆器强烈相似，占漆器半数的耳杯是楚文化典型器物，楚式铜镜、白膏泥、楚鼎等事实表明青川战国墓埋葬集团中的大多数人是在集团形成之初从楚迁来的楚民。因此，所有墓的埋葬年代都是在秦破郢都的公元前 278 年以后，即战国晚期的末期。

五、迁徙之民

前面已明青川战国墓主人属于迁徙之民的性质，这是别无它例的重要考古资料，它是秦统一全国过程中实施的具有重大意义的民族迁徙政策的具体体现。

马非百《秦集史》迁民表序列举了实施徙民政策的三大优点：一是政治上除掉了旧贵族及重要政治犯；二是经济得到开发；三是有利国防。三点中的前两点正体现到了青川战国墓上，就第一点而言，墓主大半是楚人，而且他们的地位比庶民还高。秦南郡的故楚贵族进行过反抗秦统治的活动，对此，秦简《语书》有记载。《语书》是秦始皇三十年南郡守腾向治下的县、道发的布告，布告是提到了不遵守法治的"淫佚邪僻之民"：

> 今法律令已具矣，而吏民莫用，乡俗淫失（泆）之民不止。……吏民犯法为私者不止，私好、乡俗之心不变，自从令、丞以下，智（知）而弗举论，是即明避主之明法殹（也），而养匿邪避（僻）之民。

内容的核心是针对"淫佚邪僻之民"。这句话怎样理解呢？《左传·隐公三年》有"骄奢淫佚所自邪也，四者之来，宠禄过也"。可以这样理解，淫佚是与高位、高禄相伴的。《史记·吴太伯世家》"乐而不淫"，"不淫"指不过度，又云"迁而不淫"，集解引杜预解释曰"淫谓过荡也"。《韩非子·解老》："富贵至……则骄心生，骄心生则行邪僻。""行邪僻"在这里是指富贵者犯禁。秦统治者认为，超越以农为本的法治界限的贵族、富商、轻侠无赖之徒是"淫佚邪僻之民，"虽然军事上取得了决定性的胜利，但被征服者的旧秩序即《语书》中所说的乡俗不易受到冲击，这也是统治阶级采取徙民政策的主要原因。据西鸠定生氏的研究，秦的徙民是为了确立郡县制和皇帝的绝对统治，对新占领地的旧有传统秩序采取釜底抽薪的策略[①]。被迁徙的人到了目的地后，不能自由居住，而是按商鞅以来的阡陌制度的规定组织起来，这由青川墓群的有秩序排列和出土田律也可以看出。

诚然，西鸠氏以脱离氏族制度后被安排在国家预定的新居住区域里，以及爵级制的贯彻为前提，认为从各地汇集拢来新移民居住这里，这些移民自身的秩序也不复存在，并举魏安邑的例子为证，当然是不容置疑的。但是从青川的发掘资料中又可知道：排列有序和楚式埋葬习俗的统一，主要是因为集团中占多数的人是迁至此的楚人，他们不仅保留了旧有文化习俗，还给予集团内其他人以影响。

表一：白膏泥表

出土地	时期	墓数	号	内容	资料出处
河北北京昌平	西周早	3	2	椁室墓壁间20厘米，墓底60厘米白膏泥	考古1976—4
河北北京昌平	西周早		3	椁底板下5厘米白膏泥	考古1976—4
山东莒南大店	春秋晚	2	1	上部五花土，下部1.22米青灰色膏泥	考古1978—3
陕西凤翔雍城	春秋战国			M1（春秋），7等青膏泥0.9-2.3米	文物1983—7

---

① 《中国古代帝国的形成和构造》第518页，东京大学出版社，1961年。

出土地	时期	墓数	号	内容	资料出处
河北易县燕下都	战国	28		M2下部白胶泥土，M15下部胶泥	考学1965—1
河南上村岭	战国中晚	1	5	填土中少量白膏泥	文物1976—3
河南罗山蟒张	殷墟3、4期	6	1	墓圹内白膏泥粘土混合，墓道有白膏泥	考古1981—2
河南罗山供张	殷墟3、4期		6	墓壁涂厚约0.5厘米青膏泥	考古1981—2
湖北随县安居	西周早	1		填土版筑，加白膏泥	文物1982—12
湖北随县安居	春秋早	2		填土版筑，加白膏泥	文物1982—12
湖北黄陂鲁台山	西周前	5		上层五花土，下层白膏泥M30厚1米	江汉1982—2
湖北黄陂鲁台山	春中战晚	30		填土主为花土	江汉1982—2
湖北当阳赵家塝	春秋初中	7		椁四周均用白膏泥版筑	江汉1982—1
湖北当阳金家山	春秋中	1	9	青灰泥2.9-3.1米	文物1982—4
湖北随县城郊	春秋中	1		葬具周围白膏泥	文物1980—1
河南固始白狮子	春秋晚	1	1	青膏泥厚3.1米版筑	中文1981—4
湖南长沙刘城桥		1	1	椁四周上下厚60厘米白膏泥	考学1972—1
河南信阳长台关	春秋末	1	1	椁室上四周全填青灰色粘土	文物1957—9
安徽舒城九里墩	春秋末	1		椁敷板下白膏泥10厘米	考学1982—2
河南固始侯古堆	春末战初	1	1	墓底0.5米青膏泥，墓圹中部混青膏泥	文物1981—1
湖南常德德山	春秋战初	17		没有填土记述	考古1963—9
湖南常德德山	战国前	12		（狭长方形墓）没有填土记述	考古1963—9
湖南常德德山	战国前	5		（宽长方形墓）3座，M25白膏泥厚1.7米	考古1963—9
湖北江陵太晖观	春末战中	10		有椁墓5座，M21椁上白膏泥厚1米余	考古1973—6
湖北当阳金家山	战国早	2		青灰泥0.6米	文物1982—4
河南淅川毛坪	春秋战国	27		战国中期墓2座，墓底一层白膏泥	中文1982—1
湖北省	春秋战国	29		中大型墓2，底厚10厘米白膏泥	考古1959—11
湖北随县擂鼓墩	前433	1	1	木炭10-30厘米上青膏泥10-30厘米	文物1979—7
湖北江陵望山沙塚	战国	3		椁上1-1.5米，椁四周青灰色粘土	文物1966—5
湖北江陵雨台山	战国	558		五花土青灰泥304座，五花土254座	考古1980—5
湖北江陵拍马山	春晚战晚	27		葬具上下青灰色膏泥厚1米以上，保存好	考古1973—3
湖南长沙	战国	73		白膏泥20座，青灰泥4座	长沙报告
湖南长沙沙砌桥	战国	56		（土圹墓）少数墓白膏泥厚15厘米	考学1957—4
		4		（有椁墓）白膏泥深1.2米	
湖南长沙丝园冲		9		（小型木椁墓）填土本土	考古1957—5
		2		（有椁墓）下层白膏泥	
湖南长沙小林子冲		13		（土圹墓）填土红土	考古1956—12
		1	11	（有椁墓）下层椁周白膏泥	
湖南常德德山		8		（狭长方形墓）填土红褐色	考古1959—12

出土地	时期	墓数	号	内容	资料出处
		36		（宽长方形墓）棺椁四周白膏泥版筑	考古 1959—12
湖北松滋大岩嘴				（狭长方形墓）填土原圹土	考古 1966—3
				（宽长方形墓）棺椁保存良好，墓白膏泥	考古 1966—3
湖北宜城楚皇城		3		全五花土，棺椁腐朽	考古 1980—2
		5		上层五花土，下层青灰泥	
四川新都	战国早中	1		椁周厚 0.3 米青膏泥	文物 1981—6
四川成都西郊	战国中晚	1		墓壁 5-7 厘米、底 9-11 厘米灰白色膏泥	考古 1983—7

△考学：考古学报；江汉：江汉考古；中文：中原文物；长沙报告：长沙发掘报告。

表二：漆器出土表

出土地	时期	墓数	墓号	内容	资料出处
浙江余姚河姆渡	新石器			漆碗 2	文物 1980—5
江苏吴江梅堰				漆绘彩陶 2	考古 1963—8
辽宁敖汉大甸子	夏下店下层			觚形漆器 2	髹漆录解说
河南偃师二里头	二里头 2 期		3	（5区）木棺漆皮痕迹	考古 1983—3
	3 期		2	（3区）漆棺残存漆皮、盒豆等漆皮	
			4	（3区）漆棺残存漆皮	
		1	1	漆皮、漆木匣	
河南安阳殷墟	殷	260		漆器痕迹（盘、盒）	1961—2
		939		（西区）棺椁内往往漆痕漆棺、残漆器	考学 1979—1
小屯		2		M17 棺椁漆皮，M18 同，漆皮厚 0.6 厘米	1981—4
殷墟		1	5	棺木漆皮厚 1.5 厘米，笋髹漆	1977—2
郑州铭功路		2	2	腐朽棺木漆片	考古 1965—10
罗山蟒张		6		M1 棺椁、M6 梓髹漆，M5、6 铜鼎用漆	1981—2
		11		M8 棺梓髹漆、M12 漆木碗	中文 1981—4
山东益都苏埠屯		1	1	椁底长 78 幅 50 厘米漆皮	文物 1972—8
河南蒙城台西村				（F6）漆器残片 26（盘盒等）	1974—9
		112		板灰中漆痕，漆器 4（M14 盒）	1979—6
陕西凤翔	——西周中	210		残漆器（壁龛内，二层台上）	考文 1982—4
长安普渡村	西周初	2	1	漆皮漆带	考古学报 8
岐山贺家村	西周早	4	5	漆盾残片	考古 1976—1
长安沣西		11		M1 漆痕 2，M5 漆器残片	1981—1
陇县南陂		4	2	漆皮痕（可能 1 件漆盾）	文物 1982—2
甘肃灵台洞山		1		椁髹漆	考古 1976—1
陕西扶风齐家	西周前	1	19	长幅约 20 厘米漆器痕迹 2	文物 1979—11
宝鸡茹家庄	西周中初	2	1	漆豆痕 2	1976—4

出土地	时期	墓数	墓号	内容	资料出处
甘肃灵台白草坡	西周中	8	7	大置残破漆皮	考学 1977—2
陕西宝鸡竹园沟	西周	18		较大墓漆棺椁，M4 残漆豆盘大量漆皮	文物 1983—2
扶风上康村		8	2	小漆片	考古 1960—8
云塘		19		一部漆棺、漆器痕迹（盒豆类）	文物 1980—4
长安张家坡		124	115	漆器 4（豆 2 俎 1 杯 1）	考学 1980—4
客省庄	西周	182		二层台常有漆皮，4 座有漆器痕	
	东周	71		没有漆报告	澧西报告
户县宋村	春秋前	1		漆棺漆器痕迹附葬圹矛柲漆皮	文物 1975—10
凤翔八旗屯	春早—战晚	40		漆器春秋车马圹漆痕漆皮	文资丛 3
雍城	（春秋战国）			K1 圹底板灰朱砂漆皮	文物 1983—7
西安半坡	战国	112		M24 杖鬃漆残痕，M8、38 漆器片 2	考学 1957—3
陕西凤翔高庄	战国晚	2	1	漆木器	文物 1980—9
陕西咸阳黄家沟	战中晚秦	48		M43 漆痕，战国晚期末、秦墓 13 座漆金 21	考文 1982—6
甘肃平凉庙庄	战国晚	2	6	棺椁上漆皮，铜戈柲、小车鬃漆	1982—5
河南洛阳庞家沟	西周早	5		M202 漆片，M410 漆器托	文物 1972—10
浚县辛村	西周	82		M1 漆布痕，M8 似漆布片 2	浚县辛村
上村岭	西周晚春早	234		漆器（豆 6、盘 4、不明 4）	虢国墓地
洛阳中州路	东周	256		重椁墓 7 座中 3 座漆棺，M2415 漆器盒	洛阳中州路
山西侯马上马村	春秋中晚际	14	13	椁内棺外 3.6 米×2.3 米漆皮	考古 1965—5
长治分水岭	春秋晚战早	2		M269 漆棺漆绘片，M270 漆器 2	考学 1974—2
山东莒南大麻	春秋晚	2	1	漆木棒，残漆器，车盖鬃漆，车器中漆片	1978—3
临淄郎家庄	春秋战国际	1	1	漆木器（豆 4、镇墓兽 1 等）图案 18 片	1977—1
曲阜鲁城	东周	12		大型墓 7 漆棺，M3 奁 1 他 1，M52 漆器 1	鲁国故城
栖霞杨家园	战国	1		多量漆片	考古 1963—8
河南洛阳中州路	战国中			车马圹车盖漆绘	1974—3
西郊	战国	1	1	椁内漆皮	1959—12
		5		WNM2（战国晚）棺椁腐朽，漆残痕	考学 1956—2
西工段	1	1		内椁棺鬃漆，残漆器 1	1980—6
金村	1			漆棺漆器（奁、小匣、壶等）	洛阳金村
汲县山彪镇		1	8	1	(前 300—240) 墓底一面漆皮	山彪琉璃
辉县琉璃阁		27		漆皮（漆棺），车马圹漆痕	辉县报告
褚邱		15	2	漆棺痕迹	
固围村		5		M1 漆棺椁，M2 漆椁，M5 漆板线，漆皮	
上村镇	战国中晚	1	5	墓圹中部漆片	文物 1976—3
河北怀来北辛堡	战国早	2		M1 漆箱、金、车架，M2 主棺鬃漆、漆箱	考古 1966—5

出土地	时期	墓数	墓号	内容	资料出处
邯郸百家村	战国中	49		较大墓棺椁髹漆	1962—12
赵王陵	战国			王陵侧周，M1漆棺	1982—6
平山三汲	前310		1	漆（鼎、壶、金箱）漆器痕迹，车马坑漆痕	文物1979—1
	战国晚		6	东库漆棺，漆（鼎、豆、壶、盒匣等）	
易县燕下都	战国	23		M8、11墓底漆，M12板灰漆皮	考学1965—1
北京丰台	战国晚	1		漆盒1	文物1978—4
山西长治分水岭	战国	1	126	棺椁间漆绘残片多	1972—4
		19		M20、53漆棺	考古1964—3
		9		棺椁髹漆，M14残漆鹿角	考学1957—1
万荣庙前		1		棺木遗痕中漆片	文物1958—12
山西闻喜邱家庄	战国中晚	4		棺椁遗痕皆漆绘	考文1983—1
山东长清岗辛	战国后	1		漆木痕迹，帷架漆杆	考古1980—4
湖北圻春毛家嘴	西周初			（建筑地）残漆杯1	考古1962—1
安徽屯溪	西周中晚	2	1	漆皮残迹	考学1959—4
湖北当阳赵家塝	西周际春中	7		棺椁皆髹漆	江汉1982—1
河南安阳西关	春秋早	1		棺灰漆皮痕迹，漆器残片	中文1982—1
湖北江陵岳山	春秋中	1		漆器残片	文物1982—10
河南淅川下寺	春秋中晚	25		大墓漆棺	1980—10
固始白狮子	春秋晚	1	1	漆棺，藤柄漆片8，车辕漆木4	中文1981—4
湖南长沙浏城桥		1	1	漆棺，漆器60余（几、瑟、鼓、木鹿、鞘、矛、柄等）	考学1972—1
安徽寿县		1		漆棺，残漆器痕，残漆皮	寿县蔡侯墓
舒城九里墩		1		大量漆皮，漆器附环	考学1982—2
江苏六合程桥	春秋末	1		一片漆皮，零细漆皮分布，戟柲髹漆	考古1965—3
		1	2	漆皮，漆木柲痕迹	1974—2
河南信阳长谷关		2	1	木漆器300余种（案、耳杯、豆、镇墓兽等）	信阳楚墓
		2	2	内外棺髹漆，漆器（鹿角案、耳杯等），残漆器	考古1958—11
江西贵淇	春秋晚战早	37		（崖墓）棺漆皮，剑木漆鞘木龙首	文钧1980—11
河南固始侯古堆	春秋末战初	1	1	漆棺，漆（钟架、鼓、瑟、舆、盘、龙、镇墓兽等）	1981—1
湖南常德德山	春秋战初	17	5	漆耳杯1	考古1963—9
	战国前	18		M25漆棺，漆（木、弓、剑、箱、戈、柲、耳杯等）	
湖北松滋大岩嘴	东周	27	27	漆耳杯2	1966—3
襄阳山湾		33		M2（春秋晚）漆片，漆木柲2，残漆器	江汉1985—2
				M9漆痕，M11车迹漆，M27漆棺，漆鹿角	
湖南长沙	战国		406	漆耳杯14余，漆（盾、弓等）	长沙报告
长沙烈士公园	战国早	1	3	椁内棺髹漆，漆豆2，漆片	文物1959—10

出土地	时期	墓数	墓号	内容	资料出处
柳家大山	战国	28	33	漆盒1，漆耳杯8	1960—3
湖北江陵柏马山	战国早中	13	4	漆木瑟1，漆木架鼓1	1964—9
	春晚战中晚	27		漆棺2，漆（鞘2、盒7、杯1、耳杯1、盾、弓等）	考古1973—3
葛陂寺	战国早中	1	34	漆耳杯4	文物1964—9
太晖观	春末战中	10		漆耳杯4，漆剑鞘，漆木梳	考古1973—6
随县擂鼓墩	前433	1	1	漆棺，漆（瑟、笙、皮甲等，耳杯16、豆16等）	文物1979—7
鄂城七里界	故国	30		10墓漆器（耳杯13、豆5、盘4、盒1等）	考学1983—2
江陵天里观	前340	1	1	漆木器110（耳杯4、豆9等），兵乐车器漆	1982—1
望山	战国	2	1	竹木漆器百余（耳杯、豆、瑟、架鼓、镇墓兽等）	文物1966—5
湖北江陵望山	战国		1	内外棺漆、竹木漆器百余（俑、镇墓兽、瑟等）	文物1966—5
沙塚		1	1	漆器（耳杯18、箭箙、竹席等）	
雨台山		558		漆木器854（耳杯272最多）	考古1980—5
湖南湘乡牛形山	战国中	2	1	漆棺，漆器62（耳杯33余、豆16、盒等）	文资丛3
			2	中外棺漆，漆器（耳杯、豆、盒、几案、架鼓等）	
湖北江庚马山	战国中晚际	1	1	漆器15（耳杯多、盒、奁、盘、竹扇等）	文物1982—10
湖南常德德山	战国中晚	1	12	漆耳杯8	1964—6
四川新都	战国早中	1		漆棺、漆耳杯、大量漆器痕迹	文物1981—6
成都西郊	战国中晚	1		墓底发现木痕，漆皮骨骼	考古1983—7
巴县冬笋坝	战国	12		M49、50（战国末）、M53、61漆痕	1958—1

A考文：考古与文物；沣西报告：沣西发掘报告，文资丛：文物资料丛刊；虢国墓地，上村岭虢国墓地；鲁国故城：曲阜鲁国故城；洛阳金村；梅原末治，增订洛阳金村古墓聚英；山彪琉璃：山彪镇与琉璃阁；辉县报告：辉县发掘报告，寿县蔡侯墓：寿县蔡侯墓出土遗物；信阳楚墓：河南信阳楚墓出土文物图录。

青川战国墓研究

李 蓉　黄家祥

《文物》1982年1期刊布了《青川县出土的秦更修田律木牍——四川青川战国墓发掘简报》（以下称"简报"）一文。公布了四川青川发掘的十分有意义的战国时期的考古资料。这类墓葬分布集中、数量之多，在四川发现的同时代、同类型的墓葬中居首位，并获得丰富的考古资料。出土的秦武王二年更修为田律的木牍，数量众多的漆器、陶器，其重要价值自不待言。

从《简报》刊布的材料得知，这处墓地位于川陕甘三省交界处，自1979年1月发现后，从1979年8月至1980年7月先后三次进行发掘，清理墓葬计72座（见图一）。《简报》的作者按其墓葬形制将它们分为四类：即土坑墓、一棺一椁墓、有棺无椁墓、有椁无棺墓，并统计了这四类墓葬的数量，介绍了棺椁形制出土的陶、漆、铜等器物。在《简报》的结语部分，根据陶器组合，出土的木牌、半两钱等对这处墓地的墓葬进行了分期。指出72座墓葬中可分为早、晚二期。早期计47座，相当于战国中期；晚期计24座，相当于战国晚期。并就这处墓地的文化性质进行了推测。笔者因有机会阅读这72座墓葬的发掘资料，通过对资料的阅读、分析，可以看出《简报》所介

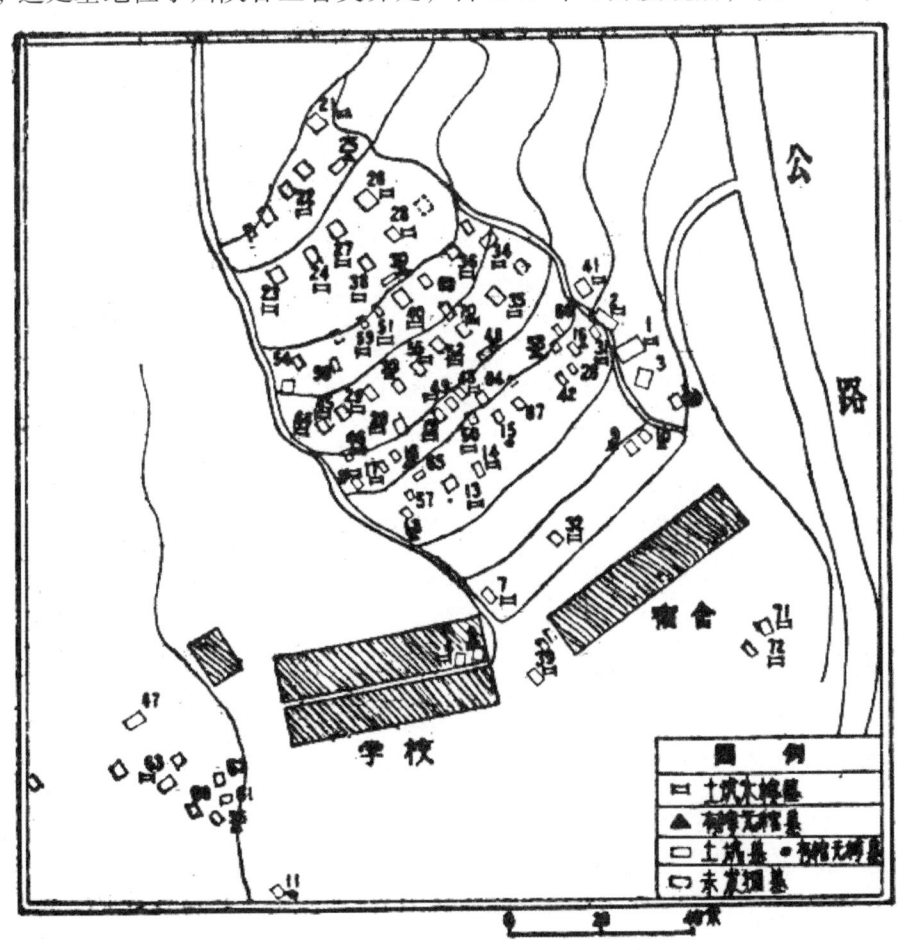

图一　青川墓葬分布图

---

* 本文为首次公开发表。

绍的资料与客观情况基本相符，但对陶器中表明器物组合关系的型和器物形态变化的式别划分在《简报》中还不能区别出来，故对这墓地的分期便有不妥之处。

我们知道，考古学上对古代遗存进行分期和判定遗存间的相对早晚关系时，除认其观察遗存间所在的层位关系外，另一重要的依据便是遗存内包含物（主要是陶器）的组合关系以及各种器物自身的演进变化。《简报》介绍的器物则没有准确地将它们的组合关系和器物自身的演进变化体现出来。例如《简报》中的文字部分介绍的陶罐共分为六式。而图一〇中的11—18这几件陶罐，《简报》是将它们作为一种（器型）器物分为三式来进行介绍的。实际观察则很难看出它们之间有着早晚（式别）的递变关系。从墓地的墓葬分布图看，72座墓葬在层位上无叠压和打破的现象存在，所以这种陶器的式别划分是不妥当。这里我们依据《简报》中图一〇内公布的六式陶罐的器形，实际上可以进一步划分为四种（型）8式。即，敞口箱三式（图一〇，11、12、13），长颈罐三式（图一〇，13、14、16），球腹罐二式（图一〇，17、18），另外双耳罐应分二式（图一〇，19、20），《简报》中公布的鼎分三式，实际应为三型，因无层位上的叠压或打破的现象。同理《简报》内图一〇中的陶壶（图一〇，4、5、6、7、9、10）应分为二型六式。一种为圈足壶（图一〇，4—9），一种为蒜头壶。陶盒应分为二型二式。一种为盖上有三纽的盒（图一〇，25），一种盒盖为杯形纽可分二式（图一〇，24、26）。盒可分三式（图一〇，27、28）。《简报》对墓葬的分期因未公布墓葬随葬品统计的情况，所以很难知道早、晚期墓葬的区别所在，它们在墓地内的分布，以及具体的哪些墓葬属早期或晚期。依据墓葬资料和上述对陶器型、式的划分以及出土的漆器、铜器等，该处墓地的墓葬实际是可以进一步划分期别的。

从《简报》的介绍和青川墓部分布图可知，全部墓葬分布在青川县城郊的双坟梁山腰的九个自然梯形阶地上，农耕地层下可分黄褐色粘土层和卵砾石层两层。墓葬均被农耕土所压而开口于黄褐色粘土层，无叠压或打破的现象，地层和墓葬填土内无包含物。因此，从层位关系的角度排除了判定墓葬间相对早晚与分期的可能性。只有依据出土器物的型别或式别关系的变化及其组合关系来讨论它们之间的早晚与分期。从出土物中可知墓葬内随葬的陶器组合比较复杂。这处墓地的墓葬出土器物计四百多件，其中有124件陶器。这些陶器主要有鼎、豆、壶、盒、盆、钵、罐几种类型。根据这几种形制的陶器和本文前面对陶器进行的型、式划分和组合关系，便可对墓葬进行分期讨论。证如《简报》所指出早期墓葬的陶器组合以"鼎、豆、壶"为代表，晚期墓葬以"鼎、盒、壶"为代表，早、晚两期分别相当于战国中期和晚期。不难看出，《简报》作者是通过与中原地区战国墓葬出土的陶器组作为这处墓地的墓葬分期的标尺加以借鉴，对这处墓地的墓葬进行期别划分。笔者自己对墓葬出土器物的统计已经显示出其陶器组合关系比较复杂，说明这里的72座墓其分为早晚两期是不能概括清楚其相对早晚的。陶器组合关系虽然不很一致，对分期造成一定难度，不过通过认真分析每一座墓葬的陶器组合和型、式的划分，参照中原地区战国墓葬陶器分期的标尺，便可知这72座墓葬是可以进一步分期的。

五十年代洛阳地区中州路西工段的发掘，为中原地区东周墓的新代建立了年代序列和分期的标尺。据《洛阳中州路西工段》发掘报告可知，将这里的墓葬分为八期，其中六、七期相当于战国中期和晚期。相当于战国中期的陶器组合为鼎、豆、壶（有的加盘、匜），相当于战国晚期的墓葬断代依据的陶器是鼎、盒、壶。关中地区秦墓到战国中晚期，随葬陶器的组合变化较大。有人依据秦墓的发掘资料，将春秋至秦的墓葬分为七期，相当于战国时代的有四、五、六期。其中四、五期陶器组合相同，有鬲、鼎、豆、壶、簋、盘（匜）、??、罐，这两陶器组合相同，其时代推断为战国早中期，而第六期陶器组合变化较大，四、五期中的鬲、簋、盘（匜）、??已经不见，只有鼎、豆、壶、罐的组合。其时代推断为战国晚期，墓主身份稍高的墓葬常出的陶器组合为鼎、豆、壶或鼎、盒（有的出鍪或钫），至秦统一前后其随葬品和陶器组合情况则更不一样[①]。对照中原和关中地区战国中晚期墓葬所出陶器组合，结合四川地区战国墓出土陶器组合的情况观察，青川战国墓地的墓葬最早（上限）不会超过战国中期，应属战国中期偏后，此处墓地内M50所出的半两钱、木牍等文字资料表明这处墓地的下限，其晚期墓葬应相当秦（公元前221年前后）。观察整个墓地的墓葬所出陶器组合，这里将青川战国墓地内的72座墓葬分为五期。这五期的时代分别相当于，一期相当于战国中后期，二、三、四期相当于战国晚期，五期相当于秦，从陶器分期围可知一至五期中参加分期的陶器组合（见图二）。

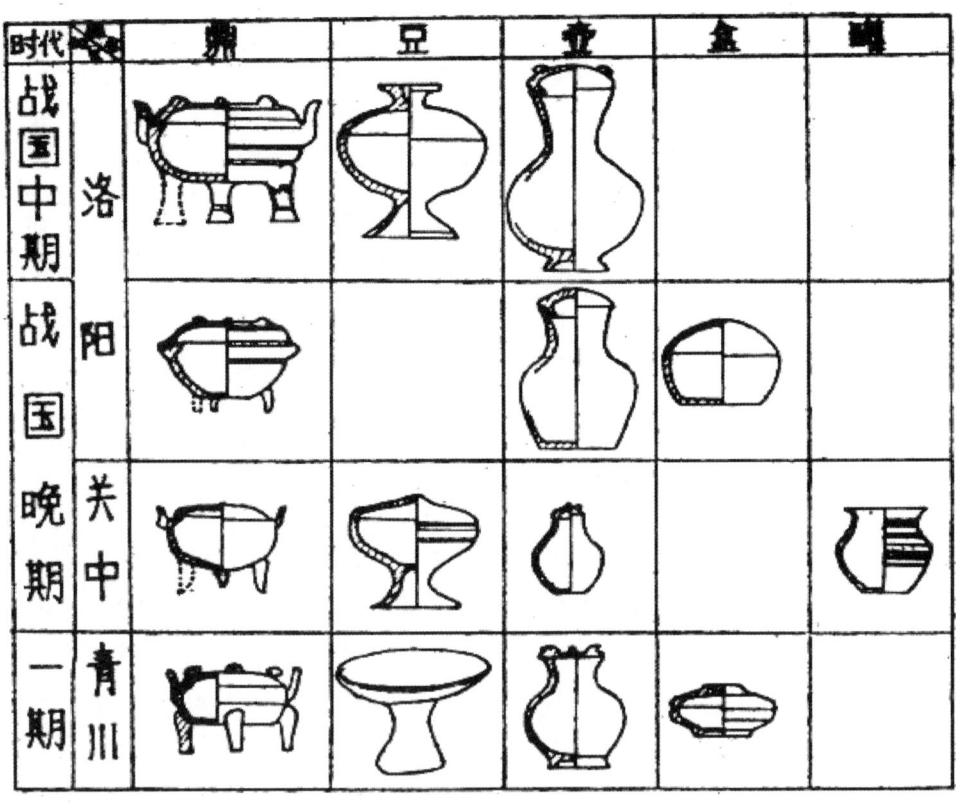

图二　中原关中及青川墓葬陶器结合比较

以上五期将这里的72座墓中的70座墓按陶器组合和陶器的型别与式别分别归入到这五期内，这五期中有的一期内依照陶器型、式和组合情况还可进一步区分每一期内的相对早晚，其早、晚关系的情况如下，

一期内可分二段。

一期前段：3座。陶器组合为：A型鼎、Ⅰ式豆、Ⅰ式壶、Ⅰ式盒。属于前段的墓葬都有M23、M20、M39。

一期后段：6座。陶器组合除有前段的部分陶器外，新出现了Ⅱ式圈足壶、Ⅰ式盆。属后段的墓葬有M22、M34、M37、M8、M6、M13.

二段内除有的墓葬继续沿表一期中的A型鼎、Ⅰ式圈足壶（M35、M2）外，其分期的陶器组合为B型、C型鼎，Ⅲ式圈足壶、Ⅱ式盆、Ⅱ式盒和另一种盖上有三钮的盒。Ⅰ式敞口罐、Ⅰ式釜。属二期的墓葬有四座。它们是M2、M40、M35、M32。

---

① 中国科学院考古研究所：《洛阳中州路》，科学出版社，1950年。韩伟：《略论陕西春秋战国秦墓》，《考古与文物》1981年1期。

二期的三座墓中，M35略早于其他三墓，这墓随葬的三件陶器，沿用了一期的陶壶和A型鼎，另见一种新出现的圈足带盖盒，这盒的盖上有三钮，略区别或晚于一期的圈足带盖盒（盖钮为杯形钮）。

三期内有的墓葬继续沿用一期的A型鼎（M51）和二期的Ⅰ式敞口罐（M61、M63、M68、M53、M59）。具有分期意义的陶器有Ⅱ式圈足豆、Ⅱ式敞口罐、Ⅳ式圈足壶。

三期墓葬计34座。通过对35座墓出土器物组合的比较，还可进一步分为前、后两段。

三期前段，6座。随葬陶器除个别墓葬出有一期或二期部分陶器外，主要的随葬陶器有Ⅰ式、Ⅱ式敞口罐。属前段的墓葬是：M51、M53、M59、M61、M63、M68。

三期后段，31座。陶器组合有三种，Ⅱ式敞口罐与Ⅱ式圈足豆组合，Ⅱ式敞口罐与Ⅳ式圈足壶组合；墓内只随葬一件陶器即Ⅱ式敞口罐。属后段的墓葬是，M4、M7、M9、M10.M11、M12、M15、M16.M17、M18、M19、M24、M25、M27、M31、M38、M43、M46、M47、M48、M49、M54、M56、M58、M60、M62、M65、M66、M69、M70、M72。

四期计9座。有的墓葬继续承袭一期的Ⅰ式盒（M21），二期的Ⅰ式敞口罐（M44）和三期的Ⅱ式敞口罐（M52）外，其代表本期的陶器有：Ⅴ式Ⅵ圈足壶、Ⅲ式敞口罐和Ⅱ式釜。根据对九座墓葬陶器组合的观察，本期仍可分为前、后二段。

四期前段，3座。其陶器组合特点是，沿用一期中的Ⅰ式壶，Ⅱ式盒，二期中的Ⅰ式敞口罐和三期的Ⅱ式敞口罐，并与四期中的其他陶器组合在一起而随葬。属本期前段的墓葬是M21、M44、M52。

四期后段，6座。陶器组合有以下六种形式：

Ⅱ式釜与Ⅵ式壶，Ⅵ式壶与Ⅲ式敞口罐，Ⅰ式与Ⅲ式敞口罐，Ⅰ式与Ⅲ式敞口罐以及只随葬一种陶器——Ⅲ式敞口罐和Ⅱ式釜。属本期后段的墓葬是：M1、M14、M29、M41、M45、M67。

五期计9座。这一期墓葬陶器，除有两座葬袭用了四期中的Ⅱ式釜外，其他具有分期意义的陶器基本为一组新出现的器物。它们是：Ⅲ式豆、蒜头壶、Ⅰ式、Ⅱ式双耳罐，Ⅰ式、Ⅱ式球腹平底罐，Ⅰ式、Ⅱ式、Ⅲ式长颈罐，钵。五期的九座墓葬通过陶器组合的比较，其中的M33.M50、M64、M17四座墓葬应略早于同期内的M55、M5、M38、M57、M71五座。

以上分期将青川战国墓地72座墓中的66座墓葬分别划分到不同期别的五期内。另有六座墓葬还未进入分期的范畴。其中M 3、M42两墓无任何随葬品，应视为空墓，不便对此进行分期。M26、M28、M36、M30四墓虽然无陶器随葬，但墓内随葬的漆器等器通过比较，这四座墓葬是可以进入分期之内，M26、M36、M28、M30分别相当于利用陶器对墓葬进行分期的一期和四期内。

五期墓葬的年代，前面通过与中原地区东周墓、关中地区秦墓的陶器分期比较，青川一期墓葬我们推测为战国中期偏后。进而可以推知其具体年代。我国历史上战国时期的起迄年代是公元前475年至公元前221年，共历经254年。战国中期的绝对年代当推为公元前348年。中原洛阳地区 东周墓，六七期和关中地区秦墓中其相当于战国中期的墓葬陶器组合为鼎、豆、壶的墓，虽然没有具体的绝对年代，如果以战国中期的绝对年代公元前348年来表述的话，那么洛阳东周墓六、七期相当于战国中期的墓葬的年代，上限和下限大致不会超过公元前48年前后五年。而青川一期墓葬的时代，从陶器组合上已经看出略晚于洛阳东周墓的六、七期和关中地区战国中期的秦墓，在战国中期偏后，那么青川一期中最早（前段）的墓葬年代应不会超过公元前348年，假设其中最早的墓下埋的时间在公元前340年左右，则可将此年代作为青川墓地开始形成的上限时间。青川墓地的下限年代，应是这里分为第五期后段的墓葬，即略晚M50出土武王二年（前309年）木牍和半两钱的墓葬，其下限年代可能至秦，即公元前221年左右。如果以上假设的青川墓葬上、下限年代能够成立的话，那么这处墓地从开始形成到结束，经历约一百二十年的时间。即青川一至五期的墓葬均在这一百二十年之内。从一至五期墓葬陶器组合与分期可以得知，一期与二期、四期与五期差别较大，估计年代差距在二十年左右。二期、三期、四期间变化相对较小，估计年代差距在十年左右，每期形成的年代，估计也在十年左右。而每期内前段与后段墓葬的时间间隔当不会超出十年。从统计中可以看出三期墓葬数量最多（38 座）。在三期内的墓葬中，随葬陶器组合的情况看，其中墓内随葬Ⅰ式，Ⅱ式敞口罐的有 5 座，墓内只有Ⅱ式敞口的随葬的墓多达 30 座，这很能说明这两种陶器组合形式的墓葬之间年代间隔是比较短暂和接近的。

青川墓葬出土的一百二十四件陶器的内质陶色和纹饰，据《简报》介绍和对几种主要器形的统计，泥质灰陶占多数，另有黄褐色陶和黑陶以及夹砂红陶。在这些陶器的表面有的施有黑色陶衣和黑漆。陶器的纹饰有弦纹、绳纹、网纹及瓦纹，但素面陶居多。据观察，一期陶器基本为素面，只有Ⅰ式壶上出现凹弦纹。二期的陶器除饰有纹饰外，绳纹出现在Ⅰ式釜、瓦纹及瓦纹分别见于Ⅱ式釜、Ⅱ式盆上。三期陶器绳纹继续增多，凹纹继续存在。四、五期陶器器表的纹饰种类增多，素面陶减少，这两期陶器纹饰中，凹弦纹递增，绳纹为其主要纹饰，另外出现了箆麻纹（双耳罐）。总的看青川墓葬出土陶器纹饰发展的主要趋势是，从早期至晚期绳纹递增，并且是这里出土陶器的主要纹饰，其他纹饰见于个别陶器。

对出土陶器、铜器、漆器的统计，表明青川墓葬出土铜器计五十八件。主要有铜鼎、铜镜、铃形器、带钩、桥形饰、环、器座等。这些铜器虽不能反映其从早晚至晚自身发展演变的序列即式别的变化，但其中有的器物也具有时代特征，并能为以陶器组合关系对这里的墓葬进行分期提供佐证。铜器中具有时代特征的是一期内 M36 出土的素面弦纹镜和 M13 内出土的羽状地菱纹镜（图三），其中素面弦纹镜在一期墓葬出现，并在四期中沿用。桥形饰、铃形器、铜铃等器物都是中原战国中晚期和南方战国晚期楚墓中常见的器物。

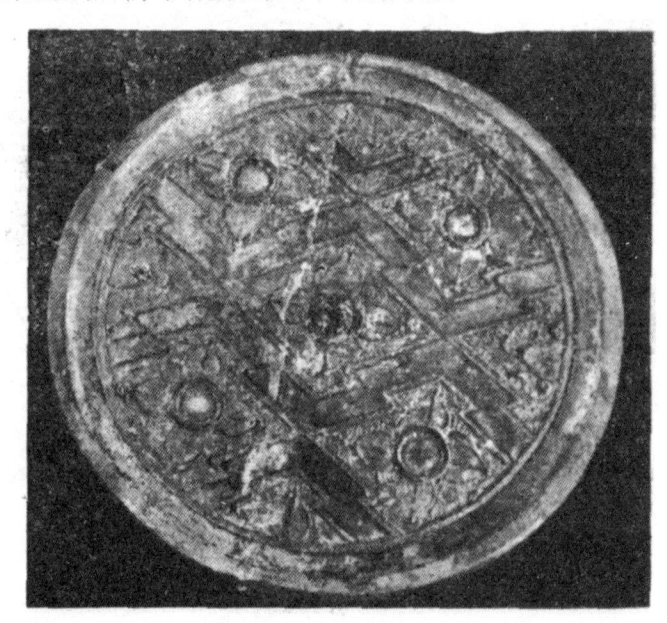

图三　羽状地菱纹铜镜（M13：13）一期

漆器是这批墓葬里具有代表性的器物，从出土漆器的数量和种类来看，堪称四川战国中晚期墓葬出土漆器之首。这对探讨四川先秦时代髹漆工艺和与邻近地区在漆器制作工艺上的相互交流提供了实物资料。因此，在陶器分期的基础上对出土漆器也相应地作出分期，墓地内出土 177 件漆器，应是墓葬分期的重要依据（图四）。

以上从出土陶器、铜器、漆器对青川墓地的墓葬进行了分期讨论，基本寻找到墓葬随葬器物的组合关系及早晚演变的规律。使墓葬形制的划分成为可能。《简报》介绍的七十二座墓葬均施有白膏泥，绝大部分墓葬有熟土二层台和生土二层台，墓场均系呈上大下小的梯形长方坑。从葬具使用的情况判断，除尸体朽坏看不清葬式外，均系仰身直肢葬。墓葬内有使用桦树皮覆盖棺椁。少数有椁墓有东西、北边箱。使用桦树皮覆盖棺椁和墓葬有边箱的情况均存在于一棺一椁的墓葬中，使用其他葬具和无葬具的墓无此现象和情况。这些墓葬的数量早、晚基本相同，表明在期别上无发展变化的规律。而各期不同类别的墓葬使用葬具的不同，则有一些现象应予注意。一棺一椁墓存在于早、晚一至五期，有椁无棺与有棺无椁墓，一、二期内不见，只见于三、四期，土坑墓出现于三期，延续到五期。青川墓地的四类墓葬中，在墓地内所占的数量和每一类墓本身在分期内也不相同一位一样墓数量最多，早、晚五期在数量上看不出变化规律，而土坑墓、有棺无椁墓、有椁无棺墓均从第三期开始出现，向晚期发展呈递减和消逝的趋势。四类墓葬在墓地的分布情况：一棺一椁墓在墓地的九个自然台地均有分布，而其他三类墓主要分布在墓地的四、五、六三级自然台地上，另在墓地的一、二级台地上还各有一座有棺无椁墓，三、七、八、九级台地只有少量分布。换句话说，即墓葬的三、四、五期主要集中在四、五、六三级自然台地上，这是否表明当时不同期别的人们死后按地域进行埋葬，这是一个值得思考的问题。

图四　青川墓葬出土的部分漆器
1. 漆厄（M26：7）一期。　2. 鸱鸮壶（M1：7）四期。　3. 漆奁（M26：4）一期。
4. 耳杯（M37：1）一期。　5. 漆扁壶（M1：10）四期。　6. 漆圆盏（M13：2）一期。
7. 漆奁（M41：4）四期。

青川战国墓葬的发掘，还表现出战国中晚期秦楚文化对古代四川的影响，其中楚文化的影响大、表现突出。青川一至五期的七十二座葬均施白膏泥，棺有的有椁、有边箱，还有十九座墓使用桦树皮覆椁，这些特征应是沿袭楚墓的埋葬制度，并与中原流行的土坑墓、空心砖墓和偏洞式的秦人墓有明显区别。出土的羽状地菱纹铜镜、木制人俑、马俑等都具有强烈的楚文化特征。在早期墓葬里楚文化因素较晚期浓厚。此外还受秦文化因素的影响。如M50出土的木牍、半两钱币等都是典型的秦文化遗物。可以看出这样一种现象，楚文化对这处墓地的影响早期墓较晚期强烈，可早晚期墓葬均有楚文化的因素，晚期墓虽然保留下楚文化因素但秦文化的因素在晚期墓中有较多的反映。这与《左传》、《华阳国志》等古典文献中的记载古代巴蜀与楚有较为密切的联系,与秦有所交往是一致的。勾稽文献史料与地下出土的实物资料[①],两相印证这便不难理解青川墓葬中除有四川本地的文化因素外,还有较多的楚文化因素和一定的秦文化因素这一现象了。

另外,青川墓葬出土大量的漆器中,在漆耳杯漆衣、漆奁、漆卮、漆圆盒等部分器物的底部烙印或针刻有"成亭"等铭文,说明其产地应在古代成都,当时的漆器手工业作坊是比较繁荣的,有"成亭"铭文的漆器,还为研究历史文化名城—"成都"得名的由来提供了线索。

(本文插图由黄家全同志绘制,并为本文的脱稿付出平勤劳动,谨此致谢)

---

① 徐中舒、唐嘉弘《古代楚蜀的关系》《文物》1981年6期。唐嘉弘《论青川墓群文化及其木牍田制》,《南方民族集刊》1985年创刊号。

解读青川秦墓木牍的一把钥匙

胡平生　韩自强

《文史》十九辑上刊登了胡平生的《青川秦墓木牍〈为田律〉所反映的田亩制度》以后，不少同志表示很有兴趣，希望作进一步的介绍。由于上文写于 1982 年上半年，当时对阜阳汉简有关部分的清理还不够细致，① 所以只引用了四个字。现在，我们将有关竹简的摹本公布于众，以期推动对秦牍《为田律》的深入研究。

先还是从木牍文字的句读谈起。木牍有关文字应该这样读：

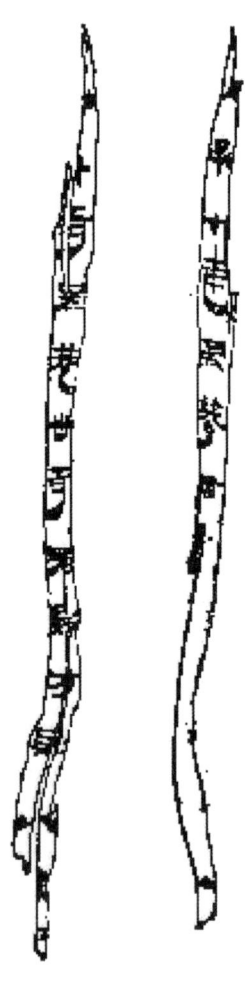

> 二年十一月己酉朔朔日，王命丞相戊、内史匽民、臂，更修《为田律》：田广一步，袤八则，为畛。亩二畛，一百（陌）道。百亩为顷，一千（阡）道，道广三步。封高四尺，大称其高。埒（埒）高尺，下厚二尺。以秋八月修封埒（埒），正彊（疆）畔，及芟千（阡）百（陌）之大草。九月，大除道及阪险。十月，为桥，修波（陂）堤，利津沱（渡），鲜草离。非除道之时而有陷败不可行，辄为之。

我们的读法与其他各家的主要不同是把"则"字作为量词。根据是阜阳汉简里有"卅步为则"的记载。

记有"卅步为则"的残简，残长约 10 厘米，下端从中间裂开，上下各有数字因残破严重而无法辨识。残简的内容是：

> ［□□］十步为巷卅步为则方则以为□

看来似乎是讲营建制度的。前面的两个字，据这片残简反印在另一片残简上的

---

* 《文史》第二十六辑，1986 年，第 345-346 页。
① 阜阳汉简出自安徽阜阳双古堆一号汉墓，为西汉第二代汝阴侯夏侯灶之遗物。已发表的材料有《阜阳双古堆西汉汝阴侯墓发掘简报》（《文物》1978 年第 8 期）、《阜阳汉简简介》（《文物》1983 年第 3 期）、《阜阳汉简〈仓颉篇〉》（同上）、《阜阳汉简〈诗经〉》（《文物》1984 年第 8 期）。

印痕可以补出是"为甫"二字。"甫",在阜阳汉简及汉代文献中常常是"市""宋""齐"等字之讹(可参看《说文》段注"柿"字条、《武威汉简》及《阜阳汉简〈诗经〉》有关内容)。"为甫",也许是"为市"之讹。

我们在清理残简的过程中,还发现了一片残简,与此简有关,简文曰:

该简右半部残缺,但基本上都可以补足笔画。唯不知该简是否可与前述一条缀合。从意思上看,我们认为是连贯而下的。根据这两片残简的内容和字体,我们将它们收在《作务员程》里①。

以"则"为度量单位,后代已失传。秦始皇廿六年诏书云:"法度量则不壹歉疑者皆明壹之。"这句话里的"则"字,意思长期被误解了。《文史》第五辑骈宇骞同志的文章《始皇廿六年诏书"则"字解》始指出"则"字应与度量衡有关,所言甚是。不过,他根据宋代铜权铭文自称为"铜则",把"法度量则"解释为"法度量权",似乎不够妥当。现在,从阜阳汉简的材料看,把"则"字解释为长度单位显然与秦代制度更为接近。骈文曾引用《史记·律书》语"王者制事立法,物度轨则,壹禀于六律,六律为万事根本焉"作为旁证。按,"轨则"二字连用,意义应当相近。"轨",指车子两轮之间的宽度。秦始皇实行"车同轨",以减少道路壅塞等交通事故。"轨"实际上也成了一种长度单位。又,"六律"之所以不同音者,乃因律管之长度不同。因此,"轨则"之"则"也必指长度无疑,可与阜阳汉简的内容相互证成。

值得注意的是,"则"字作为长度单位的意义虽然后代失传了;但是,这个意义却仍保留在"测"字中。《说文》:"测,深所至也,从水则声。"段注云:"深所至谓之测,度其深亦谓之测,犹不浅曰深,度深亦曰深也。今则引申之义行而本义隐矣。《吕览》曰:'昏乎其深而不测。'高云:'测,尽也。'此本义也。……"段玉裁认为测量深度才是"测"字的本义,这是正确的。《国语·晋语》:"抑欲测吾心也。"注:"测,犹度也。"《周礼·大司徒》:"测土深。"注:"测,犹度也。不知度深,故曰测。"这里都用的是"测"字的本义。由表示长度单位的名词"则",引申而为表示度、量行为的动词"测",其内在的联系是不言而喻的。类似的语言现象例子甚多,我们就不必赘言了。

总而言之,正确地理解青川秦墓木牍《为田律》所述田亩制度的关键是要弄清"则"字的意义,阜阳汉简的有关记载,为我们提供了一把钥匙。

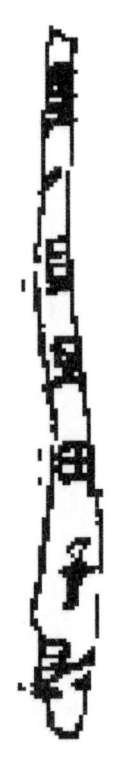

---

① 《作务员程》,阜阳汉简中有关器物制造、建筑工程、农产品加工等的规格、标准、以及工作量规定方面的内容,书名已不可考,今整理时采用云梦睡虎地秦简《为吏之道》中"作务员程"一语为篇名。

青川秦墓木牍"为田律"所反映的田亩制度

胡平生

青川秦墓木牍出土以后，引起了学术界讨论秦代田亩制度的兴趣。但是，由于对木牍文字的考释上还存在着一些问题，便导致对于律文规定的田制的理解和研究也产生了某些偏差。本文试根据过去出土的地下材料，对木牍文字及其所反映的田亩制度加以考察。

到最近为止，我们所看到的考释和研究青川秦牍的文章有以下几家：

(1)《青川县出土秦更修田律木牍》，《文物》1982年第1期（以下简称"发掘简报"）；

(2) 于豪亮《释青川秦墓木牍》，同上（以下简称"于文"）；

(3) 李昭和《青川出土木牍文字简考》，同上（以下简称"李文"）；

(4) 杨宽《释青川秦牍的田亩制度》，《文物》1982年第7期（以下简称"杨文"）。

上述各家均将木牍所载之律称为"田律"，"发掘简报"更在标题上径将木牍所谓"更修为田律"改作"更修田律"，这显然是很不合适的。大概这是把"更修为田律"的"为"当做了"更修"的补语，似乎可有可无。其实，此律之名应当叫做"为田律"才对。"为田"即《史记·秦本纪》《商君列传》所记秦孝公十二年商鞅"为田开阡陌""为田开阡陌封疆"之"为田"。"为"的意思是造、作、治。在临沂银雀山汉墓出土的竹简《孙子兵法》里，又称为"制田"，意思是相同的。"为田律"乃是关于整治、开辟土地的律令。如果把它同《睡虎地秦墓竹简》中的"田律"对比一下，二者的差异是显而易见的。看起来，"田律"的内容要广泛得多，它似乎包括了农业生产的各个方面。尤其是《田律》中关于按照拥有田亩交纳刍藁的律文，更是"为田律"所没有的。

下面，我们来考察"为田律"所规定的田亩制度。"为田律"的前一段应该这样句读：

> 田广一步、袤八则，为畛。亩二畛，一百（陌）道。百亩为顷，一千（阡）道。道广三步。封高四尺，大称其高。捋（埒）高尺，下厚二尺。以秋八月修封捋（埒），正彊（疆）畔，及发千（阡）百（陌）之大草。

正确地释读这一段文字的关键是"则"字。前述诸家均将"则"误作为连词，而以为广和袤的单位都是"步"。实际上，"则"在这里是一个量词。我们依据的是阜阳汉简中的有关材料。1977年，安徽阜阳双古堆西汉汝阴侯夏侯灶墓中出土了一批竹简。这批竹简尽管残破得很严重，但仍然保存了不少宝贵的资

---

*《文史》第十九辑，1983年，第216-221页。

料。其中有一片残简上即有"卅步为则"的记载。知道了这一点，等于是为我们读通"为田律"提供了一把钥匙。兹将"为田律"所规定的田亩制度通释如下：

田每宽一步、长八则（二百四十步）为一"畛"（有一条田界）。每亩田有二"畛"，有一条陌道。每一百亩田有一条阡道。陌道和阡道都宽三步。作为地界标志的"封"，高四尺，它的体积大小与高度相称。"埒"高一尺，基底宽二尺。每年秋八月修整封、埒，端正田地的疆界，并且铲除阡、陌等道路上的荒草。

需要作一些考辨。关于"畛"，《说文》："畛，井田间陌也。"于文没有用《说文》的解释，而用了《诗·载芟》的笺："畛谓田有径路者。"《楚辞·大招》王注："畛，田上道也。"《诗》与《楚辞》的笺注固然并不错，但和《说文》的解释又有些细微的差别，即《说文》指出了"畛"应当是与"陌"的特点相类似的。"陌"有什么特点呢？《史记·秦本纪》索隐引应劭《风俗通义》指出"南北曰阡，东西曰陌。"可知阡、陌本是垂直相交的田间道路，"畛"既是"井田间陌"，理所当然应与"陌"平行，而与"阡"垂直。不然的话，许慎的话就该改成"畛，井田间阡"了。上述各家忽略了这一细节，结果把"畛"当作与"陌"垂直相交的田间小道，这是不对的。

其实，"畛"在律文中的意义还不是"田上道"，而是指田区。"畛"释为田区，今不见于字书，但在古书中确有此训，《周礼正义》说："孔广森云：'楚国以畛记田。'故《楚辞》曰'田邑千畛'，《战国策》（见《楚策》）'叶公子高食田六百畛'。"现在已经知道，"以畛记田"的不单单是楚国，至少三晋也是如此。临沂银雀山汉墓竹简《孙子兵法·吴问篇》云：

吴王问孙子曰："六将军分守晋国之地，孰先亡？孰固成？"孙子曰范、中行是（氏）先亡。""孰为之次？""智是（氏）为次。""孰为之次？""韩、魏为次。赵毋失其故法，晋国归焉。"吴王曰："其说可得闻乎？"孙子曰："可。范、中行是（氏）制田，以八十步为婉（畹），以百六十步为畛，而伍税之。……韩、魏制田，以百步为婉（畹），以二百步为畛，而伍税之。……赵是（氏）制田，以百廿步为婉（畹），以二百卌步为畛，公无税焉。公家贫，其置士少，主金（俭）臣□，以御富民，故曰固国。晋国归焉。"吴王曰："善。王者之道，□□厚爱其民者也。"

楚国的"畛"的面积今已不可考知，三晋中赵氏的"畛"的面积却与文献中记载的秦田一亩的面积相等，与青川秦牍"为田律"的"畛"的面积相等，即为宽一步、长二百四十步计二百四十平方步的田块。关于这一点，本文在后面还要讲到。

"畛"既是一道田界，又是一块田区，二者并不矛盾。不过前述各家因为不知道"则"的意义，无法把律文的内容与文献上有过明确记载的"秦田二百四十步"的材料统一起来，结果只好把"畛道"大大地夸大了。他们或者把"广一"、"袤八"算作"畛道"的宽度和长度（见李文、杨文），或者另外通过换算，认为"畛道"长三十步（见于文），完全忽视了"畛"作为田区的意义。律文所说的"畛"指的是田区，但是同时又可以理解为一条田界，因为每亩有二畛，它们之间应当是隔开来的，像今天的所谓田埂。这样一条田埂，自然也可以通行，所以"畛"也就有"田上道""田有径路者"的意义。到了汉代，"畛"作为田区的意义反倒不明了。从律文看，"畛"的田界似乎不单独计算面积，应当已计入宽一步×长二百四十步之内。这样，每亩田有二畛，则面积为宽二步×长二百四十步，即四百八十平方步。如果按照秦汉时每尺为0.23米（据《中国古代度量衡图集》）推算，一畛约为457平方米，一亩约为914平方米。

"为田律"还规定一亩田有一条陌道，一顷田有一条阡道；规定了阡道和陌道的宽度为三步。为什么律文只说"道广三步"而不提及它们的长度呢？我们认为，这是由于陌与每亩田的长度相同，阡与每顷田的宽度相同，已是不言自明的缘故。在这里，"为田律"又给我们指示了正确地理解"阡陌"制度的途径。

《文史》第十一辑刊登了李解民同志《"开阡陌"辨正》（以下简称《辨正》）一文，他收集了大量的资料，作了十分细致的考证，力驳朱熹的"所谓开者，乃破坏划削之意，而非创置建立之名"的意见。不过，我们从"为田律"所提供的线索入手，在考察了"阡陌"的最初的意义之后，仍然试图把这两种意见调和在一起。

关于"阡""陌"的得名，程瑶田《沟洫疆理小记》的《阡陌考》认为"阡陌之名从《遂人》百亩、千亩，百夫、千夫生义"，说"当百亩之间，故谓之陌"，"当千亩之间，故谓之阡"。这个说法是不对的。杨文较之改进了一步，指出陌是亩与亩之间的道路，但又说陌"因是百亩田中的主要道路而得名"，阡"因是千亩田中的主要道路而得名"，仍不妥当。

在考辨"畛"的意义时已经讲过田界与田间道路之间的辩证关系，阡与陌也是如此。根据"为田律"可以知道，阡、陌的原义，并不是"千亩、百亩之田的田间界道"（见《辨正》），而是"百亩一阡道"，"亩一陌道"，是百亩、一亩之田的田间界道。《说文·亩》："六尺为步，步百为亩，秦田二百四十步为亩。"假如按照青川秦牍的"宽一步、袤八则"的程式理解《说文》，就应当是宽一步、袤百步为亩，这是周制。再根据"为田律"所说的"亩一陌道"推下去，我们很容易想到，陌之为陌，以其袤百步而得名。同理可以推知，阡之为阡，也是因为长千步。

势必会有人提出这样的疑问，照这种办法计算，周制每亩田仅宽一步，加上一条陌道宽三步，共四步。那一百亩田才四百步，与"阡"道应长千步相去甚远。这个问题因为目前尚缺乏更多的材料，确实难以完满地给予回答。不过我们揣测可以有几种可能。一种是，在百亩可耕面积与陌道面积之外，还有一些水利灌溉设施及农业生产的附属设施，它们所占有的面积也包容在阡道的长度之内。一种是，阡道或许指包围整块田的道路，那么两侧共八百步，上下共二百步，总长恰为一千步。由于阡道主要起作用的是与陌道垂直相交的部分，后来才有了"南北曰阡，东西曰陌"的辨析。像这样一块一百亩的土地，在西周叫做"一田"，乃"一夫之所佃"[①]。

商鞅改革田制，将周制每亩宽一步长百步改为宽一步长二百四十步，旧有的阡陌当然不再适用，因此就要"开阡陌"。从百步之"陌"，到二百四十步之"陌"；从每隔百步有一"阡道"，到每隔二百四十步立一"阡道"，都需要破旧立新。所以，"开阡陌"的第一个意义就是"决裂阡陌"。《秦本纪》、《商君列传》之"开阡陌"就是《蔡泽列传》和《战国策·秦策》之"决裂阡陌"，是一种意思的两种说法。从另一方面讲，商鞅改革田亩制度，又是通过制定有关的法律——"为田律"来加以推行的，"开阡陌"当然也包括了遵循新律令营造新阡陌的意思，故有"创置建立"之意。我们理解《汉书·地理志》颜注引张晏之说"商鞅始割列田地，开立阡陌"，正是把开与立统一在一起的。

附带谈一下"爰田制"。《辨正》一文指出"爰田制是一种换耕制"，这是非常正确的。《汉书·地理志》说商鞅"制辕（爰）田，开阡陌"。那么，"制辕田"与"开阡陌"有什么关系？商鞅为什么要把换耕制与田制改革联系在一起？临沂银雀山汉墓竹简《孙子兵法·吴问》篇给我们很大的启发。在《吴问》篇里，孙子似乎把田制看成是立国的根本，他批评范、中行氏和韩、魏"制田狭"认为由此而将导致"先亡"；他赞扬赵氏的"制田"制度，认为是"富民"、"固国"的政策。从孙子的话里可以看出"以百廿步为畹，以二百卌步为畛"的田制对农民是比较有利的。商鞅在改革田制时采用了赵氏的制度，不是没有道理的。晋国诸氏的田制是不是"爰田制"？回答是肯定的[②]。《吴问》里所说的半亩的"畹"，"为田律"里的半亩的"畛"，很可能是与轮作、爰土有关的。《周礼·遂人》里所记述的"爰田"制度值得注意：遂人"辨其野之土上地、中地、下地，以颁田里。上地，夫一廛，田百亩，莱五十亩，余夫亦如之。中地，夫一廛，田百亩，莱亦百亩，余夫亦如之。下地，夫一廛，田百亩，莱二百亩，余夫亦如之"。注："莱，

[①] 《考工记·匠人》注。西周铜器琱生簋、卫盉、五祀卫鼎等皆以"田"为土地面积单位。
[②] 《左僖十五年传》："晋于是乎作爰田。"

谓休不耕者。"可见这种"颁田"的制度是把休耕地也分给农夫的。三晋及商鞅的"制辕田",基本上就是这种办法,《汉书》称之为"自爰其处"。《汉书·地理志》颜师古注引孟康云三年爰土易居,古制也,末世侵废。商鞅相秦,复立爰田,上田不易,中田一易,下田再易,爰自在其田,不复易居也。《食货志》曰'自爰其处而已'是也。"各种材料都说明,商鞅的"制辕田"正是通过"开阡陌"扩大田亩面积来实施的。他把原来要不断地轮换耕作的土地稳定下来,落实到农户,而采取扩大每亩田的面积的办法,对农户进行补偿,并借此推动农民开发荒地,发展生产。一般说来,在土地耕种的责任确定下来之后,农民的生产积极性会相对地高一些,客观上刺激了生产的发展和经济的繁荣。

必须指出,商鞅的"爰田制"决非"厚爱其民"之举。商鞅"制辕田"后,国家对农民的剥削实际上是加重了。《睡虎地秦墓竹简》的《田律》中规定:"入顷刍稾,以其受田之数,无垦(垦)不垦(垦),顷入刍三石,稾二石。"刍稾如此,粮食也当如此。也就是说,分受田地的农户,都要按照所受田地的面积交纳赋税,不论垦种与否。农户必须为分受到手的休闲地付出代价,按《田律》规定交纳赋税。可是,这些休闲地在过去"爰土易居"的时候,可能是收不到赋税的。

关于"为田律"的内容,上述各家的考释中也还有一些小的疏漏,需要指出。如"封"的形制,律文说"封高四尺,大称其高",李文将后面一句释为"为最高者",大谬;于文、杨文又都理解为"长、宽、高皆四尺",似亦不妥。"封"为一土堆,作为田界标志。在西周铜器铭文(如《散氏盘》等)中,"封"常以树木之名命名。《国语·吴语》注云:"壅本曰封。"金文"封"字即作二手为树木培土之形,树木根部特意画得很粗大:。这可能是"封"的初义。尔后,以树木作为田界标志变成了以封土堆作标志,"封"就有了"疆"的意义。普通的情况下,作为田界标志的"封"不大可能专门做成一种长、宽、高皆相等的正六面体,"为田律"用"大称其高"四字,很贴切地表示出对它的形制要求并不十分严格。如果依照"壅本曰封"或者"封比干之坟"(《礼记》)等来推测,"封"大概是一种圆台体或方台体。

最后,我们略述青川秦牍"为田律"的制定和施行。木牍起首即云:"二年十一月己酉朔朔日,王命丞相戊,内史匽民、臂更修为田律。"李文释"更修"前二字为"取臂(譬)",说取譬秦律更为蜀律,很难成立。一国之内岂有实行两种不同的律令的道理?于文将"更修"前二字释为"民愿"亦于义未安。以尊重"民愿"而更修法律之事,终秦之世未之闻也。我们参照秦始皇二十六年诏书"乃诏丞相状、绾"的体例以及其他秦代文献,认为应是两个人名,当读做"内史匽民、臂"。"匽"通"晏"。《说文》:"晏,安也。""晏民"即安民。意与汉人之名"安国""安世"等相近。以"臂"为名者,见于汉印的有"毕臂"(《汉印文字征》四卷九页),可以旁证。

秦武王二年"更修'为田律'"不见于史籍。我们以为,这一次的"更修"乃是对商鞅制定的"为田律"的一改。秦武王二年距秦孝公十二年已有四十四年之久。商鞅的"为田律""劝民耕农利土,一室无二事,力田稽积",据说在短短几年间就使得"秦人富强"。秦武王更修"为田律"的背景现在已经无从考知了,也许是为了进一步加快发展的速度。新的"为田律"又把商鞅扩大了的亩制,再扩大了一倍,这就是"更修"的主要内容[①]。然而,这个更修过的"为田律"好像并没有一直实行下去。因为我们今天所见到的历史文献里仅有"秦田二百四十步"的记载,而没有"田广一步、袤八则,为畛,亩二畛"的记载。青川秦墓木牍的出土,为这一桩人所不知的史实提供了翔实可靠的资料,这对于研究古代的田亩制度和秦史,具有十分重要的意义。

[①] 对于"为田律"中"田广一步、袤八则,为畛"一语,也不是不可能作另一种理解,如仍然把"畛"解释为一亩田的两头各起一条长一步的短田界,那么,一亩田的面积就还是"广一步、袤八则",为二百四十平方步,与文献记载恰相吻合。按照这种解释,则秦武王二年"更修为田律"的主要内容就不是扩大亩制了。

青川秦墓木牍内容探讨

林剑鸣

1979年春，四川省博物馆在青川县清理的第五十四号战国古墓中，发现木牍两件。1982年《文物》第1期发表了四川省博物馆、青川县文化馆整理的简报：《青川县出土秦更修田律木牍》，以及于豪亮、李昭和两位同志对木牍文字的考释文章①。简报和研究论文为研究秦史提供了最新的、珍贵的资料和深刻见解。这里，仅就简报中的资料有关田制方面的问题提出一点看法，以就教于广大读者。

两件木牍皆墨书文字，残损较少，字迹清晰，共一百二十一字，根据简报刊载其文如下：

  二年十一月己酉朔朔日，王命丞相戊（茂）、内史匽，□□更脩为田律：田广一步，袤八则为畛。亩二畛，一百（陌）道。百亩为顷，一千（阡）道，道广三步。封，高四尺，大称其高。捋（埒），高尺，（下）厚二尺。以秋八月，脩封捋（埒），正疆畔，及发千（阡）百（陌）之大草。九月，大除道及除儋（澮）。十月为桥，修陂隄，利津□。鲜草，雖（虽）非除道之时，而有陷败不可行，相为之□□。

背面文字据简报公布，有四行共三十三字，其文如下：

四年十二月不除道者：
□一日，□一日，辛一日
壬一日，亥一日，辰一日
戌一日，□一日。

于豪亮、李昭和二同志对牍文的考释在个别地方与简报略有出入，但主要内容基本一致。现据这些材料，提出个人意见：

牍文开始写明"二年"，李、于二同志皆断定为秦武王二年，"相戊"即秦丞相甘茂，与笔者所见相同，不赘述。唯"内史匽"后有二字不清，简报以"□□"存疑，于文则释为"民颇（愿）"，李文释为

---

* 《考古与文物》，1982年第6期，第62-64、112页。
① 于豪亮《释青川秦墓木牍》、李昭和《青川出土木牍文字简考》，《文物》1982年第1期。

"取譬"之残文。因未见原牍，笔者无从置喙。然以意断之，当以"取譬"为近是。因巴蜀虽于秦惠文王更元九年（前316）就已归秦，但归秦后的蜀地在一段时间内仍维持着原来的政治、经济和法律制度，这是秦对新征服的少数民族地区的一贯政策：《汉书·西南夷两粤朝鲜传》记秦取得西南夷时"会秦击夺楚巴、黔中郡，道塞不通。因乃以其众王滇，变服从其俗，以长之。"惠文王封子通国为蜀侯，陈壮为相，以张若为蜀守。不久蜀相陈壮叛乱，秦遣张仪、司马错和甘茂复伐蜀，至武王二年（前309）叛乱已平定"诛陈壮"[①]，楚的商於之地也为秦所得建黔中郡。此时，在蜀地推行秦国本土所实施的田制，看来是适时的，由此即可理解牍文中"取譬更修为田律"中"取譬"的意义。因在此之前，蜀地仍保留着原来的田律，故政府下令"取譬"秦律"更修"蜀地田律，以统一旧制。

据此可知：蜀地"更修"之田律乃是照秦律制定的，因此我们完全可以根据本木牍提供的资料，研究秦国普遍推行的田制。

从木牍提供的资料结合文献分析，秦国实行的是辕田制。下面将有关文句略加注释："田广一步，袤八，则为畛，亩二畛，一百（陌）道。"这里的"畛"字，于、李二文均释为"田间小经"或道路。虽然这种解释似乎顺理成章，但在此处细究全文则颇为难通。据本牍所记"亩二畛"；一百（陌）道，若"畛"释为道路，则每隔八步（袤八）就要有两条路，还要有一条东西相通的陌路，而百亩地则又有一条南北通的"阡"道。如此算来，在一顷地里至少要有三百零一条纵横交错的道路。姑不论在当时的蜀地是否需要这种蛛网式的道路网，就是从生产的角度考虑，试问：被那些大大小小道路分割成碎块的土地如何进行耕种？可见"畛"被释为道路，是值得研究的。

"畛"尚有一解，即界限，《庄子·齐物论》："请言其畛"，"为是而有畛也"。注曰："畛，谓封域畛陌也。"此处"畛"作界限解，引申而为界限之标志。青川木牍中之"畛"即应此意。在八步宽的一亩地上两端各标明界限，就是"袤八，则为畛，亩二畛"。所以"畛"在此并非指道路，牍文的意思也并非要求在一亩地内修二条畛道、一条陌道，只是要求在一亩地的两头标明界限。至于道路，牍文写得很明白："亩二畛，一陌道，百亩为顷，一阡道。"即每亩有一条通东西的道，百亩有一条通南北的大道。计百亩之内有大路一条小路一百。这在当时的条件下，已堪称裕如了。

现在要解决的问题是："亩二畛"的作用是什么呢？这就必须弄清秦国的田制。目前对秦国田制的研究，还存在不少问题，尤其是《睡虎地秦墓竹简》出土以后，考古学界和历史学界对秦国田制都发表了不少看法，不少人认为秦国的土地属于奴隶制国有[②]；有人认为属封建土地国有[③]；有人认为是"封建土地国有制与地主土地私有制的并存"[④]，意见颇不一致，分歧很大。然而不论是国有或私有说均有不少问题无法解决。如私有说显然无法解释《睡虎地秦墓竹简》中有关土地利用的种种烦琐规定[⑤]，而国有说又无法回答商鞅变法"开阡陌"[⑥]"开阡陌封疆"[⑦]"决裂阡陌，以静生民之业"[⑧]是属于何种性质的改革？可见，这个问题需要根据新资料做进一步研究。《汉书·地理志》载："孝公用商君，制辕田，开阡陌，东雄诸侯。"

---

① 见《华阳国志》卷三《蜀志》。
② 黄展岳《云梦秦律简论》，《考古学报》1980年1期。
③ 裘锡圭：《战国时代社会性质试探》，《社会科学战线》编辑部编《中国古史论集》。
④ 高敏《从云梦秦简看秦的土地制度》，《云梦秦简初探》（增订本）139页。
⑤ 见《睡虎地秦墓竹简》中《田律》、《厩苑律》、《仓律》、《效律》、《秦律杂抄》等等。
⑥ 《史记·秦本纪》。
⑦ 《史记·商君列传》。
⑧ 《史记·范雎蔡泽列传》。

这里明确指出商鞅变法以后"制辕田",按辕田"即"辐田"、"爰田"①,"三年爰土易居,古制也,末世浸废"②,这种辕(爰)田是"古制",即变法以前奴隶制的秦国就曾施行过这种制度。后来,随着奴隶制的衰落至春秋末、战国初辕(爰)田也在秦国"浸废"了③。至秦孝公时"用商鞅之法,改帝王之制"④实行变法。在土地制度方面就"制辕田,开阡陌"。因辕田为"古制",古已有之,所以称为"复立爰田"⑤。这种做法表面看来似乎是复旧,不是改革。但实质并非如此,因"复立"的辕田与古制有实质性的区别,即"不复易居也"⑥。按辕(爰)田制的特点之一即"三年爰土易居"。《周礼·遂人》记载:

> 遂入掌邦之野……辨其野之土,上地、中地、下地,以颁田里……上地,夫一廛(居屋),田百亩,莱五十亩,余夫亦如之;中地,夫一廛,田百亩,莱百亩,余夫亦如之下地,夫一廛,田百亩,莱二百亩,余夫亦如之。

这里,由于土地"美"、"恶"不同,所以"周制三年一易田,以同美恶"⑦,"三年一换土易居,财均力平"⑧。在这种制度下,劳动者必须不断"换土易居"被迁来迁去,其自身都为别人所有,更谈不到对土地的所有权。故这种辕(爰)田的性质乃是"奴隶社会土地国有性质"⑨。但商鞅变法后"复立"的辕(爰)田,却"自爰其处"⑩,即劳动者在自己的土地范围内"爰自在其田,不复易居"。这标志着土地私有权已确立。这时的辕(爰)田同变法前的辕(爰)田名同实异,已成为封建土地私有制。青川秦墓牍文中有:"封高四尺,大称其高,捋(埒)高尺,下厚二尺"的规定,所谓"封"就是《睡虎地秦墓竹简·法律答问》中"盗徙封,赎耐"的"封"即田界的标志。前者对"封"的形制作法律规定,并规定"以秋八月修封捋(埒),正疆畔";后者对私自移动"封"者规定处罚标准。政府对"封"如此重视,正是土地私有权确立的证明。

然而,秦国的土地私有制仍然保留着辕(爰)田的形式,即在一定范围内进行"自爰其处"的"易田"耕种因此,必须把轮耕地同"莱田"用明确的标志区别开来。这不仅是一种耕作方法,也是土地制度,所以政府是要进行干预的:"凡造都鄙,制其畛域而封沟之。"⑪这是制度,无论是周代的爰田还是秦的爰田均须如此。"封沟之"的目的在于标明土地界限,而"封"与"沟"是两码事,这从秦墓木牍中"封高四尺,大称其高"对"封"的形制规定中即可得知,这里仅提到"封",而不提及"沟"。牍文中"亩二畛"或即为以沟的形式做标志者。青川秦墓木牍牍文之珍贵处,就在于它具体记载了秦国土地有关的各种制度:在每块宽八步、长三十步的一亩地两旁,应有标志(畛),在一亩地里应有一条"陌"道,百亩地有一条"阡"道。"百亩为顷,一千(阡)道,道广三步,封高四尺,大称其高,捋(埒)高尺,

---

① 见《说文解字》"辐"段注。
② 《汉书·地理志》引孟康曰。
③ 关于秦国实行的奴隶制爰田制情况,在拙著《秦史校》(上海人民出版社)及《秦国发展史》(陕西人民出版社)二书中有详细论述,不赘述。
④ 《汉书·食货志上》。
⑤ 《汉书·地理志》引孟康曰。
⑥ 《汉书·地理志》引孟康曰。
⑦ 《汉书·地理志》颜注引张晏说。
⑧ 《公羊传》宣公十五年何休注。
⑨ 拙著《井田和爰田》,《人文杂志》1979年2期。
⑩ 《汉书·食货志》。
⑪ 《周礼·大司徒》。

下厚三尺"。很明显，这里"道""封""埒（埒）"均与"百亩"联系在一起的。它们共同构成"百亩"的标志。而将土田划分为"百亩"单位，正是辕（爰）田制中轮换耕作的基本条件。商鞅变法以后"复立"的辕（爰）田，虽已属于私有性质，但封建政府仍对土地的利用保持着较多的干预，所以木牍中有"以秋八月，修封埒（埒），正疆畔，及芟千（阡）百（陌）之大草"的律令。其目的无非是使"自爰其处"的辕（爰）田按期轮换耕作。像这样对农业生产过分的干预和严格控制是秦国的一贯政策。"去无用，止浮学事淫之民，壹之民，然后国家可富，而民力可搏也"①。正是在这样方针指导下，秦国政府对农业生产干预得十分细密，如秦律规定："雨为澍，及诱（秀）粟，辄以书言澍稼、诱（秀）粟及垦（垦）田畛毋（无）稼者顷数。稼已生后而雨，亦辄言雨少多，所利顷数。旱（旱）及暴风雨、水潦、螽（蚤）蚀、群它物伤稼者，亦辄言其顷数。近县令轻足行其书，远县令邮行之，尽八月□□之。"诸如此类的律令在云梦竹简中还可举出许多条。而"修封埒（埒），正疆畔"乃是维持辕（爰）田，保护土地私有的重要前提，因此特别定律令公布、实行，这是不难理解的。青川秦墓木牍所记载的，就是这一性质的律令。

政府所重视的以百亩为单位的亩积标志，而在这些标志中"陌"、"阡"道路占有重要位置。所以牍文中除有关"封""埒（埒）"的规定外，还连及道路、桥、陂堤的维修"九月，大除道及除郐（澮）。十月为桥，修陂堤，利津□。"如果以为这是统治阶级关心交通事业，那就错了。这些路、桥、陂堤是作为亩积的标志，才被如此重视的。不过，也不能否认这在客观上总还是有好处的，道路损坏必须及时修复："鲜草，虽非除道之时，而有陷败不可行，相为之□□。"但通观木牍全文，这毕竟不是本律令的中心。这里顺便指出：如果说牍文叙述了新令颁行的时间及过程，大意是更修田律、律令内容，修改封疆，修道治浍，筑堤修桥、疏通河道等六件大事。② 这种概括显然是不合适的。因为本牍内容仅有"更修为田律"一件事，其他事均为"更修"的"田律"内容以及执行情况（最后背面之文字），而并非并列的"追述记事性质"。

总之：青川秦墓木牍的文字内容，证明秦国在商鞅变法以后确实施行"辕（爰）田"制，而这些牍文又提供了秦国施行辕（爰）田的具体情况，这是文献资料所无法代替的，仅在这一个意义上也是值得学术界特别重视而加入研究的。

---

① 《商君书·农战》。
② 见《文物》1982年第1期12页。

释青川秦墓木牍

于豪亮

青川秦墓出土的木牍，我曾有机会见到原物。大部分的字，字迹都比较清楚；少数不清楚的字，在灯光下用放大镜仔细看，也可以辨识。其释文如下：

二年十一月己酉朔朔日，王命丞相戊、内史匽：民殹（愿）更脩为田律：田广一步、袤八，则为畛，亩二畛；一百（陌）道。百亩为顷，一（一行）

千（阡）道。道广三步。封高四尺，大称其高。捋（埒）高尺，下厚二尺。以秋八月脩封捋（埒），正彊（疆）畔，及芟（发）千（阡）百（陌）之大草。九月，（二行）

大除道及阪险。十月，为桥，脩波（陂）隄，利津梁（梁），鲜草离。非除道之时，而有陷败不可行，辄为之。（三行）

木牍的背面有字三行，字迹不甚清楚，大致辨识如下：

九年十二月不除道者
□二日　□一日　章一日
□九日　□一日　□一日
□一日　□一日

李昭和同志认为二年是秦武王二年，丞相戊即甘茂，都是十分正确的。

"田广一步，袤八，则为畛，亩二畛，一百（陌）道"。这一句话不太好理解。畛是田间小径。《诗·载芟》"徂隰徂畛"笺："畛谓田有径路者。"《庄子·齐物论》"为是而有畛也"，注："畛谓封域畛陌也。"《楚辞·大招》"田邑千畛，人阜昌只"，王注："畛，田上道也。"均其证。

为什么说"田广一步，袤八，则为畛，亩二畛"呢？我的理解是这样的：秦自商鞅变法后，改井田制的百步一亩为二百四十步一亩，每亩田宽八步，在八步的两端各起一条畛，这两条畛是平行的，因为是二

---

* 《文物》，1982年第1期。

百四十步为一亩，田宽八步，则一亩田的畛的长度应为三十步。为什么这条田律不明确说明畛长三十步呢？这是因为田并不都是恰好是一亩，也许不足一亩，这就是说，并不是每块田都长三十步，也许不足三十步，这样的田，仍然要筑畛，即是一块田，仅是"广一步"，只要是"袤八"步，也要筑畛。所以律文说"田广一步，袤八，则为畛，亩二畛。"

律文规定，每亩田之外，必须有一条"百（陌）道"，这一条"百（陌）道"，似乎应该与两条畛垂直相交。按《汉书·食货志》云："及秦孝公用商君，坏井田，开仟陌。"师古注："仟陌，田间之道也。南北曰仟，东西曰陌。"《地理志》云："孝公用秦君，制辕田，开仟陌，东雄诸侯。"师古曰："南北曰仟，东西曰陌。皆谓开田之疆亩也。"《史记·秦本纪》索隐引应劭《风俗通义》云："南北曰阡，东西曰陌。河东以东西为阡，南北为陌。"青川为秦地，秦在河西。自然是以南北为阡，东西为陌了。

律文云："百亩为顷，一千（阡）道。"既然以阡陌作为通道，则一顷田必然是整齐的一块。如上所述，秦田宽八步，长三十步，则一顷应该是长三十步的田，并排二十亩；宽八步的田并列五十亩。这样，除去陌道不计算在内，一顷田长六百步，宽四百步，比较整齐。

律文说："封高四尺，大称其高。"则封的长度、宽度亦各为四尺。汉尺一尺为二十三厘米，因此，封的长、宽、高各为九十二厘米。《睡虎地秦墓竹简·法律答问》："盗徙封，赎耐。可（何）如为封？封即田千佰顷半（畔）封也。且非是而盗徙之，赎耐，可（何）重也？是不重。"

封是田界的标志。睡虎地秦简提到了封，但是没有具体叙述封的形制。青川秦墓出土的这件木牍对封的形制规定得很清楚，使我们对于封有了新的认识。

律文说："捋（埒）高尺，下厚二尺。"按：《说文·土部》云："埒，卑垣也。"《仪礼·士觐礼》"为宫方三百步"，注"宫谓塘土为埒，以象墙壁也。"《周礼·掌舍》："为坛壝宫"，注："谓王行止宿，平地筑坛，又委壝土起堳埒以为宫。"《公羊传·昭公二十五年》："以人为菑何？"注："菑，周埒垣也。"疏："犹言周匝为埒墙。"凡此皆埒是矮墙之证。田界除了以封作为标志外，封与封之间还以矮墙相连，这样，各户所占有的土地界限就很明确了。崔豹《古今注》云："封疆画界者，封土为台，以表识疆境也。画界者于二封之间又为壝埒以画分界域也。"这是对于封埒最正确的解释。

律文云："以秋八月脩封捋（埒），正彊（疆）畔，及贵千（阡）百（陌）之大草。"按《说文·癶部》云："癹，以足蹋夷草也。从艸从癶。《春秋传》曰：癹夷蕴崇之。"今本《左传·隐公六年》作"芟夷蕴崇之"。由此可知癹与芟的含义相同，《左传》杜注云："芟，刈也。"因此癹也是割草的意义，不一定解释为"以足蹋夷草。"

律文云："九月，大除道及阪险。"除，修治。《礼记·曲礼》："驰道不除。"注："除，治也。"可证。阪险，道路险峻之处。《吕氏春秋·孟春纪》："阪险原隰"。注："阪险，倾危也。"可证。

律文云："十月，为桥，脩波（陂）隄，利津梁（梁），鲜草离。"鲜读为狝。《史记·鲁世家》："于是伯禽率师伐之于肸，作肸誓"集解："徐广曰：肸一作鲜，一作狝。"索隐："《尚书》作费誓，徐广云：一作鲜，一作狝。按：《尚书大传》见作鲜誓，鲜誓即肸誓，古今字异，义亦变也。鲜，狝也。言于肸地誓众，因行狝田之礼，以取鲜兽而祭，故字或作鲜，或作狝。"此鲜与狝通之证。《尔雅·释诂》："狝，杀也。"离当以双声读为莱。"鲜草离"意思是除去草莱。这是指除去桥上和陂隄上的草，与上文"癹千（阡）百（陌）之大草"，自然是有区别的。

律文说："非除道之时，而有陷败不可行，辄为之。"意思是，不在规定修治道路之时，道路破坏不能通行，应随时修治。

律文"以秋八月修封埒（埒），正彊（疆）畔，及癹千（阡）百（陌）之大草"至"鲜草离"一段，颇与《管子·四时》的一段相似，现在抄录于下：

> 其时曰春……其事号令，修除神位，谨祷弊梗，宗正阳，治隄防，耕蕓树艺，正津梁，修沟洫。……是故春三月以甲乙之日发五政……三政曰：冻解，修沟渎，复亡人。四政曰：端险阻，修封疆，正千百。

两者真是惊人地相似，不过《管子·四时》所记是在春三月，青川木牍所记是在秋八月罢了。战国时期各国的政治措施是大体相同的。

还需要指出的是，《战国策·秦策三》《史记·秦本纪》《六国年表》《商君列传》《蔡泽列传》都记载秦孝公十二年"为田，开阡陌"，或"决裂阡陌"。宋代朱熹写了《开阡陌辩》，认为"所谓开者，乃破坏划削之意，而非创置建立之名。"现代许多学者，仍然坚持朱熹之说，把井田制同阡陌联系在一起，认为商鞅破坏了阡陌，也就破坏了井田制。这实在是误解。"开阡陌"或"决裂阡陌"应该是创置建立之意，前面所引《睡虎地秦墓竹简·法律答问》"盗徙封，赎耐"一段，和青川出土的这件木牍，便是最好的证据。即以这件木牍而论，秦孝公十二年（前350）废井田，开阡陌，青川木牍所引田律乃是秦武王二年（前309）修改后颁布的，修改后的田律明确规定田间必须修建阡陌，并且规定每年八月必须修治阡陌。从秦孝公十二年到秦武王二年相距四十一年，这难道不恰好证明所谓"开阡陌""决裂阡陌"正是"创置建立"阡陌吗？近来李解民同志在《文史》第十一辑发表了一篇《"开阡陌"辨正》，以大量历史资料证明"开阡陌"即是"创置建立"阡陌，立论精确不移，青川这件木牍又为李解民的文章提供了有力的证据。

秦青川木牍

汤余惠

二年十一月己酉朔二(朔朔)①,王命丞相戊(茂)②、内史匽,取臂更脩(修)为田律③:

田广一步、袤八则为畛④。畹(畮)二畛,一百(陌)道⑤。百畹(畮)为顷,一千(阡)道,道广三步⑥。封,高四尺,大称其高⑦。捋(埒)高尺,下厚二尺⑧。以秋八月,脩(修)封捋(埒),正彊(疆)畔⑨,及癹(拔)千(阡)百(陌)之大草⑩。九月,大除道及除澮(澮)⑪。十月为桥,脩(修)波(陂)隄,利津涧,鲜草离(莱)⑫。非除道之时而有陷败不可行,相为之□□⑬。(正面)

---

* 选自《文物》1982 年 1 期第 11 页图二〇。1979—1980 年间四川省青川县城效郝家坪 50 号战国墓出土。长 46 厘米、宽 3.5 厘米、厚 0.3 厘米,文字墨书,正背两面皆有文字,凡 121 字。正面抄录秦武王二年丞相甘茂等重修的《为田律》全文,背面记录武王四年十二月不宜修道的日辰。《为田律》涉及当时秦国的田亩、封疆、阡陌、除道等制度,对研究先秦时代土地田亩制度具有重要价值。

① 二年十一月乙酉朔朔日,据《历代长术辑要》,为秦武王二年(前 309)十一月初一。

② 王,指秦武王。甘戊,即甘茂;戊,通茂。秦武王时甘茂与樗里子为左、右丞相,武王三年攻韩,拔宜阳,斩首六万,使秦王得以窥周室。秦昭王时甘茂惧罪奔齐。

③ 内史,职官名,掌文书策命。匽、取臂,人名。更修,重新编写制定。为田律,有关垦土造田的律令。

④ 农田宽一步、长八则,面积为一畛。广、袤,犹言长宽,《说文》:"南北曰袤,东西曰广。"周秦时代,一步为六尺,三十步为一则(胡平生据阜阳汉简考定),一畛的面积当合二百四十平方步。

⑤ 畹,同畮、亩;亩二畛,即四百八十平方步,这是秦制。春秋战国时代不同时期、不同地域亩制大小不一。据银雀山汉简《孙子兵法·吴问》篇,晋国的范氏、中行氏以百六十步为亩,韩、魏则以二百步为亩,而赵则以二百四十步为亩,一国之内就有很大差异。秦孝公时商鞅变法以二百四十步为亩,此牍以四百八十步为亩,说明秦武王时甘茂重修的《为田律》将亩制扩大了一倍。秦以百亩为一夫所耕之田始终未变,亩制的扩大,意味着一夫所耕之田也在增加,这有利于充分发挥劳动者潜力,辟土拓荒,增加可耕地面积。百道,即陌道,是一夫所耕的百亩田中亩与亩之间的道路。陌道与阡道垂直,《史记·秦本纪》:"为田开阡陌",《索隐》引《风俗通》:"南北曰阡,东西曰陌;河东以东西为阡,南北曰陌。"

⑥ 道广三步,道指阡道,阡道宽三步,即 18 尺,战国一尺长 23 厘米,合今 4.15 米左右。阡道在千亩之中,是百亩与百亩之间的大道。

⑦ 封,田界上表识疆界的封土堆。大称其高,意思是长、宽与高相等,都是四尺。

⑧ 捋,通埒,田界上的矮墙。崔豹《古今注》:"封疆划界者,封土为台,以表示疆境也。划界于二封之间又为堳埒,以划分界域也。"下厚二尺,堳埒下底的厚度为二尺。堳埒在两封之间,其长与封距相等,文中没有做具体的规定。

⑨ 正疆畔,勘察地界。《说文》:"畔,田界也。"

⑩ 癹,通拔。《广雅·释诂》:"拔,除也。"《诗·大雅·荡》:"颠沛之揭,枝叶未有害,本实先拨。"郑笺:"拨,犹绝也。"古书又作拂、弗。《大雅·生民》:"茀厥丰草"韩诗作拂。古云癹、拔、拂、弗,今言则为拔。阡陌大草,根大茎粗,不易铲锄,拔之可也。

⑪ 除道,修补道路。《礼记·曲礼》:"驰道不除"注:"除,治也。"澮,通浍,指沟浍;除浍,谓治理沟渠。

⑫ 波隄,即陂隄,指池塘堤坝。利津涧,疏通渡口和川涧。古人认为川涧水流只能疏道,不可壅塞,《国语·周语》:"不防川,不窦泽。"云梦秦简《田律》:"春二月,毋敢伐材木、山林及雍(壅)隄水。"涧字原篆作𣹟,从水、从二阜,像水在山阜之间,应即《说文》训为"山夹水也"的涧字。鲜草离,即鲜草莱,除灭杂草的意思。鲜,通斯、澌,有尽、灭等义。离字原篆作𩿇,左旁疑是罴的坏文,旧或释离可信。

⑬ 句尾二字缺,大意是,平时非修道之日如发现道路塌陷影响交通,可视情况即时采取修复措施。

四年十二月，不除道者：□一日，□一日，辛一日，壬一日，亥一日，辰一日，戌一日，□一日[①]。（背面）

---

① 牍文这一部分记载了秦武王四年十二月不宜修路的日子。

青川郝家坪秦墓木牍研究之我见

丁光勋

《文物》一九八二年第一期发表了《青川县出土更修田律木牍》。这是继睡虎地秦墓竹简之后，又一次重要的发现。牍文为研究秦国的田亩制度提供了新的史料，有关方面的专家对此进行了研究[①]。但有些问题还可以进一步研究。本文想就青川田律木牍之释文，提出一些看法，请读者指正。

为了便于研究，现将木牍释文移录如下：

> 二年十一月己酉朔朔日，王命丞相戊、内史匽，民臂（僻），更修《为田律》：田广一步，袤八，则为畛。亩二畛，一百（陌）道；百亩为顷，一千（阡）道。道广三步。封高四尺，大称其高；捋（埒）高尺，下厚二尺。以秋八月，修封捋（埒），正彊（疆）畔，及癹千（阡）百（陌）之大草；九月，大除道及阪险；十月，为桥，修波（陂）隄，利津梁，鲜草离。非除道之时而有陷败不可行，辄为之。（释文从李学勤所释，见《文物》一九八二年第十期第七十一页）

一、关于畛、陌、阡的解释

青川木牍释文讨论意见，各家最不一致的是"田广一步，袤八，则为畛"一句。归纳各家之分歧，意见集中在以下两个问题上。

第一，是对"田广一步，袤八，则为畛"的理解，有两种说法。一是各家都认为"田广一步，袤八"，是说耕田的畛"宽一步，长八步"。二是认为"这一句包畸零的农田而言。耕田只要有宽一步，长八步的面积，也就是秦亩的三十分之一，就应修造名为畛的小道"[②]。对上述两种意见，笔者认为还有欠妥之处，现提出一些补充。

---

* 《历史教学》，1986 年第 3 期。

① 于豪亮《释青川秦墓木牍》，《文物》1982 年第 1 期；杨宽《释青川秦牍的田亩制度》，《文物》1982 年第 7 期；黄盛璋《青川新出秦田律木牍及其有关的问题》，《文物》1982 年第 9 期。李学勤《青川郝家坪木牍研究》，《文物》1982 年第 10 期；田宜超、刘钊《秦田律考释》、《考古》1983 年第 6 期

② 李学勤《青川郝家坪木牍研究》，《文物》1982 年第 10 期

我认为"田广一步，袤八"，不可能是农田"畛"的宽度和长度。因为田广一步，长八步，等于一亩二百四十步的三十分之一。一亩若二畛，百亩就二百畛，占地要6.6亩，不符合当时垦地的原则。而且也没有必要设置广一步等于六尺的田间小道，我同意李学勤同志的说法，在此不再赘述。但我不同意"田广一步，袤八，则为畛""这一句是包括畸零的农田而言"的观点，我认为这一句是秦专门对那些畸零不成亩的耕地，或虽超过一亩，但又不规则的耕地划分而言。秦青川田律规定：土地面积不满一亩的，都得按长八步，宽一步划分，并在田边修造名为"畛"的田间小道。按：《说文》："晦（亩），六尺为步，步百为晦（亩），秦田二百四十步为晦（亩）"。"田广一步袤八"，刚好是秦亩面积的三十分之一。这样，有利于秦政府征收赋税计数。

如果耕地连长八步都不到呢？则按三十分之一亩划分，或不到三十分之一亩，只要"田广一步"就利于"一亩三畎"的耕作。《周礼·考工记》匠人中云："匠人为沟洫，耜广五寸，二耜为耦。一耦之伐，广尺深尺，谓之畎。"周代的亩，为宽一步，长百步的长条形田。用耜这种生产工具耕作，使得农田畎宽为一尺。这样，田宽六尺，可在耕地上开三畎三垄，畎和垄的宽则都为一尺。秦亩制，亩宽六尺（合一步），长二百四十步，地形呈细长的条状。秦用"一晦三耕"的耕作法，则只要"田广一步"，同样可开发三畎三垄。对秦是否采用关东的"一晦三畎"耕作法，虽不见诸直接史籍，但从汉代的耕作法可以佐证。《汉书·食货志上》："（赵）过能为代田，一晦三畎。岁代处，故曰代田，古法也。"《汉书》说至汉武帝时，关中还在沿用此法。从木牍来看秦国这种畎垄耕作法，取决于土地的宽度，而不取决于耕地的长度。青川田律对"田广一步，袤八"的规定，其目的为了便于封建政府收税。

第二，是对"畛"的看法，有三种意见。一种认为："畛"是指一亩田两端的小道，所以说"亩二畛"①。另一种认为："畛"为井田之陌②。再一种认为："畛"即"畷"也。两陌间道也，广六尺。③ 对后两种观点，我以为他们都没有兼顾青川田律释文的本义，而只是以《说文》解释青川田律中的"畛"，用西周井田的模式来论证商鞅变法后秦国的田制，显然是不太恰当的。

据青川田律，"畛"只能做出以下两种解释：

第一，"畛"为小块土地边的小道。《楚辞·大招》王逸注："畛"，"田上道也"。《庄子·齐物论》这样记载："为是而有畛也。"《释文》注："谓封域畛陌也。"《释文》注把"畛"与"陌"连用，故而"畛"和"陌"应都是田间小道。青川田律中所称之"畛"则是小块农田边的小道。因农田亩积大小（指"田广一步，袤八"的土地）也就没有必要设置农田同阡陌道路结合的有系统的交通网。这与商鞅"尽地力"的思想是一致的。

第二，"畛"为亩地两端的小道。律文说："亩二畛，一百（陌）道。"凡耕地定为一亩的，在亩地的两头，各作一条名为"畛"的田间小道。在亩侧作一陌道，与"畛"垂直。律文接着说："百亩为顷，一阡道，道广三步。"这就是说秦国经甘茂、内史匽修治的田律，规定土地以一百亩为一顷，百亩地之侧设一宽三步的阡道。这里需要解决一个问题："亩二畛，一陌道，百亩为顷，一阡道。"为什么畛用二，阡和陌都用一？因"畛"为亩之两端，陌与畛垂直，畛用二就明显匡出亩地的大小，便于征收赋税时统计。不过要说明一点，畛当与阡并行，而且要畛与阡之间没有土地，只有封埒，才能说"亩二畛"。

关于"阡"和"陌"，史籍中有下述几种记载：

---

① 杨宽《释青川秦牍的田亩制度》，《文物》1982年第7期。
② 黄盛璋《青川新出秦田律木牍及其有关的问题》，《文物》1982年第9期。
③ 田宜超、刘钊《秦田律考释》，《考古》1983年第6期。

《管子·四时》："修封疆，正千佰。"唐尹知章云："千佰，即阡陌也。"

《史记·秦本纪》司马贞索隐引《风俗通义》曰："南北曰阡，东西曰陌；河东以东西为阡，南北为陌。"

《史记·正义》又曰："南北曰阡，东西为陌，按谓驿塍也。"

《通艺录·沟洫疆理小记》程氏曾说："遂上有径，当百亩之间，故谓之陌，其径东西行，故东西曰陌也；遂上之径，东西行，则沟上之畛必南北行，畛当千亩之间，故谓之阡，故南北曰阡也。"

据上面的记载，有二个问题需要提出来讨论。

其一，是青川田律记载的秦国田制，与《周礼》记载的井田制不合。《周礼·遂人》云："凡治野，夫间有遂，遂上有径，十夫有沟，沟上有畛，百夫有洫，洫上有涂，千夫有浍，浍上有道，有夫有川，川土有路，以达于几。"《遂人》所记的是周代井田制的农田、沟洫和道路三者结合的情况，青川田律说的是耕地面积的划分和开畛、陌、阡道的规定，显然与西周井田不同。这里说明了一个问题，就是秦商鞅变法以后，秦国不存在"井田制"，至于变法前是否是井田制，近年来史家对变法"废井田"作了较多的考证，认为商君废井田之说，始于董仲舒"对策"和《汉书·食货志》。而董说之前，史籍中均不见"废井田"之记载，此说可能是董生造作。因此，我们认为：秦国变法之前的土地制度也不可能是"井田"制。所以，孝公以后的秦国田制，当然与周代的井田制有很大的差别。至于当时其他各国的田制，畛、阡陌、沟洫的设置情况，是否同于《周礼》的记载，现有的史料，难以查考佐证。而《楚辞·悯上》曰："率彼兮畛陌。"《庄子·齐物论》释文注："畛，谓封域畛陌也。"楚国的田制有"畛"、"陌"之分，其不言"阡陌"，而云"畛陌"，"畛"即"阡"也。楚国的情况至少说明了战国时六国的田地不同制，与周代的田制也不同。对秦国的田制，要说明的是，因其地处西方，社会经济的发展和起飞晚于东方各国。据《国语·齐语》记载：公元前七世纪，齐"井田畴均，则民不惑"。《左传》襄公元三十年（前543）载子产治郑，使"田有封洫、庐井有伍"。而秦至孝公时（前350），才"开阡陌封疆"①。从在已掌握的材料来看，笔者认为秦国的田制是参照了东方各国，并以三晋的田制为蓝本②，经过商鞅变法的改革，到武王二年（前309），由丞相甘茂、内史匽的修治，进一步完善。青川田律确规定：秦国之耕地制有畛、陌、阡和封埒。并以"百田为顷"为单位，为秦田制增添了新的内容。至于秦在变法前的田制，当另文讨论。

其二，是程氏"当百亩之间，故谓之陌"，"当千亩之间谓之阡"的说法，与青川田律牍文记载不合。"阡陌"一词义，见睡虎地秦墓竹简《为吏之道》部分，"除害兴利"一节，文曰："……事不且须，责（债）在外，千佰（阡陌）津桥，囷屋墙（墙）坦，沟渠水道……"睡虎地秦简把"阡陌"同桥梁、渡口排列在一起，表明阡陌除有田界的含义外，同时也有交通道路之义。从青川田律所述"阡陌"，"阡"当为修筑在千亩以内，百亩之间的道路，它的作用是百亩的分界线；"陌"为百亩以内，亩与亩之间的小道，它的作用是亩的分界线。程氏的《阡陌考》，把"陌"作为"百亩之间"，"阡"作为"千亩之间"的解释，至少不符合秦国的实际情况。这因为程氏没有见到过有关秦国田律的条文，故而不可能对"阡陌"作出正确的解释。

---

① 《史记·商君列传》
② 1972年临沂汉简出土，其中《孙子兵法》有佚篇《吴问》记载"范中行是（氏）制田，以八十步为畹，以百六十步为畴……［智是（氏）制田，以九十步为畹，以百八十步为畴］……韩魏制田，以百步为畹，二百步为畴……赵是（氏）制田，以百廿步为畹，二百卌步为畴"。

二、关于封、埒的解释

律文说:"封高四尺,大称其高,夺(埒)高尺,下厚二尺。"是对农田修筑"封"和"埒"的尺度所做的规定。

"封",起土界也,为田界的标志。崔豹《古今注》:"封土为台,以表识疆境也。"《急就篇》颜师古注:"封,谓聚土以为田之分界也。"鉴此,"封"就是聚土,为田界的标志。《睡虎地秦墓竹简·法律答问》亦云:"盗徒封,赎耐。可(何)如为封?封即田千佰顷半(畔)封也。且非是而盗徒之。可(何)重也?是不重"。秦墓竹简对何谓"封"作了回答,但没有具体叙述封的形制。青川田律牍文为研究"封"的形制提供了重要的史料。

"封高四尺",是说封的高度为四尺。春秋战国间,不仅土地的界限标记用"封",其他标记也用封,并且一般高度为四尺。这可以用周人、汉人墓地起坟之封土高四尺证之:

《礼记·檀弓上》说:"孔子既得合葬于防,曰:吾闻之,古也墓而不坟。(郑玄注:'土之高者曰坟。')今丘也。东西南北之人也,不可以弗积也。于是封之,崇四尺。"(郑玄注:东西南北言居无常处也,聚土曰封,封之周礼也。《周礼》曰:以爵等为丘封之度。崇,高也;高四尺,盖周之士制。)

周人设封是为了使自家的坟堂有明显的标志,让"东西南北之人也,不可以弗识",故筑起高四尺的"封",作为识别墓地的标记,据此,我们可以知道,在春秋战国之际"封"的名称,或用于墓上之"坟",或用于"表识疆境","封"的作用是一种标记。作为田界上的"封",就是土地所有者在自己土地上所做的标记。至于"封"的高度,在坟是根据等级爵制的不同,高度从天子的三仞,诸侯的十二尺,大夫八尺到士用四尺不等。关于士的封高,仅见于贾公彦疏《周礼·冢人》引《春秋纬》云:[①]

天子坟高三刃(笔者注:刃即仞。《说文》:"仞,伸臂一寻,八尺。从人刃声。"阮元《经籍纂诂》云:"八尺曰仞,取人申臂一寻也。")树以松;诸侯半之,树以柏;大夫八尺,树以药草;士四尺,树以槐;庶人无坟,树以杨柳。

"封高四尺",源出于士的坟之高。贾氏对当初郑玄为何不引《纬》云作了如下解释:"郑不引之者,以《春秋纬》或说异代多与周礼乖,故不引。或郑所不见也。"上述引文仅可见到的是关于"封"的高度的史料。至于说"封高四尺"是取于战国时"士"之坟的高度,因"士"在战国时期一般是自耕农和小地主,其坟的封高,可能比较一般,所以在土地上也采用这个高度。青川律文说:"封高四尺,大称其高。"即封的长、宽、高均为四尺,成"大称其高"的立方体形。

关于"埒",《集韵·入声·薛》曰:"埒,耕田起土也。"《淮南子·精神训》云:"休息于无委曲之隅,而游敖于形埒之野。"埒为平地隆起之处。很明显,青川田律中所说的"埒",为田间的土堆,用作两顷之间的分界。"夺(埒)高尺,下厚二尺",是说"埒"自身高一尺,"埒"其厚二尺。这样,秦国的田地,除以封作为标志,还有两顷之间筑起高一尺,基厚二尺的堆土作为界限,区别各自所占的土地。

---

① 《十三经注疏·周礼注疏卷二二冢人》。

律文云："以秋八月，修封埒（埒），正彊（疆）畔，及登千（阡）百（陌）之大草；"至"鲜草离"，这段文字与《管子·四时》篇的内容基本相同。其文摘录如下：

"其时曰春……其事号令……治隄防，耕芸树艺，正津梁，修沟洫……是故春三月以甲乙之日发五政……三政曰：冻解，修沟渎，复亡人。四政曰：端险阻，修封疆，正千百。"

请看这两段文字，除所记时间不同，其他内容大体相同。笔者引这段文字，并不只是说明青川田律牍文与《管子·四时》所记的内容相同，而是要解决下面一个问题，即青川田律条文，为什么如此强调对农田的阡陌、封埒（包括桥梁和道路的维修及管理，而在这方面的内容几乎占了全部青川田律的一半）。其原因之一是由于秦土地私有制在战国时有了很大的发展，田律出于保护自耕农和地主土地私有权的需要。众所周知的是：秦商鞅变法，行"有军功者，各以率受上爵……明尊卑爵秩等级，各以差次名田宅，臣妾衣服以家次"。① 即以军功的大小授予不同的爵等，给予"田宅"和"臣妾"。这种因赐爵而出现的私有土地，这在《商君书·境内》篇中说得更清楚。其文曰："能得甲首一者，赏爵一级，益田一顷，益宅九亩，一除庶子一人"；"其有爵者乞无爵者以为庶子，级乞一人"，"其庶子役其大夫月六日。"这些在战争中立有军功之人，可以获得国家赏赐的土地和给予服役的庶子，日后就成了地主。秦赐爵制度加速了地主土地私有制的发展。田律从保护地主私有制出发，故特别注意对耕地的阡陌，封埒的维修，并规定擅自更动田界，将以法律惩处。《睡虎秦墓竹简、法律答问》："盗徙封，赎耐"的条文可以佐证。秦青川田律重视对农田阡陌、封疆的维修，出于封建史学家笔下，所谓"理民之道，地著为本，故必建步立畮，正其经界"。② 其原因之二，在于根据土地面积收税。《史记·商君列传》载：商鞅"为田开阡陌，封疆，而赋税平"，又《史记·秦本纪》云：孝公"十二年，作为咸阳，筑冀阙，秦徙都之。并诸小乡聚，集为大县，县一令，四十一县。为田开阡陌，东地渡洛。十四年，初为赋"。这是对商鞅"为田开阡陌，封疆，而赋税平"最好的注解。据这段文字，可理解为：秦孝公十二年，迁都咸阳，合并周围的小乡和散居的村落，将其设立四十一个县。秦国的土地都实行"为田开阡陌"之制；孝公十四年，开始统一征收赋税，当初商鞅"开阡陌封疆"，目的在于统一收税，而武王二年更修的田律，在保护土地私有的前提下，强调对耕地阡陌、封疆的维修，其目的又何尝不是这样。

在此，附带说明本文前面提到的商君变法同"井田制"的关系问题。据《战国策·秦策三》《汉书·食货志》《通典·食货典》《通考·田赋考》等史籍都记载了秦国商鞅变法"决裂阡陌""废井田，开阡陌"和"黏经界，立阡陌"。古今有许多学者，都认为商鞅变法废除了井田制，破坏了阡陌。但近年来有些学者提出了不同见解，认为商鞅变法，并没有"废井田"一事。现将青川田律条文与上述记载对照，说明商君变法后，秦国依然存在阡陌、封埒。可见"阡陌"与"封疆"不是"井田制"独有的"田亩"界制。而相反证明了商鞅变法后，秦国并没有废除封疆，破坏阡陌；而是以法律的形式规定，耕地必须修建阡陌，设立封疆；同时也证明了秦在创置建立阡陌的过程中与"井田制"没有直接的关系。青川郝家坪秦墓木牍的发掘出土，纠正了史籍记载的错误，把秦国土地制度的研究推向一个新的境界。

---

① 《史记·商君列传》。
② 《汉书·食货志》。

关于青川秦牍的年代

王 云

1979年春,四川省博物馆在青川县清理一批战国墓时,于第50号墓出土了一件书有秦律令的木牍。这件木牍的年代,据《文物》1982年第一期发表的《青川县出土秦更修田律木牍》(以下简称《简报》)和李昭和同志的文章的考证和推定,是在秦武王二年(前309)。

《简报》和李昭和同志将青川秦牍的年代推定在秦武王二年,是以牍文中记载的"王命丞相戊(茂),内史匽取臂更修《为田律》"的时间为根据的。牍文中记载的"王命丞相戊(茂)、内史匽取臂更修《为田律》"的时间有两种读法。一种是"二年十一月己酉朔朔日",一种是"二年十一月乙酉朔朔日"。由于"王命丞相戊(茂)"更修《为田律》的时间有这样两种不同的读法,而"丞相戊(茂),"即甘茂在武王和昭王时又都任过丞相,所以青川秦牍的年代也就出现了两种可能:如果读为"二年十一月己酉朔朔日",就为秦武王二年;如果读为"二年十一月乙酉朔朔日",就为秦昭王二年。《简报》和李昭和同志是读为"二年十一月己酉朔朔日"的。因而也就把青川秦牍的年代推定在秦武王二年。李昭和同志说:"据汪曰桢《历代长术辑要》案历法推算,'二年十一月己酉朔',当为秦武王二年。若读为'二年十一月乙酉朔,则为秦昭王二年。"但是,"甘茂在昭王元年,已'亡秦奔齐'。昭王二年,甘茂为齐使楚,而秦已相向寿。足见甘茂已不在秦国,更不能为秦相,这与牍文所记不合。足证牍文当读'己酉'而不为'乙酉',其'二年'应为秦武王二年,即公元前309年。"《简报》把青川秦牍的年代推定为秦武王二年,其证据与李昭和同志的完全相同。

《简报》和李昭和同志将青川秦牍的年代推定为秦武王二年的证据是不足为证的。因为甘茂"亡秦奔齐"并不是在秦昭王元年,而是在秦昭王二年。

甘茂"亡秦奔齐"的记载,见于《史记·甘茂列传》:"秦使向寿平宜阳,而使樗里子、甘茂伐魏皮氏。……甘茂竟言秦昭王,以武遂复归之韩。向寿、公孙奭争之,不能得。向寿、公孙奭由此怨,谗甘茂。茂惧,辍伐魏蒲阪,亡去。樗里子与魏讲,罢兵。"根据这段记载,甘茂亡秦奔齐应该是在秦使樗里子、甘茂伐魏皮氏之时。秦使樗里子、甘茂伐魏皮氏的时间,据《史记·樗里子列传》记载,是在秦昭王元年,据《史记·六国年表·魏表》记载,是在魏哀王十三年,按秦纪年亦在秦昭王元年。但另据《睡虎地秦墓竹简·编年记》记载,是在秦昭王二年。为什么秦使樗里子、甘茂伐魏皮氏的时间,按秦纪年纪元,

---

* 《四川文物》,1989年第5期。

或在秦昭王元年，或在秦昭王二年呢？原来，秦国这次伐魏皮氏之役，并不是从伐魏皮氏开始的，而是从伐蒲开始的。据《史记·樗里子列传》记载，秦昭王元年，樗里子率军伐蒲。蒲，是卫国的鄘卫。秦军伐蒲，蒲守十分恐惧，就请胡衍帮忙。胡衍以利害劝止樗里子攻蒲，樗里子"于是解蒲围而去，还击魏皮氏"。蒲，在今河南省东北部；皮氏，在今山西省西南部。自秦地至蒲，再从蒲至皮氏，足有千里之遥，而非旬月之劳；围攻蒲地，经时日久，亦非一日之功，至解蒲围再回师围伐魏皮氏，可能已是第二年的事了。这样，秦伐魏皮氏的整个战役，也就跨越了秦昭王元年和二年两个年头，而秦伐魏皮氏的时间也就自然出现了二个纪年：若以初出兵击围卫之蒲的时间记年，则为秦昭王元年。若以实际攻魏皮氏的时间记年，则为秦昭王二年。

这就是说，秦伐魏皮氏之役的时间，虽然不论是记在秦昭王元年还是秦昭王二年都是正确的，但是就实际攻魏皮氏的时间来说，还是《睡虎地秦墓竹简·编年记》的记载准确，为秦昭王二年。在秦昭王二年这次伐魏皮氏之役中，甘茂具体负责攻蒲阪。蒲阪，在皮氏之南。但是，正在皮氏之役进行的时候，甘茂与向寿、公孙的矛盾爆发，向寿、公孙奭谗甘茂，茂惧，辍伐魏蒲阪，亡去，而樗里子在皮氏的主攻由于失去了南线侧翼的配合，难以取胜，于是不得不与魏媾和，罢兵离皮氏而去，整个秦伐魏皮氏之役也就结束了。可见，甘茂辍伐魏蒲阪，"亡秦奔齐"，应该是在秦昭王二年。秦昭王时是以十月为岁首的，青川秦牍牍文中的"二年十一月"若以秦昭王二年十一月计之，正是秦昭王二年的第二个月。这时，秦实际伐魏皮氏、蒲阪的战役不仅有可能还在进行，甚至有可能尚未开始。这样，甘茂也就完全有可能尚未"亡秦奔齐"，仍为秦丞相。以此，青川秦牍牍文中的"二年"是完全有可能为秦昭王二年的。

那么，青川秦牍牍文中的"二年"究竟是秦武王二年还是秦昭王二年呢？

青川秦牍牍文中的"二年"应该是秦昭王二年。这一点，可以《史记·秦始皇本纪》中关于秦昭王"立四年，初为田开阡陌"的记载证明。

第一，从内容上看，青川秦牍记载的内容与秦昭王"立四年，初为田开阡陌"的记载完全相符。

据汉许慎《说文解字》，"初"，就是始；"阡陌"，就是田间的道路，东西为阡，南北为陌。以此可知，"初为田开阡陌"就是重新开始整治田亩，开置阡陌。而青川秦牍记载的是更修的《为田律》律文。"更修"，就是修改。当然，青川秦牍记载的这部分《为田律》不会是修改后的全部《为田律》律文，而是《为田律》中被"更修"，即被修改了的部分。这部分被修改了的《为田律》律文，从内容上看，都是田亩阡陌封埒，这说明，这次更修《为田律》时，对旧律中有关田亩阡陌封埒的形制和规格做了重大变动，所以更修的《为田律》公布以后，就必然要废除旧的田亩阡陌封埒，按更修后的《为田律》重新修治。显然，这与秦昭王"立四年，初为田开阡陌"的记载在内容上完全相符。

第二，从时间上看，青川秦牍记载的更修《为田律》的时间与秦昭王"立四年，初为田开阡陌"的记载也完全相符。

秦昭王"立四年"，就是秦昭王即位的第四年。据《史记·秦本纪》记载，秦昭王即位，是在秦武王四年。以此，秦昭王"立四年"，按秦昭王纪年记元，则应该是秦昭王三年。而青川秦牍记载的"二年"如果是秦昭王二年，那么按更修后的《为田律》重新整治田亩阡陌封埒的开始时间就恰好是在秦昭王三年。因为青川秦牍记载的"二年"，只是"（秦）王命丞相戊（茂），内史匽取臂更修《为田律》"的时间。具体更修《为田律》是需要一定时间的，更修后的《为田律》的审批、公布、推行也是需要一定的时间的。秦王命丞相甘茂等更修《为田律》是在"二年十一月"，其具体更修，当然也就只能在"二年十一月"以后。至于更修后的《为田律》的审批、公布、推行，就更要晚于"二年十一月"。即使《为田律》

的具体更修和更修后的《为田律》的审批、公布能在"二年十一月"以后很短的时间内完成，由于随后不久就要开始春耕，按更修后的《为田律》重新修治田亩，开置阡陌封埒这样大规模的农田基本建设也不能马上全面展开，而要推迟至秋收以后。七、八、九三月为秋季。如果青川秦牍中的"二年"是秦昭王二年，秦昭王二年秋收一完毕就进入十月，即秦昭王三年的第一个月。这就是说，秦昭王二年命令丞相甘茂等主持更修的《为田律》至早要到秦昭王三年才能全面付诸实施。这样，秦昭王三年就成为按这部更修后的《为田律》重新修治田亩、开置阡陌封埒的第一个年头，与秦昭王"立四年，初为田开阡陌"的记载在时间上完全相符。

可见，秦昭王"立四年，初为田开阡陌"的记载与青川秦牍记载的更修后的《为田律》的内容和秦王命丞相甘茂更修《为田律》的时间都完全相符。这说明，《史记·秦始皇本纪》中记载的这条史料就是按照青川秦牍记载的被更修了的《为田律》规定的新形制和新规格重新修治田亩、开置阡陌封埒的历史记录。青川秦牍的发现，不仅使我们对秦的田亩制度有了更详细的了解，而且也证实了秦昭王"立四年，初为田开阡陌"这条史料是可靠的。

以此，青川秦牍牍文中的"二年"就应该是秦昭王二年，被《简报》和李昭和同志读为"己酉"的朔日就应该读为"乙酉"，而"王命丞相戊（茂）、内史匽取臂更修《为田律》"的时间也就应该是秦昭王二年十一月乙酉朔朔日´即公元前 305 年。这样一来，青川秦牍的年代不仅与汪曰桢《历代长术辑要》按历法推算的秦昭王二年十一月乙酉朔完全相符，与甘茂为秦丞相、"亡秦奔齐"的时间没有矛盾，而且为《史记·秦始皇本纪》中关于秦昭王"立四年，初为田开阡陌"的记载所证实。

释"利津㝬"和战国人名中的𦣞与𦣝字

李 零

1979年四川青川县郝家坪战国秦墓出土了一件记秦《为田律》的木牍。牍文提到：

十月，为桥，修波（陂）隄，利津㝬，鲜（刜）草離（薙）。

这段话，"修波（陂）隄"，含义很清楚；"鲜（刜）草離（薙）"，也没有多大问题①；问题主要是中间一句。

中间一句，"津"下一字从䈝从水，不识。于豪亮先生据文义推断，把它读为"梁"字②，李学勤先生从之③。"津梁"一词为文献常见，如此考虑是可以理解的，但这个字和古文字中的"梁"字大不相同，释"梁"是可疑的。

不久前，我们在一篇讨论青川木牍的短文中曾涉及这个字④。文章把有关线索提供给读者，但未做任何结论。因为直到定稿，我们仍认不出这个字。

在该文中，我们所提供的线索是：

1. 战国邾、滕单字陶文（邾、滕陶文多作一字）有此字⑤，写法全同青川木牍。

2. 朱家集楚铜器群有一组鼎，共五件，一件大鼎，铭文作"𦣞"；四件小鼎，铭文作"客𦣝"（有一件盖铭，末字省体作𦣞⑥）。

3.《古玺文编》419页第三字作𦣝。

这三条线索中，就邾、滕陶文的多数情况看，例1很可能是人名（但也不排斥是地名）；例2是铜器监造者名。"客"是"铸客"的省称。楚国的铜器监造制度，虽不像三晋和秦的兵器那样一目了然⑦，但大

---

* 国家文物局古文献研究室编：《出土文献研究续集》，文物出版社，1989年，第120-121页。

① 于豪亮先生读为"狄草莱"与此解释不同，但含义相近，见注②引文。称可训杀，但不如刜字更为贴切，离字古读歌部，莱字古读之部，亦相差较远。

② 于豪亮《释青川秦墓木牍》，《文物》1982年1期。

③ 李学勤《青川郝家坪木牍研究》，《文物》1982年10期。该文说字从刃声，但谛审原物照片并无刃字。

④ 李零《论秦田阡陌制度的复原及其形成线索》，《中华文史论丛》1987年1期。

⑤ 《季木藏陶》14. 7-8。

⑥ 见李零《论东周时期的楚国典型铜器群》。

⑦ 黄盛璋《试论三晋兵器的国别和年代及其相关问题》，《考古学报》1974年1期。

致也有省、主、造三级①。朱家集楚器上大多都有"铸客"二字，铸客就是这批铜器的监造者。他的名字，豊字，据鄂君启节"澧水"之"澧"所从，可知是"豊字"字，即古代的礼氏②，新出《金文编》911页误收为"铸"字；下面一字，下半从心，上半应即例1提到的那个字（只不过它所从的已省体作），新出《金文编》345页误收为"盟"字。例3也是人名用字，但从，不从心。

对于认识上面提到的这两个字，现在看来，最重要的线索还是《侯马盟书》。

《侯马盟书》"委质类"，"被盟诅人名"中有不少是属于"甡"氏（先氏)③。"甡"氏诸名中，有一名"眢"（亦作：、、、），他的名字有时也写成或，把亻旁或彳旁换成阜旁，兄换成水。

眢字，过去曾见于蔡侯申墓出土的一件编镈，文作"不不貪（忒）"，陈梦家先生已指出，此字同于《说文》愆字的籀文，应释愆④，新出《金文编》721页亦隶于愆字下，这都非常正确。

既然《侯马盟书》中的眢字就是愆字，而眢字又同于或字，可见后者也就是愆字，而例1不从心，则应直接释为衍字，青川木牍的中间一句读为"利津衍"。从䚐与从行，在这里是一样的。

"利津衍"，"津"是津渡，"衍"则是大泽。《小尔雅·广器》云："泽之广者谓之衍。"《广雅·释地》亦云："湖、薮、阪、塘、都、坈、厈、泽、埏、衍、皋、沼，池也。"这三个字的意思应当是说"使津渡和川泽畅通无阻"。

上述人名应当读为"愆"或"衍"，看来是战国时期常见的一个人名用字⑤。古代人名用字有些是长期流行的，如瘝字，扶风庄白微氏家族铜器有之，《侯马盟书》有之，战国玺印陶文上也有之。罗福颐先生的《古玺印概论》有"古姓氏及人名考证举例"一章，该章曾列举不少玺印上的人名，与古书相印证。战国时期有两个大家都很熟悉的历史人物，一个是齐人邹衍，一个是魏人公孙衍（犀首），他们的名字中正好都有衍字，应当就是这个字，我们相信，这样的材料，在古文字中一定还有不少，希望今后有人能做汇总的研究。

1987年9月18日于蓟门里

---

① 李零《谈楚国铜器的冶铸制度》。
② 见李零《论东周时期的楚国典型铜器群》。
③ 李学勤《东周与秦代文明》，文物出版社，1984年。
④ 陈梦家《寿县蔡侯墓铜器》，《考古学报》1956年2期。
⑤ 近承阜阳博物馆韩自强同志告，该省出土的一件戈铭中也有此人名用字。

释青川木牍《田律》的"利津关"

刘洪涛

1979 至 1980 年,四川省青川县郝家坪 M50 号战国晚期秦墓出土了两块木牍,其中一块记有秦武王二年(公元前 306 年)修改颁布的一条《田律》律文①。律文有一段文字说:

> 以秋八月,脩(修)封捋(埒),正彊(疆)畔②,及癹千(阡)百(陌)之大草。九月,大除道及阪险。十月,为桥,脩(修)波(陂)隄,利津㵎。〈鲜草〉虽非除道之时③,而有陷败不可行,辄为之④。

本文要讨论的是"利津㵎"一句的释读。

"利津㵎"之"㵎",原文作"𨴞",旧有"梁"⑤、"深"⑥、"隘"(黄盛璋《青川新出秦田律木牍及其相关问题》,《文物》1982 年第 9 期,第 75 页;黄盛璋《青川秦牍〈田律〉争论问题总议》,《农业考古》1987 年第 2 期,第 137 页)"康"⑦、"沱"⑧、"衍"⑨、"衍"⑩、"渊"⑪、"岸"⑫ 等多种释法,此从陈世辉、汤余惠先生所释。陈、汤二氏说:

---

* 武汉大学简帛研究中心 http://www.bsm.org.cn/show_article.php?id=810

① 四川省博物馆、青川县文化馆:《青川县出土秦更修田律木牍——四川青川县战国墓发掘简报》,《文物》1982 年第 1 期,第 1-21 页。

② "彊"及下文"阪险"、"波"、"辄"等字,从于豪亮先生释(《释青川秦墓木牍》,《文物》1982 年第 1 期,第 22 页)。

③ 张家山汉简《二年律令·田律》246、247 号简(a、张家山二四七号汉墓竹简整理小组《张家山汉墓竹简〔二四七号墓〕》第 27、166 页,文物出版社 2001 年;b、彭浩、陈伟、工藤元男主编《二年律令与奏谳书——张家山二四七号汉墓出土法律文献释读》第 27、189 页,上海古籍出版社 2007 年)跟青川木牍《田律》相同的一条律文没有"鲜草"二字,牍文"鲜草"二字可能是衍文。

④ 四川省博物馆、青川县文化馆《青川县出土秦更修田律木牍——四川青川县战国墓发掘简报》,《文物》1982 年第 1 期,第 11 页图一九、二〇;文化部文物局、故宫博物院编《全国出土文物珍品选(一九七六——一九八四)》图版 265,文物出版社,1987 年。中国文物研究所编《出土文献研究》第 8 辑图版第 1 页,上海古籍出版社,2007 年。

⑤ 于豪亮《释青川秦墓木牍》,《文物》1982 年第 1 期,第 22 页;李学勤《青川郝家坪木牍研究》,《文物》1982 年第 10 期,第 69 页。

⑥ 李昭和《青川出土木牍文字简考》,《文物》1982 年第 1 期,第 27 页。

⑦ 田宜超、刘钊《秦田律考释》,《考古》1983 年第 6 期,第 548 页。

⑧ 胡平生、韩自强《解读青川秦墓木牍的一把钥匙》,《文史》第 26 辑,第 345 页。

⑨ 李零《释"利津𨴞"和战国人名中的𫔍与𫔉字》,《出土文献研究续集》第 120-122 页,文物出版社,1989 年。

⑩ 李零《李零自选集》第 183 页,陕西师范大学出版社,1998 年。

⑪ 禤健聪《上博简(三)小劄》,简帛研究网 2004 年 5 月 12 日。

⑫ 李零《〈三德〉释文考释》,马承源主编《上海博物馆藏战国楚竹书(五)》第 296 页,上海古籍出版社,2005 年。

涧，原篆作𨸏，旧释为梁，误。今按当是涧字，《说文》："涧，山夹水也。"篆文涧字从二阜、从水，与《说文》合，当是涧的原始会意字。侯马盟书人名有怨字，异文或作𢘪（156：26）①，易侃声为涧省声。其中涧旁作"阩"，省略右旁的阜旁②。

按这段考释很简略，需要略作一点补充。第一，李零先生指出，朱家集楚铜器群中有一组鼎铭文有从"心"从"鬪"之字，其中一个异体省作从"心"从"阩"③。可证侯马盟书"阩"确实是"鬪"字的省体④。第二，"鬪"字也见于上博竹书《周易》50号简文⑤，今本《周易·渐》初六爻辞与之对应的字作"干"。上古音"干"属见母元部，"侃"属溪母元部。二字韵部相同，声母都属牙音，发音部位相同，古音极近。可证"鬪"确实与"侃"字音近。上古音"涧"属见母元部，古音同"干"、"侃"都很近。第三，《诗·卫风·考槃》"考槃在涧"，陆德明《释文》："涧，韩诗作干。""涧"与"干"通用。这跟上引《周易》竹书本与今本的用字习惯相同。因此把"鬪"释作"涧"，从字形、字音和用字习惯这三个方面来看，都是极为合适的。

《礼记·月令》"修利隄防"，《敦煌悬泉月令诏条》作"脩利隄防"，其下附注曰："谓【脩筑】隄防，利其水道也"⑥。因此青川木牍《田律》的"修陂隄，利津涧"应该理解为"修利陂隄津涧"，是互文见义。"陂"、"隄"是河流两岸修筑的隄防，只有修筑隄防，通利水道，才能保护国家和人民免受洪水、干旱等自然灾害的侵袭，保障水路交通系统的正常运作。"津"是济渡河流所必须经过的要地，只有修缮渡口，保持水道通畅，才能保卫国家和人民不受外来之敌、内作之盗等的侵袭，保障水陆交叉交通系统的正常运作。因此我们怀疑"涧"所代表之词，也应当是保卫国家和人民生命财产安全、保障水路或陆路交通系统正常运作的重要建筑设施。李零先生把"涧"读为"衍"⑦，后又读为"干"或"岸"⑧，汤余惠先生读如原字⑨，恐皆不可从。

张家山汉简《二年律令》"津关"连言凡22见（计重文），其中《均输律》2见，《津关令》20见。这里各举一例：

船车有输，传送出津关，而有将啬夫、吏。啬夫、吏与敦（屯）长、方长各……（《均输律》225号）⑩

禁民毋得私买马以出扜〈扞〉关、郧关、函谷【关】、武关及诸河塞津关。其买骑、轻车马、吏乘、置传马者，县各以所买名匹数告买所内史、郡守，内史、郡守各以马所补名为久久马，为致告津关，津关

---

① 陕西省文物工作委员会《侯马盟书字表》，《侯马盟书》第349页，文物出版社，1976年。
② 陈世辉、汤余惠先生《古文字学概要》第255页，吉林大学出版社，1988年。
③ 中国社会科学院考古研究所《殷周金文集成》，第三册3. 1250号，第四册4. 1803-1806号，中华书局，1989、1986年。
④ 李零《释"利津鬪"和战国人名中的𢘪与𢘪字》，《出土文献研究续集》第120-122页，文物出版社，1989年。
⑤ 马承源主编《上海博物馆藏战国楚竹书（三）》第62页，上海古籍出版社，2003年。
⑥ 中国文物研究所、甘肃省文物考研研究所《敦煌悬泉月令诏条》第5页，中华书局，2001年。
⑦ 李零《释"利津鬪"和战国人名中的𢘪与𢘪字》，《出土文献研究续集》第120-122页，文物出版社，1989年。
⑧ 李零《李零自选集》第183页，陕西师范大学出版社，1998年。
⑨ 汤余惠《战国铭文选》第158页，吉林大学出版社，1993年。
⑩ 张家山二四七号汉墓竹简整理小组《张家山汉墓竹简［二四七号墓］》，文物出版社，2001年，第25、163页；彭浩、陈伟、工藤元男主编《二年律令与奏谳书——张家山二四七号汉墓出土法律文献释读》，上海古籍出版社，2007年，第25、181页。"将"字为后者据红外线照片所释。

谨以籍、久案阅，出。（《津关令》506、507号）① 从《均输律》和《津关令》可以看出，津关在保卫国家和人民生命财产的安全、保障水路和陆路交通系统的正常运作等方面，具有很重要的作用。为了保证津关的正常运作，发挥其应有职能，就常常需要对其进行修缮。《史记·秦始皇本纪》引贾谊曰：

> 秦并兼诸侯山东三十余郡，缮津关，据险塞，修甲兵而守之②。

"缮津关"与青川木牍《田律》"修利津洞"文例相同。因此，我们怀疑"津洞"之"洞"应读为"关"。上古音"洞"、"关"都属见母元部，音近可通。《史记·建元以来王子侯者年表》"荣简"，《汉书·王子侯表上》"简"作"关"。"简"从"间"声，可证从"间"声之"洞"可以用作"关"。只有修缮陆路往来所必须经过的关卡，保持道路通畅，才能保卫国家和人民生命财产的安全，保障陆路交通系统的正常运作。

有很多先生指出，青川木牍《田律》跟农事月令有关。比如徐中舒、伍仕谦先生曾指出，律文"九月，大除道及阪险。十月，为桥"跟《国语·周语中》所引《夏令》"九月除道，十月成梁"相合③。《夏令》一书虽已不可见，但是月令类文献传承性很强，我们可以从《礼记·月令》中窥知一二。《月令》孟冬之月（即十月）有一段文字说：

> 命司徒循行积聚，无有不敛。坏城郭，戒门闾，修键闭，慎管籥，固封疆，备边竟，完要塞，谨关梁，塞徯径。

《吕氏春秋·孟冬纪》文字略同。高诱注："关梁，所以通塗也。"上引《史记·秦始皇本纪》引贾谊曰下文说："秦人阻险不守，关梁不阖，长戟不刺，彊弩不射。"渡处常架有桥梁，故"关梁"当与其上文"津关"义近。《月令》"谨关梁"之"关梁"，同律文"利津关"之"津关"意思当也相近。《月令》用"谨"字，是强调津关在保卫国家和人民生命财产安全这方面的职能；律文用"修利"，是强调津关在保障水路和陆路交通系统正常运作这方面的职能；二者正相互补充。可见律文"利津关"一句，跟《月令》也完全相合。

最后还要说明一下，张家山汉简《二年律令·田律》246、247号简文同青川木牍《田律》内容基本相同，"利津"下一字整理者释为"梁"。但此字照片很不清晰，并不能肯定就是"梁"字。我们曾就此向参加过用红外线照片整理张家山汉简的何有祖先生请教，蒙何先生赐待刊大作，认为此字是"燧"④。按汉简"关"字所从"卯"旁经常写作"大"字形，跟"火"字比较接近，而这个字中间所从又很像是"关"字所从的"丝"旁，如果我们把青川木牍《田律》"利津洞"之"洞"读为"关"不误，那么这个字很有可能就是"关"字。

---

① 张家山二四七号汉墓竹简整理小组《张家山汉墓竹简［二四七号墓］》，第49、208页，文物出版社，2001年；彭浩、陈伟、工藤元男主编《二年律令与奏谳书——张家山二四七号汉墓出土法律文献释读》，上海古籍出版社，2007年，第53、316-317页。
② 《新书·过秦论下》"缮津关"之"缮"同"修甲兵而守之"之"修"位置互换。"修"，吉府本作"循"。俞樾认为"循"乃"脩"之误，与"修"通（阎振益、锺夏《新书校注》第22页注［四七］引，中华书局，2000年），可从。关于"脩"误作"循"，还可参看裘锡圭《考古发现的秦汉文字资料对于校读古籍的重要性》，《古代文史研究新探》第27-29页，江苏古籍出版社，1992年。
③ 徐中舒、伍仕谦《青川木牍简论》，《古文字研究》第19辑第287页，中华书局，1992年。
④ 何有祖《从楚简、秦牍"洞"字说起——释"利津燧"》。

青川出土木牍文字简考

李昭和

1979年春，四川省博物馆在青川县清理了一批战国时期古墓。其中，第五十号墓所出土两件木牍，一件文字残蚀过甚，多不可识。另一件木牍正面和背面皆有墨书文字，残损较少，字迹清晰。释文见同期简报。

牍文内容可分为三部分：1. 王命更修田律。2. 新颁律令内容。3. 律令实施过程。现按其时间及叙事内容，简考如下。

丞相戊　牍文称"王"不言"帝"，就下文"正疆畔"而论，其"正"字又不避秦皇政之讳，故"丞相戊"之时代，下限当在秦始皇称帝以前。据《史记·秦本纪》记载，秦国在秦武王二年（前309）"初置丞相"，则上限又当在武王二年之后。据简报，第五十号墓独出先秦半两钱和木牍，结合该墓的文化性质，认为与秦的"迁民"有关。"丞相戊"为秦相的说法是较为可靠的。秦武王之后，至始皇称帝以前，其间还有昭王、孝文王和庄襄王。孝文王在位仅一年，与牍文"二年"不合，应排除。庄襄王在位三年，然以吕不韦为相，又与"丞相戊"矛盾，也不应考虑，则"丞相戊"只能是武王或昭王时人。详查史料，与此相合者，唯武王时期左丞相甘茂其人，其证有五：

1. "戊"古通"茂"，"丞相戊"即"丞相茂"。按"戊""茂"同韵部，同声纽。皆为候韵，明纽，去声。揆其音义，亦互相通。《礼记·月令》云："其日戊己"，郑注："戊之言茂也。"刘熙《释名·释天》："戊，茂也，物皆茂盛也。"班固《白虎通·五行》亦云："其日戊己，戊者，茂也。"足见戊、茂音韵相谐，其义互通。"戊"读为"武"，乃因梁太祖避其曾祖茂琳讳而改读，今因之。

2. 史书有以"甘戊""甘茂"并称之者。《战国策·韩一》云："公孙郝党于韩，而甘茂党于魏。"《战国策札记》作："甘戊党于魏。"（见重刊剡川姚氏本，鲍本作茂）又："不得议甘戊"（今本戊作茂，鲍本作茂）。刘向《说苑·杂言》："甘戊使于齐，渡大河。"《太平御览·地部二十六》引此事，却为："甘茂使齐，渡河。"足证"甘戊"就是"甘茂"。牍文称"戊"不言"茂"，刘向《说苑》也称"甘戊"。《史记》多书"甘茂"，而不名之"甘戊"，可能源出于此。

3. 甘茂定蜀拜相。据《史记·樗里子甘茂列传》记载，秦武王元年（前310）"蜀侯恽、相壮反，秦使甘茂定蜀。还，而以甘茂为左丞相"。可见甘茂因伐蜀有功而定相位。《史记》言武王二年"初置丞相"，

---

* 《文物》，1982年第1期。

与木牍"二年……王命丞相戊"也相符合，正是甘茂初为丞相之时，且木牍又正出于蜀地。

4. 该墓的时代与甘茂为相之时相当。简报认为，第五十号墓的墓葬形制及随葬品与他墓相比较，属于以"鼎、盒、壶"陶器组合为主的战国晚期墓，这与甘茂为相的时期亦相宜。

5. 牍文"二年"当为秦武王二年。据汪曰桢《历代长术辑要》按历法推算，"二年十一月己酉朔"，当为秦武王二年。若读为"二年十一月乙酉朔"，则为秦昭王二年。《史记·樗里子甘茂列传》云："甘茂竟言秦昭王，以武遂复归之韩……向寿、公孙奭由此怨，谗甘茂。茂惧，辍伐魏蒲阪，亡去。"张守节引《年表》云："秦昭王元年予韩武遂也。"裴骃引徐广曰："昭王元年，击魏皮氏，未拔，去。"故甘茂在昭王元年，已"亡秦奔齐"。昭王二年，甘茂为齐使楚，而秦已相向寿。足见甘茂已不在秦国，更不能为秦相，这与牍文所记不合。足证牍文当读"己酉"而不为"乙酉"，其"二年"应为秦武王二年，即公元前309年。

内史匽 其人史书不载。按内史之职见于《周礼》，其"内史"条云："内史掌王之八枋之法，以诏王治。"又言："王制禄，则赞为之，以方出之。"郑注："赞为之，为之辞也。"又引郑司农说："以方出之，以方版书而出之。"贾公彦引杜子春云："方，直谓今时牍也者，古时名为方，汉时名为牍。"《左传·隐公十一年》"凡诸侯有命告则书，不然则否"。注曰："命者，周之大事政令也，承其告辞，史乃书之于策。"故《春秋·序》有："大事书于策，小事简牍而已"之说。详查牍文内容，乃更修田律一事，故王命内史匽书之于木牍。

取辟 此二字多有残，简报内未识读，细审视，疑为"取辟"之损文。小篆作"取"，隶变为"取"，即"取"。"辟"当释"譬"，假为"譬"，"取譬"即"取譬"。《论语·雍也》："夫仁者，己欲立而立人，己欲达而达人，能近取譬，可为仁之方也已。"《说文·言部》："譬，谕也，从言辟声。"《墨子·小取》："辟（譬）也者，举他物而以明之也。"王念孙云："举他物以明此物，谓之譬。"《淮南子·要略》："假象取耦，以相譬喻。"《荀子·非相篇》亦云："谈说之术……分别以喻之，譬称以明之。"按《墨经》有"大取"、"小取"篇，孙诒让云："其名大取、小取者，与取譬之取同。"按孙说是也，"取譬"，已成《墨经》中的逻辑术语，其义为举旁例以喻所言之论题，即引彼以例此。牍文"取譬更脩为田律"，上言"取譬"，下言"更脩"，皆为田律之令。既言更修，则是在先律的基础上进行修定。按孝公变法以来，秦律即打下了基础。若武王更修先王田律，此乃大事。按《春秋·序》："大事书于策，小事简牍而已"之说，则应书于典策，似乎不应记在简牍，而且文献也没有关于武王修定秦律的记载。今木牍出于蜀地，甘茂在武王元年伐蜀，二年返而拜相。牍文称甘茂为丞相，并言二年十一月更修田律，可见正是甘茂定蜀返秦拜相之后，故该田律可能与蜀地有关。武王取譬秦律更为蜀律，抑或有之。故下文有"开阡陌""正疆畔"之说。

广袤 许慎《说文·衣部》云："南北曰袤，东西曰广。"此指畛道南北长八步，东西宽一步。古者一举足曰跬，倍跬谓之步。周秦以"六尺为步"，则畛道长四丈八尺，宽六尺。据前人考证，秦尺约合今27.65厘米[①]，若以此为计，畛道长约13.27米、宽约1.66米。

畮 古亩字。《说文·田部》："畮，六尺为步，步百为畮。"《周礼·封人》："不易之地，家百畮。"郑注："畮本亦作古畮字。"关于地积问题，历代地亩制度没有可供考查的依据，不易说清。其单位大小，更不能确定。自周以来，亩的制度是以步计算，步又以尺计。周代实行井田制度，乃是以六尺为步，步百

[①] 参见吴承洛《中国度量衡史》，商务印书馆，1957年，第54页。

为亩（方步）。秦孝公时，商鞅开阡陌，废井田，其亩制为二百四十平方步。顷之本义与跬同，《礼记·祭义》："君子顷步而弗敢忘，孝也。"郑注："顷读为跬，一举足为跬，再举足为步。"孔疏："顷，跬也，谓一举足。"至于地积以顷命名起于何时，尚不清楚。

封埒　封，聚土也，即田阡陌（云梦秦律）。史游《急就篇》："顷町界亩畦埒封"，师古注曰："埒者，田间堳道也，一说库垣也，今之圃或为短墙，盖埒之谓也。封，谓聚土以为田之分界也。"可见封、埒皆为田之经界。封是土堆，为界上的标志。

封疆　即界域，按周制为用来标志各级贵族所占井田的范围。《国语·周语》："修其疆畔。"韦解："疆，境也。畔，界也。"《礼记·月令》："王命布农事，命田舍东郊，皆脩封疆，审端经术。"又言："田事既饬，先定准直，农乃不惑。"孔颖达谓："先定其封疆径遂，以劝农夫，农夫知田事先后，审疆界畔域，乃不有疑惑。"此说与牍文正合。秦武王令甘茂更脩田律，以劝农事。并规定了有关畛、道、亩、顷、阡陌及封埒的准直，于是秋八月始行新令。脩封埒、正疆畔，即所谓"审端经术"。

除道　即修治道路。《战国策·西周》有："除道属之于河"之说。"䢍"假为"浍"。《周礼·遂人》："十夫有沟，沟上有畛。"又"千夫有浍，浍上有道。"上文言畛道的标准，现修道治浍又并提，可见正是《遂人》所掌沟洫之法。按商鞅变法以来，井田制业已基本废除，这在牍文上也有所反映。若按井田制，畛容大车一轨，轨广八尺，道容二轨，则道之广两倍于畛。今牍文言，畛广一步（六尺计算），道广三步，则道之广又三倍于畛。另井田制："十夫有沟，沟上有畛。"按一夫百亩（即一顷）计算，十夫则为十顷，十顷才能有畛。而牍文言"亩二畛"，可见与井田制是不合的。

陂隄　陂当释为"波"。《说文·水部》："波，水涌流也。"《土部》："坡，阪也。"《广韵》波、坡皆入"戈"部，下平声，故假波为坡。按义近形符互用规律，"土"多通"阜"，坡又与陂通。文献材料也有以波假陂者，《汉书·西域传》："自玉门阳关出西域有两道：从鄯善傍南山北波（陂）河西行至莎车为南道；自车师前王庭随北山波（陂）河西行至疏勒为北道。"《礼记·月令》云："毋漉陂池"，郑注："畜（蓄）水曰陂，穿地通水曰池。尚书传云，泽障曰陂，停水曰池。"隄，《说文·阜部》："唐也，从自，是声。"唐即塘，《土部》云："塘，隄也，从土、唐声。"是以隄、塘互训。《礼记·月令》："修利隄坊，道达沟渎。"《史记·河渠书》："用事者（汉武帝时）争言水利，朔方、西河、河西、酒泉，皆引河及川谷以溉田……各万余顷，佗小渠披山通道者，不可胜言。"《史记会注》引《神田本》："小作川，披作陂。"可见陂隄即水利隄防工程，也就是今天的陂堰堤坝。牍文："为桥、修陂隄，利津深。"有造桥，修陂堰堤坝，以利疏通河道之意。

木牍背面文字，与正面颇有关联。惜字迹残蚀过甚，多不可识。背面分上、中、下三栏书写。现只能略通上栏部分大意，余皆无从考证。

上栏文字由右至左，四行直书三十三字。释文如下：

　　四年十二月不除道者
　　□一日　□一日　辛一日
　　壬一日　亥一日　辰一日
　　戌一日□一日

木牍正面记事，时由二年十一月起，至三年十月事止。背面文字紧接着记载了四年十二月不修道路的天数。所用干支记日，天干、地支并不相配，有的只记天干，有的仅言地支。如："辛一日""戌一日"等。文献材料也有这种记日法，如《易·蛊》："先甲三日，后甲三日"，又《巽》："先庚三日，后庚三日，吉。"又如《尚书·益稷》："娶于涂山，辛壬癸甲"，孔传："辛日娶妻，至于甲日。"牍文用此记日法，可能因不除道之天数仅八天，余皆除道。那么，从略天干或地支，对于书者来说，仍然是颇为清楚的。

现将全文通释于下：

（秦武王）二年十一月初一，王命左丞相甘茂、内史匽，取罾（秦律），更修为（蜀地）田律。律令如下：畛道的标准，定为长八步，宽一步，一亩有两条畛道和一条陌道。百亩合一顷，一条阡道，道宽三步。封，高四尺，为最高者，埒，高一尺，下厚二尺。于三年秋八月始行。修封、埒，端正疆畔等界域，并刈杀阡陌上的荒草。九月，修路及水道。十月，造桥，修陂堰筑堤坝，以利疏通河道。纵使没修道路时杂草较少，然路有毁坏坎坷不平而不可行，遂相机而修道。

四年十二月不修道路的天数：□一日，□一日，辛一日，壬一日，亥一日，辰一日，戌一日，□一日。

青川木牍反映了秦武王时期田律的某些具体内容，我们结合云梦秦简的秦律，及有关商鞅变法等文献资料，对于先秦土地制度诸问题的研究，将会大有帮助。例如，有关地积制度问题，"百亩为顷"始于何时？原来界限是不够清楚的，一般认为从秦代开始。现在就有迹可考了，至迟在秦武王时期已开始，或者可上溯至孝公变法。又如人工堤防工程，牍文记载了修陂堰筑堤坝之事，正可作为蜀地开发水利的基础。秦昭王时期，举世闻名的都江堰水利工程，正是在此基础上产生的，这对于研究中国水利工程史又提供了新资料。还需指出的是，牍文为用笔墨书之秦隶，其用笔精细，书法流畅，没有"点画俯仰之势"，当属古隶。也为研究先秦文学和古文字学提供了珍贵的资料。

附记：本文承蒙徐中舒、张政烺和伍士谦先生指正，特致谢忱。

《青川木牍》补释一则

侯 娜 方 勇

1979 年考古工作者在青川县郝家坪第 50 号墓中发现木牍两件,其中一件文字已无法辨识,另一件文字比较清楚,正面共计有 121 字,反面 20 多字。据简文开头"二年十一月己酉朔朔日"的内容,可知此简牍精确年代为秦武王二年(前 309)。青川木牍是研究秦土地制度的重要文字资料。本文主要讨论牍文中"鲜"字的训读问题,下面具体先来看青川木牍的相关内容:

> 大除道及阪险。十月为桥,修(修)波(陂)堤,利津□,鲜草。䅁(虽)非除道之时,而有陷败不可行,辄为之①。

《青川县出土秦更修田律木牍——四川青川县战国墓发掘简报》②将"鲜草"断开,并把"䅁(虽)"与"非除道之时"连读。此说得到不少学者的支持和征引,如林剑鸣、罗开玉、黄家祥即是如此③。于豪亮则将"䅁"改释为"离",并认为:"律文云:'十月,为桥,修波(陂)堤;利津梁(梁),鲜草离。'鲜读为獮。《史记·鲁世家》:'于是伯禽率师伐之于肸,作肸誓。'集解:'徐广云:肸一作鲜,一作獮。索引:'《尚书》作费誓,徐广云:一作鲜,一作獮。按《尚书大传》见作鲜誓,鲜誓即肸誓,古今字异,义亦变也。鲜,獮也。言于肸地誓众,因行獮田之礼,以取鲜兽而祭,故字或作鲜,或作獮。'此鲜与獮通之证。《尔雅·释诂》:'獮,杀也。'离当以双声读为莱。'鲜草离'意思是除去草莱。这是指除去桥上和陂堤上的草,与上文'發千(阡)百(陌)之大草',自然是有区别的。"④

于豪亮把"鲜草"和"离"连句读的影响很大,当然还有综合以上意见将"离"单独句读的学者,如王子今⑤。对此,何琳仪指出"䅁(离)非除道之时"读作"虽非除道之时",文意畅通,不必读"离"

---

* 鲁东大学学报(哲学社会科学版)第 30 卷第 6 期,2013 年 11 月。
① 此释文为四川省博物馆、青川县文物馆《青川县出土秦更修田律木牍——四川青川县战国墓发掘报告》一文所作,其中"津"字下一字字形当隶定为"㮰",读为"梁",具体见意请参考周波先生《释青川木牍的"㮰"字及相关诸字》后面的学者讨论区,复旦大学出土文献与古文字中心网站,2008 年 4 月 8 日,其中战国时代(网名)即主此说。其说可从。至于"虽"字的讨论,详本文后面部分的说明。
② 四川省博物馆、青川县文物馆《青川县出土秦更修田律木牍——四川青川县战国墓发掘简报》,《文物》,1982,(1)。
③ 林剑鸣《青川秦墓木牍内容探讨》,《考古与文物》,1982 年第 6 期;罗开玉《秦在巴蜀的经济管理制度试析——说青川秦牍"成亭"漆器印文和蜀戈铭文》,《四川师范学院学报》,1982 年第 4 期;黄家祥《四川青川出上秦"为田律"木牍的重要价值》,《四川文物》,2006 年第 2 期。
④ 于豪亮《释青川秦墓木牍》,《于豪亮学术文存》,中华书局,1985 年。
⑤ 王子今《秦汉农田道路与农田运输》,《中国农史》,1991 年第 3 期。

为"莱"①。黄盛璋认为："'虽非除道之时，而有陷败不可行，辄为之'，'虽'，于（引者按，指于豪亮）文释为'离'，属上与'鲜草'连读，李（引者按，指李学勤）从之。曾谛审原牍，此字确是'虽'，左旁上从口下从虫《说文》：'虽，从虫，唯声……'与《说文》虽字篆文结构同……田文释'从禹，隹声'，左既不从'禹'，右亦无以'禹'声或'离'声为虽字之例。至于通假辗转，更无科学性可言，仅为标新，徒增纠葛，不足为训。"② 按，以上何、黄二位将"雖"字属下读的意见可从，张家山汉简《田律》（《二年律令》简246—247）有与此相同的内容："恒以秋七月除阡陌之大草；九月大除道及阪险。十月为桥，修陂堤，利津梁。虽非除道之时而有陷败不可行，辄为之。"其中"虽非除道之时"的内容可证青川木牍的"雖"作属下读且应读为"虽"。所以牍文中的"鲜草"应单独句读。解决了"鲜草"的句读问题，下面我们主要讨论"鲜"字的训读问题。

对于这个"鲜"字，上举于豪亮的意见是读为"狝"。李学勤从之，并翻译为："十月，造桥，修筑池塘水堤，使渡口和桥梁畅通，消除杂草。不在规定修治道路的时节，如道路破坏不能通行，也应立即修治。"田宜超、刘钊二位读如本字，认为"鲜草"指绿草③。黄盛璋亦持相同观点，认为："修陂堤水利，滋润鲜草，有利畜牧。"④ 李昭和认为："十月，造桥，修陂堰筑堤坝，以利疏通河道。纵使没修道路时杂草较少，然路有毁坏坎坷不平而不可行，遂相机而修道。"⑤ 可见，李昭和是把"鲜"解为少义。唐嘉弘认为："'鲜草离（莱）'和'利津梁'、'修波（陂）堤'为同一句式，桥上的草有限，陂堤上的草亦无必要斩除，故不能释'鲜'为'杀'。《广雅·释诂一》：'鲜，好也，南楚之外通语也'《方言》：'鲜，明好也'《玉篇》：'鲜，善也''鲜'引申为'繁华'，如《文选·登徒子好色赋》：'瘖春风兮鲜荣。'古代重视草木的繁华善好，与古代社会的经济生活方式有密切关系。"⑥ 汤余惠认为"鲜"通"斯、澌"，"斯、澌"有尽、灭等义⑦。《古文字疏证谱系》将此"鲜"读为"薛"，⑧ 并未解释。

很多学者是因为注意到了巴蜀地区的独特气候条件，故对"鲜"字的说解意见不一致。其实，从《为田律》的适用范围来说，学术界一种观点认为此律只适用于巴蜀地区，罗开玉曾有专文论述此说⑨。而另一种观点即胡平生所认为的，此律乃是对商鞅的制定的"为田律"的修改，一国之内不会出现两种不同的律令⑩。张金光力主后一种意见并进一步论证："《更修为田律》中诸事节律与中原完全相符合，而此律文又发现于蜀北。木牍背面又载有四年末据律工作的纪事，足以证明《更修为田律》通行于秦国，而推行于巴蜀，它不是地方土政策。"⑪ 我们认为张金光所论甚为公允，上引张家山汉简《田律》的相关内容亦可证。正因为此律文是通行于秦国国内的，后为汉朝所遵从，所以把"鲜草"理解为芟杀杂草是讲得通的。《周礼·秋官·薙氏》："薙氏掌杀草：春始生而萌之，夏日至而夷之，秋绳而芟之，冬日之而耜之。"此可证秋季杀草的做法有历史来源。此外，律文中的"鲜草"是不是特指芟杀桥梁、渡口附近的杂草，还有待进一步研究，但将"鲜"理解为动词是合适的。我们认为于豪亮先生把"鲜"训解为"杀"义的思路很

---

① 何琳仪《秦文字辨析举例》，《人文杂志》，1987年第4期。
② 黄盛璋《"青川秦牍田律"争论问题总议》，《农业考古》，1987年第2期。
③ 田宜超、刘钊《秦田律考释》，《考古》，1983年第6期。
④ 黄盛璋《青川新出秦田律木牍及其相关问题》，《文物》，1982年第9期。
⑤ 李昭和《青川出土木牍文字简考》，《文物》，1982年第1期。
⑥ 唐嘉弘《论青川墓群文化及其木牍田制》，《南方民族研究集刊》，1985年第1期。
⑦ 汤余惠《战国铭文选》，吉林大学出版社，1993。
⑧ 黄德宽《古文字疏证谱系》，商务印书馆，2007年。
⑨ 罗开玉《青川秦牍〈为田律〉研究》，甘肃省文物考古研究所等《简牍学研究》，甘肃人民出版社，1998年。
⑩ 胡平生《青川秦墓木牍"为田律"所反映的田亩制度》，《文史》，第19辑，1983年。
⑪ 张金光《青川秦牍〈更修为田律〉适用范围管见》，《四川文物》，1993年第5期。

正确，但把"鲜"训读为"狝"的说法却令人怀疑，原因就是我们很难在典籍中找到"狝"表示杀草含义的用法。如以下用法的例子：

> 《尔雅·释天》："秋猎为狝。"《尔雅·释诂一》："狝，杀也。"郭璞注："秋猎曰狝，应杀气也。"郝懿行《尔雅义疏》云："狝者，《释诂》云杀也。"《说文》作玁，云秋田也。《左传》释文引亦同。……《广韵·狝韵》："秋猎曰狝。"《礼记·玉藻》："唯君有黼裘以誓省。"郑玄注："省当为狝。"孔颖达疏："狝，秋猎也。"《周礼·春官·肆师》："狝之日。"郑玄注："秋田为狝。"

上举这些例子都是说"狝"表示秋猎的含义，所引申"杀"义与"杀草"之义根本无涉。因此，我们考虑牍文的"鲜"如读为"散（㪔）"，表示芟杀草木之义似乎更为合理。

先来看"鲜""散"二者古音相通的例子。《礼记·月令》："谷实鲜落。"朱彬《训纂》引王念孙曰："鲜之言散也"《群经平议》"为蕃鲜"俞樾按"鲜之言散也"。秦骃祷病玉版："典澶（法）薛（散）亡。"其中的"薛"，李零读为"散"①。所以，"鲜"通假为"散（㪔）"，从字音上来说相通无问题。另外，对于"㪔""散""杀"三者的关系以及释义问题，裘锡圭先生曾经有过精彩的论述：

> 从字形上看，"㪔"跟"芟"同意，本意应该是芟除草木。古代"散"可训"杀"。《方言·三》："虔、散，杀也。东齐曰散……""杀"在古书里本来是既可以用来指杀死动物，也可以用来指杀死草木的。……"㪔""散"同音。"散"是心母字，"杀"是生母字，上古为一声。古韵"散"属元部，"杀"属月部，元月阳入对转。"㪔"跟"杀"显然是音义皆近的同源词，训"杀"的"散"就是假借为"㪔"的。所以"㪔"的本义并不是分散，而应该是芟杀草木②。

按，裘先生所说极是。此外，我们在敦煌悬泉汉简中能看到"杀民田"的例子。如："建昭二年九月庚申朔壬戌，敦煌长史渊以私印行太守事，丞敞敢告部部都尉卒人，谓南塞三候、县、郡仓，令曰：敦煌、酒泉地埶（势）寒不雨，蚤（早）杀民田，贷种穈麦皮芒厚以廪当食者，小石……（Ⅱ02153：46）。"③从现有研究来看，陈剑和刘云均指出，甲骨文中从虫从攴之字应该就是"杀"字本字。④⑤我们认为他们的说法可信。由此可见，"杀"字原始意义应是杀死动物，其后又引申出表示杀草之义，且"杀"又进一步引申出"肃杀"民田的含义。

我们在向陈剑先生请教的过程中，陈先生来信指出："考虑到'散草'的说法古书似乎不见，而'散'与'杀'形音义均关系甚为密切，也可能'鲜草'就可以直接读为古书多见的'杀草'。"

我们认为陈先生的看法更加直截了当，更为透彻。总之，无论是把"鲜"读为"散（㪔）"，表示杀草义，还是把"鲜"直接训读为"杀"，应该都优于把"鲜"训读为"狝"的意见。

附记：本文行文过程中曾向陈剑先生请教，并得到陈先生热情指正，在此表示诚挚谢意！

---

① 李零《秦骃祷病玉版的研究》，《国学研究》第6卷，北京大学出版社，1999年。
② 裘锡圭《甲骨文中所见的商代农业》，《裘锡圭学术文集》，复旦大学出版社，2012年。
③ 胡平生、张德芳《敦煌悬泉汉简释粹》，上海古籍出版社，2001年。
④ 陈剑《试说甲骨文的"杀"字》，《古文字研究》第29辑，中华书局，2012年。
⑤ 刘云《释"杀"及相关诸字》[EB/OL]. www.gwz.fudan.edu.cn/sncshow.asp? src-I=1963, 2012-11-21.

秦系简牍文字译释商榷（三则）*

黄文杰

秦系简牍大体包括下列几种：四川青川木牍；甘肃天水放马滩秦简；湖北云梦睡虎地十一号墓秦简；云梦睡虎地四号墓木牍两件；湖北云梦龙岗秦简和木牍，计竹简3批，木牍4件。秦系简牍文字书写于战国中、后期至秦代，数量较多且颇具地域特色，可与楚系简帛文字媲美，其字体直接继承西周晚期和春秋时期的大篆，较六国古文容易认识。然而，由于简牍埋于地下两千余年，有些字形漫漶不清，难以辨认；特别是秦系简牍文字书写的年代正处于社会急剧变动的时期，文字形、音、义发生了较大的变化，形体全面隶变，所以，释读秦系简牍文字也非易事，许多问题还在不断深入探讨之中。本文对秦系简牍文字释读中若干未安之处发疑作解，一孔之见，不为定说，请专家学者指正。

（一）氐

青川木牍："二年十一月己酉朔朔日，王命丞相戊（茂）、内史匽民𦥑更修《为田律》""内史匽"以下二字应读何字尚无定论。于豪亮先生释"民顅（愿）"①。李昭和先生释"取臂（譬）"，谓"牍文'取臂更修为田律'，上言'取臂'，下言'更修'，皆为田律之令"②。黄盛璋先生从李昭和释"取臂（譬）"，并认为"取臂"应是内史之名，上文的"匽"即"燕"，则为内史之姓③。李学勤先生释"民臂"，谓"民"为职官名，或为职官名的省称，"臂"为人名④。徐中舒、伍仕谦先生释"吏臂"，谓"吏"是最基层的行政官员，"臂"即吏之名⑤。考释多家，迄无定论。

按，牍文"内史匽"下一字作𠂉，可释"氏"⑥。睡虎地秦墓竹简（下称"睡简"）"氏"作顅（简

---

* 《中山大学学报（社会科学版）》，1996年第3期。
① 于豪亮《释青川秦墓木牍》，《文物》1982年第1期。
② 李昭和《青川出土木牍文字简考》，《文物》1982年第1期。
③ 黄盛璋《青川新出秦田律木牍及其相关问题》，《文物》1982年第9期。
④ 李学勤《青川郝家坪木牍研究》。此文原发表在《文物》1982年第10期上，李先生释青川木牍"匽"下二字为"民臂（僻）"，解释为"百姓邪僻不守法"。后来，该文收入《李学勤集》（黑龙江教育出版社1989年版）时，李先生认为"民"最好是职官名，"臂"是私名，对原说作了进一步说明。
⑤ 徐中舒、伍仕谦《青川木牍简论》，《古文字研究》第19辑。
⑥ 据《全国出土文物珍品选，1976–1984》（文物出版社，1987年）图版265木牍照片，此字字形清晰。

025号），与牍文此形相合。睡简中凡"氏"上均作弯曲之状，是秦汉简牍文字形体的特色之一。青川木牍与睡虎地秦简字形结构几乎完全相同，此字也不例外。其实，"氏"字上作弯曲之形，在秦汉文字中是习见的。如秦陶文"氏"作㔾（《古陶文汇编》5.371），马王堆帛书《春秋事语》九五"昏"作昏，东昏家行镫"昏"作昏，《武威汉代医简》六四"昏"作昏，《居延汉简甲编》三一七"邸"作邸，《汉印文字征》六·二十"邸"作邸，以上诸字"氏"或所从"氏"上均作弯曲之形，与牍文形合。

"氏"是古代贵族标志宗族系统的称号。上古时代，氏是姓的支系，女子用姓，男子用氏。《通志·氏族略序》："三代之前，姓氏分而为二，男子称氏，妇人称姓。氏所以别贵贱，贵者有氏，贱者有名无氏。"清顾炎武《日知录》卷二十三："姓氏之称，自太史公始混而为一，本纪于秦始皇则曰赵氏，于汉高祖则曰刘氏。""内史"一职乃是"执国法及国令之贰，以考政事，以逆会计。"（《周礼》）所以，颁布田律，由内史署名，也在情理之中。"匽"字黄盛璋先生读为"燕"，考证为内史之姓，甚是。牍文"内史匽（燕）氏"应是一位颇有地位的姓燕的官员。"氏"字以下一字字形虽不清楚，但它是这位官员的名则无疑问。黄盛璋先生指出"丞相用名而内史姓名皆全，类似之例亦见汉简，用名或用姓名不必绝对统一"。牍文言"丞相戊（茂）、内史匽（燕）氏㔾"，正是"丞相用名而内史姓名皆全"的明证，读起来文从字顺。

秦有如下三件瓦文，内容是：杨氏居赀大教（袁仲一《秦代陶文》485）、〔扬〕氏居赀公士富（同上486）、扬氏居赀武德公士契必（同上487）。第二字著者释"民"。据上文秦汉文字"氏"作民等形看，上揭瓦文第二字均当释"氏"。同坑瓦文还有：平阴居赀北游公士滕（同上488），阑陵居赀便里不更牙（同上491）。这两句话与上述三句话形式相同，"居赀"之前"平阴"、"阑（应是'兰'之讹）陵""杨氏"均是县名。查《汉书·地理志》有"平阴"县，属河南郡，"兰陵"县，属东海郡，"杨氏"县，属巨鹿郡①。而史籍似未见"杨民"之名，故上揭三例之县名以释"杨氏"为妥，疑汉"杨氏"即秦"杨氏"之所从出。

（二）髹汙相易也

《睡简·效律》简313号："殳、戟、弩，髹汙相易殹（也），勿以为赢、不备，以职（识）耳不当之律论之。"译文为："殳、戟和弩，涂黑色和涂红色的调换了，不要认为是超过或不足数的问题，应按标错次第的法律论处。"② 贺润坤先生在《从云梦秦简"日书"看秦国的农业水利等有关状况》一文中，引用了睡简这条材料，并采用了《睡简》的说法③。

后德俊先生在《"汙"及"汙工"初论》一文中，对贺氏的说法提出了异议。他认为：殳、戟、弩等兵器需髹漆的主要是杆、柄等木质部分，仅从髹漆的角度看，无论髹成红色或黑色都无本质的区别。如果将"髹"释为"涂黑色漆"，"汙"释为"涂红色漆"，那么，无论是"赢"或"不备"，都只能是指漆而言，不可能是指被髹漆的兵器杆、柄的数量。髹漆实践表明，在同样的质量条件下，无论是髹黑色或是红色漆，所花费的漆量是差不多的，不存在"赢"或"不备"的问题。所以，"汙"既不是指髹红色漆，也不可能是指红色的涂料。如果将"汙"释为漆后的漆膜干燥工序。那么秦简上的记载就比较容易解释了。

---

① 《汉书》第六册，中华书局，1992年，县名分别见第1555、1588、1575页。
② 睡虎地秦墓竹简整理小组《睡虎地秦墓竹简》，文物出版社，1978年，第121-122页。
③ 文载《江汉考古》1992年第4期。

即殳、戟、弩等兵器的髹漆部分，在髹漆过程中，如果将"髹工"与"洦工"的工序搞乱了而使产品出现质量问题，不是工匠们贪污了漆料（赢）或漆料不足的原因（不备）造成的，而应以工序（职）不当的法律论处。①

按，首先，后先生将睡简ヨ字隶定作"洦"，就显然错了。此字右旁实从"丹"。睡简169号"以丹若鬃书之"，714号"朱珠丹青"，两"丹"字均作ᄇ，放马滩秦简《墓主记》墓二"丹"作ᄇ马王堆帛书《战国纵横家书》二"丹"作ᄇ，故睡简此字可隶作"洦"。（在秦汉文字中，"丹"字中间一笔，即《说文》所说的"丹形"，多与旁边两竖相接，字形与"舟"字混同。）睡简169号"丹若鬃"，丹为红色，鬃为黑色，丹鬃并举；"丹"，《说文》古文或作ᄇ，《汗简》引义云章作ᄇ，可证睡简此字很可能是"丹"之别体。睡简"月"字均作ᄇ，与此字右旁截然不同，故此字隶作"洦"是错误的。（后先生把"鬃"字隶作"髹"，也不妥）

其次，后氏对简文句子的解释，也值得商榷。由于后氏把ヨ隶作"洦"，解释作"髹漆后的漆膜干燥工序"，以致把"鬃洦相易也"解释为"将'髹工'与'洦工'的工序搞乱了而使产品出现质量问题"，把"赢"解释为"贪污了漆料"，"不备"释为"漆料不足"，整句话译文离简文原意甚远。《睡简》"鬃洦相易也"译为"涂黑色和涂红色的调换了"，从字词对译看，似没有问题，但从整句话的意思理解看，就有些含糊。不过，《睡简》本条的注引用了《淮南子·说山》"工人下漆而上丹则可，下丹而上漆则不可"句，对理解文意是有辅助作用的。为了更好地理解简文原意，我们不妨把这句话的上下文句列出："染者先青而后黑则可，先黑而后青则不可。工人下漆而上丹则可，下丹而上漆则不可。万事由此，所先后上下，不可不审。"这里分明是指染和漆的工序问题，即所谓先后上下不可不知，和简文所指是一致的。故"鬃洦相易也"，应是指把髹漆的次第搞错了。假如原先要髹一道黑色漆，再髹一道红色漆，结果反而是先髹一道红色漆，再髹一道黑色漆，就把髹漆的工序搞乱了。后先生也认为是"工序搞乱了"，但所谓"工序"内容与我们不同，把"鬃"隶作"髹"，理解为一种髹漆工序，把"洦"隶作"洦"，解释作髹漆后的漆膜干燥工序，而"鬃洦相易也"作"将'髹工'与'洦工'的工序搞乱了而使产品出现质量问题"解，就与简文原意相违了。殳、戟、弩等兵器，大概上漆之时必须按一定的次第（比如下漆上丹）进行，如果把这种次第上下先后搞错了，那么，不要把这作为用漆多或少的问题去处理，而应以搞错次第的法律论处之。这才是简文的本意。②

（三）耆弱相当

《睡简·司空律》简203号："居赀赎责（债）欲代者，耆弱相当，许之。"78年版《睡简》注释："耆，老。耆弱，意指年龄。"③裘锡圭先生谓："'耆'字有'强'义。《周书·谥法》，'耆，强也。'《广雅·释诂一》：'驳、劲、坚、刚、耆……强也。'《左传·昭公二十三年》'不懦不耆'，杜预注：'耆，强也。'律文'耆弱相当'，意即强弱相当。'老'虽为'耆'之通训，但此处不适用。"④ 90年版《睡简》

---

① 载《文物》1993年第2期。
② 拙文即将发表之时，拜读了何琳仪先生《释榭》一文（载《华夏考古》1995年第4期）。何先生释ヨ为"洦"字。读简文"鬃洦"为"漆雕"，解释为"漆饰雕画"，然对简文句子未作解释。
③ 睡虎地秦墓竹简整理小组：《睡虎地秦墓竹简》，文物出版社，1990年，第84—86页。
④ 裘锡圭：《〈睡虎地秦墓竹简〉注释商榷》，《文史》13辑。又载裘锡圭《古文字论集》，中华书局，1992年，第537页。

接受了裘先生的意见，注释改为："耆，《广雅·释诂一》：'强也'。"①

我们以为："耆"字虽有"强"义，但"耆"字的"强"义是强横之意，似非强壮、强健之意，而简文"居赀赎责（债）欲代者"（以劳役抵偿赀赎债务而要求以他人代替服役的），要求的理应是"欲代者"的身体状况或年龄相当，而非强横与否。《左传》"不懦不耆"，杜预注："耆，彊也。"孔颖达疏："不弛，不陵人也。""不陵人"即不欺侮别人，是一种行为表现。"不懦不耆"指的是人的行为表现而非人的身体状况，意即"不胆小软弱，也不强横"。所以，《辞源》训"耆"有强横之义，引用这条材料作为例证。②又《广雅·释诂一》："驳、劲、坚、刚、耆、鞯、鬓、劈、勀、莫、惮、恰、擒、钞、倞、悖、忮，强也。"③《广雅疏证》云："此条强字有二义，一为刚强之强，《说文》作彊，云：'弓有力也。'"一为勉强之强，《说文》作勥，云：'迫也。'《集韵》、《类篇》引《广雅》并作勥。强、勥、彊，古多通用。《尔雅》'竞逐彊也。'郭璞《注》云：'皆自勉彊。'是勉强之强，与刚强之强义本相通也……耆者，《逸周书·谥法解》云：'耆，彊也。'昭二十三年《左传》'不懦不耆。'杜预注云：'耆，彊也……'"可见《广雅·释诂一》"耆"字也没有强健之意。《荀子·劝学》："蚓无爪牙之利，筋骨之强。"《墨子·非乐》："老与迟者，耳目不聪明，股肱不毕强。"二个"强"字均指强健。《老子》："强梁者不得其死。"睡简715号"强良不得"。二个"强梁（良）"均是凶横之意。所以，虽同是"强"字，意义有别。我们以为，"耆"字既然难以确定为强健之意，则《睡简》"耆弱相当"中的"耆"字还以训"老"为妥。"耆"指年老，"弱"指年少。"老"为"耆"之通训。"弱"有年少之义。《左传·文公十二年》："赵有侧室曰穿……有宠而弱。"杜预注："弱，年少也。"《孟子·滕文公下》："汤使亳众往为之耕，老弱馈食。"《汉书·匈奴传上》："匈奴闻汉兵大出，老弱奔走。"后二例"老"与"弱"并举，"弱"即年少之意。简文"耆弱"意同这里的"老弱"。"耆弱相当"指老弱相当，含年龄相当之意。

---

① 睡虎地秦墓竹简整理小组：《睡虎地秦墓竹简》，文物出版社，1990年，第52页。
② 《辞源》（缩印合订本），商务印书馆1987年香港版，第1369页。
③ 《尔雅·广雅·方言·释名清疏四种合刊》，上海古籍出版社，1989年，第366页。

青川秦牍《为田律》研究

罗开玉

青川秦牍《为田律》是继云梦秦简之后，关于秦律的又一重要发现①。不少学者已做了有益的探讨，但我感到该律的适用地区问题、该律所反映的秦汉法律制度的地区性问题及其修订制度、该律所反映的"为田"制及土地所有制问题，还有待深入研究。

一、《为田律》只适用于巴蜀地区

《为田律》虽然发现于四川境内，但这并不能作为它只适用于四川地区的根据。许多在地方上发现的资料，都适用于全国，如云梦秦简《秦律》的大部分内容。笔者认为青川秦牍《为田律》只适用于巴蜀地区，是通过对其内容的全面研究后方得出的结论。

《为田律》所反映出的地区性气候，目前尚未引起有关研究者的重视。一般认为，我国古代的气候比现在要热一点，但热的比例全国大体一样，不仅北方比现在热，南方亦然。无论古今，秦岭南北的气候都迥然有别。汉《户律》云："汉中、巴、蜀、广汉，自择伏日。俗说：巴、蜀、广汉土地温暑，草木早生晚枯。气异中国，夷狄畜之，故令自择伏日也。"② 这是西汉初期的资料。"气异中国"，即气候别于北方。因此，我们从《为田律》所反映的气候问题入手，其适应地区问题便迎刃而解。

我们注意到，《为田律》关于八、九、十月所规定的内容，屡见于先秦文献，但其季节却大不相同，现对照如下：

---

* 西北师范大学文学院历史系、甘肃省文物考古研究所主编：《简帛学研究》第二辑，甘肃人民出版社，1998年，第31-44页。
① 四川省博物馆、青川县文化馆《青川县出土秦更修田律木牍——四川青川县战国墓发掘简报》，《文物》1982年第1期。
② 载《风俗通》第604页，王利器校注本。

《为田律》	《礼记·月令》	《管子·四时》	《吕氏春秋·孟春纪》
以秋八月，修封埒，正疆畔，及芟阡陌之大草。 九月，大除道及除浍。 十月，为桥修陂堤，利津隘，鲜草离。	孟春月……王命布农事，命田舍东郊。皆修封疆…… 仲春月：是月也，毋竭川泽，毋漉陂池，毋焚山林 季春月：是月也，命司空曰时雨将降，下水上腾，循行国邑，周视原野，修利堤防，导达沟渎，开通道路，毋有障塞。	春三月以甲乙之日发五政……三政曰冻解修沟渎，复亡人；四政曰端险阻，修封疆，正阡陌 其时曰春……治堤防，耕树，正津梁，修沟渎，甃屋行水……	孟春纪：王布农事，命田舍东郊；皆修封疆，审端径术…… 仲春纪：是月也，无竭川泽，无漉陂池，无焚山林 季春纪：是月也，命司空曰：时雨将降。下水上腾，循行国邑，周视原野，修利堤防、导达沟渎、开通道路，无有障塞。

上面三部古籍有关月令的记载，代表了我国先秦时期华夏民族对于时令的认识，是先民们通过漫长岁月的实践摸索后获得的硕果。从云梦秦简《田律》来看，秦国曾经把这些农时月令作为法律颁布执行。

上表中《礼记》与《吕氏春秋》文字相同，其中必有传承关系；《管子》的文字略异，但内容亦大体相同。这正表明了这三书有关月令的记载适用于同一地区，即古代中原文化的策源地——黄河流域中、下游地区，中原夏季雨水较少，而冬季风雪很大。相比之下，至少在多数地区的沟渎、堤防、道路、封疆等受冬季风雪的影响，比受夏季雨水的影响更大，春季解冻，万物复苏，需维修沟渎堤防道路封疆，准备耕耘，故上面三书都把这些内容安排在春季进行。

《为田律》却把与上面三书大体相同的内容，安排在秋季进行，这就表明它适应的气候区域与上面三书不同。在我国南方，冬季虽亦有下雪现象，但一般都很少很小，对沟渎、堤防、道路、封疆的影响不太大；夏季雨水集中，暴雨时至，往往冲毁沟渎、堤防、道路、桥梁、封疆等，秋季虽仍有雨水，然一般较小较缓，因此往往抓紧夏水之后、秋收之前这一段农闲时间，从事一些沟渎、堤防、道路、桥梁、封疆等的维修工作。青川秦牍《为田律》有关八、九、十月月令的规定，正反映了这种节令。据此，我们可以确认《为田律》只适用于我国南方，从武王时秦国的版图看，则只有巴蜀地区。

《为田律》的内涵，也在一定程度上反映出地区性。我们注意到，《为田律》与云梦秦简《田律》在时间上衔接，内容却各异。秦简《田律》规定了二至七月之事，青川《为田律》规定了八至十月的有关事项。需要注意的是，《为田律》在十一月颁行，竟未谈冬春之事，而越过八个月，直截了当地谈秋事，这显然与具体地区有关，试看秦简《田律》的规定：

春二月，毋敢伐材木山林及雍（壅）隄水。不夏月，毋敢夜草为灰、取生荔、麛卵鷇，毋□□□□□毒鱼鳖。置穽网，到七月而纵之。唯不幸死而伐绾（棺）享（椁）者，是不用时。邑之紤（近）皂及它禁苑者，其时毋敢将犬以之田。百姓犬入禁苑中而不追兽及捕兽者，勿敢杀；其追兽及捕兽者，杀之。河（呵）禁所杀犬，皆完入公；其他禁苑杀者，食其肉而入皮。①

春季禁伐山林及阻断水流，不到夏季不准烧草灰为肥，不准采刚发芽的植物、不准捕捉幼兽……显然，这些都与该地区、该国家的山林、水流、植物、动物资源有直接联系。巴蜀地区人口少，虽经秦政府不断由外地移民进来，但山林等资源问题尚不重要，还用不着《田律》这些禁令，故在更修《为田律》时删去了这些规定。秦简《田律》关于百姓的狗进入禁苑怎么处理的规定，显然也不适用于巴蜀。禁苑，即王室畜养禽兽的苑囿。巴蜀在过去巴蜀王国统治时期有禁苑之说②，但秦灭巴蜀王国之后，巴蜀地区便不再有苑囿，秦政府更不可能制定法制来保护这种旧王族的禁苑。故《为田律》也删除了这一条。

二、秦汉的"远域新邦之典"

过去，由于资料的限制，对秦汉法律制度不甚了了，近年先后发现秦简、秦牍资料后，才在一定程度上弥补了这一空白。秦简《语书》是秦王政（始皇）二十年（前227）四月初二日，南郡郡守腾颁发给本郡各县、道的一篇文告，其中谈道：

> 故腾为是而修法律令、田令及为间私方而下之，令吏明布，令吏民皆明智（知）之，毋巨（距）于罪。今法律令已布，闻吏民犯法为间私者不止、私好、乡俗之心不变，自从令、丞以下智（知）而不举论，是即避明主之明法殹（也）。③

南郡守腾说，他制定了法律令、田令等，现在公布出来让官吏百姓都知道，以免犯罪云云。此确证秦国新置郡的郡守有权在全国通行法律令的基础之上，制定本郡自己的法律令。但因只有这么一条材料，过去并未引起学者的注意。《为田律》的出土，又进一步说明秦对一些郡还执行某些有别于内地的专门法律令。

这种制度亦为汉代承袭，上引汉《户律》就是因巴蜀地区"气异中国"而令其"自择伏日"。汉代巴蜀地区实有五郡，《户律》言四而未及犍为郡，则知此律制定时间在置广汉郡之后，设犍为郡之前，即在高帝六年（前201）之后，武帝建元六年（前135）之前，可见至少到西汉初期仍允许在巴蜀执行一些特殊法律制度。

不仅对巴蜀如此，对其他一些新开发的边区亦然。《史记·南越列传》载武帝开发南越后，"除其故鲸剔刑，用汉法"。鲸剔亦为中国古刑，汉文帝十三年因齐太仓令淳于公之少女缇萦上书要求赎父事而废肉刑，改剔刑为笞三百④。在这一条外，仍用越人旧制。东汉初年对越人地区也实行了一些专门的制度，《后汉书·马援传》载马援在越人地区"所过辄为郡县治城郭"后，又"条奏越律与汉律较者十余事，与越人申明旧制以约束之，自后骆越奉行马将军故事"。东汉初年在越人地区实行的仍是"越律""旧制"，仅据

---

① 《睡虎地秦墓竹简》第26页，文物出版社，1978年。
② 《华阳国志·蜀志》云：蜀国"以汶山为畜牧，南中为园苑。"南中即今四川南部和云南、贵州。这是一种夸张笔法，只是说蜀国的统治曾经到达这些地区。
③ 《睡虎地秦墓竹简》第15页。
④ 《汉书·刑法志》。

汉律修订了"十余事"。曹魏在一些新置郡也执行专门法律，《三国志·何夔传》载："是时太祖始制新科下州郡，又收租税绵绢，夔以郡初立，近以师旅之后，不可卒绳之以法，乃上言曰：'自丧乱已来，民人失所，今虽小安，然服教日浅。所下新科，皆以明罚敕法，齐一大化也。所领六县，疆域初定，加以饥馑，若一切齐以科禁，恐或有不从教者，有不从教者不得不诛，则非观民设教随时之意地……愚以为此郡宜依远域新邦之典，其民间小事，使长吏临时随宜，上不背正法，下以顺百姓之心。比及三年，民安其业，然后齐之以法，则无所不至矣。'太祖从其言。"这里又透露出一个信息，在曹魏之前，存在着"远域新邦之典"，即在边远地区和新开发地区行专门的制度，是秦汉的传统与典章。

这种有别于内地的"远域新邦之典"，在秦时既可由郡守制订，如南郡守腾，也可由朝廷有关官员制订，如丞相、内史；既可新制，亦可依旧律"更修"。《为田律》由丞相甘茂及内史"取譬"旧有的秦《田律》等"更修"而成。为什么"掌治京师"的内史，也参加修制专门针对巴蜀地区的《为田律》，而不见蜀郡的有关长官参加呢？我以为可从下面几点来理解。

（一）史载秦灭蜀国后，三封蜀侯，但据日人龙川资言在《史记会注考证》中的研究及蒙文通先生在《巴蜀史的问题》①中的考证，三位蜀侯皆为蜀王后代。对于他们，秦政府只有利用而已，当然不会授予他们修布律令的大权。又《史记·秦本纪》载惠文王更元十四年（前311）蜀相陈庄杀蜀侯，次年即武王元年，甘茂入蜀平叛、杀陈庄，到武王三年才封蜀王后裔子恽为蜀侯。可见，在"更修"《为田律》的武王二年，蜀地既无侯又无相，当然不会让蜀地的其他长官来修布法律。

（二）甘茂所以要参与"更修"《为田律》，不仅因为他是丞相，还因他刚入蜀平叛归来，熟悉蜀情，有发言权。

（三）对于内史参与"更修"《为田律》，有的学者曾认为这不符合内史的职权，还值得深入讨论。《汉书·百官表》云："内史，周官，秦因之，掌治京师。"这实际上是指秦统一六国以后的秦代和西汉的制度，并不包括秦国时期在内。从云梦秦简资料看，秦国内史的职责与周内史相同，秦简中有三条每年要把全国各地的粮仓簿籍上报内史的规定②；又规定要把全国工官作坊中的"新工"（似学徒）的有些情况上报内史③；又规定要把缴获的准备偷运出国境或卖给外国人的珠玉上交内史④。

这些都超出了"掌治京师"的权限，说明内史还负责掌管全国的一些经济事务，《周礼·内史》云："内史……执国法及国令之二，以考政事，以逆会计，掌叙事之法，受纳访，以诏王听治。"上引秦简各条，实际上就是考政事，逆会计，《为田律》又证明秦内史也像周内史那样"执国法及国令"。

三、《为田律》所规定的"为田"制度及其所揭示的土地制度

秦国的土地制度究竟如何？目前史学界尚有较多争论。而秦在巴蜀这个多民族地区推行的是何种土地制度，更不见研究。睡虎地秦墓竹简和青川秦牍相继出土，为研究秦国和巴蜀地区的土地制度提供了新资

---

① 刊《四川大学学报》1959年第5期。
② 《睡虎地秦墓竹简》载秦规定：人禾稼，刍稾，辄为廥籍，上内史。（第38页）稻后禾熟，计稻后年，已获上数。别粲，糯黏稻，别粲，糯之酿，岁异积之，勿增积，以给客，到十月牒书数，上内史。（第41页）禾，刍稾积廥……至计而上廥籍内史。（第100页）
③ 《睡虎地秦墓竹简》载秦《均工》律规定：新工初工事，一岁半功，其后岁赋功与故等。工师善教之，故工一岁而成，新工二岁而成。能先期成学者谒上，上且有以赏之，盈期不成学者，籍书而上内史。（第75页）
④ 《睡虎地秦墓竹简》法律问答中说：盗出珠玉邦关及卖于客者，上珠玉内史，内史材予购。（第211页）

料。青川秦牍《为田律》虽然是专门针对巴蜀地区"更修"的,但毕竟以秦律为底本,因此它也在一定程度上反映了秦本土的土地制度。下面,笔者先分析《为田律》所规定的"为田"制度,然后再来研究它所反映的土地所有制问题。

(一)《为田律》所规定的"为田制"

《为田律》云:"田广一步,袤八则,为畛;亩二畛,一陌道。"则,《说文》曰:"等划物也。"本义为照比样子刻划器物,但先秦之"则"还有它义,试看以下文献:

> 廿六年,皇帝尽并兼天下诸侯,黔首大安,立号为皇帝。乃诏丞相状绾,法、度、量,则不壹,歉疑者,皆明壹之。[①]
>
> 其后伯禹念前之非度,改制量,象物天地,比类百则。[②]
>
> 权与物钧而生衡,衡运生规,规圆生矩,矩方生绳,绳直生准,准正则平衡而钧权矣,是为五则。[③]

以上的"则"都与度量衡有关[④],在第一条资料中是度量衡的种类之一,在第二条资料中是被作为一种标准,在第三条资料中是作为各种度量衡器具的总称。1977年,在安徽阜阳双古堆西汉汝阴侯夏侯灶土墓中出土了一批竹简,其中一片残简上有"卅步为则"的记载[⑤]。《为田律》说"田广一步,袤八则",共长二百四十步,正与商鞅变法后二百四十步为一田的制度相吻合[⑥]。

"畛",是正确理解这一段律文中的关键文字,在目前发表的有关《为田律》的研究文章中,亦存在较大分歧,众说纷纭,各执一端。于豪亮认为"畛"是田间小径[⑦],李昭和虽未直接解释"畛"字,但他注意到了"畛"与水利有关系[⑧],李学勤认为"畛"是起分界作用的小道[⑨],黄盛璋认为"畛"是一亩之界[⑩],杨宽认为"畛"是一亩田两端的小道[⑪],胡平生认为"畛"既是一道田界,又是一块田区[⑫],我在未系统研究这个问题之前,认为"畛"是一种有别于一般阡陌的较窄的田界[⑬]。造成这众多分歧意见的原因,

---

① 此诏书屡见于秦官府制作的器物之上,仅《秦金石刻辞》便收录七种,而《小校经阁金文拓本》载有二十八种,近三十余年亦有多件出土。
② 《国语·周语》。
③ 《汉书·律历志》。
④ 参见孙常叙《则、法度量则、则事三事试解》,《古文字研究》第七集,中华书局。
⑤ 转引胡平生《青川秦墓木牍"为田律"所反映的田亩制度》,《文史》第19辑。
⑥ 秦制以二百四十步为一亩,屡见于文献。《说文解字》小徐本:"畮,六尺为步,步百为畮,秦田二百四十步为畮。"畮,即亩。《风俗通》(佚文):"秦孝公以二百四十步为畮,五十畮为畦。"《玉篇》:"秦孝公以二百三十步为亩,三十步为畹。"二百三十步,当是四十步之笔误。秦的这种亩制,是从赵国学来。近年出土的临沂银雀山汉墓竹简《孙子兵法·吴问》篇载赵氏以百二十步为畹,以二百四十步为畛。当时,每户人家分得的土地有一个定额,一般是一顷。交租也有一个比例,但亩的大小却不一样。为了争取百姓,一些贵族便扩大了自己的亩制,二百四十步为一亩,是已知战国时期最大的亩制。
⑦ 于豪亮《释青川秦墓木牍》,《文物》1982年第1期。
⑧ 李昭和《青川出土木牍文字简考》,《文物》1982年第1期。
⑨ 李学勤《青川郝家坪木牍研究》,《文物》1982年第10期。
⑩ 黄盛璋《青川新出秦田律木牍及其相关问题》,《文物》1982年第9期。
⑪ 杨宽《释青川秦牍的田亩制度》,《文物》1982年第7期。
⑫ 胡平生《青川秦墓木牍"为田律"所反映的田亩制度》,《文史》第19辑。
⑬ 罗开玉《秦在巴蜀的经济管理制度试析——说青川秦牍·"成亭"漆器印文和蜀戈铭文》,《四川师院学报》1982年第4期。

盖由"畛"在先秦古籍中本具多义所致。细考先秦之"畛",实具以下四义:

1. 田间径路。《诗经·载芟》"徂隰徂畛"笺:"畛谓田有径路者。"《楚辞·大招》曰:"田邑千畛。"王注:"畛,田上道也。"这是笼统地把所有田间小路称为"畛"。

2. 田间陌道。《说文》:"畛,井田间陌也。"《史记·秦本纪·索隐》引应劭《风俗通义》曰:"南北曰陌。"阡陌纵横相交,各有名称,"畛"专指田间径路的某一部分,即东西走向的田间小路。

3. 记田地面积的单位。《孙子兵法·吴问》篇说晋国范氏、中行氏、智氏、韩氏、魏氏、赵氏分别以一百六十步、二百步、二百四十步为一畛,其面积等于亩。楚国以畛为单位计算田地的面积。《楚辞·大招》云:"田邑千畛。"《战国策·楚策》云:"叶公子食亩六百畛。"《周礼正义》引孔广森说:"楚国以畛记田。"楚文化对南方影响最大,东边的吴国、西边的巴蜀都受其影响。孙子对吴王说晋国六氏以多少步为一畛,究竟是晋国本以畛为田地面积单位呢,还是因吴国以畛为单位,孙子为使吴王听明白而把晋国原土地面积单位翻译成了吴语?目前尚难判断。

4. 畛为田间小水沟边之埂。《周礼·遂人》:"凡治野:夫间有遂,遂上有径;十夫有沟,沟上有畛;百夫有洫,洫上有涂;千夫有浍,浍上有道;万夫有川,川上有路,以达于畿。"郑玄注曰:"遂、沟、洫、浍,皆所以通水于川也;遂广深各二尺,沟倍之,洫倍沟,浍广二寻、深二刃。径、畛、涂、道、路,皆所以通车徒于国都也;径容车马,畛容大车。涂容乘车一轨,道容二轨。"这是把农田灌溉与道路相结合的一个理想规划方案,在实际执行中,即使在平原,亦难如此规整。

那么,《为田律》之"畛"究竟何义?《为田律》的律文中既有"畛",也有"陌道"、"阡道"。并把它们作了明显区分,可见它有别于陌道或阡道。如果把"畛"作为田区或面积单位,那么一畛八则已有二百四十步,而《为田律》说:"一田二畛",面积多达四百八十步,与秦制明显不符;又《为田律》中本有"亩""顷"这些面积单位,也不可能在同一律文中用"畛"来重复。秦自商鞅变法时便统一了度量衡,"畛"也不会是局部地区使用的面积单位。因此,这里的"畛"不等于陌道、阡道,也不等于亩或其他面积单位,应是田间沟边之埂。

农业与水利有极为密切的关系,南方种植水稻,二者更难分离。蜀地早在传说中的杜宇时代,便"教民务农",且"巴亦化其教"①,推广了农业技术。传说蜀王杜宇之相开明氏因治水有功而取代了杜宇的王位。司马迁认为秦若灭了巴蜀,"取其地,足以广国也;得其财,足于富民缮兵",②证明在李冰治水之前,巴蜀地区已有了一定的水利基础。李冰正是在这个基础上大修水利,在较短的时间内,四处动工,取得了较大的成绩。《史记·河渠书》说秦蜀守李冰凿离堆"穿二江成都之中。此渠皆可行舟,有余则用溉浸,百姓飨其利。至于所过,往往引其水益用溉田畴之渠,以亿计,然莫足数也"。这种"以亿计"的"溉田畴之渠",显然包括"沟上有畛""亩二畛"的水沟在内。所谓"亩二畛",是指在二百四十步长的田土两端都要开沟,并在沟上筑畛。律文在强调筑畛的同时,还反复强调"除浍""修陂堤""利津隘"等水利灌溉系统,这表明它们之间有着不可忽视的内在联系。现今成都平原的农田,一般来说不到二百四十步便有小沟溪,而沟上必有"畛",亦可为证。

《为田律》又曰:"百亩为顷,一阡道,道广三步。封,高四尺,大称其高;埒,高尺,下厚二尺。"秦国在本土授田,以顷为单位。云梦秦简《法律问答》有一条云:

---

① 《华阳国志·蜀志》。
② 《战国策·秦第一》、《史记·张仪列传》。

"盗徙封，赎耐。"何如为"封"？"封"即田千伯（阡陌），顷半（畔）"封"殹（也）。且非是而盗徙之，赎耐，何重也？是不重。[①]

一百亩田边的田界便算做"封"，即每户人家只授一百亩田。《为田律》虽然也谈到"百亩为顷"，但却未直接规定在每顷田边都要树"封"，盖因巴蜀地广人稀，可以占有更多一点的土地。《后汉书·南蛮西南夷列传》载秦昭王曾与巴郡板楯蛮刻石为盟："复夷人顷田不租，十妻不算。"《七国考》卷二引《通典》说："一户免其一顷田之租，虽有十妻，不输口算之钱。"但当地存在着的政府、军队等国家机构仍需要赋税来维持，板楯蛮在免租的百亩之外，仍得交租，即板楯蛮每户实际占地面积大于一顷。对照上面二条律文，不难看出，《为田律》中的"封"与《法律问答》中的"封"在外形上也不同。《法律问答》中的"封"是"田阡陌"；而《为田律》中的"封"高四尺，是一个很突出的土堆，在两户人家的两个"封"堆之间，还有高出地面一尺的"埒"相连[②]，十分显眼。这表明秦在巴蜀推行的土地制度，更强调各家各户的界线。

（二）《为田律》所揭示的土地所有制度

为田之形，只是现象，现象受本质的制约，"为"什么田，全受土地所有制的制约。

秦国在商鞅变法以后的田制，向来有二说：一说为国有土地的爰田制，一说为封建私有制。那么，《为田律》与它们的关系如何呢？

先看封建私有制说。其主要根据是以下几点。《史记·秦本纪》孝公十二年：

> 为田开阡陌。

《史记·商君列传》：

> 为田开阡陌封疆，而赋税平。

《汉书·食货志》：

> 及秦孝公用商君，坏井田，开阡陌，急耕战之赏，虽非古道，犹以务本之故，倾邻国而雄诸侯。然王制遂灭，僭差亡度。庶人之富者累钜万，而贫者食糟糠；有国疆者兼州域，而弱者丧社稷。至于始皇，遂并天下……

《食货志》又载董仲舒说上曰：

[①] 《睡虎地秦墓竹简》第178页。该文原断句似欠妥，本文引用时和了改动。"且非是"作并不是自己的解；"是不重"作"这不重"解。

[②] 崔豹《古今注》云："封疆划界者，封土为台，以表识疆境也。划界者于二封之间又为遣以划分界域也。"

> 至秦则不然，用商鞅之法，改帝王之制，除井田，民得卖买，富者田连阡陌，贫者亡立锥之地。又颛山泽之利，管山林之饶，荒淫越制，逾侈以相高；邑有人君之尊，里有公侯之富，小民安得不困？

根据这些资料，汉唐学者都认为"开阡陌"是破坏旧有的大面积集体耕作的井田，置立新的阡陌封疆，为私人土地兼并创造了条件。南宋朱熹一反前人之说，在《开阡陌辨》①中认为"开阡陌"是破坏旧有的阡陌封疆，影响至今。近年李解民同志在《"开阡陌"辨正》②一文中针对朱熹之说作了反驳，重新论证了"开阡陌"就是置立新的田界。但是，李解民同志认为"开阡陌"就是"作爰田"。"开阡陌"与土地私有制的兴起无直接关系，秦始皇三十一年（前216），即统一六国后的第六年，"使黔首自实田"时才从法律上承认私人对土地的占有权等等，与《为田律》及其他文物资料所反映出的土地制度不尽相符，似还值得进一步商榷。

爰田制说是最近几年较流行的观点。其主要根据有以下几条资料。

《汉书·地理志》云：

> 秦孝公用商君，制辕田、开阡陌，东雄诸侯。

颜师古注引张晏曰：

> 周制三年一易，以同美恶。商鞅始割列田地，开立阡陌，令民各有常制。

又注引孟康曰：

> 三年爰土易居，古制也，末世侵废。商鞅相秦，复立爰田，上田不易，中田一易，下田再易，爰自在其间，不复易居也。《食货志》曰"自爰其处而已"是也，辕爰同。

不难看出，有关商鞅推行爰田制之说，兴起较晚，首发于东汉班氏。爰田制是一种古制，其具体内容在《周礼》等文献中有记载。其特征是：政府定期将土地房宅按等分配给百姓；劳动者按"彻"的形式上缴产品；为了让劳动者苦乐同均，政府采取了"换土易居"的办法，定期交换劳动者的田宅。这个分配原则的思想基础是原始公社时的绝对平均主义，其形式突出一个"换"字（爰，换也），其实质是田地房宅国家所有制。持秦为奴隶社会说的学者，还另加上一要素：奴隶制——即由奴隶主定期将土地房宅等分给奴隶耕种居住，从事农耕的劳动者主要是奴隶。但从《为田律》所反映的田制来看，却难以得出这种结论，既看不出土地国有，也捕捉不到换土易居的痕迹。

从律文看，特别强调土地归各家各户所有的界线"封"和"埒"，应怎样高大显眼、坚实牢固，并每年定期培修。这使人明白地感觉到，政府欲让这些"封"永远长存，使人感到该律的主题是欲确立土地私有制。

再从巴蜀地区的情况看，也只能得出以上结论。首先，在巴蜀地区普遍拥有土地的是部落、氏族、家

---

① 《晦庵先生朱文公文集》卷七十二。
② 《文史》第十一辑。

族奴隶主，自耕农和小奴隶主，绝无奴隶。秦统治巴蜀期间，巴蜀地区的农村人口主要由两部分人员构成，占绝大多数的是巴蜀土著各族百姓，他们聚族而居，各占一山一地，别说外族势力很难侵入，即使政府的统治，也必须通过他们的部落、氏族方得以实施；少数是秦灭巴蜀后，逐渐由外地迁入巴蜀的百姓、刑徒及受连坐者等，他们一般新辟荒地耕种。百姓不说，即便是刑徒到了这里后，也给予自由，让其自由选择职业，如冶铁致富的程郑、卓氏等。他们都不是奴隶，并不是说这些人在农业劳动时不使用奴隶。但他们使用的奴隶只与他们发生关系，与政府无任何接触。

其次，巴蜀的绝大多数土地也不可能换土易居。西南民族与西北民族相比，一个重要特征就在于他们基本上定居。他们以部落或"姓"为单位，各据一山一坝，世代相承。他们在自己占有的土地上，不仅种着自己的庄稼，建有自己的房屋，还修建了大量防御工事、关卡，设着自己的宗族祭堂，埋葬着自己祖辈的遗骨。谁要进占他们的领域，他们就会毫不迟疑地同来犯者拼个你死我活。因此，部落和部落之间，部落内部氏族、家族间都不可能换土易居。在外来移民中，也看不出半点换土易居的蛛丝马迹。从巴蜀的开发史看，土著民族多聚居在山丘区，而从外迁徙来的汉人则主要集中在平原或坝区。过去，坝区多芦苇荡、沼泽地，秦政府十分希望能将这些地区尽快开发，要调动大家开荒的积极性，最好的策略就是允许土地私有。这与秦本土将熟地授予百姓耕种，有很大的不同。因此，笔者认为《为田律》的实质是欲在巴蜀确立和推行土地私有制。

在巴蜀推行土地私有制，与秦欲在巴蜀推行小家庭政策是一致的。秦从商鞅变法时起，针对秦戎狄俗浓，实行了"民有二男以上不分异者倍其赋"的小家庭政策。而巴蜀土著民族中，普遍以部落、氏族为生产、生活的基本单位，较秦本土的"戎狄"之俗有过之而无不及，更有推行小家庭政策之必要。《为田律》特别强调要在各家各户的田地上树"封"建"埒"，又按一户一家征租纳税，试图用经济手段瓦解部落、氏族、家族的基础，一箭双雕，用心良苦。从不久之后秦昭王与板楯蛮订立免除他们每家"顷田不租，十妻不算"的盟约看，秦的小家庭政策甚至在一些较边远的少数民族地区也得到了一定程度的贯彻执行。川西平原就自不待说了。《为田律》在促进巴蜀地区土地私有制和小家庭的确立及发展方面，起了开先河的作用，对后世有极为深远的影响①。《史记·司马相如列传》载司马相如与卓文君结婚后，从其岳丈那里分得"僮百人，钱百万"，即返成都"买田宅，为富人"，可见至迟在西汉初期，巴蜀地区已很盛行土地买卖了。

在巴蜀，《为田律》还有一个重要作用，就是通过确立土地私有制，在一定程度上限制和改变了某些少数民族常抛荒、迁徙的旧俗，把他们固定在土地上（自己的土地舍不得，而别人也不轻易让你占）。这样，也便于基层行政组织的建立和稳定，便于户籍管理。

再从我国先秦时期历史发展的线索看，商鞅所实行的田制也不会是"换土易居"的爰田制。爰田制是一种旧制，至迟在春秋时期已为中原诸国普遍采用。《国语·晋语》、《左传》僖公十五年都记载晋国曾经"作爰田"，这种田制实际上是大面积集体耕作制向一家一户个体经济的过渡形态。进入战国后，土地私有制已在许多国家确立或基本确立，爰田制不允许土地买卖，已成为土地私有制发展的障碍，特别是在进入战国中期后，更成为一种落后的土地制度。商鞅变法在当时列国中是一种较先进的变法，很难想象他的变法只是去重复一种数百年前已为他国普遍实施的旧制，却会产生划时代的先进意义。另外，孝公求贤的基

---

① 秦在巴蜀地区推行小家庭政策，其影响之深，不仅汉代，唐宋时期亦能见其痕迹。《新唐书·高俭传》说蜀人畏鬼恶疾，虽父亲病亦皆离去，望舍投饵哺之，并昆弟不相假财。《宋史·赵不息传》亦说在赵不息任开州知州之前，当地人们不知孝义。又宋代皇帝多次下诏，指责蜀人儿女成亲后必分家自现的现象。

本要求是"宾客群臣有能出奇计彊秦者，吾且尊官，与之分土"①。爰田制久经实施，老幼尽知，无论如何也难入"奇计"之列。

再从秦国本土看，早在商鞅变法前约半个世纪，秦简公七年（前408）就实行了"初租禾"的田制改革。② 所谓"租禾"，就是把劳役地租改为实物地租。其相应的耕作制度，必须是一家一户的个体劳动，其土地所有制度只有两种可能：一是要定期"换土易居"的爰田制，二是更为进步的可以自由买卖土地的私有制。从现有资料来看，第一种可能性较大。商鞅是在这个基础上改革田制，他的改革使多数地区的田制比以前又有了新的进步，只可能是实行土地私有制。如果说商鞅"开阡陌"是实行土地国有的爰田制，那么，在他之前秦简公的"初租禾"改革又往哪里放？商鞅变法的结果是"庶人之富者累钜万，而贫者食糟糠；有国强者兼州域，而弱者丧社稷""富者田连阡陌，贫者亡立锥之地"，这除了实行土地私有制外，别无他途可致。

大量的文物文献资料也证明，秦在商鞅变法后确实实行了土地私有制。上引云梦秦简《秦律》规定私自移动"封"的位置，要处以重刑，清楚表明政策保护各家各户的土地所有权。这简文写在始皇三十一年之前。若在始皇三十一年（前216）才承认土地私有制，又焉能至迟在秦朝之时（？—前206）便出现"富者田连阡陌，贫者亡立锥之地"的形势？即使算这是秦朝最后一年之事，兼并再烈，十年之内亦难达到如此尖锐程度。冰冻三尺非一日之寒，秦时出现的土地高度兼并现象，正是商鞅变法后土地私有制得到逐步发展的结果。实际上，在始皇三十一年前即存在着土地私有制。亦屡见于记载：

《商君书·境内》：

　　能得敌首一者，赏爵一级，益田一顷，益宅九亩。

《史记·商君列传》：

　　有军功者，各以率受上爵……明尊卑爵秩等级，各以类次名田宅，臣妾衣服以家次。

这所"益"所"名"之田，显然为该人终身所有，而不再换土易居。

《史记·苏秦列传》载苏秦说：

　　且使我有雒阳负郭田二顷，吾岂能佩六国相印乎！

这条资料证明当时雒阳存在土地私有和兼并。若是平均授田，苏秦为百姓之一，焉能不该授田？又焉能产生这种思想！

《韩非子·外储说左上》：

　　中牟之人，弃其田耘，卖宅圃。

---

① 《史记·秦本纪》。
② 《史记·六国年表》。

有的同志认为这卖的只是宅圃而不是农田。圃者，种植蔬菜花果之地也，不算农田又算什么？且其与"田耘"相连，因果关系甚为明显；退一万步说，即使不算"农田"，也算土地。这土地买卖的前提是什么？只有一个回答。即土地私有制。

《史记·廉颇蔺相如列传》说赵括为将后：

> 王所赐金帛，归藏于家，而日视便利田宅可买者买之。

其时也远在始皇三十一年之前。

《史记·陈涉世家》：

> 陈涉少时，与人庸耕。（《索隐》按：谓役力而受雇直也。）

陈涉起义在二世元年（前209），时已为政治思想十分成熟的壮年，其"少时"指进入青年阶段之前。其时宜当在始皇三十一年之前。

总之，秦始皇三十一年之前存在着土地私有制和土地兼并，这正是秦在商鞅变法之后采取了诸如《为田律》等法律措施的结果。

但是，我们也要指出，秦国不只推行一种土地制度。商鞅变法之后，秦国幅员日益辽阔，民族众多，往往因地区的不同、民族的不同、历史发展水平的不同而实行不同的制度。仅以秦在巴蜀统治的110年（前316—前206）为例，其间既存在封建土地私有制，也存在授田制（主要针对外来移民），在多数兄弟民族地区，还存在着氏族、部落公有的原始土地形态，三者差异甚远而同时并存。在秦本土，云梦秦简资料证明，秦国在推行土地私有制的同时，也确实在某些局部地区实行"授田"制度①。但必须明确的是，"授田"制绝难与爰田制划等号。到目前为止，不唯在文献资料中，甚至在大量考古文物资料中，也搜寻不出半点秦曾实行"换土易居"的蛛丝马迹，秦不断地开辟新的疆域，同时也经常以各种原因、形式剥夺旧贵族和其他种种犯罪者的土地。政府不断地把这些土地"授"予有功者和一般百姓受田者对政府承担租赋徭役。至于受田者是否立刻就能自由买卖这些田地，目前既缺乏肯定的资料，也没有否定的依据。但无论怎样，这些受田者不"换土易居"。

前面说过，汉唐学者以商鞅"开阡陌"为置立新的阡陌封疆，朱熹以后多认为是破坏旧有的阡陌封疆。此二说谁是谁非呢？从《为田律》看，上述二说各有得失，不可一概否认或肯定。秦国乃西周故地，旧有的田制在田土封疆上不可能没有反映。如前所论，秦在商鞅变法前约半个纪世已经"初租禾"。以一家一户为单位进行耕种，这必然在旧有的封疆上建立新的田界阡陌，而当时以百步为亩，一夫受田百亩，其田间阡陌与此相适应；商鞅变法后，虽仍是一夫受田百亩，但《为田律》等资料证明其亩积已扩大到二百四十步，一夫的实占土地比原来扩大了二到四倍，原来的阡陌封疆已不适应新的需要。要建立新的阡陌封疆，首先得破坏旧的阡陌封疆，一破一立，辩证统一。《史记·范雎蔡泽列传》云："夫商君为秦孝公明法令，禁奸本，尊爵必赏，有罪必罚。平权衡，正度量，调轻重。决裂阡陌，以静生民之业而一其

---

① 云梦秦简的许多律文资料，不仅具有时间性，也具有地域和范围性。如《田律》规定："百姓犬入禁苑中而不追兽及捕兽者，勿敢杀；其追兽及捕兽者，独立核算之。"秦的禁苑都在京城附近，该律显然是针对京城附近地区颁发的，不通行于全国。又如《厩苑律》也明显地具有范围性。有关土地制度、赋税制度的一些资料也存在这种情况。类似资料尚多，不过目前还缺乏较深入的研究。

俗……"这里,"决裂阡陌"如同"平权衡、正度量、调轻重"一样,是"一其俗"的措施,通过废旧立新,使新的亩积能基本上做到整齐化,《为田律》正是这一整齐化的具体要求。

四、小结

综上所述,本文的主要看法是:

(一)青川秦牍《为田律》是秦武王二年,专门针对巴蜀地区在秦律的基础上"更修"的。

(二)《为田律》的地区性,证明秦汉时期对边远地区和新开辟的地区,确实执行了一种有别于内地的"远域新邦之典"。这类法律,既可由"远域新邦"的郡守在全国法律的基础上自行制定。也可由中央有关官吏修订。《为田律》再次证明,秦国时期的内史,主要管理全国的经济与法律,大概在秦统一六国后,才转变为专门"掌管京师"。

(三)《为田律》特别强调在"为田"时,突出各家各户拥有田地的界线"封""埒"。律文中有较大争议的"畛"字,大量材料证明应是小沟边的田埂。

(四)《为田律》强调"封""埒"这一事实证明,秦试图通过在巴蜀推行土地私有制,确立一家一户的个体经济,达到瓦解巴蜀土著民族中普遍存在的部落、氏族公有的原始土地所有形态,以及试图在一定程度上改变他们经常抛荒、迁徙等旧俗。

《为田律》与云梦秦简《法律问答》中有关保护"封"的律文互为印证。说明秦政府在商鞅变法后不久,就制定了法律来保护土地私有制,说明商鞅"开阡陌"是确立土地私有制的改革措施,在"开阡陌"时既破坏了旧亩制(百步为亩)的阡陌封疆,又建立了新亩制(二百四十步为亩)的封疆阡陌。

青川秦牍《为田律》再研究

罗开玉

青川秦牍《为田律》是继云梦秦简之后，关于秦律的又一重要发现[①]。它是研究秦汉政治、经济、法律制度的新资料。材料公布后，不少学者已做了有益的探讨。但我感到该律所反映的秦汉法律制度的地区性问题及其修订制度还有待深入研究，另外该律对解决有关巴蜀古史记载中的一些疑难问题，亦不乏新的启迪和辅证。特作此文，请读者指正为盼。

一、《为田律》只适用于巴蜀地区

《为田律》虽发现于四川境内，但这并不能以此作为它地区性的主要依据。更重要的是要看它的实际内容。我认为青川秦牍《为田律》只适用于巴蜀地区，是通过对其内容的全面研究后方得出的结论。

《为田律》所反映的地区性气候，目前尚未引起有关研究者重视。一般认为，我国古代的气候要比现在热一点，但热的比例全国大体一样，不仅北方如此，南方亦然。无论古今，秦岭南北的气候都迥然有别，汉《户律》说："汉中、巴、蜀、广汉，自择伏日。俗说：巴、蜀、广汉土地温暑，草木早生晚枯，气异中国，夷狄畜之，故令自择伏日也。"[②] 这是西汉初期的资料。"气异中国"，即气候别于中原。因此，若我们从《为田律》所反映的气候问题入手，其地区性问题便迎刃可解。

我们注意到，《为田律》关于八、九、十月所规定的内容，屡见于先秦文献，但其季节却大不相同。（见表）

---

* 西北师范大学文学院历史系、甘肃省文物考古研究所主编：《简帛学研究》第二辑，兰州：甘肃人民出版社，1998年，第31-44页。
① 四川省博物馆、青川县文化馆《青川县出土秦更修田律木牍——四川青川县战国墓发掘简报》，《文物》1982年第1期。
② 《风俗通》604页，王利器校注本。

《为田律》	《礼记·月令》	《管子·四时》	《吕氏春秋·孟春纪》
以秋八月，修封埒，正疆畔，及芟阡陌之大草。 九月，大除道及除浍。 十月，为桥。修陂堤，利津隘，鲜草离。	孟春月……王命布农事，命田舍东郊。皆修封疆…… 仲春月：是月也，毋竭川泽，毋漉陂池，毋焚山林…… 季春月：是月也，命司空曰时雨将降，下水上腾，循行国邑，周视原野，修利堤防，导达沟渎，开通道路，毋有障塞。	春三月以甲乙之日发五政……三政曰冻解修沟渎，复亡人；四政曰端险阻，修封疆，正阡陌 其时曰春……治堤防，耕树，正津梁，修沟渎，甃屋行水……	孟春纪：王布农事，命田舍东郊，皆修封疆，审端径术…… 仲春纪：是月也，无竭川泽，无漉陂池，无焚山林…… 季春纪：是月也，命司空曰：时雨将降。下水上腾，循行国邑，周视原野，修利堤防。导达沟渎，开通道路，无有障塞。

表中三古籍有关月令的记载，代表了我国先秦时期华夏民族对于时令的认识，是先民们通过漫长岁月的实践获得的硕果。从云梦秦简《田律》、秦牍《为田律》来看，秦国曾把这些农时月令作为法律颁布执行。上表中，《礼记》与《吕氏春秋》文字相同，其中必有传承关系；《管子》的字文略异，内容亦大体相同；这正表明了这三书有关月令的记载适用于同一地区，即古代黄河流域中、下游地区。中原夏季雨水较少，冬季风雪很大；相比之下，至少在多数地区的沟渎、堤防、道路、封疆等受冬季风雪的影响，比受夏季雨水的影响更大。春季解冻，万物复苏，需维修沟渎、堤防、道路、封疆，准备耕耘，故上面三书都把这些内容安排在春季进行。

《为田律》却把与上面三书大体相同的内容，安排在秋季进行，这就表明它适应的气候区域与上面三书不同。在我国南方，冬季虽也有下雪现象，但一般都很少很小，对沟渎、堤防、道路、封疆的影响不太大；夏季的雨水集中，暴雨时至，往往冲毁沟渎、堤防、道路、桥梁、封疆等，秋季虽仍有雨水，然一般较小较缓，因此往往抓紧夏水之后，秋收之前这段农闲时间，从事一些沟渎、堤防、道路、桥梁、封疆等的维修工作。青川秦牍《为田律》有关八、九、十月月令的规定，正反映了这种节令。据此，我们可以确认《为田律》只适用于我国南方，从武王时秦国的版图看，则只有巴蜀地区。

《为田律》的内涵，也在一定程度上反映出地区性。我们注意到，《为田律》与云梦秦简《田律》在时间上衔接，内容却各异。秦简《田律》规定了二至七月之事，青川《为田律》规定了八至十月的有关事项。需要注意的是，《为田律》在十一月颁行，竟未谈冬春之事，而越过八个月，直截了当谈秋事。这现象与具体地区有关。试看秦简《田律》的规定：

> 春二月，毋敢伐材木山林及雍（壅）堤水。不夏月，毋敢夜草为灰，取生荔、麛卵鷇，毋□□□□□毒鱼鳖，置穽网，到七月而纵之。唯不幸死而伐绾（棺）享（椁）者，是不用时。邑之纻（近）皂及它禁苑者，其时毋敢将犬以之田。百姓犬入禁苑中而不追兽及捕兽者，勿敢杀；其追兽及捕兽者，杀之。河（呵）禁所杀犬，皆完入公；其他禁苑杀者，食其物而入皮。①

---

① 《睡虎地秦墓竹简》，文物出版社，第26页，1978年。

春季禁伐山林及阻断水流，不到夏季不准烧草灰为肥，不准采刚发芽的植物，不准捕捉幼兽……显然，这些都与该地区、该国家的山林、水流、植物、动物资源有直接联系。巴蜀地区人口少，虽经秦政府不断由外地移民进来，但山林等资源问题仍不重要，《为田律》中没有这些规定。秦简《田律》关于百姓的狗进入禁苑怎么处理的规定，显然也不适用于巴蜀。禁苑，即王室畜养禽兽的苑囿。在巴蜀王国统治时期有禁苑之说①；但秦灭巴蜀王国之后，巴蜀地区便不再有苑囿，秦政府更不可能制定法律来保护这种旧王族的禁苑，故《为田律》也没有这一条。

二、秦汉的"远域新邦之典"

过去，由于资料的限制，对秦汉法律修制制度不甚了了，近年先后发现秦简、秦牍资料后，才在一定程度上弥补了这一空白。秦简《语书》是秦王政（始皇）二十年（前227）四月初二日，南郡郡守腾颁发给本郡各县、道的一篇文告，其中谈道：

> 故腾为是而修法律令、田令及为间私方而下之，令吏明布，令吏民皆明智（知）之，毋巨（岠）于罪。今法律令已布，闻吏民犯法为间私者不止，私好、乡俗之心不变，自从令、丞以下智（知）而不举论，是即避明主之明法殴（也）②。

南郡守腾说："他制定了法律令、田令等，现在公布出来让官吏百姓都知道，以免犯罪云云。"此确证秦国新置郡的郡守有权在全国通行法律令的基础之上，制定本郡自己的法律令。但因只有这么一条材料，过去并未引起学者的注意。《为田律》的出土，又进一步说明秦对一些郡还执行某些有别于内地的专门法律令。

这种制度亦为汉代承袭，上引汉《户律》就是因巴蜀地区"气异中国"而令其"自择伏日"。《户律》只言及西汉初期巴蜀的四郡，未言及武帝开发西南夷时所置各郡，则知此律制定时间在武帝建元六年（前135），置犍为郡之前。可见至少到西汉初期仍允许在巴蜀执行一些特殊法律制度。

不仅对巴蜀如此，对其他一些新开发的边区亦然。《史记·南越列传》载武帝开发南越后，"除其故黥劓刑，用汉法"。黥鼻亦为中国古刑，汉文帝十三年因齐太仓令淳于公之少女缇萦上书要求赎父事而废肉刑，改劓刑为笞三百③；在这一条外，仍用越人旧制。东汉初年对越人地区也实行了一些专门的制度。《后汉书·马援传》载马援在越人地区"所过辄为郡县治城郭"后，又"条奏越律与汉律驳者十余事，与越人申明旧制以约束之，自后骆越奉行马将军故事"。东汉初年在越人地区实行的仍是"越律""旧制"，仅据汉律修订了"十余事"。曹魏在一些新置郡也执行专门法律。《三国志·何夔传》载"是时太祖始制新科下州郡，又收租税绵绢。夔以郡初立，近以师旅之后，不可卒绳以法，乃上言曰：'自丧乱以来，民人失所，

---

① 《华阳国志·蜀志》说蜀国"以汶山为畜牧，南中为园苑。"南中即今四川南部和云南、贵州。这是一种夸张笔法，只是说蜀国的统治曾经到达这些地区。
② 《睡虎地秦墓竹简》第15页。
③ 《汉书·刑法志》。

今虽小安，然服教日浅。所下新科，皆以明罚敕法，齐一大化也。所领六县，疆域初定，加以饥馑，若一切齐以科禁，恐或有不从教者。有不从教者不得不诛，则非观民设教随时之意也。……愚以为此郡宜依远域新邦之典，其民间小事，使长吏临时随宜，上不背正法，下以顺百姓之心。比及三年，民安其业，然后齐之以法，则无所不至矣。'太祖从其言。"这里又透露出一个信息，在曹魏之前，存在着"远域新邦之典"，即在边远地区和新开发地区实行专门的制度，是秦汉的传统与典章。

这种有别于内地的"远域新邦之典"，在秦时既可由郡守制订，如南郡守腾，也可由朝廷有关官员制订，如丞相、内史；既可新制，亦可依旧律"更修"。《为田律》由丞相甘茂和内史匽"取擘""更修"。为什么"掌治京师"的内史，也参加修制专门针对巴蜀地区的《为田律》，而不见蜀郡的有关长官参加呢？我以为可以从下面几点来理解。

（一）史载秦灭蜀国后，三封蜀侯，但据日人龙川资言在《史记会注考证》中的研究及蒙文通先生在《巴蜀史的问题》[①]中的考证，三位蜀侯皆为蜀王后代。对于他们，秦政府只是利用而已，当然不便授予他们修布律令的大权。又《史记·秦本纪》载惠文王更元十四年（前311）蜀相陈庄杀蜀侯，次年即武王元年甘茂入蜀平叛，杀陈庄，到武王三年才又封蜀王后裔子恽为蜀侯。可见在"更修"《为田律》的武王二年，蜀地既无侯又无相，当然不便让蜀地的其他长官来修布法律。

（二）甘茂所以要参与"更修"《为田律》，不仅因他是丞相，还因他刚入蜀平叛归来，熟悉蜀情，有发言权。

（三）对于内史参与"更修"《为田律》，有的学者曾认为这不符合内史的职权，还值得深入讨论。《汉书·百官表》说："内史，周官，秦因之，掌治京师。"这实际上是指秦统一六国之后的秦代和西汉的制度，并不包括秦国时期在内。从云梦秦简资料看，秦国内史的职责与周内史相同。秦简中有三条每年要把全国各地的粮仓簿籍上报内史的规定[②]，又规定要把全国工官作坊中的"新工"（似学徒）的有些情况上报内史[③]，还规定要把缴获的准备偷运出国境，或卖给外国人的珠宝上交内史[④]。

这些都超出了"掌治京师"的权限，说明内史要负责全国的一些经济事项。《周礼·内史》说："内史……执国法及国令之二，以考政事，以逆会计。掌叙事之法，受纳访，以诏王听治。"上引秦简各条，实际上就是考政事，逆会计，《为田律》又证明秦内史也像周内史一样"执国法及国令"。

三、《为田律》对有关巴蜀史文献记载中两个疑难问题的佐证

《为田律》的发现，为研究巴蜀古史提供了新资料。它对研究巴蜀史中的一些疑难问题，如甘茂是否入蜀、张若任蜀守的时间等问题，也有一定的佐证价值。

1. 关于甘茂是否入蜀？

《史记》中有二处直接或间接涉及甘茂是否入蜀的记载，若细加推敲，便会发现它们彼此矛盾。

---

① 刊《四川大学学报》1959年第5期。
② 《睡虎地秦墓竹简》第38、41、100页。
③ 《睡虎地秦墓竹简》第75页。
④ 《睡虎地秦墓竹简》第211页。

《史记·甘茂列传》"惠王卒，武王立。张仪、魏章去，东之魏。蜀侯辉、相壮反，秦使甘茂定蜀。还，而以甘茂为左丞相，以樗里子为右丞相。"上文的"蜀侯辉"，清梁玉绳已指出应是"蜀侯通"之误①。据此记载，蜀侯通与蜀相陈壮联合造反；秦朝廷派甘茂率兵入蜀平叛；甘茂返秦后任左丞相。但在《史记·秦本纪》中却有不同的记载："（惠文王更元十四年）蜀相壮杀蜀侯来降。（武王元年）诛蜀相壮。"这与《甘茂传》的矛盾在于：蜀相陈壮擅杀蜀侯而不是与蜀侯联合叛乱；蜀相陈壮杀了蜀侯后，主动到朝廷请罪，而不待甘茂入蜀平叛。若此则蜀中之乱在陈壮投降朝廷后自然平息，用不着甘茂再入蜀平叛了。

除以上记载外，《六国年表》还说："（惠文王更元十四年）蜀相杀蜀侯。（武王元年）诛蜀相壮。"在蜀相杀蜀侯的问题上，《六国年表》与《秦本纪》同，但此后陈壮是在蜀中叛乱，还是主动到咸阳请罪，却无交代。另外，《华阳国志》也记载了这件事："（周赧王六年，即秦武王二年）陈壮反，杀蜀侯通国。秦遣庶长甘茂、张仪、司马错复伐蜀，诛陈壮。（《蜀志》）"

《华阳国志》是东晋蜀人常璩的作品，大大晚于《史记》，一般来说，不宜用它的记载来裁决《史记》的正误。此载在甘茂是否入蜀的问题上，站在《甘茂传》一边；在蜀相杀蜀侯的问题上，又站在《秦本纪》和《六国年表》一边，可见常璩是以《史记》为据，综合二说。但《华阳国志》此说有两误：一是年代错误，这可能是在换算时不太小心所致；二是张仪当时已离秦去魏，不可能再入蜀，司马错二次入蜀亦无根据，此可能是常璩据传说资料所补。总之，《史记》中关于甘茂是否入蜀的矛盾，在现有文献中无法得到解决。青川秦牍的出土，在一定程度上解决了这个问题。其曰："二年十一月乙酉朔朔日，王命丞相戊（茂）、内史匽取譬更修《为田律》……"丞相戊即丞相甘茂，这已是一致的看法。为什么要让甘茂亲自"更修"《为田律》，而不像南郡那样，让郡守或其他同级官吏来担负此责呢？这是因为甘茂刚从蜀中归来，熟悉蜀中政治、经济、地理、气候、风俗诸方面的情况。也就是说，甘茂参加"更修"《为田律》这一事实证明他在这之前曾经入蜀；他既然入蜀平叛，则蜀相陈壮未曾主动到咸阳投降事亦可推知；即在这个问题上，《甘茂传》所载更为可信。

2. 关于张若入蜀时间更加可疑。

古文献中有关秦蜀守张若入蜀时间的记载，似有疑点，《史记》中只有一处提到张若，《秦本纪》说：（昭王）三十年（前277），蜀守若伐楚，取巫郡及江南为黔中郡。张若何时入蜀？任蜀守多少年？这些问题，我们都只有通过《华阳国志》才能有所了解，《华阳国志·蜀志》说：

周赧王元年（公元前314年，秦惠王更元11年）秦惠王封子通国为蜀侯，以陈壮为相。置巴郡，以张若为蜀守。

赧王五年〔惠王二十七年〕（公元前311年），（张）仪与（张）若城成都，周回十二里，高七丈。郫城，周围七里，高六丈。临邛城，周回六里，高五丈。……成都县本治赤里街。若徙置少城。内城营广府舍，置盐铁市官并长、丞，修整里阓，市张列肆，与咸阳同制。

（赧王）三十年（公元前285年），疑蜀侯绾反，王复诛之。但置蜀守，张若因取笮及楚江南地

---

① 《史记志疑》卷二十九。

焉。周灭后，秦孝文王（公元前 250 年在位）以李冰为蜀守。

根据这些记载，张若从公元前 314 年到前 285 年担任了三十年"蜀守"，又从公元前 284 年到前 250 年担任了三十五年"蜀守"，共在蜀担任了六十五年的最高军政长官。在严格执行耕战政策的秦国，一个人无论如何也不可能担任一郡首官达如此多年。这个记载必然有误，此一疑也。《华阳国志》说张若"取笮及楚江南地"在周赧王三十年，比上引《秦本纪》的记载提早了八年，这是二疑。分析张若早期在蜀中的活动，亦有不少疑点。《华阳国志·蜀志》说："（周赧王）六年，陈壮反，杀蜀侯通国。秦遣庶长甘茂、张仪、司马错复伐蜀。诛陈壮。""赧王十四年，蜀侯恽祭山川，献馈于秦（孝文）昭襄王，（当是秦昭王之误）……王大怒，遣司马错赐恽剑，使自裁。恽惧，夫妇自杀。秦诛其臣郎中令婴等二十七人。"

蜀相陈壮杀蜀侯叛乱，无论如何应涉及在蜀中掌握军政实权的"蜀守"张若；但既不见他在蜀中抵抗陈壮，也不见他带兵从外讨伐，这是三疑。昭王遣司马错第三次入蜀，尽诛蜀中重臣二十七人；张若既为"蜀守"，如不在被诛之列，当率兵进讨，无论如何应有所反映，但却不见身影，这是四疑。"蜀守"之职，再无他例，列国亦无此职，很可能是错简误记[①]，这是五疑。青川秦牍《为田律》的出土，又加了一疑。按云梦秦简《语书》之例，郡守（"蜀守"同级）应直接制订或参与制订本地的法律，但在"更修"专门针对蜀中的《为田律》时，却不知张若何在，这是六疑。

《华阳国志》在记载第三次诛杀蜀相绾时，未提到其具体执行者，但在下文中紧接着就谈到张若为蜀守及带兵取笮及楚江南地等，故推测诛杀绾的具体执行者就是张若。我怀疑张若此时才第一次入蜀；入蜀后一开始就担任蜀郡守。如果我们设想在公元前 285 年之前，秦并未在蜀中设置"蜀守"一职，而像一些学者所论证的一样，当时秦政府鉴于蜀中的落户情况和民族情况，在这里只实行了分封而未设郡[②]，蜀中事物暂由蜀侯和蜀相管理，那么，以上诸疑都将迎刃而解。关于张若入蜀的时间问题，这里只是作为一个疑问提出来，《为田律》的出土加重了其疑，若要真正解决，还有待新资料的发现。

小　结

综上所述，本文的主要看法是：

一、青川秦牍《为田律》是秦武王二年，专门针对巴蜀地区，在秦律的基础上"更修"的。

二、《为田律》的地区性，证明秦汉时期对边远地区和新开辟的地区，确实执行了一种有别于内地的"远域新邦之典"。这类法律，既可由"远域新邦"的郡守在全国法律的基础上自制，也可由中央有关官吏修订。《为田律》再次证明，秦国时期的内史，主要管理全国的经济与法律，大概在秦统一六国后，才转变为专门"掌管京师"。

三、《为田律》在一定程度上解决了《史记》中存在的甘茂是否入蜀平叛的矛盾。它证明甘茂曾入蜀。

四、《为田律》由中央官吏"更修"这一事实，加重了我们对《华阳国志》有关张若从公元前 314 年至公元前 250 年共担任了六十五年"蜀守""蜀郡守"记载的怀疑。

[①] 《四库全书》提要曾指出：《华阳国志》确实存在着大量错简脱漏等问题。前人虽做过一些工作但并未完全解决问题。
[②] 蒙文通《巴蜀史的问题》，《四川大学学报》1959 年第 5 期。

青川秦牍《为田律》所规定的"为田"制

罗开玉

近年在四川青川县发现的秦牍《为田律》①,是秦政府在秦律的基础上,针对巴蜀地区、特别是针对巴蜀新移民"更修"的②。本文准备就秦的"为田"制度及秦在巴蜀推行的土地制度略作讨论,请读者指正。

一、《为田律》所规定的"为田"制

《为田律》说:"田广一步,袤八则,为畛;亩二畛,一陌道。"正确理解则、畛二字,是识读这一段文字的关键。《说文》:"则,等划物也。"本义为照比样子刻划器物。但先秦之"则"还有他义。试看以下文献:

> 廿六年,皇帝尽并兼天下诸侯,黔首大安,立号为皇帝。乃诏丞相状绾:法、度、量、则不查,歉疑者,皆明壹之③。

> 其后伯禹念前之非度,厘改制量,象物天地,比类百则④。

> 权与物钧而生衡,衡运生规,规圆生矩,矩方生绳,绳直生准,准正则平衡而钧权矣:是为五则⑤。

以上的"则"都与度量衡有关⑥,在第一条资料中是度量衡的种类之一,在第二条资料中是被作为一种标准,在第三条资料中是作为各种度量衡器具的总称。1977年,在安徽阜阳双古堆西汉汝阴侯夏侯灶土

---

* 《考古》,1988年第8期。
① 四川省博物馆、青川县文化馆《青川县出土秦更修田律木牍——四川青川县战国墓发掘简报》,《文物》1982年1期。
② 关于《为田律》主要是针对巴蜀地区"更修"的,罗开玉《秦在巴蜀的经济管理制度试析——说青川秦牍、成亭漆器印文和蜀戈铭文》,《四川师院学报》1982年4期)曾略作讨论,可参见。
③ 此诏书屡见于秦官府制作的器物之上,仅《秦金石刻辞》便收录七种,而《小校经阁金文拓本》载有二十八种,近三十余年亦有多件出土。
④ 《国语·周语》。
⑤ 《汉书·律历志》。
⑥ 参见孙常叙《则、法度量则、则事三事试解》,《古文字研究》第七辑,中华书局。

墓中出土了一批竹简，其中一片残简上有"卅步为则"的记载①。《为田律》说："田广一步，袤八则"，共长二百四十步，正与商鞅变法后二百四十步为一亩的制度相吻合②。

"畛"字何意？在目前已发表的有关《为田律》的研究文章中，亦存较大分歧，众说纷纭，各执一端。于豪亮认为畛是田间小径③，李昭和注意到了畛与水利有关系④，李学勤认为畛是起分界作用的小道⑤，黄盛璋认为畛是一亩之界⑥，杨宽认为畛是一亩田两端的小道⑦，胡平生认为畛既是一道田界，又是一块田区⑧，我在未系统研究这个问题之前，认为畛是一种有别于一般阡陌的较窄的田界⑨。究其原因，盖因畛在先秦古籍中本具多义所致。细考先秦之"畛"，实具以下四义：

一、田间径路。《诗·载芟》"徂隰徂畛"笺："畛谓田有径路者。"《楚辞·大招》"田邑千畛"王注："畛，田上道也。"这是笼统地把所有田间小路都称为畛。

二、田间陌道。《说文》："畛，井田间陌也。"《史记·秦本纪·索隐》引应劭《风俗通义》曰："南北曰阡，东西曰陌。"畛专指东西走向的田间小路。

三、记田地面积的单位。《孙子兵法·吴问》篇说晋国范氏、中行氏、智氏、韩氏、魏氏、赵氏分别以一百六十步、二百步、二百四十步为一畛，其面积等于亩。楚国以畛为单位计算田地的面积。《楚辞·大招》说："田邑千畛。"《战国策·楚策》说："叶公子食田六百畛。"《周礼正义》引孔广森说："楚国以畛记田。"楚文化对南方影响最大，东边的吴越二国、西边的巴蜀都受其影响。

四、畛为田间小水沟边之埂。《周礼·遂人》："凡治野：夫间有遂，遂上有径；十夫有沟，沟上有畛；百夫有洫，洫上有涂；千夫有浍，浍上有道；万夫有川，川上有路，以达于畿。"郑玄注曰："遂、沟、洫、浍，皆所以通水于川也；遂广深各二尺，沟倍之，洫倍沟，浍广二寻、深二仞。径、畛、涂、道、路：皆所以通车徒于国都也；径容牛马，畛容大车，涂容乘车一轨，道容二轨，路容三轨。"这似乎只是把农田灌溉与道路相结合的一个理想规划方案。在实际执行中，即使在平原，亦难如此规整。

那么，《为田律》之"畛"究竟何义？《为田律》的律文中既有"畛"，也有"陌道""阡道"，并把它们作了明显区分，可见它有别于陌道或阡道。如果把"畛"作为田区或面积单位，那么一畛八则已有二百四十步，而《为田律》说"一亩二畛"，面积多达四百八十步，与秦制明显不合；又《为田律》中本有"亩""顷"这些面积单位，也不可能在同一律文中用"畛"来重复；秦自商鞅变法时便统一了度量衡，"畛"也不会是局部地区使用的面积单位。因此，这里的畛应是田间沟边之埂。

---

① 转引胡平生《青川秦墓木牍"为田律"所反映的田亩制度文史》第十九辑。
② 秦制以二百四十步为一亩，屡见于文献。《说文解字》小徐本："畮，六尺为步，步百为畮，秦田二百四十步为畮。"畮，即亩。《风俗通》（佚文）："秦孝公以二百四十步为畮、五十畮为畦。"《玉篇》："秦孝公以二百三十步为亩，三十步为畹。"二百三十步，当是二百四十步之误。

秦的这种亩制，是从赵国学来。近年出土的临沂银雀山汉墓竹简《孙子兵法·吴问》篇载赵氏以百二十步为畹，以二百四十步为畛。当时，每户人家分得的土地有一个定额，一般是一顷，交租也有一个比例，但亩的大小却不一样，为了争取百姓，一些贵族便扩大了自己的亩制。二百四十步为一亩，是已知战国时期最大的亩制。

③ 于豪亮《释青川秦墓木牍》，《文物》1982年1期。
④ 李昭和《青川出土木牍文字简考》，《文物》1982年1期。
⑤ 李学勤《青川郝家坪木牍研究》，《文物》1982年10期。
⑥ 黄盛璋《青川新出秦田律木牍及其相关问题》，《文物》1982年9期。
⑦ 杨宽《释青川秦牍的田亩制度》，《文物》1982年7期。
⑧ 胡平生《青川秦墓木牍"为田律"所反映的田亩制度》，《文史》第十九辑。
⑨ 关于《为田律》主要是针对巴蜀地区"更修"的，罗开玉《秦在巴蜀的经济管理制度试析——说青川秦牍、成亭漆器印文和蜀戈铭文》（《四川师院学报》1982年4期）曾略作讨论，可参见。

农业与水利有极其密切的关系，南方种植水稻，二者更难分离。蜀地，早在传说中的杜宇时代，便"教民务农"，蜀相开明氏便因治水有功取代了杜宇的王位。司马错认为秦如灭了巴蜀，"取其地，足以广国也；得其财，足以富民缮兵"①，证明在李冰治水之前，巴蜀地区已有了一定的水利基础。李冰正是在此基础之上大修水利，在较短的时间内，四处动工，做出了较多的成绩。《史记·河渠书》说秦蜀守李冰凿离堆"穿二江成都之中。此渠皆可行舟，有余则用溉浸，百姓飨其利。至于所过，往往引其水益用溉田畴之渠，以亿计，然莫足数也"。这种"以亿计"的"溉田畴之渠"，显然包括"沟上有畛""亩二畛"的水沟在内。所谓"亩二畛"，是指在二百四十步长的田土两端都要开沟，并在沟上筑畛。律文在强调筑畛的同时，还反复强调"除浍""修陂隄""利津隘"等水利灌溉系统，这表明，他们之间有着不可忽视的内在联系。现今成都平原的农田，一般来说不到二百四十步便有小沟溪，而沟上必有"畛"，亦可为证。

《为田律》又曰："百亩为顷，一阡道，道广三步。封，高四尺，大称其高；埒，高尺，下厚二尺。"秦国在本土授田，以顷为单位。云梦秦简《法律问答》说：

"盗徙封，赎耐。"何如为"封"？"封"即田千佰（阡陌），顷半（畔）"封"殹（也）。且非是而盗徙之，赎耐，何重也？是不重②。

一百亩田边的田界便算作"封"，即每户人家只授一百亩田。《为田律》虽然也谈到"百亩为顷"，但却未直接规定在每顷田边都要树"封"，盖因巴蜀地广人稀，可以占有更多一点的土地。《后汉书·南蛮西南夷列传》载秦昭王曾与巴郡板楯蛮刻石为盟："复夷人顷田不租，十妻不算。"《七国考》卷二引《通典》说："一户免其一顷田之租，虽有十妻，不输口算之钱。"但当地存在着的政府、军队等国家机构仍需要赋税来维持。板楯蛮在免租的百亩之外，仍得交租，即板楯蛮每户实际占地面积大于一顷。对照上面二条律文，不难看出，《为田律》中的"封"与《法律问答》中的"封"在外形上也不同。《法律问答》中的"封"是"田阡陌"；而《为田律》中的"封"高四尺，是一个很突出的土堆，在两户人家的两个"封"堆之间，还有高出地面一尺的"埒"相连③，十分显眼。这表明秦在巴蜀推行的土地制度，更注意强调各家各户的界线。

二、《为田律》所揭示的土地制度

为田之形，只是现象。"为"什么田，受土地所有制的制约。秦在商鞅变法以后的田制，向来有二说：一说为国有土地的爰田制，一说为封建私有制。《为田律》与它们的关系如何呢？

先看封建私有制说。主要根据有以下几点。《史记·秦本纪》孝公十二年：

为田开阡陌。

---

① 《战国策·秦策一》，《史记·张仪列传》。
② 《睡虎地秦墓竹简》第178页。
③ 崔豹《古今注》云："封疆划界者，封土为台，以表识疆境也。划界者于二封之间又为埓堋以划分界域也。"

《史记·商君列传》：

> 为田开阡陌封疆，而赋税平。

《汉书·食货志》：

> 及秦孝公用商君，坏井田，开阡陌，急耕战之赏，虽非古道，犹以务本之故，倾邻国而雄诸侯。然王制遂灭，僭差亡度。庶人之富者累钜万，而贫者食糟糠；有国强者兼州域，而弱者丧社稷。至于始皇，遂并天下……

《食货志》又载董仲舒说上曰：

> 至秦则不然，用商鞅之法，改帝王之制，除井田，民得卖买，富者田连仟佰，贫者亡立锥之地。又颛山泽之利，管山林之饶，荒淫越制，逾侈以相高；邑有人君之尊，里有公侯之富，小民安得不困？

根据这些资料，汉唐学者都认为"开阡陌"是破坏旧有的大面积集体耕作的井田，置立新的阡陌封强，为私人土地兼并创造了条件。南宋朱熹一反前人之说，在《开阡陌辨》① 中认为"开阡陌"是破坏旧有的阡陌封疆，影响至今。

爰田制说是最近几年较流行的观点，特别是青川秦牍出土后，一些学者更主张此说。其主要根据有这几条文献资料。

《汉书·地理志》说：

> 秦孝公用商君，制辕田，开阡陌，东雄诸侯。

师古注引张晏曰：

> 周制三年一易，以同美恶。商鞅始割列田地，开立阡陌，令民各有常制。

又注引孟康曰：

> 三年爰土易居，古制也，末世侵废。商鞅相秦，复立爰田，上田不易，中田一易，下田再易，爰自在其间，不复易居也。《食货志》曰"自爰其处而已"是也。辕爰同。

不难看出，有关商鞅推行爰田制之说，兴起较晚，首发于东汉班氏。爰田制是一种古制，具体内容在

---

① 《晦庵先生朱文公文集》卷七十二。

《周礼》等文献中有记载。其特征是：政府定期将土地房宅按等分配给百姓；劳动者按"彻"的形式上缴产品；为了让劳动者苦乐同均，政府采取了"换土易居"的办法，定期交换劳动者的田宅。这个分配原则的思想基础是原始公社时的绝对平均主义，形式上突出一个"换"字（爰，换也），实质上是田地房宅国家所有制。持秦为奴隶社会说的学者，还另加上一要素：奴隶制——即由奴隶主定期将土地房宅等分给奴隶耕种居住，从事农耕的劳动者主要是奴隶。但从《为田律》所反映的田制来看，却难以得出这种结论：既看不出土地国有，也捕捉不到换土易居的痕迹。

从律文看，特别强调土地归各家各户所有的界线"封"和"埒"，应怎样高大显眼、坚实牢固，并每年定期培修。这使人明显地感觉到，政府欲让这些"封""埒"永远长存，使人感到该律的主题是欲确立土地私有制。

再从巴蜀地区的情况看，也只能得出上一结论。秦统治巴蜀期间，巴蜀地区的农村人口主要由两部分人员构成：占绝大多数的是巴蜀土著各族百姓，他们聚族而居，各占一山一地，别说外族势力很难侵入，即使政府的统治，也必须通过他们的部落、氏族方得以实施；少数是秦灭巴蜀后，逐渐由外地迁入巴蜀的百姓、刑徒，他们一般新辟荒地耕种。其次，巴蜀的绝大多数土地也不可能换土易居。西南民族与西北民族相比，一个重要特征就在于他们基本上定居。他们以部落成"姓"为单位，各据一山一坝，世代相承。《为田律》所规定的"为田"形式十分标准化，我怀疑它很难在土著民族中普遍推行，即使强行推行，也会发生若干变化。我认为《为田律》主要适用于外来移民。出土《为田律》的青川战国墓群，其墓葬形制、出土文物等都说明应是移民葬区（似以楚移民为主，中原移民为辅）。它表明《为田律》确曾在外来移民中推行。外迁入蜀的汉人主要集中在平原或坝区。过去，坝区多芦苇荡、沼泽地，政府十分希望能将这些地区尽快开发。要调动大家开荒的积极性，最好的策略就是允许土地私有；这与秦本土将熟地授予百姓耕种，有很大的不同。外迁移民在新地往往是按族或按籍贯小聚居、大杂居（这在青川战国墓葬群中也有明显反映）。为了适应新环境，他们必然要拼命加强家族势力，发展集团力量。秦政府在他们当中推行《为田律》，特别强调各家各户的田界，即强调各家各户对土地的所有权，也是欲发展小家庭个体经济，以抑制家族的或集团势力。从不久之后秦昭王与板楯蛮订立免除他们每家"顷田不租"的盟约看，秦的小家庭政策甚至在一些较边远的少数民族地区，也得到了一定程度的贯彻执行。外来移民较多的平原、坝区就更不待多说了。《为田律》在促进巴蜀地区土地私有制和小家庭经济的发展方面，起了开先河的作用，对后世有深远的影响。《史记·司马相如列传》载司马相如与卓文君结婚后，从其岳丈那里得到"僮百人，钱百万"，即返成都"买田宅，为富人"，可见至迟在西汉初期，蜀地已很盛行土地买卖了。

秦时流放刑徒入蜀，为终身刑，即所谓"迁蜀边县，令终身不得去迁所"[①]。但流放刑徒在蜀地是较自由的，可自由选择职业，如冶铁致富的程郑、卓氏等[②]。一般移民当然就更自由了。政府通过采取《为田律》这样的措施，确立土地私有制，可进一步限制移民和流放刑法在蜀地的流动性，把他们固定在土地上。对土著民族来说，确立土地私有制，也有利于改变他们经常抛荒、迁徙的旧俗。

再从我国先秦时期历史发展的线索看，商鞅变法后秦国的田制也不会是"换土易居"的爰田制。爰田制是一种旧制，至迟在春秋时期已为中原诸国普遍采用。《国语·晋语》、《左传》僖公十五年都载晋国曾经"作爰田"。这种田制实际上是大面积集体耕作制向一家一户个体经济的过渡形态。进入战国后，土地

---

① 《睡虎地秦墓竹简》261页。
② 《史记·货殖列传》。

私有制已在许多国家确立或基本确立；爰田制不允许土地买卖，已成为土地私有制发展的障碍，特别是在进入战国中期后，更成为一种落后的土地制度。商鞅变法在当时列国中是一种较先进的变法，很难想象他的变法只是去重复一种数百年前已为他国普遍实施的旧制，却会产生划时代的先进意义。另外，孝公求贤的基本要求是"宾客群臣有能出奇计强秦者，吾且尊官，与之分土。"① 爰田制久经实施，老幼尽知，无论如何也难列"奇计"之列。早在商鞅变法前约半个世纪，秦简公七年（前408）"初租禾"② 改劳役地租为实物地租。其相应的耕作制度，必是一家一户的个体劳动，其土地所有制度只有两种可能：一是要定期"换土易居"的爰田制，二是更为进步的可以自由买卖土地的私有制。从现有资料来看，第一种可能性较大。商鞅是在这个基础上改革旧制。他的改革使多数地区的田制比以前又有了新的进步，只可能是实行土地私有制。商鞅变法的结果是"庶人之富者累钜万，而贫者食糟糠；有国强者兼州域，而弱者丧社稷"，"富者田连仟佰，贫者亡立锥之地"（见前），这除了实行土地私有制外，别无他途可致。《为田律》与上引保护"封"的《秦律》相互印证，清楚地说明了秦政府是怎样确立和保护土地私有制，怎样发展个体经济以削弱家族势力。

---

① 《史记·秦本纪》。
② 《史记·六国年表》。

论青川秦牍中的"为田"制度

张金光

四川省青川县郝家坪 50 号秦墓出木牍一支。《简报》①公布后,已有数位同志撰文考释和研究。今亦略述拙见,以求教于同志们。为了讨论的方便,先将正面牍文引述如下:"二年十一月己酉朔朔日,王命丞相戊、内史匽、□□更修为田律:田广一步,袤八,则为畛。亩二畛,一百(陌)道;百亩为顷,一千(阡)道。道广三步。封高四尺,大称其高;埒(埒)高尺,下厚二尺。以秋八月,修封埒(埒)正疆(疆)畔,及登千(阡)百(陌)之大草;九月,大除道及阪险;十月,为桥,修波(陂)隄,利津梁,鲜草离。非除道之时而有陷败不可行,相为之□□。"

一、关于律文的定名问题

木牍律文诸家多定名为《秦田律》。此说不确,应名之曰《更修为田律》。其系将秦武王前之《为田律》加以更修改订而成。牍文"更修"为动词,"为"应属下读,"为田律"三字联意。牍文内容分二大部分。自"田广一步"至"下厚二尺"一段是说关于田间土地布置分划制度;自"以秋八月"至"相为之□□"一段说的是关于封疆、道路的维修制度。上述全系开阡陌封疆等"为田"之事。讲田亩分划以及与之相联系的诸问题若道路封埒的设置与维修等应是《为田律》的主要内容。秦自商鞅变法以来,应即有《为田律》。秦既行土地国有制及国家授田制②,政府当有划一田间布置之法,《为田律》当即为此而设。它与《田律》虽有联系,但实则根本不同。照云梦秦简所收录的六条《田律》来看,秦《田律》的主要内容应是关于土地制度以及建立在一定土地制度基础上的剥削制度与农业生产管理制度等方面的立法。《田律》的本质就是土地法,《为田律》应是《田律》中土地制度的具体化。

青川秦牍所示秦武王二年所更修的为田之法,比过去的为田法确实有比较大的改动。故此律文正名应定为《更修为田律》。

---

* 《文史哲》,1985 年第 6 期。
① 四川省博物馆、青川县文化馆《青川县出土秦更修田律木牍——四川青川县战国墓发掘简报》,《文物》1982 年第 1 期。
② 详见拙作《试论秦自商鞅变法后的土地制度》,《中国史研究》1983 年第 2 期。

二、关于畛、亩、顷、阡陌及其相互间的关系

先说"畛"。牍文言:"田广一步,袤八则为畛。"这是青川秦牍最费解的一句话。就已发表的文章来看,诸家皆把"畛"释为"小道",并且认为这种小道是作为"地界"或"隔亩"用。持此说者又多认为畛道一步宽,八步长[①]。按,释"畛"为道,并不符合木牍所言制度。试问,亩与亩间若皆以一步(即六尺,约合今1.386米)宽之道相隔不是太浪费土地吗?又照同时期文献所载知其时田间耕作布置规划,两亩侧间并无任何阻隔,田间之所以分划成亩是与耕作为畎垄的技术要求有关。至于畛为地界之说则更不可从。"地界"乃是标志地主人对于土地关系权限的法律概念,并不是指的一般畦田埂。就青川牍文来看,其中只有"封埒"才具有封疆地界的法定意义。又按,照云梦秦简看来,秦最小单位地界为"顷畔",根本未言亩畔、畛畔,此必须注意,不能随意使用"地界"概念,否则与秦制不符。建立在释畛为"界道"的错误基础上,当然对"亩二畛"的解释也欠确当。有的同志认为"亩二畛"是指每亩两头各有一畛,宽一步长八步作为亩的两边,亩的另两边则为陌道[②]。按,此说有下列矛盾:(1)如果把"二畛"理解为亩的两头,那末为什么又把"一陌道"释作另两头而不作另两头呢?(2)若把"田广一步袤则为畛"理解为畛路一步宽、八步长,如此则与"田"的概念相矛盾。

青川牍文所言"畛"非道路,乃为畛域,是具有固定规格形状的田面区划名称,由律文言"田广袤"可证。银雀山汉简言晋六卿"制田"有以八十步为婉、百六十步为畛者。此"婉""畛"皆为田域甚明。秦牍"畛"写法同银雀山汉简,亦当为畛域之畛。只是二者有积步大小等级上的差异而已。银雀山汉简二婉为一畛,青川牍则二畛为一亩。汉简之畛恰当青川秦牍之"亩"。要之,战国时在田间布置规划上通行着把一亩分作二区的耕作制度。

或问:一畛广一步袤八步,亩二畛,其亩之积步岂非太少了吗?看来不论把畛释为"道"或"域",这一句都是极难通过的障碍。诸家多以"畸零"说圆通之。如说:"即使一块田仅是广一步,只要是袤八步,也要筑畛。"[③] 或说:"这一句是包括畸零的农田而言,耕田只要有宽一步,长八步的面积……就应造名为畛的小道。"[④] 按,此等说法皆不可通。(1)律文明言"田广一步袤八则为畛",绝无"只要""即使"等类意。此说犯了"增字解经"的大忌。(2)诚然任何整齐的田亩规划都会遇到种种特殊畸零情况,但作为立法则绝不能只言特殊而不讲一般。(3)即使是处理畸零面积的话,那末"广一步袤八"这种具体规定长宽度的说法,则嫌太不周密,亦缺乏科学性。(4)再说秦其时各家所占土地尚多连成片,并未细分到只有八步之畸零碎段。若律定积八步则为畛路,实感离现实太远。综上所述观之,"畸零"说亦难成立。

这句话很可能有脱文,"八"下当脱一"十"字。当时各类律文转抄脱误,乃为习见之事。故《商君书·定分》云:"法令皆置一副",以备核查,且每年颁下一次。证诸秦简《尉杂》云:"岁讎辟律于御史",此说益信。《尉杂》等所云还是指较高级政府机构至中央核对律文。至于乡间小吏或民间转抄律文则又无此认真。青川牍文抄者之身份并不高,当系具体管理"为田开阡陌封疆"等事务的乡政府小吏。此牍

---

① 黄盛璋《青川新出秦田律木牍及其相关问题》,《文物》1982年第9期。李学勤《青川郝家坪木牍研究》,《文物》1982年第7期。
② 黄盛璋《青川新出秦田律木牍及其相关问题》,《文物》1982年第9期。
③ 于豪亮《释青川秦墓木牍》,《文物》1982年第1期。
④ 李学勤《青川郝家坪木牍研究》,《文物》1982年第10期。

并非经过多次复核校对过的原件，亦非政府行下公布的文告。就木牍正反两面文字合观之，正面律文当为某乡里小吏书以作为自己某些政事活动的根据之类的东西，乃随手所记，其脱误则更属可能。

果若"八"下脱一"十"字，那末一亩之积则可得百六十平方步。此亦合战国制度。说者多以秦于商鞅变法后行二百四十方步亩作为定论。其实，战国亩制大小不一，单晋六卿即有百六十步、二百步、二百四十步者三种。故知秦亦非必以二百四十步为亩。不过通行着一亩二畛制，且扩大亩积，倒是战国时一致的倾向。这两点都是其时田间规划的新动向。文献未闻，可以补阙。至于亩之积步扩大多少，则无定准。今存《商君书》及秦所有文献，绝不见秦行二百四十步为亩的迹象。《商君书》中却仍言小亩。秦简《仓律》规定每亩用种麦一斗。秦一斗约合今二升。照通常比重言，一升约重二市斤，可见其时种麦一亩约用种四斤。1949 年前北方农民播种小麦，在墒情最好、整地质量最高、温度最适宜的情况下，亩约用八九斤，出苗尚稀疏。《仓律》所言若为二百四十步之亩，其积当今亩三分之二尚强，其亩用种四斤则嫌太少。又今日之整地质量更非秦人所能比，那末秦亩用麦四斤则更嫌少了。若以亩制不同解释之则暗合。以百六十步为亩或百步为亩则近是。

再说"亩""顷"。不少同志认为秦亩形制是宽八步，长三十步之亩[①]。按，就律文所示田间规划加以综合考察，秦亩不管其亩有若干方步之积，但其形则无疑仍是宽一步的直测长条亩，而绝非宽八步长三十步之类的方测短亩。"百亩为顷"，乃百个长条亩并联而成。理由如下：（1）若照宽八步长三步的亩形说，其陌道则占地太多，此大有悖于"尽地力之教"。或说："秦田宽八步，长三十步，则一项应该是长三十步的田并排二十亩；宽八步的田并列五十亩，这样除去陌道不计在内，一顷田长六百步，宽四百步比较整齐。"[②] 按，长六百步宽四百步的方域内其亩积乃十顷之地，非一顷也。（2）长条亩的产生本自有其历史必然性。古代地广，皆大片经营，集体耕作或分田而耕，田间规划皆宜取长条亩，尤其在使用畜耕的情况下，长亩最宜于耕作。以牛田著称的秦农业，于广漠的耕作区断无将连片完整的土地再无故分截成如八步者之若干碎段短亩之理。他如《诗》所说周之"十千维耦""千耦其耘"，若短亩则更窝工。《诗》言"终三十里"，信然。战国时有扩大亩之积步的倾向，但绝无改长亩为短亩之必要，尤其在行普遍土地国有制及授田制的秦，其土地尚未细分呈犬牙交错状，因而更未见其有易长亩为短亩之必然性与优越性。传统的既省人力又尽地力的长条亩形应仍被沿用。短亩的出现乃是土地细碎分割化整为零以后的必然现象。故在后世土地买卖中，若买卖数小，遂出截积之法。（3）秦行长条亩，在文献上亦有迹可寻。据《周礼·小司徒》注引《司马法》说："六尺为步，步百为亩。"此即为长条亩。《吕氏春秋·任地》云："是以六尺之耜所以成亩也。"此与上引《司马法》正相合。《吕氏春秋·任地》等农技篇章并非奢谈古制之历史陈迹，而是为指导当时农业生产而作，其所述应是战国时通行的田间耕作规划制度。（4）至汉代，大田规划犹以长亩计。赵过代田，"一亩三甽……长终亩"，即如之。（5）秦田以顷为基本单位。一般说来，秦亩仍是作为长条形的田间耕作布置之名称，而并非任意积步的一个单位亩，积碎步成亩作为一单位，那是后来的事情。（6）其实，"田广一步，袤八，则为畛。亩二畛……"就是秦武王时施行宽一步之长条亩的立法确证。此句固然难通，但其费解之处乃在于"袤八"，而不在于"田广一步"。然不少同志反以"袤八"为准，或说"畛零"，或释为路长，并由此辗转相推而得亩之长宽，愈治愈纷，而却忽略了"田广一步"所透露的绝妙消息，这表明其规划田地系取宽一步之长条亩形。过去论古史上的亩形只好据前引《司马法》来立足，而今青川秦牍问世，乃提供了立法上的铁证，遂解决了先秦史上尤其是秦史上耕作制度方面的一个重

---

① 杨宽《释青川秦牍的田亩制度》，《文物》1982 年第 7 期。
② 于豪亮《释青川秦墓木牍》，《文物》1982 年第 1 期。

大问题。

据牍文言"百亩为顷"。而《周礼》言田制则有百亩、二百亩、三百亩者；《吕氏春秋》述魏氏行田有百亩、二百亩者；赵简子誓词有"土田十万"之说。皆不言"顷"。很可能"百亩为顷"的概念首创自秦。或认为创自秦武王时①。此说不确。秦简《田律》言"入顷刍稾"，《法律答问》言"顷畔"。此二律皆应早于秦武王时期。"百亩为顷"的概念大抵在商鞅变法后即成立。既云"顷"，可知此"顷"并非积散亩而累计之为顷，乃是百亩连片成为一区。青川牍所言"顷"显并连成片，不然是无法顷设一阡的。大抵说来，用于田亩的"顷"这一概念，最初应是作为称谓相并联百亩之田的名称，并非如后世累计零碎细亩而足一顷之积数的单位。《说文》云："顷，头不正也，从匕页。""顷"本称头不正，即后来之"倾"字。《说文》又云："匕，相与比叙也，从反人。"段注曰："比者密也，叙者次第也。"按，秦人初以"顷"称百亩之田大概就是取将不整正而无规划之田加以比叙整理使之有条理次第之义，亦即规划为长条百亩密切相连，比叙其次第成为一区，即一顷。秦自商鞅变法后乃至秦武王二年《更修为田律》所使用的"顷"这一概念，应是指百条长亩相密比而次第叙联的一个完整农耕作业区。任何短亩都不可能成此规划。

再说"阡陌"。文献称秦开阡陌。但关于阡陌之制，则茫然一无所知。青川牍文曰："亩二畛，一陌道；百亩为顷，一阡道。道广三步。"此可补文献阙文。但对于这一段话的具体理解还有分歧。

或释阡宽三步，陌不知，而据文推之得二步②。按，此说不确，"道广三步"应总统"阡、陌"而言。又设若阡陌宽度不一，如此则无交垂于阡之大道。此乃作涂自闭，岂有是理。《左传》成公二年③载，晋欲齐封内"尽东其亩"。此亦非指只修东西大道而不要南北大道。"尽东其亩"是为了"戎车是利"，而把垄亩的方向搞成东西走向，免得如《六韬·战车篇》所云"殷草横亩"，不利驰骋。但是规划道涂不论垄亩方向如何，其东西南北则皆须为之。

任何时代，分划田邑，除画疆之外，同时是必须除道的，只是因时因地之不同而道路则各有其不同名目而已。路究其形制与作用大致不外三种：一是供行李旅人车马往来之交通大道；一为田作之道（今名生产路），当亦可通行较大交通工具；一为田亩中小蹊径，多为人贪走便道而成，并不在制度。青川牍文所云"阡陌"乃田作之道，当亦可备行旅往来。秦的阡陌田作之道，或因其所处地理要冲而有转为交通大道者，后遗存于世者恐皆此类。田间置阡陌以通田作往来，但人多贪便捷，故时有穿邪径而横渡于亩间者。《吕氏春秋》言孟冬"塞蹊径"，当即堵塞邪径。

或说阡陌高出地面四尺六。④ 此乃由误释误读牍文所致之大错。若照这位同志所说亩一陌道，陌间相距八步，百亩之陌道其长累计之则得3000步，其体积则为 $18×18000×4.6 = 1490400$（立方尺）；百亩阡长80步，其体积则为 $18×480/4.6 = 36504$（立方尺）；阡陌总体积为1520904立方尺。不知如许土方将焉取之。又，八步间则筑起宽18尺，高4.6尺之高土岗，何以自设如此障碍。一般说来，尤其在旱作区的田作之道更不应高于田面，青川牍文所言"阡陌"即此类。

再来研究畛、亩、顷及阡、陌之间的关系。二畛是并列，还是相衔接而纵排？百亩是长亩并列，还是方亩纵横排叠而成顷？阡陌之道又各在何处？这些问题必须辨明，才能复原一合乎青川牍文原意与合乎实际的田间规划图。研究上述畛等五者之间的关系，绝不能孤立地去探索其中之一项，而应把它当作一个整的合理的田间规划体系来研究，方才不至于通于此而滞于彼。田间布置的原则，应是尽地力与利耕稼。

---

① 李昭和《青川出土木牍文字简考》，《文物》1982年第1期。
② 黄盛璋《青川新出秦田律木牍及其相关问题》，《文物》1982年第9期。
③ 田宜超、刘钊《秦田律考释》，《考古》1983年第6期。
④ 田宜超、刘钊《秦田律考释》，《考古》1983年第6期。

此在实践中事，不容任意设计。有的同志拟短亩排摊之阡陌图①。照其图来计算，则陌间相距 8 步，阡间相距 300 步。百亩田有十陌道，各长 300 步，累计百亩之陌总长则为 3000 步。顷侧之阡长 80 步。合阡陌总长则为 3080 步。以道宽三步计之，其阡陌总面积则为 9240 平方步。又照这位同志云：畛道宽一步长八步，亩二畛。则百亩中畛道总面积又得 1600 平方步。合畛、陌、阡其面积则为 $(9240+1600)\div 240=45\frac{1}{6}$（亩）。为百亩之田，仅作道占地近五十亩，于土地实在也是太惊人的浪费。将大面积良田平畴开作道路，任其长草，不仅地力不尽，且为田禾之大敌，以此知此等设计绝不符合青川秦牍律文的要求与其时客观实际。或说："畛是亩与亩之间的田埂，作为小道，通向亩端的陌道。就一亩耕田而言，从其面积中划出左右两畛和其一端的陌道，另一端的陌道则从其他亩中划出。"② 按：如果"二畛"是指从一亩中左右划出，那末相连之另一亩亦照此办理，结果成了亩与亩间有二畛道并行。如果二亩间共用一畛，则又不得称作亩二畛，应叫"亩一畛"，如同"一陌道"之称。又按，这位同志既主长亩，那末，在一步宽之亩两侧各留一畛道，则根本无此必要，我认为，百亩应该是条亩并排，而且陌横贯亩中，适截分一条亩为二畛，阡在顷侧，与陌相交。今综合律文意，拟示意图如下：

照律文所示制度，此应为最佳田亩布列法，既尽地力，又便耕作。今分述如下：第一，如此则阡长 160 步，陌长 100 步，阡陌占地总面积不过 $(160+100)\times 3\div 160=4\frac{3}{4}$（亩），任何一种方测短亩排列，最费地力。有些说法，初观似有理，细绎则不然，搞得田野几半道路。只有长条亩排列最节约土地。第二，那末，为什么不取陌在亩之端，而却贯亩中？理由如次：（1）前已论之，亩分为二畛域，且亩侧间并无任何道路阻隔。陌横贯亩中，适分其为二畛。（2）陌贯亩中，最利耕作。原百步之长条亩是道在田首，今扩大亩之积步，若长为 240 步或 160 步，于亩中横截为陌，亦略同于原来之道，此亦利往来，各家皆于陌左道右行出入自家畎亩，所深入之距离亦略同于原来自径遂入亩之距离。设若于田首为陌，各家出入则须纵深远进 240 步或 160 步，此大不易于耕稼、运输等事。若只入亩之半长，则又须经阡绕道另端之陌而出入亩之另一半，此亦大不便。以今之地宜度之，小农亩长亦少过百步者，昔日小农耕稼，若于过长之田则多设有"腰路"，正横贯亩中，从腰路左右分发耕作出入一切甚便。

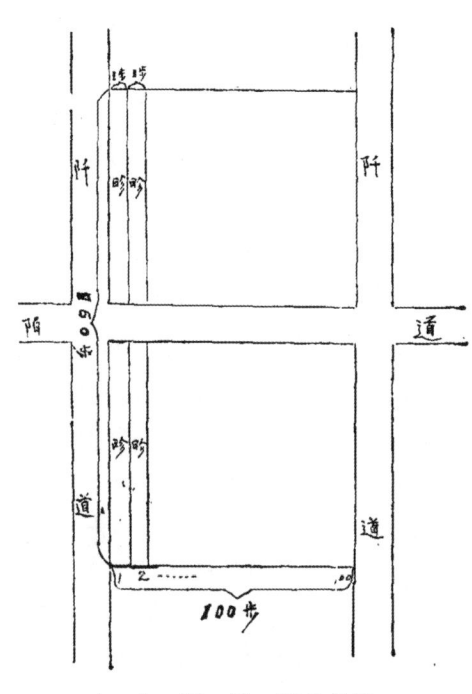

畛·亩·顷·阡·陌示意图

综合律文与耕稼常识，固知青川牍文所言之陌当横贯亩中，非在亩端，更不在亩侧。

三、封埒及其与阡陌的关系

青川秦牍所言"封埒"，其性质与作用当为地界，别无他用。封为土台，标志着一定地域之四极（四

---

① 田宜超、刘钊《秦田律考释》，《考古》1983 年第 6 期。
② 田宜超、刘钊《秦田律考释》，《考古》1983 年第 6 期。

至）即距中心最远之点；埒是连接封之间的土岗，以分划封域周围之具体边限。封志疆境，埒分界限。详言之则称封埒，简言之则谓为封。

有的同志将"埒"释作田间布置的畎亩制，把它与《周礼·匠人》沟洫之法混为一谈，说："埒间广尺深尺谓之'畎'，田边倍之，广二尺深二尺谓之'遂'。古之井田，遂在夫间，阡陌之制，'遂'在'嬊'侧，此其所以异也。"① 此说不确。（1）概念混乱。按《匠人》根本没使用"埒"一概念。作者非要以"埒"当于《匠人》中什么概念，而又不加任何证明，直臆断埒、畎相间"每嬊""可容十五埒，十四畎"。则此毫无根据。（2）《匠人》云："田首倍之。"而这位同志却撮述为"田边倍之"。按田首与田边迥异。若为条亩，短的边称为"首"（头），长的边则称为"边"，今人播种于顺亩条播之后，每再于两头横播一、二耧，叫做"耩横头"。播侧则叫"耩边"。对于田亩边头称谓，千古以来无异辞。《周礼》之"田首"即田头，其畎顺亩势而成，其水恰流入田首之横"遂"。按《匠人》之法，其"遂"绝不在田边，这是合理的。"遂"之设乃为承"畎"所泄水之用，故"匠人"规划田亩必畎纵而遂自横，此合自然之理，亦为耕作常识。照上述这位同志所设计"遂"与平行等列而在亩侧，每"嬊"（即畛——引者）十四畎沟与十五埒岗相间。不知畎之水将焉入"遂"。此等设计皆为脱离实践之臆想。又，青川牍绝不言沟洫井田，根本无遂沟。把"匠人"沟洫之法引入此律是大错。（3）这位同志说："埒，耕田起土也。"按，律文言："以秋八月修封捋（埒）。"黄河流域及青川之地于秦历的八月仍正值作物生长季节，并未收获，断非耕田起土为畎亩之时，故知律文所言之埒绝非田间垄亩。其实律文既言"修封捋正疆畔"则已明示埒乃疆畔之类而绝非垄亩。

封埒制度，律文所言甚明，"封高四尺，大称其高。埒高尺，下厚二尺。"即封是一个高四尺，底长宽各四尺的土堆，呈四棱锥状。埒是高一尺，横断面呈等腰三角形状，底匕长二尺。唯有的同志释"大"为"六"，且属上读，句读成"封高四尺六。称其高……"按，此说误。第一，照《简报》及这位同志所摹"四尺"下一字作"ᆺ"形。按，此不可释"六"，乃"大"字无疑。今特将云梦秦简及秦器中"大"、"六"二字迹较清楚者摹出，列表，以资比较。

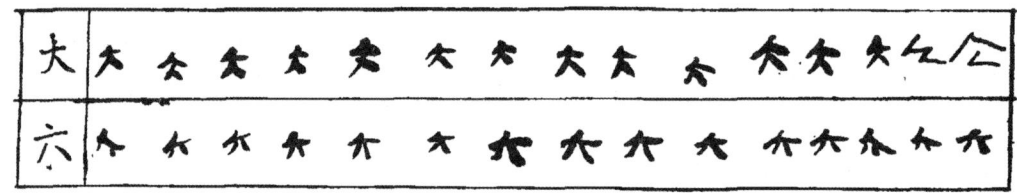

由上表看来，"六""大"二字在秦简牍中写法虽形近，而差别实甚大。"六"字横下二笔绝不相交接，末笔乃与上横相接，且略带挑意。"大"字则末二笔乃相交，尤其末笔绝不与上"人"相接。上两笔较含糊，唯其末笔书法位置绝不相同。青川秦牍"ᆺ"字固应释"大"。第二，若释"大"为"六"，且属上读，遂使下句无主语。该同志解作"埒称其高"。按"埒"本在此句下，怎可移作其上句的主语？第三，姑照该同志所断释，其言"捋之高，必与阡陌之高相称，故曰'称其高，捋高尺。'"其又认为阡陌与封是一回事，那末，阡陌也就是高四尺六了，前既云"捋高尺"，又何来必与阡陌之高相称"？真令人有矛盾相见、圆凿方柄之感。附带说明一下，或将下"大草"、"大除道"之二"大"字并释"六"，同误。

秦牍之封埒与阡陌，就实物言之并非一物，其性质作用迥然不同，位置亦非必吻合于一处。照云梦秦简与青川秦牍所言，"封"乃是土地国有制下国设各种田界的法律概念，青川秦牍所言之阡陌只作为道路

---

① 田宜超、刘钊《秦田律考释》，《考古》1983年第6期。

用，并未赋予任何法律意义上的田界封疆性质，此不可不辨。或说"'道'与'封'总括'千''百'而言，语其广则曰'道'，谓其高则曰'封'，两者异名而指同。"① 按，把道、封混为一谈，乃大误。（1）律文明言除阡陌之道与修封埒分在两月进行，了不相干。可见阡陌与封埒非一。（2）持此说的同志又主张亩侧有陌，顷旁有阡，何以一家顷田百亩中有如此多之封疆纵横。（3）秦封疆单位以"顷畔"为最小。照该同志所言及其所制"千百图"来看，陌皆在亩侧，亩皆有陌，其陌无法尽与"顷畔"重而为"封"。（4）青川秦牍言"封埒"皆有一定高度，而言阡陌则只定宽度。上述皆确证阡陌与封埒非一。

即照一般同志对于秦简牍所言"阡陌""封"的理解，其阡陌与封埒亦不可为一。（1）云梦秦简所言"顷畔"与"阡陌"显然大小不一，若一家授田百亩，亦不能以阡陌为界，而自应另有畔。（2）秦授田并非在所有情况下，皆恰为百亩。而青川秦牍所言阡陌乃百亩中整齐规划，明此二者又不得合。（3）即或受田恰为百亩，而其阡陌与封埒亦不得合。试问道宽三步（合十八尺），封高四尺，埒下厚二尺。此封埒若在阡陌上不知将焉置之以为二家田界。若界二家隔阡相比邻之田，其封埒自当起于阡道之正中（中分阡道），此无乃大碍交通？若起于偏侧则又并不能成立为公正界识。青川牍文之阡陌与封埒在通常情况下二者无关。若一家田垮连阡陌，其封埒之筑当可穿过阡陌而为之，总须于四邻田边头交界处启之。其所占土地当两家各半。

四、青川秦牍所反映的秦土地制度

青川牍文证明秦在武王时尚普遍推行着强有力的土地国有制。《更修为田律》之所以能制定与颁行正是建立在强有力的普遍土地国有制及在其下的国家授田制基础之上的。我曾经提出过："秦自商鞅变法至秦统一前后，是普遍的真正的土地国有制的确立与强化发展的时期。"② 今赖青川秦牍出土又得一有力证据。青川秦牍最值得注意者有下列数点：

第一，整齐而划一的畛、亩、顷、阡陌等田间布置规划表明其规划的对象即土地应是未经细碎分割而相连成片的。这种普遍的整体性规划也只有建立在普遍土地国有制基础上才能做得到。这种规划亦绝非国营农业系统，它应是国家授田制下的规模，由在政府主持下各为之起封埒可得确证。

第二，此律所示埒系一矮小土岗。它应是用作较小范围的疆畔，或即秦简《法律答问》所言"顷畔"之类。青川秦牍之"封埒"并云梦秦简之"顷畔"皆非村社或私人之间撮合交易而定的田界，而是国家所设立的经界，是国家授田制的产物，是土地国有制的标志。由国家统定封埒标准，统一"修封埒、正疆畔"可为之确证。而这种国设"封埒""疆畔"具有不可侵犯的神圣性。云梦秦简《法律答问》言明律有专条罪治"盗徙封"者。毫无疑问，这条律文所适应的范围亦应包括青川秦牍所云"封埒"在内。《更修为田律》规定每年统一正封，亦正可与《法律答问》"盗徙封"条相表里。

第三，《更修为田律》规定封埒于每年的八月修治，可是八月稼禾却尚未登场；又律言此时修封埒乃为正疆畔。此皆足证，这种修封埒乃是修治原开之封埒以正疆畔，并非于他处新辟封疆。这正反映了在秦土地国有制与国家授田制之下，土地不再定期重分，耕者对份地已取得了比较长期的稳固的使用权与占有权。而国家为之设封埒并立法加意保护之，这反映了小农份地权的进一步被重视，这也正是维护国家授田

---

① 田宜超、刘钊《秦田律考释》，《考古》1983年第6期。
② 详见拙作《试论秦自商鞅变法后的土地制度》，《中国史研究》1983年第2期。

制，以实现国家对土地的所有权。

第四，畛、亩、顷、阡陌、封埒等统一制度标准、统一摆布，其修治则统一时间、统一行动，这都表明其时在土地关系上，有一种强大的超越一切个人之上的力量和意志的存在，这个力量就是秦的政府权力，这个意志就是秦的国家意志。这正是土地国有制及国家授田制在田间规划制度上的具体表现，而且是土地国有制强有力的表现。木牍背面的记事亦足表明，此制在秦政府是认真贯彻执行了的，并非一牍空文。

第五，《更修为田律》所示由政府有效地统一摆布田间设施，统一通修田作之道，统一正定封疆，统一管理维修险隘、津关、桥梁、陂堤等与农业有着密切系的公共事益，这与云梦秦简所云田啬夫对春耕的百姓要"谨禁御之"，"春二月，毋敢雍（壅）隄水"。政府统一组织管理评比畜养与使用耕牛，以及具铁器假民用等一系列督劝农耕、管理生产的活动都是一致的。此皆表明，秦农业虽分田而耕，农民在生产上有了较大主动权，但却仍是在政府集体干预、指令下的系统农业，尚未涣散而一切随心所欲的自理。这也说明，"在村社解体的大潮中，秦通过'集小乡邑聚为县''壹山泽'等措施，完成了对村社土地所有权的集中和垄断"（见拙著《试论秦自商鞅变法后的土地制度》），而又必须同时对原村社组织管理生产的那一套活动有所选择的继承。这也表明秦政府在社会经济生产活动中尚起着相当大的组织作用，其经济生产职能尚强，而尚未完全蜕变为一个无视民之生计的聚敛机构。这也应是强有力的土地国有制与国家授田制在生产管理制度上的反映。

第六，秦惠文君后九年，司马错伐蜀灭之，秦于是置有蜀郡。秦武王元年，蜀侯煇、相壮反，秦使甘茂定蜀。武王二年末定是律，其四年末已载有关于据律重修道路的记事。可见二年所定《更修为田律》，三年即于蜀北青川地区付诸实践。这一方面说明秦对巴蜀控制的进一步加强，同时也表明秦推行土地国有制之雷厉风行。战国时各国土地国有制皆有加强之趋势，而秦贯彻尤力。

第七，这支木牍的书抄者当即 50 号墓主，他的身份很可能就是一个原村社闾里豪而今又做了乡官的人。郝家坪战国墓群实行族葬制度，这应是比较原始的风气。从 50 号墓的形制及其出土器物来看，墓主的身份并不甚高。该墓群唯此墓出土牍文，牍文且涉国家基层政事，从背面记事来看只关系到少数人，亦可见并非大行政范围。以此知墓主很可能就是基层政府乡里小吏。我曾提出过，秦重乡官与乡治，其乡官权力之重，远非后世所能比，举凡地方经济、政治、文化之权皆与之，其中即包括具体主持分授田里之重大活动。乡官权力的基础就是来源于强有力的土地国有制[①]。今以青川木牍可进一步证明，不仅颁授田里，乃至于具体的田间布置规划、阡陌封疆的设置与维修皆由其具体领导。

因之，秦之乡吏遂握小民之经济命脉，这是土地国有制强有力的表现。直到秦汉之际，尚且如此。刘邦于汉五年下诏指出，在国家以功劳行田宅中，其"小吏未尝从军而多满"，致使复员归乡的战士"久立吏前，曾不为决"。可见田宅之授，或与或否，一任基层所为。究其权力之源，乃由强有力的土地国有制及国家授田制所造成。

综上所述，青川牍文明证，秦自商鞅变法以后所确立的普遍的真正的土地国有制及在此基础上的国家"为田开阡陌封疆"，直到秦武王时正有效地强力推行着，虽其制度的具体细节可有因时而制宜者，但其实质与基本精神却总未变。

1983 年 11 月

---

① 详见拙作：《试论秦自商鞅变法后的土地制度》，《中国史研究》1983 年第 2 期。

青川秦牍《更修为田律》适用范围管见*

张金光

关于青川秦牍，我曾撰有《青川秦牍研究》拙文。文中论证了秦从商鞅变法以来应有《为田律》，青川秦牍律文即是将秦武王前的《为田律》加以更修而成，是原《为田律》的修改案，木牍律文应定名为《更修为田律》。文中还论证指出：《更修为田律》不是只适应某地区的立法，而是适应秦辖地区，是向秦国颁行的[1]。顷读罗开玉先生《青川秦牍〈为田律〉再研究》（以下简称《再研究》）[2]，该文认为青川秦牍律文"关于八、九、十月所规定的内容"，屡见于《礼记·月令》《吕氏春秋》《管子·四时》，但其季节却大不相同，作者说："后三书关于月令的记载，适用于黄河流域中、下游地区。中原夏季雨水较少，冬季风雪很大；相比之下，至少在多数地区的沟洫、堤防、道路、封疆等受冬季风雪影响，比受夏季雨水的影响更大。"因而这三书把这些内容安排在春季进行，"青川秦牍律文"把与上面三书大体相同的内容安排在秋季进行，表明它适应的气候区域与上面三书不同，而得出只适用于巴蜀地区的结论。此说不妥，理由如下：

第一，诚然，《礼记·月令》《吕氏春秋·十二纪》《管子·四时》可以看作是以黄河中、下游为标准气候制出的时令。但不能据此说《更修为田律》所反映的气候与此不同。《更修为田律》云："以秋八月，修封埒，正疆畔，及芟阡陌之大草。九月大除道及除浍。十月，为桥，修陂堤，利津梁，鲜草离。"《再研究》只引了《礼记·月令》《管子·四时》《吕氏春秋·十二纪》中之春季三个月关于此类事之安排，却没有引用其与此对应的八、九、十月份之文。今补引如下：《月令》：仲秋之月（八月）"可以筑城郭、建都邑，穿窦窖。"孟冬之月（十月）"坏城郭，戒门闾，修键闭……固封疆，备边境，完要塞，谨关梁、塞蹊径"。《吕氏春秋·十二纪》同此。《管子·四时》："秋三月发五政，四政曰补缺塞坼，五政曰修墙垣、周门闾。"这里表明：同季度所从事的具体事宜名目虽有所不同，然而类别原则却是完全相同的，都是处于同样一个节气规律之下的同类事情，即都是在雨季过后，封冻之前的土功事宜。只有认识到这一点，而且把它当作首要原则才能正确认识青川牍律文所反映的气候背景。从上述原则出发来看，《更修为田律》所赖以建立的气候标准不仅不与《礼记·月令》等三书异，而且完全一致。《更修为田律》的修封埒、正疆畔、除道、除浍、为桥、修陂提、利津梁等皆为只有在雨季过后与在封冻之前所可从事的土功。《月令》

---

* 《四川文物》，1993年第5期。
[1] 张金光《论青川秦牍中的"为田"制度》，《文史哲》1985年第6期。
[2] 载《四川文物》1992年第3期。

等之筑城郭、建都邑、固封疆、完妥塞、谨关梁、塞蹊径等事宜亦全系与《更修为田律》同节气下的标准土功。请看《月令》十月之"谨关梁"与《更修为田律》十月之"利津梁"即在名目上也并无什么本质差异。"关梁"之梁与"津梁"之梁不正是同一件事么。在同一个季节内，做着如此大量同类的事宜，而且这些事宜都必须建立在同一气候下进行，怎么能说其间"季节却大不相同"呢？《再研究》的作者只看到《月令》等文献把修封疆、沟渎等放在春季，没想到在北方这类放在秋与孟冬之月同样是可行，且事实也如此。其实在北方黄河中下游此类事放春、秋二节皆可，放在春与秋，其气候时令并不矛盾，反而是一致的。至于《更修为田律》何以在秋，而《月令》等何以在春，当另求他因，绝不是因为气候之异所致。从上所述，表面上有较大差异的便是修封埒一事。这也只是及时与不及时的差异，并不反映气候之异。青川牍文言于"八月修封埒，正疆畔"。这因夏暑季节，暴雨骤至，封埒多坍塌。而秋八月，雨季已过，应及时验明正定疆界，免得稼禾收场后，历冬日既久而待来年春耕时发生争执。这反映的应是份地已经比较固定化以后的及时正封情况。《月令》《十二纪》中所说于春日农耕开始之时，在"母畯"的督理之下"修封疆、审端经术"，在田事既饬之后，又"先定准直"而使"农不惑"。这反映的可能是建立的村社集体或份地农业经常换土易居的基础上的正封情况①。这是在不同时代、不同制度背景下出现的不同安排，绝非气候之异而致。因为这类事在中原地区在秋在春皆可。再者还必须明白，《更修为田律》与《礼记·月令》等书在性质上是截然不同的，前者为秦中央政府颁行的现行制度，不带任何理论色彩，它也不是一年的农事安排，而是"为田"制度之立法。而《月令》《十二纪》《四时》等则显然为理论著作，并非现行制度，作为理论著作，自然有理论著作的要求与自身体系。《月令》等虽有农事相附，这只是附于王政月令体系的，与《更修为田律》等实行制绝不能等量齐观。《月令》等的王事安排，显然是与春生、夏长、秋收、冬藏的理论意识有关。春为生发季节，故亦务通达，而秋为收敛季节，故事亦务固安，各种事宜安排与习惯皆与此总理论有关联，因而在事例的选择上自有其侧重点。因而它与《更修为田律》的表面上的差异不可以节气不同去解释，更何况上已论之二者在节气上并无差异而完全相同。在秋，在春二者皆无违于中原时令。

第二，还可以举出直接的证据来证明青川秦牍律文所反映的气候与《礼记·月令》等完全一致，完全是中原型的。《国语·周语中》："故先王之教曰：雨毕而除道，水涸而成梁。……故《夏令》曰：九月除道，十月成梁。"《孟子·离娄下》第二章："岁十一月徒杠成，十二月舆梁成，"（赵岐注："周十一月，夏九月；周十二月，夏十月。"）这些与《更修为田律》对应月事是完全一致的。青川秦牍所用时令与北方中原地区完全相同。云梦秦简《田律》"雨为澍"条云："旱（早）及暴风雨、水潦、螽（蝝）备（蟲）、群它物伤稼者，亦辄言其顷数。近县令轻足行其书，远县令邮行之，尽八月□□之。"地方上报旱、涝、虫等灾情，截止在八月。这是因为八月雨季已过，不论旱涝皆已成定局。北方农谚云："有钱难买五月旱，六月连阴吃饱饭。""七月十五定旱涝，八月十五定干涸"，也是说的八月水旱之情大局已定。自八月以后，土木工程可以兴起，不至于受雨水影响了。秦简《徭律》规定县所葆禁苑之傅山、远山，其土恶不能雨，夏有坏者，勿稍补缮，至秋无雨时而以徭为之，北方黄河中、下游也是夏季多雨，土功多为所坏，此时亦不可兴功，当至秋无雨时而始动工。秦汉土功徭役多集中在秋冬之际与春月两时就是这个道理。至今依然是如此。《更修为田律》八、九、十三个月之土功时令与此完全相符。《再研究》之所谓"季节不同"说是站不住脚的。

---

① 张金光《论青川秦牍中的"为田"制度》，《文史哲》1985年第6期。

第三，诚然，汉中、巴、蜀、广汉一带"气异中国"，汉曾令其"自择伏日"。然而这却与《更修为田律》无关，不能用巴蜀之自择伏日而证明《更修为田律》只适用于巴蜀地区。照《再研究》说，在青川秦牍律文中秋月之事而在《礼记·月令》等书中则"安排在春季进行"，表明"气候区域不同"即使巴蜀虽"气异中国"也不可能异到如《再研究》所说差五个月。我们相信巴蜀虽自择伏日也不可能自择后于中原伏日五个月之后。看来用季节时令之异来解释青川秦牍律文行事时令与《礼记·月令》等之差是难令人信服的。《再研究》说："中原夏季雨水较少，冬季风雪很大，相比之下至少在多数地区的沟渎、堤防、道路、封疆等受冬季风雪的影响，比受夏季雨水的影响更大。故上面三书把这些内容安排在春季进行。"诚然，中原冬季风雪大于南方，夏雨小于南方。然而，其所说"中原受冬季风雪的影响，比受夏季雨水的影响更大"，则不符合事实。中原于夏暑季节亦多洪涝之灾，在中原于文献以及现实中也只见夏暑雨水，溢于沟渎、冲决堤防、冲垮道路封疆，而从未闻冬季风雪毁坏此等设施者。

由上述看来，《再研究》所谓青川秦牍律文所反映的气候异于中原而只适用于巴蜀地区之说不能成立。

《再研究》还说："《为田律》的内涵，也在一定程度上反映出地区性。……《为田律》与云梦秦简《田律》在时间上衔接，秦简田律规定了二至七月之事，青川《为田律》规定了八至十月的有关事项。……《为田律》在十一月颁行，竟未谈冬春之事，而越过八月，直截了当谈秋事。这现象与具体地区有关。"其引秦简《田律》"春二月"条后又说："显然这些都与该地区、该国家的山林、水流、植物、动物资源有直接联系。巴蜀地区人口少……山林等资源问题仍不重要，《为田律》中没有这些规定。"又以为巴蜀地区没有苑囿，"故《为田律》也没有这一条"。这种表面推理的根源在于不知《田律》"春二月"条与《为田律》的本质区别。秦从商鞅变法以来就定有《为田律》，此律是关于田间的分划布置之律，规定开阡陌封疆。田亩分划及与之相联的诸问题如道路封埒的设置与维修等制度应是《为田律》的主要内容，① 而云梦秦简《田律》"春二月"条则是川泽规定的"用时"立法，即先秦各国通常采用的"时禁"之令②。二律性质不同，又各自有其专项内容，其间根本无直接联系。因之也就根本不存在"在时间上的衔接"。《为田律》不是《月令》之类书，又不是流水记事账，怎能要求其对每月都进行记事。《再研究》说其"在十一月颁行，竟未谈冬春之事，而越过八月，直截了当谈秋事"。可见《再研究》是把《更修为田律》视为记事流水账了。其实《更修为田律》所谈秋事是其制度之内容，此与该律"十一月颁行"之时日根本无联系，因而就无所谓谈否"冬春之事"以及"越过八个月"的问题，因而也就无所谓与巴蜀"具体地区有关"的问题。再者《为田律》根本不当有如《田律》"春二月"条之时禁及苑囿之事等内容。还必须指出，"时禁"为战国时代各国通行之法，巴蜀不例外。因此，不能以《为田律》无此内容而得出只适用于巴蜀地区的结论。

综上所述，《再研究》认为"《为田律》只适用于巴蜀地区"所提出的论据难已成立。

青川秦牍律文是适用于包括巴蜀在内的秦国的立法，我曾从四个方面加以论述③，今再申论数点如下：

第一，"为田开阡陌封疆"乃是秦自商鞅变法以来的传统活动，《为田律》也是秦国自商鞅变法以来的传统立法。秦武王二年据此传统《为田律》而更修改定而成的《更修为田律》毫无疑问也是颁行于秦国的，无任何迹象透露其为只适用于巴蜀地方的土政策。

第二，内史非郡级，是总理全国财政的秦国中央长官。由王命丞相与内史来制定《更修为田律》这本

---

① 张金光《论青川秦牍中的"为田"制度》，《文史哲》1985年第6期。
② 张金光《论秦自商鞅变法后的农村公社残余问题》载《文史哲》1990年第1期。
③ 张金光《青川秦牍〈更修为田律〉研究之二》，《山东大学文科论文集刊》（内刊）1984年2期。

身就说明了此律在适用范围上的普遍性，无疑它是针对秦国情况并施行于秦国的①。至于《再研究》说丞相甘茂参与修此律是因为他"刚入蜀平叛归来"，"熟悉蜀中气候"等，则更非史实。实则丞相甘茂受王命而修订秦律，这是因为此《更修为田律》系施行于秦国，与其入蜀，熟悉蜀情并无关系。如果说甘茂因熟悉蜀情而与修此律，那么内史又因何而参与修律。

第三，前已论及，《更修为田律》中诸事节律与中原完全相符合，而此律文又发现于蜀北。木牍背面又载有四年末据律工作的纪事②，足以证明《更修为田律》通行于秦国，而推行于巴蜀，它不是地方土政策。就时令而论，《更修为田律》乃是以黄河流域中，下游气候为标准节律而制出的通行于秦国的立法。应附带说明一下，毫无疑问，我以为此律在贯彻过程中，于多雨地区当因地制宜，而在农事安排上还应有所调整，此又必然之理。然而这是实践中的具体问题与此制的普遍性并无妨碍。与该律的节律标准不是一回事。

第四，再就制度内容而论，《更修为田律》也无违于北方中原地区。银雀山竹书《孙子》佚篇《吴问》言晋六卿制田二婉为一畛，青川牍文则二畛为一亩。《吴问》之"畛"恰当青川秦牍律文之"亩"，要之，战国间在田间布置规划上通行着把一亩分作二区的耕作制度。《吴问》与青川秦牍在这一点上若合符契，原则上是一致的，这是《更修为田律》无违于北方中原制度③，系行用于秦国的制度之内证。

---

① 张金光《青川秦牍〈更修为田律〉研究之二》，《山东大学文科论文集刊》（内刊）1984年2期。
② 张金光《论青川秦牍中的"为田"制度》，《文史哲》1985年第6期。
③ 张金光《论青川秦牍中的"为田"制度》，《文史哲》1985年第6期。

青川秦牍《为田律》释义及战国秦土地性质检讨

南玉泉

战国时秦国的田制文献多有记载，但皆零星不全，不能有一个完整的认识。四川青川县出土秦牍《为田律》较为全面地记载了秦武王二年时的田制规划，秦牍发表后，很多学者发表了很有见地的意见，为正确解读律文做出了贡献。为便于论述，全文引述如下：

> 二年十一月己酉朔朔日，王命丞相戌（茂）、内史匽，□□更修为田律：田广一步，袤八则为畛。亩二畛，一百（陌）道。百亩为顷，一千（阡）道，道广三步。封，高四尺，大称其高。埒（埒），高尺，下厚二尺。以秋八月，修封埒（埒），正彊（疆）畔，及垦千（阡）百（陌）之大草。九月，大除道及除（澮）。十月为桥，修陂隄，利津□。鲜草，雖（雖）非除道之时，而有陷败不可行，相为之□□。①

下面对律文中的田亩规划和封埒制度等问题做一疏理，就此请教专家，敬请指正。

一、关于律名问题

关于该律的律名主要有两种意见，一种认为应定名为《田律》，一种认为应定名《为田律》，且这是目前大多数学者的意见。

李学勤先生认为"为田律"是律名。"为"意为作、治"为田"的意思是制田。《为田律》是关于农田规划的法律，与云梦秦简《田律》有所区别。由牍文还可知道，秦武王以前已有《为田律》，此时不过进行改订②。李零先生也认为应定名《为田律》，"为"是动词，"为田"指规划田亩，并引《史记·秦本

---

* 《中国古代法律文献研究》第九辑，2016年。
① 四川省博物馆、青川县文化馆《青川县出土秦更修田律木牍——四川青川县战国墓发掘简报》（以下简称《发掘简报》），《文物》1982年第1期，第11页。本文所隶定的释文，除参考《发掘简报》发表的释文及图版外，亦综合了诸家的考释成果。因本文的研究未涉及不同释字而引起的异议，故与《发掘简报》释文不同之处未一一注明出处，错误之处笔者自行负责，特作如上说明。
② 李学勤《青川郝家坪木牍研究》，《文物》1982年第10期，第69页。

纪》"为田开阡陌",《商君列传》"为田开阡陌封疆",《九章算术·方田》"为田几何"等材料进行论证①。张金光先生的观点与此相类,他论述道:《史记·商君列传》言"为田",银雀山汉墓出土《孙子》佚篇《吴问》云"范中行是(氏)制田""韩魏制田""赵是(氏)制田"等与"田"之意相同,即田间土地耕作布置规划之意。牍文"更修"二字为动词"为"属下读,秦原应有《为田律》,秦武王二年重新修订而已,故应名为《更修为田律》②。

李昭和先生将其定名为《田律》,他对该律相关部分的释文是:"王命左丞相甘茂、内史匽取蠥(秦律),更修为(蜀地)田律。"③ 黄盛璋先生 1982 年发表的《青川新出秦田律木牍及其相关问题》一文,其中还有一级标题为"秦更修田律的意义与来源的考察",从其论文题目及内中标题可知,他取"田律"之名,认为"'更修为田律'就是再次把旧有的田律写出公布,其中也可能包括修改补充,但并非主要的"④。田宜超、刘钊先生 1983 年在《考古》杂志发表《秦田律考释》一文,将青川秦牍律文称为"木牍《秦田律》"⑤。1987 年,黄盛璋先生在《青川秦牍〈田律〉争议问题总议》一文中对这个问题做了专门阐述,他说:"牍文此律包括去草、除道、修桥梁陂堤等,并非限于'为田'","《田律》所包广,自包'为田'在内。'为田'所包狭,时间亦短暂,不仅古无此名,取为律名与传统律名相违,且与律文规定不能尽合"。"'为'字与上'修'字连读,'修为''更为''创为'……不仅经史常见,且比属下读要通顺得多。"⑥

两种观点的分歧关键在"为"字。从语法、字意分析或在传世文献中寻找证据,称为《为田律》也无懈可击,将其称为《田律》者在语法或字义上也不能说不正确。解决这一问题还需出土材料来证明。张金光先生认为,秦自商鞅变法以来就应有为田律《为田律》与《田律》虽有联系,但实则根本不同。按云梦秦简所收入的六条《田律》来看,秦《田律》主要是关于土地制度以及建立在一定土地制度基础上的国家剥削制度和农业生产管理制度等方面的立法。《田律》的本质是土地法《为田律》应是《田律》中土地制度的具体化,是官社的田间布置规划之法⑦。张先生的分析不能说没有道理,但江陵张家山汉简《二年律令·田律》却包括《为田律》和云梦秦简《田律》的若干内容⑧。根据张家山汉简整理小组的缀合连接《二年律令·田律》可分为如下五个部分:1. 授田规范;2. 征收租税(刍稾)规范;3. 山林水草生态保护规范;4. 惩处侵害牲畜、稼穑规范;5. 田亩规划规范。其中 2、3、4 部分与云梦睡虎地秦简《田律》或龙岗秦简相关律文都有明显的渊源关系;而 5 部分的内容与青川《为田律》的律文基本相同。这说明,至少在汉初所谓《为田律》的内容是放在《田律》中的,并不存在一篇单独的《为田律》。当然,也有这种可能,即商鞅以至秦武王二年的时候,秦国确实存在过《为田律》,汉初或者秦朝的某一时刻将其合并到《田律》之中了。不过,我们更倾向于将青川秦牍称之为《田律》。这只是一种倾向性的看法,这种解读还涉及"取蠥"二字的准确隶定和"为"字的用法,《发掘简报》对此二字未识,只标记为两方框,原牍此处亦不清晰,在未能确定二字的真正释义及没有发现更多的材料之前暂不做肯定的结论。为与云梦睡虎地秦简《田律》相区别,仍沿用《为田律》这一称呼。

---

① 李零《论秦田阡陌制度的复原及其形成线索》,《李零自选集》,广西师范大学出版社,1998 年,第 171 页。
② 张金光《秦律研究》,上海古籍出版社,2004 年,第 115 页。
③ 李昭和《青川出土木牍文字简考》,《文物》1982 年第 1 期,第 27 页。
④ 黄盛璋《青川新出秦田律木牍及其相关问题》,《文物》1982 年第 9 期,第 72 页。
⑤ 田宜超、刘钊《秦田律考释》,《考古》1983 年第 6 期,第 545 页。
⑥ 黄盛璋《青川秦牍〈田律〉争议问题总议》,《农业考古》1987 年第 2 期,第 131 页。
⑦ 张金光《秦律研究》,第 115 页。
⑧ 参见彭浩、陈伟、工藤元男主编《二年律令与奏谳书》,上海古籍出版社,2007 年。本文所引《二年律令》皆自本书,不再出注。

二、秦田亩规制

周代实行井田制，八家为私，中田为公，是长方形的九百亩规制①。《说文·田部》："畮，六尺为步，步百为畮。秦田二百四十步为畮。从田每声。"段注："秦孝公之制也。"②《周礼·封人》："不易之地，家百畮。"郑注："亩本亦作古畮字。"《论语·学而》何晏集解引《司马法》："六尺为步，步百为亩。"③即宽一步，长百步为一亩。这些讲的就是周制，后世传统称为小亩者。亩宽六尺是与当时的生产工具与耕作方式有密切关系的，孙诒让《周礼正义》及当代学者李学勤、张金光等都有非常详细的论述，此不赘述④。

田亩面积大小的规制历史上各时期并不一致，春秋战国各诸侯也不相同。这种变化与生产方式、赋税制改革密切相关。春秋以后，三晋地区在诸多领域成为中国历史上改革的先驱，很多变革制度往往最先起源于这个地区。银雀山汉简《吴问》所载三晋田亩规划，就清晰地反映了周制的小亩逐步扩大亩积的过程。

《吴问》残简"吴王"问晋国的"六将军分守晋国之地，孰先亡？孰固成？"孙子认为亡固与田亩制度密切相关，简文中所述各家的田亩制度是："范、中行是（氏）制田，以八十步为婉（畹），以百六十步为畛，而伍税之。""韩、巍（魏）置田，以百步为婉（畹），以二百步为畛，而伍税〔之〕。""赵是（氏）制田，以百廿步为婉（畹），以二百卌步为畛，公无税焉。"⑤这是说，范、中行、魏、赵氏等在宽一步，长百步的周亩制式基础上，都各自加大亩的纵长，最后固定在亩长240步的亩积规制。《风俗通义》佚文："秦孝公以二百四十步为亩，五十亩为畦。"商鞅变法推行的是大亩制，以长240步为亩。典籍中多有关于240步为亩的记载，《楚辞·离骚》王逸注："二百四十步为亩。"《盐铁论·未通》："制田二百四十步而一亩。"《资治通鉴·秦纪一》胡三省注引杜佑曰："古者百步为亩，自秦汉以降，即二百四十步为亩。"当然，有的记载以为是汉兴以来亩长240步，唐颜师古就这样认为，如《急就篇》卷三颜师古注："周制百步为亩，自汉以来二百四十步为亩。"《汉书·食货志上》颜师古注引邓展曰："古百步为亩，汉时二百四十步为亩。"汉承秦制，240步为亩不应是汉朝初创的制度，这应当不是一个问题。因此，我们可以肯定地说，至少战国初年以来，秦的亩制应该就是宽1步，长240步的长条形田。

按理说，青川秦牍《为田律》的出土为传统秦亩制提供了坚实证据，事实上却使有些学者对秦传统田亩制的记载产生了疑问，就是汉初《二年律令·田律》的记载也并不能彻底打消人们的疑虑。这其中的关键就是对《为田律》中"则"与"亩二畛"的解读问题。"则"有标准之意，在这里是为量词。骈宇骞、孙常叙先生曾对则字做了精辟详细的分析⑥，但是，青川牍文的"则"字人们最初却没有往这个方向去理

---

① 《孟子·滕文公章句上》载孟子向滕文公阐述治国方略时讲："方里而井，井九百亩，其中为公田。八家皆私百亩，同养公田；公事毕，然后敢治私事，所以别野人也。"〔（清）阮元《十三经注疏》，中华书局，1980年，第2703页〕孟子阐述的就是周田制度。《汉书·食货志第四上》所述更为详细一些，但其要旨相同："六尺为步，步百为亩，亩百为夫，夫三为屋，屋三为井，井方一里，是为九夫。八家共之，各受私田百亩，公田十亩，是为八百八十亩，余二十亩以为庐舍。"引自（汉）班固《汉书》，中华书局，1962年，第1119页。
② （汉）许慎撰，（清）段玉裁注《说文解字注》，上海古籍出版社，1998年，第696页。
③ 《十三经注疏》，第2457页。《周礼·小司徒》注引《司马法》亦云："六尺为步，步百为亩。"
④ 李学勤《青川郝家坪木牍研究》，《文物》1982年第10期，第70页；张金光《战国秦社会经济新形态新探》，商务印书馆，2013年，第117页。
⑤ 中国人民解放军军事科学院战争理论研究部《孙子》注释小组：《孙子兵法新注》，中华书局，1977年，第162页。
⑥ 参见骈宇骞《始皇廿六年诏书"则"字解》，《文史》第5辑，中华书局，1978年；孙常叙《则、法度量则、则誓三事试解》，《古文字研究》第7辑，中华书局，1982年。骈宇骞和孙常叙二位皆将则解释为标准器，或含标准之意，这对青川秦牍之"则"的解读应有启发作用，但时人未能从这个角度去考虑。

解，一般还是将其释为连词。于琨奇先生推测，秦牍一则为 10 步，八则为 80 步。畛是亩中横的道路，亩二畛，即将长 240 步的秦亩分截成三段。胡澱咸先生据孙常叙《则、法度量则、则誓三事试解》一文中对"则"字的分析，认为于说近于律义，只是苦于训诂上没有根据。但是，胡澱咸不同意畛为田间小道的观点，他据《吴问》认为，范氏、中行氏、韩氏、赵氏的田亩"都是一畛二畹，这正与一亩二畛一样，与赵制更是完全相同。商鞅变法，制定新的田制，盖是仿照赵氏的"①。上述研究，一步步接近秦律田亩制的真谛。胡平生先生据阜阳汉简"步卅为则"断定《为田律》中的"则"为量词，而且"八则"正合 240 步，为解决《为田律》的田亩规制作出了关键性的贡献②。江陵张家山汉简《二年律令·田律》的律文也印证了这个结论。试比较二者的律文句式：

1. 田广一步，袤八则。为畛，亩二畛，一百（陌）道。百亩为顷，一千（阡）道，道广三步。（《为田律》）

2. 田广一步，袤二百卌步。为畛，亩二畛，一佰（陌）道；百亩为顷，十顷一千（阡）道，道广二丈。（《二年律令·田律》）

对比 1、2 律文，"袤二百卌步"替代了"袤八则"，证明袤八则就是袤二百卌步。因此，在胡平生先生正确释读"则"字之前对秦田亩制所做的各种解读必然不会正确。

在正确解读律文中的"则"字之后，由于对律文"为畛，亩二畛"的"畛"字的不同解释以及如何断句，学界对秦田亩规制的理解仍存在巨大的差距。罗开玉先生曾归纳先秦之"畛"的含义，计有田间径路；田间陌道；记田地面积的单位；田间小水沟之埂四种③。我们可以将其分成两类，即一是表述直径线路的陌道或径路，二是表述田亩的一定面积。这两种表述在汉及其之前的典籍中都能找到依据，因此，根据不同的解释会得出截然相反的结论。

黄盛璋先生认为畛是宽一步的田间小径，主要用以隔亩。他将畛置于亩的两端，另两边则为陌道。一顷之田当为纵十亩，横十亩的整齐排列，按他的排列，阡道将无处安置，只能将畛道与阡道并排安置④。李学勤先生认为《为田律》所说的"畛"是起分界作用的小道，可能有两种含义。一是包括畸零的农田，耕田只要有宽一步、长八步的面积，也就是秦亩的三十分之一就应修造名为"畛"的小道，作为与其他耕田区分的地界。二是在较大面积的田区划分中，畛是亩与亩之间的田埂，作为小道，通向亩端的陌道。李文并绘了示意图，以宽一步，长二百四十步为一亩，畛是与阡道并行通向两端陌道的小道。畛与陌道相比，自然更窄一些⑤。其第一种推测因为当时并没有正确释读"则"字的含义，自然不免走入歧路。而第二种推测，每亩都要相邻两条畛，虽然比陌要窄，百亩之田中间则有 99 条畛。秦时百亩作为一个区域要同时耕作，中间这么多小道即违反耕作规律，又毫无必要。因此，这样理解畛显然也是不合理的。

李零先生的推测和李学勤的第二种推测相同，即在宽一步、长 240 步的长条形亩的两侧各有一畛，用以同邻亩相隔。但对畛的含义，李零有独特的解释。他通过对《吴问》的分析，认为畛是用来表示亩长，而畹表示的则是半亩之长。畛、畹的长度是逐渐变化的，但是变化的幅度有一定范围，最后固定在 240 步

---

① 胡澱咸《四川青川秦墓为田律木牍考释》，《安徽师范大学学报》（哲学社会科学版）1983 年第 3 期，第 58 页。
② 胡平生《青川秦墓木牍〈为田律〉所反映的田亩制度》，《文史》第 19 辑，1983；后收入《胡平生简牍文物论集》，（台湾）兰台出版社，2000 年。本文所引为后者《论集》。又参见胡平生、韩自强《解读青川秦墓木牍的一把钥匙》，《文史》第 26 辑，1986 年。
③ 罗开玉《青川秦牍〈为田律〉研究》，《简牍学研究》第 2 辑，甘肃人民出版社，1998 年，第 36、37 页。
④ 黄盛璋《青川新出秦田律木牍及其相关问题》，第 72 页。
⑤ 李学勤《青川郝家坪木牍研究》，第 71 页。

这个标准①。

田宜超、刘钊先生认为畛是两陌间（田中）之道，他们所复原的秦亩制仍然是二百四十平方步，以为律文"八"下省一"步"字。二畛，一条在亩中，一条在亩端与陌道相交。若此，秦亩是广八步，袤三十二步，包括"亩二畛"的宽度。按他们的理解《为田律》应这样断句："田：广一步，袤八（步）则为畛；亩二畛，一百（陌）道。百亩为顷，一千（阡）道。"这样秦亩被畛分成两个田区，称为"婉"，婉广八步，袤十五步，一亩两个婉②。

胡平生先生正确地解读了"则"字，但是对畛字的解读却使秦的田亩制与典籍的记载差距过甚。胡平生认为，"畛"在律文应释为田区，这在古书中有训，如《周礼正义》、银雀山汉简《吴问》等。青川秦牍的"畛"就是宽一步，长二百四十步计二百四十平方步的田区。因为每亩有二畛，所以秦亩积应是宽二步，长二百四十步，每亩约合914平方米③。按胡平生先生的理解《为田律》应这样断句："田广一步，袤八则为畛；亩二畛，一百（陌）道。百亩为顷，一千（阡）道。"只是秦亩宽2步、长240步与典籍记载相矛盾。郝进军先生承认商鞅改革推行的亩制为宽1步，长240步，他认为："在商鞅以后的秦国新占领区，也即秦武王前后，在秦国统治的中心区域，仍以宽一步，长二百四十步为亩；在急剧扩张的人少地多的新占领区，如：包括四川青川县在内的巴蜀地区，为了减少反抗的力量，就以宽一步，长四百八十步为'亩'，张家山汉简的出土地域——现今湖北一带，在秦昭王时期被秦国占领，也开始推行宽一步，长四百八十步为'亩'的土地制度。汉朝建立后，在现今的湖北一带继承秦朝的土地制度，一如既往，这就是张家山汉简记录下的实况。"这样，青川秦简所规定的"田广一步，袤八则为畛，亩二畛"的意思，应该是"宽一步，长八则（每则等于三十步）为半亩一'畛'，每亩地等于两个半亩"④。而且，这种规则被汉代所承袭并推向了全国。

祝中熹先生也将畛解释为田区。但是他认同典籍所载秦亩宽1步、长240步的规制，以此为基准"亩二畛"，即在这个240平方步的长条形田亩内划分两个田区。畛作为田区就是畦，从"圭"之字多含物半之意。"亩二畛"即是长条形田亩中两个半亩⑤。本文同意这种田区的划分，并予以补充。畛是田区，从典籍资料和《吴问》所载可知，并没有固定尺寸。一亩二畛，则在百亩之田的两陌间形成一条间隔两块田的小路，这条小路当称为畷。《说文·田部》："畷，两陌间道也。广六尺。"⑥ 中间的畷一步宽，约合1.38米，为亩间田作往返搬运之用。这田间小路在田作上是必要的，并有很古老的传统，农村常称之为"腰路"。古文"疁"字正是这种形象的描述，西周毛伯簋就有此字。祝中熹先生对畛的解释以及对田区划分合乎田作原理，这样的解释与传统典籍所载亩长240步的记载也不矛盾。因此，本文赞成祝中熹先生对秦田亩规制的推测。

正确地解读了"则"与"畛"，阡陌制度就好理解了。

《汉书·食货志》"及秦孝公用商君，坏井田，开阡陌"，颜师古注："阡陌，田间之道也。南北曰阡，东西曰陌。"《汉书·成帝纪》也有类似记载⑦。《史记·秦本纪》司马贞索隐引《风俗通》曰："南北曰

---

① 李零《论秦田阡陌制度的复原及其形成线索》，第144-181页。
② 田宜超、刘钊《秦田律考释》，第546页。
③ 胡平生《青川秦墓木牍〈为田律〉所反映的田亩制度》，第261-262页。
④ 郝进军《银雀山竹简〈吴问〉考辨》，国学网：http://www.guoxue.com/？p=540（2009-07-18 16：48）。
⑤ 祝中熹《青川秦牍田制考辨》，《秦史求知录》，上海古籍出版社，2012年，第224页。原文发表于《简帛研究》第2辑，法律出版社，1996年。
⑥ （汉）许慎《说文解字》，中华书局，1963年，第291页。
⑦ 《汉书·成帝纪》载阳朔四年诏："其令二千石勉劝农桑，出入阡陌，致劳来之。"颜注："阡陌，田间道也。南北曰阡，东西曰陌，盖秦时商鞅所开也。"（《汉书》，第314、315页）

阡，东西曰陌。河东以东西为阡，南北为陌。"可知阡陌是南北东西垂直相交的田间道路。以关中地区为例，参看秦牍与《二年律令》能更为清晰地复原战国秦田亩规制。青川秦牍云："为畛，亩二畛，一佰（陌）道。百亩为顷，一千（阡）道。"《二年律令·田律》："为畛，亩二畛，一佰（陌）道；百亩为顷，十顷一千（阡）道。"比较二者律文，显然《二年律令·田律》表述得更为清晰。因阡陌是交叉垂直的，所以《二年律令·田律》说"百亩为顷，十顷一千（阡）道"，即十个百亩纵向排列，其两侧设置阡道。秦牍律文省略了"百亩为顷"四字，但在田亩阡陌的规划上二者是一样的。

秦牍《为田律》言"道广三步"是否包括陌道学者观点不一。有学者认为律文确定阡道宽三步，即十八尺，对陌道和畛道则无规定。清代段玉裁曾提出"陌广六尺"也许是适当的[①]。若按此推测，阡道宽三步，陌道宽仅一步。从律文的文意分析，"道广三步"应是陌、阡的概括性规定，若陌道宽度与阡道不同，律文应当明确规定。《二年律令·田律》也只是规定："……为畛，亩二畛，一佰（陌）道；百亩为顷，十顷一千（阡）道，道广二丈。"并未分别规定陌、阡道的宽度，只是这时道广变为"二丈"，比秦律增加了二尺。汉乐府有《陌上桑》，若陌道只有一步宽，植桑对陌道行走往来是很不方便的。据《说文》畷（两畛之间小道）宽6尺，故陌道一定宽于6尺，否则作为亩间腰路的畷与陌就没有区别了。《考工记·匠人》"经涂九轨"郑注："轨，谓辙广，乘车六尺六寸，旁加七寸，凡八尺，是谓辙广。"为了搬运、行走便利，陌道不能仅宽一轨。不能想象，在一片田地中，仅南北方向的阡道宽度适于往来车辆行走，而东西方向则不能行车。在目前没有直接证据证明的情况下，虽然不能绝对肯定陌、阡道同宽，但宽于6尺的畷应是合理的推测。

在此顺便对律文及典籍中的阡陌与阡道、陌道的概念做一补充说明。按一般理解，阡陌就是阡道与陌道的简称，应当说这不是一个问题。但是，袁林先生认为，"阡道陌道与阡陌并非一事"，律文中的"'道'即顷边之阡道陌道。对于阡陌和道，法定的维修时间和内容皆不相同，对阡陌，是在'秋八月''芟阡陌之大草'对于阡道和陌道则是'九月，大除道'"，在文献中也可看到阡道陌道与阡陌并不相同的踪迹"阡陌当是分别与阡道、陌道平行的一种比较大的田界设施，其间距离比较远，所包围土地数量比较多。"[②]将阡陌与阡道、陌道解释成两种不同的设施，在出土资料与传世文献中都找不到证据。至于袁林先生所举几条阡陌与阡道陌道关系的材料，亦是理解有误。如《汉书·晁错传》"通田作之道，正阡陌之界"，这只是文法上对偶的写作手法，实则"田作之道"与"阡陌之界"在这里是一回事。董仲舒所言"富者田连阡陌"无非是说田亩百顷相连，实言占有田亩数量多而已。《为田律》言"以秋八月修封埒（埒），正畺（疆）畔，及芟千（阡）百（陌）之大草。九月，大除道及阪险"，也不能证明阡陌与阡道、陌道是两个东西。应当这样理解，八月在农作结束时修整田亩疆界，清理阡陌两侧的杂草；九月修整、清理阡陌道路路面。将阡陌与阡、陌道理解为不同的设施是不妥当的。

综合上述分析，秦亩规制的完整设置是：一亩宽1步（6尺），长240步（1440尺），这是一个长条形田亩。每个长条形田亩又划分为两个田区（畛），两畛之间有一条腰路称为畷，畷宽6尺。每百亩的南北两端设一陌道。百亩为顷，以顷为单位的田亩之东西两侧设置阡道。阡、陌道宽3步（18尺）。我们可以将秦田亩的规制作如下图示意：

---

① 李学勤《青川郝家坪木牍研究》，第71页。
② 袁林：《析"阡陌封埒"——同魏天安同志讨论》，《河南大学学报》（社会科学版）1992年第7期，第26页。

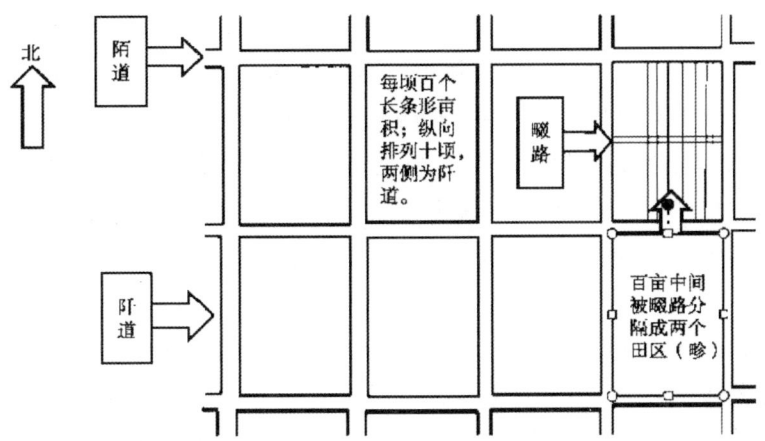

三、阡陌与封埒

秦牍《为田律》除规划了田亩的阡陌制度外，还对田亩的封埒疆畔做了规定："封高四尺，大称其高。埒（埒）高尺，下厚二尺。"所谓"封高四尺，大称其高"，学界一般认为就是长、宽、高相等，都是四尺。问题集中在封安置在何处以及阡陌与封的关系。封埒最初是封国疆域的界标，崔豹《古今注》谓："封疆画界者，封土为台，以表识疆境也；画界者，于二封之间，又为埒埒以画分界域也。"①《左传·昭公七年》："封略之内，何非君土？"即为国土疆界之封。因国境或以沟渠为界，或以田畔为疆，因此封也用来标识不同所有人田亩的分界。《左传·襄公三十年》"田有封洫"，则为土田界域之封。《急就篇》颜师古注："封，谓聚土以为田之分界也。"《周礼·地官·封人》也有关于封埒制度的记载。这些杨宽先生已有详细论述。《为田律》的封埒显然是承袭这种制度而来，是为了区分受田人的田亩疆界而设置的。《为田律》将封埒与田亩阡陌在同一律文中加以规定，因此给人的印象就是封埒制与阡陌制紧密联系，二者不可分割②。睡虎地秦简《法律答问》对封埒的解释也易使人产生这种认识。《答问》曰："'盗徙封，赎耐。'可（何）如为'封'？'封'即田千佰，顷半（畔），'封'殹（也），且非是？而盗徙之，赎耐，可（何）重也？是，不重。（64）"③诸家对这段律说文字的理解不同，其标点也就不同。

睡虎地秦简整理小组在"即田千佰"后面加句号；杨宽先生在此标顿号，认为"'田阡陌'就是秦牍所说的阡道和陌道'顷畔封'就是秦牍所说的'百亩为顷'的'封'和'埒'"。④黄盛璋先生将"'封'即田千佰顷半（畔）'封'殹（也）"连读，认为"封筑在阡陌与顷畔的边缘上，但并不是阡陌"。⑤李学勤认为封埒虽然不等于阡陌，却与阡陌有着密切的联系。因商鞅以后土地的买卖，在同一田主的土地内部，可能只有阡陌而不设封埒。并认为秦昭王以后，可能《为田律》那种封当时已经很少修造了。⑥李零先生基本认同黄文意见，认为"阡陌顷畔封"是在阡陌顷畔的内侧各起一道封埒。张金光先生认为："'封'是

---

① 崔豹《古今注》卷上《都邑第二》，《文渊阁四库全书》子部杂家。文献与《为田律》记载用土封，但年代早于《为田律》35年的秦惠文王四年（前334）《秦封宗邑瓦书》为瓦封，其铭曰："自桑障之封以东，北到于桑匽之封，一里廿辑。大田佐敖童曰未、史吾初，卜蛰、史羁手，司御心，志是霾（埋）封。"此瓦书说明较为重要的标界如宗邑标界亦有用铭刻瓦石以标识的。参见郭子直《战国秦封宗邑及瓦书铭文新释》，《古文字研究》第14辑，中华书局，1986年。
② 田宜超、刘钊先生甚至认为阡陌与封为同一物"'道'与'封'，并总括'千''百'而言，语其广则曰'道'谓其高则曰'封'，两者异名而指同。"参见《秦田律考释》，第547页。
③ 睡虎地秦墓竹简整理小组编《睡虎地秦墓竹简》，文物出版社，1990年，第108页。
④ 杨宽《释青川秦牍的田亩制度》，《文物》1982年第7期，第84页。
⑤ 黄盛璋《青川新出秦田律木牍及其相关问题》，第73页。
⑥ 李学勤《青川郝家坪木牍研究》，第71、72页。

一个高四尺，底（大）长宽各四尺的土堆，呈四棱锥状。'埒'是高一尺，横断面呈等腰三角形（下底边长为二尺）之状。'封'是一定点土堆，故言体积；埒岗环周而设，故不言其长，而只述其高和下基之厚广。"阡陌和封埒是两个不同性质的东西，在通常情况下二者无关。但是对于封埒的位置，张金光先生也未能言其详，只是说"若一家田跨连阡陌，其封埒之筑当可穿过阡陌而为之（按，若过道上，则不必起岗），总须于四邻边头启之。其所占土地当两家各半（若今日农家行责任制，分田而耕，于两家田之间起封埒，所占地皆分摊于两家，其岗脊锐顶恰垂直于两家田分界处）"①。应当说，诸家之论都有某些合理成分。

《为田律》的田亩阡陌与封埒是两种事物，二者很难，或者说没必要在整齐的田顷规制上同时设置。我们先谈埒，埒为封之间矮墙，"孚（埒）高尺，下厚二尺"，若在田亩的阡陌内侧建有连续不断的埒，这种设置实在没有必要，将埒建置在阡陌道中间更是不可能。按百亩阡陌规划的整齐田亩之间是用不着埒的，阡陌完全能够起到埒的作用。至少自周以来，以百亩为单位授田。战国时诸国也基本是以百亩为分配单位，秦当时可以满足百亩授田之数，秦人于自家地中没有疆畔分界的必要，受田各家也不可能在阡陌道上或道旁建埒。后世的材料或许可以佐证这问题。汉时阡陌道路多有名称，阡陌已成为疆界的标志。阡陌的命名不会是汉代才出现的，应有其历史的传承。试举史料所载阡陌名称：

1. 《汉书·匡衡传》："初，衡封僮之安乐乡，乡本田提封三千一百顷，南以闽陌为界。初元元年，郡国误以闽陌为平陵陌。积十余岁，衡封临淮郡，遂封真平陵陌以为界，多四百顷。"
2. 《后汉书·光武帝纪》："命有司设坛场于鄗千秋亭五成陌。"
3. 《孙成买地券》："左骏厩官大奴孙成，以雒阳男子张伯始卖所名有广德亭部罗陌田一町……"②
4. 《王未卿买地铅券》："河内怀男子王未卿，从河南街邮部男子袁叔威买皋门亭部什三陌西袁田三亩……"③
5. 《樊利家买地铅券》："平阴男子樊利家，从雒阳男子杜谓子子弟口买石梁亭部桓阡东、比是陌北田五亩……田南尽陌北，东自比谓子，西比……"④
6. 《王当墓买地铅券》："谷郏亭部三陌西袁田十亩……"⑤

这些材料表明，迟至两汉，很多阡陌的名称仍在，一般是以陌领名。可以推测两汉时其田亩布局也是一百条单亩为顷，南北向排列若干顷。顷旁为阡道。这种以阡陌隔界的田亩是用不着埒的。因此，埒与阡陌没有必然的联系。特别是秦国商鞅变法时期，阡陌道路实际上发挥着封疆分域的作用。

再说封，封长宽高皆一米多，若将封放置在阡陌交会的十字路中心也不适合，路宽4米多，封就要占去将尽1平方米，还要由埒连接起来，这种规制不但设计不合理，其工程量更是不可想象。如果百亩规划的顷田设有封，从可能性来讲，应当如黄盛璋所推测的那样，设置在与田亩相邻的阡陌道下面的某一角落，上面种树或置石以便标识。

《为田律》规定封埒的意义是什么呢？这是因为尽管当时以百亩为单位行田并建置阡陌，但仍会有相当部分的不规则土地。而置封最广泛、最有必要的，应当是设置在零星不整之田以别疆界。因此，田亩阡

---

① 张金光《秦律研究》，第133、134页。
② 罗振玉、罗福颐编《贞松堂吉金图》，民国二十四年（1935）墨缘堂珂罗版印本；罗振玉《贞松堂集古遗文》卷一五。
③ 罗振玉《贞松堂集古遗文》卷一五。
④ 罗振玉《贞松堂集古遗文》卷一五。
⑤ 洛阳博物馆《洛阳东汉光和二年王当墓发掘简报》，《文物》1980年第6期，第55页。

陌规划以外的地方，也就是说零星不整之田需要封埒划分疆界。东汉《王当墓买地铅券》可以看到这种情况："青骨死人王当，弟伎、偷及父元兴，从河南□□□□□子孙等买谷郏亭部三陌西袁田十亩以为宅，贾直钱万，钱即日毕。田有丈尺，券书明白，故立四角封界。"① 王当、弟伎、偷及父元兴等买田四十亩，因不便以阡陌确立界戚"故立四角封界"。

　　基于上面的分析，我们再来分析睡虎地秦简《法律答问》关于阡陌与封的律文。《法律答问》："'封'即田千佰顷半（畔，'封'殴也），且非是？而盗徙之，赎耐，可（何）重也？是，不重。"整理小组在"即田千佰"后面加句号，按这种标点则阡陌就等同于封了。阡陌为田间道，与封根本就不是一回事。此句"'封'即田千佰"后面不应断开，应连读。顷畔，顷田之边界。《说文》："畔，田界也。从田半声。"《法律答问》这一段译成今文则是："'封'是田亩按阡陌规划之顷界旁侧的界标，或不是？盗徙这个封界标识判处赎耐重不重呢？不重。"试想，整齐规划的顷亩阡陌是不可能移徙的，而在田顷边角的封才有被移徙的可能。因此，律说的"盗徙"指的是田亩边界标识的封，而非阡陌之道。比其稍晚的龙岗秦简律文讲得更为清楚："侵食道、千（阡）邵（陌），及斩人畴企（畦），赀一甲。"（一二〇）"盗徙封，侵食冢[庙]，赎耐，"（一二一）② 龙岗秦律将阡陌与封分开规定，可见阡陌本身不是封。综合青川、睡虎地、龙岗秦律相关律条，可以推定，整齐的阡陌规划的顷亩可能存在封，但不会设置埒，而不规则等零星不整之田则封埒俱备。

四、开阡陌与爰田

　　阡陌源于何时，历来颇有争议。朱熹在《开阡陌辨》中认为，阡陌者即"《周礼》遂上之径，沟上之畛，洫上之涂，浍上之道也。盖陌之言百也，遂洫纵而径涂亦纵，则遂间百亩，洫间百夫，而径涂为陌矣。阡之为言千也，沟浍横而畛道亦横，则沟间千亩，浍间千夫而畛道为阡矣。阡陌之名由此而得"③。朱熹认为阡陌名称言千、言百与百夫、千夫的受田制度有渊源是有道理的。清人程瑶田的《沟洫疆理小记》中有一篇《阡陌考》，他以《周礼·地官·遂人》所讲井田制的结构作比较，认为"遂上有径，当百亩之间，故谓之陌""畛当千亩之间，故谓之阡""阡陌之名，从《遂人》百亩千亩，百夫千夫生义"，阡陌之道乃先王之制。④ 李学勤先生也注意到，青川秦牍阡陌作"千百"，云梦秦简作"千佰"。东汉时的《说文》也不见"阡陌"二字⑤。可见百、千二字最初是假借，与田亩的数量相关。古代以百亩作为分配单位，村社分配土地以一家一户为分配对象，家有一正夫，分地百亩，故文献有时将百亩称为"夫"⑥。每家（夫，或百亩）之间的路径很自然地就称为"百"，百亩为顷，顷间路自然称为"千"。因按人户以百亩为发授单位，故二字又以人旁。云梦秦简即作"千佰"，此时百已有人旁而千还没有。后阡陌成为道路在人们头脑中成为定式概念，才出现了带阜旁的阡、陌二字。因此，朱熹、程瑶田对阡陌名称由来的分析是正确的。

---

　　① 洛阳博物馆《洛阳东汉光和二年王当墓发掘简报》，《文物》1980年第6期，第55页。
　　② 中国文物研究所、湖北省文物考古研究所编《龙岗秦简》，中华书局，2001年，第111、112页。
　　③ 《文渊阁四库全书》经部礼类《周礼翼传》卷一。
　　④ 陈冠明等校点《程瑶田全集》，黄山书社，2008年，第385页。
　　⑤ 李学勤《青川郝家坪木牍研究》，第69页。
　　⑥ 《周礼·小司徒》郑注引《司马法》"百亩为夫"，《公羊传》宣公十五年何休注亦云："一夫一妇授田百亩。"（《十三经注疏》，第2287页）《论语》皇疏云："今云亩百为夫，则是方百步也。谓为夫者，古者赋田以百亩地给一农夫也。"（《文渊阁四库全书》经部《论语集解义疏》卷一）到唐代，人们也都是这样认识的，如《新唐书·突厥传上》引杜佑云："周制，步百为亩，亩百给一夫。商鞅佐秦，以为地利不尽，更以二百四十步为亩，百亩给一夫。"〔引自（宋）欧阳修等《新唐书》，中华书局，1975年，第6025页〕

传统典籍关于商鞅改革田制的用语以及后人的理解都存在较大差异。《史记·蔡泽列传》："决裂阡陌，以静生民之业而一其俗，劝民耕农利土。"《汉书·食货志》："秦孝公用商君，坏井田，开阡陌，急耕战之赏。"《汉书·地理志》："孝公用商鞅制辕田，开仟佰"，师古注："南北曰仟，东西曰佰。皆谓开田之疆亩也。"并引张晏语："商鞅始割列田地，开立阡陌，令民各有常制。"最为明确的记载是《汉书·王莽传》区博的一段话："井田虽圣王法，其废久矣。周道既衰，而民不从。秦知顺民之心，可以获大利也，故灭庐井而置阡陌，遂王诸夏，讫今海内未厌其敝。"汉人明确地以为秦曾"灭庐井而置阡陌"。但是朱熹认为："所谓开者，乃破坏划削之意而非开置建立之名。所谓阡陌乃三代井田之旧而非秦之所置矣。"他认为，商鞅因阡陌占地太广，为尽地利，于是彻底废除阡陌，听民买卖，自此田畴无余遗并开启了田亩私有之开端。此后元明清的学人大都追随朱熹的意见，并对近代的学术产生着影响①。睡虎地秦律及青川秦牍《为田律》等文献的出土，证明了朱熹关于商鞅废阡陌的结论是不能成立的。《为田律》在秦武王二年（前309）颁行，前距商鞅变法只有50年。

现在一些学者对于"开阡陌"的解释采取所谓折中的方法，如杨宽认为："商鞅在秦变法'为田开阡陌封疆'，就是废除旧的井田制的阡陌封疆，开立新的阡陌封疆。"②本文同意这种观点，因为从《史记》、《汉书》等原始典籍并不能片面得出阡陌是废还是建立；因为记载的缺憾，后人往往从个人的理解做出片面的解释。《史记·蔡泽列传》"决裂阡陌"和《汉书·地理志》师古引张晏"开立阡陌"的话表述得还是相当得体的，所谓"决裂"和"开立"当然是破旧立新。破的是爰田制下的阡陌，立的新亩积下的阡陌。表面看起来是用字的区别，实则关系到阡陌之制出现的时间。从目前材料看，仟百二字作为田间道路名称是战国中期才见到的，但其渊源当与百夫、千夫的受田制度有关。因此，商鞅变法前阡陌这种田间道路是应当存在的。

爰田易居是按旧亩制轮作，易田而不变动田亩规制，故阡陌之道就没有变动的必要。爰田一般都是按百亩的整数。《周礼·地官·遂人》：

遂人掌邦之野……
辨其野之土：上地、中地、下地、以颁田里。上地，夫一廛，田百亩莱五十亩，余夫亦如之。中地，夫廛，田百亩，余夫亦如之。下地，夫一廛，田百亩，莱二百亩，余夫亦如之。

《周礼·地官·大司徒》：

不易之地家百亩，一易之地家二百亩，再易之地家三百亩。

《汉书·食货志》：

民受田，上田夫百亩，中田夫二百亩，下田夫三百亩。

这是因地力不同，故分配莱田数量不同，为的是轮耕休作。《公羊传·宣公十五年》何休注对这种田亩配制的原理解释得相当清楚："司空谨别田之高下善恶，分为三品：上田一岁一垦，中田二岁一垦，下

---

① 学术界关于阡陌含义的争议请参考李解民《"开阡陌"辨正》，《文史》第11辑，中华书局，1981年。
② 杨宽《释青川秦牍的田亩制度》，第84页。

田三岁一垦；肥饶不得独乐，硗埆不得独苦，故三年一换主易居，财均力平，兵车素定，是谓均民力，彊国家。"张晏曰："周制三年一易，以同美恶。"孟康曰："三年爰土易居，古制也。"《公羊解诂》曰："上田一岁一垦，中田二岁一垦，下田三岁一垦，肥饶不得独乐，硗埆不得独苦，故三年一换土易居。"由于地力的原因，农业部族定期徙居垦荒是有传统的，三代众民也不会脱离这种状况，西汉初年《田律》仍然规定"入顷刍藁，顷入刍三石；上郡地恶，顷入二石（240）"。三代田分上中下，各地配备的莱田数量也不尽相同。春秋以后，人口增加，耕地相对减少，爰田的难度增加。从齐国简《吴问》可知，春秋晚期以后，各国变革田制，田不分等差，但扩大受田亩积。商鞅变法后"复立"辕田，"自爰其处"，这是在终身享有使用权的受田亩数内"自爰其处"，但是"无狠（垦）不狠（垦）"，都要照章纳赋。睡虎地秦简《田律》就明确规定"以其受田之数"征收刍藁"无狠（垦）不狠（垦）"。"自爰其处"，实质意味着爰田制已不存在，但随着新亩积的确定，新设立的阡陌则成为名田的标界，由法律加以保护。汉初的《二年律令》证明，在一定的区域内授田制的田亩是不分等差的，只是"田不可田者，勿行；当受田者欲受，许之（239）"。但"田不可狠（垦）而欲归，毋受偿者，许之（244）"。受田制下的阡陌田亩只能是一夫一生一次受田，没有爰田的余地。因此，商鞅的"开阡陌"包括破旧立新，阡陌之制并非自商鞅才开始设置，更非商鞅尽除之。

五、阡陌田亩的土地性质

本来阡陌规划制度与土地性质本身没有必然的联系。任何性质的土地都要有一定的亩积、田垅规制，这就如同无论是西方资本主义的国家，还是中国特色的社会主义国家都设置有政府一样，政府的外部形式并不是区分国家性质的标志。土地性质的关键是土地归谁所有，如何使用，收益如何分配。春秋战国时期以及秦汉的土地性质长期以来学界争论不休，主要有两种观点：

一种观点认为战国时期，土地逐步私有化，到秦朝"使黔首自实田"①，土地性质进入私有化时代②。秦国则是在商鞅变法后，"开阡陌""制辕田"为土地私有化的开始。这种观点最早是董仲舒提出来的，他向汉武帝上书说："至秦则不然，用商鞅之法，改帝王之制，除井田，民得买卖，富者田连阡陌，贫者亡立锥之地。"③董仲舒未用土地私有化这个词，但他所说的土地性质实质上已经是私有化了。林剑民先生曾论述说，商鞅变法后"复立"爰田，却"自爰其处"，这标志着土地私有权已确立。青川秦牍的封埒制度及云梦秦简《法律答问》对私自移动"封"的处罚，正是土地私有权确立的证明④。实际上《为田律》规定的阡陌制是田亩统一规划的法律，云梦秦简《法律答问》"盗徙封"的罪名也与土地性质没有必然的联系⑤。当时的行田制本质上是种土地使用权，阡陌制度规划与盗徙封的处罚规定并不能说明当时土地私有

---

① 《史记·秦始皇本纪》集解徐广曰："使黔首自实田也。"引自（汉）司马迁《史记》，中华书局，1972年，第251页。
② 张传玺先生认为："从战国到秦统一，是土地私有制在全国范围内形成、确立的时期""土地私有制从战国初期即已发展。至其后期，已成为处于主导地位的所有制形式"。"秦统一，促进了社会经济的发展。始皇三十一年'使黔首自实田'，土地私有制在统一的国家中，获得了合法的地位，这应当是地主土地所有制在全国范围确立的标志。土地兼并也进一步严重起来。"参见氏文《汉以前封建地主土地所有制的发生和确立》，《北京大学学报》（人文科学）1961年第2期。
③ 《汉书·食货志上》，第1137页。
④ 林剑民《青川秦墓木牍内容探讨》，《考古与文物》1982年第6期，第62页。
⑤ 对于阡陌所反映的地亩性质，张金光先生认为："它（阡陌封疆——引者注）确立的并不是土地私有制与土地买卖，而恰是标志着土地国有制的加强，国设阡陌、顷畔之封疆就是土地国有制的标志。"参见氏文《普遍授田制的终结与私有地权的形成》，《历史研究》2007年第5期，第63页。

性质的确立。

另一种观点认为，战国时期的土地制度或仍处于农村公社制的晚期阶段，土地的国有性质并没有改变。自春秋以来各国基本上实施的是授田制，即每夫百亩，只是各国根据生产力发展水平或各自的国情亩积有所变化而已。按授田制一要达到一定的年龄，二要向国家交租赋，三是达到一定年龄土地要交回国家。吴荣曾先生认为："战国时各国都推行过授田制，由于各地区经济发展的不平衡，在时间上自然有早晚之别。"云梦秦简抄录有魏《户律》，"律文说：'自今以来，假门逆旅，赘婿后父，勿令为户，勿鼠田宇。'……表明授田对象主要是平民，而'假门、逆旅'则被排除在外。"秦国实行授田制，按亩顷征收赋税。战国时各国有时根据情况还授田给外来者，并减免定的力役。农民受田后，到定时间还须退还于官。总之，战国时期的授田制在西汉还可看到，是一步步走向衰亡的①。近年，张金光也认为秦国的土地制度是国有制。他认为，秦个人或集体对土地只有使用权，谈不上所有权。直到秦统一之后，也不存在与国有对立的土地私有制。一直到汉初，还实行普遍授田制②。吴荣曾、张金光先生都认为自商鞅以来一直到汉初，授田制在关东、关中都没有本质差别，这种形式的土地所有制形式只能是国有制。当然，不排除其中有个别的私有现象。近年张金光先生还提出了土地性质的二元化问题，从法理上讲，这个问题的本质就是土地的所有权人（法律上的、名义上的）与实际上的占有、使用、收益和处分相分离，即所有权人实际上不享有所有权的权能。从历史上看"一般地私人所有制底统治以土地占有制开始，土地占有制是私有制底基础"③。这一时期的土地仍然是名义上的国家所有，但实际上是个人占有，最后在国家机器衰落或动荡时达到"合法"的占有，从而完成了土地私有化的最后一道程序。

从土地的所有权、使用权及土地收益的分配形式看，战国秦的土地性质无疑属于典型的国有制的公有。三代到春秋，土地所有权归属领主，封君即国，农众耕作的土地是使用权，贡、助、彻都是租赋的形式。严格来讲，这种土地性质属于封君之公有，而非天子（王）的国有。春秋晚期，争战不断，公卿失位，领土易主；战国以后，各国变法图强，加强君主专制，兴郡县，废井田，国家直接控制土地分配权力，实施新亩积下的授田制。自此以后的土地性质，虽然属于公有，但与此前的领主制不同，而是典型的国有。《二年律令·户律》推行的按级爵授田乃是土地"国家情怀"的最后挣扎。《户律》规定按级爵授予不同面积的田宅，《置后律》则规定，各级爵位者"疾死置后"，其子孙所袭父爵宅田需降等递减。若干代后，高爵后裔仍然按平民身份享有土地的份额④。从当时事实的占有及高官高爵大亩积的受田现实看，这种"名田宅"显然是不可能普遍实施的，但其本质上反映了国家享有的，至少是名义上的对土地的所有权。在法律意义上，土地的性质仍为国有，国家主持着土地的分配权力。这就如同当今农村按人头承包土地一样，死后或户口迁出要交回是一个道理。这些土地，农民只有使用权而无所有权。随着可耕地的减少，授田越来越困难，而功臣贵戚受赐的土地与自耕农授田亩积相差悬殊，其结果自然对当时的授田制度造成侵蚀，致使耕者无田，社会出现大量的佣耕者⑤，大土地占有者则赚取地租收益。汉初虽然名义上实行授田制，但官僚贵戚多买卖田地，萧何听从客谏"多买田地，赊贳贷以自污"⑥，说明是时土地买卖、租贷现象已较普遍。土地占有者凭借权力长期占有土地，以及法律允许一部分土地的买卖，使名义上的国有土地开

---

① 吴荣曾《战国授田制研究》，《思想战线》1989 年第 3 期。
② 张金光《秦律研究》，第 85、86 页。
③ 〔德〕马克思《经济学—哲学手稿》，人民出版社，1957 年，第 46 页
④ 彭浩、陈伟、工藤元男主编《二年律令与奏谳书》，第 235-240 页。
⑤ 《史记·陈涉世家》载："陈涉少时，尝与人庸耕，辍耕之垄上。"索隐："《广雅》云：'庸，役也。'按：役力而受雇直也。"（第 1949 页）随着失地农民的增多，庸人的数量也会增加，除从事农耕外，也会从事其他行业。
⑥ 《史记·萧相国世家》，第 2018 页。

始向私有蜕变。即私有性质的因素在逐步侵蚀着国有土地，使其逐步向私有转化。《二年律令·户律》至少透露了迈向土地私有化的线索，这就是部分土地可以买卖并得到官方的认可。"受田宅，予人若卖宅，不得更受。代户贸卖田宅，乡部、田啬夫、吏留弗为定籍，盈一日，罚金各二两。（三二二）"土地私有最先是从宅圃，次为田地，最后是坟地[①]。战国时期已见宅圃的买卖[②]，武帝时杨量买山则标志着这个过程的完成[③]。自此，中国的土地性质进入了地主所有的私有制时期。

结 语

本文对《为田律》的阡陌制度、封埒制度做了分析，基于这种分析，《为田律》应当重新划分段落。张金光先生将全篇律文分为两大部分，自"田广一步"至"下厚二尺"为第一部分，讲的是关于田间土地布置分划制度；自"以秋八月"至"辄为之"为第二部分，讲的是关于封疆道路的维修制度[④]。本文认为，全篇律文分为三个部分为宜，即将"田广一步"至"道广三步"划为第一部分，"封高四尺"至"下厚二尺"为第二部分，其余为第三部分。第一部分是秦亩积的规定与田亩规划。秦田亩制为宽1步、长240步的长条形亩积，每亩中间有宽1步的畷路，每亩因畷路而分隔成两个田区（畛）。每顷的长端两侧为陌道，另两侧为阡道。第二部分是封埒制度的规定。封在整齐的顷田规划中可能是存在的，用以记识标志土地占有者，其位置当在田亩顷界的一角，阡陌道自身就起到了疆界的作用；而埒应是对零星不整之田界的规定，与阡陌之制的百亩顷田规制没有直接关系，这种封疆划界方式是对阡陌百亩顷田疆界的一种补充。

秦国长亩制也是在爰田制的基础上一步步形成的，形式上是田亩规划的改变，实则是与税制紧密联系在一起的。战国时期，包括秦国，基本上是以每人户百亩的规制授田，当时虽然处于农村公社解体的最后时刻，但土地乃由国家统一分配，在特定的条件下国家还要收回。这一阶段的土地制度属于典型的国有，田亩在当时仍然禁止买卖。董仲舒所言及诸学者认为商鞅变法以后开启了土地私有买卖之端是不符合实际的。直到汉初，国家名义上还推行着授田制，只是越来越不现实而已。真正的土地自由买卖及土地明确的私有化应当是文景以后的事。

---

① 马克思将农村公社的土地分为三类，即庄园（及其毗连地段）、耕地和割草地，并认为"首先导致将田庄土地（包括毗住所的田地等）划归私有，随后又将耕地和割草地划归私有"。参见马克思《科瓦列夫斯基〈公社土地占有制，其解体的原因、进程和结果〉一书摘要》，人民出版社，1965年，第34页。从中国的历史情况看，基本也是这样。族坟墓制是中国宗法关系的体现，其瓦解是随着宗法制的变化而行进。反过来看，墓地被买卖及其私有化正是土地私有化进程的最后表现。
② 《史记·赵奢列传》"王所赐金帛，归藏于家，而日视便利田宅，可买者买之。"（第2447页）从现在史料看，东方各国土地的私有化进程应较秦为先。
③ （清）陆增祥撰《八琼室金石补正》，文物出版社，1985年，第2页。
④ 张金光《秦制研究》，第115页。

张家山汉简《田律》与青川秦木牍《为田律》比较研究

高大伦

引 言

中国的考古常常有很多令人意想不到的发现。从丰富的古代文献记载，我们知道，秦汉时代的知识分子常有以书随葬的风气[1]，但近代考古发掘在中国开展以前，恐怕没有多少人会想到，我们的地下埋有如此多的古代文献，经过近八十年的考古发掘，今天，媒体还不断有地下出土古代各种珍贵文物的报道，战国至汉晋的古代竹木简牍的出土数量就达近20万支。以书籍类别而论，出土的书籍几乎包括了《汉书·艺文志》里的所有分类，尤其是近三十年来，出土的数量、频率都令人目不暇接。出土书籍中还有一个令人啧啧称奇之处，就是相同内容的书在不同的地方出土，了解中国古代书籍制作过程和流传方式的人们，就会知道这已是奇中更奇了。这种少之又少的几率，还真有好几起，如20世纪70年代出土了睡虎地秦简《日书》[2]，80年代，又在天水发现了秦简《日书》[3]，70年代出土的马王堆汉墓帛书中有《脉书》，70年代在张家山汉墓中也发现了《脉书》，后者比前者的内容更完整，马王堆汉墓中出土了《导引图》，张家山汉墓出土的《引书》，恰好是关于道引和《导引图》的部分文字说明[4]。因为年代的久远和没有好的保存条件，地下出土古书的文字和内容总有残损之处，这些相同内容的书出土后，其文字和内容往往可以互补，使我们能最大限度地复原古书，从而更好地研究它。这种富有传奇色彩的发现，真还应验了一句谚语：无巧不成书。新近公布的张家山汉简中，除了前面提到的《引书》《脉书》和马王堆帛书有关内容相同外，汉律的一些律文，也和秦简中秦律内容有若干相关联之处。[5] 本文只就其中《二年律令》中的《田律》（以

---

* 张显成主编：《简帛语言文字研究》第一辑，巴蜀书社，2002年，第374-390页。
[1] 《后汉书卷三九·周盘传》：盘令"编二尺四寸简，写《尧典》一篇，并刀笔各一，以置棺前，以示不忘圣道。"
[2] 云梦睡虎地秦墓编写组《云梦睡虎地秦墓》，文物出版社，1981年。
[3] 甘肃省文物考古研究所、天水市北道区文化馆《甘肃天水放马滩战国秦汉墓群的发掘》，《文物》，1989年第2期。何双全《天水放马滩秦简综述》，《文物》，1989年，第2期。
[4] 荆州地区博物馆《江陵张家山三座汉墓出土大批竹简》，《文物》，1985年，第1期。张家山汉墓竹简整理小组《江陵张家山汉简简述》，《文物》，1985年，第1期。李学勤《简帛佚籍与学术史》第四篇：《〈引书〉与〈道引图〉》，（台湾）时报文化出版企业有限公司，1994年。高大伦《张家山汉简〈脉书〉校释》，成都出版社，1992年。高大伦《张家山汉简〈引书〉研究》，巴蜀书社，1995年。
[5] 张家山二四七号汉墓整理小组《张家山汉墓竹简247号墓》，文物出版社，2001年。

下简称《田律》）里的一些内容与四川青川秦木牍《为田律》（以下简称《为田律》）作一点比较研究。

《田律》与《为田律》的对比

弄清中国古代田亩制度，是研究古代土地制度、经济史、生产关系的重要前提和基础。文献中关于先秦秦汉的田亩制的记载倒并非空白，主要是要么语焉不详，要么互相矛盾。学者们为此而争论了上千年。20世纪80年代初，《为田律》的公布，为解决诉讼达千年之久的先秦秦汉时期的田制问题，带来了一线曙光，学者们为之欣喜不已，短短的几年之内，就有海内外学者为了很少的几行文字，撰写了数十篇专题研究论文，由此而可窥知它在学者们心中的重要性。可是，对《为田律》的断句，释（句）词，文义的理解，学者们中都还存在着很大的分歧，由于没有新的出土资料，对《为田律》的讨论渐归沉寂，学术界对其内容的看法上的分歧也还一直存在着。巧的是《田律》中的部分内容与《为田律》中的一部分内容基本相同，将其对比研究，对我们进一步认识秦汉时的田制，或许有所帮助。为了研究上的方便，首先将两者内容分别列出：①

《为田律》

二年十一月己酉朔朔日，王命丞相戊（茂）、内史匽，□□更脩为田律：田广一步，袤八则为畛。亩二畛，一百（陌）道。百亩为顷，一千（阡）道，道广三步。封，高四尺，大称其高。埒（埒）高四尺，下厚二尺。以秋八月，脩封埒（埒），正疆畔，及癹千（阡）百（陌）之大草。九月，大除道及除澮（澮）。十月为桥，修陂隄，利津梁。鲜草，离（虽）非除道之时，而有陷败不可行，相輒为之□□。（以上正面）

四年十二月不除道者：

□一日，□一日，辛一日　壬一日，亥一日，辰一日　戌一日。（以上背面）②

《田律》

田广一步，袤二百卌步，为畛，亩二畛，一百（陌）道；百亩为顷，十顷一千（阡）道，道广二丈。恒以秋七月除千（阡）百（陌）之大草；九月大除道□阪险；十月为桥，脩波（陂）堤，利津梁。虽非除道之时而有陷败不可行，輒为之。乡部主邑中道，田主田道。道有陷败不可行者，罚其啬夫、吏主者黄金各二两。□□□□□及□土，罚金二两。

禁诸民吏徒隶，春夏毋敢伐材木山林，及雝（壅）隄水泉，燔草为灰，取产麛（麑）卵鷇（鷇）；毋杀其绳重者，毋毒鱼。毋以戊己日兴土功。③

关于《为田律》，有许多先生都发表过精辟的见解，不用再多置喙。我们主要是就《为田律》与《田律》对比而发现的内容上的新情况以及围绕《为田律》展开的一些争论作新的探讨。

---

① 为便于排印，下文引文中个别生僻的通假字径出本字。
② 四川省博物馆、青川县文化馆《青川县出土秦更修田律木——四川青川县战国墓发掘简报》，《文物》，1982年，第1期。本处断句和释文综合了各家的意见。
③ 参见《张家山汉墓竹简247号墓》（释文修订本），文物出版社，2006年5月，第166-167页。

先就律名来看，对《为田律》，以前有《田律》《为田律》《更修为田律》等数种定名，更修即重修，在原来的《为田律》基础上重修，可能是对原来律文加以修改，比如说，田制和道路在秦武王二年前就应该是有律文作了规定的，重修只不过是对一些律文作了修改、补充或废除，我们可以想象得到的是，从商鞅变法到秦王朝覆灭，好些法律都曾作过修改，但在律名上并不加上"更修"二字，所以还是称原律名比较好。从云梦秦简和张家汉简来看，《田律》的内容包括有生产、垦荒、田赋、田制、道制等，比《为田律》仅仅谈田、道之制，就内容而言，要宽泛得多。李学勤先生的解释说，为者，"义为作、制，为田的意思是制田。为田律是关于农田规划的法律"①。这样解释，律名和内容完全吻合，因此，青川木牍的律文定名《为田律》是很贴切的。张家山汉简中已将其归并到《田律》中。秦在繁缛的律文中为何要特意搞一个《为田律》呢？显然是与商鞅变法有关。青川的《为田律》是在秦武王二年（前309）重修的，与商鞅变法（时在公元前350年）相隔不到五十年，极可能就是对商鞅制定的《为田律》的修订。在商鞅新法中有个主要内容就是重视本业，"开阡陌封疆"是其重要措施，故单独制定了"为田之律"。后来，由于商鞅制定的田制已得到彻底的贯彻落实，单独订立《为田律》已无太大的必要，故将其归并到了《田律》之中。只不过这种归并是在秦还是在汉，我们还不是很清楚。也可能是汉鉴秦弊，省简律令的结果。从大的方面来说，"为田"本身就是农业生产的一个内容，这样归并也是很合理的。

《为田律》中的"更修《为田律》"之前的内容，是说某年某月某日秦王命令丞相、内史等人对《为田律》作修改。作为单独修改并下发的律文来说，这些内容的载入很有必要，它明确了新法律的修改日期、修改的决定人和组织修改者，强调了该法律的严肃性和权威性。在当时是随律文一起颁布的。到汉《田律》中，它只是作为《田律》的一部分条文，所以只需摘录律文则可。

《为田律》接下来的内容是法律正文，"田广一步，袤八则，为畛"，这句话的争论较多，关键是在"则"字的解释和怎样断句上，一开始好些文章都将"则"当作副词"就"义解，而将句读在"八"和"则"之间，最后因胡平生先生举安徽阜阳汉简"三十步为则"的新材料，句读问题迎刃而解②，意思也立即明了。在《田律》中则径言"二百四十步"，更是直接证明了"一则"合三十步的解释的正确性。作为量词的"则"，在秦律中是秦国人都明白的，但到了阜阳汉简对"则"要做特别注解。看来"则"作为量词大约是只在局部区域（如秦国）范围内流行的方言，汉律适用的地理疆域比秦国要大，还管辖了"言语异声，文字异形"的东方六国，故需对一些字、词的音义作解释。以前，在对"则"的理解存在歧义时，将"袤八"理解为宽八步，现在，由于《田律》将"袤八"直接说成袤二百四十步，那么将畛说成是"宽一步，袤八步"之制则明显不合文义。为畛之"为"，与前述《为田律》之"为"训义相同③。

《为田律》接着说："亩二畛，一百（陌）道；百亩为顷，一千（阡）道，道广三步。"畛，乃田间小道，如《诗·载芟》"徂隰徂畛"笺："谓田有径路者"，《庄子·齐物论》注："畛谓域畛陌也"，《楚辞·大招》王注更直接注云："畛，田上道也。"④ 这种田上道路也起界的作用，《小尔雅·广诂》："畛，界也。"律文中虽对畛道宽度无成规，考虑到秦代牛耕已广泛推广，这种道路的宽度应能使人和牛能通行。一亩田既已有两条长条形畛道，另外的一条陌道就该是从每亩田的短边通过。"百亩为顷，一阡道"，与汉律比较，可知亩顷之制，秦汉相同。有的学者据《为田律》将阡陌之制理解为每亩田中要划出一条陌道，

---

① 李学勤《青川郝家坪木牍研究》，《李学勤集》第274-283页，黑龙江教育出版社，1989年。
② 胡平生《青川秦木牍"为田律"所发反映的田亩制度》，《文史》，19辑，中华书局，1983年。
③ 胡平生《青川秦木牍"为田律"所发反映的田亩制度》，《文史》，19辑，中华书局，1983年，第274-283页。
④ 参见本页注①李学勤文。另见于豪亮对"畛"的解释，于文见《文物》，1982年，第1期：《释青川秦墓木牍》。

百亩田内要设置一条阡道。但同时另外的学者指出，商鞅变法的目的是要尽地力之利，如在每亩田之中设一条长长的陌道，每百亩田之中又去开一条阡道，不但大量浪费土地，而且它的交通网络比现在的城市还发达，实无此必要，何况秦国国力再强，那时也做不到。《田律》中在"一阡道"前加上"十顷"两字，意思就清楚多了，就是说千亩田就要设阡道，所谓"阡陌"一定是与计量有关（至于是与《周礼·遂人》中的百夫、千夫相关还是直接就和千亩百亩设阡陌相关，似还可讨论），所以，虽然《为田律》和《田律》都未有"百亩一百（陌）道"之语，但结合《田律》的"十顷一千（阡）道"，从文义和实际情况来分析，不难将全句就理解成百亩田以上要设一条陌道，千亩田以上要设一条阡道。

"道广三步"，按秦制，一步等于六尺，十尺合一丈，三步等于一丈八尺，而《田律》中说"道广二丈"，我们知道汉尺和秦尺基本相等，这样汉阡（陌？）道比秦要宽二尺。

《为田律》中说到的"封"及"封制"，在《田律》中丝毫未见提到。李学勤先生曾以成书于秦昭王以后的《法律答问》中的关于盗徙封的问答，问者问何为"封"的情况推测是因为商鞅变法以后实行按军功奖田，还允许土地买卖。秦昭王时，造成富者田连阡陌，对这些富有的田地占有者而言，他们的土地内部往往是只有阡陌而无封埒，封埒已经极少看到了①。从《田律》中根本不提"封"来看，李先生的推测是非常正确的。秦昭王到汉初又是几十年，"封"大概已经在实际社会生活比秦更难见到，或是用另外的什么作为土地界线。汉虽推翻了暴秦，但从汉初的一些政治家所说，仍是"富者田连阡陌，贫亡立锥之地"，汉代的土地兼并情况并不逊于秦。

"以秋八月……辄为之"，两者内容基本相同，《田律》只是少了修封埒，正疆畔的规定。其原因已如前述。《为田律》的"以"被《田律》改为"恒"，恒者，长久也，固定不变。《说文·二部》："恒，常也。"段注："常当作长。古长久字只作长。"《玉篇·心部》："恒，长也，久也。"《孟子·梁惠王上》："无恒产而有恒心者，惟士为能。"这一字之改，更强调是每年要做的固定不变的事，也更像法律语言。

《为田律》在此后并无违法的惩罚规定，而《田律》中则有明确的道路责任人，详细的惩罚规定和惩罚对象。由于具有违法后进行惩罚和量刑的标准，从法律的角度来讲，《田律》比《为田律》更加完善。值得注意的是，责任人负责的是道路，惩罚规定也只是针对不及时修补维护道路者，并不涉及是否严格按规定设定了畛、亩、顷。

青川木牍背面的文字，漫漶难认，各家考释分歧较大。于豪亮显然认为除第四自然段外，每一自然分割段的第一个字都已脱损不清，故只留下空缺，未作任何考释②。李学勤先生认为与正面的律文有一定的关系，是对不除道者及未除道的数量多少的记录③。发掘者李昭和先生认为是指的不除道的日子④。如对照《田律》中的最后一句"勿以戊己日兴土功"来看，应该说李昭先生的说法是比较可信的。只是《为田律》中，大概是每年根据禁忌来确定十二月（还有其他月也许亦有除道禁忌日）不除道（属"兴土功"的一种活动）的日子，而《田律》中则将禁忌日子扩大到全年的戊、己日，并明确以法律的形式固定下来。

---

① 李学勤《青川郝家坪木牍研究》，《李学勤集》274-283页，黑龙江教育出版社，1989年。
② 于豪亮的释文为："□二日□一日章一日□九日□一日□一日□一日□一日。"（见于豪亮《释青川秦墓木牍》）
③ 李学勤先生释文为："□二田□一田章一田□六田□一田□一田□一田□一田。"（见李学勤《青川郝家坪木牍研究》）
④ 李昭和《青川出土木牍文字考释》，《文物》，1982年，第1期。

两个问题的进一步讨论

以上对比中,我们已就两篇律文进行了通篇的初步研究。在此基础之上再就两个相关的重要问题进一步申论之。

一是关于田亩制问题。井田制和开阡陌究竟为何?是学术界争论较大的问题。所谓开阡陌,自古以来,许多学者都理解为废除阡陌,李解民先生经过精心研究,得出开阡陌为设立阡陌的精辟结论[①],此观点后又得到《为田律》律文的印证,可以说是立论至确。至此,对开阡陌的千古争讼应是尘埃落定。而对于井田之制,说法更多,大家爱引《孟子·滕文公》中的"方里而井,井九百亩,其中为公田,八家皆私百亩,同养公田,公事毕,然后敢治私田事"等文献为例来加以说明。许多人认为孟子所说极为理想化,古时不可能有划分的如此整齐划一的井田,即使在中原的平原地区也不可能将田地都如此规划,更不可能在全国推行此项制度,争论的焦点集中在有无井田或实际是否推行过井田这种规划制度。这一问题我们暂且先放在一边,还是回到《为田律》和《田律》中的田亩制度上来。综合《为田律》和《田律》的内容,按照以上我们研究的结论,从字面上来机械的理解,秦汉时期田亩之中的畛、陌、阡道路是照图一这样来规划的:

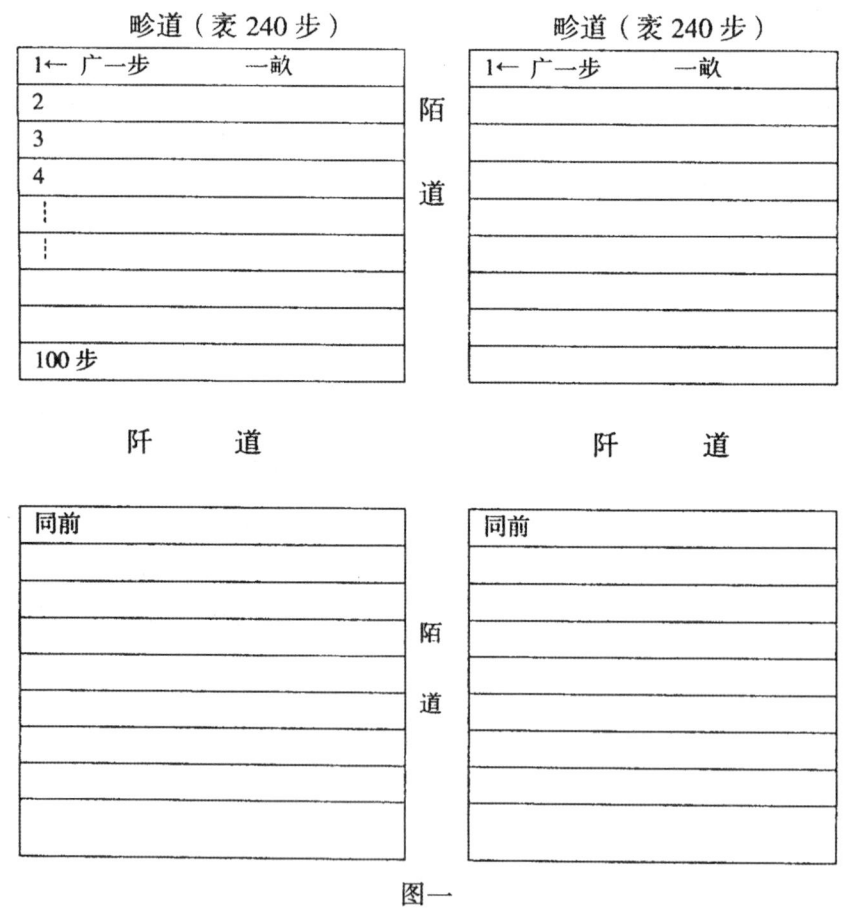

图一

---

① 李解民《"开阡陌"辨正》,《文史》,第 11 辑,中华书局,1981 年。

秦汉时期的田亩阡陌是不是一定按此划定的呢？特别是发现《为田律》的青川地区属川北山区，要找到"宽一步，袤二百四十步"整齐划一的田已比较困难，再去找到按如此规格，百亩毗连，千亩成片的田地，还要在其间按制开阡陌，几乎是不可能的。退而言之，在秦汉腹地关中地区，周原一带还有高台，长安周围还有八水相绕，要在比较广阔的范围内使其田亩阡陌规划达到《为田律》的要求，也是根本不可能的。那么，到底该怎要来理解秦汉时的田制呢？

首先我们可以看看与古代与田亩制有关的行政区划设立的原则：

《礼记·王制》："天子之县内，方百里之国九，七十里之国二十有一，五十里之国六十有三。"后人认为，《礼记》只是儒家的一种理想世界。

《尚书·大传》："五里为邑。"《周礼·地官》："四井为邑。"所谓五里，即五个里之简称，孟子曾云"方里为井"。因此，两书都认为是若干个里（四个或五个，相差仅一个）组成一井。

《周礼·地官·遂人》："五家为邻，五邻为里。"《风俗通》："里者，止也，五十家共居止也。"这两条是讲的行政区划"里"和"邻"设立户口数量要求。

《太平御览》卷157《州郡部》引黄恭《十四州记》曰："县万户以土为令，则子国也，千户以上为长，男国也。"这里又是讲的设置县和令、长的户数条件。

对以上的记载，如果我们拘泥于字面上的理解，就会机械地认为天子设国、邑、里、邻、井的标准，令和长区别，真严格按这些书中所说来实施，则大谬矣。现实社会中，不可能每个里、邻、井、邑、县的户数刚好是下一级别的若干倍或是绝对相等。

同理，我们又来看看亭、邮的设置原则："五里一亭"是大家都熟知的。对邮，张家山汉简《二年律令·行书律》中有这样的规定：

> 十里置一邮。南郡江水以南至索（？）南水，廿里一邮。……北地、上、陇西，卅里一邮；地险陕不可邮者，得进退就便处。

亭、邮的设置也是写进法律的强制性的规定，相对于律文中规定的划亩的规定而言，五里一亭，十里一邮大概更容易办到，不过，显然是受到地理条件的局限，律文明确规定在水乡和山地，十里一邮的规定是可以作适当调整变通的。实际上，"五里一亭""十里一邮"，像"四里为井""五里为邑""五家为邻、五邻为里"之制一样，只是举个概数而言，并非严格遵守的度量之制。比如我们在后来的历史上的县、区、乡、村的设立，都是有距离、人口等规定或习惯约定的。但在实际设定时，几乎找不到两个人口、户数、纵横距离、面积完全相等的同级别行政区划来。

田亩和阡陌的设置规格更受环境条件限制。前已指出，实际情形中，很难找到既无河道、弯曲，又无坡坎的成千上万亩相连成片田地，那么，律文中所说的那种规格的田亩阡陌在现实中虽不敢说绝对没有，即使有，也是很少见的。既然秦汉律文中都有，问题就是我们该怎样理解。

张家山汉简中有《算数书》，据考证，比《九章算术》还要早，是研究中国数学史的重要文献。《算数书》里举的很多计算例子，与当时的生活密切相关。秦汉都是重本抑末，除像奴婢这种失去自由的人以外，自由民以上的人几乎都拥有土地，国家按土地征税及人们之间的土地交易，都需要对土地进行丈量。计算土地面积是汉代人们生活中经常会碰到的事，所以在《算数书》中关于土地面积的计算占了比较多的篇幅，如：

1. "启广　田纵卅步，为启广几何而为一亩？曰：启【广】八步。术曰：以卅步为法，以二百卌步为实。启纵亦如此。"
2. "启纵　广廿三步，为启纵【几何】求田四亩。【曰：卌一步廿三分步之十七】。"
3. "少广：广一步半步，【求田一亩，问纵几何】。……为纵百六十步。"①

以上所举数例，第1例是，知田长三十步，问如果是一亩田，它的宽度该是多少步？答案是宽八步。第2例是说，田宽二十三步，求面积为四亩的田的长度是多少？答案是四十一步二十三分步之十七。第3例是说，已知田广一步半，问面积为一亩的田的宽度应该是多少步？答案是一百六十步。前面我们已指出，这些计算题举的例子，都与生活密切相关，因而，当时的每一块田地面积的大小，长宽规格也该无统一规定，就是说唯有亩、顷的面积是常数，而田地的长、宽都是变数。实际生活中，田的形状除了方形和长方形的以外，还存在着圆形、梯形、三角形、不规则形等多种形状。《为田律》律文的意思并不是说天下每一亩田都必须按宽1步乘以长240步的规则来划定，而是规定亩的面积是多大。长一步、宽二百四十步等于一亩只是举例来说明而已。同样，文献中的"方里而井""五里为邑"也仅是指面积而言，绝非每一井都必须恰好是长、宽各一里，每一邑都是长、宽刚好各五里。又从前面讨论过的设立亭、邮之制和行政区各级别的划分标准中，我们了解到这些原则和标准是个概数。同理，满百亩设陌道，够千亩开阡道，也只是一个概数并且是最标准的阡陌道路。实际上，受到环境的限制，也不可能严格按这种制度来设置阡陌之道。我们的理解是，田亩达到一定面积以上（或许一般是在百亩以上至千亩以内设陌道，千亩以上至万亩以内设阡道，当然这也是个大概的略数）。比附当代的情形，就如同公路建设中的国道、省道、县道、乡道、村道。国道最宽大约是高速公路，依次变窄，乡道最窄，可能只是机耕道而已。古代的行政区划往往是按一定的土地面积和户口的数量来设立的，比如说五家为邻、五邻为里、方里为井、万户以上为县令、千户以上为县长等等。因为每家（户）的耕田数是按约百亩计算，所以往往也可以反过来用田亩数来表述某政府机构的级别。《为田律》中所说的阡陌之道，也可以理解成是达到一定的田亩数的行政区内要设阡陌之道。这倒与《周礼·遂人》中的"凡治野，夫间有遂，遂上有径；十夫有沟，沟上有畛；百夫有洫，洫上有涂；千夫有浍，浍上有道；万夫有川，川上有路，以达于畿"的说法比较相近。

其次谈谈动土的禁忌问题。抄写《为田律》木牍的背面文字内容有争论，已在前面做了简要说明。我们觉得参照《田律》最后一句话来看，李昭和的考释和看法不无道理。试按他的说法来做分析。据《中国史历日和中西历对照表》②，秦武王四年十二月丁酉朔，次年一月丁卯朔。由此可以排出十二月的全部干支如下：

丁酉　<u>戊戌</u>　<u>己亥</u>　庚子　<u>辛丑</u>　壬寅　癸卯　<u>甲辰</u>　乙巳　丙午
丁未　戊申　己酉　庚戌　<u>辛亥</u>　<u>壬子</u>　癸丑　甲寅　乙卯　<u>丙辰</u>
丁巳　戊午　乙未　庚申　<u>辛酉</u>　<u>壬戌</u>　<u>癸亥</u>　甲子　乙丑　丙寅

李昭和认为《为田律》牍背面可辨认出的干支记日中的天干或地支有辛、壬、亥、辰、戌五个。据此，则至少可以在秦武王四年十二月中找出十二个不除道之日（干支下加横画者）。如果加上那三个不能

---

① 张家山二四七号汉墓整理小组编著：《张家山汉墓竹简（二四七号墓）》（释文修订本），文物出版社，2006年5月，第153-154页。
② 方诗铭、方小分编著，上海辞书出版社，1987年。

辨认的干支，全部不除道之日大概要超过二十天，似乎有点偏多。但是，在睡虎地秦简《日书》甲种中有：

"田事篇" "田忌：丁亥、戊戌，不可初田及兴土攻（功）。"

"土忌篇一" "十二月乙，不可为土攻（功）。"（104正壹）"十二月辰，毋可有为，筑室，坏；树木，死。（105正壹）十二月戊辛甲，不可以垣，必死。"（108正壹）"十二月不可兴土攻（功），必或死。申不可兴土攻（功）。"（106正壹）"十二月己，不可垣，必死。"（109正壹）

"土忌篇二" "土忌日：戊、己及癸酉，癸未，癸申，丁未，凡有土事弗果居。"（130背）"十二月丑当其地不可起土攻（功）。"（131）背"十二月辰，是谓土神，毋起土攻（功），凶。"[①]（132背，133背）

《日书》中的动土禁忌日也不少，以全年及十二月的动土禁忌来对比，《为田律》木牍背面的不除道日虽然较多，也不是不可理解的。

2002年3月7日写于四川大学竹林村宿舍

[①] 刘乐贤《睡虎地秦简〈日书〉研究》第41、138、292页，（台湾）文津出版社，1994年。

青川新出秦田律木牍及其相关问题

黄盛璋

《文物》1982 年第 1 期发表的《青川县出土秦更修田律木牍》（以下称《简报》），是继云梦秦简之后，秦律简牍的又一重要发现。牍文为秦武王二年命丞相甘茂等更修的田律中的一条，并非全部，但这一条却相当完整详细，它关涉古代史上许多重要问题。《文物》同期除《简报》外，还发表了于豪亮、李昭和同志两篇专门考释文章。这里也就牍文内容谨抒管见，以供参考。

一、秦更修田律的意义与来源的考察

牍文开首为"二年十一月己酉朔朔日，王命丞相戊（茂）、内史匽取臂更修为田律"。律文用诏令形式，亦见于云梦秦简所附之《魏户律》与《奔命律》，皆为"廿五年闰再十二月丙子朔辛亥"分别告相邦与将军两个王令，王令即是法律，故律亦称令，此律令字的由来，早期形式盖为如此。内史匽下二字《简报》缺空，所附牍文照片无法辨认，李文释为"取臂（譬）"，在未有确证之前，可从李释。但对于"取臂"二字的解释涉及对秦更修田律的理解，需稍加辨明。"匽"即燕，当为内史之姓；"取臂（譬）"为其名。丞相用名而内史姓名皆全，类似之例亦见汉简，用名或用姓名不必绝对统一。

这条田律既是秦武王命丞相与内史所更修，则必与内史管辖有关。《汉书·百官公卿表》："内史，周官，秦因之，掌治京师。"按西周之内史铜器多见，掌出纳王命与册命赏赐等，属于史官之属，因在王左右，故称内史。秦之内史名称虽来自周官，但性质、职掌完全不一样。秦之内史掌治京师，属于地方行政长官。汉景帝二年分置左右内史，武帝太初元年更置京兆尹，左内史更名左冯翊，右内史更名右扶风。秦官内史，汉分为三，是为三辅，长安以东为京兆，长陵以北为左冯翊，渭城以西为右扶风。《汉书·地理志》：京兆尹"县十二"，左冯翊"县二十四"，右扶风"县二十一"，下皆注"故秦内史"。秦内史管辖范围较以后的汉三辅略有不同，在此无须缕述。所当指出者，秦内史和外地的郡太守皆为一级政区行政长官，只是由于京畿为首都所在，内史就设在首都，因而首都的中央一级机关也要受内史节制。云梦秦律有《内史杂律》，就是关于内史职掌的一些法律规定，其中就有两条涉及中央一级机关之都官：

---

* 《文物》，1982 年第 9 期。

县各告都官在其县，写其官之用律。

都官岁上出器求补者数，上会九月内史。

此外《金布律》也有一条涉及内史与都官：

县都官以七月粪公器不可繕者，……粪其有物不可以须时，求先买（卖以书时谒其状内史）。

中央一级机构最多是设在首都，有些设在京畿各县，前者称中都官，后者称县都官，有些事情必须上报内史，所以内史比外地郡太守权力要大一些。《史记·秦始皇本纪》十七年提到的内史腾应即云梦秦简《语书》的南郡守腾，相隔三年他由内史而调任南郡太守，说明内史职位与郡守相等。《语书》明确提到"故腾为是而修法律令、田令及为间私方而下之，令吏明布，令吏民皆明知之，毋距于法。"所修正有田令，可见郡守有修布法律之权。郡守所修布之律令只能施行于郡内，《语书》正是告南郡所辖县道。如此内史匽取臂所修之田律必和内史辖境相关，但其前尚有丞相茂，又田律应为全国通行之法律，不应专限于一地，只是其着重点必为京畿即内史辖境，绝不可能仅行于蜀地，或为蜀地专修的法律。

"更修"二字古今语义稍有不同，容易误解。"修"字先秦经籍多训"治"，但修并不是一般的治，而是对旧事、旧物的治。《论语》皇疏说："治故曰修。"《国策·魏策》注："温故曰修。"《左氏春秋·序》疏："修者治旧之名。"《礼记·月令》疏："修者修理旧物。"今语"修理"就是从此而来。上引《语书》说腾"修法律令、田令"，正是重申旧令，令吏明布，而绝不是创修或修订。至于"更"字，后代分为平、去二读，用以区别实虚二词，用作动词更改字读平声，用作虚词的更则读去声，意为再或再次、另次。"更修"之更就是去声，并非更改、更新，而是再一次、另次之意。"更修为田律"就是再次把旧有的田律写出公布，其中也可能包括修改补充，但并非主要的。

这条田律所规定的田亩阡陌制度，确和"步百为亩"的旧制不同。"商鞅虽死，秦法未败"，以后未闻变法。律文为秦武王二年十一月己酉朔朔日所更修，秦以十月为岁首，是武王即位不久，田制又是关系全国农民的大事，不可能改变旧章，必以已有的田律为基础，最初的田律只能出于商鞅。商鞅变法与立法，田制是其中一项主要内容，田亩阡陌的开拓、改置，必须依靠新的法令推行，否则就无法实施与贯彻。律文不仅详细规定田亩阡陌封埒的数据与设置办法，还重规定阡陌封埒的保护与道路的管理维修等具体措施，前者只能出于商鞅的"开阡陌"，后者可能有后来的增加与发展，但其基本点亦必为商鞅立法所有。

二、秦田律规定田亩制度考辨

律文上半规定田亩阡陌封埒制度，下半则为田亩疆界及其相关的道路津渡的管理维修的具体安排，合起来为一套完整的田制法令。

田广一步，袤八，则为畛。亩二畛，一百（陌）道。

《说文》："畛，井田陌也。""亩二畛"，每亩两头各有一畛，宽一步，长八步，作为亩的两边。亩的另两边则为陌道。按"秦以二百四十步为亩"(《说文》),两畛各长八步,则另两边各长三十步。8×30 = 240方步。由于陌道绵延不断,并不依各亩之长而断界,所以律文没有说陌长多少。

按传世商鞅量的铭文"积十六寸五分壹为升",唐兰先生据原器实测推算,一尺之长为23.1厘米。秦六尺为步,一步之长为138.6厘米,即1.386米,一方步之积合1.9平方米;二百四十方步为亩,一亩之积合456平方米。今亩为666.7平方米,故秦亩约合今亩三分之二。

　　百亩为顷,一千(阡)道,道广三步。

一百亩为一顷,有一条阡道,应劭《风俗通义》云:"南北曰阡,东西曰陌;河东以东西为阡,南北为陌。"不管怎样解释,阡道皆与陌道垂直。陌作为亩的两边,阡作为顷的两边。畛仅广一步,或六尺,合今1.386米,只是田间小径,主要用以隔亩。阡道广三步,合4.158米,可以通车马,所以称"道"。陌道没有说。《说文》:"畷,两百(陌)间道也,广六尺。"段玉裁注补为"百广六尺",注云:"百字各本无,今补,所以知必有百者,郑注《周礼》云:'径容牛马,畛容大车,涂容乘车一轨,道容二轨,路容三轨。'轨者彻也。《考工记》曰:'彻广六尺。'涂容一轨,是陌容六尺也,道容二轨,是阡容丈二尺也。"按《周礼》为儒家托古,《遂人》所记道、沟、洫、浍、川及其上之径、畛、涂、道、路和《考工记》所记遂、沟、洫、浍、川广深之制,依次而进,显然包括不少理想与整齐化在内,与田律所记秦田制不合。律文所记只有畛、陌、阡三种,阡道广三步则为十八尺,陌既称道,至少要大于一步之畛,陌至少广二步。

一顷之田按正规安排,当为纵十亩、横十亩的整齐排列。由于亩为长方形,宽十亩之一边应为80步,长十亩之一边应为300步,则一顷应为24000方步;一方步合1.9平方米,则一顷合45600平方米。律文对一顷之田亩如何安排,未作规定,因为地面上并不能像在纸上那样容易规划,只能依地形作各种形式的安排,但必须为一百亩共24000方步。这个面积是必须注意的,任何形式的排列都不应与这个面积相差悬殊。

　　封高四尺,大称其高,捋(埒)高尺,下厚二尺。

封是"封土为台",即土堆,埒则为连接二封之间的矮垣,合围起来即形成领有权的田界。亩、顷有固定长宽步数,不能增减改变,至于封、埒依领有权而画界,所以大小没有一定。云梦秦律说:"盗徙封,赎耐,可(何)如为封?封即田阡佰顷半封也。""半"即"畔"字,边界之意,意思是封筑在阡、陌与顷之边缘上,但并不是阡陌。封埒仅作为界标,封高大皆为四尺,埒下厚二尺,上必更锐,不能行人,与阡陌既作为亩顷界限,又作为交通道路,性质作用全不一样。

三、从律文对阡陌与道路的维护论"开阡陌"的含意

律文下半规定对田亩疆界的维护及其管理修治的具体事项。"以秋八月修封捋(埒)、正疆畔,及发千(阡)百(陌)之大草",着重在维护有关疆界之封埒阡陌,疆界是田制存在的根本。"九月大除道",道

路是亩顷之疆界，修治道路也就是维护田制的根本措施。"十月为桥，修陂堤，利津□鲜草"，桥梁津渡均设在道路上，也必须修好。对阡陌、道路的维护，最终目的还在于维护田制，所以放在田律之中，它的用意是很清楚的。

《史记·商君列传》记商鞅于秦孝公十二年"为田，开阡陌、封疆"，同书《蔡泽列传》则称为"决裂阡陌"。西汉时中郎区博谓秦"灭庐井而置阡陌"（《汉书·王莽传》）。三国时张晏云："商鞅始割列田地，开立阡陌。"（《汉书·地理志》"制辕田"下颜注引）杜佑《通典》卷一也解释为"立阡陌""制阡陌"。至南宋时朱熹《开阡陌辨》始以为"说者之意皆以开为开置之开，言秦废井田而始置阡陌也"的说法不对，而另提出"开者破坏划削之意，而非创置建立之名"（《朱文公集》卷二七）。可见在朱熹以前，多以开为开置，朱熹则释为破坏划削。后来朱说流行，一般皆理解为废除阡陌。最近李解民《"开阡陌"辨正》又重新提出"开阡陌"即"创置建立"阡陌，反对"开"为"破坏划削"之说（《文史》十一辑）。于文撮引朱熹与李解民文，也认为"开阡陌"或"决裂阡陌"，应该就是创置建立之意。其实两说各有对错。田律对商鞅变法后秦的田制提供了确定的内容，从而使我们确切了解"开阡陌"是开拓扩展之意。蔡泽说"决裂阡陌"，朱熹说"破坏划削"，是指旧的步百为亩的疆界。另一方面，旧阡陌被决裂、划削后，还要设立新的阡陌，就新阡陌而言，"开"就是"创置建立"。"开"实包括"破"与"立"两个方面，故张晏解为"开立阡陌"，最合原义。律文对此有所说明，意义是重大的。

四、律文所反映秦以前的田制

《史记》仅说商鞅开阡陌，没有涉及井田。第一次提出"秦孝公用商君，坏井田，开阡陌"的是《汉书·食货志》。而自朱熹《开阡陌辨》出，后代一般都认为"开阡陌"就是破除井田的阡陌，也就是破坏井田制。而井田究竟有没有，一直是古代史上一个重大争论问题。律文并不能确定井田制究竟有没有，但它的确可以反映此前的田制。一是田亩以阡陌为疆界。律文规定亩有陌道，顷有阡道，阡陌之制必古已有之。商鞅"开阡陌"只是开拓旧的阡陌，并未废除以阡陌为田亩疆界的制度，相反还要予以维护。《说文》说：田"象四〔方形〕从口、从十，千（阡）百（陌）之制也。""四"字下当脱"方形"二字。从口，象田的四方形，而从十则象田亩疆界阡陌之纵横相交。段注据《韵会》改为"象形"，而删去"从口"，尚未尽得。这种四方形的田制划分应该很早就有，因为它便于规划与管理，有利于耕作，特别是在黄河、渭河中下游平原地区，更容易采用实现。这种田制很像是"井田"，但不必成为"方里而井，井九百亩"的井田制，它只是作为一种常见的方形的田制，并只限于平原，在丘陵或其他地形不很规则的地区当然就不一定用了。此种田制在商鞅以前各国都有。孟子最早提出的井田说，实即当时实地存在的方形田的整齐与理想化，并非实有。商鞅所破坏就是旧有的方形田制，但不必就是田或井田制。鄙见已有另文详考。

传统旧说，周以"步百为亩"，见于《司马法》；而"秦田二百四十步为亩"，见于《说文》。商鞅将亩由百步扩大为二百四十步，所以旧田亩阡陌必须改变更置。至于以阡陌为田、顷之界，则并无不合理之处，没有必要改变旧制。

商鞅何以要开阡陌，《史记·商君列传》说："为田开阡陌封疆，而赋税平。"又《蔡泽列传》说："决裂阡陌，以静生民之业而一其俗，劝民耕农利土。"看来在此以前，秦国田制不统一，主要在于疆界不正。孟子曾指出："夫仁政，必自经界始。经界不正，井地不均，谷禄不平。是故暴君污吏必慢其经界。

经界既正，分田制禄，可坐而定也。"这段话正好为"赋税平"作注脚。"以静（靖）生民之业"，其目的在于"劝民耕农利土"，尽土地之利。《新唐书·突厥传》引杜佑云："周制步百为亩，亩百给一夫。商鞅佐秦，以为地利不尽，更以二百四十步为亩，百亩给一夫。"朱熹《开阡陌辨》对此也有所阐述。旧亩制过小，则阡陌占地必多。在上古人口不多，田地未辟，可以实行旧制；商鞅时代，人口渐繁，田地日辟，亩制过小，则生产力受限制，地未尽利，所以必须改变旧制。但只是废除不利的部分，而不是一齐废除。这是一般事物的发展规律。

五、秦田制探源——晋国六卿亩制的扩大与秦更改田制的原因

战国"田畴异亩"，究竟各国亩制如何，彼此差异何在，过去皆一无可考。1972年临沂汉简出土，其中《孙子兵法》有佚篇《吴问》记孙子答吴王问，以晋国六卿制田大小不同，以占灭亡的先后，摘录如下：

> 范、中行是（氏）制田，以八十步为畹，以百六十步为畛……〔智是（氏）制田，以九十步为畹，以百八十步为畛〕……韩、魏制田，以百步为畹，以二百步为畛……赵是（氏）制田，以百廿步为畹，以二百卌步为畛……

"畛"字，整理小组原隶定为"吻（亩）"，注云："吻，疑即'畮'字异体，今作'亩'。长沙马王堆帛书《易说·昭力》篇'四海'作'四勿'，可证'勿'声与'每'声可通。"今据此牍两"畛"字写法完全一样，而另有亩字作畆，同于《说文》"畮"字所收另一篆文或体："畮或从十、久"。可知"吻"字都是"畛"，不是"亩"。《说文》谓畛为"井田间百（陌）也"，则畛也就是一亩之界。《吴问》以多少步为畛，实际上是指一亩的面积为多少步。

至于"畹"字，《说文》："畹，三十亩也。"《文选·魏都赋》注引班固曰："畹，三十亩也。"《离骚》："余既滋兰之九畹兮"，注"十二亩为畹，或曰田之长为畹也。"十二亩当为二十亩之倒。《吴问》之畹皆为畛之半，畛为一亩，则畹为半亩。

《吴问》以亩制大小为六卿先后灭亡的顺序，赵氏亩制最大，故最后"晋国归焉"。其理由是：亩小田狭，赋税重，"公家富，置士多，主骄臣奢，冀功数战"，所以先后都要亡；而赵氏亩最大，无赋税，"公家贫，其置士少，主敛臣收，以御富民"，所以"晋国归焉"。后来韩、魏并未先亡，赵氏也未统一晋国，可见《吴问》的分析与判断都不太正确。但这足以说明《吴问》撰写时代当早在春秋战国之际，其时晋国内部亩制已发生分化，都向大的方向发展，打破了"步百为亩"的旧制。所以如此，原因之一就是鉴于亩小、税重、公家富而民贫，限制了生产力。而按田亩征收赋税与兵役自然就重而多。李悝主张尽地力，商鞅师事李悝，挟其法经以相秦，作为变法与立法的基础。《商君书·算地》提出"任地待役之律"，即尽量任地之利以加强兵力的法则。同书《徕民》提出"制土分民之律"，意思也差不多；又提出招徕三晋人民使之"事本"即从事农耕，而令故秦民"事兵"即从事战争。为使农民多种地以供给战争需要，亩制就应当扩大。由此不难看出商鞅决心要改革田制、扩大亩界，指导思想和李悝尽地力的思想有密切的渊源关系。而早在春秋战国之际，晋国的六卿已经开始打破"步百为亩"，创制出一个比一个大的亩制，最大的就是

赵氏以二百四十步为畛即亩界。秦亩何以要以二百四十步为亩，《吴问》给我们提供了很好的线索。不仅商鞅改革田制的指导思想和李悝有关，他的扩大田亩的具体做法也并非空想出来，而是有三晋的蓝本的；特别是二百二十四步为亩，应来自三晋赵氏。

青川木牍文字补考

前文草成二月后，在成都承沈仲常先生之助，详审原牍，所见如下：

（一）"内史匽"下二字基本如摹本，李释"取臂（譬）"可信，但仍当为人名。

（二）"九月大除道及"下二字皆从阝但右旁不清，第一字显与上文"除"字结构不同，第二字似"险"，当是"阻险""阫险"一类字，非沟浍意。

（三）"十月为桥，修陂隄，利津"下一字，牍文左右从两阝（𠂤）相对立，下从水，其上结构不清。案《说文》"隘"字，篆文作㘭，其下又收一个籀文𨺅，即后来关隘字。牍文此字可能从𨺅从"益"，即"隘"字。"利津隘"，津当水路，隘则当陆路。

（四）"鲜草"下一字从虫从"虫"，与秦公簋、新郪虎符"虽"字同（摹本末一笔与右相连，非），故可确定是"虽"。"虽非除道之时"为一读。"鲜草"属上，所除者乃道上大草。修陂隄水利，滋润鲜草，有利畜牧。

（五）最后一句，于文释"輙为之"。细审原牍，于释是。"輙"字虽左半不清，然据结构，文意皆可肯定。此处只有三字，"之"字下乃墨迹溅溃，非文字也。

如此青川木牍文字通读略无阻滞之处。

释青川秦牍的田亩制度

杨 宽

1979年四川青川战国墓出土的秦更修田律木牍①，是个很重要的发现，使我们对于战国和秦代的田亩制度得到了进一步的理解，有助于深入探讨当时的社会经济制度。

"亩"原是农田间一长条的高畦。井田制以"百步为亩"，每亩田宽一步，长一百步。百亩之田，就是把一百"亩"并列在一起，正好宽一百步，长一百步，成为一个正方形。秦商鞅变法改"百步为亩"为二百四十步为亩，是仿效三晋的制度。赵在春秋晚期已实行二百四十步为亩，这是当时最先进的田亩之制，见于临沂银雀山汉墓出土的竹简《孙子兵法·吴问》篇。究竟二百四十步的亩制的结构怎样，过去我们不了解，现在青川秦牍的出土使我们清楚了。

青川秦牍记载：

> 二年（秦武王二年）十一月己酉朔朔日，王命丞相戊（即甘茂）、内史匽：□□更修为田律：田广一步、袤八则为畛。亩二畛，一百（陌）道。百亩为顷，一千（阡）道，道广三步。封高四尺，大称其高。捋（埒）高尺，下厚二尺。以秋八月，修封捋（埒），正彊（疆）畔，及癹千（阡）百（陌）之大草。

这里的"畛"，是指一亩田两端的小道，所以说"亩二畛"。所谓"田广一步，袤八则为畛"，是说"畛"宽一步，长八步。古时"亩"筑成长条的高畦，用来种植成行列的农作物，"亩"边有长条的小沟叫"甽"，便于雨水流泄，达到洗土排水的作用。因此随着河流东向和南向的差别，田亩的行列也有东向和南向的不同。行列东向的亩称为"东亩"，行列南向的亩称为"南亩"②。律文说："亩二畛，一陌道。""畛"是一亩田两端的小道，"陌道"是一亩田旁边的道路，也就是亩与亩之间的道路，该与"畛"垂直相交，使亩成为一块长方形的田。如果是"东亩"，亩的行列向东，"畛"就南北向，"陌道"就东西向。如果是"南亩"，亩的行列向南，"畛"就东西向，"陌道"就南北向。"畛"的长度就是"亩"的宽度，"陌道"的长度就是"亩"的长度。既然规定"畛"的长度八步，"亩"的宽度就是八步。当时以二百四

---

* 《文物》，1982年第7期。
① 四川省博物馆、青川县文化馆《青川县出土秦更修田律木牍》，《文物》1982年第1期。
② 参看拙作《论西周时代的农业生产》第三节"西周的农业生产技术"，收入拙著《古史新探》，1965年中华书局版。

十步为亩，亩的宽度既是八步，亩的长度该是三十步，"陌道"的长度也是三十步。《氾胜之书》的区田法，规定"以亩为率，令一亩之地，长十八丈，广四丈八尺"（《齐民要术》卷一引）。古时六尺为步，广四丈八尺正合八步，长十八丈正合三十步。说明西汉关中地区的田亩，还是沿用秦制。律文只说"畛"的宽度长度，而没有说明"陌道"的宽度长度。陌道的宽度该与"畛"相同，长度可以推算而得，因此律文从略了。

律文又说："百亩为顷，一阡道。道广三步。"这是说，每一百亩田连接成为一顷，有一条"阡道"，成为一顷田边缘的道路。如果一项田和另一项田连接的话，"阡道"就成为间隔顷与顷之间的道路。律文只说阡道广三步，比畛与陌道宽三倍，没有说明它的长度，因为长度也可以推算而得。既然每亩田宽八步，长三十步，那么，每百亩连接成一顷，除去畛和陌道所占土地以外，一项田的实有面积当为宽八百步、长三十步。作为一项田的阡道，就该长八百步。

阡陌是田间之道的称谓。这种田间之道，因为河流有东向和南向，田亩行列有"东亩"和"南亩"，也就有两种不同的方向。关于这点，古人早就指出了。《汉书·成帝纪》载阳朔四年诏："其令二千石勉劝农桑，出入阡陌。"颜注："阡陌，田间道也。南北曰阡，东西曰陌，盖秦时商鞅开也。"关中地区主要河流东西向，采用"东亩"的行列，因而每亩田的小沟和道路东西向，每顷田的大沟和道路南北向，所以说"南北曰阡，东西曰陌"。《史记·秦本纪》索隐引《风俗通》说："南北曰阡，东西曰陌。河东以东西为阡，南北为陌。"河东地区主要河流南北向，采用"南亩"的行列和相应的阡陌。

为什么这些田间之道称为阡陌呢？程瑶田《沟洫疆理小记》有一篇《阡陌考》，对此曾作探索。他以《周礼·地官·遂人》所讲井田制的结构作比较，认为"阡陌之名，从《遂人》百亩、千亩、百夫、千夫生义"，陌道正"当百亩之间，故谓之陌"，阡道正"当千亩之间，故谓之阡"。我们从青川秦牍所载田律来看，程氏此说并不符合事实。陌道该是筑在百亩以内，亩与亩之间的道路。"陌"因是百亩田中的主要道路而得名。阡道该是筑在千亩以内、百亩之间的道路。"阡"因是千亩田中的主要道路而得名。

值得注意的是，律文规定了建筑农田的"封"和"埒"的具体形制和尺寸。律文说："封高四尺，大称其高。埒高尺，下厚二尺。""封"是作为疆界标志的封土堆，高度和长度、宽度都是四尺。就是崔豹《古今注》所说"封土为台，以表识疆境也"；《急就篇》颜师古注"封，谓聚土以为田之分界也"。"埒"是"封"与"封"之间接连的矮墙，矮墙的地基厚二尺，矮墙本身高一尺，用作田地的分界。就是崔豹《古今注》所说"画界者，于二封之间又为墙埒以画分界域也"。

古时邦国、都邑、田邑的四周，都筑有封疆，封疆是用封土堆和所种树木连接而成，即所谓"封而树之"。《周礼·地官·封人》说："封人，掌诏王之社壝，为畿封而树之。凡封国，设其社稷之壝，封其四疆。造都邑之封域者亦如之。"西周的大块田也都"封而树之"。散氏盘铭文讲到眉田和井井（邢）邑田的"封"，所有地名都连有树木名称如柳、楮木、杜木、桑等。格伯簋铭文讲到"卅田"的疆界，地名也是连着树木名称如杜木、桑等。杨树达先生以为就是"封树"（《积微居金文说》卷一《散氏盘跋》），是正确的。商鞅在秦变法，"为田开阡陌封疆"（《史记·商君列传》），就是废除旧的井田制的阡陌封疆，开立新的阡陌封疆。

阡陌便是青川秦牍所说的阡道和陌道，封疆便是青川秦牍所说的"封"和"埒"。秦律的《法律答问》，解释"盗封徙，赎耐"的条文，指明："封，即田千（阡）佰（陌）、顷半（畔）封也。""田阡陌"就是秦牍所说的阡道和陌道，"顷畔封"就是秦牍所说的"百亩为顷"的"封"和"埒"。由此可见商鞅在田亩制度上的重大改革主要有两点：

一点是改百步为亩为二百四十步亩，每亩宽八步、长三十步，扩大改建了阡道和陌道。

另一点是废除了大块田"封而树之"的办法，改以一顷田为单位，建筑封疆，也就是秦牍所说的"封"和"埒"的建筑。

秦推行的田亩制度，所以要规定以一顷田为单位而建筑封疆，这和当时授田制度和名田制度（即以个人名义占有田地的制度）都以一顷田为单位密切有关。秦律所以要把迁移一顷田的阡陌畔封看作侵犯财产所有权的"盗"的行为，也是和当时授田和名田都以一顷田为单位有关。杜佑《通典·州郡典·雍州风俗》记载："按周制，步百为亩，亩百给一夫。商鞅佐秦，以一夫力余，地利不尽，于是改制二百四十步为亩，百亩给一夫矣。"秦国从商鞅变法以后，确是实行"百亩给一夫"的授田制，同时按军功爵赏赐田地也以一顷为单位。《商君书·境内篇》说："赏爵一级，益田一顷。"商鞅在变法令中规定："名田宅、臣妾、衣服，各以家次。"（《史记·商君列传》）所谓"以家次"，就是要按爵位等级占有田地，爵位等级越高，占有田亩的顷数越多。青川秦牍所载田律，规定以"百亩为顷"为单位而修筑"封"和"埒"，就是用作土地所有权的标志，便于推行以顷为单位的授田制度和名田制度。

律文又规定："以秋八月，脩封埒，正疆畔。"这和《月令》孟春之月、《吕氏春秋·孟春纪》"皆修封疆，审端经术"的目的相同，是为了便于耕作和维护土地所有权。原来商鞅按爵位等级占有田宅多少的规定，由于开垦荒地和田地可以转让等原因，很难坚持推行。云梦秦律的《徭律》明文规定："其（指苑囿）近田（指农田）恐兽及马牛出食稼者，县啬夫材（裁）兴有田其旁者，无贵贱，以田少多出人，以垣之，不得为繇（徭）。"可见当时有田者的贵贱等级，已和有田多少没有必然的联系。为了防止苑囿的兽及马牛出来吃掉邻近农田的禾稼，县啬夫征发"有田其旁者"为苑囿修筑围墙，已经不分贵贱，只按田地多少出人了。《月令》季冬之月和《吕氏春秋·季冬纪》都说："命宰历卿大夫至于庶民土田之数而赋牺牲。""历"是统计登记的意思，和《礼记·郊特牲》"简其车赋而历其卒伍"的"历"意义相同。既然每年季冬要统计登记从卿大夫至于庶民的土田之数，说明当时上至卿大夫，下至庶民，占有土田之数已多少不等了。在这样的情况下，整修田地的封疆，十分清楚，主要目的在于维护土地所有权。

论秦田阡陌制度的复原及其形成线索*

——郝家坪秦牍《为田律》研究述评

李 零

过去,在先秦土地制度史的研究中,人们似乎很少对古代田制的基本类型划分给予充分注意。其实根据现存文献,我们至少可以将它区分为以下两个类型:

(一)《周礼》所记东周以来保存于东方的早期田制。它施行一种百步的小亩制,并配置有称为"沟洫"的五级沟渠道路系统(本文简称"沟洫制")。这种田制又可细分为两种,一种是所谓"遂"所行,是在百亩之上直接采取十进制配置界畔系统(本文简称"沟洫制A"),一种是所谓"都鄙"所行,是按"方里而井"(1井=900亩),井以上采取十进制配置界畔系统(本文简称"沟洫制B")[①]。

(二)《史记》等汉代文献所记由秦商鞅变法所确立的新田制。它施行一种二百四十步的大亩制,并配置有称为"阡陌"的道路系统(本文简称"阡陌制")。

关于沟洫制如何向阡陌制转变以及阡陌制本身的内容,过去由于史料不足,人们几乎毫无所知。近年来,地下出土的考古材料为此问题的研究提供了一些新线索,其中秦牍《为田律》的发现尤为重要。它记录了秦田阡陌制度的基本情况,在学术界引起广泛关注。在过去两年里,人们对《为田律》做了许多有益的讨论,不少疑难已经解决,但对内容的理解却还存在不少分歧。本文拟就这些分歧试作综合述评,并提出我们的基本认识。

一、释读

秦牍《为田律》1979年1月出土于四川青川县郝家坪战国秦墓M50,出土情况见发掘简报《青川县出土秦更修田律木牍》(《文物》1982年1期)。从材料公布以来,我们所见到的研究论著主要有:(1)于豪亮《释青川秦墓木牍》(《文物》1982年1月);(2)李昭和《青川出土木牍文字简考》(同上);(3)杨宽《释青川秦牍的田亩制度》(《文物》1982年7期);(4)黄盛璋《青川新出秦田律木牍及其相关问题》

---

* 《中华文史论丛》,1987年第1期,第23-39页。
① 《周礼》所记田制分两种,一种是遂所行,见《地官·遂人》,郑玄称为"沟洫法";一种是都鄙所行,见《考工记·匠人》,郑玄称为"井田法",但其都鄙田制也配有沟洫这里统称为沟洫制。

(《文物》1982年9期);(5)李学勤《青川郝家坪木牍研究》(《文物》1982年10期);(6)林剑鸣《青川秦墓木牍内容探讨》(《考古与文物》1982年6期);(7)田宜超、刘钊《秦田律考释》(《考古》1983年6期);(8)胡平生《青川秦墓木牍"为田律"所反映的田亩制度》(《文史》第十九辑)。为了讨论方便,这里参考上述各家考释,先将木牍释文如下①:

二年十一月己酉朔朔日,王命丞相戊、内史匽民臂更修《为田律》:田广一步,袤八则,为畛,亩二畛,一百(陌)道;百亩为顷,一千(阡)道,道广五步。封高四尺,大称其高;捋(埒)高尺,下厚二尺。以秋八月,脩封捋(埒),正彊(疆)畔,及芟(芟)千(阡)百(陌)之大草。九月,大除道及阪(?)险。十月,为桥,修波(陂)隄,利津鱲,鲜草离(离)。非除道之时而有陷败不可行,辄为之。(正面)

四年十二月不涂道者:
□一日 □一日 辛一日
壬一日 亥一日 辰一日
戌一日 □一日 (背面)

下面简单解释一下。按牍文"二年"是秦武王二年(前309),"丞相戊",即秦武王左丞相甘茂。"内史"应指治粟内史,职掌"大内",负责粮税征收。秦掌治京师之官亦称内史,各家多以为即此所当,似非是。"匽民臂",诸家说异,一种是只以第一字为人名(于豪亮、李昭和、李学勤、田宜超、刘钊文);一种是以三字全为人名(黄盛璋文);还有一种是以前二字和后一字为二人之名(胡平生文),诸说当以后两说较为近是。"更修",改订。"《为田律》","为"是动词,"为田"指规划田亩。《史记·秦本纪》"为田开阡陌",《商君列传》"为田开阡陌封疆",其中的"为田"都是这个意思。"广"横长。"袤",纵长。"八则",据胡平生文引阜阳汉简"卅步为一则",八则是二百四十步长。"畛",亩侧的两条田埂,用以隔亩。"陌道"连接每亩短边的道路,用以隔顷。"阡道",连接每顷长边的道路,用以隔千亩。"道广三步",指阡道宽三步。畛、陌道、阡道如何配置,诸家说异,下文还要讨论。"封"是用以标识百亩界畔四至的土台。"大称其高"即长、宽与高略等。"埒"是连接"封"的矮土墙。"下厚二尺",埒壁上薄下厚,靠近底部厚度为二尺。以上是记田区和界畔。下面是记秋八月以后对田界、道路的修治。这段应与当时月令历忌之书中的某些说法有关②。"阪险"上字不清,于豪亮文释"阪"。"津鱲",下字写法特殊,曾见于战国陶文③,朱家集楚器有一组鼎铭,作器者氏"豐"其名从此④,《古玺文编》419页第3字亦从此。鲜草离,于豪亮文读为"狝草莱",鲜字与狝、删等字古音相近,但离字属歌部,莱字属之部,相差较远,所释尚有疑问。"离"字,左半作"呙",田宜超、刘钊文隶定作"蘺"是对的,但又说"古虽字"则误,这个字是汉代离字的异体,汉代文字离从禸作,可参看《史记正义·论字例》⑤。牍背文字漫漶不清,于豪亮文第一行第一句作"□二日",第三句作"章一日";第二行第一句作"□九日"。李学勤文略同于文,但"日"字皆释"田","□九日"作"□六田"。

---

① 这些考释有的是据实物或照片为释,与发表摹本不尽吻合。
② 参看睡虎地秦简《田律》"秦二月"条。
③ 《季木藏匋》14·7-8。
④ 《三代吉金文存》2·36·1-4。
⑤ 这里离字也可能属下读,读为罹,意思是碰上。

二、秦田阡陌制度的复原

根据上述释文，现在我们着重讨论一下《为田律》中所见秦田阡陌制度的复原问题。我们把上述各家的复原意见大致区分为三类：

（一）以 30×8 或 8×30=240 平方步为亩。

这是最初大部分研究者的意见，其中以于豪亮文和杨宽文最有代表性。于文认为，凡田长 1 步、宽 8 步就应修畛。畛是亩的两个长边，长 30 步。亩的两个短边宽 8 步。一顷田是由这样的 100 亩按横 50 亩、纵 20 亩排列（案：此排列有误，所得实为 1,000 亩，已非一顷）。顷长 30×20=600 步，宽 8×50=400 步。陌道与畛垂直，阡道与陌道垂直。杨文相反，认为畛是亩的两个短边，长 8 步、宽 1 步[①]，陌道是亩的两个边，长 30 步、宽 1 步。一顷田是由这样的 100 亩按横向排列，长 30 步，宽 8×100=800 步（案：未计陌道宽度）。阡道在顷端，用以隔顷，长与顷宽同，为 800 步，宽 3 步。黄盛璋、林剑鸣、田宜超、刘钊文略同杨文。但黄文认为陌道绵延不断，不计长度。林文认为畛只是界限，不是道略。田、刘文根据银雀山汉简《吴问》"嬔"为"畛"之半，将二畛一置亩端，一置亩中，分一亩为两个半亩。

（二）以 240×1=240 平方步为亩。

以李学勤文为代表，认为凡田宽 1 步、长 8 步则应修畛。畛在亩侧，亩有二畛。陌道宽 1 步（据段玉裁说），与畛垂直；阡道宽 3 步，与陌道垂直。李文以"田广一步、袤八"（将"则"字断在下句）为田宽 1 步、长 8 步，但所绘复原图却将亩长定为 240 步。这是因为该文把长 8 步仅仅理解为修立畛的最低限，复原图中的畛长实际上与亩长是相等的。

（三）以 240×2=480 平方步为亩。

以胡平生文为代表。胡文据《阜阳汉简》"卅步为则"，考定"八则"是 240 步长。认为畛不仅指田间道路，而且更主要是指田区。每亩有长 240 步、宽 1 步的田区两个。这两个田区和田区间的田埂都叫畛。亩与亩间有陌道一条，长与亩长同，为 240 步，宽 3 步；顷与顷间有阡道一条，长与顷宽同，为 (2+3)×100=500 步，宽 3 步。

另外，胡文的作者还认为，阡陌命名可溯源于周亩，陌是因周亩长 100 步得名，阡是因周顷宽 1,000 步而得名。阡道长 1,000 步是作者的推测：一种可能是亩宽 1 步，加陌宽 3 步，乘 100，为 400 步，然后再加上其他面积（水利灌溉及其他农用设施所占面积）的宽度，共为 1,000 步；另一种可能是阡道在顷的四周，周长等于 (400×2)+(100×2)=1,000 步。

上述各家的分歧，关键是对畛理解不同。畛是律文所记田区界畔中最基础的一级，只有把畛的位置确定下来，才有可能把阡陌的位置搞清楚。

什么是畛？上述各家多数都认为是一种起界畔作用的田间道路，这是合乎文献记载的说法。但过去我们所知道的畛主要是沟洫制系统中的畛。它分两种，沟洫制 A 以百亩方田即顷为基本田区，有遂、沟、洫、浍、川五级水渠和径、畛、途、道、路五级道路作为界畔，即：一夫受百亩方田一块，田端（与亩向即垄沟方向垂直的两条边的上一条边）以遂为隔，遂旁有径；十夫受纵列的百亩方田十块，田侧（与亩向平行的两条边的右面一条边）以沟为隔，沟旁有畛；百夫受纵十、横十的百亩方田一百块，田端以洫为

[①] 李昭和文先于杨文，已提出畛宽 1 步，长 8 步，但对其他有关问题讨论较少。

隔，洫旁有途；千夫受纵列的万亩方田十块，田侧以浍为隔，浍旁有道；万夫受纵十、横十的万亩方田一百块，田端以川为隔，川旁有路。沟洫制 B 与之类似，也以百亩即顷为基本田区，但沟是配置在井（纵三、横三的百亩方田九块）的田侧①。这一系统中的畛和《为田律》中的畛其实是不一样的。《为田律》中的畛只是顷内的田埂，与沟洫制的畛同名异实。那么，畛在古书中除去这种含义，是否还有其他含义呢？有些研究者提到《楚辞·大招》"田邑千畛"，《战国策·楚策》"叶公子高食田六百畛"，说明古代有"以畛记田"的事实。胡平生文并拿这两个例子与汉简《吴问》相印证，提出畛还有田区的含义。这些例子确实非常重要。不过，我们的理解有些不同。我们认为，这种"以畛记田"的事实并不一定意味着畛本身是田区。因为众所周知，古人一向都是以亩长记亩，例如《说文》（小徐本）解释畮（亩）字说："步百为畮，秦田二百四十步为畮"，就是这样。战国时期楚国以畛记田，究竟是记千亩还是百亩或亩②，惜书无明文，无从稽考，但《吴问》中的畛是比较清楚的，它和《为田律》的畛应属同一性质，也是以畛长记亩。《吴问》中的亩和百步的亩宽度相同，都只有一步，只是长度不同（详下文），只要说出长度，则亩积自明，所以是用畛长来表示亩积，畛并不是田区。如果以畛为宽 1 步、长 240 步的田区，一亩二畛为 480 平方步，这与文献记载秦亩的大小也是不符合的。另外，关于畛字的解释，不少人都提到《说文》"畛，井田间陌也"这一说法。这句话应当怎样理解？我们认为，许慎所说的"井田"实际上是指《周礼》所记的沟洫制，话的意思是说，畛为沟洫制中与阡陌制中的陌大致相当的一种界畔。这是以今制说古制。为什么许慎要用陌来与畛相比呢？这可能是因为沟洫制在顷以上有五级道路，畛是第二级，地位较低；而阡陌制在顷以上只有两级道路，陌是其中唯一的低级道路，要比只能拿它相比。其实这一对比并不严格，畛和陌无论位置还是所隔田区都并不相同。

阡陌制的畛与沟洫制的畛既然概念不同，它的位置和所隔田区究竟是什么样呢？我们最好还是分析一下《为田律》的原文。

律文说："田广一步，袤八则，为畛。"关于这段话，上述三类意见中的前两类都是在"八"字下断句，将"则"字属下读，当成虚词，因此以畛长为 8 步或两畛间宽同步，把亩想象成长 30 步、宽 8 步，或长 8 步、宽 30 步。即使如李学勤文将亩正确理解为宽 1 步、长 240 步，但在解释畛时，也不得不认为"耕田只要有宽 1 步、长 8 步的面积"就要修立畛。这些看法的失误是受材料本身的限制。现在据胡平生文发表的新材料，律文中的"则"字其实是一个长度单位，它的长度是 30 步，"八则"是 240 步。因此上述律文应理解为：

田只要宽 1 步、长 240 步就要修立畛。这个面积正合秦一亩，等于说，只要有一亩大小就要修立畛。而律文"亩二畛"，则是说每亩两侧各有一畛，用以同邻亩相隔。也就是说，畛的作用是用来隔亩。这种用来隔亩的畛，是沟洫制所根本没有的。

畛的位置确定下来，我们就可以讨论《为田律》中的陌道和阡道了《陌道》和阡道与畛不同，畛只是很窄的田埂，严格讲并不是真正的道路，陌和阡才是真正的道路，所以律文称为陌道和阡道。陌道和阡道的位置应当怎样确定？我们认为应按沟洫制的"纵横法"来确定。沟洫制的沟渠系统和道路系统都是采取一纵一横，阡陌制应与之相似。现在畛既然与亩向相同，则陌道应在亩端，与畛垂直；阡道应在顷侧，与陌道垂直。从界划田区的大小来说，这里的陌道与沟洫制的径相似，阡道与沟洫制的畛相似，前者是从田

---

① 沟洫制 B 也有遂、沟、洫、浍、州。《考工记·匠人》没有说明它们是否有道路相配，但从该篇提到川、途相配看，似亦应有道路相配。

② 孙诒让《周礼正义》卷八五引孔广森说认为这是记千亩，但吴起入楚变法，可能在楚推行三晋田制，吴起变法后，楚所行田制也许是阡陌制。

端隔百亩，后者是从田侧隔千亩，陌道和阡道的命名，应如程瑶田《沟洫疆理小记》所说是因陌"当百亩之间"阡"当千亩之间"。陌道宽度，牍文没有说，阡道宽度是三步。二者的区别主要是看相对于亩向的纵横。凡与亩向垂直则为陌道，与亩向平行则为阡道。古人讲亩向有南亩（亩向为南北）、东亩（亩向为东西）之别。南亩，陌为东西，阡为南北；东亩，陌为南北，阡为东西。据应劭《风俗通义》，秦汉时期，河西以南北为阡，东西为陌；河东以东西为阡，南北为陌。这种差异就是基于亩向的不同。古代秦晋所行多为东亩，中原齐鲁等地所行多为南亩①。可见陌道和阡道的命名与长度无关，也不可能是围绕田区。

不过，这里有一个问题应该回答，既然陌道是用来隔百亩，阡道是用来隔千亩，那么为什么在律文中陌道是于"亩"下述之，而阡道是于"顷"下述之呢？

我们的考虑是，律文所记基本田区只有两种，一种是亩，一种是顷。亩的长边是畛，短边是陌；顷的短边是陌，长边是阡。陌是从亩的短边延伸，阡是从顷的长边延伸，所以分别于"亩"下和"顷"下述之。至于顷以上的千亩，律文没有讲，因此十个百亩究竟怎样排列？现在还不很清楚。估计有两种可能，一种是像沟洫制那样，按十块一纵行排列；一种是按五块两纵行排列，中间以封埒为隔。千亩以上没有更高的界畔标志。

最后，我们再附带谈谈封埒和丈量亩积的长度单位问题。

律文讲了封埒的尺度规定，但没有讲封埒的位置。睡虎地秦简《法律答问》："'盗徙封，赎耐。'可（何）如为'封'？'封'即田（阡）佰（陌）顷半（畔）'封'殹（也），且非是？而盗徙之，赎耐，可（何）重也？是，不重。"包含了理解这一问题的线索。但上述各家理解不同，杨宽文认为"'田千佰'，就是秦牍所说的阡道和陌道，'顷畔封'就是秦牍所说的'百亩为顷'的'封'和'埒'。"似乎"阡陌"本身是一种封，"顷畔封"又是另一种封。黄盛璋文将"田阡陌顷畔封"连读，认为"封筑在阡陌与顷的边缘上，但并不是阡陌"。李学勤文认为封就是阡陌和顷畔（百亩之田的田界），与封埒无关。三种看法应以黄盛璋说较为近是。我们理解，简文只包含两层问答，第一层问题是什么是封？封就是"田阡陌顷畔"的封，还是不是？回答是："是。"第二层问题是私自移动封，判处赎耐，是否太重？回答"不重。"问话全部放在前面，答话全部放在后面。"何如为封？"与"'封'，即田阡陌顷畔'封'也，且非是？"是递进的问句。从语气上看，"田阡陌"与"顷畔封"应当连读（案：《睡虎地秦墓竹简》释文作分读）。简文"阡陌"就是"顷畔"（顷以阡道、陌道为界畔），"阡陌顷畔封"是说在阡陌顷畔的内侧各起一道封埒，"阡陌顷畔"是用来表示"封"之所在而并不是"封"本身。

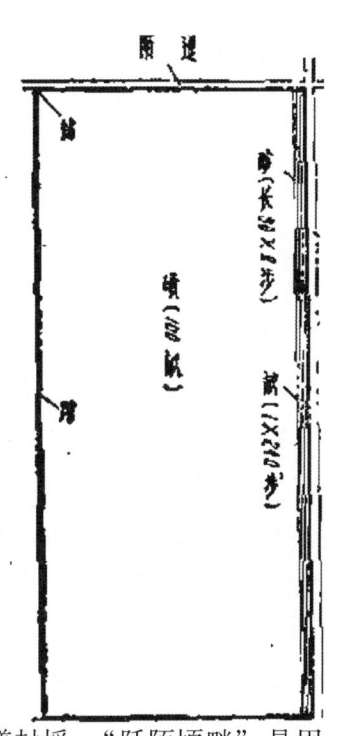

律文中丈量亩积的单位有两种：步和则。

步的大小，古人解释一般是六尺②。《太平御览》卷七五〇引《一位算法》（即《新唐书·艺文志》著录江本《一位算法》）说商鞅"以五尺为步"所据应是唐代的步（唐代以五尺为步）。但正如李学勤文所指出，战国时期已有五尺为步的实例（据中山王墓出土《兆域图》）。古代的五尺之步和六尺之步是什么

---

① 参看《左传》成公二年宾媚人语。
② 蔡邕《独断》和《说文》有"周尺八寸"之说。《礼记·王制》："古者以周尺八尺为步，今以周尺六尺四寸为步。"是将周尺八寸按八寸一尺折算为六十四寸，然后又按十寸一尺再折算为六尺四寸。这种所谓八尺的步，我们理解，当是为了调和六尺之步和"周尺八寸"之说。

关系，现在我们还不大清楚①。但有一点应当指出，这就是历来尺度都有时地差异，同样是行沟洫制的百步之亩或阡陌制的二百四十步之亩，可能在不同时间、不同地区大小并不一致。秦统一度量衡，其中势必也包括了对亩积量度的统一。

"则"的大小是30步，这一点对我们来说是一个新知识。它的大小适为秦里长（300步）的十分之一，秦亩长（240步）的八分之一，这并不是偶然的。它应是丈量亩里的基本单位。上述沟洫制的里长300步，宽300步，与三块百亩方田排列起来的长度相等，面积正好等于九块方田的大小。秦里步数同于古里，但面积只相当于秦亩3.75顷，这是因为亩积扩大的缘故。"则"字的含义应当怎样理解？过去关于秦始皇二十六年诏书"法度量则不壹歉疑者"一句，人们多在"量"字下断句，以"则"字属下句，作为虚词（和牍文情况类似）。骈宇骞《始皇廿六年诏书"则"字解》（《文史》第五辑）据出土北宋铜则提出"法度量则"应与《荀子·儒效》"法则度量"相似作一句读，"则"是标准衡器，这是很有启发性的。但现在根据秦牍《为田律》的发现，"则"不仅可以是衡器，而且可以是长度单位，因此，我们考虑，秦诏版上的"法度量则"一语应分析为"法/度量/则"②，《荀子》中的"法则度量"一语应分析为"法则/度量"意思是作为"法则"的"度量"，"衡"实际上是省略掉了。所谓"则"很可能是取义于"法则"之义，为古代标准器的通称，不限于度或量或衡。这种标准器可能像《考工记》《汉书·律历志》所说的嘉量和铜丈一样③，同时包括多级进制单位（但则长度很大，若用作标准尺，可能须做成折叠尺或软尺）。

三、秦田阡陌制度的形成线索

上面是对秦田阡陌制度的复原。复原结果与沟洫制比较，主要有以下异同：

（一）阡陌制和沟洫制的田区，亩都是长亩，宽度皆为一步，但长度不同，沟洫制为100步，阡陌制为240步，是一种更长的亩。顷，沟洫制长宽皆为100步，是正方形，阡陌制长240、宽100步，是长方形。顷以上的田区，二者排列可能也不尽相同。

（二）阡陌制和沟洫制都有一套起界畔作用的道路系统，但沟洫制的道路系统较复杂，顷以上共分五级，宽度为2尺（？）、6尺（？）、8尺、16尺、24尺不等（参看上引李学勤文），并且与沟渠相配；阡陌制的道路系统较简单，顷以上只分二级，陌道宽度不详，阡道宽度为18尺，并且可能与旱作特点有关，没有规定与沟渠系统相配。

关于阡陌制代替沟洫制，上述各家都提到商鞅"开阡陌"。"开阡陌"究竟是什么意思？是"破坏"阡陌呢，还是"建立"阡陌呢？抑或是既"破坏"旧阡陌又"建立"新阡陌呢？过去有争论。《为田律》发现后，大家看法仍不统一。

这个问题应当如何认识？我觉得关键并不在于两种田制的更革中间有没有"破"或"立"，而是在于阡陌的名称是什么时候出现的。如果阡陌是前后一致的界畔通称，两种田制的更革只是"破坏"旧阡陌又"建立"新阡陌，那当然可以说是"破"或又"破"又"立"；但如果沟洫制中原本没有阡陌，那么当然

---

① 唐代五尺之步和唐以前六尺之步的关系并不是大小尺关系（即用大尺五尺代替小尺六尺），而是大小步关系（尺长基本不变，缩小步长）。但《仪礼·乡射礼》疏引《汉记》有"五武成步，步六尺"之说，则是一种五分的六尺之步。

② 这是一种将固定词汇分开读的特殊语法结构。铜器铭文中将"帅刑"析读为"帅……刑"，"对扬"析读为"对……扬"，"昭格"析读为"昭……格"与此相似，但分开读的是动词。

③ 现存出土文物有新莽嘉量和新莽铜丈。

只好说是"立",这个问题要看材料。现在,"阡陌"一词,最早出现是在战国晚期的文献中(《管子·四时》《墨子·杂守》),更早的文献中是没有的,《周礼》所记沟洫制的"五沟五途"系统中也没有。在没有新的材料发现以前,我们宁可倾向于"立"的说法①。

沟洫制向阡陌制的转变究竟是通过什么途径完成?回答这个问题,汉简《吴问》提供了重要线索。

《吴问》是1972年4月出土于临沂银雀山M1。此篇是以孙子和吴王问对的形式写成,属于《孙子》十三篇以外的佚篇。关于银雀山汉简中《孙子》十三篇和佚篇的关系以及二者的年代,过去我们已做过专门讨论②。我们认为《吴问》应是孙子后学以托言形式写成,写成时间不早于战国中期。虽然从性质上讲,它属于诸子言,不像《为田律》更具史料价值,在使用上要比较慎重。但这并不等于说《吴问》没有史料价值。我们认为《吴问》所记晋六卿田制、税率的变化至少在趋势上是一个合乎实际的过程。

关于《吴问》过去讨论文章较少,但《为田律》发现后,大家不约而同都想到了二者的联系,在讨论《为田律》时往往涉及它。这是为什么呢?就是因为《吴问》包含了阡陌制形成的某些基本线索。

下面,我们把《吴问》篇所记晋六卿的田制、税率变化列表如下,做一些讨论:

晋六将军	制田		税
	畹	畛	
范氏、中行氏	以八十步为畹	以百六十步为畛	而伍税之
智氏	〔以九十步为畹〕	〔以百八十步为畛〕	〔伍税之〕
韩氏、魏氏	以百步为畹	以二百步为畛	而伍税之
赵氏	以百廿步为畹	以二百卌步为畛	公无税焉

按简文畹,古与畹同,整理者释畹。古书中关于畹主要有四种解释:

(1)三十亩,见《说文》和《文选·魏都赋》李善注;(2)三十步,见《玉篇》;(3)十三亩,见《楚辞·离骚》王逸注;(4)田之长,见《楚辞·离骚》王逸注或说。这四种解释,除(4)皆与简文不合。畛,过去释亩,现在根据《为田律》畛字和亩字同见,已纠正为畛。伍税之,是说收取五分之一的税。

简文应当如何理解?过去由于将畛释为亩、畹释为畹,并且畹字在古书中的含义又主要是指三十亩等等大小的田区,大家头脑里已形成一个概念,就是简文讲的是两种田区。但是现在既然我们已经知道畛字并不是亩字,畛是隔亩的田埂,那么也就不难明白,简文所记畛其实是用来表示亩长,而畹则是用来表示半亩的长度,它和文献中表示田区的畹是两回事。

在简文中,孙子对晋六卿的先后代兴提供了一种趋势性的估计。在"孙子"看来,田的亩积愈小,税率愈高,则公家收入多,养游士多,开支大,加上穷兵黩武,易招败亡。反之,田的亩积愈大,税率愈低,则公家收入少,养游士少,开支小,反而可以富民固国。从上表我们可以看出,晋六卿的亩制以亩长计,是从160步到180步和200步逐渐扩大,最后到240步终止,而税率则一直保持在五分之一,只是到赵氏才减少为零。该篇着意刻画的这一趋势究竟具有什么含义呢?

很多同志都指出,《吴问》所反映的史实,主要是三晋所创爰田制度的发展和确立。大家都认为这种新田制与旧田制的主要区别在于,它是把休闲地和耕地一起固定给耕作者,不再定期换土易居。这一措施可能类似睡虎地秦简《田律》"入顷刍稾,以其受田之数,无垦(垦)不垦(垦),顷入刍三石、稾二

---

① 参看李解民《"开阡陌"辨正》,《文史》第十一辑。
② 李零《关于银雀山简本〈孙子〉研究的商榷》,《文史》第七辑。

石"。收税者只是根据授田顷数征税①，而不再过问土地的休闲情况。但是它和亩制的变化究竟有什么联系呢？似乎还有进一步阐发的必要。

在简文中，我们可以注意到这样一点，晋六卿制田采用的婢和畛，其绝对长度是逐渐变化的，但是变化的幅度有一定范围。我们都知道，沟洫制的亩，亩积是100平方步。而新亩亩积的扩大基本上是以接近、等于和略微超过100平方步两倍的比率发展。而相应的税率变化，也是从沟洫制的"什一税"（税率为十分之一），增加一倍而成为"伍税之"（税率为五分之一）②。这意味着什么呢？它意味着收税者虽然把休闲地和耕地一起交给耕作者，成为他们固定经营的土地。但是他们对这两种土地在真实形态上的对立却并不发生兴趣。为了鼓励生产和便于管理，他们宁可采取折算的办法，把总授田数中因加进休闲土地而增加的面积分摊到每一亩中去，这样造成亩积的扩大。由此，我们受到启发，既然婢不论绝对长度如何，总是相当畛长的一半，那么很可能它最初就是用来计算每亩摊入爰田面积的一种长度，这个长度实际上是包括在畛长之内的③。

我们理解，婢、畛比例相对固定，大体反映了旧田制下授田的"田"（耕地）"莱"（休闲地）比例，这是因袭关系④，但婢、畛绝对长度的变化还受到土地人口比例的限制，事实上，这种大亩并不是无限扩大，而是以畛长240步为最高限，最后稳定在这一水平上。这个数字一经形成，就表现出很强的稳定性，一直为后来的秦以及秦以后的历代王朝所遵用。

另外，这里还应指出一点，就是阡陌制的界畔系统比较接近于沟洫制A而不是沟洫制B。沟洫制B实际上就是汉代人所说商鞅"废井田"的"井田"。井田的废除，除去亩制的变化，也包括界畔系统的变化。它主要是通过推广一种类似于沟洫制A的田制来实现的，因此与沟洫制仍有继承关系，是以沟洫制A代替沟洫制B作为基础。

我们看到，正是由于这两个方面的变化，先秦田制的重要转折才得以完成。

四、余 论

郝家坪秦牍《为田律》的书写年代是秦武王四年（前307），上距晋"作爰田"（鲁僖公十五年，前645）三百三十八年，上距商鞅"为田开阡陌"（秦孝公十二年，前350）四十三年。上述研究表明，秦田阡陌制度并不完全是商鞅本人的创造，而主要是来源于三晋，从产生到形成有一个发展过程。

过去，历史学界对商鞅变法讨论很多，但这一变法的"法"究竟是什么？哪些是他本人创造，哪些是搬用来的，长期以来，人们并不清楚。现在云梦秦简、郝家坪秦牍的发现使情况有所改观。我们似乎可以认为，商鞅在秦国制定和推行的整个法律制度，有许多东西都是来源于三晋。这一看法可从商鞅自魏入秦传李悝《法经》得到印证。

商鞅在秦国提倡的农业政策，有些东西是有特点的，像所谓"徕民"政策就是典型，但他推行的田制和三晋并没有太大区别，基本上可归入一个系统，而与保存于东方的沟洫制形成对照。

---

① 商鞅变法时，不仅按授田数量征税，而且还"訾粟而税"（《商君书·垦令》）。
② 这个税率在一定时期里保持不变，但相应于亩积的扩大，实际税收额是不断增加的。赵氏免税（即所谓"复"），是一种特殊例外。《商君书·徕民》说"秦四境之内，陵、阪、丘、隰不起十年征"。这是为奖励开荒，在一定时期内暂时采取的优惠政策。
③ 婢字与爰字古音相同，或有一定联系。
④ 《周礼·地官·遂人》记遂授田有上、中、下地之分，是以中地田、莱各百亩为适中水平；"小司徒"记都鄙授田有不易、一易、再易之分，是以一易之田二百亩为适中水平。

阡陌制和沟洫制不仅是两种新、旧田制，而且还反映了一定的地区差异。春秋战国时期，阡陌制主要流行于以旱作为主的黄土高原地区，而沟洫制主要流行于今河南、山东比较低洼的平原地区。这种格局一直到汉初都没有完全改观，所以《礼记·王制》还保存了所谓"今东田"的说法，以与关中地区的田制相区别。

对于阡陌制代替沟洫制这一事实，我们可以从许多不同角度去理解和评价（它和人们经常谈论的许多"敏感"问题都有关联），但这里面有一点特别重要，也可以说是牵动整体的，这就是中国早期农业开发的历史特点。

我们都知道，中国北方早期农业的发生首先是在黄河流域的若干支流河谷，然后向周围地区拓广。但是在这个具有同一纬度的狭长幅带上。事实上从一开始就存在着不止一种"农业文化"，特别是其西部黄土高原和东部黄淮平原这两个地区的对立，可以说是一种由来已久的对立。我们看夏、商、周三代的鼎革废兴，无一不具这种背景。司马迁说："夫作事者必于东南，收功实者常于西北。"[①] 秦并六国，阡陌制代替沟洫制也应与之有关。

春秋战国时期，沟洫制盛行的中心地区主要是今河南、山东地区。这个地区是早期中国农业开发程度最高的地区，它自古以来就不断吸引着大量人口向这里密集。但是随着农业开发程度的提高，土地资源相对减少，人口数量相对增多，该地区许多国家的贵族和平民，愈来愈多的人（首先是所谓"余子"）由于无土可封，无田可授，不免丧失其原有的身份；由于大规模的部族冲突逐渐平息和转移到外围地区，以异族俘虏为主的奴隶来源也相对减少。因此，上述移殖开拓的过程除在某些边远地区外，终于渐渐难于继续下去。虽然，人们也曾经试图在固有的农业开发区域内通过某种强制性的"再分配"来解决这一矛盾，春秋战国时期的争霸兼并在很大程度上就是这样一种"再分配"。但结果怎么样呢？打了几百年的仗也没有解决问题。不同阶级来源的大量脱离土地的人口面临出路的选择。他们除沦为徒役、佣客等类似奴隶的低贱身份，还形成商贾、游士等古代的"寄生性"行业。

有些历史研究者从这些事实中看到的是商品经济发展的希望。可是问题实际上却是通过一条全然不同的途径来解决的。我们看到，这里代替贵族武士成为社会中坚的主要是平民战士而不是商人，代替贵族都邑兴起的是渊源于边远军事要塞的郡县，而不是独立的商业城市。它需要的是一种迥别于古代的新"出军法"。这种新"出军法"包括了对居民编制和赋役制度的一系列改革。而我们所说的阡陌制恰好是这一系列改革中最基础的东西。阡陌制之所以初行于晋而大盛于秦，显然与晋、秦的农业开发条件（地多人少）分不开。阡陌制的实施，不仅在于它使土地和耕作者有了更紧密的结合，扩大了农户的经营权限，为土地私有制的出现准备了条件，而且还在于它成功地吸引了邻近高密度地区的人口，比较好地解决了本国的土地开发问题，为更大范围内的农业发展闯出了一条路子。这是后来秦能够统一六国的一个重要原因，也是后来关中地区成为新的农业经济中心的一个重要原因。

1984年2月10日

补记：《为田律》中"利津"下面的那个怪字，应释为衎，读为干或岸。干可表示水畔涯岸，如《诗·魏风·伐檀》"寘之河之干兮"，"河之干"就是"河之岸"。

[①] 《史记·六国年表》。

对《秦商鞅变法后田制问题商榷》的商榷

张金光

杨作龙先生《秦商鞅变法后田制问题商榷》（简称《商榷》）① 一文对拙作《试论秦自商鞅变法后的土地制度》（简称《制度》）② 一文提出商榷意见。读后颇有收益，并提出个人看法如下。

一、关于秦国家的授田制

（一）关于秦简《田律》"入顷刍稾，以受其田之数"条的性质及其适用范围问题。秦简《语书》云："今法律令已具矣，而吏民莫用……是即废主之明法……故腾为是而修法律令、田令及为间私方而下之……今法律令已布……自从令、丞以下智（知）而弗举论，是即明避主之明法殹（也）……如此，则为人臣亦不忠矣。"《商榷》仅凭南郡守腾经手公布过法律令、田令一语，就断言《田律》"入顷刍稾"条是"仅适用于南郡的田令""不代表秦国原有法律""不说明秦国本土情况"。此论不妥。第一，包括《田律》在内的《秦律》乃是秦之普遍性法律，通行全国，概无例外，绝非仅行于楚、南郡的土政策。第二，《田令》不同于《田律》。《后汉书·黄香传》："《田令》'商者不农'。"秦简载有秦六条田律，由此可见，秦《田律》的主要内容应是关于土地制度以及建立在一定土地制度基础上的剥削制度和农业生产管理制度等方面的立法，其本质就是土地法。从现有资料来看，《田律》与《田令》很难求通。再就法律学而论，律令亦绝不同，秦简可证，南郡守腾也是将律、令严加区分的。第三，秦法令由一统，政令出自君上，立法权在于君王与中央，地方官无制订或改订法律之权。青川秦牍《更修为田律》便是"王命"之作。秦简《尉杂》尚规定"岁雠辟律于御史"。腾修布的法律令、田令乃秦律原文，内证甚明。在腾修布"法律令、田令"之前早是今王"法律令已具"，而只是南郡地区"吏民莫用"罢了。秦昭王二十九年，取郢为南郡，至秦王政二十年守腾发布文告时，已历五十余年。这些并不是如《商榷》所说："前此，秦尚未对全部占领区颁布新律令"，而必至秦王政二十年才由腾借了楚地旧制之光，加以"改订"而公布了"仅适用于南郡"的"法律令、田令"。其实，秦随其军锋所至，得地便置以为郡县，派官吏按秦法治理地方，

---

* 《中国史研究》，1991 年第 3 期，第 3—11 页。
① 载《中国历史研究》1989 年第 1 期。
② 载《中国历史研究》1989 年第 3 期。

军事兼并与秦政令之推行是同步的。南郡守腾文告已明言用以衡量地方旧传统"乡俗淫失（泆）之民不止"的法律尺度就是早"已具"的"今法律令"即秦"主之明法"。"故腾为是"才又"修法律令、田令而下之"。对此，吏民若不执行，令、丞等不举论，守腾说"是即明避主之明法""为人臣不忠"。此皆可证早已具的法律令以及腾所修法律令、田令皆为秦"主之明法"。又，既然腾"修法律令、田令"的目的在于制止"乡俗淫失之民""矫端民心"，则断不能以迁就"楚俗"、沿用楚制或简单"改订"楚律的办法来达到预期目的，而必以严格遵奉并推行秦法律政令的手段才能达到改变地方恶俗的目的。还须指出，《语书》之"修"本无"改订""修改"之意，而多用在"治""理"之意，尤其多用在治理旧物之意。南郡守腾"修"法律令绝不是自作主张改制或新制仅适用于南郡的地方法律，而是由他经手再次治遵修布秦之通行于全国的原法律令。

《商榷》又以南郡"仍保留了大家庭的习俗"与"必须分异的秦法不相一致"来"证明秦简中的授田现象为楚地固有"，又说"入顷刍稾"条是按照楚俗"因地制宜"而作为"田令被保留在秦简中"。按：以南郡有大家庭与秦法不一致为理由，根本无法证明其土地制度也与秦不一致，更不能由授田既为楚国所固有，便不容许亦为秦国所固有，其间毫无内在联系与可比性。再说，大家庭的存在，亦非楚地南郡所特有，即在严令分异的秦亦如之①。

《商榷》说：刍即荛，荛"主要产于江南""秦简中征用刍多于稾，这无疑是对南方的规定"。又以为汉淮南国四郡"亦为楚地"，因而断言刘安《淮南子·氾论训》之刍稾"也是反映秦时故楚地情形"。经过如此一系列推论之后便断言秦简"入顷刍稾"条所证明的"应是楚国授田制的存在"而"不说明秦国本土情况"。按，此说并不符合实际。第一，刍荛绝非江南特产，若大西北、居延边郡等地亦比比皆有，汉简与文献例甚多，恕不赘引。第二，刍即干草，刍稾税是通行于全国的税目，绝非仅行江南楚地，唯抵充刍稾之物可因地制宜而异罢了。秦简《仓律》可证：秦刍稾之征与积存自咸阳至地方遍及于全国各地，刍稾籍簿系由总理秦全国财政的内史统领。须知古代赋纳征运租税实物本有计其精粗质量不等而有输纳道里远近之不同的规定。一般说来，物愈精而输运愈远，物愈粗而输运愈近。刍稾饲草多为就近征运积储，而并不仰资于远方，例外甚少。平常一口，咸阳绝不仰资于江南刍稾而大量漕转西入关中。《吕氏春秋·十二纪》季夏月令："大合百县之秩刍。"此刍便非来自江南。又，《淮南子·氾论训》所指责的："秦之时高为台榭，大为苑囿，远为驰道，铸金人，发谪戍，入刍稾，头会箕赋，输于少府"，此皆为涉及全国性之制度及活动，绝不能因刘安淮南国为楚地便断言刘安所谓"入刍稾"只是"反映秦时故楚地情形"。

秦简《田律》"入顷刍稾，以其受田之数"条，是秦实行国家授田制的铁证。近见甘肃天水市放马滩一号秦墓出土秦简《日书》，其中有言曰："中吕，……可受田宅。"② 此墓为战国晚期秦人墓。流行于秦境内的《日书》定有"受田宅"的吉日。从"受田宅"活动作为卜者占卜的重要内容，可见"受田宅"乃是国家和社会通常之事。

在秦国家授田制主证确凿无疑的情况下，拙作《制度》所述其他三方面辅证就不是"推论而来"，而是主、辅证互相参验，相得益彰。恕不赘引，请参见拙作原文。这里仅就《商榷》涉及的几点说明于下。第一，《商榷》说"以顷计田和以田取税只是授田制的特征之一，但具有这样特征的未必就都是授田制，这仅是推理的常识问题"，其并举汉晁错所言"治山西亩""总不能说汉实行的也是授田制"作为"反例"。拙作《制度》以八条证据论证了百亩顷田的概念普遍被使用，由此看出份地授田的底子基本上未被

---

① 详拙作《商鞅变法后秦的家庭制度》，《历史研究》，1988 第 6 期。
② 何双全《天水放马滩秦简综述》，《文物》1989 年第 2 期。

破坏。及晁错时，汉立法不见有通行的国家普通授田制，当然也就不能仅据晁错言"治田百亩"而作出汉代实行授田制的结论。然而这却不能作为秦亦非行授田制的"反例"，因为两个结论所赖以确立的证据前提不同，秦汉土地制度在最根本的前提方面不可类比，此亦"推理的常识"。焉能以之否定秦授田制。第二，《商榷》举银雀山竹书《田法》为证，说齐国"很显然不是授田制"。按《田法》明文规定："卅乡以地次授田于野。"毫无疑问，战国时期，国家授田制带有普遍性。

（二）秦简《为吏之道》附抄《魏户律》云："叚（假）门逆吕（旅），赘壻后父，勿令为户，勿鼠（予）田宇。"诚然，此律首先反映了魏国授田制情况。但是丝毫也不排斥秦国授田制的存在。拙作《制度》已指出，其中所遵循的原则却并非仅仅适用于魏国，秦简之所以抄此者，"当是因其在秦尚有参考价值与现实意义。"我之所重不在秦律有无此文，而是由此透视出其立户授田的原则亦必然适用于秦。凡实行国家授田制，则必以户口为准。此为通则，概莫能外。至于秦律是否有此文，则丝毫不影响拙论。

（三）关于《商君书》"制土分民之律"和"任地待役之律"的实质内容及其实行时限问题。《商榷》在使用《商君书·算地》和《徕民》时，多次误冠以商鞅之名。拙作《制度》早已指出，《徕民》绝非商君所作。《算地》作者已不可考。这里根本不存在如《商榷》所说拙作把"方土百里，食作夫五万的制土分民之律""看成是商鞅所变之法"的问题。拙作只是以此文献与考古材料相结合而泛论秦授田总则之一——定量份地制这一通则的，而并未专指商鞅变法时的情况，观拙作《制度》自明。《商榷》又将"先王""制土分民之律"的制作时间与行用时限混为一谈，因而也就将其产生与行用对立起来，从而割断了其间的历史连续性。上述"先王"之律产生最早，并为后世长期沿用为不替之律。商鞅变法及其前后，乃至秦汉间仍在通用。《徕民》于述先王之律后，紧接指责秦"人不称土"，这正是运用此律来衡量秦现实中"制土分民"之得失的。由此可见，此"先王制土分民之律"在商鞅变法近百年之后（说详后）仍在行用之以为准绳。拙作《制度》正是在这个基础上，径直以之与秦简中"受田之数""顷畔"等材料相结合，而得出秦"分田之数"即"定量份地制"结论的，而根本不是在讨论此"制土分民之律"产生于何时的问题。这里不存在如《商榷》所谓"没有搞清商鞅所云'为国分田'的时间"问题。实则，正是由于《商榷》不知此，才以至于见有"先王"二字便以为只行于商鞅之前的先王之时，殊不知其仍行于商鞅之后。

《商榷》说拙作《制度》"未能区分商鞅变法前后的两种田律，从而造成了认识上的混乱"。按，相反，恰是《商榷》未搞清"制土分民之律"与"任地待役之律"的实质及其行用时限，因而才误以其为商鞅变法前后的两种不同田律，并由此而进成了更大"混乱"。《商君书》"制土分民"与"任地待役"二律实为一事，其原则都是在要求科学地处理人地关系，按照既尽人力又尽地力的原则来搭配人地，授田耕垦。其内容不外：第一，从宏观上按照一定比例来"算地""度地"规划国土。第二，按照尽人力、地力原则，求得一合宜的定量值来计夫分田，这在国家授田制中便成为"定量份地制"的原则。

对照《算地》《徕民》所言可知，《算地》将山林、薮泽、溪谷流水、都邑蹊道按照一定比例分计，叫作"先王之正律"，把按照"分田数"计夫算地，使垦田、都邑道路、山林、薮泽、溪谷皆得合理开发利用，达到足食足兵，叫作"任地待役之律"。《徕民》亦将山陵、薮泽、溪谷流水、都邑蹊道、恶田、良田按一定比例分计，并按一定量配食作夫，并称此为"先王制土分民之律"。观此，显而易见，二篇虽时代不同，所用概念不同，然其所谓"先王之正律""任地待役之律""先王制土分民之律"，实是一个东西，其实质与原则要求是一致的，其所采用的基本数据基本上是相同的。

《商榷》说："小亩五百，足待一役"，是说"每五家可出一人为兵……这在当时是远不能应付战争的。

商鞅认为，这是每家耕小亩百亩不能应付频繁战争，即土地不能胜任的缘故"。按，此说大误：第一，此为《商榷》任意解释，不合原意。"小亩五百"乃承上"为国分田数"而来，是说每夫（户）分受小亩五百，绝无"每五家只可出一人为兵"之意。第二，《算地》明言"足待一役"，毫无不能应付战争之意。第三，绝不能将"地不任"解释为"土地不能胜任"战争。按，"地不任"意即土地未得充分开发利用，与"任地""任土地""尽地力"相对为意。这二者皆应以当时社会生产力水平、人均社会耕作能力为准计之。《算地》"为国分田数，小亩五百，足待一役，此地不任也"。只能理解为：为国分田之数，每夫（户）合小亩五百，其获益总量虽足待役，然而必致"地不任"。《商榷》之解释皆误，其虽力主商君"任地待役"而实不知"任地待役"为何意。按照"任地待役之律"，既要防止因"地狭而民众""民胜其地务开"，以致使其耕获过少而"不足以待役实仓"。故《算地》提出"民胜其地务开"还要防止因"地广而民少""地胜其民"即人均土地过多，以致使地不任。故《算地》提出"地胜其民者事徕"。总之，在人地搭配关系上要寻求一个科学的比量，使之既"任地"而又足"待役"。此与《徕民》"制土分民之律"正一致，而秦国家授田制的百亩顷田之基率亦正与此合。

《商榷》把《徕民》"方千里者五，而谷土不能处二"说成是"可耕面积只占全部辖区的五分之二"，此亦完全错误。按："谷土"不是"可耕面积"，而是已耕垦种上谷物的土地。此"二"乃"什之二"意，就是下句所说"不满百万"之"田数"。以方里而井（即一田）计，《徕民》之说，可得下式：$5 \times 1000^2 \times 2/10 = 1000000$（井），正与"田百万"合。以此知此"二"绝非"五分之二"。《商榷》任意以"半垦"折之，幸而偶中巧合"百万之数"，然而这并不能表明其"五分之二"之说的正确性。因为《徕民》篇中原毫无"半垦"之意。又，《商榷》说商鞅在《徕民》中"详细论证了秦国以往授田制的弊端"。按，这个"以往"最早也只能自秦昭王末年计起，因为《徕民》成文于此时后，如此《商榷》却无意中承认了秦自商鞅变法后推行国家授田制，只是有"弊端"而已。

（四）关于《商君书》所言"十三数"中无垦田数问题。拙作《制度》指出："《商君书》治国所要掌握的'十三数'中，多为户口数，独无垦田数，与汉之上计制不同。"《商榷》以为"秦上计制中有垦田之数"，并举《为吏之道》"垦田人（仞）邑"、《法律答问》"部佐匿诸民田"条为证。秦简《为吏之道》并非法定典章，而是政治课本、识字课本[①]或为后世"杂字"之类读物，其内容断烂互不统属。又，"垦田人邑"当然是要求充实"邑"的，是在政府组织管理下的官垦，主要应为政府国营农业，绝非如汉代的上计民间垦田内容。综合散见于出土秦律内反映政府要求统计上报的六类项数据不外涉及年景收成、器具、禾、刍稾、粮廪、货财、人户、马牛等竟无一涉及垦田数者，《效律》《法律答问》规定会统"计校"者涉及三大类为：人户、马牛、钱货。此为其时官厅会计的三项最主要业务，亦均不见有垦田之数。此与《商君书》"十三数"（内容从略）基本原则是一致的。当时，最强调的还是户口簿籍，抓户口乃治国分田里、赋役之本。《商君·去彊》云："举民众口数、生者著，死者削。民不逃粟，野无荒草。"此实反映了当时政府紧紧抓住民众口数，授田耕垦、强使作业，并收其税租，征其徭役的土地国有制及其国家授田制下的经济体制。当时耕地其数易知，故不列入国计"十三数"。至秦始皇三十一年，"使黔首自实田"。这便是秦首次在全国范围内对民间耕地占垦数进行调查登记注册。这与秦土地制度发展的历史进程正相一致。

《法律答问》"部佐匿诸民田"条："已租租民，弗言，为'匿田'"。律所谓"弗言"的对象不是土地，而是租，指收了田租而不上报或以多报少，便论为"匿田"罪。此"匿田"实为藏租。藏租之所以论

[①] 详见拙作《论秦汉的学吏制度》，《文史哲》1984年第1期。

为"匿田",正是因为租从田出,得份地,有田斯有租。租,正是土地国有制下,政府所最关心的其土地所有权所赖以实现的经济内容之一。《商榷》把"弗言"的对象搞错了,误以为是"政府对地方官吏少报或多报垦田数字的管理与法律限制",进而错断上计有垦田之数。还须指出,此律所惩治的主体对象是乡官"部佐",是专门惩治其收租而不报租的,根本不涉及郡县长史,与郡县岁终上计中央了不相干,丝毫不能证明秦地方向中央上计垦田之数。

战国其他地区亦未见上计垦田数。《韩非子·外储说》云:齐"田婴令官具押券斗石参升之计"。《难二》云:赵"苦陉令上计而入多"。《淮南子·人间训》载魏解扁"上计而入三倍",是因为伐木而鬻之。可见,此等上计内容均系财货实物之"入"。

二、关于商鞅田制改革

(一)关于"为田开阡陌封疆"问题。《史记·商君列传》云:"为田开阡陌封疆而赋税平。"按:(1)"为田"取田间土地布置规划,绝非如《商榷》之所谓"重新垦辟""造田""私自垦田"之意。青川秦牍《更修为田律》就是专讲田间土地规划制度的。开阡陌封疆以及畛、亩、顷的规划修治等便构成了"为田"制度的主要内容①。《商榷》将"为田"与"开阡陌封疆"割列开来,分别作了不同解释,皆误。(2)"平"有"平舒""平分""平均""平准"之意。《说文》:"平,语平舒也。"含义实指:国家授民田土,并为开阡陌封疆,令民按授田之数分摊赋税。这与《田律》"入顷刍稾,以其受田之数"的规定是一致的。《商榷》"按土地实际亩数纳税,以达到赋税和垦田的平衡"之说,实未得其本。(3)若把"开阡陌封疆"放在一定历史联系中,并与其他制度相对照,便不难发现其真实内容、实质与意义。此外,《史记·蔡泽列传》又云:商君"决裂阡陌,以静生民之业而一其俗。"《史记》记载皆指出秦裂、开阡陌封疆的目的及其所产生的结果。可由此而测知其制、其事的内涵与实质。此"业"指农业而言,决裂阡陌前,民业不静安而民俗不一,之所以如此,究其根本原因不过无一定土地制度之保证。在这之前,"暴君(封君系邑主)污吏(村邑头人贵族)"早已隳慢经界,"乡俗淫佚"之民,"窳惰"之民,不事耕作;商业繁兴,末利大增,民弃农事末。此皆导致"业"不静,"俗"不一。针对此,秦自商鞅变法始便实行普遍的真正的土地国有制,并在此基础上强力推行国家授田制,强民为国家耕耨、纳租税、服徭役。这是一个破旧立新的过程,也就是要"决裂阡陌"与"开阡陌封疆"。自贯彻此制之后,则民业静而俗一,国家赋税亦可得征课准平而有了把握②。《商榷》以"扩大亩积""按土地实际亩数纳税"来解释"为田开阡陌封疆"的原因,这是不妥的。其"开阡陌封疆"最直接的根子乃在于集一切地权于国家,并由国家重新疆理土田。此实乃秦推行普遍土地国有制与国家授田制之在"为田"制度上的具体贯彻,这种制度到秦武王颁布《更修为田律》时还正在普遍认真贯彻执行着。(4)《商榷》由"开阡陌封疆"而得出"承认农民私自垦田合法性"的结论,此亦误。恰相反,此非但不是"承认农民私自垦田的合法性",而正是表明秦土地国有制的加强。因为"开阡陌封疆"的主导权在于国家,是国家统一划疆分野、规划土田,而绝非私人任意占田开阡陌封疆。前引《更修为田律》便是最有力的证据之一,表明其时在土地关系上,有一种强大的超越一切个人之上的力量和意志的存在,这个力量就是秦的政府权力,这个意志就是秦的国家意志。

---

① 详见拙作《论青川秦牍中的"为田"制度》,《文史哲》1985年第6期。
② 详见拙作《试论秦自商鞅变法后的土地制度》,《中国史研究》1983年第2期。

(二）关于"制辕田"问题。《汉书·地理志》载：商鞅"制辕田"。"辕田"，古今说者蜂起，实皆未得其确诂。《商榷》释"制辕田"为"裁去还田和止还田"。按，此不确。其实，"辕田"即"爰田"，亦即封垺田，"制辕田"即"为田开阡陌封疆"。《说文》金部："锾，钚也。"清人戴震以为锾、钚篆体易讹。按，锾古作爰，爰、孚早已相混。由此亦可见"爰田"即"垺田"。《说文》土部："垺，庳垣也。"又云："庳，中伏舍。"段注曰："庳垣延长而齐等若一，是之谓垺"，引申之为"涯际""回环""相等"之意。按，"庳垣"实类后世舍上之裙墙。田界封垺其形亦类若庳垣。"爰（辕）田"实即封垺田，其正取名于此形象。《说文》："制，裁也。从刀未。未，物成有滋味可裁断。"段注："裁，制衣也。制，裁衣也。此裁之本义。"按，制、裁互训，意即裁断割裂。"制辕（爰）田"之"制"与银雀山汉简《孙子》佚篇"制田"之"制"意同，方"作"无异。"制辕田"实即制裁而为封垺田，亦即为田开阡陌封疆。此义最为通达易晓。青川秦牍所示各户等量百亩围以封垺界畔的封垺田正是典型的辕（爰）田制[①]。秦商鞅变法后，土地国有制及国家授田制高度发展，在政府统一规划主持下，于各家份地周围严令为之修制封垺界畔，并法定皆勿得擅自"盗徙封"，这就是秦"制辕田"的实质与具体内容。"制辕田"并非土地私有制的标志，因为它强烈地贯彻、渗透并表现着超越一切个人之上的国家意志。

（三）关于"徕民垦荒"问题。《商榷》将《徕民》误以为商鞅之作，因而遂将其"徕民垦荒"误以为商鞅田制改革之一。按，"徕民"只是一个垦耕计划，根本非田制改革，且此计划也并未见成功贯彻。《商榷》举秦"带甲百万"以证实现了商鞅"造作夫百万"的设想。此亦误。《商榷》所举"带甲百万"之说皆在《徕民》成文之前，焉能用之说明其"徕民"之成功。产生于昭王末年后的《徕民》明言此前三晋"民不西"。可见秦历次徕民并无理想效果。《商榷》又说秦"大体由二家出一人（由析户所致）变为家出一人，兵力也可由五十万变为百万"。按，秦实行普遍征兵制，以丁为本，凡适龄、身高男子皆须服役[②]。《商榷》所言根本不合秦兵役法。更何况秦之析户亦非尽皆恰一分为二，何以由五十万变为百万？

（四）关于秦"任耕无限"的问题。《商榷》说，秦在战国时期的田制是"任其所耕，不限多少"的"任耕制"。按，此说误，其所举例皆不确。（1）《商榷》引《徕民》认为"晋之所无""民之所欲"是指超越百亩的耕垦部分。三晋地削而民入腹地，人口相对过剩，"上无通名，下无田宅，而恃奸务末作以处，人之复阴阳泽水者过半"，其民之所"欲"及其所"无"当然均系指最起码数量之田宅，而绝非指"超过百亩"之数。《商榷》任加"起过百亩的"五字，其目的在于强为立秦必以"任耕无限"诱之之说。然而增字解经乃大忌，无田户之所以不入秦者是因"秦土戚而民苦"，故尔《徕民》提出给其一定数量土地、复三世、陵阪丘隰不起十年征之策。这对无田者已是最引人之诱饵，何需"超过百亩"而任耕。又，《徕民》本地方百里、食作夫五万之律划野分民，计划造作夫百万，焉有"无限"之理。"任耕无限"说乃学者之想当然耳。（2）《商榷》又误以鼓励垦荒来证其"任耕"说，按，授田限额与奖励垦荒一致而不悖。奖励并非放任，秦反对"渠地而耕"而不"量力"者[③]，立限定量倒是农耕科学化的表现。《算地》就反对"治草莱者不度地"，战国农业经济都显示了国家指令下的一定计划性。（3）《商榷》又误以"军功名田制"来证秦无"授田限额"。按，名田的实质即按名（份）授占田宅，庶民列名国版，便可受田宅。这种小农份地制是最基本、最广泛的"名田"制；军功爵可按爵级名分得授赐田宅，拙作《制度》已指出这实是小农份地制的扩大。"名田"之"名"实即大"限"，无其"名"，便无其田。且自有名实相符的标准

[①] 详见拙作《论青川秦牍中的"为田"制度》，《文史哲》1985年第6期。
[②] 详见拙作《秦自商鞅变法后的租赋徭役制度》，《文史哲》1983年第1期。
[③] 《吕氏春秋·上农》。

量。若可任占，何"名"之有。也就不必立"法以功劳行田宅"、以"赏田"为诱饵了。秦人之所以"闻战相贺"、冒死犯难而驱驰于疆场者，正为田宅难得而冀取功名以获之耳。（4）《商榷》说，遍览《商君书》等文献未见秦垦田"有数量的规定"。按，此言误矣。《商君书》言"治草莱"必"度地"，按方里若，可造作夫若干，此即"限"。《史记·商君列传》言"名田宅以家次"，对宗室尚且立限，焉有无限庶民之理。汉土地私有制确立，尚且限民田，后世均田亦有限。秦立法民有"受田之数"，国家援民田并为开阡陌封疆，令勿盗徙，这是确凿无疑的数最、界畔之"限"。由秦武王《更修为田律》知当时民田上到处树立着范围大抵略同的国家为之开立的等量份地顷畔封埒之限。秦民垦田数量之限比比皆是，唯《商榷》囿于否定秦国家授田制之见忽视了这些资料。《商榷》之"任耕"说，与秦国家授田制水火不相容。只要有比较严格意义的国家授田制存在，便不容有"任耕无限"。至于多少，则是具体问题，从"顷畔"作为最基本的田界封志来看，并参以文献，可见，不管亩之积步若何，夫授田百亩，当是官定标准。

三、关于秦国土地私有制

青川秦牍文曰："□□更修为田律：田广一步、袤八，则为畛。亩二畛，一百（陌）道；百亩为顷，一千（阡）道。道广三步。封高四尺，大称其高；捋（埒）高尺，下厚二尺。以秋八月修封捋（埒）正彊（疆）畔，及癹千（阡）百（陌）之大草；九月大除道及阪险……"关于此牍的详细讨论，已见拙作《论青川秦牍中的"为田"制度》一文①。今仅就《商榷》所涉及部分加以商榷。（1）《商榷》误将此律肢解为两种律，即《更修田律》和《为田律》。然其于内容却又无法分辨，故作曲折，反自见拙。《商榷》只把"田广一步袤八则为畛"一句划作其《更修田律》的唯一内容。然"田广"句显为对田之积步的规定。其既定此为《田律》，那么与其所说以规定"亩积大小"为首要内容的《为田律》则又混而无别。此乃自相矛盾。之所以如此，皆在于此本为一律而其却强为分解。拙作早已指出：自"田广"至"相为之□□"全系开阡陌封疆等"为田"之事，此牍律文应名之曰《更修为田律》②。

（2）《商榷》把阡陌、畛与封埒混为一谈，同在为"田界"。此误。按，"田界"乃是标志地主人对于土地关系权限的法律概念。此牍文中只有"封埒"才具有封疆地界之法定意义。阡陌、畛皆非田界。《商榷》释畛为"亩的田界"，既无训诂之据，又不加任何论证，更不合牍文制度，无疑是错误的。秦阡陌制度亦自有其发展过程，其由道界兼义，进而失去封疆之内涵而变为独具道义，此即秦阡陌制度发展史中的两个环节③。

（3）《商榷》又误读《法律答问》"盗徙封"条及《更修为田律》，遂将青川牍文之"阡陌"误释为"田界"。并由此而一误再误。如把青川牍中"阡陌"误释作高于"顷畔"一级的田界等即是。将"顷畔"误说为"顷中之田界"。按，"半""畔"非相从之字，作为田界之"畔"非半之属，而是"从田"字。须知青川牍文"顷"是一个具有定量积步、固定形状、空间相连的田面区划名称，知此，这对正确认识秦为田制度及其田制都是一个关键起步。

（4）《商榷》说修封埒、正疆界，是为了税收。按，秦律明言收税之据是"受田之数"其"数"载在

---

① 《汉书·高帝纪》。
② 详见拙作《论青川秦牍中的"为田"制度》，《文史哲》1985年第6期。
③ 详见拙作《论青川秦牍中的"为田"制度》，《文史哲》1985年第6期。

简策。若为收税，何必入野各理封疆。修封旨在正疆。绝非为收税。此正反映国家份地已经比较固定化的及时正封情况。

（5）秦牍《更修为田律》明言规划的是普通大田，而绝非某种特殊类型的田。其所示田间规划的基本特点为畛亩、顷、阡陌、封埒系配套成龙的系统化、一体化规划，规格标准是统一的。这正是土地国有制及国家授田制下，实行等量份地制所造成的田间整齐规划面貌。其所揭示的不是"土地零散现象"，而是在普遍土地国有制及国家授田制下，国家对大田的普遍、统一、整齐、系统的"为田开阡陌封疆"完整规划。

拙作《制度》指出："在秦初，土地似乎不算私有财产，或可以说在财产构成中不占重要地位。"我举出四条根据加以论证，而《商榷》只择其一进行商榷。秦简《封诊式》"封守以某县丞某书，封有鞫者某里士五（伍）甲家：室、妻、子、臣妾、衣器、畜产。（下封内容略）"又称：里典伍人"皆言曰：甲封具此，毋（无）它当封者。"拙作《制度》指出这里最值得注意的是所查封的"产"中何以"唯独没有土地一项"？这是因为其时土地不算私产。《商榷》以"被查封的只限于动产"和假设"可能"与"犯罪性质"以及"可能与其妻有关"等来解释。按，其说皆误。此案中唯一案犯主体、"有鞫者"足"士伍甲"，别无他人。他的妻、子、臣妾、家产都是因甲犯罪而被牵连籍封的对象。认清"甲封具此"一句是正确理解全部问题的关键。《商榷》任意增字释之为："根据甲的罪行，当封的都已封了。"此不合原意。此非群众批案，里典、伍人有何资格与胆量去"根据甲的罪行"以论当封不当封。"封守"条开头即已明言是"以某县丞书"来办案查封的，县丞文书已开列了查封类别、项目，所谓"甲封具此"，乃是说根据所列类项具于此——报录了。其间绝无"根据甲的罪行"之义。若田为私产的话，不知这田地还与什么"罪行"无关而未被查封？应当说甲的全部家产都已入册，即"甲封具此"。《商榷》误读封守原文，孤立的任意解释某一概念，因而又将"甲室"误释为"甲和妻子、儿女的居处"。按，"甲室"绝非指甲身居之室，这个"室"是个大名类概念。泛指甲之房屋类。并非特指某部分人的住室。"封守"是封的"甲家"的全部人和产，包括所有的"室"。所列"一宇二内"当即士伍甲家全部居室所在。至于其住房分配，能否住得开，臣妾住何处，那是他的家政问题，无须追问，更不能由此而画蛇添足般地去推论臣妾当有住房而未被封，一误再误。须知，臣妾被封，焉有其住房不被封之理，连臣妾本身都是人的财产，难道臣妾之住房不是主人的财产吗？至于其"动产"、"不动产"之说亦属想当然耳。其时实无此界限，且查封中亦无此规定。其实理解这个很简单，拙作《制度》已从四个方面做了论证，不是孤证，恕不赘引。这里只将秦汉情况作一简单比较便不难得出正确结论。汉武帝时，在告缗运动中所没收者除财物、奴婢之外，尚有田土一项。汉制，家长须向政府上报自家赀财，汉简中保留有一些关于家赀登录的实例，就中可见汉之家赀包括田土一项，此与秦大不同。这种差异标志着秦汉间在土地制度方面有个大变化。文献与考古材料如此若合符契，似皆可证秦土地尚不可作为私产计算指标，因为名义上都是受于国家。

拙作《制度》从四个方面详细论证了秦土地国有制下的地租是租税合一的。这表现在：国与民之间只存在份地授受关系而不存在租佃关系，直接生产者对国家的贡献是租税合一的，没有租税分离现象；秦民间亦无租佃关系，一般说来，直接生产者所受剥削就其形式而言，没有官税私租之分；秦民对国家的负担，其租率是统一的，没有此轻彼重之分，这正是租税合一的表现；秦在财政管理上尚未如汉明显分出国家财政与皇室财政两个系统。《商榷》并未详驳拙作《制度》的论据，而只笼统地简单地否定"租税合一"说，认为"是分开的"。今仅就其所提论据商榷如下。第一，《商榷》举井田制以论"租税分离"。此说不能否定拙论，因为拙作是在论秦之租税合一的，不在井田制范围。更何况其所论井田制下的剥削状况亦大可商榷。因不在本文范围，此不赘论。第二，《商榷》说汉代"租税高于一般土地税……这才是租税合一的真正体现"。只需指出一点，既然有此轻彼重高低之分，便是有了"租"与"一般土地税"、国课之税之分。此乃汉制，不能以汉制代替秦制，秦汉土地制度有很大差异。因而剥削制度亦有所异。秦是租税合一的典型时期，这正是其普遍土地国有制的表现。第三，拙作《制度》详论了秦汉财政管理系统之不同。而《商榷》并未加任何论证，却只用了"并无甚区别"五个字给以简单否定。又只从拙文所引《商君书·农战》"我疾农，先实公仓"，推论出"有公当即有私"，遂即得出秦财政管理制度"公私两个系统亦极分明"的结论，而其却未加任何论证。这里只需指出一点，"先实公仓"之"公"是指国家官府。与缴入官仓相对的"私"是《农战》所接言"收余以食亲"的部分，即完纳官租税之后留归自己的余额部分。这个"私"与我所说财政管理制度上同国库相异的皇家财政之"私"却不是一回事。

简论青川秦牍《为田律》

李根蟠

1979 年在四川青川战国墓中出土了两件木牍，其中一件记载了秦武王二年（前 309）秦王命丞相甘茂、内史匽等"更修为田律"的诏令。这一重要发现已引起国内外学者的重视[①]。牍文经诸家释读和研究，许多问题已逐步弄清；但尚有若干疑点，意见并未统一，对该律在农史研究上的意义似未论及。本文并非对该律及问题作面面俱到的论述，只是在各家研究成果的基础上，对牍文中若干关键处略作补释，并探索它所反映的战国时代农田形式和土地制度的变化。

一、《为田律》补释

青川秦牍释文如下：

> 二年十一月己酉朔朔日，王命丞相戊、内史匽□□更修为田律：田，广一步、袤二则，为畛。亩二畛，一百（陌）道。百亩为顷，一千（阡）道，道广三步。封，高四尺，大称其高。埒（埒）高尺，下厚二尺。以秋八月修封埒（埒），正彊（疆）畔，及癹千（阡）百（陌）之大草。九月，大除道及除浍。十月，为桥，修波（陂）隄，利津梁，鲜草离（莱）。非除道之时而有陷败不可行，辄为之[②]。

考古简报发表时，曾称该牍为《田律》，若干学者仍之。这是把"为田律"作为动宾结构，即释作

---

* 华南农业大学农业历史遗产研究室编：《农史研究》第十辑，农业出版社，1991 年，第 5–12 页。

① 《青川县出土秦更修田律木牍——四川青川战国墓发掘简报》；于豪亮《释青川秦墓木牍》；李昭和《青川出土木牍文字简考》，以上载《文物》1982 年第 1 期。黄盛璋《青川新出秦田律木牍及其相关问题》，《文物》1982 年第 9 期；田宜超、刘钊《秦田律考释》，《考古》1983 年第 6 期；张金光《论青川秦牍中的"为田"制度》，《文史哲》1985 年第 6 期；胡平生《青川秦墓木牍"为田律"所反映的田亩制度》，《文史》第 19 辑；胡平生、韩自强《解读青川秦墓木牍的一把钥匙》，《文史》第 26 辑；等等。日本学者渡边信一郎《阡陌制论》（载《东洋史研究》）也谈及青川秦牍为田律。

② 牍文句读根据简报内容，吸收各家成果，并断以己意。□□，简报未释，诸家释读莫衷一是，故暂付缺如。"癹"，取于豪亮说，释作癹。"除浍"，取简报及李昭和说，"浍"乃道旁排水沟，或作"阪险"。"利津梁，鲜草离"，取于豪亮说，"离"借作"莱""辄为之"，取于豪亮说。其余解释参见正文。

"为（修治）《田律》"，于是"为"字便与上文"更修"义重。李学勤先生认为"为田律"是完整的律名，即修造农田之律，而与《田律》有别。其说是。我要补充的，是这里的"田"具体指"一夫百亩"之"田"。"田"字在先秦具有多种义项：既指种植谷物等的已垦地，也作耕地单位使用。在后一种情况下，它是指"一夫百亩"之田。《考工记·匠人》有"田首倍之"语。郑玄注："田，一夫之所佃百亩，方百步地。"《周礼》中"匠人"和"遂人"都是职掌农田（包括沟洫、道路）规划的。《匠人》职文先言亩间之畎（甽），次言田间之遂，复言井间之沟。《遂人》职文则有"夫一廛，田百亩"语，又曰"夫间有遂"。这里的"夫间有遂"，即相当于《匠人》的田间之遂；"田""夫"所以相通，是因为"田"是"夫"（家）的份地。虽然"匠人"和"遂人"有分别采取十进制和九进制的区别，但以一夫百亩为授受单位则是一致的。由此可见"田"即"一夫百亩"之"田"。周代又可以"田"为单位赏赐，有一田、十田、三十田、五十田等，见于彝铭。如《不娶殷》："伯氏曰：不娶，女（汝）小子，易（锡）女弓一、矢束，臣五家，田十田。"这十田应是带着农奴的，另赐五家奴隶（臣）供服役。秦在商鞅变法后，扩大了亩的面积，但仍以百亩之田为授田和赏赐单位。如《通典·州郡典·雍州风俗》说："按周制，步百为亩，亩百给一夫。商鞅佐秦，以一夫力余，地利不尽，于是改制二百四十步为亩，百亩给一夫矣。"青川秦牍中的"田"，正是指这以一夫百亩为单位的农田；虽然由于商鞅变法改亩百步为亩二百四十步，一田已非"方百步地"，而是（240×100）方步了。这样说，并非揣测。通观律文，从宽一步、袤八则（即 30×8＝240 步）的亩说起（详后），到"百亩为顷"止，其所述农田布局不出这一范围及其附属设施。足见《为田律》之"田"，非农田之泛称，实系"百亩为顷"的"一田"之概念。弄清这一点，对理解《为田律》的内容及意义，是十分重要的。

　　律文首句"田广一步袤八则为畛"，最为费解。开始，不少学者把句读断在"八"字处，认为"八"字后省略了一个"步"字，由此产生了各种推测。或谓此句系指亩端小道"畛"之宽与长，其宽为一步，其长为八步，八步正与秦亩宽度相合（据《氾胜之书》，亩宽八步，长三十步）①。这是把"田广一步袤八则为畛"，解释为"畛广一步袤八步"，其牵强是显然的；且"畛"既为亩端小道，何以非"广一步"（六尺）不可？不是太浪费耕地了吗？又有些同志认为这句是指畸零农田，只要有一步宽八步长面积就要作"畛"②。但《为田律》为什么要把没有一般意义的畸零农田放在首位呢？既是畸零农田又根据什么以"广一步袤八"为标准呢？且"八"后平添一"步"颇有增字之嫌，而"则"字作副词于行文又显累赘。总之，从"八"字处断句的种种解释终觉窒碍难通。后来，胡平生先生指出律文中的"则"字是表示长度的量词；据此，上引律文应句读为"田广一步、袤八则，为畛"，认为这是解读青川秦牍的一把钥匙。胡先生的主要根据是阜阳出土汉简中有"卅步为则"一语③。按，这种解释完全正确。《说文》谓"则，等画物也"，即计量单位，"则"作为长度单位正是一种"等画物"。今天，"则"作为长度单位的意义已经隐晦，但它仍然可作量词使用，如"故事一则""新闻一则"是也。只有把"则"作为表示长度的量词，上引律文才能文从字顺，通解无碍。近年在江陵张家山出土的竹简汉律中，也有类似青川秦牍的一条，自"田广一步"至"而有陷败不可行，辄为之"，与牍文基本相同，只是在下面加了"乡部主邑中道、田主田"一句。这是萧何据撷秦法而增删之的实例。青川牍中的"袤八则"，张家山简中作"袤二百卌步"④，

---

① 杨宽《释青川秦牍的田亩制度》，《文物》1982 年第 7 期。
② 李学勤《青川郝家坪木牍研究》，《文物》1982 年第 10 期。
③ 胡平生《青川秦墓木牍为田律所反映的田亩制度》，《文史》第 19 辑。
④ 《江陵张家山汉简概述》，《文物》1985 年第 1 期。

这是"则"为量词,一则相当三十步的确证。胡氏句读可从,只是"田"字处宜断开,因为如前所述,它不是泛指农田,而是实指百亩为顷之田;在这里它总起全律,全部律文都是阐述这作为农田单位的田的法定布局的。

接下来,"亩二畛,一百(陌)道;百亩为顷,一千(阡)道,道广三步"。说者多把"畛"解释为亩间相互平衡之界道,故有二。如孤立一亩看,这似乎可通。但《为田律》说的是"百亩为顷"的"田",亩与亩之间是互相连接的。相互平行的畛,每条均为两亩所共有,分摊到每一亩,同一方向的畛只应有一条。而且,如以陌道为与畛垂直的亩间界道,则陌道与畛数应一致,何以是"亩二畛,一陌道"?此说显然难以圆通。于是,胡平生先生先干脆否定畛为亩间界道之说,提出"畛"应为"田区",其面积为一步宽、二百四十步长(八则),即二百四十方步。"亩二畛",则一亩面积为四百八十方步。这从文字上看,固然可消弭上述矛盾,但古代文献中只有秦以二百四十步为亩的记载,而找不到四百八十步为亩的证据。既然秦亩为二百四十方步,那么,"广一步袤八则为畛",不正好证明了"畛"是亩间的径路吗?且畛为田间径路,历代注家均无异词。如《诗·载芟》"徂隰徂畛"毛传:畛,场也。郑笺:畛谓旧田有径路者。孔疏:畛是地畔道路之名,故知谓旧田有径路者。又引《周礼·遂人》"十夫有沟,沟上有畛",证明"畛谓地畔之径路也"。《尔雅·释言》:"障,畛。"郭注谓壅障亦名畛。《释文》:"畛,田间道。"胡先生所引《楚辞·大招》"田邑千畛"、《战国策·楚策一》:"叶公子高食田六百畛",据王逸注和鲍彪注,也说畛是田间道。可见,由西周至战国,畛都是指耕地边沿高于田面的径路。但在《周礼·遂人》所载井田规划中畛是十夫(千亩)之间可以通大车的路,而在青川秦牍《为田律》中,畛则是二百四十方步(即一秦亩)边沿上的径路。从某些记载看,畛可能被用以表示过田区的单位。但这是从田间径路的意义衍生出来的,其所表示的单位和它作为径路所围绕的范围是一致的,而并非独立的单位①。惑于"亩二畛"一语,否定畛为亩间径路,我觉得是欠妥的。

然则"亩二畛,一陌道"应作何解释?我认为亩间高出田面的小路部可称为畛,非独相互平行者而已。关键仍在于《为田律》所载农田布局是以"田"为单位设计的。亩为长条形,亩亩相叠,累而为田,田为长方形,田以阡陌封埒为界(详后)。故在百亩之"田"内,每亩的四边中有一边以陌道为界,另一边与邻亩共界,故每亩只余二畛。或谓陌道是百亩中的道路,阡道是千亩中的道路,不确。陌道应是百亩间,即田与田间的界道;阡道应是千亩间,即十田与十田之间的界道。阡道与陌道相互垂直。因田与田相连,故以每田言,必有一边为阡道,就每亩言,则不必与阡道为邻。

《为田律》中还谈到了"封埒","封"是作为地界标志的土堆,"埒"是把封联结起来的矮墙。其规格甚明,毋庸赘说。封埒是以顷为单位设置的,这可以从两个方面证明它:一是《为田律》全部内容均以百亩之"田"(顷)为言的,已如上述;二是睡虎地秦简《法律答问》中明言"封即田千陌、顷半(畔)封殴(也)"。又由此可知,封埒并非把一百亩农田全部围起来,有阡陌的地方即以阡陌为界,无阡陌的地方即以封埒为界。由此亦益见以陌为百亩中道路之误。

---

① 《战国策·楚策一》:"叶公子高食田六百畛。"清人孔广森认为这是引申了井田制中"畛"的意义,把十夫之地(千亩)称为"畛"。见《周礼正义》卷二十九引。但《战国策集注汇考》引《旧事》,畛作顷,下有"赐六十邑"四字一句。又,胡氏引银雀山汉简《孙子兵法·吴问》:范中行是(氏)制田……以百六十步为畛。此字《银雀山汉简释文》隶作"畹"释为亩。按,银雀山汉简中该字和青川秦牍"畛"字写法一样,不应释为亩。不过这里的"畛"仍为亩界,借作亩,并非亩外另有称"畛"的田区。

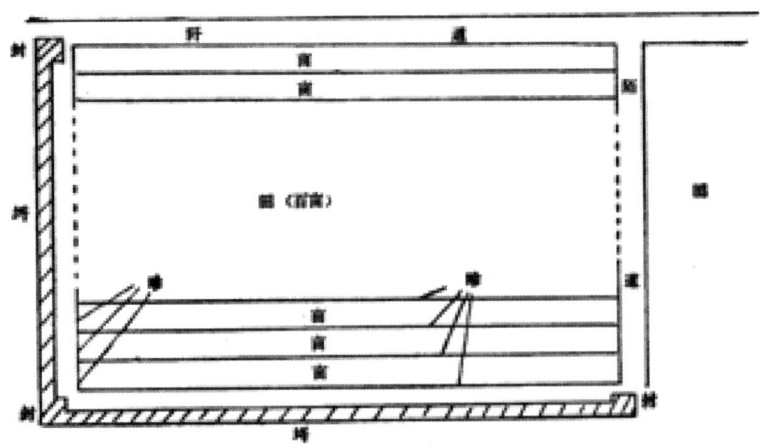

《为田律》所载农田布局如上图所示。

除了田亩阡陌封埒以外,《为田律》还提到了在"田"的范围外而与田有关的道路、桥梁蓄水的陂隄和排水的沟浍,并规定了每年修理作为田界的封埒阡陌以及公共道路、桥梁、陂隄沟浍的任务。

二、《为田律》所反映农田形式的变化

青川《为田律》在农史研究中的意义,主要在于它提供了战国时代农田形式变化的新的确凿证据。

战国以前黄河流域普遍实行甽亩制,作为农田基本单位的田,是甽亩相间的。亩是宽一步长百步的长垄,庄稼播种其上甽是亩间宽尺深尺的小沟,用以排水,这就是所谓"垄上曰亩,垄中曰甽"(《庄子·让王》司马彪注)。而甽与遂、沟、洫、浍等排水沟渠相连通,并有相应的道路系统与之配合。《周礼》的记载最为详尽:

> 匠人为沟洫,耜广五寸,二耜为耦。一耦之伐,广尺深尺谓之甽(甽)。田首倍之,广二尺深二尺谓之遂,九夫为井,井间广四尺深四尺谓之沟。方十里为成,成间广八尺深八尺顷之洫。方百里为同,同间广二寻深二仞谓之浍。专达于川,各载其名。(《考工记·匠人》)
>
> 凡治野,夫间有遂,遂上有径;十夫有沟,沟上有畛;百夫有洫,洫上有涂;千夫有浍,浍上有道。万夫有川,川上有路,以达于畿。(《地官·遂人》)

两种农田布局虽有差异,但都是与沟洫、道路系统相配合的。这样的农田形式是以防洪排涝为主要目的的[①]。

到了战国时代,经过长期治理,农田内涝积水的自然景观已在很大程度上发生了变化。干旱上升为主要矛盾,农田灌溉获得迅速发展,牛耕亦初步推广,农田形式也不能不因此发生相应的变化。青川《为田律》把这种变化用法律的形式表现出来了。

首先,亩与亩之间已经没有了甽,亩的四周是高出田面的畛,在这种情况下,亩已不复是原来的长垄,而是低畦了。从更大的范围看,也见不到甽、遂、沟、洫、浍相连通的农田沟洫体系,虽则大道旁仍有供

---

① 详拙作《先秦时代的沟洫农业》,《中国经济史研究》1986 年第 1 期。

排水用的浍。这样，与田亩相配合的只有畛、阡、陌的道路系统，而阡陌同时是作为"田"间界道的。这和《周礼》所载农田、沟洫、道路三位一体的情形是显然不同的。《为田律》中的"田"，是被封埒阡陌围着的低畦。《为田律》还把修陂隄列为经常性任务，陂隄即陂塘，是蓄水灌溉的水利设施。可见这种低畦形式是与农田灌溉相结合的，而与以排水为主要目的畎亩制迥异。这种《为田律》应是商鞅变法时创制的，秦武王二年在此基础上"更修"。青川《为田律》虽发现于四川，但它既是秦国政府制定的法律。当在秦国统治范围内全面推广，是当时占主导地位的农田形式。张家山汉简中内容相同的律文的发现，进一步证明它并非地方性的法规。

农史界有一种意见认为，垄作出现于战国时代。其根据是成书于战国晚期的《吕氏春秋》中"任地"等篇记述了畎亩制。事实恰恰相反，在殷周或更早的时代垄作已是黄河流域农田的主导形式，战国则是垄作衰落并逐步被低畦所代替的时代。《任地》等篇记述的畎亩制确实是垄作，但《吕氏春秋》虽然成书于战国，《任地》诸篇却是掇拾《后稷农书》的材料编成的，主要反映了战国以前的情形①。

农田形式的这种变化，在其他文献中也有所反映，可以与青川秦牍《为田律》相印证。

首先是春秋战国以来，畦作逐步见于记载。"畦"字不见于十三经（除《孟子》外），却在战国文献中出现了。《庄子·天地》载子贡"过汉阴，见一丈人，方将圃畦，凿隧而入井，抱瓮而出灌"。《释文》引李巡曰："菜蔬曰圃，埒中曰畦。"即指田埂围护的农田。《楚辞·招魂》王逸注："畦，区也"，区的原义是掊成的坎窝②。这些都表明，战国秦汉的畦相当于现在所说的低畦③。它是为方便溉灌而设计的农田形式，在需要灌溉的园圃或稻田中首先发展起来，并逐步推广到其他大田中去。战国时已有用畦陌代表农田的了。如《韩非子·外储说左上》："庸客致力而疾耘耕，尽巧而正畦陌者，非爱主人也。"④畦作在楚国颇普遍，除上引《庄子》外，《楚辞·离骚》"畦留夷与揭车"，指分畦种植花卉香草，《楚辞·招魂》："倚沼畦瀛（泽）"，指水田。如前述，秦在商鞅变法后推广低畦农田，"畦"的普及遂使它转化为土地单位的称呼。应劭《风俗通义》说："秦孝公以二百四十步为亩，五十亩为畦。"⑤畦作土地单位，是畦作在秦国发展的反映。

另一方面，"亩"的意义也在发生变化。战国秦汉出现以"垄（陇）亩"作耕地的称呼。如《尉缭子·武议》："吴起与秦战，舍不平陇亩。"《战国策·齐策三》："使曹沫释其三尺之剑，而操铫耨，与农夫居垅亩之中，则不若农夫。"《史记·项羽本纪》："然羽非有尺寸，乘世起垄亩之中。"等等。这里的垄，非后世垄作之垄。垄的原义是高起的土堆，作为"田"的界识的"封埒"自然也可称"垄"，后来就径指田埂了。如《史记·陈涉世家》谓"陈涉少时，尝与人庸耕，辍耕之垄上。"这"垄"显非用以耕种的田面，故颜师古注《汉书·陈项列传》云"垄上，谓田中之高处。"大概是指封埒吧。而垄亩并称之垄实际上已是指田埂了。《战国策·齐策三》鲍彪注就说："垅，田埒。"这相当于《为田律》中亩间的畛。如前所说，西周时是"垄上曰亩"。这里以垄亩连称代表农田，亩当然是指低于垄的田面。垄亩表示田埂围着的农田，是低畦形式。与青川《为田律》反映的情况是一致的。

到了汉代，又有以"畦亩"作农田代称的。如《盐铁论·说邹》："诸生守畦亩之患。"《盐铁论·水

---

① 详拙作《试论吕氏春秋上农等四篇的时代性》，《农史研究》第八辑，农业出版社，1989年。
② 石声汉《氾胜之书今释》，科学出版社，1956年11月。
③ 《史记·货殖列传》正义引韦昭云："埒中畦，犹陇也。"埒中畦正是低畦，但又说"犹陇也"，似乎矛盾，疑"犹"字前脱一"埒"字。鲍彪注《战国策》云："垅，田埒。"
④ 引文据《韩非子集释》校改。
⑤ 慧琳《一切经音义》卷七十七引。

旱》:"故农民不离畎亩而足乎田器。"畎亩实际上概括了两类农田,畎面积较小,用以种蔬菜或水稻。史游《急就篇》:"顷町界亩畦埒畛",颜注:"……田边谓之界,田区谓之畦,今之种稻及菜为畦者,取名于此。"亩指大田,但同样是低畦而非高垄,不过畦的面积较大而已。

当然,我们说战国时代农田形式由畎亩制的垄作转变为"垄亩"制的畦(低畦)作,只是就其主导形式而言,并不排除在某些地区或某些农田仍实行垄断作或其他农田形式①。

三、《为田律》所反映土地制度的变化

战国是中国古代土地制度发生巨大变化的时代。商鞅变法的主要措施之一是"为田开阡陌封疆"(《史记·商君列传》),或者简称为"开阡陌"(《汉书·食货志》《汉书·地理志》《文献通考·田赋》等)。汉唐学者释"开"为建置。但自宋朱熹作《开阡陌辨》,谓阡陌乃三代之旧,开是破坏铲削之意,非创建之名,学者多信从之。"开阡陌封疆"被认为是破坏井田制原有的道路疆界,几成定说。近人李解民先生作《"开阡陌"辨正》,指出以朱熹为代表的观点的谬误②。现在,青川秦牍《为田律》的发现,使问题进一步澄清了。因为这一继承了商鞅变法精神的经过修订的《为田律》阐述了在一夫百亩的"田"的四周如何设置阡陌和封埒的具体规定,不啻是"为田开阡陌封疆"的最好注脚。它说明"开"是置立的意思,"田"则具体指一夫百亩之田。

但"为田开阡陌封疆"本身确是对古老井田制的一种破坏。古人总是把井田制的破坏和"开阡陌封疆"联系起来。如《汉书·地理志》说:"及秦孝公用商君,坏井田,开阡陌",新莽时中郎区博也说"秦灭庐井而置阡陌"。

商鞅变法后实行的土地制度,学术界有两种几乎针锋相对的意见。一种认为是强化了土地国有制,另一种认为是实行土地私有制。

何以"为田开阡陌封疆"是对井田制的一种破坏,"为田开阡陌封疆"后实行的是何种土地制度?这首先要弄清封疆阡陌的性质。

"封"原来是周代各级贵族土地疆界的标志。据李亚农先生的研究,古代封字的正确写法是从木、从土、从寸,作"封"③。这是表示手拿树木栽在土堆上,作为地界的标识,故有"封略""封域""封畛"之称。但并不是所有的土地都有"封"。《周礼·地官·封人》说:"封人诏王之社壝,为畿封而树之。凡封国设其社稷之壝,封其四疆。造都邑之封域亦如之。"这就是说,只有诸侯、卿、大夫等贵族的国、都、邑才有"封",农民的"份地"是不设"封"的。主张周代实行土地国有制的观点是很流行的。我认为周代并不存在地租与课税合一的土地国有制。全国土地名义上的最高所有权虽然属于周天子,并把土地层层封授给下级贵族,但各级贵族对其受封的或掌握的土地均有实际的所有权或相当的所有权,他们不但可以从这些土地上收租,而且可以把这些土地让渡出去。据目前考古发现,至迟西周中期已有贵族交换土地的事例。如陕西岐山董家村发现的裘卫诸器铭文就提供了这方面的新资料,有以物易田者,有以田易田者。

---

① 据《吕氏春秋·任地》高诱注可知,东汉时辽西仍实行与畎亩制相类的垄作,称为"堘"。即使黄淮流域,汉代也仍有部分农田实行垄作,如河南淮阳出土的一个汉代院落模型中,其侧院的农田中有便于灌溉的低畦农田,也有类于垄作的"条田"等,参见《汉代农田布局的一个缩影》,《农业考古》1985年第1期。
② 李解民《"开阡陌"辨正》,《文史》第十一辑。
③ 《李亚农史论集》第62-64页。

而且从交换具有合法形式，经上级贵族认可并举行隆重交接仪式看，贵族交换土地的事，一定在这以前早已开始①。贵族间土地的授受往往要确定封界②。因此，"封"在某种意义上成为土地所有权的一种标识。但在很长时间内，土地交换只限于贵族之间进行，农民的份地是不能交换的，这就是所谓"田里不鬻"（《礼记·王制》）。有人认为"田里不鬻"是指所有土地都不能买卖，并以此作为周代实行土地国有制的重要论据。这是一种误解，因为它不符合历史事实。其实，这里的田并非泛指农田，而是具体指一夫百亩的份地。农民份地不能买卖本是公耕的农村公社的习俗；农村公社土地被各级贵族篡夺后，对农民仍实行授田制，这就是周代的井田制，"田里不鬻"成为井田制的神圣原则，而且农民也成了被束缚于份地的农奴。故郑玄注《礼记·王制》"田里不鬻"说："皆受于公，民不得私也。"农民对其份地只有使用权，没有所有权，不但不能买卖，在相当长时期内还要定期重新分配或调整，在这种情况下当然是不可能有标志固定地界的"封"的。

因此，不难理解，商鞅变法把原来作为贵族土地标识的"封"设置在农民的份地上，这本身就是对井田制的一种破坏。

关于阡陌，它并非如朱熹所说，是三代井田之旧。它不同于井田制下的道路系统，因为它同时是作为"田"的界道的。据李解民先生研究，"阡陌"一词见于文献材料，是从战国开始的，至西汉而大盛，汉人普遍以阡陌为地界，现存汉代买地券中往往注明了作为土地界识的阡陌③。汉代大片耕地的界道也称阡陌，但阡陌的初义是"千亩之畔"和"百亩之畔"，即"田"的界道。这在青川《为田律》中反映得十分清楚。

商鞅变法后仍然实行"授田制"，这在睡虎地秦简中有明确的反映，青川秦牍《为田律》在某种意义上也是实行授田制的证据。因为《为田律》规定了"田"的布局，而授田与赐田都是以"田"为单位的。或谓商鞅变法后实行的授田制是强化了的土地国有制，而"田"的封埒阡陌正是国有土地的标识。授田制无疑反映了封建国家仍然拥有相当数量的公荒地，但"为田开阡陌封疆"，从其渊源与演变看，毋宁说是作为农民对其份地的固定占有权或实际所有权的一种标识。"田"的封疆阡陌是受到政府保护，不得随意侵犯的。睡虎地秦简《法律答问》载，"'盗徙封，赎耐'。可（何）如为封？封即田千陌、顷半（畔）封殴（也），且非是？而盗徙之，赎耐，可（何）重也？是，不重。"这就是说，顷畔的封埒和阡陌都起田界标志的作用，私自移动田界标志，要处以"赎耐"的刑罚。如果份地占有者对土地没有某种权利，私自移界有什么意义呢？而徙封受罚本身就是保护农民对份地的实际所有权的一种措施。既然承认和保护农民对其实际占有或国家授予的土地的固定占有权，土地的私有化和土地买卖的出现就是其必然的归宿。董仲舒说商鞅变法"除井田，民得买卖"，《文献通考》卷一《田赋》引吴氏说："秦开阡陌，遂得买卖"，等等，决不是无根虚言，而是深刻反映了废井田、开阡陌这件事和土地私有、土地买卖的必然联系。汉代土地买卖已很盛行，而汉律中仍捃采和包含了秦《为田律》内容，不是偶然的事情。

因此，我认为，商鞅变法后一度维持的授田制，从本质上说，从发展趋势说，并非强化了的土地国有制，而是向土地私有过渡的杠杆，是地主土地私有制形成中的一个环节。

---

① 陕西岐山县董家村西周铜器发掘简报，载《文物》1976年第5期。参阅李根蟠、卢勋《略论西周与西双版纳傣族封建经济制度的差异》，《民族研究》1980年第6期；赵光贤《周代社会辨识》附录四：《从裘卫诸器铭看西周的土地交易》。
② 《李亚农史论集》第62-64页。
③ 李解民《"开阡陌"辨正》，《文史》第十一辑。

青川秦牍《田律》争议问题总议

黄盛璋

有关青川秦牍《田律》的讨论，已发表者按时间先后汇目如下：
(1)《青川县出土秦更修田律木牍》（《文物》1982 年 1 期）
(2) 于豪亮：《释青川秦墓木牍》（同上简称于文）
(3) 李昭和：《青川出土木牍文字简考》（同上，不简称）
(4) 杨宽：《释青川秦牍的田亩制度》（《文物》1982 年 7 期，简称杨文）
(5) 黄盛璋：《青川新出秦田律木牍及其相关问题》（《文物》1982 年 9 期）
(6) 李学勤：《青川郝家坪木牍研究》（《文物》1982 年 10 期，简称李文）
(7) 林剑鸣：《青川秦墓木牍内容探讨》（《考古与文物》1982 年 6 期，简称林文）
(8) 田宜超、刘钊：《秦田律考释》（《考古》1983 年 6 期，简称田文）
(9) 胡平生：《青川秦墓木牍"为田律"所反映的田亩制度》（《文史》第十九辑）

个别文章仅见报载其目，迄未见到，今仅以 1984 年赴美讲学前所见为限。

青川秦律《田律》经诸家讨论，不少问题已告解决。有些问题基本认识趋于一致，或相差不多，较易统一，但是还留有不少问题分歧较大，争论较多。从文字隶定，牍文通读，到律文名称，"更修"理解与其依据，修律的目的与行使地区，有关畛、阡、陌、封埒与田亩制度，以及由律文而引起的商鞅变法与辕田制、井田制，与《周礼》田制异同等等都存在不同意见、解释，只有通过百家争鸣，展开讨论，深入考察，暴露矛盾，才有可能解决矛盾。我曾在牍文刊布后不久写了一文，所见未周，其后屡见诸文，不无启发，是非得失，比较可知。为了进一步查清问题，明确矛盾，扫除阻碍，解决疑难，特将已有讨论，统一平议，针对问题，申述鄙见，以求有助于认识获得统一，为打开问题的门钥而创造条件，诸多冒犯与不当之处，尚请各方指正。

一、关于牍文历朔与历法问题

牍文开首记时："二年十一月己酉朔。"李学勤同志据汪曰桢《历代长术辑要》谓"与秦武王二年

---

* 《农业考古》，1987 年。

合",但他指出"这是周历,云梦秦简所载秦昭王、秦始皇帝的历朔,都属于颛顼历,秦武王时用周历,这是历法史上一项新知识",查《历代长术辑要》卷三周报王六年、秦武王二年下,"周:十月己卯、十二月戊寅,十一月恰为己酉朔,秦:十月甲申,十二月癸未,则十一月为甲寅朔在己酉之后五日,按周历以十二月为岁终,以正月为岁首,而颛顼历则以九月为岁终,十月为岁首。如用周历,则十一月仍属上年,此以十一月为二年,如果为秦武王二年,则秦武王时所用仍为颛顼而非周历,据此并不能得出秦武王时用周历的结论,因而在未弄清事实真相之前,还不能说"历法史上的新知识",但李文所指确是一个可注意的现象,值得进一步讨论和研究,姑就管窥所知,略为阐发。

（一）周历与颛顼历皆属于四分历,所谓四分就是将太阳午之周长（岁实）定为365 1/4日,"四分历"就是得名于四分之一（1/4）日,但由各历所定历元起算不同,因而朔日推算与大、小月分配不一致,六历虽皆属四分,但各有不同。至后代用其法演算,余数往往除不尽,所余小数取舍、分配可因人而异,因而所作历谱或历表,彼此也不能完全一致。例如汪曰桢《历代长术辑要》与日本新城新藏《春秋战国长历》即有同有异。临沂汉简有一汉初历日表,陈久金等用颛顼历法推比演算,所作历表与记载有合有不合,与汪曰桢书亦互有出入。陈垣《廿一史朔闰表》以汪书为基础,亦皆不尽相合,盖算数精粗,余数所差皆可因人而有差异,但朔日推算往往只有一、二日之差,今据汪书所推颛顼历谱,相差多至五日,值得治古历学者注意,倘能考究明白,大有益于古历与古史研究。

（二）秦究竟何时用颛顼历,这是迄今历法史上还未解决的问题。汪曰桢书系从秦惠文王起改用颛顼历排比秦历表,其理由为:"因惠文王上年称王,此年改元,姑从此年推起",然并无他证。我在《云梦秦简编年记地理与历史问题》据《史记·秦本纪》:"献公四年正月庚寅孝公生",与商鞅量:"十八年……冬十二月己酉",论证秦献公与孝公十八年时尚未用颛顼历,因与汪曰桢及新城新藏所作晚周历表皆合,如用颛顼历正月与十二月皆属次年。今秦简田律以十一月为二年,丞相为茂,确证属秦武王二年,十一月属次年,如用周历则为上年,日朔虽与汪书所推颛顼历不合,但月属岁首用颛顼历非周历。后者应是确定颛顼历与其他历区别的关键,至于日朔不同于后代推算的颛顼历,其中可能包括后人历法推算精粗与余数取舍不同,是否如此,还有待古历学专家精确推算与论定,兹值讲学美、欧,不能进一步仔细按古历推步验证,故未敢自以为是也。

二、"取臂"二字的隶定与解释

此两字在内史匽后,"更修为田律"前,牍文"臂"字稍有磨泐,《简报》缺释,而各家隶定不一,解释亦异,从而影响对这次更修田律的目的、作用与动机、使用地区等等,是牍文争论最多的问题之一,尚未统一。

李昭和释"取臂",引证《晏子》《荀子》《淮南子》等书有关取譬解释,而解"臂"为譬喻,以为木牍出于"蜀地……正是甘茂定蜀返为相邦之后,故该田律可能与蜀地有关,武王取譬奉律更为蜀律,抑或有之,故下文有开阡陌、正疆畔之说"。于豪亮释为"民愿",认为修田律是出于民愿。李学勤读为"民僻",即邪僻之僻,引云梦秦简《语书》:"以矫端民心,去其邪僻,除其恶俗",邪僻即不遵守法度,所以更修为田律,目的用意在此。田宜超、刘钊则释为"取雇",谓后一字古戬敔字,"凡人见侮,必攘臂以御侮,故从臂省,'言'（同五）声,此用为地名,即见于《春秋左氏传》之鱼国",如此"王命丞相戊、内史匽"去取鱼国，"因新辟疆土，须因地制宜，故更修为之"（田律），可见此两字关系律文性质之大，如此分歧，首先必须搞清楚牍文中此两字究竟是什么字。拙文初也未敢遽定，1982年4月间乘开会之便，特留成都谛审原牍，第一字未损，或依文义释"吏"，但字不类，暂释"取"。第二字《简报》与田文所摹基本一致，右旁所从中间有一直笔磨损不显，故田文摹为五短横，然谛视尚微有淡墨断继余迹，原必为一直，故右旁实从"辛"，它是"辥"字，细审亦无问题。我是带着牍文存在的问题与寻求解决争论的目的认真考察的，对此两字尤为注意，而毫未存成见。谓如不信，可将牍文此两字放大照片即明所说不诬。

"取辥"仍当为人名，即取辥，惟拙前文解为匽取辥为一人之姓名，颇与"丞相戊"以及汉代文书所见多称名不称姓之例不一致，匽与取辥当皆为内史之名，秦丞相有左右，内史当也有左右。汉景帝二年内史明分置左右，"汉承秦制"分左右内史亦当承秦故复秦旧制，由于内史管辖范围甚大，故汉后分为三，左冯翊、右扶风即来自左右内史。在秦汉内史未分前，设有左右两人分管，后见胡平生文也释为二人名，但释"匽"为"晏"分昱民与辥为二名，按匽即燕，无须假"晏"，仍当以"匽"与取辥为二名较合古例。

三、关于"更修"之理解与依据

各家皆理解"更"为更改，"修"为修造、修订，如上引田文所说更修田律是用于新地，李胡文也解释为"进行改订"，李昭和与于豪亮文也皆有相似理解，是对"更""修"两字先秦训诂字义多未掌握，而仅依近代定义、用法，解读秦牍律文，因而格格难合。"修"之原义本为治旧之名，与创造对，故"治故""温故"皆曰"修"，所谓"修理旧物"，今"修理""修复"皆从此来。秦简《语书》南郡太守腾自称"修法律令、田令"。秦法律令皆出于秦王与中央治府所立，地方长官没有立法之权，只能公布照办。《语书》所谓"修"仍为古训，乃是将秦中央已经订立之；法律条文再在地方公布一次，连修改之权也不可能有，牍文之"修"同为此义。

"更"古有二义：一是用为动词如更改更新等意，后代读为平声；二是用为副词，表"再一次"、"另次"等意，后代读为去声。因两者用法、词性、意义皆不相同，所以用音调不同以为区别，犹如动词之"为"与副动词之"为"分为平、去二读是一样的。以四声别义，皆非上古所有，然中古魏晋六朝已经流行，《颜氏家训·书证篇》与《经典释文》已多有之。其来源实由于古义早有区分，避免混用与解释方便。"更"分平、去二读虽出后起，但两种用法不同，则为古之本有。牍文之"更修"，即属"再次"之意，而非更改、更新，所以这里所更修之田律，最早应为商鞅变法所立，后来即使有所修改更动，基本方针、方法不能有异。

四、关于律名

"更修为田律"，李、胡二文均读《为田律》为律名，李引秦简《语书》"故腾为是而修法律令、田令"为证。按两"为"字皆为"因为"意，依词类应属副动词或次动词，后代读为去声，以与动词读平声之"为"相区别。《语书》此例与《为田律》不相干，并不能证明律名必读《为田律》。相反，倒可旁证律名是《田律》而非《为田律》，因腾所修正有田令，律、令可以互称，田令即田律，此人即内史腾而后调南郡守，作为内史或郡守有修布律令之权，但此修乃重申或再次公布，并无修立之权。所以腾所修田令，亦必为秦已有最早来自商鞅，只名田令或田律，并非《为田律》。我们以为秦自商鞅以来，即名《田律》，云梦秦简秦田律即其证明。田律不仅秦律有，汉律亦有，汉以后仍有此律，证明皆一脉相承，而《为田律》则绝不见；二则牍文所载此律也包括去草、除道、修桥梁陂堤等，并非限于"为田"。牍背所记全皆为"不除道之日"。田按照规定设立阡陌、畛、封埒，制成田亩制度，以后主要工作与任务即为修治封疆道路等，无须再"为田"。《田律》所包广，自包"为田"在内。"为田"所包狭，时间亦短暂，不仅古无此名，取为律名与传统律名相违，且与律文规定不能尽合；三则"为"字与上"修"字连读，"修为""更为""创为"……不仅经史常见，且比属下读要通顺得多。李文还说《为田律》与云梦秦简《田律》有区别，如此秦律除《田律》外，还有《为田律》，看来不妥。秦牍此条即秦田律之一部分，秦《田律》有多条，并无分目，不可能有《为田律》，若在《田律》之外，更难想象。

五、关于修律目的与行使之地区

由于此牍出于青川墓葬，因此诸家多认为更修此田律，主要为行使于四川。如上引李昭和文以为蜀地而修，林剑鸣更进一步加以论证，以为牍文中"取礜更修为田律"中的"取礜"的意义就在于此前，"蜀地仍保持原来的田律，故政府下令'取礜'秦律，'更修'蜀地田律，以统一田制"，"蜀地'更修'田律乃是照秦律制定的"。按青川处于大山区之中，山陵崎岖，谷地狭隘，不可能行使田律规定田亩阡陌、道路之制，它只能施行于平原地区，不是为蜀地而修是可以肯定的。至于秦田律出土于青川墓葬，实与青川无关，不能因此与甘茂定蜀以及蜀地推行秦田制联系起来。秦《田律》必通行全国，不可能为某地而专立。但秦改变田制，起于商鞅变法与立法。当时秦主要根据地为关中平原地与陕北黄土高原一部，土地平坦可以实行。商鞅最早所定之田律亦必根据关中平原地势，此后推广也只能限于平原地区，丘陵就无法全面贯彻，山地更不可能。牍文王命以丞相茂居首，秦武王二年以甘茂为左丞相，当时他是中央政府第一把手，由他领首，也说明所修《田律》是全国性的，但其下即为内史匽、取礜，秦内史所管辖之地正是关中平原，商鞅推行新田制主要应在关中地区，后来当也以这里最有基础。丞相之下即为内史，所修田律虽然是全国性的，但主要地区当仍为关中，至少它是重点施行地区之一，可以肯定。

六、关于畛、陌、阡制度

律文规定："亩二畛，一百（陌）道，百亩为顷，一千（阡）道。"关于"畛"的用法，战国颇不统一，以后也解释更为分歧，因而对于律文"畛"的理解各家差异很大，异解如下：

（一）畛为田的单位，即田区，临沂汉简《孙子·吴问》记三晋以畛为田的基本单位，即一亩，而畹为半亩，楚也以畛为田的基本单位，如《楚辞·大招》"田邑千畛"，《国策·楚策》，"叶子高食邑六百畛"皆是。

（二）畛为田界

（1）《周礼·遂人》："十夫有沟，沟上有畛。"如一夫授田百亩，则畛则是千亩之界。

（2）《说文》："畛，井田间陌也。"究竟畛是多少亩间之陌，畛与陌又如何区别，没有交代。《说文》可能就《周礼·遂人》立说，所说含混很不明了，但它不是一亩之界，与律文不同。

（3）汉儒皆以畛为田上道或径路，如《诗·载芟》郑笺："畛谓旧田有径路者"，《楚辞·大招》王逸注："畛，田上道也"，传统皆用此义，如《尔雅·释言》释文："畛田间道也。"又《庄子·齐物论》释文："畛谓封域畛陌也。""畛"的本义应是田界，也就是田间之小路，但过去并未说是多少亩间之界，对此汉人已不能尽解。

律文明确指畛为一亩之界，所以亩有二畛，即两端各有一畛，两畛之间既为一亩，所以三晋与楚即以畛为一亩，由界线变为田区，此畛之引申用法，合乎语言应用与发展之原理。但律文所用仍为亩界，而非田区，胡文认为"畛在律文中的意义还不是'田上道'，而是指田区"，引上述郑笺与王逸注为证，牵就汉人之注以纠早期原义，本末倒置，不足为训。既然亩有二畛，又有一陌道，如此畛与陌道直交，可是胡文又利用《说文》，"畛"为井田间陌，以为畛与陌平行，《说文》对畛的解释，乃牵就《周礼·遂人》，《说文》之畛为井田间陌，而律文畛是亩界，至少与律文之畛不是一回事，如何能牵混为一谈？（应根据律文本身解释事实，后代解释如与律文不符合，只能援前补后，不能依后纠前，否则就没有科学性）。王国维两次与林浩卿书一再强调此原则。如按胡文所释，畛与陌平行，而一亩又只一陌道，如此畛与陌将如何区别，两者又将如何安置？即使曲解，势必皆与律文违反。"亩二畛"田文则解释为"一在亩端，一在亩中"主要依据《吴问》记畛为二畹，并附会《说文》"亩"字中间以十字分隔之形。按《吴问》所记为三晋田制，并非秦制，秦田制即使有可能仿自三晋，但也不能完全照抄，尤其是律文只说"亩二畛"，并未说"畹"，更未以为一畛就是畹。

《说文》田部紧在"畛"字之上为"畷，两陌间道也"，田文以为畛就是"畷"，以音韵通假为证，殊不可信。《说文》上明明有畛，且两字解释不一样，在许慎看来二字显有区别。但《说文》畷为两陌间道，与两陌直交，恰相当于律文之畛，而畛为"井田间陌"，并不是律文的"畛"，比"畷"要大，相距要远，不仅《说文》"畷、畛"两字紧接，后代也"畛畷"连用，如《吴都赋》："其四野则畛畷无数"刘注："畛畷谓地广道多也。"实际是指田亩纵横，即"沃野千里"之意，《诗经》及《礼·郊特牲》皆有"畷"，战国"文字异形，语言异声"，看来他国当有为用"畷"为"畛"，而秦则用"畛"不用"畷"。

总之，律文"畛"是亩界，三晋与楚引申用为计田单位，等于亩，秦律所用仍为古本义。商鞅虽改变旧阡陌制度，但并不改阡陌之名，阡陌既来自古，"畛"也当相同，后代仅知畛为田界、田间道，而不知究竟是多少亩之界，律文确指为一亩，这是律文在训诂上一个贡献。

最初"阡陌"皆只作"千百"，朱子已由千百作解，《说文》尚不收"阡""陌"二字，而皆用"千""百"字，如此阡陌得名必与"千、百"本义有关。清程瑶田作《阡陌考》论证："阡陌之名，从《遂人》百亩、千亩、百夫千夫生意""当百亩之间故谓之陌""当千亩之间故谓之阡"，段玉裁注《说文》亦用其说，如"畷百间道也"。段注"百者，百夫洫上之涂也"，今律文明确规定一亩有一陌道，一百亩有一阡道，不仅与百夫、千夫无关，且与百亩、千亩亦无关，如此程说至少与秦田律不合，商鞅仅扩大阡陌之制，并未改变阡陌为田界之制，看来阡陌得名，还须研究。李文说，"现在《为亩律》的陌是百亩的界道，阡是千田的界道，证明程氏之说基本上是合乎实际的"（71页）。律文明"百亩为顷，一千道"，李文也说："从百亩的面积中划出其一端的阡道，另一端的阡道也从其他百亩中划出。"如何能说阡是千亩间界道？至于说陌是百亩间的界道，更不知于律文有何根据？按照李文所绘图二，陌虽是百亩间两端横道，而阡也仍是百亩间的直道，仍与阡为千亩间的界道不合。李说或取于杨文"陌道应该筑在百亩以内""阡道应该筑在千亩以内"，阡、陌就是因此而得名的。但律文明说，亩有"一百道"，顷有"一千道"，与律文不合，杨说不是根据律文，而和程瑶田一样，是从"千""百"意义上论文生训，因而是不足为据的。

七、关于封、埒制度与阡、陌关系

律文说："封高四尺，大称其高，捋（埒）高尺，下厚二尺。"封，高大皆为四尺，而埒则高一尺，下基厚二尺，即广二尺，崔氏《古今注》："封疆画界者，封土为台，以表识疆境也。画界者于二封之间又为壝埒，以画分界域也。"封是封土为台，所以较埒高大，而埒则是连筑于两封之间的矮墙。封埒筑于阡陌之上，两者都是界，但并不相等。阡陌是田亩之界，大小有一定制度；封埒则是所有权之界，大小依所有权而画定。云梦《秦律》说："盗徙封，赎耐，如可（何）为封？封即田阡陌顷半封也。"在秦牍田律未出土前，许多人解释《秦律》说多认为"封就是阡陌"，首先《睡虎地秦墓竹简》就读成"封即田阡陌"，后加句号。下面注释更明确认为"古时阡陌起田界的作用"。他如《云梦秦简所涉及土地所有制形式问题初探》一文解释此条时："封就是'阡佰''顷畔'即田界"，《云梦秦简所反映的秦代社会阶级状况》一文也解释此条说："封就是田中的阡陌"（分别见《云梦秦简研究》57页、87页）。秦牍《田律》出土后，田文仍然混淆不清，如田文说："道与封，并总结'千''百'而言，语其广，则曰'道'，谓其'高'，则曰'封'，两者名异而指同""埒之高必须与'千''百'之高相称，故曰'称其高，埒高尺'，修封埒，谓修治'千''百''畛''埒'也"，按"道广三步"指阡陌道仅有宽度，无高度，封、埒则筑于阡陌之上，以阡陌为基，故封埒之高是自阡陌之上起算的。如何能说"埒之高必须与阡陌之高相称"？封埒虽筑于阡陌之上，但两者并不是一回事，道广三步即十八尺，而封广不过四尺，埒下仅广二尺，可见都只占道之小部分，所以《秦律》说"封即田阡陌顷半（畔）封也"，意思是说封就是筑在阡陌顷田界旁边之封土台，至"封也"断句，并不是"封即田阡陌"。过去说封就是田中阡陌，无疑是误解，至于田文将阡陌、封埒混为一谈，主要是由于对封埒之制理解错误，与对阡陌之概念混淆不清所致，因而所说皆谬。

此外由于《秦律》说有"阡陌顷半（畔）封也"，《睡虎地秦墓竹简》对此注释说："畔，《说文》田界也。"段注："夫百亩，则畔为百亩之界也。"因而杨、林、胡文都认为封设在顷界，即以百亩为范围。我们认为封既是所有权界，而所有权范围有大小，因而封亦依之，"顷半"之上明有"阡陌"，说明封可设于陌道，上不必百亩。如封限定以百亩为范围，设在顷界上，则"盗徙封"，而顷界未变，就没有多大意义，刑法也不能如此之重。正是由封的设立依所有权划置，范围并不固定，所以设封与徙封才有意义。"徙封"，秦律才要处以刑法。

八、关于田亩制度

青川秦牍《田律》首先主要讲的是田制，因而是讨论研究的关键，然而也是争论最大、问题最多，而又不能回避，必须认真讨论，分析矛盾，以求解决。"徙封"秦律才要处以刑法。田制主要作田界划定，律文规定了三种界：即（1）畛，（2）百（陌），（3）千（阡）。田制的单位是亩，所以首先必须规定亩制，亩界。"亩二畛、一百（陌）道"，这就是亩界，畛与陌直交而形成亩制，"百亩为顷，一千（阡）道"，陌与阡直交而形成顷制，阡"道广三步"，陌道广多少，律文不明确，我在前文推测：陌既称道，至少应广二步。杨文认为"陌道的宽度应该与畛相同，长度可以推算而得，所以省略了"，他认为陌只广一步。还有人认为陌与阡同广三步，因为"道广三步"，道兼指陌道、阡道。亩仅广百步。而作为亩一边之道的陌就广三步，与商鞅开阡陌的精神不合。

陌既为亩与亩间之道，即亩一边之界，则"亩二畛"必与陌直交，设于亩的两头而与陌道组合而形成亩制，畛的长度将是决定亩制的关键，不能没有规定，否则田制就无法推行。但是李文认为律文对陌道与畛皆无规定，胡文观点同于李文，其余文都认为畛长八步，所以导致有此分歧，首先由于对律文开首就有不同理解。律文开首说："田广一步，袤八，则为畛，亩二畛。"对此现有三种不同解释。

第一种认为：广一步，长八步就是畛，"亩二畛"，就是亩两端之界，而秦亩为二百四十步，如此亩另一边与畛直交必为三十步。我与于、杨、田等文皆同此说，其中田文认为一畛在亩端，一畛在亩中间，其余两文皆在亩两端。

第二种是李文否定上说，理由是（1）律文明说是田，并非说亩，因而畛长未规定；（2）如畛广一步，将占地很多，与商鞅变法改田制精神不符；（3）秦亩一步，长二百四十步，最后一条唯一根据是《吕氏春秋·任地》："六尺之耜，所以成亩也，其博八寸，所以成甽也。"如此秦亩广六尺，即一步，其长必为二百四十步，至于"田广一步，袤八，则为畛"则解释为："这一句是包括畸零的农田而言，耕田只要有宽一步，长八步的面积，也就是秦亩三十分之一，就应该修造名为'畛'的小道，作为与其他耕地区分的地界"；亩是田制最基本的单位。律文开首这几句，应该就是规定一亩之制如何立界，第一种都是这样认为的，对此第二种也与第一种相反，认为不是讲亩制如何划置，而是讲极其特殊的情况，在仅占秦亩三十分之一时如何设畛。律文很简要，如何能不先规定亩制，而讲极微小极特殊的情况？首先这是非常不近情理的。至于说秦一亩广一步，长二百四十步，并不是根据律文，而是根据《吕氏春秋》"耜广六尺"，耜广是否就是亩广，还可有不同解释，更未必适用于律文。

第三种是胡文所提：阜阳两汉残简"卅步为则"，如此"袤八则"就是田广一步长二百四十步，为畛，此残简文现尚未见，全部简文更未刊布，究竟讲的是什么？单凭一条简文，又属残缺，有无他解，要待全简刊布，才能基本弄明白真相。除此外，任何文献记载从无"卅步为则"，即使如此，它能否套用于律文，还值得商讨。因秦牍田律与汉简究为二事。按此解释，则"为畛"之畛等于亩，指的是面积，可是紧接下文"亩二畛"，明讲的是界线。面和线明明是两种不同概念，畛要么就是面，要么就是线，忽面忽线，首先违反逻辑与语言表达方法；其次，第一个讲畛可是紧接其下又有"亩"字，这也是讲不通的，所以即使汉简有"卅步为则"，也不能用于律文。

二、三两说都以秦亩广一步，长二百四十步，但都不是直接根据律文本身，而是依靠其他史料。这些史料本身就存在不同解释，又和秦牍不是一事。即使如此，秦亩广一步、长二百四十步，事实上是不能存在，亩仅广一步，畛即使很窄，如今之田埂，也得有秦三尺（23.1×3＝69.3公分）上下，亩广一步而其界线之畛就得占1/2步，至少1/3步。李文批评第一说畛广一步不合秦法精神，但这种广一步，畛占1/2或1/3步，更不合秦法精神，且不合事理，将无法使人相信。关键的问题是亩为什么要这样狭窄？开阡陌就是为扩大亩的面积，减少阡陌田界所占据土地的面积，每隔一步就要设1/2至少1/3步的田界，如此就要田广1/3或1/2，一切解田广1步与长240步，包括阜阳残简套释，皆只为事实所否定。

秦亩既为二百四十方步，所以不能是正方形，只能是长方形，其方式可以有15×16，12×20，10×24，8×30，6×40，3×80……长方形短边最长是15步，如果长边取整十位数，则短边最长是12与10步，其次就是 8 步，属于中间数，其他皆比 8 为小，秦亩为什么要采取 8×30 步，虽无可考，但并无任何违反情理与不能施行之处。如上举广一步之亩那样，畛广一步虽规定稍宽，但今之田埂也有宽一米左右者，畛虽不能通车马，但必使能容行人通过，便于往来田上操作，定为一步，也还不能认为多么不合情理。尤其和亩道之陌道如广三步，则畛广一步就觉不过多，陌既称道，至少广一步，则与畛相同，亩界都是广一步，所以不能据此否定 8×30=240 方步之亩制不能存在。

尤可作为旁证者，即汉代之区田法之亩制正是 8×30=240 方步，这就是杨文已引的《氾胜之书》："以亩为率，令一亩之地，长十八丈，广四丈八尺"，正长三十步，广八步。区田法行之关中，而秦商鞅最早所改田制，如上所述，必以关中为主，此《田律》由内史更修，也当以关中为重点。汉承秦制，亩制也是二百四十步，区田法对亩制的规定，正是承秦田制而来，亩是田制最基本单位，律文简括，开首这几句必然先交代亩制规定。"田广一步……"云云，第一个"田"字也就是交代如何"为田"的方法、制度，亩是田制中基本单位，所以"田"之下第一个规定的就是亩的田界与长、广数。亩广一步，长二百四十步，不论按律文或按实际施行，都讲不通，而用畛广一步，长八步，另一边长三十步成为一亩，不论按律文，按实际施行都没有什么讲不通或行不通之处，至于律文所以未交代亩另一边长三十步，那是因为亩另一边界是陌道，而陌道绵延不断直到与阡道直交，而不是按亩长三十步断分。"百亩为顷"，有一千道，而陌道与阡道直交，如此陌应长三百步（即十亩之边长）与阡道直交。旧亩百步为亩，如为正方形 10×10=100 方步，则陌与阡相交处正是长 100 步，如此（陌）当得名于百步。以此类推，则千（阡）当得名于千步，阡为百亩为顷之界。依旧制：百亩边长正是 100×10=1000 步，商鞅改变田制，把旧的阡陌开拓另立新的阡陌，但未改变旧制以阡陌为田界的办法，按《田律》所规定阡陌制度以推旧制阡陌之长度，正符合百（陌）、千（阡）得名的根本，这也足以说明我们认为秦亩广八步、长三十步既符合律文规定，也有旧阡陌长度作为支持，绝不是无稽之谈。同时也解决千年不决的阡陌得名的大争论问题。

九、关于开阡陌与辕田制、井田制

《汉书·食货志》："秦孝公用商君，坏井田，开仟佰，急耕战之赏。"同书《地理志》又说："孝公用商君，制辕田，开仟佰，东雄诸侯。"秦牍《田律》正是提到以阡、陌为田制，因而有人讨论律文与辕田制、井田制相联系。

胡文以为开阡陌与制辕田有联系，并认为《吴问》所记三晋田制就是辕田制。按三晋田制皆以一畛包括二畹，并未二畹换耕，而且小小一亩之内不可能一半耕种，一半休种，用二畹牵附辕田换耕是毫无根据的。至于"开阡陌"是否就是为实际辕田制？也很难说。不开阡陌同样也施行辕田，两者之间看不出有多少必然联系。如果依胡文所说，《周礼·遂人》所记就是辕田制，那么旧制百步为亩早就施行辕田，为什么一定要开阡陌呢？胡文所举扩大田亩面积，把换耕地稳定下来，对农户进行补偿，并借此推动农民开发荒地，发展生产等等，都是难以服人的无稽之说。

至于开阡陌与废井田制按照传统的说法，两者确是密切相联系的，因为井田制是以阡陌为田界的，所以开阡陌就是为废除井田制。在秦牍《田律》未出以前，传统多如此理解，特别是朱熹《开阡陌辨》提出"开者破除划削之意"。可是秦牍《田律》明文规定，不仅未废除阡陌，而且还要作为田制用法律推行，设置后还要加强管理、保护与维修，只不过将百步为亩的旧制阡陌改为二百四十步为亩的新阡陌制。新旧制都以阡陌为田界，只广狭不同，以阡陌为田界不必是井田，"田"字就是像阡陌纵横相交的田亩界。也有十、中形田界。甲骨文就有田（后上二15）囲（粹1222）𝌀（粹1222）。后一写法与井田更是相像，证明殷代未行井田制。律文一开首就说："田广一步，袤八，则为畛。"对此现有两种不同解释，一种解为畛广一步，长八步，为一亩一边之长，而秦亩为二百四十步，如此另一边将是长三十步。另一种则认为：亩广一步，长二百四十步。首先提出的是《研究》，它否定第一种解释，理由是：（1）律文说的是田，并未说畛广一步，（2）如畛广一步，将占地甚多，与商鞅改变田制精神不合，至于亩广一步，主要是根据《吕氏春秋·任地》"六尺之耜，所以成亩也，其博八寸，所以成畎也"，所以秦亩广一步，则其长必为二百四十步，其后胡文根据阜阳西汉墓残简有"卅步为则"，从而读为"田广一步，袤八则，为畛"，"卅步为则"，上文已论证亩广一步长二百四十步田界占1/2、1/3步根本不合事理。实际也行不了。所以残简"三十步为则"，不能套解秦田律。证明它和秦律无关。黄渭河流域中下游平原的地区地势平坦，更无道理将亩划为一步。黄渭河主流基本为东西流向，而流汇的支流一般多为南北向，按照地势与河流方向易于采取这种纵横直交方形或长方形的田亩制度，但不必为井田制。我们认为自孟子以来所描述的井田制，不过是儒家托古改制的一种政治理想的田亩制度，那种整整齐齐豆腐块式的"方里为井，井九百亩，中为公田"，古代不可能实现。甲骨、铜器与春秋经传所见，只能证明其无，不能证明其有。律文虽未牵涉井田，但它确实证明商鞅"开阡陌"的新田制，新制照样也有阡陌，并非井田，则旧制之阡陌只不过广狭不同，亦不必为井田。开阡陌主要目的是将亩制扩大，而不是为废坏井田。阡陌之制不论商鞅变法以前与以后都实际存在，但与井田制不是一回事。以孟子为首的及其以后的儒家信徒所描述的井田制都不过将当时黄渭河广大平原所实行的阡陌田制加以理想、整齐与划一，作为儒家治国平天下一种土地制度设计方案企图推行，而实际上无法在全国实行，丘陵与山区更属奇谈，只能是孟子以来儒者虚构的图画，我们将另文从各方面证明其妄。所以商鞅开阡陌是为坏井田，毫不足信，但律文既然证明商鞅开阡陌，而诸家论文多提到井田制，故愿就"坏井田"稍陈鄙见。

十、秦牍《田律》所记与《周礼·遂人》异同

《周礼·遂人》："凡治野：夫间有遂，遂上有径，十夫有沟，沟上有畛，百夫有洫，洫上有涂，千夫有浍，浍上有道，万夫有川，川上有路，以达于畿。"所记为田间沟洫与道路之制，亦即田亩制度，同时还包括授田制度。如此整齐划一，大小并依十进制，就是现代大田规划，土地平整之后还很难完全做到，古代如何能付诸实施？授田耕作，皆属于社会行为，牵涉人事，因素复杂，与机械有别，以上《遂人》所述，只能属于儒家托古作为一种田制理想方案，而非实有。按照《周礼》的官制人数，则全国皆官，恐犹不足分配，即此可证《周礼》全为儒家之政治理想之蓝图，其中虽然包括一些实际存在与已有的制度，作为推想的基础，但大半皆属虚有。《遂人》所记沟洫、道路之制即属此类。自汉以来儒家经典定于一尊，凡五经所载，皆以为真，不敢妄疑，历代不少学者皆于此花费不少心力，反复论证，至清人程瑶田《沟洫疆理小记》集其大成，在尊经时代无可非议。秦牍《田律》所记虽为秦制，并为商鞅变法改变田制以后，但所用田界阡陌道路之制，必来自变法以前，为秦所固有。律文只记三种田界道路，即畛、陌道与阡道，而畛仅为亩界，与《遂人》所记畛为十夫田沟上之路，距离相差很远。律文一亩之陌道与百亩之阡道都称为道，而道皆广三步，与《遂人》之道也不相同。《遂人》沟洫分为遂、沟、洫、浍、川，又依沟洫将其上道路分为径、畛、涂、道、路，虽然也是字面上做文章，记载所见至少沟洫与道路通用，无此区别。律文仅记田界畛、陌、阡，而不记沟洫，看来田间虽不能没有沟洫排水，但与划分田界没有固定关系，道路

之下亦不必皆有沟洫，水利修建要依据河湖水源与地形高下，而不是依道路规划设建，阡陌规定直交，而沟洫则不能如此规定。律文至少证明与《周礼》所记沟洫道路之田制不合。《周礼》所记沟洫和道路一样皆为十字相交。程瑶田《沟洫疆理小记》所绘各家图记，不管异说如何纷纭，此点则为各图所同，在平原上十字或井字形的田亩界限比较容易施行，但沟洫由于平原比降极小，而河流亦非为直线径流，完全直交势必行不通或无法维持，田界道路是主要，而沟洫不能硬性规定。律文以畛、陌、阡作为设置之田界，而无沟洫，正足以说明《周礼》以沟洫为主，并彼此直交的田制，全出儒家书斋中的设计方案与理想化的结果，非实际所能有。

十一、关于牍文一些争议难字隶定与通读问题

（1）律文三处出现"大"字，皆作"矢"，如"封高四尺，大称其高"，"及登千百之大草"，"九月大除道"，田文皆释为"六"并说"诸家释'六'为'大'皆非"，甚至将《吕览·任地》："大草不生"亦改"大"为"六"，"六草"讲不通，因而又说"六借为尖"辗转改动，以就己说。此字是"大"，诸家所译不误，改释为"六"，全讲不通，所解皆谬。

（2）"大除道及**除**险"，李文释为"除浍"，比附《遂人》之"涂浍"。于文释为"阪险"。故仔细审详原牍，最后一字释"险"可从，但其前一字与牍文中"除"字左旁所从有别，"除"字牍文，正背凡三见，皆从"余"，但此字不从"余"字，也不从"反"，释"阪"亦非，当是"陕"字，《说文》："陕，隘也，从𨸏，夹声。"此字右所从当为"夹"字，亦即"狭"字。田文释为"除阴"，两字皆误认，所释更非，无法通读。《楚辞·怨思》："阜溢狭而幽险兮。""狭""隘"连文并与"险"对文，可证释"陕险"正合（先秦常"陕陀"连文，然牍文是"险"字不是"陀"）。

（3）"利津隘"。"隘"字曾就原牍反复谛审，左右从两𨸏相对，中间从"水"，"水"上笔画不清，与《说文》"隘"字上所收籀文极似，当为一字，《管子·立政》："沟渎不逆于隘，障水不安其藏，国之贫也。"则水道狭隘处亦称为"隘"，故中间从"水"，陆道上要除狭险，水道上则要通津隘，既兴水利也防水害，上下文彼此均合，释"隘"可定，田文释"利借为蹨"，隘则隶定为"棄"，最后将此句解为"谓以石为轮，轹杀津渡通道之绿草也"，所说全谬。

战国秦汉时期大、小亩制新证

张学锋

引 言

中国的亩积,在战国秦汉时期发生了重大的变化。简单地说,这个变化就是从周代以来的宽一步、长百步的一百平方步的亩变成了宽一步、长二百四十步的二百四十平方步的亩。学界通常将前者称为百步亩或旧亩、小亩,称后者为二百四十步亩或新亩、大亩。为了叙述上的方便,本文将百步亩称为小亩,将二百四十步亩称为大亩。

对于大亩制的起源以及作为国家法令上的法定亩积被认定这一课题,迄今为止,已经积累了丰富的研究成果。在各家的研究中,虽然取得了不少一致的地方,有不少值得采纳的意见,但依然存在许多分歧,有一些分歧似乎还很大。若将这些研究的主要成果简单地作一个总结,大致可以归纳为以下三点。

一、小亩与大亩的比率

小亩 宽一步 长百步 一亩的地积为一百方步 一步为六尺

大亩 宽一步 长二百四十步 一亩的地积为二百四十方步 一步为六尺

理论上,1 大亩 = 2.4 小亩。八十年代后期,日本学者佐竹靖彦倡导新说,称商鞅变法,改小亩为大亩,大亩在名义上是小亩的 2.4 倍,但实际面积是小亩的 3 倍,即 1 小亩 = 3 小亩[①]。唐以后,由于尺度加长,为了保持一亩的地积基本不变,将一步六尺改成了一步五尺。

二、大亩制的起源

关于大亩制的起源,日本学界的研究多于中国学界。根据木村正雄、天野元之助、米田贤次郎等学者的研究,随着战国时期牛犁耕的使用,诸侯各国的农业生产技术有了长足的发展。商鞅变法,在秦国制定邑制、改革兵制的同时,也改创了田制,实行了二百四十步大亩制[②]。自这些研究以后,大亩制是伴随商

---

* (香港)《中国文化研究所学报》,1999 年第 8 期,第 1-32 页。

① 佐竹靖彦《商鞅田制考证》,《史学杂志》第 96 篇第 3 号(1988 年),第 273-309 页。

② 木村正雄《阡陌について》,《史潮》12-2(1943 年),第 1-27 页;天野元之助:《中国亩制考》,《东亚经济研究》复刊第三号(1958 年),第 1-36 页;米田贤次郎《二四〇步一亩の成立について——商鞅变法の一侧面》,《东洋史研究》第二十六卷第四号(1968 年),第 33-66 页;后收入米田贤次郎:《中国古代农业技术史研究》(京都:同朋舍,1989 年),第 125-65 页。

鞅变法而制定的新亩制,战国中后期流行于秦国,而关东诸国仍然使用周制的小亩,这一说法几乎成了定说。但是,由于对《商君书》有关篇章成书年代的不同理解,商鞅变法以后秦国统一实行了大亩制这一说法也曾遭到了怀疑[1]。七十年代中期以后,由于实物资料不断出土,以上的这一成说也已经有了再次探讨、补充的必要。

三、亩制的统一

是什么时候将全国的亩积法定为二百四十步大亩的,换句话说,也就是什么时候全国的亩制统一到大亩制上来的,关于这一问题,争论得最多。现在一般依据《盐铁论》卷三《未通》篇的记载,将它定在西汉武帝朝(其中又有武帝初期、武帝晚期或笼统的武帝期诸说)。以后,大亩制作为法令上公定的亩积在中国确立,原则上一直影响到清代。武帝朝亩制统一说以外,由于对《盐铁论·未通》篇中"先帝"的不同理解,还有景帝朝一说。这一说曾受到诸家的批判,已经难以站得住脚[2]。除了以上的这两说以外,还有一些学者对武帝朝统一亩制说提出了异议,但是,因为没有充分的论证材料,所以这些异议均停留在怀疑的阶段上。这些学者的观点,后文中还要提及,这里暂不作详细介绍。

前人的研究虽然取得了某种程度的一致,但是,其中的分歧仍然是不小的,特别是在与上述第二、三点有关的问题上,更是各持己见。大、小亩制的研究,之所以会出现武帝朝统一说这种一边倒的倾向或疑而未决的局面,是因为过去的研究为仅有的文献史料所限制。但是,近二十多年来,出土了不少战国秦汉时期的简牍资料。这些简牍资料的出现,使我们有可能重新考察战国秦汉时期的亩制变化。而事实上,利用出土资料探讨战国时期亩制的初步研究已有不少问世,这些研究给予了笔者很大的启发。由于篇幅及笔者水平有限,对战国秦汉时期大小亩制演变、确立的过程难以进行全面的论述,因此,只想在大量的前人研究的基础上,将重点放在对新出土资料和典型文献史料的分析上,对这一问题阐述一些自己的看法,以期找到自己满意的结论,为战国秦汉社会经济史的研究,进而为魏晋南北朝租调制以及自耕农经营等研究提供一个基本依据。

小亩制以及"一夫百亩"的标准耕作量

改小亩制为大亩制首创于商鞅之说,很早就有记载了。现在我们可以看到的较早的记录是《说文解字》第十三篇下对亩的解释:"晦,六尺为步,步百为晦,秦田二百四十步为晦。"[3]《风俗通义》佚文中亦有"秦孝公以二百四十步为晦,五十晦为畦"的说法[4]。此外,《通典》卷一百七十四〈州郡四〉中也

---

[1] 例如,越智重明《一亩一〇〇步制と一亩二四〇步制》,载越智重明:《战国秦汉史研究 1》(福冈:中国书店,1988年),第394-458页。越智重明参考好并隆司的意见(《商君书徕民、算地两篇よりみた秦朝权力の形成过程》,《东洋史研究》第四十四卷第一号,1985年,第1-22页),认为商鞅变法后直至秦昭襄王末年的一个世纪中,秦国采用的亩制仍然是百步小亩。

[2] 持景帝朝说的有 Swann 和伊藤德男。Swann 原文未能参读,此处参考了宇都宫清吉《僮约研究》附记《汉时の一亩二百四十步制について》,《名古屋大学文学部论集》第五,史学Ⅱ;后收入宇都宫清吉:《汉代社会经济史研究》(东京:弘文堂,1955年),第371~374页。伊藤德男:《二四〇步一亩の起原》,《集刊东洋学》第二卷(1959年),第24-40页。批判伊藤说的有平中苓次:《汉代の田租と灾害によろ其の减免》,载平中苓次(编):《中国古代の田制と税法》(京都:汇文堂,1961年),页Ⅵ38-Ⅴ[4]。

[3] 《说文解字》(上海:世界书局,1936年),第十三篇下《田部》,第736页。

[4] 《风俗通义》佚文见唐慧琳:《一切经音义》第七七《释迦谱》第七卷,参见《正续一切经音义附索引两种》,上海古籍出版社,1986年,第3044页。

有如下记载:

> 周制百步为亩，亩百给一夫（即一顷也）。商鞅佐秦，以一夫力余，地利不尽，于是改制二百四十步为亩，百亩给一夫也①。

关于商鞅改亩制的目的，杜佑的说法是否得当，我们姑且不谈。在他看来，大亩制是肇始于商鞅的。清人俞正燮也称："商鞅改二百四十步为亩，六尺步也。"② 并用"秦田""商鞅田"这一名称来称呼大亩③。前文提到的木村、天野、米田等学者的论述也基本上是在这个基础上展开的。

然而，打破周代传统的百步为亩的框框，扩大亩的步数的做法肇始于商鞅这一说法，由于1972年山东省临沂县银雀山一号汉墓出土的竹书《孙子兵法》的出土而成了一个不得不再探讨的课题。银雀山一号汉墓出土的竹书《孙子兵法》佚文《吴问》篇中，记载了孙子与吴王的这样一段问答：

> 孙子曰："可。范、中行是（氏）制田，以八十步为婉（畹），以百六十步为亩，而伍税之。其〔制〕田陕（狭），置士多，伍税之，公家富。公家富，置士多。主乔（骄）臣奢，冀功数战，故曰先〔亡〕。……公家富，置士多，主乔（骄）臣奢，冀功数战，故为范、中行是（氏）次。韩、巍（魏）制田，以百步为婉（畹），以二百步为畛，而伍税〔之〕。其〔制〕田陕（狭），其置士多。伍税之，公家富。公家富，置士多，主乔（骄）臣奢，冀功数战，故为智是（氏）次。赵是（氏）制田，以百廿步为婉（畹），以二百卌步为亩，公无税焉。公家贫，其置士少，主金（敛）臣〔收〕，以御富民，故曰国固。晋国归焉④。"

银雀山一号汉墓出土的这一段《吴问》篇佚文，自发现以来，已广为学者所注目，并试图通过这一实物史料来解决一些以往难以解决的问题⑤。在这一短短的问答之中，根据迄今为止的研究来看，至少包含了所谓的亩制、税制、阡陌制等内容。这里，我们想将目光主要集中到这一段佚文中所言及的亩制上来。

《吴问》篇是记吴王与孙子关于晋国六卿军事、政治制度的问答，现存的《孙子兵法》十三篇中不见，此类问答形式的文体也是十三篇所没有的。因此，《吴问》篇是不是孙子的原作，抑或是战国时期的伪托，这不得不打上一个问号。但是，《汉书》卷三十《艺文志·兵权谋家》下著录了《吴孙子》八十二篇、图九卷，篇数大大多于现存的三卷十三篇。《史记》卷六十五《孙子吴起列传》张守节正义中，对阮孝绪《七录》中《孙子兵法》三卷之说下案语道："案，十三篇为上卷，又有中下二卷。"⑥ 因此，银雀山汉墓

---

① 《通典》（北京：中华书局，1988年），卷一百七十四《州郡四》，第4563页。
② 清·俞正燮《癸巳存稿》，清光绪九年（1883）刊本，卷十《亩制》，页九。
③ 清·俞正燮《癸巳类稿》，清光绪十四年（1888）刊本，卷三《王制东田名制解义》，第27页。
④ 《孙子兵法·吴问》篇佚文，主要依据银雀山汉墓整理小组《银雀山汉墓竹简》（壹）（北京：文物出版社，1975年）的释文，并参照了同小组《临沂银雀山汉墓出土〈孙子兵法〉残简释文》，《文物》1974年第12期，第11-12；吴九龙《银雀山汉简释文》，文物出版社，1985年，第246页。
⑤ 与本文直接有关的论文，据管见所知，大概有以下数篇：渡边信一郎《阡陌制论》，《东洋史研究》第四十三卷第四号（1985年），第34-58页；后收入渡边信一郎《中国古代社会论》（东京：青木书店，1986年），第63-95页；田昌五《谈临沂银雀山竹书中的田制问题》，《文物》1986年第2期，第52-62页；越智重明《一亩一〇〇步制と一亩二四〇步制》，第395-96页；吴慧《〈银雀山竹书〉中的粮食亩产》，《平准学刊》第五辑（北京：光明日报出版社，1989年），上册，第302-4页；沈长云《从银雀山竹书〈守法〉、〈守令〉等十三篇论及战国时期的爰田制》，《中国社会经济史研究》1991年第2期，页1-7、14。
⑥ 《史记》（北京：中华书局，1972年），卷六十五《孙子吴起列传》，第2162页。

竹简整理小组依据清人毕以询《孙子叙录》谓中、下卷为问答之辞的考证，并结合《通典》等书的《孙子》佚文中也有类似于《吴问》篇这样的问答形式的现象，推断《吴问》篇即是其佚篇[①]。东汉以后，特别是经过曹操的注释以后，《孙子兵法》中与作战直接相关的部分被发扬光大，而那些与作战没有直接关系的或者价值不大的篇章就此佚失的可能性并不是没有。

如果银雀山汉墓出土竹书《孙子兵法·吴问》篇中的所说是可信的话，那么，早在商鞅变法以前的春秋末期，掌握晋国实权的六卿已经有改变亩制的倾向了。由于缺乏旁证，六卿扩大亩的步数的做法，也只能知道这么一些。这里，采取一百六十步一亩制（范、中行氏），一百八十步一亩制（智氏，推测），二百步一亩制（韩、魏氏），二百四十步一亩制（赵氏）的田地，有可能是各自采邑内的私田。

商鞅本是关东卫国人，从其改革的主要内容来看，他在秦国改小亩为二百四十步大亩的做法，也应该是从关东三晋地区学去的。关于秦国的大亩制与三晋亩制的关系，黄盛璋、渡边信一郎等人已有论述[②]。在这一点上，笔者亦持相同态度。商鞅在秦国通过强权政治，对秦国的旧制进行了彻底的改革，使许多新政策得到了确立。可以想象，大亩制也当随着"废井田、开阡陌"的彻底推行而得到了施行。虽然，商鞅在变法当初就在秦国彻底推行了二百四十步大亩制这一说法，由于好并隆司对《商君书》中《徕民》《算地》两篇的研究以及在此基础上的越智重明对秦亩的研究而成为不得不重新商讨的问题[③]；但是，四川青川县郝家坪战国墓出土的所谓"青川田律"木牍，证明了在越智重明认为秦国实行大亩制的秦昭襄王末年以前半个世纪的秦武王二年（前309）就已经实行二百四十步一亩的大亩制了。虽然，各家对"青川田律"的释文以及据此而得出的阡陌形态有不同的意见，并且，笔者对牍文中"田广一步袤八则为畛亩二畛"也略持有不同的看法，但是，秦武王二年在今四川地区推行的是二百四十步大亩制这一点，似乎是没有异议的[④]。看来，秦国自商鞅变法以来，在旧领地也好，在新征服的地区也好，不断地推广大亩制这一看法是有根据的。至于如何才能圆满地解决《商君书》的《徕民》《算地》两篇中所涉及的田亩制、家族制与"青川田律"木牍所反映的事实之间的矛盾，这可以说是我们面对的一个新课题。

与秦国雷厉风行的改革相比，大亩制的发祥地关东三晋地区，则由于种种原因（政治权力更替频繁，改革势力没有完全得到伸张大概可以作为其中一个理由），扩大亩的步数的做法，推测可能只行于部分地区，既不统一也未能得到很好的贯彻。因此，在关东诸侯中，大部分地区应该仍然使用小亩制（各国的亩积虽然不可能完全一致，但相差得可能也不会太大）。然而，在实际耕作过程中，关东地区是否就完全不存在大亩制呢？关于这一点，后文会再叙述。

关东地区整个战国时期的法定亩积仍然是周代以来传统的小亩这一事实，可以从"一夫百亩"这一构

---

① 《银雀山汉墓竹简》（壹），《孙子兵法》释文注释，第99页。
② 黄盛璋《青川新出秦田律木牍及其相关问题》，《文物》1982年第9期，第71-75页。渡边信一郎《中国古代社会论》也主张同说（第65-67页）。
③ 参见好并隆司《商君书徕民、算地两篇よりみた秦朝权力の形成过程》；越智重明《一亩一〇〇步制と一亩二四〇步制》，第407-14页。好并隆司认为《商君书》的《徕民》《算地》两篇作成于秦昭襄王四十七年（前260）的长平之战以后。越智重明在好并隆司的论述之上，考察了《徕民》《算地》两篇中的田制，得出了一直到秦昭襄王末年为止，秦国的亩制都是以百步小亩为基准的看法。
④ 四川青川出土的木牍《田律》，其释文、研究大致有以下一些：四川省博物馆、青川县文化馆《青川县出土秦更修田律木牍——四川青川县战国墓发掘简报》，《文物》1982年第1期，第1-13页；于豪亮《释青川秦墓木牍》，《文物》1982年第1期，第22-24页；李昭和《青川出土木牍文字简考》，《文物》1982年第1期，第24-27页；杨宽《释青川木牍的田亩制度》，《文物》1982年第7期，第83-85页；黄盛璋《青川新出秦田律木牍及其相关问题》；李学勤《青川郝家坪木牍研究》，《文物》1982年第10期，第68-72页；田谊超、刘钊《秦田律考释》，《考古》1983年第6期，第545-548页；胡平生《青川秦墓木牍"为田律"所反映的田制度》，《文史》第十九辑（1983年），第216-221页；间瀬收芳《秦帝国形成过程の一考察—四川战国墓の检讨によゐ——》，《史林》第六十七卷第一号（1984年），第1-33页；渡边信一郎《阡陌制论》；袁林《秦"为田律"农田规划制度再释》，《历史研究》1992年第4期，第120-122页。

词以及一个劳动力的耕作能力中得以窥知。"一夫百亩"在战国时期或叙述战国时期历史的文献中频频出现。这些文献都是我们大家所熟知的，限于篇幅，这里不一一提示了①。

西周井田制中的所谓"一夫百亩"，因井田制本身扑朔迷离，是虚是实尚无定论，因此，井田制中的所谓"一夫百亩"与战国秦汉文献中的"一夫百亩"的关系，本文不准备涉及。还有，战国时期农民的耕地是否受之于政府，这一点，也不在本文的讨论范围之中。这里，只想将眼光集中在战国时期的亩制及其"一夫"的生产能力上。

一夫田百亩，综观当时的文献，可以将百亩理解成是维持五口之家的小自耕农户温饱、供税所必需的最低生产资料（土地），同时，也暗示着一夫的生产能力，亦即一夫能够承担的耕作亩数。换言之，劳动力个人的劳动能力虽然各不相同，但在一定的生产力水平之下，一夫的平均生产能力是有一定限度的。在战国时期，一夫的平均生产能力通常被认为是一百亩。

这里，有一个接近于常识的概念不得不再次强调一下，那就是"一夫"一词的意义。夫，指有妇之男子，代表一家，夫或称为夫家，或称为家。所以，一夫百亩的耕作能力，绝不是像一些论文中所说的那样是指一个成年男子的耕作能力，而是指以一个成年男子为中心的一户小自耕农所能够负担的耕作面积。这一概念如果不首先弄清楚的话，则研究的结果会出现较大的偏误。

既然一夫是指以一个成年男子为中心组成的小家族，那么，每夫的劳动力当然就会有多有少，因此，战国时期根据一户农户劳动力的多少、一个劳动力所能够供养的口数以及所有土地的肥瘠程度，把农户分成上、中、下数等。《孟子·万章下》中称："耕者之所获，一夫百亩，百亩之粪，上农夫食九人，上次食八人，中食七人，中次食六人，下食五人。"② 这里的上农、上次、中、中次、下这五个等级，应该是对自耕农户生产能力的一个分类。通常被认为是作于西汉初年的《礼记·王制》中关于农户的生产能力与供养口数的区分，与《孟子》几乎同出一辙③。另外，银雀山一号汉墓与《孙子兵法》同出的竹书《守法》《守令》等十三篇中的《田法》中，亦有类似的说法："□□法之大术也。食口七人，上家之数也。食口六人，中家之数也。食口五人，下〔家之数也〕。"④ 那么，上农、中农、下农或上家、中家、下家的劳动力的情况又怎么样呢？作为常识性的说法，通常是"上地家七人，可任也者家三人。中地家六人，可任也者二家五人。下地家五人，可任也者家二人"⑤，或者"今农夫五口之家，其服役者不下二人"⑥。即，作为一般的数口之家的自耕农户（绝大部分应为中、下家）平均有两个半到两个劳动力。银雀山竹书《田法》中，有一条这样的简文引起了我们的注意，即：

---

① 经常看到的有以下一些：《汉书》卷二十四《食货志》引李悝为魏文侯尽地力之教："今一夫挟五口，治田百亩。"《周礼·地官·大司徒》："不易之田家百亩，一易之田家二百亩，再易之田家三百亩。"《周礼·地官·遂人》："以土均平政，辨其野之土，上地、中地、下地，以颁田里。上地夫一廛，田百亩，莱五十亩，余夫亦如之。中地夫一廛，田百亩，莱百亩，余夫亦如之。下地夫一廛，田百亩，莱二百亩，余夫亦如之。"《孟子·万章下》："耕者之所获，一夫百亩，百亩之粪，上农夫食九人，上次食八人，中食七人，中次食六人，下食五人。"《孟子·梁惠王上》："百亩之田，勿夺其时，数口之家可以无饥矣。"《孟子·尽心下》："百亩之田，匹夫耕之，八口之家足以无饥矣。"《荀子·大略》："故家五亩宅，百亩田。"《管子·轻重甲》："然则一农之事，终岁耕百亩。"《管子·山权数》："地量百亩，一夫之力也。"《管子·臣乘马》："一农之量，壤百亩也。"《吕氏春秋·乐成》："魏氏之行田也百亩，邺独二百亩，是田恶也。"
② 《孟子·万章下》，参见清焦循：《孟子正义》（北京：中华书局，1987年），第687-688页。
③ 《礼记·王制第五》："制，农田百亩，百亩之分，上农夫食九人，其次食八人，其次食七人，其次食六人，下农夫食五人。"（北京图书馆藏南宋刻本，北京：中华书局影印，1992年，卷四，页一）据《史记·封禅书》，汉文帝"使博士诸生刺《六经》作〈王制〉"（第1382页）。东汉卢植认为即是本篇。参考王梦鸥《礼记今注今译》（天津：天津古籍出版社，1987年），第163页。
④ 银雀山出土的《田法》释文，参见银雀山汉墓整理小组《银雀山竹书〈守法〉〈守令〉等十三篇》，《文物》1985年第4期，第27-37页。由裘锡圭整理编缀。
⑤ 《周礼·地官·小司徒》（北京图书馆藏南宋刻本，北京：中华书局影印，1992年），卷三，页八。
⑥ 《汉书》（北京：中华书局，1962年），卷二十四《食货志》，第1132页。

□□□以上、年十三岁以下，皆食于上。年六十〔以上〕与年十六以至十四，皆半作。什八人作者王，什七人作者鞞（霸），什五人作者存，什四人作者亡。一人而田大亩廿〔四亩者王、一人而〕田十九亩者鞞（霸）、〔一人而田十〕四亩者存、一人而田九亩者亡。王者一岁作而三岁食之，霸者一岁作而二岁食〔之、存者一岁作十八月食〕之，亡者一岁作十二月食之①。

这里，有王、霸、存、亡四等。所谓王者，十人中有八人能劳动。霸者，十人中有七人能劳动。存者，十人中五人能劳动。亡者，十人中有四人能劳动。这里的王、霸、存、亡到底是指甚么，一时还不能完全确定。与《田法》的王、霸、存、亡的说法非常相似的文句，在《商君书·农战第三》中也能见到：

故曰：百人农一人居者王，十人农一人居者强，半农半居者危。故治国者，欲民之农也。国不农，则与诸侯争权不能自持也②。

《商君书·农战第三》的说法很明显是以一个国家为单位的。也就是说，一个国家，如果有百人从事农业只有一人闲着的话，在诸侯相争中就能成为王者。如果有十人从事农业只有一人闲着的话，在诸侯相争中就能成为强者。如果有一半人从事农业一半人闲着的话，在诸侯相争中就会处于危险地位。那么，《田制》中的王、霸、存、亡四者，是否与《商君书》一样也是指在诸侯相争中一个国家单位的实力地位呢？还是指所谓的上农、中农、下农的经营规模或生产能力呢？如果单以上引的简文来看，这里的王、霸、存、亡，恐怕是指后者，即指自耕农户的生产经营规模的可能性似乎更大。其实，笔者觉得，国家单位也好，家庭单位也好，在经济生活比较单一的农业社会里，是可以相互比照的，家庭只不过是国家的具体而微罢了。如果这一想法没有大错的话，《田法》中的王、霸、存、亡四等，未尝不能将它视作自耕农户经营规模、生产能力的一个区分。在这里，从王、霸、存、亡的用字上似乎就可以看得出各等农户的生产经营、生活状况来了。其中，绝大多数的小自耕农民应当属于"存"者与"亡"者，其内涵是平均有2.5-2个劳动力，而最贫困的五口之家，能作者二人的"亡"者，实如其文，随时都有破产的可能。《汉书》卷二十四《食货志》中所载战国时李悝以及汉初晁错所举的例子，都应该是属于"亡"者的最贫困的小自耕农民。根据以上所述，我们将战国秦汉时期的最普遍的自耕农户设定成"中家""下家"或"存"者"亡"者，是不会有大错的。

接下来，我们想以一夫百亩、五口之家能作者二人作为一个基准，来考察一个劳动力所能承担的耕作亩数。

根据上面所述，五口之家的小自耕农家庭（一夫），平均有两个劳动力，耕百亩之田，这是战国时期根据一个劳动力的耕作能力形成的一个通例。关于战国时期百亩的亩积，向来的研究中并不是没有争论。通常均以万国鼎的换算为准，即以周代以来的 1 尺 = 23.1cm 为准，算出 1 亩 = 158.96m²，一百战国小亩合今制 28.815 市亩③。杨宽的计算也是一样，他算出战国时期的一百亩相当于近世的 31.2 亩，杨宽此处所言

---

① 参见《银雀山竹书〈守法〉〈守令〉等十三篇》，第 35 页。
② 《商君书·农战第三》，见朱师辙《商君书解诂定本》（北京：古籍出版社，1956 年），第 13 页。
③ 万国鼎《秦汉度量衡亩考》，《农业遗产研究集刊》第二辑（北京：中华书局，1958 年）第 141-65 页。

的近世亩应该是指清亩，1 清亩 = 0.92 市亩①。万国鼎和杨宽所用的尺均是 23.1cm。但是，度量衡的研究是非常复杂的，尤其是在战国诸国并列的时代，过分强调度量衡的划一性，反而令人生疑。关于周尺，还有一个数据，即 24.63cm。这一数据完全是依据文献换算出来，尚未经实物证明。吴慧在论述战国亩制时即采用了这一数据，认为万国鼎和杨宽的一百小亩 = 28.815 市亩指的是秦汉时期的情况，而除秦国所辖地区和实行东田制的地区以外，战国时期所谓的一夫百亩，均应以 24.63cm 为一尺、六尺为一步，或 23.1cm 为一尺、六尺四寸为一步来计算，合今制 32.77 市亩②。吴慧的主张是否中的，这有待以后的研究来证实。这里，我们还是想采用万国鼎、杨宽的研究，将战国时期的一百小亩折合成今制 28.82 市亩来加以考虑。

既然战国时期的百亩大致相当于今制的 28.82 市亩，那么，平均一个劳动力的耕作能力是 14.4 市亩左右。这是战国时期一个劳动力所能承担的耕作亩数。这个承担能力是否合理呢？为了避开战国秦汉以至南北朝这一段被认为是亩制概念混乱不清的时代，我们想参照后代的几项资料来加以考察。

首先，明代中叶何良俊的《四友斋丛说》中，对自己家乡松江县水利极便的西乡与水利极不便的东乡的水田耕作情况作了记录：

> 西乡田低水平易于车戽，夫妻二人可种二十五亩，稍勤者可至三十亩……东乡田高岸陡，车皆直竖，无异于汲水，稍不到，苗尽槁死，每遇旱岁，车声彻夜不休，夫妻二人极力耕种，止可五亩③。

何良俊描述的西乡和东乡可能是两个极端的例子。明代的亩积是现行市亩的 0.9216 倍④，西乡的二十五亩与东乡的五亩折成市亩的话，合 23.04 和 4.61 市亩。在一般水利设施的情况下，夫妻二人推测大概可以耕作水田 10 余市亩。明代江南地区通用的浙亩通常被认为比当时的公定亩积略小⑤，因此，理论上讲，实际耕种面积似乎应该比 10 余市亩更少。这个 10 余市亩，如果试着换算成秦汉时代的二百四十步大亩的话，只合 15-16 大亩。明代江南地区二年三熟制下的这一数据，甚么都不考虑就将它直接与战国秦汉时期进行对照是不行的，但这一数据又不是一个完全没有意义的数据，这在后文的叙述中还要涉及。

其次，清代中叶的包世臣，在其著《安吴四种》卷七下《说储上篇后序》中，就清代中叶（嘉庆、道光年间）南北方平均言之，"中夫治田二十亩，老弱佐之，可以精熟"⑥。这里所说的"夫"，虽然只是指一个成年男子，但从"老弱佐之"这句话来看，仍然可以将它视为一户小自耕农家庭的共同经营。如果这一家有两个劳动力的话，那么，这一家的生产能力肯定会提高，但是决不会提高到一倍的 40 清亩，但设定在 30 清亩左右大概是可以的。即，清代一家如果具有两个中等劳动力的话，平均有牛、无牛、多牛、少牛等各种情况，在家庭老少的帮助之下，能治田 30 清亩，换算成市亩则为 27.65 市亩。清代一户普通的自耕农户的耕作能力与战国时代的一户 28.815 市亩（一夫百亩）相比，单从数字上看还似乎低了若干。一方

---

① 杨宽《战国史》（上海：上海人民出版社，1980 年第二版），第 59 页，注 1。
② 吴慧《中国历代粮食亩产研究》（北京：农业出版社，1982 年），第 10 页。
③ 明何良俊《四友斋丛说》（北京：中华书局，1959 年），卷十四《史一〇》，第 115 页。
④ 明清两代的亩积与现行市亩之间的折合，均参考梁方仲（编著）：《中国历代户口、田地、田赋统计》（上海：上海人民出版社，1980 年）附录二《中国历代度量衡变迁表》，第 540-547 页。
⑤ 明代的法定亩积是现行市亩的 0.9216 倍，但实际的亩积远比此复杂，这从《农政全书》卷四《田制》《日知录》、卷十《地亩大小》《斗斛丈尺》等文献可知。明代江浙地方所用的浙尺较短，因此，浙亩亦应比国家的法定亩积略小。参考中国农业科学院、南京农学院中国农业遗产研究室《中国农业史初稿》（北京：农业出版社，1984 年），下册，第 127 页。
⑥ 清包世臣《安吴四种》，收入沈云龙（主编）《近代中国史料丛刊》第三十辑（台北：文海出版社影印，缺出版日期），卷七下，第 560 页。

面，包世臣所说的是全国平均值，我们不能马上用这个数值来与战国秦汉时期的北方旱地农业相比。另一方面，由于宋明以后的轮作制的普及以及集约化的提高，一个劳动力的耕作亩数并不能提高多少，有时还反而有下降的趋势。降至民国时期，中国北方旱地农业地区的自耕农户，一户的生产能力大抵是"三十亩地一头牛"①。民国时代的亩制与现行的市亩制相同，则平均一个劳动力的耕作能力在15市亩。三十市亩地的收获量，能够勉强维持一家数口的生计。因此，从另外一个意义上是否可以这样讲，民国时期极其普通的小自耕农户"三十亩地一头牛"，与战国时期的"一夫百亩"具有相同的意义。由于人口的增长，耕地的相对减少，以自耕农经营为主的中国农业生产力的提高，不一定是通过耕作亩数的扩大来实现的，而是主要通过耕作制度的改进来实现的。"三十亩地一头牛"指的是北方旱地农业的情况，中耕期的田间管理所需要的功相对较少，而且是拥有畜力的情况。而在水田农业的情况下，一户能够负担的耕作亩数则远远低于这个数量。

因此，我们是否可以这样推论：一个劳动力所能承担的耕作面积，虽然受到土壤质地、耕作技术、作物品种等因素的影响，但是，在一定的生产力水平下，耕作面积应该是有一个相对限度的。从中国农业的一贯性及小自耕农民生活状态来看，战国后期以来直至民国时代，虽然人口增加、耕地扩大以及农作物新品种的引进、改良、提高劳动生产率的精耕细作，促进了社会的发展，但是，就一个中等劳动力的耕作能力而言，太大的变化似乎不很明显。基于这一想法，将战国秦汉时期的小自耕农户的中等劳动力耕作能力（北方旱地农业）定在15市亩左右是不会有太大的错误的。在有部分畜力的情况下，最大限度当也不会超过20市亩，若换算成大亩的话则在20大亩~28大亩。如果一家平均有两个劳动力，则耕作能力在40大亩~50大亩。笔者的这一看法，在一定程度上受到了谷霁光《汉唐间"一丁百亩"规定与封建占有制》一文的启发，但是，结论上却与谷文有较大的差异②。另一方面，在汉代以后南方一年一熟连作制的水田稻作的情况下，一个中等劳动力的可能耕作亩数当比北方旱地农业的少，估计在7市亩~8市亩，若一家按两个劳动力算，其耕作能力则在15市亩左右，换算成大亩则在20余大亩（在承认汉代先进地区已经出现秧田及秧苗移栽技术的前提下）。关于这一点，后文的论述中还会涉及。

在以上论述的基础上，我们再回头看战国时期的史料，一些原来难以说明的或抱有怀疑的问题，也就可以在一定程度上得以澄清了。这里想举两例说明。

第一，《庄子·让王》中，记述了孔子与被誉为孔门第一弟子的颜回之间的对话。孔子劝颜回去做官，颜回说："回有郭外之田五十亩，足以给飦粥。郭内之田十亩，足以为丝麻。"③郭外之田五十亩用于生产粮食作物，郭内之田十亩是宅园地，用于住宅、蔬菜、桑麻。颜回是否要供家养口，我们无法知道，但从田亩的数量上来看，正好是颜回一个成年男子能够自耕的量。一个人拥有五十小亩耕地（合14.4市亩），并不是像范文澜先生根据这一史料所理解的"战国秦汉时小地主的生活……确实是够快乐的了"那样④，

---

① 吴慧《中国历代粮食亩产研究》，第15页。
② 谷霁光《汉唐间"一丁百亩"的规定与封建占有》，原载《江西大学学报》第一期（1963年），后收入谷霁光：《中国古代经济史论文集》（南昌：江西人民出版社，1980年），第14-41页。谷文首先没有意识到晁错上疏中的亩制问题，将一夫耕种百亩，平均每丁耕种五十亩作为汉唐间的一个标准耕作量来看。其次，谷文没有明确"一丁"与"一夫"的概念，因此，最后得出的结论是：由汉到唐，农村中每一单个农民所能耕种的田亩面积，一般最高额为40-50亩之间，变动不大。作为自耕农来讲，基本上不雇工也不被雇于人，自己所能耕种的最多只能是40-50亩，也就是作为自耕农的私有土地，一般不应超过40-50亩。这里，笔者认为：40-50亩不是"每一单个农民"所能承担的耕作量，而是平均有两个劳动力的自耕农户的耕作能力。其实，仔细推敲谷文的"作为自耕农的私有土地，一般不应超过40-50亩"一句，谷霁光的思考深处，似乎有平均有两个劳动力的自耕农户的耕作能力为40-50亩这一想法，只是概念不明确。
③ 《庄子·让王》，参见郭庆藩（辑）《庄子集解》（北京：中华书局，1961年），第978页。
④ 范文澜《中国通史简编》，修订本（北京：人民出版社，1958年），第二编，第21页。

而只能是处于维持温饱的状态，也就是前文所说的"存"者、"亡"者。只有这样解释，才能够理解当时因贫困而早逝的颜回不愿做官、甘愿清贫的理想以及孔子的赞美之辞。《庄子》中的这一段故事，很明显是根据《论语·雍也》中的"贤哉，回也。一箪食，一瓢饮，在陋巷，人不堪其忧，回也不改其乐"这一段话敷衍而成的[①]。此话虽称出自颜回之口，但却成于庄子时代，大概可以将它视为战国时期的一般现象。

第二，前引《通典》卷一百七十四《州郡》的文中，在杜佑看来，商鞅改百步小亩为二百四十步大亩，其目的在于"尽人力"，将小亩改成大亩后，一夫仍授百亩。一百大亩，相当于二百四十小亩，换算成现行亩则有69.156市亩，一个劳动力必须负担34.578市亩。对一夫而言，这个耕作量是否可以完得成呢？

前述木村正雄、天野元之助、米田贤次郎等学者的研究中，都强调了铁农具和牛犁耕的作用，主张商鞅改田制的主要原因是由于铁农具和牛犁耕的发展与普及。确实，铁农具，特别是牛犁耕技术，给农业生产带来了飞跃的发展，有牛者与无牛者相比，劳动生产率肯定成倍地提高了。战国时期的资料不太清楚，但是，据《魏书》卷四下《世祖纪附景穆皇帝纪》，北魏在实施所谓的"人牛力相贸"时，"其有牛家与无牛家一人（《册府元龟》卷四百九十五作"一牛"）种田二十二亩（《册府元龟》卷四百九十五、《通典》卷一作"二十亩"，是），偿以私锄功七亩，如是为差，至于小老无牛之家，种田七亩，小老者偿以锄功二亩[②]。从用功方面来讲，其比率大致为3：1。这里，考虑到通过牛犁耕的"种田"和通过手劳动的"私（或是"耘"之误）锄"，特别是考虑到"小老者"的生产能力等因素，觉得有一种为了实行劝农政策而给予"无牛家"或"小老者"优惠的意识。实际上的比率说不定在2：1至3：1之间。降至明代，这种比率似乎也没有太大的变化。《天工开物》卷上《乃粒第一·稻工》中称："假如有牛者供办十亩，无牛而锄而勤者半之。"[③] 这里，有牛者与无牛而勤者相比，比率是2：1。推测战国时期的比率与此相比亦当不会有太大的差距。若将牛耕与壮年而勤者相比，那么，牛耕的劳动生产率是手劳动的二至三倍，这一点，米田贤次郎已经有所指出。[④] 如果承认商鞅变法的战国中期铁农具特别是牛犁耕已经普及的话，那么，商鞅根据劳动生产率提高二至三倍的实际情况，将百步小亩制改成二百四十步大亩制，似乎就是水到渠成的事。但是，这里我们不得不注意的是，商鞅变法的战国中期，铁农具在一定程度上或许已经普及，牛犁耕虽然已经出现并在一定的范围内使用，但就整个秦国，甚至是较秦国先进的关东诸国来说，则远远没有普及。这一点，恐怕是不难想象的。春秋末期晋国六卿扩大亩的步数，特别是赵氏实行二百四十步亩时，牛犁耕则更是处于初期阶段。到了两汉魏晋时期，传授牛耕技术、致力于普及牛耕的记载仍然不少。即使是在牛耕已经普及的时代里，占农村社会绝大多数的小自耕农户均各自拥有自己的牛耕犁具也是难以想象的事。成书于牛耕早已普及的明末的《天工开物》卷上《乃粒第一·稻工》中说：

> 吴郡力田者，以锄代耜，不借牛力。愚见贫农之家，会计牛值与水草之资者，窃盗死病之变，不若人力亦便。假如有牛者供办十亩，无牛用锄而勤者半之。既已无牛，则秋获之后，田中无复刍牧之患，而菽麦麻蔬诸种，纷纷可种，以再获偿半荒之亩，似亦相当也[⑤]。

---

① 《论语·雍也》，参见清刘宝楠《论语正义》（北京：中华书局，1990年），第226页。
② 《魏书》（北京：中华书局，1974年），卷四下〈世祖纪附景穆皇帝纪〉，页108-9；《册府元龟》（北京：中华书局，1960年），卷四百九十五〈邦计部·田制〉，第5923页；《通典》卷一〈食货一·田制上〉，第16页。
③ 明·宋应星《天工开物》，明崇祯十年（1637）本（上海：中华书局上海编辑所影印，1959年），卷上《乃粒第一·稻工》，页四。
④ 参照米田贤次郎《中国古代农业技术史研究》，第140页。
⑤ 参照《天工开物》，页四。

从《天工开物》的见解中，我们也可以知道，在考虑牛耕的效率时，只考虑其生产能力的提高而不考虑其投资，至少是有失偏颇的。独自占有牛耕犁具的农户基本上应该是中农以上的农户。因此，这里想说的是，亩的步数的扩大，特别是将商鞅确立二百四十步一亩的大亩制看成是完全由来于牛犁耕的普及这一说法，仍然有值得再思考的余地。这里，笔者推测，一夫一百小亩的耕作定额，正是铁农具手劳动的耕作量。而一夫耕作一百大亩，则是无论如何也完不成的定额。可见，杜佑之说似乎未切中商鞅改小亩制为大亩制的要害。

佐竹靖彦在考察商鞅田制时，也注意到了劳动力的耕作能力这一问题，从另外一个角度来探讨了一夫耕作大亩一顷所包涵着的矛盾。佐竹靖彦从银雀山一号汉墓竹书《孙子兵法·吴问》篇佚文以及"青川田律"木牍的资料中，注意到了一亩田总是被分成两部分的现象（《吴问》篇中的"娩"与"畛"，"青川田律"中的"亩二畛"），指出：一亩中有一半是用作休耕的，因此，推断出大亩一顷中，以一顷的中线为界，一半是耕地，一半是供休闲用的保有地，耕地与保有地隔年交换耕作[1]。佐竹靖彦的一夫最多只能耕作大亩五十亩这一观点，笔者是非常赞成的。但是，将一亩地分成两块这一现象即刻就推广至一顷中有一半是供休闲地，并试图将之图式化，这一做法，笔者还是不能完全赞成的。据渡边信一郎的精深研究，战国中期以后，在农业生产技术方面，已经由西周、春秋时代的所谓"木石农具休耕制"发展到了"铁制农具连种制"[2]。也就是我们中国学界所说的从"休耕制"或"轮荒制"发展到了"连作制"，战国时代连作制已经占主要地位[3]。从这些研究推论下去，连作制既然已经成为占主要地位的耕作制度，那么，成倍的休耕用地的配给就难以理解了。最起码，休耕地是根据耕地的优劣来决定的，而不是统一地加倍。因为本文的重点放在实际耕作之上，因此，对是否实行倍田制、田亩的区划等问题不想陷得太深。这里想强调的一点是，战国时期的小亩一百亩（合今制 28.82 市亩左右）或秦汉以后的 40-50 大亩（合今制 27.65-34.58 亩）是自战国中期以来至汉唐间农村社会中平均有两个劳动力的数口之家的自耕农家族的基本耕作能力。

有了以上的这样一个基本尺度以后，我们再来考察大亩的问题。

大亩制及秦汉亩制的统一

萌芽于春秋末期的二百四十步亩制，在商鞅变法以后，作为秦国的法定亩积在秦国的旧领或新征服的区域内逐步得到推广。这是笔者对大亩制确立的一个基本看法在上文中已经言及。关东地区也曾一度有扩大亩的步数的倾向，但各国的亩积一直是传统的百步小亩。这一点，我们在上文中也已经探讨了。那么，接下来的问题就是将全国的法定亩积统一到大亩制上来这一重大举措是什么时候实现的。秦统一中国以后，秦始皇在秦国制度的基础上统一了全国的度量衡时，是否也统一了亩制呢？还是像前人研究中所提出的那样，一直到西汉武帝时才得以统一呢？

---

[1] 参照佐竹靖彦《商鞅田制考证》，第 13 页。
[2] 渡边信一郎《古代中国における小农民经营の形成——古代国家形成论の前进二のために——》，《历史评论》第三四四期（1977 年），第 52-84 页；后收入渡边信一郎《中国古代社会论》（东京：青木书店，1986 年），第 18-62 页。
[3] 梁家勉（主编）《中国农业科学技术史稿》，农业出版社，1989 年，第 120-121 页。

关于秦代是否统一了全国亩制这一问题，以往的研究中几乎没有提到过当然也就谈不上什么回答了。就管见所知，吴慧的《中国历代粮食亩产研究》一书中稍微涉及了一些。吴慧力图找出秦始皇使关东各国保留百步小亩的理由，他认为：由于同样大小的地块，百步为亩算出的亩数远多于二百四十步为亩算出的亩数，如按顷亩计税，每亩土地税率一致时，百步为亩，税就可以收得多。二百四十步为亩，则税收得少。可能秦始皇是有意减轻秦地人民的租税（原已这样做），加重（或是不愿减轻）原各国故地人民的负担，故而才在全国范围内保留着两种不同的亩制的吧[①]。

吴慧的这种想法，与他对汉代"三十税一"和"百一而税"的理解是联系在一起的。关于汉代的田租问题，准备别稿论述，这里不作展开。但是，秦的租税制度至今尚几乎无法知晓[②]。在秦代的租税制度尚不清楚的情况下，推测秦始皇故意将关东故地的租额规定为秦故地租额的2.4倍，既没有文献佐证，也不合乎情理。

二百四十步大亩是甚么时候被确定为全国的法定亩积的，关于这一问题，迄今为止的研究中，都将焦点集中在对《盐铁论》卷三《未通》篇的解读上。《盐铁论·未通篇》的原文如下：

> 御史曰：古者，制田百步为亩，民井田而耕，什而借一，义先公而后己，民臣之职也。先帝哀怜百姓之愁苦，衣食不足，制田二百四十步而一亩，率三十而税一。堕民不务田作，饥寒及己，固其理也。其不耕而欲播，不播而欲获，盐铁又何过乎。
>
> 文学曰：什一而借，民之力也，丰耗美恶，与民共之。民勤，己不独衍，民衍，己不独勤。故曰，什一者，天下之中正也。田虽三十，而以顷亩出税，乐岁粒米狼戾而寡取之，凶年饥馑而必求足，加之以口赋更徭之役，率一人之作，中分其功。农夫悉其所得，或假贷而益之。是以百姓疾耕力作，而饥寒遂及己也。筑城者先厚其基而后求其高，畜民者先厚其业而后求其赡。论语曰，百姓足，君孰与不足乎[③]。

这里所说的"先帝"，Swann 和伊藤德男曾经提出过是指汉景帝，但经过了宇都宫清吉、平中苓次等人的评判，景帝说似乎已经站不住脚跟[④]。"先帝"仍然是指汉武帝。关于这些具体问题的争论，请参照各有关论著，这里就不作详细评述了。

然而，根据《盐铁论》的御史"先帝哀怜百姓之愁苦，衣食不足，制田二百四十步而一亩，率三十而税一"之言，并参考文、景以来数次半减田租等背景材料得出来的武帝时期亩制统一说果真能站得住脚吗？笔者对此抱有怀疑。这里想再次提出来加以考虑的是前人研究中的两个值得注目的倾向。一个是 Swann、宇都宫清吉、滨口重国以及平中苓次等人的意见，一个是吴慧的意见。首先，Swann 认为，二百四十步大亩制在汉武帝以前作为民间习惯已被长期使用，"先帝"的"制田二百四十步而一亩"只不过是法

---

① 参照吴慧《中国历代粮食亩产研究》，第13页。
② 关于秦代田租口赋的征收方法、具体数额，史无明文，难以考证。现在，对于秦代的租税，只有一种知道得比较清楚，那就是作为田税附加税的刍稾税。据湖北云梦睡虎地秦墓出土竹简（《睡虎地秦墓竹简》，文物出版社，1977年，第三册，《秦律十八种》，释文注释，页二三至二四）可知，附加的刍稾税是每顷刍藁实物五石。
③ 《盐铁论》卷三《未通》篇，参见王利器：《盐铁论校注》，中华书局，1992年，第191页。
④ 持景帝朝说的有 Swann 和伊藤德男。Swann 原文未能参读，此处参考了宇都宫清吉《僮约研究》附记《汉时の一亩二百四十步制について》，《名古屋大学文学部论集》第五，史学 II；后收入宇都宫清吉《汉代社会经济史研究》（东京：弘文堂，1955年），第371~374页。伊藤德男《二四〇步一亩の起原》，《集刊东洋学》第二卷（1959年），第24-40页。批判伊藤说的有平中苓次《汉代の田租と灾害によろ其の减免》，载平中苓次（编）《中国古代の田制と税法》（京都：汇文堂，1961年），页VI38-V [4]。

制上承认它成为一种制度而已。这里，Swann 认为这种制度化是在景帝初期。宇都宫清吉基本上同意 Swann 的意见，只是将大亩制的最后认定推断在武帝初期；但同时又指出在武帝以前的文、景时期已经有了与法律上公式认定效果相近的举措了，说：

> 二百四十步一亩的亩制，在汉武帝以前的文帝、景帝时代，虽然没有为法律所承认，但是，事实上有过两次半减田租的诏令。……可以推想，田租的半减，与在法律上公认二百四十步亩制有着相近的效果[1]。

滨口重国的看法是：

> 武帝时，重新丈量了全国的土地，发现全国的田亩几乎已全是二百四十步一亩了。这里，武帝向天下夸耀自己的政绩，古制以一百步为一亩，本朝从今以后采用二百四十步为一亩，因此，田租之轻，是前代无可所比的。从而，可以推测，在武帝朝前后，民间实际的地积是没有变化的[2]。

平中苓次则认为，御史在与文学们的争论中，仅仅是将武帝时的田制和税制与上古进行比较而已，并不能说明武帝重新改订了田制和税制，只是想强调现行的田制和税制远比上古仁政这一点，这只是一种修辞，或可以说是一种诡辩。因此，平中苓次断言在武帝的前后根本就不存在亩制变化这一事[3]。从上面的诸研究中，我们可以看到这样一种趋势，这就是米田贤次郎所总结的那样，认识的主流从不加怀疑地相信《盐铁论》，认为大亩制始创于汉武帝这一说（例如加藤繁、吉田虎雄[4]）渐渐转向了汉武帝时期的现状认定说，最后趋向于汉武帝时期根本就不存在甚么改制的否定说。也就是说，《盐铁论》这一条的可信性越来越趋于低落[5]。平中苓次也发出了这样的疑问："制田二百四十步一亩的这一亩制，果然是始于武帝时期吗？或者还是在武帝以前就早已开始实行了呢？这一点不清楚。"[6] 米田氏在平中氏的基础上经过了精心研究，提出了牛犁耕普及说，似乎是回答了平中苓次的问题，但是，对于全国的亩制统一却未言及。

与上述意见相反的一个倾向是吴慧的意见。吴慧认为，武帝朝统一全国亩制以后，百步小亩仍然被广泛使用。这种百步小亩，吴慧称其为"实际耕作亩"，而统一以后的二百四十步大亩，实际上是政府征税时的标准亩，吴慧称其为"实际税负亩"。这样，在吴慧的认识中，始终存在着两种亩制的概念，一种是大亩，一种是小亩，政府征税时用大亩，民间在实际耕作时用小亩，并且这种大、小亩制并存的现象，一直影响到唐代。吴慧还在这一概念的基础上来考察了晋武帝的户调式和北魏隋唐的均田制[7]。吴慧的这一

---

[1] 宇都宫清吉《汉代社会经济史研究》，第 371–372 页。
[2] 滨口重国《中国史上の古代社会问题に关する觉书》，《山梨大学学艺部研究报告》第四号（1953 年），第 55–70 页；后收入滨口重国《唐王朝の贱人制度》（京都：东洋史研究会刊，1966 年），第 549–74 页。
[3] 平中苓次《中国古代の田制と税法》，页Ⅵ40。
[4] 加藤繁《史记平准书·汉书食货志译注》（东京：岩波书店，1942 年初版，1996 年再版）第 154 页，注 166；又见其《"支那"古田制の研究》，载《"支那"经济史考证》（东京：平凡社，1952 年），第 533 页；吉田虎雄《两汉租税の研究》（东京：大阪屋书店，1942 年），第 17 页。
[5] 参见米田贤次郎《中国古代农业技术史研究》，第 134 页。
[6] 平中苓次《中国古代の田制と税法》，第 141 页。
[7] 吴慧《中国历代粮食亩产研究》，第 17–20 页。

论说已经受到了华林甫、杨际平两人的批判①。笔者对吴慧的理解也难以赞同。

再者，上述滨口重国的推论也受到了天野元之助的责难，天野元之助指出，如果武帝时期进行了大规模的全国性土地丈量的话，这样的大事件，在《汉书》中是不可能没有留下一点痕迹的②。他的指责固然有一定的道理，但另外一方面，武帝统一全国亩制，此举也并非小事一桩，而在《汉书》中也同样找不到任何痕迹。还有，如果真像《盐铁论·未通篇》中所说的那样，武帝哀怜百姓之苦，制田二百四十步为一亩，三十而税一（按某些研究，实际税率为七十二分之一，接近百一而税③）的话，歌颂这一亘古未有的大善政的言辞，为什么又仅见于《盐铁论》中的御史之辞呢？这里，向我们提出了这样一个问题，这就是单凭《盐铁论·未通篇》的一个孤例，不综观前后时代的各种史料，是否就能够得出令人满意的结论来了呢？目前，我们虽然还很难准确地回答这个问题，但是，本稿想通过对一些史料，特别是对新出土的史料的分析，为这一悬案的解决提供一些线索。

史料一

前引银雀山1号汉墓出土《孙子兵法》的《吴问》篇佚文，因篇幅所限，不再抄录，请参考前文。

《吴问》篇中的"畛"，最初被释成"畇"，1975年正式出版的《银雀山汉墓竹简》（壹）中最后释成"畛"。"畇"也好，"畛"也好，在《吴问》篇中都应该是指亩④。

如前所述，早在春秋末期，晋国六卿已在扩大亩的步数，赵氏的一亩在当时已经是明确的二百四十步了。关于佚文中的"伍税之"一句，越智重明将它理解成把土地上的人民按军制编成被称为"伍"的组织，对"伍"所耕作的田地征收"军事目的税"⑤。吴慧对"伍税之"的理解则比较朴素，将之视为十分税五，即征收百分之五十的税⑥。这里，越智重明的理解是否受到了商鞅变法时将秦国人民按军事组织进行编伍这一后来之事的影响呢？还有，"伍税之"的税率是否就一定是十分税五呢？这些问题，讨论的余地并不是没有。但是，不论怎么说，它是一种税，而且税率肯定与当时公田十分税一的通则不同。晋国六卿的亩制改革，具体情况目前还无法究明，但与春秋末期铁农具的普及和牛犁耕的开始使用以及随之而带动的生产力的发展、私田的扩大、旧式田亩制的动摇有着密切的关系，这一点似乎是毋庸置疑的。晋国六卿的新亩制，很可能只限于他们各自的封邑或私田之上，后来可能没有得到彻底执行。结果，像上节中我们分析的那样，终战国时期，三晋地区的亩积依然是传统的百步亩。

---

① 华林甫《唐亩考》，《农业考古》1991第3期，第152-54页；杨际平《唐代尺步、亩制、亩产小议》，《中国社会经济史研究》1996年第2期，第32-44页。
② 天野元之助《中国古代史家の诸说を评す》，《历史学研究》第180号（1955年），第29-37页。
③ 主张汉武帝改三十税一后的实际税率为七十二分之一，接近荀悦所说的百一而税的有吴慧：《中国历代粮食亩产研究》，纸屋正和《汉时代的田租——特に"百一而税"について——》，《九州岛大学东洋史论集》第4号（1975年），第20-37页；以及越智重明：《一亩一〇〇步制と一亩二四〇步制》，第451-52页。
④ 《银雀山汉墓竹简》（壹），释文注释，第30-31页。
⑤ 越智重明《一亩一〇〇步制と一亩二四〇步制》，第397页。
⑥ 吴慧《对井田制若干具体问题的探讨》，载《中国社会科学院经济研究所集刊》，中国社会科学出版社，1981年，第140-85页。

史料二

《汉书》卷二十四《食货志》引李悝为魏文侯作尽地力之教事："今一夫挟五口，治田百晦，岁收一石半，为粟百五十石，除十一之税十五石，余百三十五石。"①

这是一条反映战国时期小自耕农民生产、生活的典型史料。治田百亩，即一夫之田，这里所说的亩，是当时的百步小亩。对于这一点，历来的意见是一致的。从亩收1.5石这个亩产来看，笔者觉得是前文中所提及的"下地"或"下家"的亩产估计，在当时可能是偏低的收获量。

史料三

银雀山1号汉墓出土《田法》佚文：

> 一人而田大亩廿〔四者王、一人而〕田十九亩者鞁（霸），〔一人而田十〕四亩者存，一人而田九亩者亡。
>
> 岁收。中田小亩亩廿斗，中岁也、上田亩廿七斗，下田亩十三斗，大（太）上与大（太）下相复（覆）以为卫（率）②。

银雀山1号汉墓入葬于汉武帝建元元年至元狩五年（前140-前118）之间。此墓出土的竹书，根据发掘报告和以后的研究，内容包括《孙子兵法》《孙膑兵法》《六韬》《尉缭子》《管子》《晏子》《墨子》等先秦诸子③。但是，包括《田法》在内的《守法》《守令》等十三篇，似乎不属于以上周秦诸子中的某一种，李学勤就是将它视为一部以论兵为主兼及政治的兵书④。对《守法》《守令》等十三篇成立时代的严密考证尚未展开，目前所能见到的一些研究，均属推测，意见大致有以下几种。

一、银雀山汉墓竹简整理小组《银雀山汉墓竹简》（壹）出版说明中，将银雀山1号汉墓出土的竹书（除同时出土的汉武帝《元光元年历谱》外），笼统地推定它是先秦的作品⑤。

二、吴九龙《银雀山汉简释文》的叙论中，引《唐律疏议》，称李悝撰《法经》六篇皆称法，至商鞅时，改法为律，到了汉萧何时，加上传说李悝所造的《户》《兴》《厩》三篇，谓九章之律。由此推断商鞅变法之前称法，以后称律。《守法》《守令》等十三篇的篇题无一称律者，皆称法，因此，推断《守法》

---

① 《汉书》卷二十四《食货志》，第1125页。
② 银雀山出土的《田法》释文，参见银雀山汉墓整理小组：《银雀山竹书〈守法〉〈守令〉等十三篇》，《文物》1985年第4期，第27-37页。由裘锡圭整理编缀。
③ 山东省博物馆、临沂文物组：〈山东临沂西汉墓发现《孙子兵法》和《孙膑兵法》等竹简的简报〉，《文物》1974年第2期，第15-20页；罗福颐：〈临沂汉简概述〉，《文物》1974年第2期，第32-35页。
④ 李学勤《论银雀山简〈守法〉〈守令〉》，《文物》1989年第9期，页34-37，24。
⑤ 《银雀山汉墓竹简》（壹），出版说明，页一。

《守令》等十三篇成书于商鞅变法以前①。但是，不仔细研究其内容本身，仅从这一点上来推断《守法》、《守令》等十三篇成书于商鞅变法以前，似乎太过于轻率了。改法为律，流行于秦国，关东诸侯未必尽如此。而且，按李学勤所说的那样，《守法》《守令》等十三篇是一部兵书性质的著作，所谓《守法》《库法》《委法》《田法》等，只是其中的一些具体的做法，很难视之为律。

三、据李学勤的推测，《守法》《守令》等十三篇，就其整体而言，是一部具有齐国色彩的著作，作者很可能是齐人，简文十三篇兼有《管子》《墨子》《尉缭子》的若干内容，正是战国后期几家学术错杂交融的反映②。在目前的阶段，李学勤的说法是最值得留意的。当然，《守法》《守令》等十三篇中的诸篇成于多人之手，且非出于同一时期的可能性并不是没有，但将它视为战国末期以齐地为中心的地方文献，是不会有太大错误的。

对《守法》《守令》等十三篇的成书年代有了一个大致的推测以后，接下来，还有一个不得不考虑的问题，这就是，《田法》中所说的大亩是否就一定是二百四十步亩呢？还是如《孙子兵法·吴问》篇佚文中所称的一百六十步亩、一百八十步亩或者二百步亩呢？或者还是其他亩制的大亩呢？关于《田法》里的亩制问题，银雀山汉墓竹简整理小组的《银雀山竹书〈守法〉〈守令〉等十三篇》中的基本认识是：所谓大亩，其面积不能确知，秦以二百四十步为亩，《孙子兵法·吴问》篇佚文谓范、中行氏百六十步为畛，韩、魏以二百步为畛，赵氏以二百四十步为畛，亦分别以百六十步、二百步、二百四十步为亩，可见古代亩制比较复杂③。另外，田昌五有《谈临沂银雀山竹书中的田制问题》一文。田文的研究，意图在于通过银雀山竹书《守法》《守令》等十三篇的简文来探讨"提封田制度"（一种计算土地的计量制度）的，其中涉及了亩制。田文称：

竹书中的田法脱胎于十夫为井，其亩积比九夫为井者小约什一，每亩只有九十步多一些。一夫受田百亩，按二十四亩折合，估计每亩为三百六十步。当然，我们也可以按五口之家其服役不下二人来计算，那样，每大亩为一百八十步。不过，最有可能的还是前者④。

即推测此处的大亩当为三百六十步亩。但是，所谓的提封田，是指土地的总面积，其中包括可垦田与不可垦田，可垦田中又有已垦田与未垦田之别，文献中虽有不少可以用来计算诸种田比例的数据材料，但往往是案面上的东西，很难与实际耕作中的耕田数联系得上。不仅提封田与实际耕地之间的比例计算难以一下子澄清，而且，田文还将简文中的"一人而田大亩廿（四者王）"这一生产能力比定成小亩制的一夫之田，混淆了"一夫百亩"与"一人而田"的概念，毋庸赘言，这是极不妥当的。《田法》中的大亩，如果先讲结论的话，笔者的主张是二百四十步的大亩。

我们可以先设定《田法》中的大亩是二百四十步大亩，然后用一个劳动力能够承担的耕作亩数来进行对照。廿四大亩相当于 57.6 小亩，合 16.6 市亩；十九大亩相当于 45.6 小亩，合 13.16 市亩；十四大亩，相当于 33.6 小亩，合 9.68 市亩；九大亩，相当于 21.6 小亩，合 6.224 市亩。即一个壮劳动力（王者）可耕 16.6 市亩，中等劳动力（霸者）可耕 13.16 市亩，弱劳动力（存者）只能耕 9.68 市亩，而所谓的亡者，只能耕作 6.224 市亩。强壮劳动力与中等劳动力的平均可耕亩数为 14.88 市亩，与上节推测的平均一个劳动力的可耕亩数 14.46 市亩相比，数据极为相近。如果《田法》中所说的大亩为二百步以下的亩，则

---

① 吴九龙《银雀山汉简释文、叙论》，第 17—18 页。《守法》《守令》等十三篇的篇名如下：守法、要言、库法、王兵、市法、守令、李法、王法、委法、田法、兵法、上扁（篇）、下扁（篇）。
② 李学勤《论银雀山简〈守法〉〈守令〉》，第 37 页。
③ 《银雀山竹书〈守法〉〈守令〉等十三篇》，第 36 页，注 12。
④ 田昌五《谈临沂银雀山竹书中的田制问题》，第 60 页。

耕作面积更少，劳动力有余。若像田文所推定的三百六十步亩的话，则一个壮劳力得耕 25 市亩，这是一个无法完成的耕作量。吴慧也曾经对《田法》中的亩产作过专门的探讨。由于吴慧对战国秦汉时期小亩亩产的基本估计是 3 小石，因此，对《田法》中出现的 2 石说提出了疑问，认为亩产 2 石太低，与自己的一贯想法不合。为了使亩产 2 石这一简文能与自己一贯的观点相一致，吴慧认为，只有将《田法》中的"大亩"看成是齐亩，才能解决这一问题。据吴慧的计算，这里的齐亩亩积应该是 166 方步，并认为，取整数为 160 步，正与春秋末期范、中行氏的亩制相同①。但是，笔者觉得吴慧对战国秦汉亩产的估计似乎有问题，以这个有问题的亩产作为基准得出来的亩制，当然要打一个问号。对于亩产问题，笔者还想专篇讨论，这里不作展开。因此，笔者主张，将《田法》中出现的大亩视为二百四十步大亩是没有太大问题的。可以推定，《田法》中所反映的时代、地区，如果讲得干脆一点的话，就是战国末期的关东齐地，在实际的耕作中，已经使用了二百四十步大亩了。

与实际耕作使用大亩相比，在言及亩产量时用的却又是小亩制。《田法》中所说的小亩应该是传统的百步小亩，因为没有见到过比百步小亩更小的亩。还有，从产量上来看，小亩中田的亩产量是二十斗，即二斛，上田二十七斗，即 2.7 斛，下田十三斗，即 1.3 斛，这正是战国时期百步小亩的一般收获量。

通过对银雀山 1 号汉墓出土的《田法》的分析，笔者认为，《田法》的记事，很可能反映了战国末期关东齐地亩制的实际情况，二百四十步大亩制，与春秋末期赵氏亩制的渊源关系虽尚不清楚，在战国末期的普及程度目前也无法确实，但是，在实际耕作过程中已经被使用，这一点应该是一个不容怀疑的事实。另一方面，计算亩产量或据此而实行的租税征收上，似乎还留着旧制。这一现象，是否正是亩制走向统一时期的一种特殊现象呢？

史料四

《史记》卷五十六《陈丞相世家》：

> 陈丞相平者，阳武户牖乡人也。少时家贫，好读书，有田三十亩，独与兄伯居。伯常耕田，纵平使游学。平为人长〔大〕美色。人或谓陈平曰："贫何食而肥若是？"其嫂嫉平之不视家生产，曰："亦食糠核耳。有叔如此，不如无有。"伯闻之，逐其妇而弃之②。

陈平与其兄、嫂的故事应该是秦统一以后的事。阳武在今河南原阳，战国时属关东诸侯地区。如果站在传统的武帝统一亩制说来看，这里所说的三十亩应该是亩制尚未统一以前的小亩。陈平兄弟的三十亩与标准小自耕农户的"一夫百亩"相比，还不到其三分之一。这也许马上能和"少时家贫"联系在一起作出甚么解释来。但是，兄伯是个有妻室的人，如果包括陈平在内为四、五口之家的话，那么，根据李悝的说法，这三十亩土地的总收获量还不能供一家半年之食。这里，我们觉得若将这三十亩理解成大亩三十亩的话则比较合理。三十大亩大致相当于 72 小亩或 20.75 市亩，兄伯在妻子的帮助下耕种三十大亩土地，这一耕作量在我们前面设定的范围之内，这也是维持一家数口生活的最起码的生产资料。一家数口在能够维持最低生活的前提下，陈平才有可能到处"游学"。然而，即使认定这里的三十亩是大亩的话，也改变不了

---

① 吴慧《〈银雀山竹书〉中的粮食亩产》，第 304 页。
② 《史记》卷五十六《陈丞相世家》，第 2051 页。

陈平兄弟"以弊席为门"的贫下自耕农的生活状态。从陈平的故事中，我们可以发现，秦统一以后的关东诸侯故地，在计算地积时用的是大亩制。

史料五

1973年，湖北江陵凤凰山发掘了一批汉墓，其中的十号墓，出土了所谓的"郑里廪簿"简牍[①]，将"郑里廪簿"中所列二十五户的口数、能田者、拥有的田亩数以及贷种数整理成表后，则如下所示：

户人	能田	口	田	贷
圣	一人	一人	八亩	八斗
得	一人	三人	十亩	一石
击牛	二人	四人	十二亩	一石二斗
野	四人	八人	十五亩	一石五斗
厌冶	二人	二人	十八亩	一石八斗
□□	二人	三人	廿亩	二石
立	二人	六人	廿三亩	二石三斗
越人	三人	六人	卅亩	三石
不章	四人	七人	卅七亩	三石七斗
胜	三人	五人	五十四亩	五石四斗
虏	二人	四人	廿亩	二石
积	二人	六人	廿亩	二石
小奴	二人	三人	卅亩	三石
佗（?）	三人	四人	廿亩	二□
定民（?）	四人	四人	卅亩	三石
青肩	三人	六人	廿七亩	二石七斗
□奴	四人	七人	廿三亩	二石三斗
□奴	三人	□人	□亩	四石
□□	四人	六人	卅三亩	三石三斗
公士田	三人	六人	廿一亩	二石一斗
骈	四人	五人	卅亩	（下缺）
朱市人	三人	四人	卅亩	（下缺）
□奴	三人	三人	十四亩	（下缺）
□□	二人	三人	廿亩	（下缺）
公士市人	三人	四人	卅二亩	（下缺）

"郑里廪簿"中共列有编户25户，人口约115人（一户缺，按5人算），"能田者"69人，平均每户

[①] 江陵凤凰山十号汉墓出土简牍释文以裘锡圭《湖北江陵凤凰山十号汉墓出土简牍考释》（《文物》1974年第7期，第49-63页）为依据，并参考长江流域第二期文物考古工作人员训练班《湖北江陵凤凰山西汉墓发掘简报》，《文物》1974年第6期，第41-57页；黄盛璋《江陵凤凰山汉墓简牍及其在历史地理研究上的价值》，《文物》1974年第6期，第66-77页；弘一《江陵凤凰山十号汉墓简牍初探》，《文物》1974年第6期，第78-84页。

4.6人，有劳动力2.76人，总的来说是比较典型的自耕农户。郑里的25户自耕农户，拥有田地617亩，每亩贷1斗，比例固定，这1斗约合1亩所用的种子，因此，此账簿被认为是贷给农民种子的记录。

郑里25户农户共拥有617亩田地，平均每户只有24.68亩，如果再分到每个劳动力的话，那就只有8.92大亩（合6.17市亩）了。因此，前人的研究中，或从水稻种植费功较多、江陵一带人口密度高、耕地偏少中去找原因（如黄盛璋），或者将它与李悝的一夫百亩相比，用以说明西汉农民的困苦（如发掘报告、弘一、裘锡圭等）从亩数上来看，郑里的农民拥有的耕地不多，这是一个无须回避的事实。然而，我们是否可以在上述的两个原因之外考虑一下"郑里廪簿"中所反映的亩制问题呢？

江陵是故楚之地，楚国的亩制，我们无法知道。江陵一带较早被秦国吞并，秦在楚故地是否推行了大亩制呢？回答可以是肯定的。

前述中曾经提到过四川"青川田律"。秦在不断征服的过程中，包括田制在内的各项制度也在被征服地区得到施行。出土于秦新领地四川的"青川田律"就是一例。秦在被征服的楚地，打破楚的旧习惯，逐渐推行新政策，这并不是难以想象的事。同是旧楚地的湖北云梦县睡虎地出土的竹书《秦律十八种》的《仓律》中，规定的禾、麦的用种量正是一斗①。因此，可以推测，"郑里廪簿"中所反映的亩制与《秦律十八种》所反映的亩制是一样的。《秦律十八种》的《仓律》所反映的亩制，我们没有理由将它视作别的亩制，似乎只能把它看成是秦大亩。江陵凤凰山十号汉墓断代在汉景帝四年。这一情况可以证明南方旧楚之地，可能从秦并荆楚时就开始逐渐地实行大亩制了②。

如果文、景时期南方旧楚之地已经实行大亩制这一推测不误的话，那么，郑里25户平均所拥有的24.68大亩，只相当于小亩59.23亩。如果站在北方旱地农业的立场上，单从数字上来看，仅靠这些土地上生产出来的粮食是远远不能满足一家五口的温饱的。但是，南方旧楚地的江陵是传统的水稻区，水稻种植所需要的功远远超过旱作。前节我们作了一个大致的推测，在没有牛耕的水稻区，一个劳动力的耕作能力只有10余大亩，这是一个比较现实的耕作量。因此，郑里的自耕农户平均拥有24.68大亩，与平均一家两个劳动力的耕作能力相差不是太远。因此，黄盛璋的意见是值得注意的。像户人胜这样，五口之家，三人能田，拥有土地54大亩（相当于小亩129.6亩），这样的农户，大概能够算得上是郑里中等的自耕农户了。

史料六

如果说，上述史料五中江陵凤凰山十号汉墓出土的"郑里廪簿"所反映出来的亩制是大亩制这一说法尚属推测的话，那么，1983-1984年出土的江陵张家山汉简则能充分证实这一推测的正确性。

1983年底至1984年初，在江陵张家山发掘了三座汉墓，其中编号为M247的汉墓中，出土了大量的汉代竹简③。根据发掘报告，这一批汉简中包括《汉律》《奏谳书》《盖庐》《脉书》《引书》《算数书》《日

---

① 睡虎地秦简《秦律十八种·仓律》中称："种，稻麻亩用二斗大半斗，禾麦亩一斗，黍荅大半斗，叔（菽）畞半斗。"（《睡虎地秦墓竹简》，第三册，《秦律十八种》，释文注释，页三四）这里，水稻一亩用种接近三斗，不得不考虑秧田育秧技术的出现。江陵虽是传统的水稻地区，但并不能就此排除旱作的可能性。事实上，江陵凤凰山十号汉墓出土的简牍上，好几处出现以粟、麦充租的简文。长江中游地区的粟、麦的种植，秦汉时期尚未形成制度，可能仅处于补水稻失收的地位，郑里的这次贷种子也可能是属于这种特殊情况。

② 宁可《有关汉代农业生产的几个数字》，《北京师院学报》1980年第3期，第76-89页。

③ 荆州地区博物馆《江陵张家山三座汉墓出土大批竹简》，《文物》1985年第1期，第1-8页；张家山汉墓整理小组《江陵张家山汉简概述》，《文物》1985年第1期，第9-15页。

书》《历谱》《遗册》等九种，其中，《汉律》简有五百余根，占全部出土简的半数。已经清理出来的律名，既有与云梦秦律相同的，也有不见于云梦秦律的。张家山汉墓竹简的《奏谳书》等数篇已经全文整理发表，但是，《汉律》部分尚未见其全貌，因此，只能通过发掘报告以及同时由张家山汉墓整理小组撰写的《江陵张家山汉简概述》得知《汉律》中的一些有关内容。《江陵张家山汉简概述》中称，汉初萧何在制定汉律时捃摭秦法这一点，在简文中有明确表示。例如，张家山《汉律》简中记录的田律，与青川郝家坪发现的秦武王二年更修"为田律"的诏令内容相比，自"田广一步"至"而有陷败不可行辄为之"，内容基本相同，只是在下文增加了"乡部主邑中道田主田"一句，这可能就是萧何所增的实例。出土《汉律》的全貌目前虽然尚未问世，但《江陵张家山汉简概述》中的这一叙述，已经为我们探讨汉初亩制提供了重要的线索。青川出土的田律木牍，前文已经提到过，是1979年在四川青川郝家坪战国中期墓中发现的。因目前还不能看到汉代田律的全貌，既然青川田律木牍内容与出土的战国秦的田律基本相同，我们不妨录下一看，以示其大要：

> 二年十一月己酉朔朔日，王命丞相戊，内史匽，□□更修为田律：田广一步，袤八则为畛。亩二畛，一百（陌）道。百亩为顷，一千（阡）道，道广三步。封，高四尺，大称其高。埒（埒），高尺，下厚二尺。以秋八月，修封埒（埒），正疆（疆）畔，及芟千（阡）百（陌）之大草，九月，大除道除澮（澮）。十月为桥，修陂堤，利津□。鲜草，雖（雖）非除道之时，而有陷败不可行，辄为之□□①。

青川田律，就像佐竹靖彦指出的那样，可说是一个不完全的东西②。但是，我们目前也只能根据这一残文来展开讨论。青川田律出土后，引起了学界的广泛重视，学者从各个角度对它作了研究，在青川田律反映的是二百四十步大亩制这一点上取得了一致③。但是，在诸研究中对牍文"田广一步袤八则为畛亩二畛"的理解中却存在着一种奇妙的现象，即将"广一步袤八"看成是田间小道"畛"的长和宽，因此而得出了宽八步长三十步为一亩的田亩形态，而不是宽一步长二百四十步的长条亩形态。但是，宽一步长八步的畛以及因此而得出的田长三十步这一数字，是令人费解的。笔者对这一段牍文的看法是："田广一步"，是田的宽度，而不是畛的宽度，并赞成胡平生利用1977年安徽省阜阳县双古堆西汉汝阴侯夏侯灶墓出土的残简"卅步为则"，将"八则"解释为二百四十步的说法④。如此，释文可读成"田广一步、袤八则、为畛、亩二畛"。即为了耕作、灌溉的方便（也许是考虑到了青川一带是水田稻作的缘故。据间濑收芳的研

---

① 参照于豪亮《释青川秦墓木牍》（页22）及四川省博物馆、青川县文化馆：《青川县出土秦更修田律木牍——四川青川县战国墓发掘简报》（第11页）。
② 参见佐竹靖彦《商鞅田制考证》，第11页。
③ 参见四川青川出土的木牍《田律》，其释文、研究大致有以下一些：四川省博物馆、青川县文化馆《青川县出土秦更修田律木牍——四川青川县战国墓发掘简报》，《文物》1982年第1期，第1-13页；于豪亮《释青川秦墓木牍》，《文物》1982年第1期，第22-24页；李昭和《青川出土木牍文字简考》，《文物》1982年第1期，第24-27页；杨宽《释青川木牍的田亩制度》，《文物》1982年第7期，第83-85页；黄盛璋《青川新出秦田律木牍及其相关问题》；李学勤《青川郝家坪木牍研究》，《文物》1982年第10期，第68-72页；田宜超、刘钊《秦田律考释》，《考古》1983年第6期，第545-48页；胡平生《青川秦墓木牍"为田律"所反映的田亩制度》，《文史》第十九辑（1983年），第216-21页；间濑收芳《秦帝国形成过程的一考察—四川战国墓的检讨によゐ——》，《史林》第六十七卷第一号（1984年），第1-33页；渡边信一郎《阡陌制论》；袁林《秦"为田律"农田规划制度再释》，《历史研究》1992年第4期，第120-22页。杨宽、黄盛璋、田宜超、刘钊、间濑收芳诸文。
④ 参见胡平生《青川秦墓木牍"为田律"所反映的田亩制度》，《文史》第十九辑（1983年），第216-21页。

究，青川战国墓群的被葬者是以秦占领楚都郢以后被迁徙的旧楚大族为主体的①），用两条畛将宽一步长二百四十步的长条亩分成三块宽一步长八十步的地块。对"畛"的理解，《说文》第十三篇下"畛，井田间陌也"②，《周礼·地官·遂人》"凡治野，夫间有遂，遂上有径，十夫有沟，沟上有畛"③，《楚辞·大招》"田邑千畛"④，以及《战国策·楚策一》"食田六百畛"等⑤，说法均不同。可见，对"畛"的解释，本来就是多样的。但是，田间小道这一含义应该是最基本的。如果青川田律的"亩二畛"的"畛"是亩与亩之间的界线或百亩与百亩之间的界线的话，似乎没有必要故意在律文中写出"亩二畛"的规定来。事实上，在律文中，以百亩为单位，其横端的界线被称为"百（陌）道"，沿亩长的界线被称作"千〔仟〕道"，而不应该是"畛"。因此，笔者觉得，将"畛"理解成亩中的小道是比较合理的。

既然张家山出土《汉律》的内容与"青川田律"基本相同，那么，汉代的亩制也应该是宽一步长二百四十步的大亩制了。《江陵张家山汉简概述》中，还特地强调了这样一点，与"青川田律"中"田广一步袤八则为畛亩二畛"相当的部分，《汉律》中作田广一步、"袤二百卅步"。张家山汉律的发现，不仅证明了胡平生对"青川田律"牍文的解释准确，更为我们确认汉代的亩制提供了可靠的根据。

宽一步长二百四十步的长条亩制，既然作为田律载入了《汉律》，那么，汉代的法定亩积就只可能是大亩了。剩下来的就是确认张家山 M247 汉墓的年代问题了。发掘报告中，根据棺椁、随葬器物、出土汉简的内容以及与云梦睡虎地秦墓、云梦大坟头西汉墓、江陵凤凰山汉墓进行比较后，认为入葬年代上限为西汉初年，下限不会晚于景帝时期。《江陵张家山汉简概述》中则进一步对同墓出土的历谱进行了分析，据《历谱》中惠帝元年（前194）"病免"知墓主此时年事已长。又据《汉律》中包括有部分吕后时期的律这一现象，推断墓主死于吕后时或更晚一点。墓主惠帝元帝免职，却有吕后时的律令随葬，其年事之高，与棺中随葬的鸠杖是相合的。从以上的这些情况看来，汉朝建国以后，继承了包括田律在内的秦代律令。所谓的"汉承秦制"，表现得非常明显。

不仅张家山 M247 出土的《汉律》证明了武帝以前的亩制是大亩，而且，同出的《算数书》的例题也可以证明这一点。M247 出土的《算数书》中有这样一题：

少广：广一步半步，以一为二，半为一，同之三以为法，即直（置）二百卅步，亦以一为二，除，如法得从一步，为从百六十步⑥。

"少广"，据唐代李淳风等人的注释，为"一亩之田，广一步，长二百四十步，今欲截取其从，少以益其广，故曰少广"⑦。也就是说，标准的一亩田应该是宽一步长二百四十步，但如果想使一亩田的宽度稍稍增大，那么在面积不变的情况下，其从（纵）方向的长度就必定要缩短。少广也就是已知面积或体积，反求其一边长或径长的计算方法。例题中，"直二百卅步"中的"直"，疑为"置"之误。"置"是古代数学书中的特有用法，即"以某某为标准"的意思。经过长时间的积累最后成书于东汉时期的《九章算术》卷

---

① 参见间濑收芳《秦帝国形成过程的一考察——四川省青川战国墓の検讨によゐ——》。
② 《说文解字》第十三篇下，第737页。
③ 《周礼》卷四《地官·遂人》，页八。
④ 《楚辞·大招》，参见槜李陆昭仲（纂辑）《七十二家评注楚辞》（学山堂梓行），卷十，页八。
⑤ 《战国策》（上海：上海古籍出版社，1985年），《楚策》，515页。
⑥ 参见《江陵张家山汉简概述》的录文，第14页。
⑦ 《九章算术》，收入王云五（主编）《丛书集成初编》（上海：商务印书馆，1936年），卷四《少广》李淳风注，第47页。

四《少广》中，有几乎一样的例题：

今有田广一步半，求田一亩，问从几何？

答曰：一百六十步。术曰：下有半，是二分之一，以一为二，半为一，并之得三，为法，置田二百四十步，亦以一为二乘之，为实，实如法，得从步①。

从上述的例题来看，《九章算术》与《算数书》有着密切的渊源关系。这里，《算数书》中的"即直二百卌步"，即是"以二百四十步为标准"的意思。

史料七

《汉书》卷二十四《食货志》引晁错《论贵粟疏》："今农夫五口之家，其服役者不下二人，其能耕者不过百晦，百晦之收不过百石。"② 晁错《论贵粟疏》中所言及的亩制与亩产量都是历来争论的焦点。晁错上疏在汉文帝时，以上的这段话，长期以来被看成是汉初农民的生活写照，特别是亩产一石之事，往往被视作汉初的标准亩产量，因此而得出了许多不符合实际情况的结论。关于亩产，想在别的场合再谈，这里想看一下晁错上疏中所言及的亩制问题。

对晁错《论贵粟疏》中所言及的亩制，迄今为止的研究中并没有对它提出什么异议，从各个侧面进行研究的结果，都证明了这里所指的亩是百步小亩。"今农夫五口之家，其服役者不下二人，其能耕者不过百晦"，这一段话，从印象上来说，与《周礼》、《孟子》、《管子》以及《汉书·食货志》所引李悝为魏文侯作尽地力之教事等相关记事几乎同出一辙。从本文一再强调的一个劳动力的可能耕作亩数来看，这里所指的百亩，也只能是小亩。这一想法，与前人的研究是一致的。问题在于晁错上疏的汉文帝时代，小亩到底具有什么样的意义。换言之，就是在已经以大亩为法定亩积的汉初，小亩的使用范围怎么样，小亩是否仍然同时作为公定亩积在担负着亩产、租赋计算的使命？宇都宫清吉在论及这一点时认为，晁错作为一位严格的法家主义者，在具有上奏文性质的《论贵粟疏》中是不会使用作为民间习惯的大亩的，他所用的只可能是当时的法定亩积③。也就是说，在晁错上疏的文帝时代，作为法律上认可的国家公定亩积是小亩。宇都宫清吉的看法是直接与他的大亩制确立于武帝初期这一想法相关联的。

汉初武帝以前的各种相关史料中，能够用来说明小亩制的其实极其稀少。除了晁错的《论贵粟疏》以外，还有一条经常被使用的材料，那就是《管子》的《治国篇》。《治国第四十八》中称："常山之东，河汝之间，蚤生而晚杀，五谷之所蕃熟也。四种而五获，中年亩二石，一夫为粟二百石。"④ 这一史料虽出自《管子》，但通常被认为这是一条反映西汉文、景时期的史料，"常山"即恒山，系避汉文帝讳所改。从亩产二石来看，这里所用的亩只能是小亩，与银雀山竹书《守法》《守令》等十三篇中的"中田小亩亩廿斗"相同。《管子》中的很多内容都成立于西汉时期，甚至还有部分内容可能成立于王莽时期⑤。托古造伪，虽然时不时地会露出一些马脚，但是，托古造伪的人会有意识地使用古制古语，尽可能地使自己的伪

---

① 《九章算术》，第 48 页。
② 《汉书》卷二十四《食货志》，第 1132 页。
③ 宇都宫清吉《汉代社会经济史研究》，第 373 页。
④ 《管子·治国第四十八》，参见郭沫若等《管子集校》，科学出版社，1956 年，第 778 页。
⑤ 参照马非百《管子轻重篇新诠》（北京：中华书局，1978 年）。

作接近古义古风，这是无须多言的。汉代人若想有意识地造伪，利用离去不远的春秋战国时期的制度典章是轻而易举的事。即使是被认为成立于汉代的《管子》诸篇中，仍是以春秋战国时期的制度典章、用词用语为主。因此，即使《管子·治国》的这一段话出自汉代是一个事实的话，严格地说，大概也不能说这段史料反映的是汉代文、景时期的亩制罢。因此能够确确实实用来说明汉武帝以前实行小亩制的史料其实只有晁错的《论贵粟疏》一条。

虽然我们现在还不想彻底否定晁错上疏中所言亩制的可靠性，但是，就像对晁错上疏中所言的亩产一样，抱着怀疑的眼光来看待是必要的。中国古代的政治家、文人在作文著述时，即使是在政论文、上奏文中，延用前代典章制席、前人熟语熟句的现象并不少见，更何况晁错离战国不远，自己又是关东颍川（今河南禹县）人，这些因素说不定都影响着晁错。再者，在大亩制作为法定亩积的时代里，某些地方尚沿用传统的小亩制来表示亩积、亩产之事并不难想象。但是，作为一个统一国家，在法律上被认定的亩积却只有一个。

史料八

《淮南子》卷九《主术训》："夫民之为生也，一人蹠耒而耕，不过十亩，中田之获，卒岁之收，不过四石，妻子老弱仰而食之。"①《淮南子》二十一篇，由淮南王刘安招致宾客集体编写而成，于汉武帝建元元年（前140）献上。建元元年是汉武帝即位之年，因此可以说，《淮南子》中反映出来的是汉武帝以前，尤其是文、景时期的情况。从中田亩收四石来看，这里的亩只能是大亩。

这里，在没有畜力，"蹠耒而耕"的情况下，一个劳动力的耕作能力是10大亩，换算成现行亩则是6.92市亩。单从每个劳动力的耕作亩数上来看，10大亩，与银雀山1号汉墓出土竹书《守法》《守令》等十三篇的《田法》中所说的"一人而田九亩者亡"的"亡"者颇相类。这里是否有两种可能性可以考虑呢？一是手劳动农具的落后，一是《主术训》中的这一段所反映的是江淮地区农业的情况②。如果《主术训》中的这一段记载真是反映江淮旧楚地的水田农业的话，这倒与前述史料五的"郑里廪簿"所反映的情况有些类似。按《主术训》的标准来算，若一家在有两三个劳动力的情况下，则能耕作20-30大亩，这与郑里平均每家2.76个劳动力拥有24.68大亩，每个劳动力平均拥有8.92大亩的数据颇为接近。在一年一熟制的汉代水稻种植中，一个没有畜力的农夫，耕作10大亩（合6.92市亩）是一个可以接受的耕作量。

上述的两种推测是否得当，可以姑且不论，这里所用的亩制是大亩这一点大概是不会有错的。

史料九

《汉书》卷六十九《赵充国传》："田事出，赋人二十亩。"③《赵充国传》中所叙述的是汉宣帝时西北屯田卒的耕作亩数。从"田事""赋人二十亩"来看，这二十亩不可能只是一个屯田士兵的口粮田，而是根据田卒的劳动能力及驻屯地的田地宽狭而制定的屯垦亩数。这二十亩应该是大亩，合48小亩，换算成现

---

① 《淮南子·主术训》，参见刘文典《淮南鸿烈集解》，中华书局，1989年，上册，第307页。
② 持这种看法的，如吴慧《中国历代粮食亩产研究》，第115页；渡边信一郎《火耕水耨の背景——汉·六朝の江南农业》，载《日野开三郎博士颂寿记念论集中国社会·制度·文化史の诸问题》（福冈：中国书店，1987年），第5-23页。笔者赞成这一说。
③ 《汉书》卷六十九《赵充国传》，第2986页。

行市亩则为 14 市亩。与上述的一个劳动力的耕作可能亩数基本一致。西北屯田兵士的屯垦亩数，经两汉数百年似乎都没有什么太大的变化。《流沙坠简考释》卷二《戍役类第三十一》收录有出自蒲昌海北与屯垦相关的一简，正面的简文是：

　　将张签部见兵廿一　大麦二顷已截廿亩　下床九十亩溉七十亩　小麦卅七亩已□廿九亩　禾一顷八十五亩溉廿亩莇五十亩

反面的简文是：

　　将梁襄部见兵廿六人　大麦六十六亩已截五十亩下　八十亩溉七十亩　小麦　六十三亩溉五十亩　禾一顷三十亩莇五十亩溉五十亩①。

这一简被断代为魏晋时期②。张签所部兵二十一人，共种田 512 亩，平均每个屯兵耕种 24.4 亩。梁襄所部兵二十六人，共种田 380 亩，平均每个屯兵耕种 14.6 亩。从 24.4 亩和 14.6 亩的数据来看，与赵充国屯田奏"赋人二十亩"者大略相近，也应该是大亩。如果 24.4 亩和 14.6 亩是小亩的话，则全部的收获量只能勉强供给屯卒的一年之食。如是单为解决屯卒口粮的话，这与同时期诸如在蒲昌海北发五百余士兵筑堤左右水势的大规模屯垦相违③。可见，西北屯区继西汉以来屯卒的耕作量大致在 20 大亩左右，合今制 14 市亩，这应该是旱地农业地区一个劳动力适当的耕作量。

史料十

《三国志》卷五十五《吴书·蒋钦传》："（孙）权讨关羽，（蒋）钦督水军入沔，还，道病卒。权素服举哀，以芜湖民二百户、田二百顷，给钦妻子。"④ 民二百户、田二百顷，平均每户一顷，即一百亩。三国时代的亩制为大亩，这似乎已经是无须赘言的事了。但是，前面我们已经多次强调过，对一户平均五口之家的小自耕农户来说，大亩一百亩是一个无论如何也耕种不完的数量。对于这一现象，吴慧同将《晋书》卷二十六《食货志》中"男子一人占田七十亩，女子三十亩"中的亩制理解成百步小亩一样，也将这里的一百亩理解成小亩⑤。这一理解，笔者是难以赞成的。那么，如何来理解这一记载呢？宇都宫清吉也注意到了这一条史料。他在认定这里的亩制是大亩制的基础上作了如下叙述。即，孙权赏赐给蒋钦之妻的芜湖农民二百户，其性质当属于客户（佃农家族），这二百户农户是从事水田生产的佃户，这二百顷田地是赏赐给蒋钦妻的所有地，孙权是按平均每一佃户耕作一百亩土地的比率下赐的。晁错所说的二到三人的自耕农家族在没有畜力的情况下耕作小亩一百亩，已经是够辛苦劳累的了，更何况是大亩一百亩。在没有畜力单凭手劳动的情况下想耕作一百大亩，对普通的自耕农家来说是完全不可能的事。因此，这里，宇都宫清

---

① 《流沙坠简》（北京：中华书局，1993 年），卷二《戍役类第三十一》，第 151 页。
② 参见陈直《西汉屯戍研究》，载陈直《两汉经济史料论丛》，陕西人民出版社，1985 年，1-75。此项在第 51 页。
③ 《流沙坠简》卷二紧接着前注 95《戍役类第三十一》的第三十二简（第 153 页），与第三十一简同出自蒲昌海北的旧海头屯区，简文有：（上缺）东空决六所并乘堤已至大决中（上缺）五百一人作（上缺）□增兵
④ 《三国志》（北京：中华书局，1959 年），卷五十五《吴书·蒋钦传》，第 1287 页。
⑤ 吴慧《中国历代粮食亩产研究》，第 19 页。

吉认为，这二百户佃农要完成一百大亩的耕作量，拥有畜力是当然的前提[①]。但是，宇都宫清吉的见解笔者还不能完全赞成。首先，孙权时代的芜湖一带正处于开发阶段，江南地区的牛耕远远没有普及，蒋钦妻的二百户佃户每户均拥有足够的畜力是难以想象的。其次，正如宇都宫清吉所指出的那样，芜湖一带的传统农业是水田农业。前文我们在分析江陵凤凰山汉简"郑里廪簿"和《淮南子·主术训》时已经提到过，水田耕作所需的劳动量要远远超过旱地农业。因此，站在处于开发初期的芜湖这一地域以及水田农业这个立场上来说，即使有充分的畜力，佃户一家没有五个以上的劳动力是完成不了大亩一百亩的耕作量的。笔者的意见是，孙权赐给蒋钦妻子佃户二百户、土地二百顷，这一做法的背后，或许是受到了"一夫百亩"这一传统观念的影响，但这可能并不意味孙权是在当时实际农业生产的基础上按照一户耕种一百亩的比率来赐予的。因此，不必要过分拘泥于这两个数据之间的关系。这里，尽管笔者对宇都宫清吉的论说尚不能完全赞成，但是，他的大亩说，笔者是赞成的。

与亩制有关的史料，除上述以外还有一些可以列举。但是，上述的十例，或是能够改变成说的新出土史料，或是经长期研究后被认为是可靠的典型史料，或是在以往的研究中存在一些争论的史料。总之，笔者觉得通过以上十例的分析，已经足以反映战国秦汉这一历史时期的亩制的实际内容了。

结　语

总结前文所述，大致能够得出以下一些结论：

一、春秋末期以来，周代传统的百步小亩制逐渐开始动摇，在三晋地区，首先出现了扩大亩的步数的做法，其中，六卿中的赵氏首用二百四十步大亩。但是，由于资料的贫乏，具体的情况还不是十分清楚，我们只能期待着今后新出土的资料了。

二、战国中期，秦国的商鞅变法，受到了春秋末期以来关东地区亩制变化的影响，首次使二百四十步大亩在秦国得到了确立，使它成为秦国的法定亩积。当然，秦国施行大亩制并不是一朝一夕就完成的，而应该有一个渐进过程，但是，商鞅变法以后，秦国在自己的旧领和新征服的地区一步步推行大亩制，这应该是一个难以动摇的事实。

三、战国中后期的关东地区，诸国的法定亩积虽仍然被认为是百步小亩，但是，在实际的生产过程中，使用二百四十步大亩制或其他步数的大亩制的可能性因银雀山1号汉墓竹书《田法》的出土而变得越来越大。这可以说是反映了战国后期亩制逐渐走向统一的一个趋势。

四、秦始皇统一中国，在基本上以秦国制度为准则统一了中国的度量衡时没有统一亩制，这一点是值得怀疑的。以往的研究中，均根据《盐铁论·未通篇》的记载，结合汉代文、景时期数次半减田租的事实，将全国亩制的统一放在汉武帝时期。但是，《盐铁论·未通篇》的记载有许多难解的地方，越来越受到了人们的怀疑。文、景时期的半减田租，在笔者看来与亩制的改变似乎没有必然关系。能够说明汉武帝以前使用小亩制的史料又只有前述史料七的晁错《论贵粟疏》一例，而能够说明汉武帝以前已经使用大亩的史料却不断地出现，江陵张家山竹书《汉律》的出土，则为我们确定武帝以前的法定亩积提供了决定性的证据。现在，我们大概已经可以这么说了，武帝以前，大亩制已基本在全国施行，并作为国家法令上公

[①] 宇都宫清吉《汉代社会经济史研究》，第304—305页。

认的亩积被使用着。这一亩制的统一，仍然不得不追溯到秦的统一上去。这一点，是笔者想着重强调的。

最后剩下来的问题就是如何解释《盐铁论·未通篇》的御史之言了。关于这一点，笔者在这里不想过分展开，只想极其概略地谈一下自己的看法。"制田二百四十步一亩，率三十而税一"，正像前文介绍过的平中苓次的见解那样，仅仅是将武帝时的田制与税制与上文的"古者制田百步为亩，民井田而耕，什而借一"进行比较而已。这里，过多地将注意力集中在对"制"的解释上，将它的意思固定到"制定""发端"或"统一"上去，似乎是不符合御史之言的原意的。因为汉代的三十税一制同样也不是"制定"或"发端"于武帝时期。这里只是一种情况说明而已，即古时实行什一之税，现今实行三十税一，古时实行百步为亩制，现今实行二百四十步亩制。御史之言的重点似乎在下文，与古时"民井田而耕……义先公而后己，民臣之职也"的做法、理念相对，武帝的做法肯定有所不同。在哪些方面不同呢？有一种可能性可以想象，这就是抛弃了以"先公后私"为义的理念，将传统的定率田租改成了定额田租。将定率田租改成定额田租，这一做法本身就可以说是对自耕农民的一种"哀怜"，采用定额田租的做法可以鼓励生产、多劳多得、提高自耕农民的生产积极性。只有这样理解，似乎才能与下文的"堕民不务田作，饥寒及己，固其理也"之句意思上相通。站在与御史相反立场上的文学的批评，其重点也就在"田虽三十而以顷亩出税，乐岁粒米狼戾而寡取之，凶年饥馑而必求足"，文学批评的目标正是这个按顷亩征收的定额田租。文学在与御史的对立中，不是从现实的存在论上来评价定额田租，而是从"丰耗美恶，与民共之，民馑己不独衍，民衍己不独馑"的形而上学的儒家伦理观上来评价定额田租的。汉代的田租名义上是定率租，实际执行时采用的是定额租或定率与定额结合的征收方法，这已经是一个接近于常识的通说了。但是，从先秦的定率租到汉代实际上的定额租，最后是甚什时候确定下来的，对于这个问题，《盐铁论·未通篇》中御史与文学的这一段对话，或许倒能够回答一二。

秦统一中国后，统一全国的亩制，在全国推行大亩制。由于秦王朝的短命，在原来的关东地区直至汉初尚有部分地区仍然保留小亩的概念，这也不是什么难以理解的现象。但是，作为一个统一国家的法定亩积，应该是秦制的大亩。汉初，大亩制在全国完全确立，这应该是一个自然的趋势。因此，笔者认为，非要将全国亩制的统一归功于汉武帝的做法并不一定妥当。那种想从汉武帝因后悔对匈奴战争给人民造成的困苦而扩大亩的步数、减轻田租的做法，不用说，也是难合情理的。至于秦始皇故意保持两种亩制，造成故关东诸侯地区人民与故秦地人民之间赋役的数倍之差的这种观点，则更是一种没有根据的臆测。

秦在巴蜀的经济管理制度试析*
——说青川秦牍、"成亭"漆器印文和蜀戈铭文

罗开玉

秦在巴蜀地区经营了一百一十年左右①。巴蜀不仅是秦在本土以外统治时间最长久,亦是在政治、经济、军事等方面获得很大成功的关键性地区。因此,研究秦在巴蜀的统治政策,当是战国、秦史研究的一个重要课题。从巴蜀的角度看,秦是第一个统一巴蜀的王朝,秦的政策对巴蜀大多是具有开创性的,不仅与巴蜀王国的早期奴隶制统治根本不同,亦深深影响着以后各代王朝在巴蜀的政策。搞清秦在巴蜀的统治制度,也是巴蜀地方史研究的重要课题。拙作《秦在巴蜀地区的民族政策试析》②一文,重点从面上对此进行了探讨,本文是其姐妹篇,主据最近发现的考古资料,结合文献,对经济管理制度这条线进行深入的尝试性的探讨,旨在抛砖引玉,希能得到指教。

一、从青川秦牍《田律》看农业管理制度

(一) 秦牍《田律》的适用地区主要在巴蜀

青川秦牍是四川考古近年较突出的收获之一,也是我国继云梦秦简之后,古代法律典籍的又一重大发现。它的价值首先在于它本身反映秦政府曾用法律的形式,而不像过去通常认为的那样,只是通过移民的技术交流传播,把秦本土的包括从山东六国吸收来的较先进的农业管理制度,强行在新占领区巴蜀推行。下面来分析牍文内容。

> 二年十一月己酉朔朔日,王命丞相戊(茂)、内史匽,□□更脩为田律:田广一步,袤八则为畛。亩二畛,一百(陌)道。百亩为顷,一千(阡)道,道广三步。封,高四尺,大称其高。埒(埓),

---

* 《四川师院学报》(社会科学版),1982年第4期。
① 据《史记·秦本纪》和《六国年表》,秦在公元前316年灭亡巴蜀,到前206年秦二世亡秦共110年。一说秦于惠文王初元九年(前329年)灭巴蜀。
② 《民族研究》1982年4期。

高尺，下厚二尺。以秋八月，修封埒（埒），正疆畔，及芟千（阡）百（陌）之大草。九月，大除道及除澮（澮）。十月为桥，修陂隄，利津□。鲜草，離（雖）非除道之时，而有陷败不可行，相为之□□①。

二年，按汪曰桢《历代长术辑要》所载历法推算，当为秦武王二年（前309），因其二年十一月正好是己酉朔。戊与茂通，《礼记·月令》郑注"戊之言茂也"可证。丞相戊即甘茂。《史记·甘茂列传》载秦武王元年"蜀侯恽、相壮反，秦使甘茂定蜀。还，而以甘茂为左丞相。"秦以十月为岁首，"二年十一月"，即"二年"开始的第二个月。甘茂刚定蜀返秦，武王又趁热打铁，马上命他与内史匽取譬一道更修田律，颁行巴蜀地区。这显然和他了解蜀情有关。畛是田埂或田界的一种称呼。这里，秦律将它与阡陌区分开了，看来它比阡陌窄。《说文》："畛，井田间百（陌）也。"段注："畛涂道路，皆可谓之陌阡。"封，即田阡陌旁边的田界标志土堆（详后），此规定高四尺，大（宽、厚）的尺度和高相称。埒，《尔雅·释丘》"水潦所还，埒丘"注："埒，小堤也。"崔豹《古今注》云，"画界者，于二封之间又为壝埒以画分界域也。"即封土堆之间隔开各家各户田地的矮墙。除道，修路。除，治也。《易·萃》："君子以除戎器，戒不虞。"澮，田间水沟。《周礼·地官·稻人》"以澮写水"注："澮，田尾去水大沟。"除澮，即治沟。

该《田律》关于月令的部分，很值得深入研究。我们注意到，它与云梦秦简《田律》中有关月令的部分，时间衔接，内容各异。秦简《田律》规定了二至七月的有关事项，而青川秦牍《田律》规定了八、九、十月应干之事。值得考虑的是，青川秦牍《田律》在十一月颁行，竟只字未谈冬春之事，越过了八个月，直截了当地谈秋事。这显然和地区不同有关。试看秦简《田律》的规定：

> 春二月，毋敢伐材木山林及雍（壅）隄水。不夏月，毋敢夜草为灰，取生荔、麇？卵榖，毋□□□□□□鱼鳖，置穽罔（网），到七月而纵之。……百姓犬入禁苑中而不追兽及捕兽者，勿敢杀；其追兽及捕兽者，杀之。……②。

不夏月，非夏季月份。春季禁伐山林及阻断水流，不到夏季不准烧草灰为肥，不准采刚发芽的植物和捉幼兽……显然，这些都与该国家、该地区的自然资源的多寡有直接联系。我们可不可以这样理解：当时虽然秦政府已向巴蜀不断移民，但巴蜀人口毕竟较少，山林资源等问题还不是那么重要，还用不着秦简《田律》这些禁令，所以在青川秦牍《田律》中删去这些规定。

如果我们再参看《礼记·月令》孟春之月、《管子·四时》春三月、《吕氏春秋·孟春纪》等就会发现，秦牍《田律》关于八、九、十月的农时规定大部分与其相似。这也反映了它们适用地区范围不同。修治封埒疆畔、除草、治道、治沟、修坡堤等，大多在农闲季节进行。上引三文献都将其放在孟春月即三月进行，可见其适用地区在较寒冷的地方，主要在秦岭以北地区。而青川秦牍《田律》将其放在八、九、十月，则可证其主要适用地区应在秦岭以南，从当时秦的版土看，青川秦牍《田律》的适用地区应主要是巴蜀。

秦简《田律》关于百姓的狗进入禁苑怎么处理的规定，显然也不适用于巴蜀。禁苑，即王室畜养禽兽

---

① 四川省博物馆等《青川县出土秦更修田律木牍——四川青川县战国墓发掘简报》，《文物》1982年1期，释文还参考了同期于豪亮、李昭和、第8期黄盛璋文。
② 本文所引秦简资料，皆据《睡虎地秦墓竹简》，文物出版社，1978年。

的苑囿。当时的巴蜀还不太存在禁苑的矛盾，所以秦牍《田律》中也没有这一条。

秦牍《田律》严格地规定了封、畛、阡陌的尺度，显然又只适用于平原地区和坝子里面，对于以山地为主要耕地的地区来说，实用价值不大，雨水一冲，这些就会坍塌。青川位于白龙江下游，有一定的冲积平坝，可能推行该《田律》。川西坝更是推行该《田律》的绝好地区。

这样，就又产生了一个疑点：为什么负责"掌治京师"的内史，也参加了该《田律》的修布事务呢？我们认为可从下面两点来理解：

一、史载秦灭蜀后，封了四个蜀侯。第一个，《史记·张仪列传》明言是"贬蜀王更号为侯"；后三个，据日人泷川资言在《史记会注考证》中的研究及蒙文通先生在《巴蜀史的问题》① 中的考证，亦为蜀王后代。秦不便授予他们修布律令的大权。又《史记·秦本纪》载惠文王更元十四年（前311）蜀相陈壮杀蜀侯。次年即武王元年甘茂入蜀杀陈壮，到武王三年才又封子煇为蜀侯。可见在武王二年蜀地既无侯又无相，当然不便让蜀的其他长官来修布法律。

二、《汉书·百官表》曰："内史，周官，秦因之，掌治京师。"但从秦简资料看，秦内史显然还另有职能。《秦简》38、41、100页等有每年要把全国各地的粮仓簿籍上报内史的规定，35页《均工律》又规定要把全国工官作坊中的"新工"（似学徒）的有些情况上报内史，211页《法律问答》又规定要把缴获的准备偷运出国境，或卖给外国人的珠玉上交内史。这些都超出了"掌治京师"的权限，说明内史还负责全国的一些经济事务。《周礼·内史》曰："内史……执国法及国令之贰，以考政事，以逆会计。掌叙事之法，受纳访，以诏王听治。"上引秦简各条，实际上就是考政事、逆会计，秦牍《田律》又证明秦内史还"执国法及国令"。

综上所述，我们认为青川秦牍《田律》可能是在原秦《田律》的基础上，主要针对巴蜀删改而成，或者主要是为巴蜀而专门修布。

（二）青川《田律》的主题是确立土地私有制

《汉书·地理志》说："孝公用商君，制辕田，开仟佰，东雄诸侯。……孙昭王开巴蜀。"《史记·秦始皇本纪》又说秦昭王四年"初为田开阡陌"。有些学者由于当时资料的局限，据此认为是秦昭王在巴蜀废除奴隶主土地所有制的阡陌封疆，确立土地私有制。但这新发现的《田律》却证明并不是这么一回事。第一，早在秦昭王前，武王就把秦本土实行的土地所有制推广到了巴蜀。第二，"阡陌封疆"并不一定是奴隶主土地国有制的代名词，它实际上只是田地中的田埂或道路以及各户拥有土地的界线，是土地私有制的表现之一。秦简《法律问答》规定：

"盗徙封，赎耐。"何如为"封"？"封"即田千陌。顷半（畔）"封"殹（也）……

结合青川《田律》，我们不仅对"封"的外形有了清楚的认识，也开始观察到了它的内涵。为什么私自移动田界标志"封"，就要判处重刑呢？就因为它侵犯了别人的所有权。

在秦武王二年以前，巴蜀的土地所有制形态怎样？目前还不能很好地回答。我认为：巴蜀王国属早期

---

① 刊《四川大学学报》1959年5期。

奴隶制国家，其基本社会细胞是部落和部落联盟①。因此，当时的土地所有制形态可能是以部落所有制和家族所有制为主。秦灭巴蜀后，这种所有制可能仍然延续了一定时期。青川《田律》严格地规定了各个土地所有者必须在自己的田地边建立界标，其主题是要确立土地私有制。但是，这种私有制究竟是奴隶主所有制、还是农奴主所有制、封建地主所有制？目前还缺乏足够的资料来回答这个问题。有一条线索值得注意，上引秦律规定了"顷畔封"，即一百亩地必须建立一定的"封"，也就是说，让大家各自占有百亩土地；而青川《田律》虽然也谈到了"百亩为顷"，但并没有直接规定一顷田边就要建立"封"，即允许巴蜀人占有更多的土地。秦昭王时曾与巴郡板楯蛮刻石为盟："复夷人顷田不租，十妻不算。"②《七国考》二引《通典》注："一户免其一顷田之租，虽有十妻，不输口算之钱。"说明：一、板楯蛮按户向秦政府交纳田租口赋，证明青川《田律》得到了较好的贯彻，私有制已确立起来，但一人娶"十妻"或更多，反映了父系氏族的残余还很严重；二、一户既免去顷田之租，那么每户实际占有的土地定多于一顷面积。

该《田律》颁行的时间，比李冰治水至少要早三十三年。秦昭王三十年（前277），蜀郡守张若曾带兵伐楚③，李冰始任蜀守的时间必在此后。虽然当时川西坝的水利灌溉系统尚未修建，但颁行该《田律》的次年，司马错便"率巴蜀众十万，大舶船万艘，米六百万斛，浮江伐楚，取商于之地为黔中郡。"④ 一次军事行动就输出六百万斛（石）米，这是相当可观的数目，它在一定程度上反映了秦在巴蜀推行《田律》的良好效果。

二、从"成亭"漆器烙印看对私人工商业的管理

（一）从成都"与咸阳同制"说起

有"成亭"烙印的漆器，目前已发现了两批，都在四川。1978年，在青衣江流域的荥经县（秦时严道）发现了有"成亭"烙印的秦代漆器⑤。1979年，又在发现秦牍的青川战国中、晚期秦墓中，发现了大量有"成亭"烙印戳记的漆器。孤立地看，"成亭"二字似乎很难说明什么问题，但在全国，发现有"×亭""××亭"或"亭"字的秦汉文物，多达数百件，充分说明它们反映了一种共同的制度。

《华阳国志·蜀志》载秦攻占巴蜀后不久，蜀郡郡守张若就在成都：

> 置盐铁市官并长丞，修整里阓，市张列肆，与咸阳同制。

如果我们从"与咸阳同制"入手，就可能探讨出"成亭"所包有的历史内涵。许多考古学者对上述漆器印文进行了研究，他们认为："凡是地名为二字者，大抵省略一字，如河南的'亭''市'便省作'河

---

① 《后汉书·南蛮西南夷列传》。
② 《后汉书·南蛮西南夷列传》。
③ 《史记·秦本纪》。
④ 《华阳国志·蜀志》。亦有学者认为此时间有误，见刊《四川大学学报》1959年5期。
⑤ 四川省博物馆《四川荥经秦汉墓发掘简报》，《文物资料丛刊》第4辑。

亭'与'河市',邯郸的'亭',便省作'邯亭',安邑的'亭'便省作'安亭'。"① 在湖北云梦睡虎地和原咸阳遗址发现的印有"咸亭"字样的漆器,已证明为咸阳的产品。因此,我们可以完全肯定地说:有"成亭"烙印的漆器的生产地是成都。成都在秦汉时是著名的漆器生产地,其产品甚至在朝鲜境内也有大批发现。

(二)"成亭"漆器的生产者

我们注意到:"成亭""×亭"字样的漆、陶器文字与工官作坊的产品铭文,在内容、款式上完全不同。其同时代的秦戈铭文资料,目前已发现多件,大多有年号、郡守、工官、工隶之名。试举一例,陕西宝鸡凤阁岭洞穴墓中发现的秦陇西戈铭曰:"廿六年,戏相守邦之造,西工宰阉,工口。"② 巴蜀地区,也曾出土过有这类铭刻的铜戈(详后)。也许有人会说:漆器与铜器不同,不便刻那么多文字。那么,我们可再比较在朝鲜大同江石岩里汉墓中发现的西汉漆器文字。在丙墓出土的一件漆耳杯外侧底部刻着:

  始元二年,蜀西工长广成、丞何放、护工卒史胜、守令史母夷、啬夫索喜、佐胜、眂工当、画工文造③。

有这类文字的漆器,在国内外还发现很多,此不赘述。上面所刻名单,都是与该件漆器生产有关的官吏及各工序参与者的姓名。这是汉承秦制的一种表现,其目的主要是为了对该件产品的质量负责(详后)。显而易见,这与仅仅烙上"成亭"二字印文的款式具有性质的不同,它有力地说明:仅仅有"成亭""×亭"之类印文的漆、陶器产品,皆非工官作坊生产,即由私人生产。

(三)以亭管市的制度

这里,有必要先回顾一下我国史学界关于秦汉亭制的研究情况。《汉书·百官表》曰:"大率十里一亭,亭有长,十亭一乡……皆秦制也。"此后便形成了秦汉建制为县—乡—亭—里的传统观点。清代学者顾炎武首先对此怀疑,认为汉代是县—乡—里④;1949 年后,王毓铨先生又发表论文,详细考证,赞同顾说⑤,但由于当时资料尚不够充分,未能引起足够的注意。1975 年云梦秦简出土后,由于其中涉及亭的资料较多,又掀起了研究秦亭制的高潮,许多学者都曾在论文中探讨了秦的亭制。虽然目前意见尚不完全统一,但不少同志包括作者在内都认为:秦的乡、里之间没有亭;亭直属于县,下无分支机构;亭是专门负责治安和兼管市场的机构。

在我国国家出现的初期,商品交易市场上大概就有官吏负责管理了。《周礼·地官》中的肆长、司虣、司稽当时都负责市场管理。那时市场称为:市、市肆、列市、列肆和肆。秦国是以亭吏管市。秦简《盗

---

① 俞伟超《汉代的"亭""市"陶文》,《文物》1963 年 2 期《土漆器制地诸问题——从成都市府作坊到蜀郡工官作坊的历史变化》,《考古》1975 年 6 期。
② 王红武、吴大焱《陕西宝鸡凤阁岭公社出土一批秦代文物》,《文物》1980 年 9 期。
③ 梅原末治《"支那"汉代纪年铭漆器图说》,桑名文星堂刊行,昭和十八年(公元 1943 年)。
④ 《日知录》卷二十二《乡里》。
⑤ 《汉代"亭"与"乡""里"不同性质不同行政系统说》,《历史研究》1954 年 2 期。

马》曰：

> 爰书：市南街亭求盗才（在）某里曰甲缚诣男子丙及马一匹，……告曰："丙盗此马、衣，今日见亭旁，而捕来诣。"

求盗，是亭吏中的一种职称，主要负责治安。市南街亭，即建在市场南部（边？）街上的亭楼，其职责之一，是负责市场的管理和治安。这在古文献中是不乏记载的。《西京赋》云：

> 旗亭五重，俯察百隧。

隧，即市场上的街道。《西都赋》云："九市开场，货别隧分。"薛综注："隧，列肆道也。"《三辅黄图》长安九市条又云：

> 市楼皆重屋，又曰旗亭，楼在杜门大道，南又有气市楼，有令置。以察商贾货财买卖贸易之事，三辅都尉掌之。

这些多为汉事，但汉承秦制，几乎是史学界公认的。在四川广汉、彭县、新繁曾出土三面东汉市井画像砖，使以上文献资料得到了形象的再现。新繁画像砖画面正中，画有一座五脊重檐亭楼，楼上悬鼓，其四面画有整齐的市井，最外围有围墙、有门[①]。秦时成都的"市"，大体也是这种情况。此外，秦"安陆市亭"的陶印，不仅直接说明秦是以亭管市的，还说明秦的一些亭楼也直接修建每"市"内。"成亭"是否建在"市"内，还说不清楚。

下面，我们根据已有的考古和文献资料，来研究秦亭是怎样具体管市的。秦简《金布律》规定：

> 钱十一当一布。其出入钱以当金、布，以律。
> 贾市居列者及官府之吏，毋敢择行钱、布；择行钱、布者，列伍长弗告，吏循之不谨，皆有罪。金布。

吏，即亭吏，要负责巡市。秦制：居住在市场上的商贾单独编"伍"，每五家一"伍"。伍长称"列伍长"，这就是早期的"市籍"[②]，秦律一面严格规定了布币的长宽和质量，一面又禁止人们在布币和"半两钱"之间进行选择，这当与在新占领区如巴蜀等地逐步推行金属货币的使用有关。秦亭吏的职能之一，是对商贾使用的货币质量进行检查和监督。《金布律》又曰：

> 布袤八尺，福（幅）广二尺五寸。布恶，其广袤不如式者，不行。金布。有买（卖）及卖？（也），各婴其贾（价）；小物不能各一钱者，勿婴。金布。

---

① 刘志远《汉代市井考——说东汉市进画像砖》，《文物》1973年3期。
② 罗开玉《秦国"什伍""伍人"考——读云梦秦简札记》，《四川大学学报》1981年2期。

婴，系也。婴其价，指在货物上系签标明价格。可见秦亭吏的职能之二是检查商品质量和价格。

秦政府要向商贾们征收市税，这是没有疑义的。汉代多由市吏负此责，秦亦当如此，即由亭吏征市税。所征得的市税，在县一级的要先交少内保管①，然后才调拨或移交。"成亭"埠市税上交谁，目前不清楚。另外，亭吏还负责市场治安等，如上引秦简捕捉盗马者。

秦亭吏既要检查在市场上出售的商品的质量，就不可避免地要报废部分商品，对于那些成批产品，如轮制陶器，甚至可能成批地报废。为了减少这种损失，亭吏就到附近的作坊去，或是制造者主动请他们去，在产品尚未最后完成前，如陶器尚未烧成前，漆器尚未上漆前进行检查，合格者就打上"X 亭"的官印。当然这并不妨碍他们在商品出售时再报废那些确实不合格的废品。另外，这种亭印还可能表示市税已征，可自由出售了。

秦以亭管市，也是抑末政策的一个组织措施。亭吏是负责治安的官吏。以亭吏治市，对商贾有威慑感，并能随时纠拿不法。秦商贾囤积居奇的现象较六国少，与此有直接关系。从巴蜀的具体情况看，过去未建立城市前，商品交易一直在乡村，由少数民族贵族或"戎伯"控制着；秦在成都城内置"市"后，就改变了原来那种局面。但买卖双方的多数，应该说还是土著民族，由于民族复杂、产品各异等原因，市场的局面是不易维持的。因此，以训练有素的亭吏管理市场②，就显得更加重要。

三、从蜀戈铭文看官府作坊的产品责任制

1974 年第 5 期《文物》上，刊载了在四川涪陵地区小田溪战国墓中发现有铭文的蜀戈的简报。其铭曰：

> 武。廿六年蜀守武造。东工师宦，丞业，工□③。

该戈铭文所反映的，亦非地方制度。到目前为止，除上引蜀戈外，还有十二年临汾守戈，及十余件上郡守戈，其铭文款式与此基本相似。

该蜀戈说明，秦曾在蜀搞过相当规模的铜器铸造作坊，并制造兵器，这是对文献资料的补充。《华阳国志》只谈到成都有盐铁市官，《汉书·地理志》只笼统地谈到成都有工官。

它又说明，秦在蜀郡的工官作坊，也有一套严密的责任检查制度，完全是按秦律规定那样进行的。秦简《工律》规定：

> 公甲兵各以其官名刻久之，其不可刻久者，以丹若髹之。其（假）百姓甲兵，必书其久，受之以久。

久，读记。刻久，刻上标记。受之以久，并标记收回。蜀戈铭文正是按此规定刻写的。又规定：

---

① 罗开玉《秦国少内考》，《西北大学学报》1981 年 3 期。
② 《后汉书·百官五》注引《汉官仪》曰："亭长皆习设备五兵。五兵：弓弩、戟、楯、刀剑、甲铠。"
③ 四川省博物馆、重庆市博物馆等《四川涪陵地区小田溪战国土坑墓清理简报》，《文物》1974 年 5 期。

公器官□久，久之。不可久者，以䪥弥之①。

可见并不只是武器才刻标志，其他产品也一样。秦律为什么要作这类规定呢？主要是为了加强产品责任制度。《工律》还规定：

为器同物者，其小大、短长、广夹（狭）必等。工律。

当然，发现的秦简资料并非秦律的全部，但从这一条也可看出，秦律对工官产品质量有专门的严格的规定。若不合格，便可据器物上的刻记，追查有关人员。这种刻记，也是防止私人侵吞官府器物。《工律》又规定：

官辄告假器者曰：器敝久恐靡者，还其未靡，谒更其久。其久靡不可智（知）者、令赍赏（偿）。（假）器者，其事已及免。官辄收其（假），弗亟收者有罪……

即规定官吏应告知借用官府器物者，器物用旧而恐标记磨灭的，要趁未磨灭前报请重标，已磨灭看不清的要赔偿。事务办完和免职时，应把借物收回，不及时去收的官吏有罪……一般百姓，当然谈不上借用它物。此律主要是针对中、下级官吏的。

余 论

综观秦在本土以外各地的统治，相比之下，秦在巴蜀的经济管理制度，是获得了一定成功的。青川秦牍《田律》在巴蜀究竟贯彻面有多大，执行了多久，结果怎样？都有待新的资料出土后才能回答。但巴蜀为统一六国的战争多次提供军粮，却是许多古文献都有记载的，这是其一。在秦末各地都爆发大起义时，巴蜀地区至少在文献中看不到大规模的起义队伍，这是否也从侧面反映了巴蜀的农业问题解决得稍好一些？这是其二。当然这与水利建设也很有关系。

在私人工商业方面，"成亭"漆器印文证明了秦也曾在巴蜀推行以亭管"市"的制度。此制固然在一定程度上抑制了私人工商业的发展速度。但也在一定程度上防止了大鱼吃小鱼。应该看到，巴蜀地区在秦统治下时，其工商业是有很大发展的：铁器使用的普及不用多说，像漆器那样的高级奢侈品在全国也是名列前茅的，并且为汉代的飞跃发展打下了坚实的基础。

---

① "公器官口之，久之……"从前后文考察，口当为"可"字。

"开阡陌"辨析

徐喜辰

《史记·商君列传》载,商鞅在秦,"为田,开阡陌封疆,而赋税平"。这段话中的"开阡陌"究竟应当如何诠释?它的历史作用究竟应当如何评述?古往今来,说解不一。本文旨在根据有关资料,结合商周时代残有公社问题,略述己见,以求质正。

一

一、根据现有的有关资料看来,以往对于"开阡陌"的解释,大体上有两种截然不同的看法。

一种意见是把"开"字解释为"开置"或"创置",例如《汉书·王莽传中》载中郎区博语谓:"灭庐井而置阡陌。"《汉书·地理志》"制辕田"下颜师古注引张晏云:"商鞅始割列田地,开立阡陌";"开仟佰"下颜注亦云:"皆谓开田之疆亩也。"杜佑《通典》卷一云:"秦孝公用商鞅计,乃隳经界,立仟佰。"《周礼订义》引薛氏语曰:"古之南北一步,东西百步……至商鞅,破井田,开阡陌,则又以二百四十步为亩。昔之南北一步者,开为百步,故谓之陌;东西百步者,开为千步,故谓之阡。开拓土疆,除去烦细,令民自致力于其间。其意盖以田愈实则兵愈增,而先王之意亡矣。"他们对于"开阡陌"的理解,都以"开"为"开置",都认为商鞅变法创立了阡陌,以致白居易在其《策林三·议井田阡陌》中云:"井田废,则游惰之路启;阡陌作,则兼并之门开。"①

另一种意见认为"开"是"开辟"之意,朱熹则是力主此说的第一人。他说:"所谓开者,乃破坏划削之意,而非创置建立之名。所谓阡陌,乃三代井田之旧,而非秦之所制矣。"②并且征引《史记·范雎蔡泽列传》中蔡泽所云"商君……决裂阡陌,以静生民之业"为证。至于为什么要破坏划削呢?他接着写道:

然遂广二尺,沟四尺,洫八尺,浍二寻,则丈有六尺矣。径容牛马,畛容大车,涂容乘车,一轨

---

* 《吉林大学社会科学学报》,1986年第2期,第83—90页。
① 白居易《白香山集》卷四七。
② 《文献通考》卷一《田赋一》引朱子《开阡陌辨》。

道，二轨路，三轨则几二丈矣。此其水陆占地不得为田者颇多。先王之意，非不惜而虚弃之也，所以正经界，止侵争，时畜泄，备水旱，为永久之计，有不得不然者，其意深矣。商君以其急刻之心，行苟且之政，但见田为阡陌所束，而耕者限于百亩，则病其人力之不尽。但见阡陌之占地太广，而不得为田者多，则病其地利之有遗。又当世衰法坏之时，则其归授之际，必不免有烦扰欺隐之奸；而阡陌之地切近民田，又必有阴据以自私，而税不入于公上者。是以，一旦奋然不顾，尽开阡陌，悉除禁限，而听民兼并买卖，以尽人力，垦辟弃地，悉为田畴，而不使其有尺寸之遗，以尽地利；使民有田即为永业，而不复归授，以绝烦扰欺隐之奸，使地皆为田，而田皆出税，以核阴据自私之幸。此其为计，正与杨炎疾浮户之弊，而遂破租庸以为两税，盖一时之害虽除，而千古圣贤传授精微之意，于此尽矣。故《秦纪》《鞅传》皆云：为田，开阡陌封疆，而赋税平。所谓赋税平者，以无欺隐窃据之奸也。所谓静生民之业者，以无归授取予之烦也。……若秦既除井授之制矣，则随地为田，随田为路，尖斜屈曲，无所不可，又何必取其东西南北之正，以为阡陌，而后可以通往来哉？……或乃以汉世独有阡陌之名，而疑其出于秦之所置，殊不知秦之所开，亦其旷僻而非通路者耳，若其适当冲要而便于往来，则亦岂得而尽废之哉？但必稍侵削之，不复使如先王之旧耳。或者又以董仲舒言，富者连阡陌，而请限民名田，疑田制之坏，由于阡陌，此亦非也。盖曰富者一家兼有千夫百夫之田耳。

也就是说，在朱熹看来，当时所以"开阡陌"，是由于道路沟洫占地太多，必须划削以为耕地。

以上所述有关"开阡陌"的两种解释，似都不够全面，因而也就不能成为不刊之论。

在近人中，不同意"开"为"开辟"之说者，主要认为"迄今为止我们还未能找到战国以前对'阡陌'的记载，特别是井田制盛行的西周时代的记载。'阡陌'一词之见于文字材料，是从战国开始的"，在战国以前的典籍和甲骨金文中虽然未有"阡陌"之词，但却不能据此完全否定战国以前已有"阡陌"的存在。这如同"井田"二字在战国前并未出现一样，但并不能说战国以前不存在井田制度。战国、西汉和唐代的一些著述中有关井田制的记载，所以竟然那般有着丝丝入扣的吻合，只能说井田是真实的制度，并非乌托邦，否则一定是人云亦云，而无法衔接配合。大家知道，我国历史进入商周奴隶社会后，仍然残有公社及其所有制度即井田制度。西周末年以前的公社土地是暂时的、定期地分配给公社农民使用的。这在古籍中称作"换土易居"或"趋田易居"。《公羊传》宣公十五年疏云，"是故圣人制井田之法而口分之，一夫一妇受田百亩……司空谨别田之高下善恶，分为三品，上田岁一垦，中田二岁一垦，下田三岁一垦。肥饶不得独乐，墝埆不得独苦，故三年一换主（土）易居，财力均平"，应当是个有根据的说法。西周末年以后，由于铁制工具的出现和生产力的进步，公社农民对"私田"上的劳动增强了兴趣，因而出现了"无田甫田，维莠骄骄"，"无田甫田，维莠桀桀"（《诗经·齐风·甫田》）的"公田"荒芜现象。针对这种"公田不治"（《汉书·食货志上》）的情况，当时的奴隶主贵族一反过去的传统即"公田"上的收获物归公，"私田"上的归公社农民所有的做法，经过"履践案行，择其善亩谷最好者税取之"（《公羊传》宣公十五年何休注）阶段之后，便采取了"履亩而税"（《公羊传》宣公十五年）的剥削方法。为了实行"履亩而税"，首先必须使公社农民的"私田"固定化，因此公社内部的定期分配土地，也便由暂时的占有变为永久的占有。《汉书·食货志上》云："民受田：上田，夫百亩；中田，夫二百亩；下田，夫三百亩。岁更种者，为不易上田；休一岁者，为一易中田；休二岁者，为再易下田。三岁更耕之，自爱其处。"这里所说的"自爱其处"，就是颜师古注引孟康所说的"三年换主（土）易居"变为"自爱其处，不复易居。"《周礼·地官·大司徒》职也说："不易之地，家百晦；一易之地，家二百晦；再易之地，家三百晦。"郑玄注云："郑司农云：不易之地，岁耕之，地美，故家百晦。一易之地，休一岁乃复耕种，地薄，故家二百晦。再易之地，休二岁复耕种，故家三百晦。"《遂人》职更云："辨其野之土，上地，中地，下地，以颁田野。上地夫一廛，田百晦，莱五十晦，余夫亦如之。中地，夫一廛，田百晦，莱百晦，余夫亦如之。下地，夫一廛，田百晦，莱二百，余夫亦如之。"郑玄注云："莱，谓休不耕者。"《地官·县师》注也说："莱，休不耕者。郊内谓之易，郊外谓之莱。"可见，《遂人》职的"下地"就是《大司徒》职的"再易之地"，"中地"就是"一易之地"，两者正相符合。只是《大司徒》的"不易之地"，为岁皆可种，没有休耕土地，而《遂人》之"上地"，则每年耕百亩，休耕五十亩，稍异其趣。正是因为战国以前存在着井田制度，需要分配土地，所以《礼记·月令》说："王命布农事，命田（官）舍东郊，皆修封疆，审端经术……田事既饬，先定准直，农乃不惑。"为了分配土地，就需要有一定的经界划分。这就是《孟子·滕文公上》所说的"径界"。井田内的径界用"阡陌"来划分，这种"阡陌"有时也称"畔"，又称"径术"，《周礼·地官·遂人》职中又有径、畛、涂、道诸称。为了便于平均分配公社土地，在平原地区可能划分得比较整齐，所谓井田制度最初可能指着外有封疆，内有阡陌的土地。后来虽然有些变化，但也仍然叫它井田。商周奴隶主贵族为了维持这种井田制度，从来就很注意封疆阡陌的整理。《尚书·梓材篇》说："惟曰，若稽田，既勤敷菑，惟其陈（田）修，为厥疆畎。若作室家，既勤垣墉，惟其涂壁茨。"这里将"若稽田"与"若作室家"相提并论，可见"稽田"当是计划开垦土地之义。这就是说，在计划开垦土地时，既要勤于开垦，更要修理疆界的沟洫。所以，《国语·周语上》又说："民用莫不震动，恪恭于农，修其疆畔，日服其，不解（懈）于时。"正是因为封疆阡陌是当时公社土地分配的主要问题，所以商鞅变法时，为了改变过去的那种"换主（土）易居"的公社所有制即井田制度，也就必须下令"为田，开阡陌"。因此，并不能否定战国以前不存在"阡陌"这个事实。

至于朱熹之说，初看起来，似乎有理，然而稍予分析，便知其言之不够全面。《商君书·算地篇》云：

> 凡世主之患，用兵者不量力，治草莱者不度地。故有地狭而民众者，民胜其地；地广而民少者，地胜其民。民胜其地，务开；地胜其民力者，事莱。开则行倍（按，此下当有缺文）。民过地，则国功寡而兵力少；地过民，则山泽财物不为用。夫弃天物遂民淫者，世主之务过也，而上下事之，故民众而兵弱，地大而力小。故为国任地者，山林居什一，薮泽居什一，溪谷流水居什一，都邑蹊道什四（按，当为什一之误），此先王之正律也。

这段记载告诉我们，商鞅认为一个国家的人口和土地应当有个适当比例。过犹不及，都是不利，即"民过地，则国功寡而兵力少"，"地过民，则山泽财物不为用"。所以他说："民众而兵弱，地大而力小。"在商鞅看来，调整人地比例的方法，就是"民胜其地，务开；地胜其民者，事莱"。据《史记·秦本纪》载，商鞅以前的秦国，一直是个地广人稀，荒地待垦的地方，所以秦孝公三年第一次变法，商鞅与甘龙、杜挚争论的结果，"孝公……遂出垦草令"（《商君书·更法篇》），根本没有说到削道路，填平沟洫，以辟田地的事。在相隔十年后的第二次变法时，虽然提出了一个"开阡陌"，也不是由于当时秦国变得地狭人众的原因。据《史记·秦本纪》载，昭襄王二十一年，"魏献安邑，秦出其人，募徙河东赐爵，赦罪人，迁之"。五十一年，攻西周，"西周君……尽献其邑三十六城，口三万"。秦国国土日渐增加，"地胜其民"的情况，更加严重。可见，在发布垦草令后十年的秦国，不仅没有出现地狭人众，造成人口压力，甚至有可能变得更是地广人稀，因而朱子的"开阡陌"说，也难成立。

二

那么,"开阡陌"的"开",究竟应当如何理解呢?依据笔者的看法,似乎只有从商鞅变法和商鞅思想中寻找其根据。

大家知道,商鞅变法约有以下几个特点:第一,《说文·田部》云:"晦,六尺为步,步百为晦,秦田二百四十步为晦。"《新唐书·突厥传上》引杜佑云:"周制,步百为亩,亩百给一夫。商鞅佐秦,以为地利不尽,更以二百四十步为亩,百亩给一夫",增大了每家的耕种面积。这种亩制的改变,春秋战国时期并不仅仅出现于秦国。银雀山汉墓竹简中的《孙子兵法·吴问》,记载孙武答吴王问云:"范、中行是(氏)制田,以八十步为婉(畹),以百六十步为吻(亩)……韩、巍(魏)制田,以百步为婉(畹),以二百步为吻(亩)……赵是(氏)制田,以百二十步为婉(畹),以二百卌步为吻(亩)。"似乎早在春秋末年以前就有人改变田制,而且有多种改法。其中赵氏的亩制与商鞅亩制同为二百四十步,不是偶然的巧合,而与井田制度的"换土易居"向"自爱其处"的内部量变相适应,是生产力进步的结果。第二,《史记·商君列传》云:"民有二男以上不分异者,倍其赋",缩小每户人口,以一个成年男子为主体。第三,《商君列传》又云:"僇力本业,耕织致粟帛多者复其身。事末利及怠而贫者,举以为收孥","有军功者,各以率受上爵;为私斗者,各以轻重被刑大小",提倡农战政策。一、三两项是为了尽地力,扩充兵源。第二项则是既要求尽地力,又是为了扩充兵源。总的看来,商鞅变法的目的,就是为了达到"农"和"战"。在商鞅看来,由于"农"是为了"战",所以他在变法中首先改变田制来适应兵制,也就是先把过去的"步百为亩"改为"二百四十步为亩",使当时的农民平时家家为农,每户人口少而耕地面积增,"利出于地,则民尽力";战时成年男子,人人皆兵,方土百里,出战卒万,"名出于战,则民致死"。这样,就深合"入使民尽力,则草不荒;出使民致死,则胜敌,胜敌而草不荒,富强之功,可坐而致也"(均见《商君书·算地篇》)的旨意。

为了达到这个目的,当然需要把原来每家田地的界限打开,重新加以厘定。《史记》正义所谓"封,聚土也;疆,界也;谓界上封记也。"因此,所谓"阡陌"就是一种田界,因而所谓"开阡陌封疆",也就是打破"步百为亩"的旧田界而建立一种以"二百四十步为亩"的新田界。这样一来,也就能够改变在过去的一家授田百亩的情况下,每户赋税负担的不合理。比如,一家人口多,由于土地有限,所以每人平均所得甚低,但却要负担与人口较少人家相同的赋税。如果人口多的家庭中的多余人口出去从事工商等业,那么他们的收入既多,又不需要额外纳税,这与前者相比,自然更不公平。商鞅变法鼓励小家庭制,使每家只有"一男",每家的余夫数字,也就大体相同,而且每家都按新制百亩授田,这样每家的人口数目相近,受田面积相同,每一男子都有服兵役的义务,因而每家的负担也就一样矣。所以,《商君列传》中写道:"开阡陌封疆,而赋税平。"《范雎蔡泽列传》也说:"静生民之业。"

由此看来,所谓"开阡陌"的"开"字,确有开辟、决裂和划削井田阡陌的意义。因而在一些国家或地区里由于较早地从"爱田易居"进入了"自爱其处"阶段,后来就使三代以来的公社及其所有制即井田制度逐渐走向解体,出现了土地私有现象。所以,《睡虎地秦墓竹简》中的《法律答问》云:"甲小未盈六尺,有马一匹自牧之,今马为人败,食人稼一石,问当论不当?不当论及赏(偿)稼。"从这条民事问题的法律答问中可以看出,某甲的马因为管理疏忽,跑到别人的田野吃了庄稼,因而引起纠纷。很显然,这马是甲的私有财产,那块生长庄稼的田地也是别人私有的。《徭律》云:"其近田恐兽及马牛出食稼者,县啬夫材兴有田其旁者，无贵贱，以田少多出人，以垣缮之，不得为繇（徭）。"这条材料说的是禁苑附近的田有的属于"贵"者，有的属于"贱"者，有的田多，有的田少，它有力地说明了当时土地私有制的存在。不过，贫贱者虽有少量的土地，终于免不了被富贵者用各种方式兼并了去。正如马端临在《文献通考·田赋考》中所说："盖自秦开阡陌之后，田即为庶人所擅，然亦惟富者贵者可得之，富者有赀可以买田，贵者有力可以占田，而耕田之夫率属役于富贵者也。"

土地买卖是土地私有的一个重要标志。在我国历史上，土地买卖的发展是与土地私有的增加相平行的。早在春秋时期就已出现的土地买卖迹象，到了战国时期由于商品货币关系的发展，公社所有制即井田制的逐步解体，就进一步发展了。例如《史记·廉颇蔺相如列传》所云赵括为将之后，"王所赐金帛，归藏于家，而日视便利田宅可买者买之"，便是其例。那些有少量土地的小土地所有者，往往因为天灾人祸或在"以其常正（征），收其租税""以其常役，修其城郭"（《墨子·辞过》），"布缕之征、粟米之征、力役之征"（《孟子·尽心下》），以及"厚刀布之敛，以夺之财；重田野之税，以夺之食；苛关市之征，以难其事"（《荀子·富国》）等赋敛剥削之下，就不得不把土地卖出，成为"贫者亡立锥之地""常衣牛马之衣，而食犬彘之食"（《汉书·食货志上》）的人。所以，《汉书·食货志上》追述战国时情况，曾经算过一笔细账："今一夫挟五口，治田百亩。岁收亩一石半，为粟百五十石，除什一之税十五石，余百三十五石。食，人月一石半，五人终岁为粟九十石，余有四十五石。石三十，为钱千三百五十，除社闾尝新春秋之祠，用钱三百，余千五十。衣，人率用钱三百，五人终岁用千五百，不足四百五十。不幸疾病死丧之费，及上赋敛，又未与此。此农夫所以常困，有不劝耕之心，而令籴至于甚贵者也。"这还是按一户百亩来计算的。实际上自耕农民的私有土地大多是少于这个数目的。这些仅占有小块土地的农民往往被迫出卖自己的土地，土地买卖就为地主兼并土地，开了方便之门。仲长统《昌言·损益篇》中反映了这一现象说："井田之变，豪人货殖，馆舍布于州郡，田亩连于方国。"

当时贵者的土地来源并不限于购买，更多的是来自国家的赏赐。《史记·赵世家》载晋国赵简子"赐扁鹊田四万亩"，又记赵烈侯赐给歌者田"人万亩"。《史记·商君列传》云："以卫鞅为左庶长，卒定变法之令。令民……有军功者，各以率受上爵……明尊卑爵秩等级各以差次，名田宅，臣妾衣服以家次。"这说明按赐爵等级而给予"田宅""臣妾"的制度，在商鞅时期已经开始实行。《商君书·境内篇》中将这种情况说得更为明白，如云："能得甲首一者，赏爵一级，益田一顷，益宅九亩，一除庶子一人""其有爵者乞无爵者以为庶子，级乞一人""其庶子役其大夫月六日"。《史记·王翦列传》又云："王翦行，请美田宅、园池甚众。始皇曰：'将军行矣，何忧贫乎！'"这种赐田的办法，在《军爵律》中得到了证实，如云："从军当以劳论及赐……其已拜，赐未受而死及法耐𨽻（迁）者，鼠（予）赐。"所以，《通考·田赋考》引吴氏语云："战得甲首者，益田宅，五甲首而隶役五家，兼并之患自此起。民田多者以千亩为畔，无复限矣。"

上述的大土地所有者兼并土地之后，又利用各种手段对自耕农民进行掠夺，大量土地为他们兼并了去，"而耕田之夫率属役于富贵者也"。所以，崔寔《政论》云："秦隳坏法度，制人之财，既无纪纲，而乃尊奖兼并之人……上家累钜亿之赀，户地侔封君之土……下户踦𨇤，无所跱足，乃父子低首，奴事富人，躬帅妻孥，为之服役"（《全后汉文》卷四十六）。这里的有妻室儿女的"下户"，决非奴隶。这种雇佣关系，可以从云梦秦简《封诊式·告臣》中得到旁证："爰书：某里士五（伍）甲缚诣男子丙，告曰：'丙，甲臣，桥（骄）悍，不田作，不听甲令。谒买（卖）公。斩以为城旦，受贾（价）钱。'[①] 讯丙，辞曰：'甲

[①] 详见李解民《"开阡陌"辨正》，《文史》第八辑第 50 页。

臣，诚悍，不听甲。甲未赏（尝）身免丙。'"由此可以看出，丙对甲的属役关系是和土地有密切关系，是一种租佃关系，不为地主耕田种地，就会遭受种种迫害。地主阶级在通过各种手段兼并大量土地后，也就要求在法律上有相应的法规来承认和保护他们的土地。云梦秦简中的《法律答问》中有这样一条记录："'盗徙封，赎耐。'可（何）如为'封'？'封'即田千陌。顷半（畔）'封'殹（也），且非是？而盗徙之，赎耐，可（何）重也？是，不重。"这里的"封"，就是"封疆"，即田界，是设立于阡陌之旁的标志。法律规定偷偷改变田界的就应处以"赎耐"之刑。这样的处罚是为了防止有人侵犯土地，是为了保护私有土地，当然也就被认为"不重"矣。

恩格斯说："从自主地这一可以自由出让的地产，这一作为商品的地产产生的时候起，大地产的产生便仅仅是一个时间问题了。"[①] 战国时期由于私有土地的发展，大土地所有制的出现也就改变过去的"地租和赋税就会合为一体"[②] 的情况，逐渐形成了赋税和地租的分离。《汉书·食货志上》所说的"或耕豪民之田，见税十五"，就是和赋税分离的地租。马克思指出："地租的占有是土地所有权借以实现的经济形式"[③]，反映的是所有者财产的权力；"捐税体现着表现在经济上的国家存在"[④]，反映的是国家的政治权力。这是完全符合战国及其以后的社会情况的。

三

秦国的社会发展进程较之其他各国缓慢，到了战国前期才出现了与"初租亩""作爰田"等同样性质的"制辕田"。《汉书·地理志》曰："孝公用商君，制辕田，开仟佰（阡陌）。"什么叫"辕田"呢？颜师古注引张晏语曰："周制，三年一易，以同美恶。商鞅始割裂田地，开立阡陌，令民各有常制。"颜注引孟康语又云："三年爰土易居，古制也。末世浸废，商鞅相秦，复立爰田，上田不易，中田一易，下田再易，爰自在其田，不复易居也。《食货志》曰：'自爰其处而已'，是也。辕爰同。"近人高亨在其《商君书注释》序即《商鞅与商君书略论》中也说："按《左传》僖公十五：'晋于是乎作爰田。'《国语·晋语三》：'爰田'作'辕田'。爰辕均当读为换。"他认为"辕田"即"爰田"。至于什么叫"开阡陌"，颜师古注是这样解释的："南北曰阡，东西曰陌，皆谓开田之疆亩也。"这个"制辕田"既与晋国的"作爰田"同义，说明此时秦国的公社所有制即井田制度已经有了内部量变，即由过去的定期分配土地制度转变为长期占有。前引孟康语中既然说："三年爰田易居，古制也。末世浸废，商鞅相秦，复立爰田，不易居也"，更可知道"爰田易居"的古制，在秦国的历史上大概也曾实行过，否则在谈及商鞅相秦，实行"复立爰田，不复易居"时，是绝对不会提到这种"古制"的。由此可见，《汉书·地理志》中的"制辕田，开仟佰（阡陌）"的排列顺序，可能不是一个偶然巧合，它反映了秦国曾经存在过井田制度，而且它也经过了"辕田"即"爰田"的变化过程[⑤]。《史记·秦本纪》记载"为田，开阡陌"，《汉书·地理志》相应的记载"制辕田，开仟佰"。"为田"，就是"制辕田"。"制辕田"同"开阡陌"是互相关联的两件事。"辕田"的"辕"，《汉书·食货志上》作"爰"。《国语·晋语三》记晋国"作辕田"，《左传》僖公十五年则记为"作爰田"。《说文解字》段注指出："爰、辕、趄、换四字，音义同也。"在这个过程中，商鞅又推行了

---

① 《马克思恩格斯全集》第19卷第541页、第25卷第891页、第25卷第714页、第4卷第342页。
② 同上。
③ 同上。
④ 同上。
⑤ 详见拙作《晋"作爰爰田"解并论辕田即井田》，《中国古代史论丛》第8辑，福建人民出版社1993年版。

"以二百四十步为亩"的授田制度，因而"开阡陌"的"开"也又有了"开置""创置"的意义。"辕田"是井田制度发展过程中的一个重要而且是一个不可缺少的阶段，它是我国古代社会中的后期公社所有制即井田制度。也就是说，"爰田易居"的爰田制到了"自爰其处"的爰制田时，仍然还实行着授田制度。所以，在一些国家特别是在秦国这种授田制一直延续到战国末期。

睡虎地秦简《田律》云："入顷刍稾，以其受（授）田之数，无垦（垦）不垦（垦），顷入刍三石、稾二石。刍自黄？薿及蘑束以上皆受制。入刍稿，相输度，可殹（也）。"这里提出了由国家"授田"给农民和按授田的顷亩数（不论其垦与不垦）缴纳刍、稿的土地和赋税制度。所谓"授田"，就是国家把国有土地以份地形式分配给农民，土地所有权并不属于农民。《吕氏春秋·审分篇》所说的"分地则速"的"分地"，也就是《田律》中的"授田"。《为吏之道》又云："廿五年闰再十二月丙午朔辛亥……自今以来，□（假）门逆吕（旅），赘□后父，勿令为户，勿鼠（予）田宇。"这条规定，说明凡非"假门逆旅""赘婿后父"，都可以立户和都应给予田宅。据考证，文中的"廿五年"当为魏安釐王二十五年（前252），这距李悝、商鞅变法已有百年上下，魏国的一些地区也在实行"授田"制度。这是秦、魏两国的情况。东方的齐国大概也是如此。一九七二年山东临沂银雀山西汉前期墓出土竹简《田法》，可以为证。如云："五十家而为里，十里而为州，十乡（当系'州'字之误）而为州（当系'乡'字之误）。州、乡以地次受（授）田于野，百人为区，千人成或（域）。"此言州、乡按土地等级授田。"……□巧（考）参以为岁均计，二岁而均计定，三岁而壹更赋田，十岁而民毕易田，令皆受地美亚（恶）□均之数也。"此言"更赋田""易田"。"□□□以上，年十三岁以下，皆食于上。年六十〔以上〕与年十六以至十四，皆半作。"此言有关缴纳和免除赋税的年龄规定。"岁收：中田小亩亩廿斗，中岁也。上田亩廿七斗，下田亩十三斗，大（太）上与大（太）下相复（覆）以为衔（率）。"此言以中常年景的收成为标准。"大（上）与大下相复"制定出租税制。"叔（菽）萁（萁）民得用之，稿民得用其什一，刍人一斗，皆颐（藏）于民。"此言受田之民除缴纳田租外，还需缴纳赋税即稿、刍等物，与上引《田律》意思相同，但是两个简文所言刍、稿数量相差较大[①]，文献资料中也有授田制的记载，如云："凡世主之患，用兵者不量力，治草莱者不度地。……故为国分田，数小亩五百，足待一役"（《商君书·算地》）；"均地分力，使民知时也"（《管子·乘马》）；"分地若一，强者能守"（《管子·国蓄》）；"百亩一守，事业穷，无所移之也。……传曰：'农分田而耕'"（《荀子·王霸》）；"均井地，节赋敛，取与之度也"（《尉缭子·原官》），等等。

秦律中有二十多个律名，其中专讲土地制度的有《田律》，其他涉及土地制度的还有《厩苑律》、《金布律》和《仓律》等。此外，在《法律答问》中又有关于《田律》的解释。这些事实，反映出秦国对于土地制度的重视，也为我们提供了研究秦国土地制度的新资料。例如，秦国为了实行授田制，非常注意建立严密的田界系统。除前引《田律》外，一九七九年在四川省青川县发现的《秦更修田律木牍》[②]，也是一个有力的佐证。如云：

> 田广一步，袤八则为畛。亩二畛，一百（陌）道。百亩为顷，一千（阡）道，道广三步。封，高四尺，大称其高。捋（埒），高尺，下厚二尺。以秋八月，脩封捋（埒），正疆（疆）畔，及登千（阡）百（陌）之大草。

关于这条《田律》开首部分的"田广一步袤八则为畛"一段话，于豪亮等同志断作"田广一步、袤

---

① 上述《田法》条文，转引自吴九龙《银雀山汉简齐国法律考析》（《史学集刊》1984年第4期）文。
② 四川省博物馆、青川县文化馆《青川县出土秦更修田律木牍——四川青川县战国墓发掘报告》，《文物》1982年第1期。

八，则为畛"①。胡㵟咸同志则指出，不应把"八"和"则"断开，因为"则"在此处，并非连接词，似为一种度量标准②。后来，胡平生同志作了"田广一步、袤八则，为畛"的断句，并且明确地指出："则"在这里确是度量标准，因为安徽阜阳出土的西汉简册中就有"卅步为则"的话，这样就弄清了"袤八则"是二百四十步，而且也和传世古籍以及前引《孙子兵法·吴问》中所记古代田制较为相符③，确甚。青川木牍中的这条命令颁布于秦武王二年（前309），大约在商鞅被害三十年后，可知阡陌确是秦国的田土界限，当时政府颁布法令予以保护。根据现有材料看来，国家在某种程度上还为农民提供籽种、耕牛和农具等土地以外的生产资料。如云：

种：稻、麻亩用二斗大半斗，禾、麦畞一斗，黍、荅畞大半斗，叔（菽）畞半斗。利田畴，其有不尽此数者，可□（也）。其有本者，称议种之仓。

县遗麦以为种用者，殽禾以臧（藏）之。（均见《秦律·仓律》）

以四月、七月、十月、正月肤田牛。卒岁，以正月大课之，……其以牛田，牛□絜，治（笞）主者寸十。

叚（假）铁器，销敝不胜而毁者，为用书，受勿责。（均见《秦律·厩苑律》）

秦国的土地所有制由于是一种国有制，因此也就实行着马克思所说地租和赋税合一的方式进行剥削，就是以授田制为基础的定额剥削，即前引的"入顷刍稿，以其受田之数，无报（垦）不狠（垦），顷入刍三石，稿二石"。这是征收饲草，征收量根据授田数字，不论耕种与否，每顷都须缴纳一定数额。根据上面的简单叙述，可知秦国的授田有着一套完整的制度，构成了一个系统，通过直接生产者的授田，也保证了国家向直接生产者的剥削。

综合以上的分析，我们不难看出，"为田，开阡陌封疆"的"开"字，既有"开辟"之意，也有"开置"的内涵，前者指辟除三代旧有的公社阡陌，而后者则指建立"以二百四十步为亩，百亩给一夫"的公社新阡陌。这种见解，虽然前者与朱熹的看法有些相近，后者与朱子以前的旧说多少雷同，但是我们的理论基础则与他们完全不同，因而论点论据也不一样。笔者是在主张我国进入商周奴隶社会后仍然残有公社组织及其所有制即井田制度的基础上立论的，而不是像过去那样，支离破碎、枝枝节节地只从一字一句的考据上下功夫，也不是像一些同志那样脱离社会的发展，特别是脱离公社及其所有制即井田制度的发生、发展和解体过程而孤立地、单一地进行考察和探讨的。也就是说，上述的公社及其所有制即井田制度，由于在一些国家或地区里早在春秋中叶前后已从"爰田易居"发展到"自爰其处"的阶段，所以到了战国初期那里的公社及其所有制即井田制度便逐渐解体，三代以来的公社旧阡陌也就逐渐崩坏了。在这些国家或地区的"开阡陌"的"开"字，就应该是开辟三代公社的旧阡陌的意思。但是社会发展比较迟缓的国家或地区，特别是像秦国到了战国初期那里的井田制才由"爰田易居"发展到"自爰其处"即"制辕田"阶段，因而商鞅所说的"开阡陌"的"开"，就是指的建立"以二百四十步为亩，百亩给一夫"的新阡陌，而且它一直延续到战国末期的公社最后解体为止。

---

① 于豪亮《释青川秦墓木牍》，《文物》1982年第1期。
② 胡㵟咸《四川青川秦墓〈为田律〉木牍考释》，《安徽师范大学学报》1983年第3期。
③ 胡平生《青川秦墓木牍〈为田律〉所反映的田亩制度》，《文史》第19辑。

"阡陌"与"顷畔"释义辨析

魏天安

秦律"盗徙封，赎耐"及其释文，是研究秦自商鞅变法后土地制度最重要的一条史料，许多研究者加以引用。不过，对该释文的理解，却多失于偏颇。本文就此略陈管见，以求诸学者教正。

一、存在的问题

该史料最初公开发表在文物出版社1978年版《睡虎地秦墓竹简》一书《法律问答》中。秦简整理者对该史料句读如下：

"盗徙封，赎耐。"可（何）如为"封"？"封"即田千佰。顷半（畔）封殹（也），且非是？而盗徙之，赎耐，可（何）重也？是，不重。

该释文的意思是：什么叫"封"？"封"就是田阡陌。顷畔封算不算封？如果偷偷移动顷畔封，判处赎耐，是不是过重了？（答曰：）是封，不重。

《法律问答》是秦代解释法律条文的官方文件，大多采取一问一答的形式。上述句读法完全符合《法律问答》的体例，且可以通释，无疑是正确的。但是，该书把"顷畔封"同阡陌一样译为"田界"，却欠准确。从史料原文看，"顷畔封"与"阡陌"是不尽相同的两个概念。"阡陌"是封，其义甚明；而"顷畔封"算不算封？连地方官吏也搞不清楚，才需要做进一步的说明。

许多研究者在引用这一史料时，将句读改为："何如为封？封即田阡陌顷畔封也"，把"阡陌"与"顷畔"完全混为一谈，以至下文的"且非是而盗徙之"无法通释，只好将"且非是"三字当作衍文删去。这种删改毫无根据，难免曲解原释文的本义。也有的虽然采用了正确的句读法，却置阡陌与听顷畔的区别于不顾，如尹协理《商鞅"开阡陌"辨》云："这一段律文和问答的意思是：一顷田的田界就叫做'封'，也叫'田阡陌'。"[①] 李解民《"开阡陌"辨正》云："简文中明确指出'封即田千佰'，又肯定'顷畔封

---

* 《河南大学学报》（社会科学版），1989年第4期，第65-69页。
① 《光明日报》1988年5月18日第三版。

殴','千佰''顷畔'皆为地界,其义甚明。"① 果真如此,如何解释秦人只对"顷畔封"算不算封产生疑问?如果盗徙顷畔封就是盗徙阡陌,何以要问按盗徙阡陌判罪"是不是太重"?从秦代官吏对盗徙"顷畔封"与盗徙"田阡陌"是否应采用同一量刑标准尚存疑虑来看,二者有区别是显而易见的。

袁林《战国授田制试论》② 试图把"阡陌"与"顷畔"加以区别,他认为:"阡陌"是"固定田界",而由"封""埒"构成的"顷畔"则是"非固定田界"。这种阡、陌、封、埒相互配套的田界系统,"为处理授田制下经常发生的田土授受、田界变动以很大方便,田界变动,只以固定田界阡陌为标志,在其旁设立新的封埒即可。"按此论,封埒与阡陌是重叠的,怎么能做到封埒改变了而作为田界的阡陌仍旧固定不变呢?《汉书·地理志》云:"商鞅始割列田地,开立阡陌,令民各有常制。"这个"常制"就是三年一换土易居"的古制为"爰自在之田,不复易居"的新制,土地授给民户之后,不再像井田制那样定期重新分配。虽然授田是否身老归还和传诸子孙,史学界尚有分歧,但民户对土地能长期占有和使用已成公论。授田制使田界系统具有更大的稳定性,并经常发生"田土授受"和"田界变动"。秦国不乏田地数顷、数十顷乃至上百顷土地的地主。在地主固定的阡陌之内,为什么要按顷畔设"封"?此"封"有什么意义?如果把这种顷畔封看作授田制下的"非固定田界",显然是于理不通的。

二、"阡陌"是道路与地界的统一体

阡陌是体现不同的所有权(或土地国有论者所说的"占有权")的土地之界,对此古今史家皆无异议。然而,商鞅"开阡陌"之后建立的阡陌之制究竟是什么样子,却众说纷纭。准确理解阡陌之制,才能了解与顷畔封的区别,故在此不烦赘言,对这一问题再加辨正。

1979年四川青川县战国墓出土的"秦更修田律木牍",给我们勾画出了秦阡陌之制的大致轮廓,该牍云:

> 田广一步,袤八则为畛。亩二畛,一百(陌)道。百亩为顷,一千(阡)道,道广三步。封,高四尺,大称其高。埒(埒),高尺,下厚二尺。以秋八月,修封埒(埒),正疆(疆)畔,及發千(阡)百(陌)之大草③。

杨宽《释青川秦牍的田亩制度》④ 认为:"畛"是一亩田两端的小道,畛长八步,则亩的宽度就是八步。当时以二百四十步为亩,则亩的长度是三十步,"陌道"的长也是三十步。每一百亩并列连成一顷,有一条"阡道",因为一顷田的宽就是陌道的长,为三十步,所以阡道的长是八百步。原田律没有说明陌道和阡道的长短,是因为其长短可以推算而知。

杨先生对顷亩面积的推算无疑是正确的,但却把阡陌完全理想化、规范化了。如果每隔三十步(即一亩的长度)就设一阡道,则每亩田两端的"畛"就没有设置的必要,因为二者是重叠的。秦简《为吏之

---

① 《文史》第11辑,1982年3月。
② 《社会科学》,1983年第6期。
③ 《青川县出土秦更修田律木牍》,载《文物》1982年第1期。
④ 《释青川秦牍的田亩制度》,《文物》1982年第7期。

道》明有"千佰津桥囷屋墙垣、沟渠水道"之语，阡陌与渡口、桥梁连在一起，说明阡陌有道路的作用。《资治通鉴》胡三省注引唐刘佰庄云："开田界道，使不相干。"《汉书·晁错传》云："通田作之道，正阡陌之界。"道路通达与田界分明的统一，就是阡陌之制。道路要求通达无碍，"三十步"的陌、"八百步"的阡不符合这一要求。秦田律没有说明阡陌的长短，是因为地块的大小、形状不同，各家各户占有土地的多少不等，因而其长短并无统一标准。可以推算的是顷亩的宽窄，而不是阡陌的长短，顷亩与阡陌不可等同而语。

阡陌构成的一般状况是：数亩甚至数十亩土地首尾相连，于是，"畛"就成为亩与亩之间"横"（宽）的小道，"陌"就成为"竖"（长）的小道。陌的长短因相连亩数的多少而不同。但就每一亩而言，其两条长边都与陌道重叠，这就是"亩二畛，一陌道"的含义（另一条边应作为相邻地亩的陌道）。"阡"与陌垂直，与畛平行，两阡道之间的距离，就是陌长。就每一顷而言，都有两条边与阡道重叠，这就是"百亩为顷，一阡道"的含义（另一条边应作为相邻顷畔的阡道）。阡道是一条通畅的大路，它作为地界是一目了然的。所以，只需在两阡之间沿陌道修筑"封埒"，就可以清楚地显示不同所有者占有土地的疆界。"封"是作为地界的"陌"与阡道相交处的土堆，即《周礼·地官·封人》所云："封其四疆之义。"它成了确定不同土地所有者的阡、陌长短和土地四至的坐标点，是封疆画界最重要的标记；所以秦律对其形制有严格的统一规定，并且要定期修整。"埒"是连接"封"的大土埂，与表示地界的陌道相重叠。从史籍记载上看，作为地界的陌道要命之以名，如李解民《"开阡陌"辨正》中所引"什三陌""比是陌""闽陌""平陵陌"等等，都是大土地所有者的田界，而不是顷畔之界。史籍上多陌名而少阡名，因为一般仅凭陌名，就可以知道大土地所有者的土地四疆之界。

秦律"盗徙封，赎耐"释文中云"封即田阡陌"，正是从与封相连的阡陌即是地界的意义上说的。所谓"盗徙封"，不是把阡陌私自移动，而是偷偷移动了阡与陌相交处的"封"。阡道宽六步即十八尺，移动起来不仅工程浩大，而且会破坏道路的通畅，是根本不可能的。只要沿阡道移动"封"，把"封"移到其他陌道与阡道的相交处，就能改变阡陌之界，侵占他人的土地，而对道路的通畅毫无影响。即使他人的地界内缺少把土地划分成一顷一块的陌道，也只需移动封之后再修一条陌道即可，同样不会阻断道路，工程量也不太大。从确定地界的角度看，说"封即田阡陌"是言简意明，十分正确的。《管子·四时》云："修封疆，正阡陌"，秦《更修田律》木牍云："修封埒，正疆畔"，都清楚地说明了"封"与"阡陌""疆畔"的密切关系。《史记·商君列传》云："为田开阡陌封疆。"在设置阡陌的同时就确定了"封疆"，是商鞅所建阡陌之制的基本内容。

三、"顷畔"是授田和征税的标准，不是地界

商鞅变法时期，秦地广人稀，"谷土不能处二，田数不满百万"[①]，有鉴于此，商鞅主张"为国之数，务在垦草"[②]，于是"废井田之制，隳十一之法，任民所耕，不计多少"[③]，实行了"制土分民"授田制。

授田的基本原则，是"任地土"与"尽人力"相统一。秦汉时期的劳动生产率，大致是一夫治田百

---

① 《商君书·徕民》。
② 《商君书·算地》。
③ 《通典·食货四》。

亩，一夫百亩就成为既尽地力又尽人力的授田标准。户籍制度是授田的主要依据。《商君书·去强》载："举民口数，生者著，死者削。"《法律问答》云："上无通名，下无田宅。"隐匿户口不仅得不到授田，而且要以"匿阡"罪惩处。反之，只要拥有较多的劳动力，如家中劳动人手较多，或有钱雇人"佣耕"，或养有"食口"，或国家允许占有"庶子"，甚至有奴隶可供役使，就必须向政府"通名"登记，并耕垦力所能及的土地，以充授田。"任民所耕"不是任民所占，占地不耕或少占土地，不能充分发挥地力和人力，税役就会成为难以承受的负担，因此而放弃农业去图谋"末利"或变贫穷的，就要受到"举以收为孥"的惩罚。

授田制的本质，是国家按丁夫的多寡对土地的私人占有给以确认，以便征收赋税。有人认为，商鞅规定"民有二男以上不分异者倍其赋"①，因此秦一户只准有一夫，授田制就是一户一顷的定量份地制。这是误解。按此规定，民只有一男就可以不分户，二男以上虽要分户，但其父仍可与一男同户，一家有二夫。秦律规定同居者不要同时征服边戍，说明一户不止一夫。《商君书·垦令》云："禄厚而税多，食口众者……则以其食口之数，赋而重使之。""食口"既要统计，纳税应役，就要授田。"名不上闻，不得私籍于农"②，贵族、地主不能任意扩大依附农民的占有，必须得到国家的批准，而由国家认可的依附人口，都是授田的对象，只不过与北魏均田制中的奴婢受田一样，并不拥有土地所有权，所有权归他们的主人——贵族和地主。

唐代杜佑《通典·食货四》认为，商鞅改变了夏商周三代"因地而税"的传统，实行"舍地而税人"，是极有见地的。所谓"舍地"，并非不考虑本地的因素，而是不管授田是否耕垦和占足，"地数未盈，其数必备"，多垦的则舍而不问。所谓"税人"，则无论地主还是自耕农都按丁夫的数量完税，无得漏免。由于一夫授田一顷，所以按人收税与按顷收税基本是一致的。秦简《田律》云："入顷刍稿，以其受（授）田之数。无垦（垦）不垦（垦），顷入刍三石，稿二石"。"以其受田之数"说明各家各户授田不均，有多有少"入顷刍稿"，说明授田以顷为单位，赋税与土地有一定的联系。在授田制度下，"舍地而税人"实际上是以税人为主，税地为辅。

"舍地而税人"，紧紧抓住劳动力这一中心环节，开创了中国古代赋税史上的一个新阶段。它使地主占有土地的贪欲受到一定的遏制，有利于土地的开发利用。这种以"丁夫为本"的赋税制度，说明国家对"人丁"的控制相当严格。从汉代的口赋、算赋直到唐均田制的租庸调，都不同程度地体现了"舍地而税人"的精神。不过，秦代对"人丁"的控制不仅限于自耕农，也包括地主及其依附人口，这与秦统一中国以后地主能够大批隐占人口，同国家争夺剥削对象的状况有很大不同。这正是私家地主的力量还不太强大、封建大土地私有制发展尚不充分的反映。

《商君书·垦令》云："訾粟而税，则上一而民平。""上一"指国家对纳税者一视同仁，"民平"是说使民（包括地主和农民）感负担均平。"作一则民不偷营，民不偷营则多力"③，严酷的户籍和税役制度如同两条鞭子，把众多的劳动者驱赶到"必农"的道路上，使授田制最大限度地发挥了社会各阶层进行农业生产的潜力。史称商鞅变法后以"国以富强，百姓乐用"，在较短的时期内国家"积粟如丘山"④，为秦国成功地进行兼并统一战争打下了基础。

---

① 《史记·商君列传》。
② 《吕氏春秋·上农》。
③ 《商君书·算地》。
④ 《史记》：《李斯列传》、《张仪列传》。

授田与征税的计量单位都是一夫一顷，地主、贵族拥有的劳动力多，占地就广，交税亦多。这种授田与征税的统一，就是设置"顷畔封"的根本原因。对大土地所有者来说，把土地用阡陌整齐划一地分成一顷一块毫无必要，所以他们常常只修筑表示地界的阡陌，不修筑地界内的阡道，以减少无效劳动，提高土地利用率。这样，阡陌封疆只能显示不同所有者之间的地界，不能准确反映占地顷亩的多寡，于是，在陌阡之内设置"顷畔封"，就成为国家掌握按丁夫授田和征税标准的重要措施。商鞅规定"步过六尺者有罚"[①]，对顷亩之制的要求十分严格。一方面，"顷畔封"使大土地所有者难以隐漏土地和人口，削除逃税之虞；另一方面，也便于政府控制税收的量度，叫免税役不均，民力不堪。可以说，顷畔封是授田和税收中"上一而民平"精神的具体体现。

四、阡陌与顷畔的关系

阡陌有封，顷畔也有封。阡陌由封相连，表示不同所有者的地界；顷畔如作地界解，则只是顷与顷之间的分界，不是所有权意义上的分界，这是二者的根本区别。

"封"之本意，是积土为台。《礼乐记》曰："封王子比干之墓"，按《广雅·释丘》云："封，冢也。"冢是积土而成，故曰"封"。崔豹《古今注》曰："封疆画界者，封土为台，以表识疆境也。"[②] 这是对"封疆"的解释，只适用于阡陌之封，不能说明顷畔封也具有疆界的意义。《急就篇》颜师古注曰："封，谓聚土以为田之分界也。"顷畔封虽然同阡陌之封同是"聚土为台"，且也有"田之分界"之意，但因为与所有权无关，所以在土地诉讼中会产生"算不算封"和盗徙之判处赎耐"是不是太重"的疑问。

顷畔封是商鞅变法后出现到秦统一以前存在的新概念，是大土地所有制不断发展的反映。商鞅变法以前，"封"只有"表识疆境"一个含义；商鞅变法后，在"田连阡陌"的大土地所有者的地界之内，不再按顷修筑陌道，而逐渐蜕变和简化为只修筑"顷畔封"，使"封"具有不同于前代的新含义，以至连秦国地方官吏也难以把握其法律内涵，需要国家在法律问答中予以专门的解释。到了秦汉时代，地主阶级已经具有稳占土地和人口的实力，所以阡陌虽存，但顷畔封却随着授田制的瓦解而销声匿迹了。

既然顷畔封与阡陌的意义完全不同，为什么《法律问答》在肯定了"封即田阡陌"之后仍说顷畔封"是封"，盗徙之判处赎耐"不重"呢？这是因为，顷畔封虽然与土地所有权无关，却仍具有"田之分界"的意义；盗徙顷畔封虽然未触动土地所有权，却与盗徙田阡陌一样是隐漏土地的非法行为，同样会造成减少国家税收，破坏授田制的后果，以对国家利益的损害作为量刑的统一标准，二者具有完全同等的社会危害性，故对二者处以同等的惩罚。

---

① 《新序》，见《史记·商君列传》集解引文。
② 转引自《周礼·封人》孙诒让《正义》。

析"阡陌封埒"

——同魏天安同志讨论

袁 林

商鞅"开阡陌"的具体内涵究竟为何？其社会意义究竟何在？云梦秦简和青川秦牍提供了极为珍贵的史料，但由于资料尚不充分，研究仍有待继续。魏天安《"阡陌"与"顷畔"释义辨析》一文[①]从研究秦律"盗徙封，赎耐"及其释文入手，提出了自己的见解，笔者读后得到启发，但对文中一些观点不敢苟同，愿就此提出不同意见，并改正笔者七年前所解释的不当之处。

一、如何理解秦《为田律》

关于商鞅变法后秦国田制中的农田规划制度，即"为田开阡陌封疆"的具体内涵，1979 年四川省青川县出土秦《为田律》有很详细的描述。因此，在分析秦律"盗徙封，赎耐"及其释文之前，应先对《为田律》进行分析。现抄录律文有关部分如下：

> 田广一步，袤八则为畛。亩二畛，一百（陌）道。百亩为顷，一千（阡）道，道广三步。封，高四尺，大称其高。埒（埒），高尺，下厚二尺。以秋八月，修封捋（埒），正彊（疆）畔，及癹千（阡）百（陌）之大草。九月，大除道及除澮（澮）。……非除道之时，而有陷败不可行，相为之□□[②]。

魏文对此律文的解释为：亩是宽八步、长三十步的地块，其两长边与陌重叠；数亩或数十亩土地首尾相连，畛为亩间横的小道；每一顷地与陌垂直的两边和阡重叠；在两阡之间沿陌修筑封埒，"就可以清楚地显示不同所有者占有土地的疆界"。笔者认为，这种解释所失有五。

其一，关于亩之形制，后来已证明是宽一步、长二百四十步的地块。胡平生同志根据阜阳汉简"卅步

---

* 《河南大学学报》（社会科学版），第 32 卷第 4 期（1992 年），第 25-30 页。
① 《河南大学学报》1989 年第 4 期。
② 《青川县出土秦更修田律木牍》，《文物》1982 年第 1 期。

为则"的记载，首先指出秦《为田律》中"袤八则"之"则"为量词，八则即二百四十步[①]。1983年底至1984年初，在湖北江陵张家山出土汉律中，有一条与秦《为田律》基本相同，秦律中"袤八则"处汉律正作"袤二百卌步"[②]，这是确证。由此可见，秦亩决非宽八步、长三十步之地块。

其二，陌道不可能与亩之两长边重叠。律文曰："道广三步"，此处之"道"显然是指陌道和阡道，即陌道宽三步。魏文认为，亩之两长边与陌道重叠，若按他所理解的亩之形制，则每耕种八步（约合11.1米）宽土地，便隔以三步（约合4.2米）宽陌道，此种设计浪费土地，不便耕作，有利野草蔓延，已属极不合理。若按亩宽一步考虑，则每耕种一步（约合1.4米）宽土地，便须隔以三步宽陌道，则更显荒唐。以"竭尽地力"为主旨的商鞅不会作出如此悖谬之法律。且律文明言："亩二畛，一陌道。"即亩之四边中有对应两边与畛重叠，另两边之一与陌道重叠，若对应两边皆与陌道重叠，则应称"二陌道"。或曰，因为陌道是相邻两亩之间的界限，故亩"一陌道"即指亩之两边皆为陌道。此说亦难通释，因为畛也是相邻地亩之间的界限，律文并未由此而称"亩一畛"。与亩之两长重叠的当是畛。关于畛之形制、大小、位置、作用，律文均未言及，由文献可以知道两点：一是畛或作为界，或作为道，《小尔雅·广诂》曰："畛，界也"，《楚辞·大招》王逸注曰："畛，田上道也"；一是畛之宽度小于阡道陌道之道，《周礼·遂人》郑注曰："畛容大车""道容（乘车）二轨"，据《考工记·车人》及《匠人》郑注，大车"彻广六尺"，乘车之轨"凡八尺"，二轨则为一丈六尺。上述之道宽与秦《为田律》文中之道宽大致相同，畛宽并不一定吻合，但由畛窄道宽至少可以推测，亩之长边与较窄之畛重叠更为合理，可减少土地的浪费。

其三，阡道陌道与阡陌并非一事？魏文认为秦《为田律》文中的阡道陌道就是阡陌，其实二者并不相同。律文中阡道陌道统称之为"道"，青川木牍背面文字可为证据，其曰："四年二月不除道者，□二田，□一田，章一田……"[③]，此处之"田"即为百亩之顷，以"田"计"道"，则"道"即顷边之阡道陌道。对于阡陌和道，法定的维修时间和内容皆不相同，对阡陌，是在"秋八月""茇阡陌之大草"，对阡道陌道则是"九月，大除道"，另外，"非除道之时而有陷败不可行，辄为之"。在文献中也可看到阡道陌道与阡陌并不相同的踪迹，《汉书·晁错传》记晁错上书之言："通田作之道，正阡陌之界。"二者作用及修筑办法皆不相同，董仲舒则说，秦自商鞅变法而后，"富者田连阡陌"（《汉书·食货志》），若阡陌即秦《为田律》中之阡道陌道，则无论如何解释律文，"田连阡陌"都毫不足奇。因此，阡陌当是分别与阡道、陌道平行的一种比较大的田界设施，其间距离比较远，所包围土地数量比较多。

其四，顷有固定形制，其两边并非都与阡道重叠。魏文认为，数亩甚至数十亩土地首尾相连，其两端与亩向垂直为两条阡道，亩间以畛为界，阡道与畛平行，任何一顷地都有对应两边与阡道重叠。这样，由于两阡道间距离不同，因而顷的形制也就不定。这种解释是建立在亩为八步宽、三十步长之地块的错误认识基础上的，如果肯定了亩为宽一步、长二百四十步之地块，则顷的形制也应当是确定的，即百亩并排为顷，若将畛之宽度计入亩内，顷就是宽一百步、长二百四十步之长方形地块。百亩并排，则亩之一端的陌道相连而成为顷之一边。律文曰："百亩为顷，一阡道"，则顷之四边中只有一边与阡道重叠。由于陌道与阡道互相垂直，因此对一顷田地来说，总有相邻两边为道，一边是陌道，一边是阡道。正由于顷有固定形制，"百亩为顷，一阡道"才有了固定的含义。

其五，封埒也是顷的边界。关于封埒，魏文的两个地方作了两种互相矛盾的解释：一处说："只需在两阡之间沿陌道修筑'封埒'，就可以清楚地显示不同所有者占有土地的疆界。"就是说，两阡之间沿亩边有许多陌道，其中的某些陌道上又修筑以封埒，用为区别不同所有者占有土地的疆界；另一处说，地主、

---

① 《青川秦墓木牍"为田律"所反映的田亩制度》，《文史》第19辑，1983年。
② 《江陵张家山汉简概述》，《文物》1985年第1期。
③ 从李学勤先生《青川郝家坪木牍研究》释文，《文物》1982年第10期。

贵族"常常只修筑表示地界的阡陌，不修筑地界内的陌道"，为准确反映占地顷亩的多寡，作为国家按丁夫授田和征税的标准，"在阡陌之内设置'顷畔封'"，在这里，作为不同所有者占有土地界限的仅仅是阡陌，封埒是度量顷亩地积的标志，而顷亩又是国家授田和征税的标准。按前一种解释，一个所有者占有土地的四界中，相对两边是阡，另外两边是修筑于陌道上的封埒。在广三步（约合 4.2 米）的陌道上修筑起高四尺（约合 0.92 米）的土墩，高一尺（约合 0.23 米）、底宽二尺（约合 0.49 米）的土埂，以作为田界，这实在极不协调，不仅叠床架屋，也难以起到田界作用。这种解释在秦《为田律》律文中无任何依据，且以封埒与顷无关，则"顷畔封"也无从谈起。按后一种解释，封埒与顷有关，但其中说土地所有者可以不按法律规定修筑必须修筑的陌道，这在以法严刑酷著称的秦国是难以想象的。根据前面的讨论，百亩并排成顷，百步长的两条顷边之一为陌道，二百四十步长的两边顷边之一为阡道，剩余两边以何为界，律文未谈及，但详述了作为田界的封埒之形制大小，因此可以推断，顷的另外两边正是以封埒相连作为地界的。

七年前，笔者在《战国授田制试论》[①]一文中曾认为，阡陌是田间界道合一的固定设施，封埒相连则为非固定田界，授收田土时不变动阡陌，只变动封埒即可。今天来看，这种观点是错误的。仔细研究秦《为田律》，其土地规划状况是：宽一步、长二百四十步的地块为一亩，亩之长边以畛为界，亩之短边之一为陌道；百亩并排成顷，其四界中有相邻两边分别为三步宽之陌道、阡道，另两边以封埒为界；由于每顷地须有一陌道，一阡道为界，故相邻二阡道、二陌道间包围四顷地，封埒相连则为这四顷地间界限；在若干条阡道、陌道之外，与之大致平行有阡、陌，此为更大之田界。整个田界系统都是为了保证顷的形制大小的确定，而顷正是国家授田制度实施的基本田块，也是国家在这种制度基础上征收赋税徭役的依据之一，土地的授收不用变动任何田界，只需变动某一顷田块的使用者即可，因此，每年可以在固定的时间维修阡、陌、阡道、陌道、封、埒这整个田界系统。

二、如何理解秦律"盗徙封，赎耐"及其释文

这条史料是魏文分析的基本出发点，他采用了文物出版社 1978 年版《睡虎地秦墓竹简》句读：

> "盗徙封，赎耐。"可（何）如为"封"？"封"即田千佰。顷半（畔）"封"殹（也），且非是？而盗徙之，赎耐，可（何）重也？是，不重。

并认为，阡陌是封，顷畔封也是封，阡陌是田界，顷畔封则非田界，而是"国家掌握按丁夫授田和征税标准的重要措施"。笔者认为这种解释不能成立，关键在于"'封'即田千佰"的断句不能成立，真是失之句读，差以千里。

封肯定并非阡陌。首先，考古、文献资料都说明封非阡陌。秦《为田律》曰："封高四尺，大称其高"，是一个高四尺的土墩，大小与其高相称，无固定形制。《礼记·檀弓上》注曰："聚土曰封"，《礼记·乐记》注曰："土积曰封"，《周礼·肆师》注曰："封亦坛也"，《广雅·释丘》曰："封，冢也"，都说明封是土堆、土台，积土而成。阡陌则是长条状的田界，或亦用为道路，《说文》曰："路东西为陌，南北曰阡"，《汉书·食货志》颜注曰："仟佰，田间之道也，南北曰仟，东西曰佰。"显然，封与田阡陌绝非一事，不能说"封即田阡陌"。

其次，无论将阡陌或阡道陌道解释为封，"盗徙之"工程量都极大。以阡道、陌道计，其宽三步，移

[①]《社会科学》，1983 年第 6 期。

之则相当于重修一条道路，阡、陌则更宽，因此，"盗徙之"几近于不可能。

再次，若阡陌即封，则"盗徙之，赎耐"处罚过轻。赎耐是很轻的一种刑罚，耐刑即剃光犯人鬓须之刑罚，《礼记·礼运》孔疏曰："古者犯罪以髡其须，谓之耐罪"，《说文》曰："耐，罪不至髡也"，段注："不剃其发，仅去须鬓，是谓耐"，而所谓赎耐，即交纳法定数量的财物以代替耐刑，其财物数量多少，未见明确记载，但可肯定，赎耐比耐刑又轻了一层。商鞅变法之后秦国严刑峻法，虽小过亦处以重刑，云梦秦简《法律答问》中有一条："或盗采人桑叶，臧（赃）不盈一钱，可（何）论？赀繇（徭）三旬。"偷采他人桑叶价值不足一钱，便罚徭役三十天。封若理解为阡陌，"盗徙封"则是偷窃或强占国家土地，即使按魏文解释，封是阡陌之内反映顷亩多寡的设施，"盗徙封"也属于隐瞒土地、偷逃赋税的犯罪行为，对此损害国家利益的行为仅处以赎耐，实在难以想象。

根据以上讨论，该条中间部分句读应为："'封'即田千、佰、顷半（畔）'封'殴（也），且非是？"其实云梦秦简最早公布于《文物》杂志时，就作如此断句，这条史料的大致含义是："私自移封，应赎耐。"什么是"封"？"封"就是田地中阡、陌、顷边的"封"，是这样吗？私自移动，即判处赎耐，是否太重？是这样的，处罚也不重。《法律答问》之所以要解释封，大概是由于当时封有不同种类，或为行政区划疆界之封，如《周礼·大司徒》"辨其邦国都鄙之数，制其畿疆而沟封之"中所说的封，或为社坛之封，如《周礼·封人》"掌诏王之社壝，为畿封而树之"中所说的封，或为田界之封，如《左传·襄公三十年》"田有封洫"之封，等等，因此须说明律文中的封特指田地中阡、陌、顷旁边的封，"畔"在此处为边侧之意。"且非是"三字在简文中完全可以通释，秦简《法律答问》中有"何谓窦署"一条，行文与此类似，可作为参考。

那么，什么是田地中阡、陌、顷旁边的封呢？据前文对秦《为田律》的讨论，阡道、陌道所包围的四顷地间以封埒为界，这是顷畔封的一种类型。另外，阡、陌作为距离较远的大的田界，其设置虽与阡道、陌道平行，但必然依自然地势而为之，不必完全笔直规整，这样，在邻近阡、陌的顷与阡、陌之间便形成一些不足划分为顷的畸零之地，为充分利用这些土地，需要将其划归若干生产者经营，这里的田界大概就只用封埒，由此产生阡畔、陌畔、顷畔之封，阡道、陌道包围的四顷地中间的封不易盗徙，徙之也容易发现，故此条法律主要指畸零之地上的封埒，"盗徙封"是未经官府同意而私自移动封埒，占用国有荒地的犯罪行为。由于秦国"地胜其民"（《商君书·算地》），"谷土不能处〔什〕二"（《商君书·徕民》），垦草开荒是国家鼓励的行为，因此，"盗徙封"之罪不在移封垦荒，而在于"盗"，即未向官府申报并得到批准，故只处以赎耐之轻刑。

三、如何理解授田制的本质

商鞅"为田开阡陌封疆"，设计了一套完整严密的田界系统，将土地划分为以顷为基本单位的田块，目的在于推行国家授田制度，一夫一顷，自然非常方便，那么，国家授田制度的本质又何在呢？魏文说："授田制的本质，是国家按丁夫的多寡对土地的私人占有给以确认，以便征收赋税。"这个观点实际上包含着两个命题。一个命题是，土地实质上为私人所有，国家只是依据丁夫多少对其私有权予以确认，这就是说，授田制的核心不在于授田，而在于限田，正是在这个基础上，他认为不同所有者占有土地的形制大小是不定的，阡陌则用以表示其间地界，这样，就需要再设立顷畔封作为顷间界限，用为征收赋税的标准和依据。另一个命题是，在授田制度下，国家征收的租税仅仅是现代意义上的国家赋税，并不包含国家对受田者的地租剥削，由此他认为贵族、地主占有大量土地，这些土地以阡陌为界，其中设顷畔封作为纳税标准，除了按规定向国家交纳赋税外，还可以获得阡陌以内土地的地租剥削，由此实现了他们的土地私有权。

秦国授田制度之下并不存在土地私有权，其证据如下，首先，商鞅变法之后的秦国是切实实行过授田制度的，云梦秦简《田律》曰："入顷刍稿，以其受田之数"，摘抄《魏户律》曰："假门逆旅，赘婿后父，勿令为户，勿予田宇"，《商君书·徕民》曰对三晋移民"利其田宅"，都是明确证据，而实现授田必须以土地国有为前提。其次，秦《为田律》规定了阡、陌、阡道、陌道、封、埒配套的严密的田界系统，每年定时维修，将土地划分为以顷为基本单位的田块，这些都只有在土地国有条件下方能实现，若土地私有，则田界无法系统配套，田界维修无法定时举行，土地也不可能划分为以顷为基本单位的田块。再次，商鞅变法后直至秦亡，至今尚未发现存在土地买卖的任何证据。从云梦秦简可见，商鞅变法后秦国公私商业仍以相当规模存在着，商品种类形形色色，包括奴婢买卖，唯独没有发现土地买卖的事例。董仲舒说商鞅变法后"民得买卖"土地，实在是以汉述秦，无据之谈。另外，在云梦秦简中可以看到许多有关各种财产的处分、纠纷的记载，但唯独没有土地，这也证明土地私有权还不存在，个人对土地没有处分权。又次，从云梦秦简《封诊式·封守》可见，土地并未成为私人财产的组成部分，"某里士伍甲"的家产，被查封，甲有房产，蓄臣妾，并非赤贫之家，查封账目亦细致全面，连"门桑十木""牡犬一"都未遗漏，唯独没有土地，这说明土地是归国家所有的。土地国有，国家授田予民，授田的基本单位是顷，因此，设置阡、陌、阡道、陌道、封、埒这一整套田界系统，都是为确定顷之形制大小服务的，独立于这个田界系统之外的仅作为征税依据的顷畔封是不存在的。

土地国有，就意味着国家征收的租赋徭役包含了近代意义上的赋税和地租两个部分，马克思说，如果"国家既作为土地所有者，同时又作为主权者而同直接生产者相对立，那末，地租和赋税就会合为一体"①。在商鞅变法之后的秦国，社会统治阶级的剥削所得全部融汇入这个合一体之中，不存在统治阶级成员个体凭借自己的土地私有权而游离于这个合一体之外的剥削，他们的剥削收入表现为这个合一体的不同形式的分割。这种分割既表现为官俸和赋税赏赐，如《商君书·境内》所称"千石之令""八百之令"等，是官俸之表现，其曰"赐邑三百家，赐税三百家""税邑六百家"等，则是将原本应收缴国库的租赋转赐予私人，又表现为国家将劳动力和土地授予私人，即实际上将国家应从这些劳动力和土地上所获得的地租赋税合一体授予私人。商鞅变法内容之一即"明尊卑爵秩等级各以差次，名田宅臣妾衣服以家次"（《史记·商君列传》），即对于社会地位不同者依等差授予不同数额的土地，同时依等差授予不同数量的臣妾②，二者间似当有某种对应关系。《商君书·境内》谈到奖励军功曰："能得甲首一者，赏爵一级，益田一顷，益宅九亩，一除庶子一人。"田一顷与庶子一人亦有着某种对应关系。单独依据所占有的土地就实现剥削是不可能的，因而不仅土地私有权是不存在的，而且个人的剥削收入以不同形式表现为国家租赋徭役的分割。也正由于这个原因，在秦代史料中我们既看不到个人处分自己所占有土地的事例，也看不到通过自己所占有的土地以租佃等形式与他人发生社会关系的事例。

笔者认为，国家授田制的本质在于遏制村社瓦解之后过猛过快的私有制发展势头，以防止其对生产所可能带来的危害。这表现在两方面，一是由国家通过授田控制生产者同基本生产资料土地的结合方式，保证二者的顺利结合，从而保护社会生产；一是国家通过征收地租与赋税合一体的租赋徭役，然后又以不同形式分割于剥削阶级成员的方式，控制社会总剥削量的度，使之不因私有制的发展而失控，超出生产者所能提供的剩余劳动过远，从而保护社会生产，秦国的强盛与国家授田制度的实施有着直接的关系，但私有制的发展是不可能被制止的，它最终必然使国家授田制崩溃。

---

① 《马克思恩格斯全集》第 25 卷第 891 页。
② 臣妾的授予多以赏赐形式出现，《商君书·境内》曰："爵吏而为县尉，则赐虏六。"即由吏升为县尉则赐予奴六人，这当是升爵除职时的惯例，即授予一定数量臣妾。

再谈"阡陌与顷畔"

——答袁林同志

魏天安

拜读了袁林同志的文章，获益匪浅。现就有关问题答复如下。

一、关于亩之形制，我在《辨析》中主张每亩长三十步、宽八步。依据胡平生同志引证阜阳汉简中"卅步为则"的记载，我愿修正这一观点，赞同一亩宽一步，长二百四十步的意见。

二、关于"畔"，袁文认为畔是与"阡"平行、与"陌"垂直的田间界道，宽为八尺或一丈六尺，并认为这样"可减少土地浪费"。但稍一推算就可知，即使按畔宽八尺计算，一亩二畔共四百八十步，畔所占土地也是周长七十六步、阡陌宽三步的亩制所占土地的三倍，更不合理，胡平生同志已指出"畔"在《为田律》中的意义主要是田区，其形制"像今天所谓田埂"，并引《说文》中"畔，井田间陌也"为据，说明畔是与阡垂直，与陌平行，我认为这一观点是有道理的。

三、关于阡陌与阡道、陌道，袁文认为"并非一事"，其主要论据是《为田律》规定每年八月铲除"阡陌之大草""九月，大除道"，二者"法定的维修时间和内容皆不相同"。不过，从律文中只能看出阡陌与"道"略有不同。丝毫不能判定阡陌与阡道、陌道有何区别。《汉书·成帝纪》颜师古注云："阡陌，田间道也"，阡陌即阡道、陌道，古今史家，皆无异意。八月铲除阡陌上的野草使阡陌显露，与九月对其中具有交通意义的"道"进行大修整，不能说明阡陌不是阡道、陌道。所谓"阡陌是与阡道、陌道平行的一种比较大的田界设施"的观点，在史籍上无根据，在实践上无意义，难以成立。阡陌与封埒结合，表示不同的土地所有者（或占有者）的田地分界，即凡地界均依阡陌划定。由于地界具有一定的稳定性，且为临界双方共有，不像顷亩之内的陌道可以进行休耕轮作，所以地界一般都具有交通道路的性质，从这个意义上说，我仍坚持在《辨析》中阐述的"道路通达与田界分明的统一，就是阡陌之制"的观点。

四、关于顷的形制，袁文认为"相邻二阡道、二陌道间包围四顷地"，这是以陌是一亩地的一条短边为依据得出的结论。按此说法，一亩地只有一步长的陌。《说文》释"亩"字云："六尺为步，百步为亩。秦田二百四十步为亩。"如果以秦《为田律》中每亩有一条陌道考诸周亩，则周亩的一条长边（陌道）长一百步，这正与"陌即为百"的本义相合。陌与畔平行，所以，"亩二畔，一陌道"的含义，是一亩地有两条"畔"，其中的一条要修得宽一些，即成为"陌"。也就是说一顷田有五条畔和五十条陌。依胡平生先

---

* 《河南大学学报》（社会科学版），第32卷第4期（1992年），第31-32页。

生的观点推论，一亩有二畛，再加一条陌，则两陌之间分四区，三条畛，每顷有二十五陌，七十五畛，每亩面积扩大一倍，为四百八十平方步，亦通。不过，扩大亩制不见任何文献记载，故本文暂不取。按商鞅授田制为爰田制，即换耕制，《更修〈为田律〉》规定每间隔二步就有一条宽三步的陌，为修耕轮作带来了极大的方便。一顷百亩，一阡道，则两阡之间的距离为四百八十步，只要在两阡之间沿陌道修筑封埒（不是修在陌道之上，而是修在陌道之旁），就可以清楚地显示不同所有者占有土地的疆界。

五、关于封埒，袁文只说"也是顷的边界"，对究竟是不是表示所有权（或占有权）的地界，采取了回避的态度。照此推断，如果一户占地四顷以上，封埒就不具有表示所有权的地界的意义。这样，《为田律》中"修封埒，正疆畔"就成了"正顷畔"，商鞅"为田开阡陌封疆"也只不过是把土地划成一顷一块，而不具有授田于民、划分地界的意义了。试问，如果不管占地多寡，所有的土地都只划成一顷一块，而没有表示所有权（或占有权）的地界，又如何确定土地的归属和所有权（或占有权）的变更，如何进行土地的授受呢？

六、关于秦律"盗徙封，赎耐"的释文，袁文把"且非是"译成"是这样吗"，于文法文义都不通。"非是"即"是不是"或"不是"，即使把"是"牵强地看作代词，也应译成"不是这样吗"，但这种译法就使律文无法通释。在明确回答了什么是"封"以后又问"是这样吗"，在秦简《法律问答》中找不出这种奇特的句式。即使按袁文所赞同的句读法，释文也应译成："什么是封？封（究竟）是田阡陌、顷畔之封，还是不是（田阡陌、顷畔之封）？"在这里，同样可以看出阡陌之封与顷畔之封是有所不同的，而区别二者的不同正是我在《辨析》一文中所论证的根本观点。

"封"是确定土地四至的坐标点，阡陌之封全修筑在表示地界的陌与阡的相交处，因此，我在《辨析》一文中说："从确定地界的角度看，说'封即田阡陌'是言简意明，十分正确的。"盗徙阡陌之封是将封沿阡道偷偷地移到相邻的田块内（可能是尚未分配的国有土地，也可能是业已授受的私有土地），两条陌道之间的内距只有二步，因而这种移易并不十分困难。如果考虑到土地休耕轮作等因素，这种侵越地界的行为是很容易发生的。不过，由于土地的占有是以顷为单位，如果移易过多，打乱了顷的规制，就容易发现，所以"盗"的规模也不会太大。这种情况，犹如各朝各代屡见不鲜的邻里之间的地界纠纷一样。在土地私有制刚刚确立的秦朝，以重农为宗旨的商鞅为了保护农民的生产积极性，对"盗徙封"只处以较轻的"赎耐"的惩罚，是合情合理、不足为怪的。

"顷畔封"不具土地疆界的意义，只表示土地所有者拥有土地的数量，因此不必与"埒"结合，不能把"顷畔封"与表示地界的封埒相混淆。袁林同志认为在阡陌之内很难发生"盗徙封"，"盗徙封"指的是发生在阡陌之外的、不足划分为顷的畸零土地上的侵占行为，却未提出任何证据，这不仅把授田制过于理想化了（世界上至今还没有发现可以杜绝土地纠纷的田制），而且否定了秦律"盗徙封，赎耐"所具有的普遍意义。

本文是在袁林同志文章的启发下写成的，借此修正了原《辨析》一文中与亩之形制相关的若干看法，特此说明。

秦简牍所见内史非郡辨

张金光

四川省青川县郝家坪 50 号秦墓木牍文曰："二年（即秦武王二年）十一月己酉朔朔日，王命丞相戊（茂）、内史匽，□□更修为田律。"有的同志认为"秦的内史掌治京师，属于地方行政长官"，只是因为设在首都，"因而首都的中央一级机构也要受内史节制"①。云梦秦简中亦多次出现内史一职，整理小组注释其职为"掌治京师"。今按，此两说并误。秦简牍所见内史应为中央机构之一，其职主要为总理全国财政，并兼其他多种职分。今辨说如下。

早在殷周即有内史一职，其位虽卑而其权则实甚尊显。《周礼》"内史"职文曰："内史掌王之八枋元法以诏王治，一曰爵，二曰禄，三曰废，四曰置，五曰杀，六曰生，七曰予，八曰夺。执国法及国令之贰以考政事以逆会计。掌叙事之法受纳访以诏王听治；凡诸侯及孤卿大夫则策命之；凡四方之事书内史读之；王制录则赞为以方出之；赏赐亦如之；内史掌、书王命遂贰之。"按此内史居宫中实做为太宰之副贰，助王掌爵禄废置生杀予夺之权，是为王宫内侍从近臣，职卑而权重。其职掌具体分析来则集中在下列几个方面：（1）国法及国令诸典宪著诸竹帛图籍者，内史皆藏有副本，内史并据此法教政令以考绩全国政事及财政会计。（2）掌叙百官群吏职事并受纳下言以传达于王，起着沟通上下言路的桥梁作用。（3）掌册命诸侯卿大夫之事，即受王命作册书并颁行之。师虎毁铭文曰："王乎（呼）内史吴曰：'册命虎……"（《两周金文辞大系》图录五八）（4）凡四方有奏书，内史则读于王。《周礼》内史条下郑注"若今尚书入省事。"又《汉书·霍光传》："尚书令读奏。"汉尚书若《周礼》内史读四方之奏书事，故郑举汉制以为况。（5）凡禄赐，则由内史为辞并书于方以宣示之。（6）凡王命皆由内史书之。总之，《周礼》内史其职掌主要在书策命王令以及考绩政事与管理财会等事，其职甚繁。秦简牍所见之内史与周礼内史虽有所不同，但其业务也确有其相类之处，总之非地方官而仍为中央枢要之官。今可得证如下。

第一，从秦简牍及文献所透露秦内史职权范围来看，超出了郡的范围，远非郡级地方长官所可伦比。其职限至少有七：

（1）总理全秦财会、效计、簿籍，当即有如汉之领计事，此在汉则为丞相职之一。秦简《仓律》："入禾稼、刍槀，辄为廥籍，上内史。"《效律》："至计而上廥籍内史。"照秦简律文知，廥籍内容至少包括两项，一要写明该仓廥积纳禾刍数量以及仓啬夫、佐、史、廪等负责人的名字，这就是《效律》所说"入

---
* 《史学集刊》，1992 年第 4 期。
① 黄盛璋《青川新出秦田律木牍及其相关问题》，《文物》1982 年第 9 期。

禾，万〔石一积而〕比黎之为户，籍之曰：'廥禾若干石，仓啬夫某，佐某、史某、禀人某。'"刍稾之廥籍亦如是书之。二、对故仓入禾增积者如系他人而非原主持人，则须把增积禾刍者的姓名籍贯写在廥籍内。此即仓律所言："书入禾增积者之名事邑里于廥籍，这是为了明确具体管理负责者各应负的责任范围。廥籍皆应在上计时上报内史。可见内史有领计一事。秦简《仓律》又曰："稻后禾熟，计稻后年。已获上数，……别黍、□（糯）之襄（酿），岁异积之，勿增积，以给客，到十月牒书数，上内〔史〕。"可见国营稻田①的收敛以及出纳亦皆须籍书而上报内史的。总之，内史其职之一即为总领天下禾刍稾等仓储之计簿，此即其总领钱谷权限之一标志。又，秦简《仓律》云："县上食者籍及它费大（太）仓，与计偕。都官以计时雠食者籍。"仓储业务计簿归内史总领、太仓亦应归内史掌握，都官亦应属内史管辖，其粮廪及他经费财政收支亦当皆由内史总领，此又类后世之财政部之某些业务。

（2）总理四方事书，若各类请示文书等，并经管文书档案库事宜。此职掌当与《周礼》内史职典事书文籍相蝉联。云梦秦简录抄了十一条《内史杂》，其中多与"史"类即办理文案簿籍之小吏事有关涉。如《内史杂》规定"有事请也，必以书，毋口请，毋（羁）请。"地方有事请示不要以口头请告，而须制作成文书上行请示。此透露内史办理并经管请对章奏事。《内史杂》又云："毋敢以火入臧（藏）府、书府中。"书府即文书档案储存机构。可见诸器械库及文书簿籍档案库是由内史掌管的。

（3）总领仓储及各类器械物资之管理。《内史杂》："有实官高其垣墙。它垣属焉者，独高其置刍廥及仓茅盖者。令人勿（近）舍。非其官人殹（也），毋敢舍焉。善宿卫，闭门辄靡其旁火，慎守唯敬（儆）。有不从令而亡、有败、有火，官吏有重罪，大啬夫、丞任之。"此律涉及大啬夫及丞，毫无疑问此为关于全秦仓储管理之法。《内史杂》又云："毋敢以火入臧（藏）府。"可见其并管理器械库府。又定："都官岁上出器求补者数，上会九月内史。"又秦简《金布律》规定县都官"粪其有物不可以须时求先买（卖）"即对急需处理掉的物品求先处理，此必"以书时谒其状内史"，即及时以文书呈报内史。此并皆可证内史总理国库器械物资。

（4）总理钱货。秦简《法律答问》："盗出朱（珠）玉邦关及买（卖）于客者，上朱（珠）玉内史，内史材鼠（予）购。"盗珠玉者被查获应上交珠玉于内史，并由内史酌予购赏。可见其掌理钱货。由秦简《金布律》知"大内""少内"二机构当为内史下属之职。大内存物，少内存钱货。

（5）管理官农业、畜牧业、手工业的生产诸事宜。前引《仓律》"稻后禾熟"条可证官稻田的收敛及出纳情况皆须行文上报内史。又秦简《厩苑律》："今课县、都官公服牛各一课，卒岁，十牛以上而三分一死；不〔盈〕十牛以下，及受服牛者卒岁死牛三以上，吏主者、徒食牛者及令、丞皆有罪。内史课县，大（太）仓课都官及受服者。"又，《内史杂》规定："苑啬夫不存，县为置守，如厩律。""侯（候）、司寇及群下吏毋敢为官府佐使及禁苑宪盗。"可见内史其职有管理国家厩苑畜牧等事宜者。又秦简《均工律》规定学工者"能先期成学者偈上，上且有以赏之。盈期不成学者，籍书而上内史。"可见内史亦管理培养技工事宜。

（6）管理佐史之职的训练与除任事。《内史杂》云："除佐必当壮以上，毋除士伍新傅。""令教史毋从事官府，非史子也毋敢学学室，犯令者有罪。""下吏能书者毋敢从史之事。""侯（候）、司寇及群下吏毋敢为官府佐史。"此并皆可证。

（7）由青川牍文知内史尚有参定国家法律之权。

---

① 拙作《试论秦自商鞅变法后的土地制度》，《中国史研究》1983年第2期。

综上所述秦简牍所见之内史其职当为总理钱谷财政,并掌史职文书档案簿籍中枢机要之官。尽管其职权同《周礼》内史职相比有所差异,但并不失为中央政府之一机构。其与下属县所发生之关系并非行政治民之统属关系,而是如上述钱谷货物文书籍簿等各类业务关系。这是理解内史职掌性质的关键所在。

第二,从内史与其他中央机构的关系上看,其绝非郡级亦可得明证。出土秦律有《内史杂·尉杂》二篇。尉即廷尉。《汉书·百官公卿表》:"廷尉,秦官,掌刑辟。"主司法。秦简录《尉杂》二条。一条为"岁雠辟律于御史。"即每岁到御史府核对刑辟断狱之律。另一条残甚,从有"法律程籍"字样来看,可见亦与刑辟有涉。此《尉杂》二条内容正合廷尉之职,为其司法业务方面之杂律。《内史杂》亦为内史职内各杂事之律,与《尉杂》相类。廷尉为中央机构,内史亦当如之。绝非郡级,又,出土秦律未见"某郡杂"律之类。此皆可证内史职掌性质,其为中央官与廷尉等列。又青川牍文言内史匽与丞相茂共定法律,其位次在丞相之后,并不言有其他参修者,又可见其似为承相副贰之职,他既可做为副贰参修全国法律,显非郡级。甚或说此为田律主要行于内史辖境①。按,此说亦误。若内史为掌治京师之地方官,其所修之律绝不能通行于外,何以又出于蜀地。显然秦武王二年内史所参修之律乃是适应全秦的法律,而绝非地方土政策。又,地方无定律之权。秦简《语书》所载南郡守腾"脩法律令、田令及为间私方而下之"之"脩"乃是遵行修布旧律之谓,而绝非南郡守腾所自定律令。因为在此前已明言"圣王作法","今法律令已具",只是"吏民莫用……是即法(废)主之明法""故腾为是而脩法律令""而下之"。下又言"今法律已布,闻吏民犯法为间私者不止……自从令丞以下智(知)而弗举论,是即明避主之明法殹(也)。"可见南郡守腾所修布之律令是早已具有的"主之明法",绝非其所自为。此又可反证地方无更定律令之权。甚或说内史腾相隔三年调任南郡太守,"说明内史职位与郡守相等"②。按此说亦非。定秦简之南郡守腾即《史记·秦始皇本纪》所言之内史腾,目前尚无任何直接证据,这只是一种流行的时说。退一步讲,南郡守腾与内史腾即便为一人,亦不能证明内史为郡级,因为中央内史腾调任南郡地方郡守的原因尚不明。再说南郡为新得楚地,在军政方面皆为极重要之防区,由内史充其任,亦并不为左迁,正显其地要耳。今又据《史记·秦始皇本纪》载其九年平嫪毐乱。谓"尽得毐等。卫尉竭、内史肆、左弋竭、中大夫令齐等二十人皆枭首。"按,卫尉掌宫门卫屯兵,为秦中央机构九卿之一。左弋为九卿之一少府之属官,中大夫令亦为宫卫之官。内史介在其间,位在卫尉之次,足见其非地方官,亦当为中央一级官员。由此观之,至少可以说,到秦始皇九年秦内史一职尚不为地方官。其虽或可兼领京师诸都官,但其职掌性质则仍为中央大员。可能随着秦所占地盘之日益扩大,尤其至统一之后,国事日繁,政务分工亦须日细,故遂分出了典京师之内史,其谷货则另设治粟内史主之,金布钱赋则立少府掌之。云梦秦简无少府一职,可见在秦皇初年,少府之业务尚无从内史分出。

综上所述,当可断言,秦简牍所见之内史绝非郡级地方行政长官。

---

① 黄盛璋《青川新出秦田律木牍及其相关问题》,《文物》1982 年第 9 期。
② 黄盛璋《青川新出秦田律木牍及其相关问题》,《文物》1982 年第 9 期。

简牍法制史料概说*

李均明

近三十年来，随着经济建设的腾飞，文物考古事业的发展进步，出土简牍的数量剧增，迄今已达 30 万枚左右。由于简牍的内容丰富，参与整理研究的队伍不断扩大，大量论著论文见世，逐渐形成若干研究热点，其中较突出者有二：一是对战国楚简及马王堆汉墓出土简帛中诸子哲学思想的探研。二是对秦汉魏晋简牍法制史料的研究。二者并驾齐驱，有力带动上古史各项研究的开展。这些现象的形成绝非偶然，本文仅就后者的内容及其与历史研究的密切关系论述于下，不当之处，望大家指正。

一、简牍法制史料的发现

每批出土简牍的内容，大多为综合多样，只是有些简牍中法制史料的含量更多，而有些则较少、较分散，但总体而言约半数左右与法制史有直接或间接的关系。法制史料比较集中的简牍如：

包山楚简　1987 年湖北荆门十里铺镇王场村包山岗 2 号楚墓出土竹简 448 枚、竹牍 1 枚，涉及内容广泛，主要有文书简（包括遣册）与卜筮祭祷记录。文书简多与法制相关，见《集箸》《集箸言》《受期》《疋狱》四个标题。《集箸》是关于查验名籍的记录。《集箸言》是关于名籍纠纷的诉讼。《受期》是受理、审理各种诉讼案件及初步判决结论的摘要。《疋狱》是关于起诉的简要记录。另有一些文书简未见标题，整理者将其分为三组：第一组是有关官员奉楚王之命以黄金和砂金籴种的记录，其后附有诸官员为各地贷黄金或砂金的明细账。第二组是呈送给左尹（朝廷主管司法的官员）的有关案件的案情与审理情况的报告。第三组是各级司法官员经手审理或复查的诉讼案件的归档登记[①]。

睡虎地秦简　1975 年 12 月湖北云梦县睡虎地 11 号秦墓出土竹简 1200 余枚，内容大多与法制直接相关，依大标题可分《编年记》《语书》《秦律十八种》《效律》《秦律杂抄》《法律答问》《封诊式》《为吏之道》《日书》甲种及乙种。其中《秦律十八种》所辑含《田律》《厩苑律》《仓律》《金布律》《关市律》《工律》《工人程》《均工》《徭律》《司空律》《军爵律》《置吏律》《效律》《传食律》《行书律》《内史杂》《尉杂》《属邦》，每种律都不是该律章的全部条款，只是抄录人按需要摘录的有关条款。《效律》有单独立章者，比《秦律十八种》所收文字多许多，当为首尾完备的律章。《秦律杂抄》内容庞杂，有的有

---

* 《中国史研究》，2005 年增刊。
① 参见湖北省荆沙铁路考古队《包山楚简》，文物出版社，1991 年。

律名,有的无律名,见存律名有《除吏律》《游士律》《除弟子律》《中劳律》《藏律》《公车司马猎律》《牛羊课》《傅律》《敦表律》《捕盗律》《戍律》等十一种,其中除了《除吏律》与《秦律十八种》所收律名相同外,其余无重复者。《法律答问》是对秦律有关条款及术语的解释,当具法律效力,所解答律条大多属秦律主体,所以其排列顺序与李悝《法经》之分《盗》《贼》《囚》《捕》《杂》《具》六篇大致相符。《封诊式》所见皆为与诉讼相关的程序及具体实施办法,供官吏处理各类案件时参照执行,见小标题《治狱》《讯狱》《有鞫》《封守》《覆》《盗自告》《□捕》《争牛》《群盗》《夺首》《告臣》《黥妾》《迁子》《告子》《疠》《贼死》《经死》《穴盗》《出子》《毒言》《奸》《亡自出》,另有两个小标题字迹磨灭未能释出①。

龙岗秦简　1989年10月至12月间,湖北云梦县龙岗6号秦墓出土竹简150余枚、木牍1枚。竹简所见皆为法律条款,整理者将其分为五大类,拟题为《禁苑》《驰道》《马牛羊》《田赢》及其他类,所载内容大多未见于睡虎地秦简。木牍所载为诉讼文书抄本,述墓主名"辟死"者曾被错判为城旦,经乞鞫重审平反后,辟死免为庶人,错判之官吏被论罪②。

王家台秦简　1993年湖北荆州郢北村王家台15号墓出土竹简800余枚,内容有《效律》、日书、易占等。《效律》的内容与睡虎地秦简所见大致相同,但书写顺序有区别③。

张家山汉简　1983年底至1984年初,湖北江陵张家山247、249、258号汉墓出土大量竹简。其中247号墓出土竹简1000余枚,内容丰富,含律令、《奏谳书》《盖庐》《脉书》《引书》《算数书》、遣册、历谱。前二者为法制史料,数达700余枚,见《律令二十□种》《津关令》等篇题。所见律名依整理顺序排列有《贼律》《盗律》《具律》《告律》《捕律》《亡律》《收律》《杂律》《钱律》《置吏律》《均输律》《传食律》《田律》《市律》《行书律》《复律》《赐律》《户律》《效律》《傅律》《置后律》《爵律》《兴律》《徭律》《金布律》《秩律》《史律》及《津关令》。所见乃为汉初不晚于吕后执政时期的律令摘抄,不是《九章律》的全部。由于部分竹简已残断,当缺失部分简文,故笔者认为《具律》中有部分简文为《囚律》条款,律名已佚④。《奏谳书》为判例集收录从春秋、秦至汉初的二十二则案例⑤。

批量较少的简牍,也有重要的法制史料,如:

青川郝家坪秦牍　1979至1980年间,四川青川县郝家坪50号战国秦墓出土木牍两枚。其一枚字迹漫漶已无法辨识。而另一枚字迹清晰,正面所载为秦王颁布的《为田律》命书,是关于田亩制度的命令⑥。

胥浦汉简　1984年江苏扬州仪征县胥浦101号汉墓出土竹简17枚、木牍2枚、封检1枚,其中16枚竹简为一册书,自名《先令券书》,是一份不可多得的临终遗嘱抄件,为研究汉代民事关系提供了第一手资料。⑦

武威《王杖诏书令》册　1981年9月,甘肃武威县文管会从当地新华乡农民手中收集一份简册,自名《王杖诏书令》,是有关尊老及严惩殴辱王杖主者的诏令⑧。

武威旱滩坡律令简　1989年8月,甘肃武威柏树乡旱滩坡东汉墓出土17枚残木简,见王杖诏书令及

---

① 参见睡虎地秦墓竹简整理小组《睡虎地秦墓竹简》,文物出版社,1990年,本文简称《秦简》。
② 参见中国文物研究所、湖北省文物考古研究所《龙岗秦简》,中华书局,2001年。
③ 参见荆州地区博物馆《江陵王家台15号墓》,《文物》1995年第1期。
④ 参见张家山二四七号汉墓竹简整理小组《张家山汉墓竹简[二四七号墓]》,文物出版社,2001年,本文简称《张家山汉简》。
⑤ 参见李均明《张家山汉简〈奏谳书〉是一部判例集》。
⑥ 参见四川省博物馆、青川县文化馆《青川县出土秦更修田律木牍——四川青川县战国墓发掘简报》,《文物》1982年第1期。
⑦ 参见扬州市博物馆《江苏仪征胥浦101号西汉墓》,《文物》1987年第1期。又陈平、王勤金《仪征胥浦101号西汉墓〈先令券书〉初考》,《文物》1987年第1期。
⑧ 参见武威县博物馆《武威新出土王杖诏令册》,刊于甘肃省文物工作队、甘肃省博物馆合编《汉简研究文集》,甘肃人民出版社1984年版。

《令乙》《公令》《御史挈令》《兰台挈令》《卫尉挈令》《尉令》《田令》等令文条款①。

甘谷刘家山东汉简 1971年12月甘肃天水市甘谷县刘家山东汉墓出土木简23枚，内容为宗正府卿刘柜上奏皇帝有关刘氏宗室受辱的请诏文及皇帝的批文②。

各地遗址（包括障隧、驿置、井窖、房舍遗址）出土简牍批量都较多，内容庞杂，文书简为大宗，法制史料散见其中，如：

楼兰尼雅出土简牍及纸质文书 1901年斯坦因始于新疆尼雅发现晋简及佉卢文木牍，此后十余年间又陆续出土魏晋简牍及汉文纸文书共728件，1980年3、4月间新疆考古工作者又于楼兰古城发现木简63枚、纸文书2件，其中有诏书及与法制相关的官文书③。

敦煌汉简 1906年至1988年间，甘肃敦煌及其周边地区烽隧遗址出土简牍2500余枚（未计入敦煌悬泉置遗址所出），大多为官文书，其中含不少律令残文及司法文书④。

居延汉简 1930年至1982年间，流经甘肃与内蒙古二省区的额济纳河流域障隧遗址出土简牍3万余枚，其中2万枚已公布，大多亦为官文书，法制史料之内涵较丰富⑤。

以上三个区域遗址出土简牍中的法制史料不如墓葬出土者那么整齐，大多为残册断简，但数量很多，所以需要做进一步的整理。1990年至1991年间，我们曾做过汇辑考证工作，撰成《汉代屯戍遗简法律志》一书，收录上述出土简牍中与法制相关的资料，分上中下三编：上编为诏书与律令科品，附坐罪与刑罚；中编为司法文书，附债务关系；下编为其他文书。律令科品条款包括《盗律》《贼律》《囚律》《捕律》《兴律》《厩律》《户律》《金布律》《功令第册五》《北边挈令第四》《大鸿胪挈令》《戍卒令》《赦令》《赏令》《祠社稷令》《军法》《军令》《购赏科别》《烽火品约》《罪人入钱赎品》《守御器品》等。数量更多的是司法文书，包括《劾状》《爰书》《举书》《变事书》《逮书》等⑥。

尚有大量出土简牍未发表，其中有关法制的资料也很多，潜力巨大。如正在整理中的张家山336号汉墓，简牍所见除了与前述247号汉墓相同者外，尚有关于流放的《迁律》，关于朝觐礼节的《朝律》及关于官吏升迁考核的《功令》等。又2002年至2004年间湖北沙市附近的两座汉墓，出土大量竹简。其中一座出土1200枚简中800多枚为汉律⑦。悬泉汉简是西北一处遗址出土简牍数量最多者，经初步考察，见《贼律》《田律》《置吏律》《盗律》《令乙》《兵令》《仓令》等律令条款，又见《敦煌烽火品约》及有关驿传的品规。司法文书见《爰书》《逮书》等多种⑧。1999年至2002年间内蒙古额济纳旗烽隧遗址又出土500余枚汉简，有两部册书与法制史有关，其中一册尚带完整的两道编绳，内容为调整行政关系的规约之类，其他涉及法制的残简也不少⑨。又值得一提的是2003年底湖南长沙走马楼井窖遗址出土的汉武帝时期竹简，总数逾万枚，经我们做过释文的百余枚简牍的内容，大多与汉代司法相关，透露了许多与法律改革

---

① 参见武威地区博物馆《甘肃武威旱滩坡东汉墓发掘简报》，《文物》1993年第10期。又李均明、刘军《武威旱滩坡出土汉简考述——兼论"挈令"》，《文物》1993年第10期。
② 参见张学正《甘谷汉简考释》，刊于甘肃省文物工作队甘肃省博物馆合编《汉简研究文集》。
③ 参见林梅村《楼兰尼雅出土文书》，文物出版社，1985年。
④ 参见甘肃省文物考古研究所《敦煌汉简》，中华书局，1991年。
⑤ 参见谢桂华、李均明、朱国炤《居延汉简释文合校》，文物出版社，1987年，本文简称《合校》。又甘肃省文物考古研究所、甘肃省博物馆、中国文物研究所、中国社会科学院历史研究所《居延新简》，中华书局，1994年，本文简称《新简》。
⑥ 参见李均明、刘军《汉代屯戍遗简法律志》，本书列入刘海年、杨一凡主编之《中国珍稀法律典籍集成》甲编第二册，科学出版社，1994年。
⑦ 参见邢文主编《国际简帛研究通讯》第4卷第3期。
⑧ 参见甘肃省文物考古研究所《甘肃敦煌汉代悬泉置遗址发掘简报》、《敦煌悬泉汉简内容概述》、《敦煌悬泉汉简释文选》，皆刊于《文物》2000年第5期。
⑨ 参见内蒙古文物考古研究所《额济纳汉简》，由内蒙古文物考古研究所、内蒙古师范大学、中国文物研究所、中国社会科学院历史研究所联合整理，广西师大出版社出版。

二、简牍法制史料的常见类型

简牍法制史料见存形式各异，大体可划分为成文法、判例、司法文书及起书证作用的官、私文书四大类。

成文法是法制史料的核心，常见称谓有律、令（诏书）、科、品等。

律，正律，成文法之主体，《尔雅·释诂》："律，常也。"邢昺疏："律者，常法也。"律文多以条款形式见存，如《秦简·秦律十八种·金布》："贾市居列者及官府之吏，毋敢择行钱布；择行钱、布者，列伍长弗告，吏循之不谨，皆有罪。"《张家山汉简·二年律令·贼律》："贼杀人，斗而杀人，弃市。其过失及戏而杀人，赎死；伤人，除。"商鞅制秦法，乃以李悝《法经》为蓝本，设《盗》《贼》《囚》《捕》《杂》《具》六篇。汉萧何在此基础上增《户》《兴》《厩》三篇，世称《九章律》。所谓《九章律》乃为基本法，简牍所见尚有许多针对某一领域的专名律，如秦之《田律》《仓律》《效律》，汉之《行书律》《赐律》《置吏律》《迁律》《朝律》之类。律文中相当多的条款属于刑法范畴，每一条款含罪行与适用刑罚两大要素，但不尽然，许多用以调整民事关系或行政关系的条款未见上述两大要素，而仅见对做某事的要求，无处罚规定，如《秦简·秦律十八种·工人程》："隶臣、下吏、城旦与工从事者冬作，为矢程，赋之三日而当夏二日。"又《张家山汉简·二年律令·秩律》对朝廷诸机构的设置及郡、县、乡吏员与秩级做了规定，亦无刑罚要素。

令与诏书实质同，通常指时任皇帝的指示，《尔雅·释诂》："令，告也。"《说文》："令，发号也。"《文选·为袁绍檄豫州》注："《风俗通》：'时王所制曰令。'"令有两种形式：一为诏书，亦称诏书令，通常以下行文颁布，如《张家山汉简·二年律令·津关令》："□，制诏御史：禁毋出私金，或以金器入关，关谨籍书，出复以阅，出之。籍器、饰及所服者不用此令。"此类诏书，秦统一六国前称《命书》，见《散》604："二年十一月己酉朔朔日，王命丞相戊、内史匽民、臂更修为田律：田广一步，袤八则，为畛。亩二畛，一百（陌）道。百亩为顷，一千（仟）道；道广三步，封高四尺，大称其高；埒高尺，下厚二尺。以秋八月修封埒，正彊畔及千（仟）百（佰）之大草，九月大除道及阪险，十月为桥，修波彊、利津梁，鲜草离，非除道之时而有陷败，辄为之。"① 秦并天下，"命书"改称"诏书""制书"，至汉又分为"策书""制书""诏书""诫敕"，用途各异。二为令条，以条款形式见存，如《合校》45°23："功令第卌五：候长、士吏皆试射，射去埻墠、弩力如发弩，发十二矢，中埻矢六为程，过六矢，赐劳十五日。"② 令条源于诏书，是经过编撰条款化的诏书，史载有《令甲》《令乙》《令丙》即是，《汉书·宣帝纪》：地节四年九月诏："令甲，死者不可生，刑者不可息。"文颖注："萧何承秦法所作为律令，律经是也。天子诏所增损，不在律上者为令，令甲者，前帝第一令也。"如淳注："令有先后，故有令甲、令乙、令丙。"师古注："如说是也，甲乙者，若今之第一、第二篇耳。"

科、品是对律、令的补充与细化。科多指事项，品则多与级次相关，《后汉书·桓谭传》："校定科比。"注："科谓事条，比谓类例。"《礼记·檀弓下》："品节，斯之谓礼。"孔颖达疏："品，阶格也；节，制断也。"《新简》EPE22°221至235见《捕斩匈奴虏、反羌购赏科别》《新简》EPT56°35至37见《大司

---

① 李均明、何双全《散见简牍合辑》，文物出版社，1990年，本文简称《散》。
② 参见谢桂华、李均明、朱国炤《居延汉简释文合校》，本文简称《合校》。甘肃省文物考古研究所、甘肃省博物馆、中国文物研究所、中国社会科学院历史研究所《居延新简》，本文简称《新简》。

农延奏罪人得入钱赎品》等即是。

秦简所见《法律答问》是对律令的解释，通常采用问答形式，如《秦简·法律答问》："'侨（矫）丞令'可（何）殹（也）？为有秩伪写其印为大啬夫。""'盗及者（诸）它罪，同居所当坐。'可（何）谓'同居'？户为'同居'，坐隶，隶不坐户谓殹（也）。"所解释大多涉及刑法条款，具有法律效力。

判例是司法当局从已经生效的判决中找出一些典型的、具有示范意义的案例，予以公布，并作为日后处理类似案件的依据。

简牍时代，判例已被广泛应用，但迄今未引起人们充分重视。《张家山汉简·奏谳书》是迄今能见到的最早的判例集实物。奏谳文书本来是有关疑难案件的报告，属上行文，但《张家山汉简·奏谳书》的每一则案例，不仅有疑难案件的上奏文，还有上级审核判决的结论，而后者属下行文。今见《奏谳书》所辑显然是从奏谳文书及其处理结果中挑选出包括春秋、秦及汉初的二十二则典型案例，这些案例可作为当时办案的依据。以判例作为判决的法律依据在《奏谳书》的行文中已有体现[1]。再者是西北出土的《王杖诏书令》亦可见多则作为法制依据的判例[2]。史载汉代的成文法与判例相辅相成，《汉书·刑法志》：及至孝武即位，"律令凡三百五十九章，大辟四百九条，千八百八十二事，死罪决事比万三千四百七十二事"。文中所云"决事比"即判例，师古注："比，以例相比况也。"史书亦多见将判例编撰结集之事，如《后汉书·陈宠传》：陈宠"转为辞曹，掌天下狱讼。其所平决，无不厌服众心。时司徒辞讼，久者数十年，事类殹错，易为轻重，不良吏得生因缘。宠为昱撰《辞讼比》七卷，决事科条，皆以事类相从。昱奏上之，其后公府奉以为法"。亦证判例具法律效力。东汉应劭是编撰判例的大家，《后汉书·应劭传》：汉献帝建安元年，应劭"辄撰具《律本章句》《尚书旧事》《廷尉板令》《决事比例》《司徒都目》《五曹诏书》及《春秋断狱》凡二百五十篇。蠲去复重，为之节文。又集驳议三十篇，以类相从，凡八十二事。其见《汉书》二十五、《汉纪》四，皆删叙润色，以全本体"。文中所云《尚书旧事》《决事比例》《司徒都目》《春秋断狱》皆为判例集。

《秦简·封诊式》亦与判例相关。《封诊式》是治狱文书的样本，为审讯、侦察、收捕等提供范例，有两种形式：一种是无案例之规程，如《治狱》："治狱，能以书从迹其言，毋笞掠而得人情为上；笞掠为下；有恐为败。"另一种是以案例做示范，如《封守》："乡某爰书：以某县丞某书，封有鞫者某里士五（伍）甲家室、妻、子、臣妾、衣器、畜产……甲封具此，毋（无）它当封者。即以甲封付某等，与里人更守之。"此类示范，当源于具体案例，只是以天干甲、乙之类替代具体人名，使之规范、标准化，亦具判例特征。

司法文书是司法诉讼过程产生的相应文书，体现对成文法的执行与应用，多见于遗址出土简牍，种类较多，常见者如：

司法笔录"爰书"，《史记·张汤传》："传爰书，讯鞫论报。"苏林注："谓传囚也。爰，易也。以此书易其辞处。"师古注："爰，换也。以文书代换其口辞也。"爰书涉及内容广泛，名目繁多，今见如"验问爰书""自证爰书""驿马病死爰书""秋射爰书""病诊爰书""相牵证任爰书""卒不贳卖爰书""戍卒病死爰书""毋责爰书"等。从其内容可知"爰书"作为笔录文书包括原告、被告、证人言辞及现场勘查、侦察记录等。完整而典型之爰书如《新简》EPF22°1至36所见《粟君所责寇恩事》册。从许多简例中亦可看出，凡"验问爰书"，讯问前都要向当事人宣读有关法律条款，如"先以'证财物故不以实，臧五百以上，辞已定，满三日而不更言请（情）者，以辞所出入罪反罪之'律辨告""先以'证不言请

---

[1] 如《张家山汉简·奏谳书》第三则案例所见"'人婢清助赵邯郸城，已即亡，从兄赵地，以亡之诸侯论。'今闌来送徒者，即诱南。吏议：闌与清同类，当以从诸侯来诱论。"以旧判例类比。

[2] 参见武威县博物馆《武威新出土王杖诏令册》，刊于甘肃省文物工作队、甘肃省博物馆合编《汉简研究文集》。

（情）'律辨告"等。长沙走马楼汉简则仅称"先以'证律'辨告"，此或为西汉较早时用法。所谓"证律"，当如《张家山汉简·二年律令·具律》所见"证不言请（情），以出入罪人者，死罪，黥为城旦舂；它各以其所出入罪反罪之。狱未鞫而更言请（情）者，除。吏谨先以辨告证"。

起诉书"劾状"，通常由呈文、劾文、状辞三部分合成，例如：

> 建武六年三月庚子朔甲辰，不侵守候长业敢言之①。
> 乃今月三日壬寅，居延常安亭长王闳、闳子男同、攻房亭长赵常及客民赵闳、范翕等五人俱亡，皆共盗官兵，臧千钱以上，带大刀剑及铍各一，又各持锥、小尺白刀、箴各一，兰越甲渠当曲隧塞，从河水中天田出。案：常等持禁物兰越塞，于边关徼逐捕未得，它案验未竟②。
> 状辞曰：公乘居延中宿里，年五十岁，姓陈氏，今年正月中，府补业守候长，署不侵部，主领吏迹候备虏盗贼为职。乃今月三日壬寅，居延常安亭长王闳、闳子男同、攻房亭长赵常及客民赵闳、范翕等五人俱亡，皆共盗官兵，臧千钱以上，带大刀剑及铍各一，又各持锥、小尺白刀、箴各一兰越甲渠当曲隧塞，从河水中天田出。
> 案：常等持禁物兰越塞，于边关徼逐捕未得，它案验未竟，以此知而劾无长吏使，劾者状具此③。
> 建武六年三月庚子朔甲辰，不侵守候长业劾移居延狱以律令从事④。
> 三月己酉，甲渠守候移居延，写移如律令。
> 掾谭、令史嘉⑤。

以上劾状，第一、四段为呈文，第二段为"劾文"，第三段为"状辞"，第五段为上级机构甲渠候的转呈文。"劾文"是劾状的主体，内容为被告犯罪违纪事实及处理报告。"状辞"是原告的起诉文，主要内容与"劾文"同，但文首必具原告姓、名、县、爵、年、官职或身份的说明。简牍所见劾状通常为公诉案，由官吏代表官方起诉，不设专门的监察机构⑥。

"爰书"与"劾状"是简牍中最常见的司法文书。此外尚见"变事书"。日本学者大庭脩先生曾复原由12枚简组成的"变事书"册即其典型⑦。变事指各种紧急事变，对国家与社会的危害通常比较严重，所以可直报朝廷，不像一般文书须逐级上报。文首常称"粪土臣某昧死再拜"之类，与常规上行文称"敢言之"程度有别。关于行政违纪检查的文书有"举书"。一般情况下，"举书"本身仅对违纪事实做概括提示，实质内容在其附件"举名籍"中。"举"的名目也很多，如《新简》EPT50·44、EPT59·410"行塞举"，《合校》126·26"卒兵举"，《合校》145·5"吏去署举"，《新简》EPT52·83"邮书课举"等。有关逮捕事宜者有"逮书"等⑧。

各式官私文书在司法诉讼中都有可能成为书证，但有些文书是专为特定的律令条款而设，二者相互对应，此为狭义之书证，简牍所见如：

"守御器簿"是各级屯戍组织配备守城防御器材的账簿，如肩水金关遗址出土的EJT37.1537至1558

---

① 《新简》EPT68·54、55。
② 《新简》EPT68·59至67。
③ 《新简》EPT68.68至76。
④ 《新简》EPT68·57、58。
⑤ 《新简》EPT68·56。
⑥ 参见李均明《居延汉简诉讼文书二种》，刊于《中国法律史国际学术讨论会论文集》，陕西人民出版社，1990年。
⑦ 详见大庭脩著、徐世虹译《汉简研究》，广西师范大学出版社，2001年，第60-66页。
⑧ 《新简》EPT51·470。

简《橐他莫当隧始建国二年五月守御器簿》即是①。与此类"守御器簿"相应的法律条款为"守御器品",《散》203简见"郡、都尉、候障、亭隧守御器品"即是,它是各级军事屯戍组织配备守御器具数量、品种的规定,也是核查守御器具的依据。诉讼发生时,"守御器簿"即成为书证。

"吏日迹簿"是边塞候长、候史日常巡逻活动的统计,如《新简》EPT56°25:"候长充、候史谊,三月戊申积(当为'尽'字之误)丁丑积卅日,日迹从第四隧南界北尽第九隧北界,毋兰越塞出入天田迹。"此类统计是当时执行《北边挈令第四》的书证。《合校》10°28:"北边挈令第四:候长、候史日迹及将军吏劳二日皆当三日。"可想而知,如果无相应的"吏日迹簿"作为书证,则《北边挈令第四》无法实行。

债券为买卖契约,是处理债务关系的司法书证,如《合校》26°1:"建昭二年闰月丙戌,甲渠令史董子方买鄣卒□威裘一领,直七百五十,约至春钱毕已,旁人杜君隽。"一旦打官司,法官即以债券为书证执行有关法律,所以债券形成后不能随意修改,《张家山汉简·二年律令·贼律》:"……诸诈增减券书,及为书故诈弗副,其以避负偿,若受赏赐财物,皆坐赃为盗。"

"先令券书"是古代遗嘱的称谓,《散》1078至1094简所见为一"先令券书"册,当为遗嘱抄件(因篇幅太长,文略)。汉律对其书证作用有明确规定,如《张家山汉简·二年律令·户律》:"民欲先令相分田宅、奴婢、财物,乡部啬夫身听其令,皆参辨券书之,辄上如户籍。有争者,以券书从事;毋券书,勿听。"表明如果无此书证,相关法律便无从执行。

以上仅举数例说明。司法书证种类繁多,乃为法制史料中潜力最大的一类,尚待进一步发掘利用。

三、简牍法制史料与历史研究的密切关系

简牍法制史料不仅对研究战国、秦汉乃至魏晋时期的法律制度有重大意义,也为同时期历史研究的各个领域提供了翔实可靠的第一手资料,正如何兹全先生所云"存世的历史文献是有定数的,地下埋藏的甲骨、金文、简牍却是无限量的,可能是极丰富的。中国历史学的开展,有赖于地下埋藏的简牍"②。甚至外国学者也能站在全球的角度庆幸简牍史料对历史研究的贡献,如鲁惟一先生认为简牍与帛书"是我们所拥有的渴望已久的材料,从而使我们比研究其他历史时期的同仁们要幸运得多。近年来发现的木牍、竹简和帛书大大地促进了汉代历史的研究,它对于我们的用处不下于甲骨文、克里特岛'线形文字乙'和以色列'死海古卷'的发现"③。简牍法制史料自然包含其中。

首先,法制史无疑是历史研究的一部分。中华法系早已闻名于世,但简牍史料出土之前,研究中华法系的史料主要是《唐律疏议》,对此前的情形(诸如关于中华法系的形成及其早期形态)史书记载不甚清晰。自睡虎地秦简及张家山汉简出土后,才展现中华法系的早期轮廓,通过与唐律的比较,可了解其发展脉络,栗劲先生撰《秦律通论》一书④,正是利用睡虎地秦简,对秦律做了较全面的论述。已出土的汉律资料多于秦律,更有条件做深入系统的研究。利用简牍法制史料研究具体问题,助益更大,以亲亲相匿为例:中国古代有亲亲相匿的传统,即一定范围内的亲属可以相互隐瞒罪行,法律不予制裁或可减轻处罚,汉唐相承,但简牍史料表明,秦及西汉时期的亲亲相匿是单向的,仅允许卑为尊隐,反向则治罪。而且《张家山汉简·二年律令·收律》见"夫有罪,妻告之,除于收及论;妻有罪,夫告之,亦除其夫罪"。表

---

① 甘肃省文物工作队、甘肃省博物馆《汉简研究文集》,第144-145页。
② 何兹全《简牍学与历史学》,《简帛研究》第1辑,法律出版社,1993年。
③ 鲁惟一著,孙晓、卜宪群译《西北新近发现的汉代行政文书》,《简帛研究》第1辑。
④ 栗劲《秦律通论》,山东人民出版社,1985年。

明当时夫妻间尚不容隐,此后容隐范围才逐步扩大,至唐代才大致是双向的,唐律《同居相为隐》条规定:"诸同居,若大功以上亲及外祖父母、外孙若孙之妇、夫之兄弟及兄弟妻,有罪相为隐①。又简牍所载具体事例可印证史书所云汉代法制改革事,以刑罚为例,张家山汉简尚见之"黥城旦舂"、"斩左止为城旦舂"等徒刑附加肉刑名,与秦制同,而长沙走马楼汉武帝时期简则见"髡钳笞钛左止"(趾)等,表明附加肉刑"黥""斩"(斩脚)已被耻辱刑"髡"、鞭笞及附加刑具所代替,证实汉文帝法制改革得以实行的史实。又如秦汉刑名"弃市",以往多解释为斩首刑,近年张建国先生曾考证其为绞刑,引起争议②,而新近出土的额济纳汉简或可支持绞刑说,《额济纳汉简》2000ES9SF4°1至12册书简见"大恶及吏民诸有罪大逆无道、不孝子,绞"(此册为新莽物)而《张家山汉简·二年律令·贼律》亦见有关"不孝子"的适用刑罚,文云"及父母告子不孝,皆弃市"。两相比较,可知前者或为新莽复古而改"弃市"名为"绞"。古有绞刑,如《左传》哀公二年:"若其有罪,绞缢以戮,桐棺三寸,不设属辟,无入于兆,下卿之罚也。"而魏晋之"弃市"即绞刑,难道秦汉无绞刑吗?非也,简牍史料当可表明秦汉之"弃市"亦为绞刑。关于简牍史料对法制研究的作用,刘海年先生评价之为:"大大丰富了人们对这一重要历史时期法律制度的认识,已经和正在改变这段法律史的研究状况。"③

再者,简牍法制史料对历史研究的各个领域同样重要,例如:

《张家山汉简·二年律令·秩律》明确规定从中央到地方,包括朝廷各机构及郡、县(道)乃至乡的各级官员的称谓与秩级,是研究当时各级官吏编制及政区划分的可信资料。如将它与诸如江苏连云港尹湾汉墓出土的《集簿》《东海郡吏员簿》等一并考察,无疑可看出汉代中央集权政治的严密结构。阎步克先生发表的《从〈秩律〉论战国秦汉间禄秩序列的纵向伸展》《论张家山汉简〈二年律令〉中的"宦皇帝"》《也谈"真二千石"》④等多篇论文对《秩律》做了深入探讨。廖伯源先生撰《汉初县吏之秩阶及其任命——张家山汉简研究之一》,通过对《秩律》的研究,得出了汉初县廷职能部门之主官乃至乡、亭主吏,都由朝廷任命,其后郡县长吏自行辟除属吏,乃形成于西汉中叶以后的结论⑤。周振鹤先生撰《〈二年律令·秩律〉的历史地理意义》一文,分析了当时的郡县分等情况及其背景⑥。

爵制乃中国古代等级制的重要体现,事关当事人的社会地位及政治待遇。《张家山汉简·二年律令·爵律》揭示了汉初爵级的许多具体内容,以往未见者为数不少,拙文《张家山汉简所反映的二十等爵制》,通过对爵级赏赐田宅数量等差的分析,认为二十等爵可分为侯、卿、大夫、士四大等级。⑦ 朱绍侯先生撰《西汉初年军功爵制的等级划分——〈二年律令〉与军功爵制研究之一》分之为侯级爵、卿级爵、大夫爵、小爵四类,与刘劭《爵制》中提到的四个等级基本吻合,此外又对军功爵与赐田宅制度,与官级的对比、与妇女待遇、与爵位继承等做了全面论述⑧。

田亩制度是历史研究的老课题,即使这样的课题,由于简牍法制史料的出土,也会引起新的讨论。例如青川秦墓《为田律》命书木牍出土之后,对其反映的田亩制度众说纷纭。简文见"田广一步、袤八则,为畛。亩二畛,一百(陌)道。百亩为顷,一千(阡)道。道广三步。封高四尺,大称其高……"何谓

---

① [唐]长孙无忌等撰、刘俊文点校《唐律疏议》,中华书局,1983年。
② 张建国《秦汉弃市非斩刑辨》,载于其所著《帝制时代的中国法》一书,法律出版社,1999年。
③ 刘海年《文物中的法律史料及其研究》,《中国社会科学》1987年第5期。
④ 阎步克《从〈秩律〉论战国秦汉间禄秩序列的纵向伸展》,《历史研究》2003年第5期;《也谈"真二千石"》,《史学月刊》2003年第12期;《论张家山汉简〈二年律令〉中的"宦皇帝"》,《中国史研究》2003年第3期。
⑤ 廖伯源《汉初县吏之秩阶及其任命——张家山汉简研究之一》,《社会科学战线》2003年第3期。
⑥ 周振鹤《〈二年律令·秩律〉的历史地理意义》,《学术月刊》2003年第1期。
⑦ 李均明《张家山汉简所反映的二十等爵制》,《中国史研究》2002年第2期。
⑧ 朱绍侯《西汉初年军功爵制的等级划分——〈二年律令〉与军功爵制研究之一》,《河南大学学报》2002年第5期。

"袤八则"之"则",史书无载,正是难点所在。胡平生先生撰《青川秦墓木牍〈为田律〉所反映的田亩制度》一文,据阜阳汉简所见,指出"卅步为则"为解此谜提供了钥匙,得出了战国秦亩为四百八十步或二百四十步的结论,同时否定程瑶田关于"阡"的解说①。《张家山汉简·二年律令·田律》恰恰也有类似的条款,文云:"田广一步,袤二百卌步,为畛,亩二畛,一佰(陌)道;百亩为顷,十顷一千(阡)道,道广二丈……"两相比较,"袤八则"即"长二百卌步"的结论得到印证,但曾被否定之程瑶田《阡陌考》所云"当千亩之间,故谓之阡"的说法又得以肯定。此外,《张家汉简·二年律令·田律》涉及事项广泛,田亩之外,还反映授田及征税方式,臧知非先生于《西汉授田制度与田税征收方式新论——对张家山汉简的初步研究》一文做过专门的论述②。

关于处理与少数民族的关系,简牍史料亦可补古书所缺,如秦简见《属邦律》是有关少数民族的专门条款。而《秦简·法律答问》中也有关于少数民族的政策,于豪亮先生曾研究这些律文及其历史背景,撰《秦王朝关于少数民族的法律及其历史作用》一文,得出结论云:"除开义渠以外,秦王朝制定的团结少数民族上层人物的政策和法律,还是起到了积极的作用,秦打败强大的楚国,巴人和蜀人提供了巨大的人力和物力就是证据。"③

甚至在诸如对地痞无业者及弱势贫民的管理等这类不易被人注意的冷僻领域,简牍法制史料中也有体现,如吴礽骧先生撰《敦煌马圈湾汉简中的一组律令册》论述敦煌汉简由五支简组成的册书即是④。

简牍所见各式司法文书及书证,对人和事的描述细致入微,有利于历史研究者扩大视野及寻找切入点。以《新简》所见《粟君所责寇恩事》册为例,它不仅是研究汉代诉讼制度的生动材料⑤,也具体反映了当时的雇佣关系、债务关系、商品贸易等⑥。又悬泉汉简所见《爰书》及通行凭证,保存了大量朝廷及西域各国使者途经敦煌的记录,是研究丝路贸易及西域历史的珍贵史料。简文涉及西域都护管辖的楼兰(鄯善)、且末、小宛、精绝、扜弥、渠勒、于阗、蒲犁、皮山、大宛、莎车、疏勒、乌孙、姑墨、温宿、龟兹、仑头、乌垒、渠犁、危须、焉耆、狐胡、山国、车师等。亦见中亚古国如罽宾、乌弋、山离、大月氏、康居、祭越、钧耆、披垣等(后二者未见史载)⑦。

以上仅举例说明简牍法制史料与历史研究的密切关系。综言之,由于新史料的发现,不仅可印证或改正过去的结论,亦可从新的角度,在新的领域进行新的探索,从而取得新的成果。

---

① 胡平生《青川秦墓木牍"为田律"所反映的田亩制度》,《文史》第19辑。
② 臧知非《西汉授田制度与田税征收方式新论——对张家山汉简的初步研究》,《江海学刊》2003年第3期。
③ 于豪亮《秦王朝关于少数民族的法律及其历史作用》,《于豪亮学术文存》,中华书局,1985年。
④ 吴礽骧《敦煌马圈湾汉简中的一组律令册》,《简帛研究》第1辑。
⑤ 参见徐苹芳《居延考古发掘的新收获》《文物》1978年第1期;俞伟超:《释汉代狱辞文例——一份治狱材料初探》《文物》1978年第1期;连劭名:《西域木简所见汉律中的"证不言请"律》,《文物》1980年第11期;刘海年:《秦汉诉讼中的"爰书"》,《中国史研究》1980年第1期。
⑥ 参见张俊民《"建武三年候粟君所责寇恩事"册经济考略》,刊于《秦汉简牍论文集》,甘肃人民出版社,1989年。
⑦ 张德芳《简论悬泉汉简的学术价值》,刊于《敦煌汉简释粹》,上海古籍出版社,2011年。

秦《为田律》农田规划制度再释

袁 林

1979 年出土于四川省青川县之秦《为田律》,详细叙述了商鞅变法后的秦国农田规划制度,公布后引起学者的广泛兴趣,但至今尚未得到比较一致的解释。笔者以为,如果能从澄清律文中的基本概念入手,则可能得到较满意结果。下面先抄录《为田律》律文:

> 田广一步,袤八则为畛。亩二畛,一百(陌)道。百亩为顷,一千(阡)道,道广三步。封,高四尺,大称其高,捋(埒),高尺,下厚二尺。以秋八月,修封捋(埒),正彊(疆)畔,及婺千(阡)百(陌)之大草。九月,大除道及除隃(澮)。十月为桥,修陂隄,利津□,鲜草,雝(雍)。非除道之时,而有陷败不可行,相为之□□。

律文中有关农田规划的基本概念有以下几点。

一、亩。秦亩亩积二百四十平方步,文献已有明确记载,《说文》小徐本曰:"秦田二百四十步为亩",《慧琳音义》引《风俗通》佚文曰:"秦孝公以二百四十步为亩。"《为田律》证实此亩积,曰:"田广一步,袤八则,为畛,亩二畛,一陌道。"胡平生先生首先指出此处之"则"为量词,等于三十步,"八则"即二百四十步[1]。湖北江陵张家山汉墓出土汉律中有一条与上述秦律基本相同,"袤八则"处正作"袤二百卌步"[2],成为确证。秦亩形制亦由律文可知,为宽一步、长二百四十步的长条状田块。《说文》曰:"南北曰袤,东西曰广",据此则秦亩为南北向。

二、畛。文献中一般解畛为界道,如《小尔雅·广诂》:"畛,界也",《诗·载芟》郑笺:"畛,谓旧田有径路者。"《楚辞·大招》王逸注:"畛,田上道也。"胡平生先生据《孙子兵法·吴问》,认为《为田律》之畛为田区,一畛二百四十平方步,一亩四百八十平方步[3]。此说弱点有三:1. 四百八十步亩积,不见文献记载;2. 解《为田律》"亩二畛,一陌道"为一亩田地被二畛、一陌道所包围,与《吴问》"赵氏……以二百卌步为畛"并不矛盾,后者所谓畛即两条田界之畛所夹田区,实即亩;3. 与商鞅"务在垦

---
* 《历史研究》,1992 年第 4 期。
① 胡平生《青川秦墓木牍"为田律"所反映的田亩制度》,《文史》第 19 辑,1983 年。
② 张家山汉墓竹简整理小组《江陵张家山汉简概述》。《文物》1985 年第 1 期。
③ 胡平生《青川秦墓木牍"为田律"所反映的田亩制度》,《文史》第 19 辑,1983 年。

草"的重农政策相矛盾，依此面积计算，百亩合百步之亩四百八十亩，折合旧市亩约一百五十亩，由"一夫挟五口"的个体家庭耕种，势必造成土地极大浪费，《商君书·算地》就批评过这种"地不任"现象。因此，律文之畛解为田间界道为妥。由于陌道宽三步，畛宽显然窄于此数，因而其合理的位置是陌道位于亩之短边，畛位于亩之长边。畛之宽度律文未言，但由埒之设置可推断其上限，作为田界之埒是"高尺、下厚二尺"的土埂，在遍地是畛的田地里用埒可标出地界，则畛宽必窄于二尺，这样的田间界道既不浪费土地，又便于耕作者往来其中，因而这种推断是合理的。

三、顷。律文曰："百亩为顷"，其地积甚明。由于亩为长条状，因而顷的形制当是百亩并排而成的长方形田块，若畛宽含于亩宽之内，则顷长二百四十步，宽一百步。

四、阡道、陌道。据律文，亩短边之一为陌道，则百亩陌道相连成为顷短边之一的陌道，相应，顷长边之一为阡道，因此，每一顷田地四边中有相邻两边分别为陌道、阡道。阡道与亩方向相同，南北向，陌道东西向。由于每顷土地必须而且只能与一陌道、一阡道为邻，所以邻近的两条陌道与两条阡道所挟持田地只能是四顷。阡道宽三步，诸家解释无异，关于陌道宽度则有一步、二步、三步诸说。笔者认为陌道、阡道宽度相同，均为三步，理由有三：首先，从律文看，其曰："亩二畛，一陌道。百亩为顷，一阡道。道广三步。"后文之"道"显然统指陌道、阡道，若仅指阡道，则行文"一阡道，广三步"更简明合理。其次，从实用角度看，阡道与陌道纵横交叉，为可行车之道路网，只有纵横道路宽窄相同，方有利通行，较为合理。再次，从文献看，《周礼·遂人》郑注："道容二轨"，《考工记·匠人》郑注："轨，谓辙广，乘车六尺六寸，旁加七寸，凡八尺，是谓辙广。"据此则道宽一丈六尺，与律文"道广三步"相近，陌道既然称之为"道"，亦当有此宽度。

阡道、陌道是否阡、陌？诸家考释皆持肯定态度，其实二者并不相同。律文中即表现出二者差别，对道和阡陌所规定的维修任务、维修时间皆不相同。对阡陌是"癹"其"大草"，在"秋八月"；对阡道、陌道则是"大除道"，在九月，并规定"非除道之时而奋陷败不可行，辄为之"。阡陌上既然长有"大草"，需"癹"之，则可能有部分阡陌不作道路使用，仅用为田界。阡道、陌道位于顷边，则在作为田界的同时，必然用为农作等通行道路。另外，从汉代文献亦可见二者差别。《汉书·晁错传》记晁错上书曰："通田作之道，正阡陌之界"，足见田作之道与阡陌并不相同。《汉书·食货志》记董仲舒言：秦"用商鞅之法""富者田连阡陌"，可见阡陌并非秦《为田律》所言阡道、陌道，若二者同一，则"田连阡陌"毫不足奇。《汉书·匡衡传》记载，匡衡之田仅因一陌之差便"多四百顷"，足见陌间距离不近。而且汉代资料谈及具体阡陌时皆有名称，如桓阡、原氏阡、什三陌、闽陌等，若顷边之阡道、陌道即阡陌，则阡陌数量庞大，对其命名不胜其烦。有些阡陌后来演化为较重要地名，《续汉书·郡国志》某些县名下特注出有某陌，如弘农郡陕县"有陕陌"，常山国高邑有"五成陌"，这些现象也说明阡陌数量并非很多。

五、阡、陌。《说文》曰："路东西为陌，南北为阡。"《史记索隐》引《风俗通》曰："南北曰阡，东西曰陌，河东以东西为阡，南北为陌。"可知秦地陌为东西向，阡为南北向，与《为田律》中阡道、陌道方向相同，或许"道"而命名为阡道、陌道，即由此而来。据前节讨论，阡陌数量较少，其间距离较远，可能同时用为道路，也可能有一部分只用为田界。关于阡陌之得名，程瑶田《沟洫疆理小记·阡陌考》曰："阡陌之名，从《遂人》百亩千亩、百夫千夫生义。"阡陌数少而距远，不可能作为百亩千亩之界，大约是百夫千夫所受田百顷千顷的界限，银雀山竹书《田法》曰："州、乡以地次受（授）田于野，百人为区，千人为或（域）"①，似可作为注解。阡陌之名产生于战国，且战国秦汉文献多记作"仟佰"，字从"入"，也说明阡陌与受田人数间有一定关系。

六、封、埒。律文对其形制有明确规定："封高四尺，大称其高。埒高尺，下厚二尺。"即封为高四尺、大小与高相称的土堆，埒是高一尺、底宽二尺的土埂。孙诒让《周礼正义》引崔豹《古今注》曰："封疆画界者，封土为台，以表识疆境也。画界者，于二封之间又为墙埒，以划分界域也。"可见律文中的封、埒是相连而用为田界的。至于它们在秦国农田规划制度中的具体作用，可由律文予以推断。前文已述，相邻的两条阡道与两条陌道所夹田地为四顷，这四顷土地间的界限为何，律文未谈，但又明确规定作为田界的封埒的具体形制，因此封埒当是这四顷田地间的田界。由于封高仅四尺（不足一米），而顷之边界长者二百四十步，短者百步，为观察其间连线及修筑墙埒的方便，以封埒为田界的顷边上，封当有数个或十数个。

根据以上讨论，秦《为田律》中的农田规划制度可图示如下。

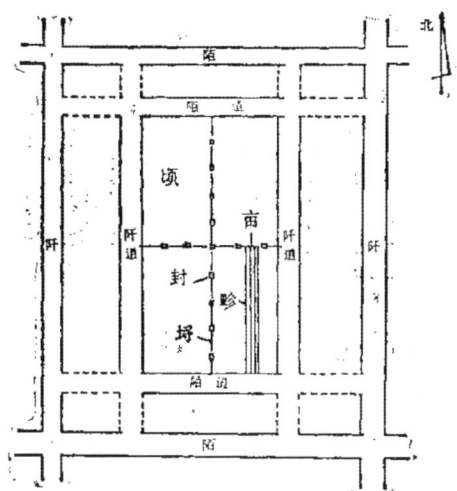

---

① 银雀山汉墓竹简整理小组《银雀山竹书〈守法〉、〈守令〉等十三篇文物》，1985年第4期。

秦墓《为田律》文学译解

刘奉光

1979年2月至1980年7月,四川省博物馆和青川县文化馆联合清理发掘了青川县城郊公社白井坝村郝家坪的72座战国墓。其中50号墓出土木牍两件,一件文字漫灭,另一件编号为M50:16,长46厘米,宽2.5厘米,厚0.4厘米,正反两面计121字。其正面文字为([ ])号内字为拙人文学性臆补,不足考据):

二年十一月(月部,入声通押),
己酉朔朔日(质部,入声通押),
内史匽民辟(锡部,入声通押),
更修《为田律》(物部,入声通押):
田广〔十〕一尺(铎部,入声通押),
袤八则为畛(zhěn,文部对转押物部),
田二畛一陌(铎部,入声通押),
道百亩为顷(耕部,旁对转押铎部)。
〔顷〕一阡道(幽部,旁转押宵部),
道广三尺(铎部,入声通押)。
封高四尺(铎部,入声通押),
大称其高(宵部,旁转押幽部)。
埒(liè)高〔一〕尺(铎部,入声通押),
下厚二尺(铎部,入声通押)。

以秋八月(月部,入声通押),
修封埒(月部,入声通押),
正疆畔(元部,通转押月部),
及芟阡陌之大草(幽部,旁转押宵部)。
九月大除(鱼部,通转押谈部),
道及阪险(谈部,旁转押鱼部);
十月为桥(宵部,旁转押鱼部),
修陂堤(支部,旁转押鱼部),
利津梁(阳部),通转押歌部),
鲜草〔篱〕(歌部,通转押阳部)。
非除道之时(之部),
〔时〕而有陷败(月部,入声通押),
不可行(阳部,通转押月部),
辄为之(之部)。

这显然是一篇韵文。按周秦出土文献记时的惯例,此文仅言"二年十一月己酉朔"而已;今加"朔日"二字,看似多余、拗口,实际上是为了凑齐五言韵文的字数。木牍之所以写成韵文,是因为古代写文告传播困难,只好将文告编成顺口溜,易于传诵、记忆,同时也增加了文告的趣味性。今仍以韵文形式翻

---

* 《新疆大学学报(哲学社会科学版)》第30卷第2期,2002年6月。

译如下：

武王二年十一月，	地界土垄高一尺，
己酉之日是初一，	下部厚度为其二。
王令丞相名甘茂、	秋季八月百谷熟，
内史匽和众民黎，	修正疆界和田里，
制定《为田律》事宜：	铲除荒草和荆棘。
东西每亩十一步，	九月大修艰险路，
南北八步东西路。	十月建桥补坡堤。
二路三田东西道，	整渡口，
道边百亩一顷地。	砌坝石。
每顷开一南北道。	护桥养路无定时，
道宽三步十八尺。	不管何时有塌陷，
田间界堆四尺高，	不能行，
四边长度与高齐。	就修理。

此文牍译释多因自前贤考证，拙意所发明者有六：

（1）"民辟"二字，前贤释为"取譬""民愿""民僻"。愚以为官方制定为田建路之法，必少不了咨询农人。所谓"民辟"即民间有知识有威望的头人，既懂农田料理，又通官方制度。辟，一种讲法是古代官吏。明朝沈德符《貂帽腰舆》一文有言"宰相为百辟之师表"，是其证。由此看来，"民辟"便是民之官，民之头领。

（2）"田广〔十〕一步"一段，愚以为原牍文脱一"十"字：或为书者漏掉；或因木牍朽坏，文字失色。盖古"十"字写为"丨"，顺木纹而写极易漏识。十步为田，一步修路，恰是11步，故臆补"十"字。

（3）"为田律"的规划，可如此推测，先秦多双人耦耕，8步1畛以利休息。四川古代水多，倘为水田种稻，则此种布局最为合理。畛宽一步，行车走水足可。古代人少地多，路宽道密可以理解。

（4）据韵文字句对仗工整的规律，拙人臆补了〔顷〕、〔一〕、〔时〕三字，于原意无改动，于牍文则易诵读。古人省写重复之字，以两点代之，此三字，四点一横即可。或许是点一横即可。或许是拙意苛求，补与不补都无关紧要，愧此赘语。

（5）封是田主依恃的疆界标志，只在需要处设立，故不必每顷地中都有。倘若真是人夫百亩，则阡陌即是疆界。若是两家一顷地，则分割随意而设，故示意图中未画封埒。埒、垄二字声母同，韵母近，意思稍异，因而译埒为垄。

（6）"鲜草离"，先贤释为"狝（xián，杀）草莱"，愚以为"利津梁"处不需要杀草莱。而是需要种草护坡或以草篱、竹箔防水护坝；四川都江堰以竹篓盛石块护堤是世界闻名的。因而愚释为"更新草箔竹篱"。

以上六点盖瞎子摸象，不足留意，待见到实物再重新审议。

木牍文告以入声韵为主，灵活押对，抑扬顿挫，长短错落，有古诗之风。"九月、十月"一节则与

《诗经·七月》韵味相近。通篇简约精炼、朴素平易,表现了秦人尚质务实的风习。个别文句不易理解,这是时地变迁的结果。若在当时,则庶民百姓人人明白;否则便达不到督导训化的目的。木牍的背面,记有"四年十二月不除道者"字样,下有"章一田、□一田"等检察经录。这说明木牍既是法规文告,又是警戒黄牍。对违法者如何处置不得而知,此木牍史学意义和文学意义则无价可志。

[参考文献]

［1］四川省博物馆、青川县文化馆《青川县出土秦更修田律木牍》,《文物》,1982,(1)。

［2］于豪亮《释青川秦墓木牍》,《文物》,1982,(2)。

［3］李昭和《青川出土木牍文字简考》,《文物》,1982,(1)。

［4］杨宽《释青川木牍的田亩制度》,《文物》,1982,(7)。

［5］李学勤《青川郝家坪木牍研究》,《文物》,1982,(10)。

古隶小议*

——青川木牍书体浅说

李昭和

隶书，在文字学上占有极其重要的地位，它上承古文字之风格，下启今文字之先河，是汉字从古至今之间的过渡形式，乃为古、今文字的分水岭。

一

创隶之鼻祖，曩以为秦之下杜人程邈。所谓其幽系云阳，覃思十年，增减篆体，去其繁复，方者使圆，圆者使方。秦之始皇，始皇善之，出为御史，名书曰隶书。上溯东汉许慎、蔡邕，西晋卫恒，唐张怀瓘，下迄清人许多学者，皆主此说。唯后魏郦道元力排众议。其《水经注·谷水》条云："孙畅之尝见青川刺史傅弘仁说，临淄人发古冢，得铜棺，前和外隐起为隶字，言齐太公六世孙胡公之棺也。惟三字是古，余同今书，证知隶自出古，非始于秦。"郦道元对出土材料极为重视，他主张"隶自出古，非始于秦"，显然较"程邈创隶"之说高出一筹。今出土先秦时期青川木牍及云梦秦简，皆为墨书之古隶，青川木牍为秦武王二年物，早出程邈百余年，足证郦说可信。

战国七雄，诸侯割据，律令异法，衣冠异制，言语异声，文字异形。秦兼天下，书同文学，罢其不与秦文合者，文字乃归于一统。身处此文字改革时期，程邈幽系云阳，搜集民间古隶。加以规范、整理，或许有之。然秦隶绝非其向壁虚造而出，它应源于古隶。"程邈创隶"乃夸大之辞，后世则奉其为创隶之鼻祖。《荀子·解蔽篇》云："（上古）好书者众矣，而仓颉独传者，壹也；好稼者众也，而后稷独传者，壹也。"荀子就不主张文字是某个人创造的。传说中之仓颉，若真有其人，也不过起到了统一整理的作用罢了。同理，隶之鼻祖乃"众"，并非程邈。当然，我们也不会抹杀其改革隶书过程中所起的作用。

二

隶书其名，旧说因"邈系云阳"，或云取"徒隶"而名之，恐未能达也。

---

* 四川省文物考古研究所编：《四川考古研究论文集》，文物出版社，1996年，第92-100页。

《说文·序》言秦书有八体："八曰隶书。"并云新莽有六书："四曰佐书，即秦隶书。"可见秦隶在新莽时已改称"佐书"。许慎距新莽时并不远，"佐""隶"概念决非含混。其《隶部》释隶："附箸也，从隶、柰声。"又言佐（左）："手相左助也。"《汉书·匈奴传》："易隶以恶"注："隶，谓附属也。"《周礼·肆师》云："以佐大宋伯。"郑注："佐，助也"，足见隶、佐义相近。秦世中央所改革的文字，谓小篆，通行全国。古隶出自民间，然蠲彼繁文、颇有省改，简便易行。程邈奏之始皇，始皇善之。盖因官狱繁多，以趋约易，故用以为狱讼字。因此，秦改革文字，实以小篆为主，隶书为助，盖取"附箸义，名其为隶书（先秦无此书名）"。

三

隶书之源流，概之为三：1. 原始时期；2. 成熟时期；3. 鼎盛时期。

所谓古隶，旧说的秦隶，或云早期汉隶。我们既然承认隶非邈创，源出先秦，则应以古隶、秦隶、汉隶和今隶划分为宜。然以时代划线实为困难，盖因其一脉相承，很难反映其时代特点，故试以上述三期划之。原始时期之隶书即古隶，系战国时期秦国之一种草率而简便的文字，它与周围其他国家文字有不可分割的联系，是对甲骨文、金文的继承和改革，并为秦隶书打下了坚实的基础；成熟时期隶书即为秦隶和文景时期汉隶，它是在前一时期古隶基础上发展而来的，并受到同时期小篆的影响。古隶多用于民间，而秦隶已得到统治者的认可，成为官方所使用的文字，然仅限于狱讼等方面，不如小篆推行全国。故尔附属于小篆，为小篆之辅助书体；鼎盛时期隶书乃文景以后迄至楷书的出现。此时期隶书以其简洁的特点，完全取代了小篆。据《后汉书·光武帝纪》注引汉制度曰："帝之下书四，策书用篆书，三公以罪免亦赐策，而以隶书。"足见隶书的使用已相当普遍了。此时期隶书谓之鼎盛，有出土的大量汉简和汉碑为证。其形体仰扬，芬葩连属，缓按急挑，挽横引纵，左牵右绕，微势缥缈，较之古隶，完全进入了另一个境界。楷书通行之时，隶书已完成其"桥梁作用"之历史使命，而在书法上成为一支绚丽的奇葩。

四

古隶之特点，因文献资料及出土文物较少，故尔认识不清。云梦秦简的出土，给探索古隶提供了线索，然因其多数属秦隶，又给研究工作带来了局限。

一九八〇年春，四川青川县出土一件秦武王二年（前309）"更修田律"木牍。牍文内容对于研究先秦田律至关重要，在文字学上，它又是我国现存最早的内容丰富、时代准确、字迹清秀，文字最多的古隶范本。

青川牍文之特点，简单以"体式简略"、"形态扁平"，是难以概括的。它上承晚周金文之遗风，下启隶书之先河，此即为古隶之最大特点。因此，古隶一方面继承传统甲、金文字的特点，另方面又力图改革其结构繁复，书写不便，与语言发展不相适应的结构。还应注意，古隶产生的时代，正是纷乱的战国时期。这种时代，赋予文字上乃是地方性的差异。不仅国与国之间，同一国家，同一地区，也产生不少纷乱的文字，这也可能就是古隶产生的外因。然而起主导作用的，还是文字发展的必然结果。也就是说，文字落后语言的发展。社会的前进，语言的丰富，繁复的文字结构，适应不了语言的需要，势必造成其结构的变化。破坏传统文学结构的书体，正是古隶，此即为其产生的内因。

首先使用古隶的国家，应是秦国。青川木牍云："二年十一月己酉朔朔日，王命丞相戊（茂）、内史匽，取臂（辟）更修为田律。"牍文叙述秦武王命左丞相甘茂"更修田律"，下文又详尽叙述田律内容，及执行律令的全过程，这还不足以说明古隶是秦国通行的文字吗？云梦秦简也有描述秦昭王时期的律令，足以此说佐证。青川牍文既言"王命丞相"，又云"更修田律"，以古隶书写律令，说明该书体已获统治者认可。然则民间所使用的古隶，其时间还应早出很多。秦兼天下，一统文字，罢其不与秦文合者，隶书则得以认可和法定，并推行，也足可为"隶为秦说"之反证。秦篆推行全国，隶书为助书，只是对统治者及官方的使用而言。隶书既然简便易行，汉世通行隶书，小篆为助，很短时间内即遭淘汰，说明秦世使用隶书仍然很广泛的。云梦秦简大量使用隶书，即为此证。始皇之功，与其说以小篆同一文字，不如说认可隶书为大。严格说来，实质上是以隶书取代了战国文字，小篆仅为战国文字之继续，只不过规范化罢了。诚然，战国文字的纷乱不是主流，其大宗仍然是传统的甲、金文字系统。正是如此，方国文字的地方性差异，只是表面现象，其结构及来源相同，才是实质。否则，始皇即使有通天的本领，也是无法统一文字的。应该指出，所谓"言语异声，文字异形"，也并非在战国时期才出现。荀子曾云："居夏语夏，居楚语楚"，孟子诋许行为南蛮鴃舌之人。语言的差异、声音的变化、习俗的不同、书写的习惯，导致甲、金文字中，就出现许多结构不同、书写各异的异体字。人们不断淘汰异体字，又不断产生异体字，也不断使异体字各有专用，这正是文字演变发展的重要手段之一。战国时期诸侯异政，促使了文字异形。然相互间的影响和联系是仍然存在的，它们毕竟同出一源——甲、金文字。据此，古隶诚然是秦国首先孕育的，但它又反过来影响周围文化，而周围文化也同样要对秦文字进行影响。基于此点，三晋和楚国的文字中，出现一些体态扁平、结构方整的古隶，就不足为怪了。换言之，古隶的出现，既然是文字发展的必然结果，那么，各个方国都有可能出现。因为，同一性正是方国文字发展的必然趋势。只不过因为秦居宗周故地，直接承袭周文化和晚周文字，发展较他国为快，改革最彻底而已。

青川牍文为古隶的代表作品，其字里行间，清楚地表明乃为毛笔墨书，其运笔亦颇为得法。后世所谓偃仰向背、鳞羽参差、峰峦起伏、迟涩飞动、尺寸规度等法，在青川牍文里已开始体现出来。并采用起止、缓急、回环、轻重、方圆、转折、虚实、偏正、藏锋、露锋等各种对比手法，来达到美的效果。故文字显得用笔精细，笔力苍劲，书法流畅，端庄秀丽。关于古隶结构和体态，可作如下探索。

1. 古隶继承了传统文字的风格

所谓传统文字，乃是指甲骨文、金文系统的文字。我们说隶书为古、今文字的分水岭，而古隶则为传统文字与隶书之间的重要过渡阶段。它一方面承袭甲、金文字的风格，另一方面却在结构和体态方面对其进行改革。因此，在形体和书写形式方面发生了极大的变化。例如："为"字在甲骨文中作"𠂇"（库1687），金文作"𠂇"（䣄鼎），古隶写作"𠂇"（青川木牍）；又如"畛"字，青川木牍写作"𠂇"，金卤作"𠂇"；秦公殷"命"作"𠂇"，青川木牍作"𠂇"，召伯虎殷"封"作"𠂇"，青川木牍作"𠂇"；颂鼎"史"作"𠂇"，青川木牍作"𠂇"；又妥鼎酉作"𠂇"，青川牍文作"𠂇"。特别于象形字，古隶中仍然能找到许多，说明它们仍然保留着许多甲、金文字的传统写法。有些字虽然圆笔改为方笔，然结构仍未有所改变。这都说明，古隶是在传统文字的基础上发展而来的。

2. 古隶是对传统文字的改革

古隶的一个很大的特点，就是对传统文字结构和体态的改变。简化和规范是文字发展的一个很大的特点。甲、金文字中很多繁复的字体，古隶能去其繁复，加以简化，并在结构上对传统文字进行改革。偏旁的使用，也不如甲、金文字那么随便。同一种偏旁一般只有一种写法，其位置也较为固定。如"则"字，金文作"䚞"（召伯盖）、"䚞"（散盘），还有作"䚞"（段簋）的，青川木牍作"䚞"；又如"道"字，青川牍文作"遒"，貉子卣作"遒"，曾伯簋作"遒"，散盘作"遒"；又"败"字，南疆钲作䚞，青川木牍作䚞；"更"字，师䚞殷作䚞，青川木牍作䚞；秦公殷"二"字作二，青川木牍作二；水字形符，金文作"䚞"，古隶作"三"，如青川牍文"津"作"津"；"禾"字形符，金文作"䚞"，古隶作"禾"，如青川木牍"稻"作"稻"；"之"，金文作"之"，青川木牍作"之"，云梦秦简作"工"；"女"字形符，金文作"女"，云梦秦间作"女"；"彳"金文作"彳"，古隶作"彳"（云梦秦简），"广"符，金文作"广"，如瘨钟广作"广"，士父钟作"广"，青川木牍作"广"。以上例证，都足以说明古隶对传统文字的改革。另外，古隶多为手写体（少数刻在陶器、铜器上的），毛笔的使用，给书写带来了极大的方便。甲、金文字图画性强（特别是象形字），有的随体黠黜，肥笔较多。古隶在书体上大大进了一步，将曲线改为直线，图画性消失了。将肥笔改为方笔，出现笔划和笔势。体态亦渐趋扁平，可能先是出于书写工具（毛笔）及书写场合（简牍）的不同。久而成俗，人们发现这种书写较之金文简便易行，逐步促使文字体态上的变化。使用毛笔，书法上即讲究起来。青川牍文即开始出现"右行先左"的逆笔，使其藏锋不露，露锋则有力，并力求字字转折而露棱角，也开始出现"波磔之势"。故文字显得笔法均匀，字体方整，结构严谨。所有这些，都是对甲、金文字的重要改革，从而推动了文字的演变和发展。

3. 古隶为秦隶奠定了基础

旧说秦隶为"篆之捷"，是小篆的一种潦草的写法，此说实不能令人信服，因为实质上仍然是陷于"程邈创隶"之泥淖。诚然，秦隶要受同时期小篆的影响，但其主统来源于古隶。相反，小篆也应受到古隶的影响，吸收古隶中的一些进步因素。例如，小篆偏旁、形体、位置的固定，删繁就简等作法，很多就可能是从古隶中晤出的。另外，整齐划一的小篆，本身即可能包含有古隶的因素。例如，青川牍文亩作"亩"，小篆作"亩"即晦，可能是由大篆而来。其另一种写法作"亩"，不难看出，应是源出古隶。秦隶无疑应来源于古隶，云梦秦简上溯秦昭王时期，下迄秦世，书体变化并不大。我们将秦隶划为成熟时期，一方面古隶上限不清，另方面秦隶已受到统治者的认可，而成为法定的书体，应用诚然较古隶广泛得多，其体态、结构当然较古隶成熟。上述"之"符，古隶作"之"（青川），秦隶作"之"，即是明显的例证。言之秦隶源于古隶，并非空穴来风，试比较，年，古隶作"年"（青川），秦隶作"年"（二世诏权），汉隶作"年"（汉简）；为，古隶作"为"（青川），秦隶作"为"（云梦），汉简作"为"，及，古隶作"及"（青川），秦隶作"及"（云梦）；以，青川森牍作"以"，云梦秦简"以"，汉简"以"；大，青川作"大"，云梦作"大"、"大"；非，青川作"非"，云梦作"非"；所以，古隶和秦隶一脉相承，秦隶是在古隶基础上发展起来的。

隶书，是中国文字的重要组成部分，在文字发展演变过程中，它占有极重要的地位，直到今天的书法艺术中，它仍然为广大人民群众所喜爱。

小篆为战国文字说

徐无闻

乍看这个题目,似乎是违反常识的谬论。因为迄今影响很大的辞典、流行很广的大学教材、中学课本和普及语文知识的书,甚至好些著名的文字学家、秦史专家的著作里都没有这样说。然而,这确是文字史乃至文化史上的一个重要问题,不可不辩。

现代关于小篆的一般说法

现代讲到小篆的书很多,不能一一引述,且就不同类型的书,各举一二:
修订本《辞源》0888页:

> 小篆,书体名。相传秦相李斯将籀文简化为秦篆,又称小篆。汉时篆书,专指小篆而言。汉许慎《说文解字》收的九千三百五十三字,都是小篆,后来通称为篆书。

胡裕树主编《现代汉语》(增订本)193页:

> 春秋战国时期,秦国文字的字形结构大体上保持了西周的写法,只是变得更加整齐匀称,这种文字我们称之为"大篆",可以用《石鼓文》来作代表,这就是小篆的前身。秦始皇统一中国以后,进行了一系列的改革,其一就是统一文字,据说是在李斯主持下进行的。办法是把秦国原来使用的篆书酌加简化后,推行到全国,同时废除战国时间那些区域性的异体字——六国古文,这种经过整理的秦国文字就是小篆。

现行中学《语文》课本第四册192页:

---

* 《西南师范学院学报》,1984年第2期,第26-41页。

小篆，战国时期，各诸侯国言语异音，文字异形。秦灭六国，实现统一后，整理了各国不同的字体，加以简化，规定了一种标准字体，就是小篆。

郭锡良《汉字知识》52 页：

春秋战国时期秦国应用的文字叫做"大篆"，秦统一天下后应用的是"小篆"。

唐兰《古文字学导论改定本》312 页：

秦并天下以后，一方面由学者们省改别的古文字而作小篆，一方面同文字，"罢其与秦文不合者"，但不久就失败了。一种新兴的文字——隶书突如地起来替代了小篆的地位，学者们的理想终于给民间只图简便的心理摧破了。

商承祚《说文中之古文考》1 页：

自秦统一天下，嫉文字之异形，乃罢其不与秦文合者，令李斯等制作小篆播于民间，异形异制，科以大罚，而古文式微矣。

马非百《秦集史》343 页：

秦代殆中国文字朽变最剧烈之一时期乎！李斯增损大篆，异同籀文，作为小篆，著《仓颉篇》七章。赵高、胡母敬亦同时讲求，此所谓秦篆者也。

上举七家的说法，不但一致认为小篆是秦始皇统一天下后才应明的文字，而且大多数还认为小篆是李斯等几个人制作的。其他许多书上关于小篆的说法，也和上举七家基本相同。这种普遍流行的说法，虽然并非没有根据，但的确不符合历史实际。二十余年前，蒋善国有小篆通行于秦统一前之说，未被人们重视。目前只有极个别的学者，如林剑鸣正确地指出："秦国在统一前使用的文字与六国不同，称为'小篆'（秦篆），小篆是由大篆演而来①。"但由于林氏著书是全面论述秦史，故只好简略地说了这么一两句。若要纠正早已深入人心、普遍流行的旧说，必须有更多的人作专门的详细的论证，才能引起人们的注意。

战国时期秦国文字的真面目

自北宋以来，战国时期的秦国文物往往出土而多见于著录。这些器物上的文字，居然已和后世所谓的小篆基本相同。现依时代先后举要如下：

---

① 蒋善国《汉字形体学》153 页、林剑鸣《秦史稿》378 页。

第一是现藏上海博物馆的《商鞅方升》（见附图一）①。这是现存的有明确纪年而最早的战国秦器。全文三十四字，字形结构与书法几乎全是小篆。"升"字写法与今本《说文》略异，但与汉代金文全同。大夫二字合文与秦统一后的《琅琊台刻石》全同。

铭文"十八年"，是秦孝公十八年，即公元前344年，上距魏、赵、韩三家分晋建国六十年，下距秦始皇统一天下却还有一百二十三年。

第二是1973年西安市区山门口公社北沈村出土的《秦杜虎符》（见附图二）②。据马非百考定此符的铸造必在秦惠王称王之前的十三年间③，即公元前337—325年间，上距《商鞅方升》不过一二十年，下距秦统一则在百年以上。

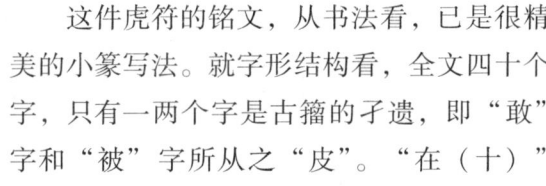

图二

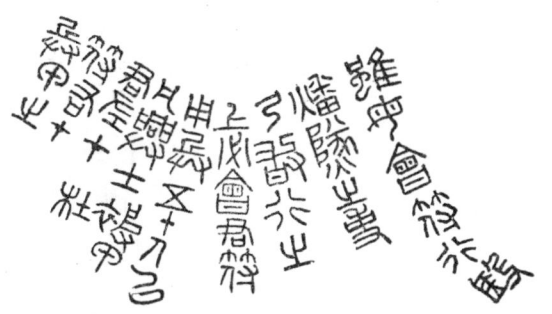

图一

这件虎符的铭文，从书法看，已是很精美的小篆写法。就字形结构看，全文四十个字，只有一两个字是古籀的孑遗，即"敢"字和"被"字所从之"皮"。"在（十）"虽也是古籀形体，但秦统一后的《阳陵兵符》仍然如此作。铭文中"母"、"毋"尚未分化，虚词"殹"未作"也"，但形体和书法已都是小篆了。

第三是从北宋流传下来的《诅楚文》（见附图三）④。此文的年代，宋时便有不同的说法。王厚之认为所诅者为楚怀王，征诸史实，可为信据。郭沫若更进一步认为"诅文之作实在怀王十七年至惠文王后元十三年的下半年"⑤，即公元前312年。依此计算，则下与秦统一相距九十余年。

《诅楚文》共有三石：《大沈厥湫文》《巫咸文》《亚驼文》，文辞基本相同。今以《大沈厥湫文》来看，全文三百一十八字，仅有十五个字不同或不见于今本《说文》所收的小篆，与小篆相同的字占全文的百分之九十五。虚词"殹"作"也"（《巫咸》仍作"殹"），已与始皇刻石同。"则"作

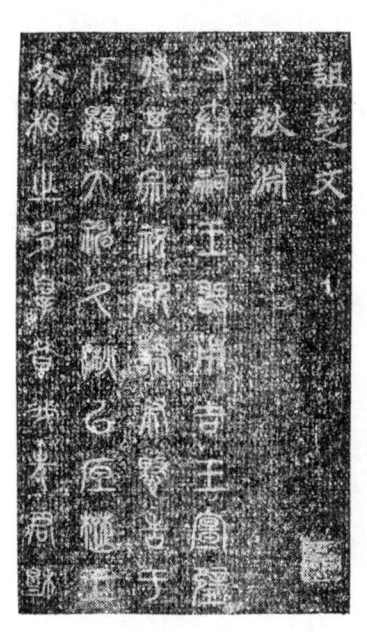

图三

---

① 《商鞅方升》铭文据罗振玉《秦金石刻辞》影印拓本摹写。
② 《秦杜虎符》铭文据《文物》1979年第9期图版捌照片摹写。
③ 马非百《关于秦杜虎符之铸造年代》，《文物》1982年11期。
④ 《诅楚文》据郭沫若《诅楚文考释》20页复印。
⑤ 郭沫若《诅楚文考释》8页。

"剘"与《说文》籀文同,但迄今所见统一度量的始皇诏,不论是铜是陶,百分之九十九仍作"剘"。

第四是羽阳宫瓦当三种:《羽阳临渭》《羽阳万岁》《羽阳千岁》(见附图四)①。《汉书·地理志》载右扶风陈仓"有羽阳宫,秦武王起也"。北宋王闢之《渑水燕谈录》确切地记载了这种瓦当出土于宝鸡县东的羽阳宫故址。这三种瓦当上的字体,不但是小篆,且还有省减笔画的字,至于形制和书法已和汉代的瓦当没有多少差别。秦武王在位四年,瓦当的制作自应在公元前310—307年间,下距秦统一约八十年。

第五是《高奴权》(见附图五)②。一九六四年西安西郊高窑村阿房宫遗址出土。铭文三段,其中铸成的阳文一段在秦统一前:"三年,漆工巸、丞诎造。工隶臣牟。禾石。高奴。"这"三年"属于秦国何王,很难确定,惠文王、武王、昭王、庄襄王、秦王政,都有可能,亦即此铭的铸成在秦统一前一百年至二十三年这段时间。全文十六字,基本是小篆,仅一"字似大篆,而"造"所从之"辵""奴"所从之"女"已近隶书。"牟作""平"则与汉印相同。

第六是《新郪虎符》(见附图六)③。铭文四十字,与新出的《秦杜虎符》相比,字形结构和书法风格几乎全同,只是"敢"字和"被"字所从之"皮",已变古籀为整饬的小篆了。据王国维考证,"此符当为秦并天下前二三十年间物也。"④

以上六种器物的铭文已足以证明小篆是战国时期秦国正式通行的字体,结构的规范化、笔形的线条化,都与秦汉以下传世的小篆相同。这几种铭文中尽管还有很少数形体较古而不尽同于《说文》收录的小篆,但也无碍于它成为代表一个历史阶段的字体。事实上,秦并天下之后,即使是官方的文辞中,也仍然有少数形体较古的字通行,如《始皇诏版》中"灋"不作"法","剘"不作"则",《会稽刻石》中"辠"不作"罪",《阳陵兵符》中"才"不作"在"等。这种较古形体的遗留,是不可能因一道行政命令就可彻底清除的。意音文字的汉字形体的演变是渐进的,旧形体的消失,新形体的通用,都必须有相当的时间,才能够约定俗成。

除了以上所举六种铭文外,还有大约二十件战国时期秦国兵器上的铭文,如《大良造鞅戟》《相邦冉戈》《相邦樛游戈》《五年吕不韦戈》等(见附图七)⑤。这些铭文出于工人之手,且观《相邦冉戈》下一"雖"字,可知錾刻之艰难,故字迹潦草而不准确。但细审字形结构,也大体上是小篆,少数的字因简化而近于隶书。与六国兵器比较起来,容易辨认得多。这也是小篆行于战国时期秦国的佐证。

图四

---

① 羽阳宫瓦当据罗振玉《秦金石刻辞》影印拓本复印。
② 《高奴权》据《文物》1964年第9期所载拓本摹写。
③ 《新郪虎符》据郭沫若《两周金文辞大系图录考释》所载拓本复印。陈直以羽阳宫瓦为汉物,其说详见《摹庐丛著七种》。
④ 王国维《观堂集林》卷十八《秦新郪虎符跋》。
⑤ 《大良造鞅戟》等四器铭文,均据罗振玉《三代吉金文存》所载拓本摹写。

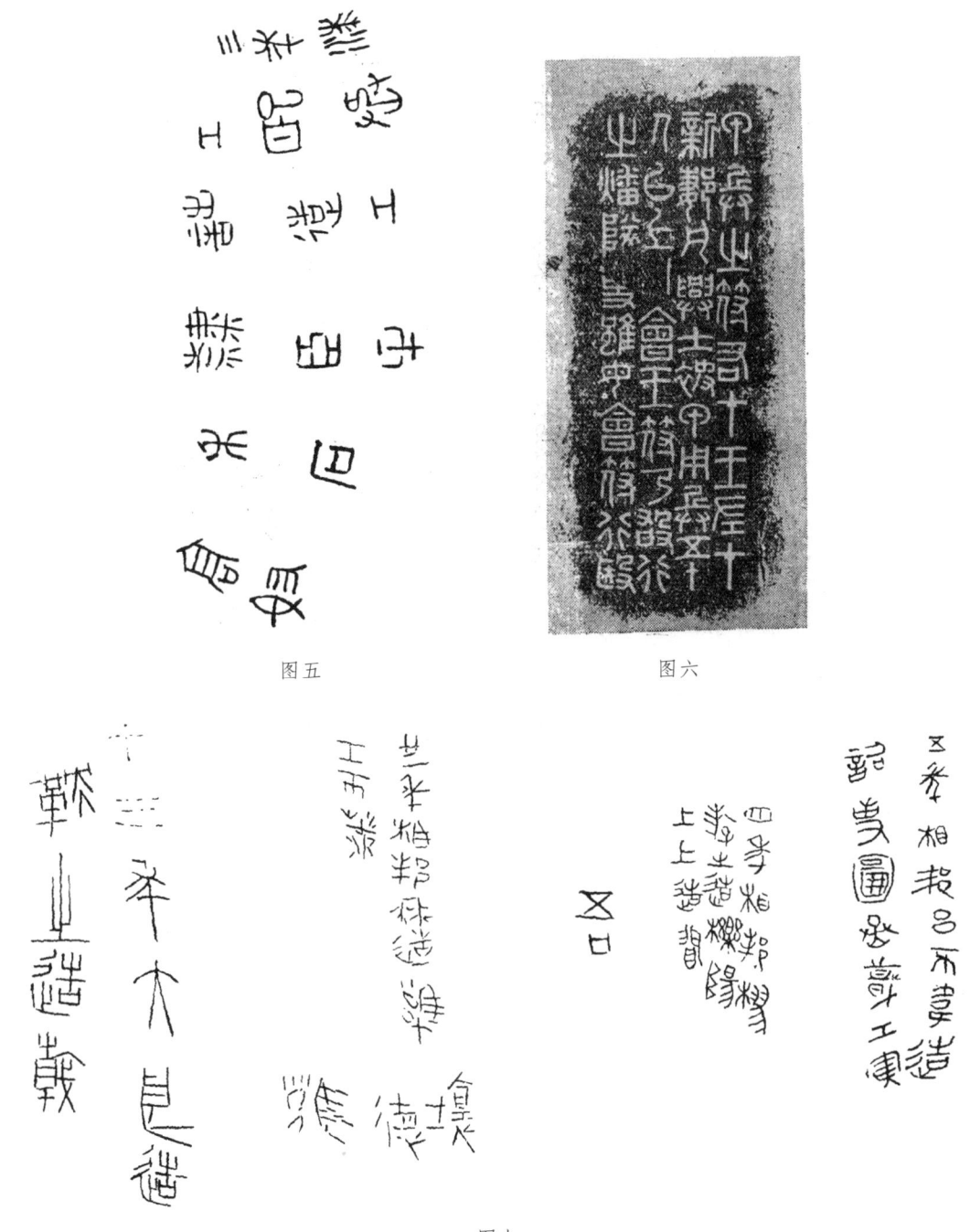

图五　　　　　　　图六

图七

籀文和小篆的关系

小篆通行战国时期的秦国的事实，前人已有所认识。早在南宋，范成大在《跋〈诅楚文〉》中就说："《诅楚文》当惠文王之世，则小篆非出李斯。"① 由于传统说法的势力强大，而《诅楚文》在那时似亦尚

---

① 孔凡礼辑《范成大佚著辑存》141页。

为孤证，所以范成大的看法，并没有引起人们的注意。到了近代，王国维所见古文字既多，见解尤为卓越。在他的著作中，一再论述了这个问题。他说：

> 考战国时秦之文字，如传世《秦大良造鞅铜量》乃孝公十六（应作"十八"——徐注）年作，其文字全同篆文。《诅楚文》摹刻本文字亦多同篆文，而敢、参、剸、意四字则同籀文。篆文固取诸籀文，则李斯以前，秦之文字谓之用篆文可也，谓之用籀文亦可也。则《史篇》之文字，秦之文字，即周秦间西土之文字也。
>
> 籀文非书体之名，世莫不以古、籀、篆为三体，谓籀文变古文，篆文又变籀文。不知自其变者而观之，则文字不独因时地而异，即同时同地亦复不同，故有一篇之书而前后异文，一人之作而器盖殊字，自其不变者而观之，则文字之形与势皆以渐变，凡既有文字之国，未有能以一人之力而创造一体者。许氏谓史籀大篆与古文或异，则不异者固多。且所谓异矣，亦由后人观之，在作书时亦只用当世通行之字有所取舍，而无所谓创作及增省也①。

王氏此说，不仅明确地肯定了篆文是战国时期秦国通行的字体，而且正确地指出文字的发展是渐变的，以一人之力创造一种字体是不可能的事。他彻底破除史籀作大篆、李斯作小篆这类唯心主义的陈腐谬说，揭示了文字发展的客观实际。近六十年来战国秦文字陆续发现，更证实了王氏此说的正确。

但是，王氏此说也有不足之处：他注意到文字发展的渐进性，却忽视了文字发展的阶段性。他否定过去人云亦云的说法，即先秦文字是古文→大篆（籀文）→小篆的递变。在《战国时秦用籀文六国用古文说》里，他讲得更明白：

> 秦人所罢之文与所焚之书皆此种文字，是六国文字即古文也。观秦八体有大篆无古文，而孔子壁中书与《春秋左氏传》，凡东土之书用古文不用大篆，是可识矣。故古文籀文者，乃战国时东西二土文字之异名，其源皆出于殷周古文。而秦居宗周故地，其文字犹有丰镐之遗，故籀文与省籀文之篆文，其去殷周古文反较东方文字为近②。

王氏认为《说文》中的古文是战国时东土文字，是对吴大澂首创此说的继续和发展，无疑是正确的。他认为战国时秦文字比六国文字更近于殷周古文，也是正确的。可是他把籀文和小篆不加区别，混为一谈，不承认籀文和小篆标志了先后不同的历史阶段，就值得商量了。

籀文之名起于汉人，因于《史籀篇》。《汉书·艺文志》著录《史籀》十五篇，并说"《史籀篇》者，周时史官教学童书也，与孔氏壁中古文异体"。《说文解字·叙》："及宣王太史籀著大篆十五篇，与古文或异。"这部古老的用与孔子壁中书颇有差异的字体写的识字课本，汉时犹有人传习。西汉平帝元始四年（公元4年），王莽"网罗天下异能之士"，其中就有对"《史篇》文字""通知其意"的人③。到东汉光武时，这部书已残缺，佚亡了六篇。许慎收录在《说文》中的二百二十多个籀文形体，即是《史籀篇》之孑遗。从这些形体，可以看出两点：一是往往重形复体，大半繁于小篆；二是好些字很接近西周金文，繁于

---

① 王国维《史籀篇疏证序》。
② 王国维《观堂集林》卷七《战国时秦用籀文六国用古文说》。
③ 《汉书·王莽传》，中华书局校点本，第4069页。

小篆的字如附图八所示，其繁简的差别是很明显的。小篆对籀文的简化，并不只是简单地减少笔画，任意破坏构形的有理性，而多半是用既有的较简的字，在义通音同的原则下，取代较繁的形符字或声符字。籀文与西周金文接近的字如附图九所示，可见籀文确是与西周文字一脉相承而早于小篆的形体。基于上述两点，我们可以确认籀文与小篆是有区别的，是先后不同的两个历史阶段的产物。

图八

是否真有太史籀其人，学者多有争论，且出于推测，缺少真凭实据。但是《史籀篇》成书于西周晚期或东周初期，则是可信的。除了上述与西周金文比较接近外，还有春秋时期秦国金文可资证明。

图九

在"郁郁乎文哉"的西周时期，秦人还是比较落后的部落。周平王东迁，秦襄公受封为诸侯以后，秦国才逐渐进步而强盛起来。所以如此，是与它直接继承了西周文化分不开的。前引王国维说"秦居宗周故地，其文字犹有丰镐之遗"，是符合实际的。郭沫若说："周室东迁之后，有一部分的太史作策之类的人员留下了，又做了秦人的官。"① 这样的推论，也合乎情理。现存的春秋秦器铭文，主要有《秦公簋》、宋人著录的《秦公钟》、一九七八年宝鸡太公庙村出土的《秦公镈》《秦公钟》（镈钟同铭）。这几种铭文在字形上的共同特点是，形体较西周金文方整，笔形已近于小篆，其中较繁的一些字，多相同或相近于西周金文或《说文》籀文。同于西周金文的，如严、龚、钟、雝、协等字；同于《说文》籀文的如商（赏）、秦、翼、贪等字。因此，这些春秋秦器上的文字，事实上也就是籀文，它处于殷周古文到小篆之间的过渡阶段。

春秋秦器的文字，与当时东方诸国的文字相比，规范化的程度相当高。在一篇铭文内，相同的字只有一个写法，合体字中同一偏旁，在不同的字中也是一个写法。如《秦公簋》是用事先刻好的字钉钤印在器范上铸成的，重复出现的字自然全同。宝鸡出土的《秦公钟》与《秦公镈》字的大小略有差异，写法则几乎全同。这种情形在东方各国便不多，往往是同一铭文在不同器上写法有异，甚至在一器中同一个字也前后不同。到了春秋晚期，如《侯马盟书》，同时同地所写字中，竟有一个字出现几十个不同的形体。六国字形的诡异，春秋时实已开端。

从春秋到战国时期秦国文字的发展趋向，正好与六国相反。春秋秦器文字规范化的程度高，很可能与秦人传习《史籀篇》有关。这部识字课本事实上起到了继承前代文字传统，保证字形规范化的作用。籀文在三百年的过程中，逐渐地简化和改换，到了商鞅执政的时代，已变成普遍通行的小篆了。

小篆在汉字发展中的地位十分重要，它是殷周以来古文字的发展和总结。由于它的形体在很大程度上保存了前代文字的象形性，构形的有理性的破坏比隶书少得多，所以它才成为后世释读殷周古文的桥梁。由于它符号化的成分较前代字形更多，形体统一、完整，规范化的程度很高，所以它才成了隶书产生的基础。与同时代的六国文字相比，小篆无疑是优越的、进步的：它是有继承性的，比较简化的、有统一的规律的规范化的字体。六国文字，也有的区域的字比小篆更简化，如三晋货币上那些字。但是，简化并不是衡量文字进步的唯一条件；要有规律、有规范的简化，易于识别和书写，才能很好地发挥文字的交际作用。六国文字能罢得掉，秦文能行得通，决不仅仅是秦始皇一道圣旨的作用。起决定作用的还是汉字本身的发展规律。如果秦文——小篆和隶书比六国文字落后，秦始皇的圣旨也照样会失灵的。

由于人们长期误从旧说，认为小篆是秦并天下后才通用，而且还是李斯等少数人造的字体，于是才产生如前引唐兰之说，把小篆看成短命的、昙花一现的东西。也还可能因为人们看惯了今本《说文》上那样板重的小篆，也会怀疑小篆书写繁难而不易通行。可是，事实如上文所举实例，小篆在秦国至少通用了一百几十年的时间。再从书法来看，今本《说文》的小篆实是唐宋人书法，战国、秦汉人写在简帛上的小篆要自然流便得多。在马王堆帛书中，用小篆写的《五十二病方》《刑德》等，便足以证明。

历史文献的检讨

把小篆说成是秦并天下后才创制和通用的字体，既不合于战国时期秦国文字的实际，也不合于汉字发

---

① 郭沫若：《石鼓文研究》，第13页。

展的客观规律，同时在历史文献中也并没有坚实可靠的依据。这确是个历代因袭，人云亦云，未加深考而形成的错误认识。

上距秦始皇统一六国还不到一百年的司马迁，在《史记》中关于秦统一文字的话，只有两句：《秦始皇本纪》："（二十六年）书同文字"；《太史公自序》："周道废，秦拨去古文。"这只是说秦废除了古文，统一了文字，并没有说小篆是秦统一时所创，更没有小篆为李斯所创的意思。《李斯列传》在《史记》中算是相当详备的，连李斯少年时和临终的轶闻琐事都写到了，而所谓作小篆事却一个字也没有。这绝不可能是太史公的疏漏。

班固根据西汉末刘氏的《七略》而撰《汉书·艺文志》，在论述小学中说：

《史籀篇》者，周时史官教学童书也，与孔氏壁中古文异体。《仓颉》七章者，秦丞相李斯所作也；《爰历》六章者，车府令赵高所作也；《博学》七章者，太史令胡母敬所作也：文字多取《史籀篇》，而篆体复颇异，所谓秦篆者也。是时始造隶书矣，起于官狱多事，苟趋省易，施之于徒隶也。

这段话的意思很明白，籀文与古文不同。李斯等人各自以《史籀篇》为基础，改编为《仓颉篇》等新的学童书，字体用与籀文不同的秦篆。隶书在秦代兴起的原因，班固也没有说小篆是秦统一时所创的话。至于对李斯，在明白记载他编写《仓颉篇》的事实中，也没有说小篆是他所创。

许慎的《说文解字·叙》是我国文字学的经典文献。他对春秋战国到秦代的文字演变，是这样说的：

……及宣王太史籀著大篆十五篇，与古文或异。至孔子书《六经》、左丘明述《春秋传》，皆以古文。厥意可得而说。其后诸侯力政，不统于王，恶礼乐之害己，而皆去其典籍。分为七国，田畴异畮，车涂异轨，律令异法，衣冠异制，言语异声，文字异形。秦始皇帝初兼天下，丞相李斯乃奏同之，罢其不与秦文合者。斯作《仓颉篇》，中车府令赵高作《爰历篇》，大史令胡母敬作《博学篇》皆取史籀大篆或颇省改，所谓小篆者也。

这段话虽较班固加详，但内容基本相同，也没有小篆是秦统一时所创的意思。所谓"罢其不与秦文合者"，即废除与秦国通行的小篆不同的、流行于六国的各种异体字。李斯等人编写《仓颉篇》一类学童课本，"皆取史籀大篆或颇省改"，也就是用秦国现行的，较简的小篆，改换了《史籀篇》中过时的、较繁的籀文。所谓"或颇省改"不是李斯少数几个人新创一套小篆字体，只要联系上文"罢其不与秦文合者"来理解，是不会误会成李斯等人创小篆的。段玉裁注云："以秦文同天下之文。秦文，即下文小篆也。"是正确的。因此许君的《说文叙》，并没有为目前还普遍流行的小篆为秦统一时所创的说法，提供任何的依据。

我这样说，似还不足以取信于人。必将有人翻出《说文叙》中另一处来：

及亡新居摄，使大司空甄丰等校文书之部，自以为应制作，颇改定古文。时有六书：一曰古文，孔子壁中书也；二曰奇字，即古文而异者也；三曰篆书，即小篆。秦始皇帝使下杜人程邈（此据段注本，段前各本皆误"邈"为"之"。——徐注）所作也；四曰左书，即秦隶书；五曰缪篆，所以摹印也；六曰鸟虫书，所以书幡信也。

这又该怎么讲呢？说小篆是"秦始皇帝使下杜人程邈所作也"这十三个字，的确成了使人们长期误认为小篆是秦统一时所创的一个依据。如北宋初徐铉校定《说文》时，便引其弟徐锴说："李斯虽改《史篇》为秦篆，而程邈复同作也。"可是，这实在是个不能引据的错误。段玉裁注云：

> 按此十三字，当在下文"左书即秦隶书"之下。上文明言李斯、赵高、胡母敬皆取史籀大篆省改所谓小篆，则作小篆之人既显白矣，何容赘此，自相矛盾耶？

王筠句读云：

> 桂氏、段氏皆曰：此十三字当在下文"左书即秦隶书"之下，是也①。

段注说小篆作于李斯等人，当然也是误解，但他看出这十三个字的位置不对，则是完全正确的。这种《说文》在传写过程中发生的错简，是不应由许君负责的，因此，我还是认为许君并没有为小篆是秦统一时所创的说法，提供任何依据。

误认小篆为秦统一时所创，并把创造权归于李斯的说法，大概起于汉魏以后。西晋卫恒的《四体书势》说：

> 自黄帝至于三代，其文不改。乃秦用篆书，焚烧先典，而古文绝矣。

把秦用篆书与焚书相连，就限定了秦出篆书是秦统一的时候。又说：

> 乃平王东迁，诸侯立政，家殊国异，而文字乖形。秦始皇帝初兼天下，丞相李斯乃损益之，奏罢不合秦文者。斯作《仓颉篇》、中车府令赵高作《爰历篇》、太史令胡母敬作《博学篇》，皆取史籀大篆或颇省改，所谓小篆者。

这段话是承袭《说文叙》的，可是作了重大的窜改：把叙中"丞相李斯乃奏同之，罢其不与秦文合者"，改为"丞相李斯乃损益之，奏罢不合秦文者"，这样一改，就造成了秦统一后才有小篆，小篆的创造者为李斯的千载流传的谬误。北魏郦道元说："秦之李斯及胡母敬又改籀书，谓之小篆，故有大篆、小篆焉。"②唐张怀瑾《书断》："案小篆者，秦始皇丞相李斯所作也，增损大篆，异同籀文，谓之小篆，亦曰秦篆。"去古益远，谬误益滋。这些说法，才真正是至今仍盛行的小篆创始于秦统一时的谬说的依据。

辨明小篆为战国文字有何意义

这主要有三个方面的意义：

---

① 桂氏之说不见于《说文义证》，王氏当别有所据。
② 《水经注》卷十六《谷水》。

第一，正确认识汉字演变的历史。古代的学者们由于世界观的局限，对文字的起源和演变作唯心主义的解释，归之于个人的创造；同时也由于时代的局限，他们所见的古文字资料不比我们多。因此，他们对汉字演变历史的认识，不免有错误。即以去古尚不甚远的、最杰出的文字学家许慎来说，他在《说文叙》里对汉字起源和演变的论述，大体符合实际，但也有明显的错误。他认为古文最早，然后是籀文、小篆、隶书。大体固然不错，问题在于他误信了前代古文经师相传的说法，把他所见到而收进《说文》里的那些古文，看成是早于籀文的文字。按照他行文的次序来理解，从仓颉到周宣王以前的文字是古文，周宣王时太史籀的大篆（籀文）与古文有了不同，孔子和左丘明写的又是古文，战国时"文字异形"，秦统一时以秦文（小篆）统一文字。这样，他所收隶的古文，乃是从孔子传下来的比籀文更古的文字。因而在《说文》里，一个字并有古文、籀文时，籀文总列在古文之下。于是历代传承，习焉不察。魏正始《三体石经》每个字的次序是古文、小篆、隶书，也正反映了和许君同样的认识。直到公元1883年（清光绪九年）吴大澂作《说文古籀补叙》才说道：

> 窃谓许氏以壁中书为古文，疑皆周末七国所作，言语异声，文字异形，非复孔子六经之旧简。虽存篆籀之迹，实多讹伪之形。

大胆地指出了许君所尊崇的古文，实是"战国时诡更变乱之字。"百年来战国文字的不断出土，更证实了吴说的正确。现在，我们可以这样认为：《说文》所收录的古文字，实际上最早的是籀文，古文和小篆同是战国文字，只是通行的地域不同而已。

明确了小篆是战国时秦国通行文字，也才能正确认识小篆和隶书的关系。1975年湖北睡虎地秦墓竹简和木椟门刻字出土，1980年四川青川战国墓木牍出土，我们现在已可确认隶书兴起于战国晚期，盛行于秦代。这种隶书与我们习见的汉隶有区别：它保留的篆体还较多，隶化的程度还不够，有学者称之为"古隶书"，我是很赞成的。这种古隶书与小篆是什么关系呢？有篇文章认为："隶书既然起于始皇以前，当然不是从小篆演变、简化的。"都是周秦篆体文字不断简化的结果。从吾字看，秦隶是哥哥，小篆是弟弟①。还有一篇介绍青川木牍的文章，干脆叫做《小篆产生以前的隶书墨迹》②。这种颠倒了篆隶关系的说法是不能成立的。从睡虎地简和青川木牍古隶书的总体来看，它的形体简化于小篆是一望即知的。在已经有了简化的隶书"哥哥"之后，怎么还会生出反而繁化的小篆"弟弟"呢？文字从来不是某一个人或少数人主观臆造的产物，在隶书已出现后再产生小篆，又有什么客观的需要和可能呢？三千多年来汉字的通行中，很晚的文字里也间有很古的形体被保留而通行，对于文字演变的历史，要从总体上去认识，不能只根据一两个字来判断。比如说，我们现在通行的"云"字合于甲骨文，小篆则是"雲"字，难道我们能说今天的楷书是父亲，小篆是儿子吗？这种颠倒篆隶关系的说法之所以出现，正是小篆创始于秦统一时的传统旧说的顽固性在作怪。

还须申论一点：只有在战国时通行于秦国的小篆，才是古隶书产生的基础。从青川和睡虎地的古隶书来看，规范化的程度相当高，一个字和不同的字中相同的偏旁，写法基本上是一样的，完全可以和小篆对应。正说明它是从很规范的小篆演变出来的。古隶书中自然也会有从六国文字演变出来的，但主要还是秦国的小篆。秦简的"马"和从"马"字的偏旁都写作"馬"，与小篆"馬"对应，六国文字的"马"则作

---

① 吴白匋《从出土秦简帛书看秦汉早期隶书》，《文物》1973年2期。
② 尹显德《小篆产生以前的隶书墨迹》，《书法》1983年3期。

"丰、界、垩、仌"；秦简的从"虍"的偏旁都写作"䖝"，与小篆"䖝"对应，六国文字的"虍"则多写作"䖝、朱、免"；秦简的"火"和从"火"字的偏旁都写作"火"，与小篆"火"同，六国文字的"火"则多作"灰""灭"。类此例证还不少。

青川木牍和睡虎地简出土的地点和它的内容，也给我们认识隶书出于秦篆以启示。青川木牍是现在能见到的最古的隶书，明确的纪年为秦武王二年（前309），即司马错灭蜀后八年，下距秦始皇统一六国八十八年。睡虎地简中，书写晚的是秦始皇三十年，书写早的不讳"正"（政）字，如《为吏之道》《效律》等，大约在庄襄王时期。秦昭襄王二十九年（前278）白起拔郢后，秦设南郡，下距秦始皇统一约五十七年，青川木牍和睡虎地简的上限，都已在秦国统治的范围。从青川木牍到睡虎地简下限，大约百年，正是古隶书兴起后迅速通行的时期，青川木牍和睡虎地简地点相距数千里，时间相距几十年，但把两者对比，文字内容的性质是相同的，都是由同一个中央政府统治下的律令文书。从字形看，结构几乎全同，只是在书法方面，青川的笔意更古。睡虎地的造形更方整而已。（见附图十）由此，我们可以这样推论：秦国自商鞅变法后，国势日益强盛，不断扩张领土，设置郡县。这自然必须由咸阳的中央政府派出一批又一批的官吏去建立地方政权，施行政令。由于这种政治形势的需要，文字就不得不趋向简易，促使篆书逐渐变为隶书。在战国后期，也只有在秦国的这种形势下和原已相当规范化了的小篆的基础上，才出现了像青川和睡虎地这样的古隶书。青川木牍和睡虎地简字形结构之相同，说明在秦始皇二十六年之前，只要是秦国纳入版图，建立了政权的地方，早就推行了"书同文"的政策措施，到始皇二十六年，乃是在全国范围内普遍重申。其所同之文，自然是小篆和古隶书。当时人们看待这两种字体，也只如我们今天看待楷书和行书一样，与后世人的篆书和隶书的概念是不尽相同的。秦始皇二十六年以前，没有被秦国占领的地方，通行的仍是当地原来的文字。1932年寿县李三孤堆出土的楚王酓青铜器铭文的年代，不仅晚于青川木牍，乃至比睡虎地简中的一部分也晚一些。与这些楚器上的文字相比，青川和睡虎地的古隶书，实为当时汉字最先进的形态。

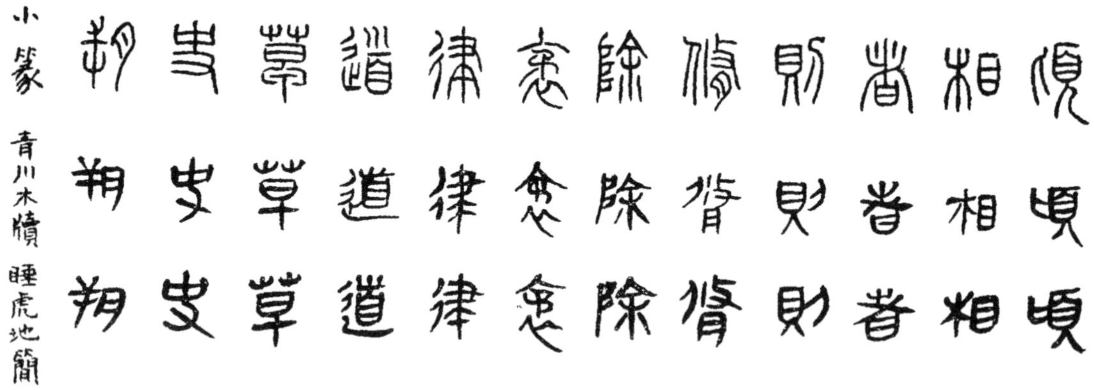

图十

第二，正确地鉴定一些有关的传世的或出土的古文字资料。例如，初唐便发现的声名煊赫的《石鼓文》，自唐宋以来，研究者数十百家，其文字至今尚未彻底通读。至于年代更是众说纷纭，有说是周宣王时的，有说是春秋时的，有说是战国时的……莫衷一是。这自然与《石鼓文》的内容残缺、无确切的年代标志有关，但也和秦始皇统一后才有小篆的旧说有一定关系。如果明确了小篆通用于战国时期的秦国是历史事实，在考虑《石鼓》的年代问题时，就自然会排除制作于战国时期的说法。有人持作于战国说的主要论据，便是《石鼓》中"四马"的"四"不作"亖"。《说文》的小篆作"四"，籀文作"亖"。"亖"当然要古些。但单凭这一个字的论断是站不稳的。《武威汉简》和《晋朱曼妻薛买地券》的数字"四"都作"亖",难道能因此把它们的时代变得更古吗?《石鼓》不合籀文的,仅此"四"字,其合于籀文的却是更多。(见附图十一)以存字最多的北宋拓本《石鼓文》计算,除去重复,大约有二百六十个字,《说文》所收籀文仅二百二十几个,而《石鼓》异于小篆而全同或极近的字竟如附图所举之多,这就不能是少数的偶合了。再者,《石鼓》中还有些字不同于小篆而与西周金文或《秦公镈》、《秦公钟》相同或相近。因此,就字形看,我赞成《石鼓文》是春秋时代的东西。

图十一

又例如,在古印中有种字体作小篆,又有边栏或田、日、㗊界格的白文印,清朝同光以前的人笼统地看作秦汉印,到陈介祺、吴式芬编集古玺印时,已感到这类印与字形奇诡的古玺和一般汉印都有区别,于是集中编为一类,但对所属时代却未有说明,近数十年来,一些关于古印的论著则多称为秦印。古印专家罗福颐对古玺印的搜集、整理、考释,有显著的成绩,他把这类印定为秦印而排斥在《古玺汇编》《古玺文编》之外,一个字也不收,使这两部书实际上成了六国古玺汇编,未成战国古玺之全。这类印传世的相当多,即从罗氏所编《故宫博物院藏古玺印选》来看,选录战国至元明印共六百四十五方,这类印就有九十九方,占总数的七分之一强。始皇和二世短暂的十五年中,遗留的印竟如此之多,显然是不合情理的,这原因,还是在于罗氏为小篆创始于秦统一时这传统旧说所蔽。以罗氏一生目验古代文物之多,研究古代玺印之勤,犹且如此,也就可见这旧说之积非成是,深入人心了。解放后由科学的考古发掘而出土的古玺印,恰好成为破除这旧说的有力武器。且看(附图十二)所列各印,其中1、2、3印1955年出土于四川巴县冬笋坝战国晚期墓①。4、5印1981年出土于陕西咸阳黄家沟战国墓②。6、7印1975年出土于湖北江陵凤凰山七十号墓③,据考定此墓属战国秦庄襄王时代。从这些有可靠的断代依据的印出土地点看,都在战国时秦国的领域;从文字看,不仅是小篆,且有少数字已带隶书写法。同时参照近十年来在陕西长陵发现的"皇后之玺"、长沙马王堆一、二号墓出土的"利苍""妾辛追""轪侯之印""长沙丞印""轪侯家丞"等西汉初期的印多数已不加边栏,已完全是汉印面目的情况,应该认为传世的所谓"秦印",其中大部分属于战国时期。

---

① 见《考古通讯》1955年6期49页。
② 见《考古与文物》1982年6期11页。
③ 见《文物》1982年2期50页。

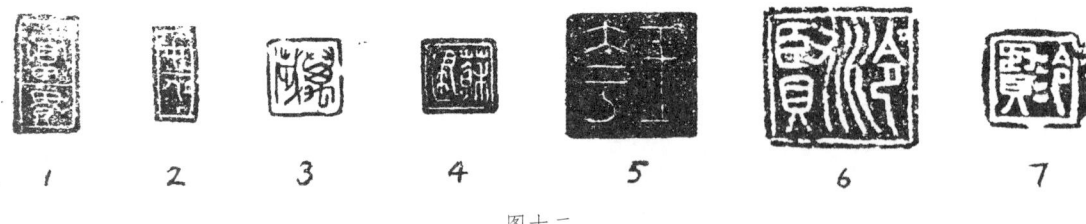

图十二

第三，正确认识《说文解字》的价值。清代研究《说文》风气盛兴，成就空前；同时也导致了对《说文》的盲目崇拜，明是错误，也往往曲为弥缝。甲骨文发现以后，学者对《说文》中的错误，指摘批驳的很多，间亦不免过甚其词。到了七十年代，《说文》被批判为搞复古倒退，在隶书已通行的时代推行篆体。乃至近年还有讲汉字的小册子，挖苦许慎是"满脑壳'仓颉造字'的文字学大师"，指责"他就很抱怨秦始皇帝的采用隶书"。既缺乏历史主义的观点，自然不可能正确认识《说文》的价值。

《说文解字》，正如这书名所显示的意义，在于探本求源，对文字本身进行讲解分析。这正表明许慎对汉字的特点有深刻的认识。最初的汉字，不论是象形、指事、会意，都是以形表义，是客观存在的自然物和人为的事物的具象反映。形声字中借以表音的字形本身，也是以形表义的字。隶书的出现是汉字演变史上的一大进步，但却大大破坏了古代汉字构形的有理性。《说文》固然是一部工具书，一部字典，但就许慎的著作意旨来说，它更是一部历史的、系统的文字学著作。中国古代的字书，从《史籀篇》这种学童课本开始，到许慎《说文》，实在是一个伟大的飞跃。从此才算是有了符合汉字特点的字典和具有科学性的文字学。要从汉字的历史实际出发，从汉字的特点出发，系统地、全面地整理、研究、解说汉字，如果以隶书形体为对象，是不可能达到目的的，是说不清楚的。许慎的"今叙篆文，合以古籀"，并不是什么复古倒退，推行篆书，而是对汉字具有历史观点的、超越当时俗儒们的特见卓识，恰当地符合了建立汉语文字学的要求。

现在，以研究秦以前的文字为主要对象的古文字学日益兴盛，已算得是一门显学。若要追本溯源，许慎倒真正是万世不祧的古文字学祖师。《说文》所收的九千五百三十多字，除了很少数是汉代才产生的，绝大多数是汉代以前的字。如果我们明确了小篆是战国时秦国通行的文字，那么，《说文》就不仅是先秦训诂的总汇，而且还是在当时条件下搜采最丰富的先秦字形的总汇。迄今为止，现代所编的任何一部古文字字典的字头总数，都还没有超过《说文》的一半。近代考释古文字的论著中，"小篆讹作×""许氏误为……"之类，随处可见。这大多也说得正确。然而，假若没有《说文》作为桥梁，没有《说文》的九千多个小篆，我们对出土的先秦文字的研究，能够取得如今的成就吗？后之视今，犹今视昔，任何一个时代的人都免不了历史所规定的局限性。许慎的错误与他的功劳比较起来，毕竟是很小的，也是可以理解的，唐兰说："（《说文》）实是伟大而成功的著作""一直到现在没有一部较它更好的著作，《尔雅》虽是经，在文字学史上，也远不如它的伟大，并且因它保存的材料，可以做研究商周文字的阶梯，在将来的文字学上，也还有重要的价值。"① 我完全同意这样的评价。我还认为，许慎的历史地位完全可以和司马迁并列，他们都是最有创造精神的伟大学者，都对两千年来中国文化的发展做出了不朽的贡献。

---

① 唐兰《古文字学导论改定本》347—348 页。

几句结尾

现在,照我的认识,汉字从殷周到秦代的演变,可如此表示:

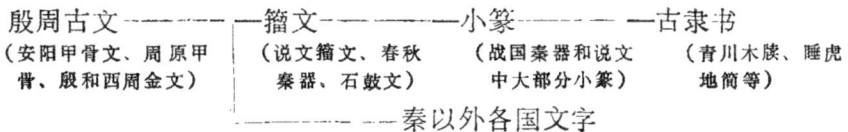

秦代是历史上很短促的一个朝代。从秦始皇尽并兼天下到崩于沙丘,以日计算,大约不过四千天;即使加上二世即位、陈涉起义到子婴出降,也只有五千五百多天。在如此短促的时间内,由秦始皇一道圣旨,李斯等几个人就创造出一整套小篆文字来通用于天下,的确是一个神话,也是对帝王将相的一种神化。

应当充分肯定秦始皇在历史上的进步作用,但也要尽量做到恰如其分。历史是不能割断的,群众的创造力量是第一位的。秦始皇只是在奋六世之余烈的基础上,靠了千百万群众的力量,才统一了全国,推行了包括统一文字在内的各种进步政策。

研究古代历史和语言文字,必须把传世的书本文献与过去和现在出土的历史文物结合起来,才能少犯错误,得到比较正确的认识。

常识并非都是真理,也包含着已知的和未知的错误。人们对常识性的错误很容易引起注意,但对以讹传讹、习以为常的错误则很容易忽略。

这篇拙稿中错误之处,敬祈专家和读者们惠予批评指正。

一九八三年十一月

小篆产生以前的隶书墨迹

介绍青川战国木牍兼谈"初有隶书"问题

尹显德

一、青川木牍的出土

一九八〇年，在四川省青川县城郊郝家坪发掘了一处战国土坑墓葬群，在众多的出土遗物中，有两件木牍，其中一件因残损过甚，不能卒读，另一件却较完好，字迹清晰可辨。这后一件木牍正面，共有三行墨书文字，识读如下：

> 二年十一月己酉朔朔日，王命丞相戊，内史匽，民（取？）臂更修为田律，田广一步，袤八则为畛。亩二畛，一百（陌）道，百亩为顷，一千（阡）道。道广三步，封高四尺，大称其高。埒高尺，下厚二尺。以秋八月修封埒，正疆（疆）畔，及癹千（阡）百（陌）之大草。九月，大除道及阪险。十月，为桥，修波（陂）隄，利津梁，鲜草离。非除道之时，而有陷败不可行，相为之。

背面有四行字迹，但不甚清楚。大致识读如下：

> 四年十二月不除道者：
> □二日□一日章一日
> □九日□一日□一日
> □一日□一日

按此牍文中，称王而不称帝，又不避秦始皇之讳（正—政），可见其下限当在秦始皇称帝以前。又据《史记·秦本纪》，秦国于秦武王二年（前309）"初置丞相"，牍中有"丞相戊"，可见上限应不早于秦武王二年。在这段时间里，能与"二年……丞相戊"相合的，仅有秦武王二年时的丞相甘茂（戊，古通茂。又古书中亦有把甘茂写成"甘戊"的）。按甘茂《史记》有传。据本传，秦武王元年（前310）"蜀侯恽、

---

* 《书法》，1983年第3期。

相壮反，秦使甘茂定蜀。还，而以甘茂为左丞相"。此牍出土的地点，正是在古蜀地，可见牍文中的"二年"，应是战国时的秦武王二年，木牍的书写时间当在此时，这时，下距秦始皇统一中国为六十三年。这件木牍，从其内容来说，可以作为研究先秦土地制度和秦灭巴蜀后施政情况的重要史料。而从其书体来说，是属于初起的隶书，也是研究中国文字发展特别是有关早期隶书的实物资料。（插图为木牍摹本，右正面，左反面）

二、前人关于"初有隶书"的说法

关于隶书，据东汉时许慎所作的《说文解字叙》说："秦始皇帝初兼天下，丞相李斯乃奏同之，罢其不与秦文合者。斯作《仓颉篇》，中车府令赵高作《爰历篇》，太史令胡母敬作《博学篇》，皆取史籀大篆，或颇省改，所谓小篆也。是时秦烧灭经书，涤除旧典，大发吏卒，官狱职务繁，初有隶书，以趣约易，而古文由此绝矣。"这是说"初有隶书"的时间，是在秦始皇时代。是因为当时"官狱职务繁"，又大概因为小篆书写较难，写隶书是为了"以趣约易"。他并没有说隶书是谁"作"的，但后面提到了程邈作小篆。

西晋时卫恒的《四体书势中》说："或曰下杜人程邈为衙吏，得罪始皇，幽系云阳十年，从狱中改大篆，少者增益，多者损减，方者使圆，圆者使方。奏之始皇，始皇善之，出为御史，使定书。或曰邈所定乃隶字也。"这里说得模棱两可，程邈所"定"的是小篆还是隶书，有点吃不准了。

南北朝时，梁代的庾肩吾在其所著《书品》中说："寻隶体发源秦时，隶人下邳程邈所作，始皇见而奇之。以奏事繁多，篆字难制，遂作此法，故曰隶书，今时正书是也。"

唐代的张怀瓘在其所作的《书断》中说："案隶书者，秦下杜人程邈所造也。邈……幽系云阳狱中，覃思十年，益大、小篆方圆而为隶书三千字，奏之始皇，善之，用为御史。以奏事繁多，篆字难成，乃用隶字，以为隶人佐字，故曰隶书。蔡邕《圣皇篇》云'程邈删古立隶文'，甄酆六书云'四曰佐书'是也。"以上两说，肯定了创造隶书的人是程邈，还叙述了程邈创造隶书的过程。

以后关于初有隶书的一些记载，大都是根据后两说这个范围。虽然曾经有人提出过怀疑，认为在秦代以前应有隶书的初型文字出现。例如北魏时郦道元所著《水经·谷水注》中说："孙畅之尝见青州史傅弘仁说，临淄人发古冢，得桐棺，前和外隐为隶字，言齐太公六世孙胡公之棺也。惟三字是古，余同今书。证知隶自古出，非始于秦。"但是这个桐棺，是郦道元辗转听来的，他自己也并没有看到过，所以说得模模糊糊，很难作为隶自古出的"证据"来看待，这些说法，只好存疑。

三、目前能见到的最早隶书墨迹

从 20 世纪初起，在西北地区陆续出土了多批竹木简，它的年代从秦到汉晋都有。其中以七十年代在湖北云梦睡虎地出土的秦简为最早。湮没了两千多年的秦隶墨书，现在已重现于世了。青川木牍的出现，更使我们见到了秦代以前的隶书，这是我们目前见到最早的隶书文字了。

青川战国木牍比云梦秦简约早八十年。它的字体和秦简上的秦隶，极为相似。以致木牍刚出土时，参加整理的部分同志从字的体形判断，误认为秦始皇称帝以后的东西，从而使墓葬年代的判断，走过一段弯路。木牍上的字体，比起在此以前或当时铸在钟鼎上的金文来，有不少差别，试举例列表比较如下：

其他例子尚多，这里就不多举了。归纳起来，约有以下数端：

（一）减省盘屈，如"九"字，"道"字的"首"旁等；（二）化繁为简，如"则"字的"贝"旁、"鲜"字的"魚"旁；（三）圆者使方，如"日""月"等字，金文中都用圆形或弧形笔画，牍中均用方折；（四）变金文的狭长形为正方形或扁形；（五）用笔有轻重徐疾痕迹，某些横划，已具有"蚕头燕尾"的初型；某些捺笔，已有重按轻挑，以斜取势的"波势"。此外"波""津"的水旁，已作三点，"廣"字的"广"上已有一点。过去人们因为没有见到秦代或秦代以前的隶书墨迹，又误认秦诏版上的篆书作"秦隶"，以为秦隶是"无点画俯仰之势"。现在看来，这是弄错了。

四、重新理解许慎、卫恒的有关记述

根据对青川木牍的上述分析，回过头来重读一下许慎、卫恒等人的有关记述，不是没有意义的。

许慎在《说文解字叙》中记述小篆是"秦始皇帝初兼天下，丞相李斯乃奏同之"。又记李斯、赵高、胡母敬分别作了《仓颉篇》《爱历篇》《博物篇》"皆取史籀大篆，或颇省改，所谓小篆者也"。在谈到新莽"六书"时，又说"三曰篆书，即小篆，秦始皇帝使下杜人程邈之所作也"。由于人们都认为程邈所作的是隶书，所以一般都认为"三曰篆书，即小篆"下面这一句话是"错简"，例如段玉裁就说："按此十三字当在下文'左书，即秦隶书'之下。"现在我们知道隶书是在秦代以前就已有了，无需秦始皇使程邈去新"作"。何况秦代自秦始皇统一六国至秦亡,一共才十五年时间,在这短短的时间里,在当时的物质条件下,一种个人创造的新字体,居然很快推广到全国,成为一"官狱职务"方面大量使用的实用字体,是很难想象的。这和小篆的情况不同,小篆在秦代实际上并没有推开,一开始就由于它不够"约易",书写"难成",而没有在群众中普遍使用。它的使用范围,看来只限于纪功刻石或诏版等处庄重场合。只是由于它有《仓颉篇》等一套较完整的资料,所以流传了下来。到汉代,又成为碑额、铭文等处所使用的带有装饰性的字体。它始终没有成为普遍使用的字体。

但问题是,许慎既然说李斯、赵高、胡母敬等人在编写《仓颉》等篇时,"皆取史籀大篆,或颇省改",这不就是说李斯等人是小篆的"作"者吗,为什么又冒出一个程邈来了呢?宋代的徐锴对此虽曾解释说:"李斯虽改史篇为秦篆,而程邈复同作也。"但这个解释是很勉强的。现在我们知道,程邈在云阳狱中十年,"改大篆,少者增益,多者损减……"其成果主要不是隶书,那就只能是小篆。看来,他"覃思十年"的结果,是一套有关小篆的"文字改革方案"。同时,为了推广新文字,李斯等三人分别编写了《仓颉篇》等三种"识字课本",他们如果没有一个共同的"方案",在把史籀大篆"或颇省改"时,你改你的,我省我的,这样怎么能统一起来呢?看来,这个"方案"极有可能是程邈所提供的。李斯等人只是采用了程邈的"研究成果"而已。

程邈原是一个"衙吏",对于流行于民间和徒隶中的隶书,当然是很熟悉的。他在把大篆"少者增益,多者损减,方者使圆,圆者使方"的时候,必然会参考隶书的写法。所以当他整理出一套小篆的"方案"时,无形中也就把隶书整理了一遍。从这个意义上来说,卫恒说"或曰邈所定乃隶书也",并不是一点没有道理的,只是和事实有点出入。但是传到后来,如到了庾肩吾、张怀瓘那里,那就大大走了样了。

感谢二千三百年前的一位无名书吏,用当时民间流行的新字体,在木方上写下了秦王《更修田律》的文件,并用来作为随葬物,经过漫长的岁月,今天再现于世,使我们能看到长期以来没有人看到过的战国时的隶书墨迹,也给我们解决了汉字发展史上长期没有够解决的问题。

秦隶的造型研究——以《青川木牍》为例

裴丹丹

从文字学的角度看，秦系文字是由古文字阶段演变到今文字阶段的重要一环；站在书法史的角度看，秦系文字又是从篆书发展到隶书的重要转折点。这一时期的文字，除了构形系统发生了重要变化，在造型层面，汉字逐渐接近隶书的横扁体式，用笔由圆转变为方折，字内空间也逐渐趋于匀整规范。文字和书法是并行发展又紧密相关的两条线索，文字的发展离不开书写的促进作用，而书法的发展又是以文字作为依托。20世纪70年代以来，相继出土了很多秦系简牍文字，极大地丰富了研究秦系文字的资料。学术界对这些简牍书的研究也日益深入，一些关于文字学的专著也相继问世，但是文字学家往往只关注到了汉字的构形嬗变，只关注到了留在简牍、碑刻、瓦片上的静态的文字资料，而对于文字造型的改变和书写过程中的微妙变化很少涉及，对于书写者的生理特点和书写的材料工具等主客观条件在文字发展过程中的影响还需要更细致深入的研究。启功先生作为书法家和文字学家，在他的《古代字体论稿》中专门探讨书写因素在字体演变中的作用，指出四个与书写相关的因素，即书写用途、书写工具、写者与刻者。本文将沿着启功先生的思路对秦隶的造型发展进行深入研究，把研究的重点集中于"书写"。而选择《青川木牍》作为研究秦隶的切入点主要出于以下几点考虑：第一，《青川木牍》是迄今发现的秦简牍资料中最早的墨迹，更容易从源头上找到隶书演变的蛛丝马迹，展现书写者最真实的书写状态；第二，《青川木牍》作为战国中晚期的作品，带有典型的从篆书到隶书的过渡特点；第三，字迹完好，清晰易识。

篆书和隶书不论是从构形还是造型上来说都有很大差别。篆书属于古文字阶段的书体，隶书属于今文字阶段的书体；篆书保留了更多的象形意味，而隶书的符号性质更浓些。从造型上来说，篆书体势狭长、纵向取势，隶书方扁、横向取势；另外，篆书的书写以圆笔为主，隶书的笔形相比篆书更加复杂，用笔以方笔和直线书写为主，并且出现了波磔、提按，与篆书相较，隶书呈现出更加飞动灵活的造型特点。胡小石先生说："各体之间彼此又有渊源关系。然并非前一体灭绝，其他一体始代兴。"《青川木牍》正是篆书向隶书过渡的典型面貌，既保留了篆书的造型特征，却又不是篆书的圆转书写。例如，"干""及""利"等字，在构形上依旧保留着篆书的结构，但是用笔上已经化圆为方了；"广""高""厚"等字造型上纵向取势，相比篆书有些笔形已经变为方折；"三""之""止"等字已经出现了隶书的波磔用笔。丛文俊先生认为："牍文尚处于隶变的初期阶段，篆法隶势、古今结构一应俱全，呈无序状态。表明隶变伊始，书写

---

* 《中国书法报》，2016年8月9日第7版。

性简化在自然地进行，人们还没有形成清楚的书体意识，主动去改造所有的字形，以使文字体系的符号式样协调一致。同时，牍文书写平正工稳，用笔从容，与人们所想象的隶变之六国文字式的潦草颇不相同，应该是它从简化'篆引'中化出的真实反映。从艺术的角度看，牍文的美感还不够明晰，也未能至于上乘，这与它处于日常实用书写的地位是相称的。"

秦国和楚国虽然地域环境不同，但是同处于春秋战国的大环境之下，两国之间战争不断，武力的征服必然导致文化的渗透。秦国文字必然不能脱离其他国家文字的影响而独立发展，秦楚两国均继承了西周文字，这一点在春秋中期以前的金文中最为明显。从两国出土的文字资料来看，无论从文字构形还是造型风格方面都极为相似，而随着时代的发展秦楚文字在整体面貌上有了较大的变化，秦国文字继续沿着西周文字发展，而楚国文字以春秋中晚期的《王孙遗者钟》为代表走向装饰化，线条屈曲蜿蜒，字形修长，更有甚者如《王子午鼎》笔画中增加了鸟头凤尾的造型，笔画收笔处细若蚊脚，姿媚诡谲。楚国墨书文字也走向了装饰化，如战国早期曾侯乙墓竹简文字用笔与"周所用之"的蝌蚪文字相一致，证明楚国简牍文字与西周文字的渊源关系。秦简牍书中我们暂时还没有找到战国早期的文字资料与之相比较。但是，战国中晚期大量的出土文字资料与同时期的楚系墨书文字却有极大的可比性。如楚系的《仰天湖楚简》、《包山楚简》、《郭店楚简》和秦系的《云梦睡虎地秦简》、《天水放马滩秦简》。从对比中可知，秦简牍书一直保持着与西周文字的源流关系，无论是字形构造还是笔法造型都能从西周金文中找到源头依据，而楚文字中，我们可以发现明显的差异，或者繁简有别，或者是文字的构形不同，位置的安排不同，呈现出独特的构造字形的方式。用笔方面，秦系简牍虽然改变了周文字的圆转用笔，但是笔画的粗细比较均一，起伏差别不大，横平竖直，字内空间也比较均匀；而楚简牍中，笔画的粗细提按起伏变化较大，装饰意味也较浓。

清楚了《青川木牍》对篆书的改造，对比秦系文字与周文字纵向联系以及同时代楚国文字的横向联系与差别，我们就造成这些差异的主客观原因和运动的过程，尤其是手书这一因素在文字发展过程中的作用做出分析。第一，客观影响因素。社会大背景和字体发展的客观规律决定了《青川木牍》只能在这个范围之内活动，它不可能脱离这个客观因素而独立发展。社会的发展、教育情况以及政治环境这些都会对文字书写以及普及情况带来影响。另外，文字发展本身有其自身规律和发展阶段，对文字的分析亦不能跳出此阶段。

第二，书写工具与材料的影响。由于毛笔的弹性满足了快速书写的要求，更能写出笔画的粗细变化、重笔以及波磔。随着社会的发展、文化教育的普及，简牍书写大量增加，就促使了书体不断地演变，隶书最终走向成熟。而简牍具有特殊的形式，有限的宽度对汉字的书写起着限制作用，一片简上为了能写出更多的字，往往使得字形进行横向伸展，这也是隶书简牍字体横扁的原因之一，有列无行。而《青川木牍》由于是在木片上书写，它的面积较单片竹简大些，但还是受至惮片竹简书写方式的影响，纵向书写，有列无行。另外，由于《青川木牍》是隶变的早期阶段，更多地保留了秦篆的影响，总体上呈现出修长的造型特点，横向的笔画不突出，这也是隶变早期的典型特点之一，例如"厚""高""广"等字。

第三，书写的生理因素以及视觉方面的影响。王凤阳先生总结隶书对篆书的改造时遵循的两个原则：一是"趋直性原则"，二是"反逆性原则"。所谓"趋直性原则"，在几何学中有两点之间直线最短的原则，而篆书弧线书写经过的线路较长，而且要求匀整对称，书写起来不方便，书写速度受到直接的影响，"趋直性原则"要求将篆书的曲线变为直线，以达到书写快捷方便的目的。如"史""及"字的最后一笔，"除"字右半部分改成了两个横向的笔画，"利"字的左半部分均改成了直笔。自古以来，我们都右手执笔，从生理上说，右向下写的笔画最为顺手，向左、向上则不太便捷，而篆书的弧线有顺时针行笔和逆指针行笔，顺时针向左行笔的笔画，则属于右手书写不太便捷的一类，我们称之为"逆笔"，隶书对篆书的改造，尽量淘汰一些逆笔，这便是"反逆性原则"。"趋直性原则"和"反逆性原则"，使《青川木牍》中直笔增多，弯转的笔画减少，隶书意味浓厚，经过手书一遍遍地改造便形成了"八分"书那样规则程式化的书体。

第四，由于是日常的书写，为了追求快捷，《青川木牍》对篆书的笔画结构进行了省改，或合并笔画，或偏旁变形、改曲为直，等等。我们从中找出几个典型性的笔画进行分析，用以说明这个改写的过程。其一，波磔用笔。例如"广""厚"两字，在现代汉字里我们称之为"撇"的那一笔，已经有了隶书里向左横向伸展的取势，而在篆书里这个笔画是垂直向下的，如《墙盘》里的"广"字；出现此种改纵向笔画向横向伸展，强化横式、弱化纵式的书写方式，是出于装饰美化汉字的心理，使得整体看起来更加规整有序，另外或许还与为了能使一片简牍上写出更多字有关。另外，例如"乙""三""步"等字横向笔画出现了类似后来标准八分隶书蚕头燕尾笔画的雏形，此种笔形的出现是出于装饰汉字的心理，充分利用毛笔的弹性和快速书写的承接呼应，使得笔画出现"一波三折"的装饰效果，收笔向右上，增强了横向的张力，更加飞动灵活。其二，直入笔。在汉魏的碑刻隶书中，为了体现书写的庄重谨严，往往起笔必用逆锋，笔形方正、整齐，颇具装饰效果，而在《青川木牍》中，这种刻意的动作便淡化或者直至消失了，代之而起的是率意的直入笔。例如"尺"和"下"两字的第一个横画，起笔露锋直入，定是为了追求书写的方便快捷，这种书写方式在以后的简牍手写体、章草、楷书、行书运用越来越多，从中我们可以看到，书写在推动汉字演变过程中的重要性。其三，转折。例如"月"和"高"两字的转笔，正是由篆书的书写方式演变而来，体现了《青川木牍》作为由篆书到隶书过渡书体的典型特征，此种笔法对行草书，尤其是草书中的使转用笔也有影响；"鲜"和"厚"两字硬折的用笔，体现了隶书对篆书的改造，化圆为方，改曲为直，后来成为标准隶书的典型用笔，影响到楷书。经过以上分析，可以看出书写方式在推动文字发展方面的重要作用。

青川木牍隶书墨迹探源

黄家祥

《文物》1982年1期刊载了四川青川县郝家坪50号战国墓出土的秦"更脩为田律"木牍一件,引起国内考古学、历史学和古文字学等方面学者的极大兴趣,先后有约五十篇文章对牍文内容作了多方面的讨论,论极精深。而对木牍文字墨迹书体的讨论虽有提及,但为数不多。青川木牍文字墨迹的出土,是战国晚期西土文字中秦系文字的一个重要发现,因此研究牍文墨迹的来源、发展和演变,对认知其在中国文字书体发展中的地位有重要的价值和积极的意义。

一、青川木牍文字是秦系文字

青川木牍的牍文内容是秦使甘茂定蜀后,将青川纳入秦国领地,由秦治理并由中央政府直接颁布秦国田律在青川实施。青川战国秦墓出土的木牍文字,是战国晚期的文字墨迹。在文字书体发展的过程中,不同时代就会形成不同的书体,不同风格的书体也能反映出其时代、地域甚至国别的不同。因此国学大师王国维就指出:"秦用籀文,六国用古文。"后来,李学勤在《战国题铭概述》一文中又将战国文字划分为五大系,即楚系、秦系、燕系、齐鲁系、三晋系。出土的战国时期简帛文字主要有楚系文字、秦系文字,战国晚期至秦汉出土的简帛文字主要是秦系文字墨迹,这些墨迹文字表现出文字书体由篆书向隶书演变的轨迹。

秦人的所在地西土,曾是周人所居,如王国维所说:"秦居宗周故地,其文字犹有丰镐之遗。"从中可知秦系文字是承袭了殷周文字的结构与形体特征。在战国秦汉之际,出土的秦国简牍文字则表现在继承殷周古文字体的同时也进行简化和改造,以利简便易写。青川木牍的文字墨迹中,其字体既有对殷周古文字的继承,也有对其文字的改造与简化,并对秦汉以后的隶书这一书体有较为深远的影响。

---

* 中国文物研究所:《出土文献研究》第七辑,上海古籍出版社,2005年,第172-175页。

二、青川木牍文字对殷周古字的传承改造与隶变

青川木牍文字墨迹中承袭殷周金文的古文字仅例举如下：
西字：牍文作"囟"，周曶鼎作"囟"；
命字：牍文作"命"，秦公簋作"命"；
封字：牍文作"封"，周召伯虎簋作"封"；
史字：牍文作"史"，周颂鼎作"史"；
为字：牍文作"为"，周曶鼎作"为"；
田字：牍文作"田"，周散盘作"田"；
百字：牍文作"百"，周曶鼎作"百"。

青川木牍文字墨迹中对殷周金文的古文字进行改造的文字占绝大多数，有的是对字的偏旁、构字部件进行归并、省减、分化，使之趋于笔画化。例如：
草字：春秋石鼓文作"草"，牍文作"草"；
匿字：周克鼎作"匿"，牍文作"匿"，匿字中"女"不作"中"，而作"女"，将竖笔变为横笔；
厚字：周井人钟作"厚"，牍文作"厚"；
宙字：周贤簋作"宙"，牍文作"宙"；
更字：周曶鼎作"更"，牍文作"更"。

改造偏旁使之简化的如：牍文中有"氵"的"波、律"二字，水旁不作"水"，简化为"氵"；波字的"皮"不作篆文"皮"，而作"皮"，改断笔为连笔；津字之"聿"牍文作"聿"不作"聿"，改弧线条为直线条；带禾旁的"利、称"二字，禾旁不作篆文"禾"，简化为"禾"；利字的"刂"旁不作篆文"刀"，改作"刂"；有"亻"旁的"修"字，其"亻"不作篆文"亻"旁，改作"亻"；广字：其"广"不作篆文"广"，改作"广"；道字：其"辶"不作篆文"辵"，改作"辶"。同时对殷周金文如：散盘中的"道"字，或与此相类似的"道"进行省简改造，逐渐形成趋于笔画化的牍文中的"道"字。牍文中数字如十字：周散盘作"十"，牍文作"十"，其横竖二笔画相等；四字：石鼓文作"四"，牍文作"四"，字体由长方变成宽扁，笔画由圆转改成方折；九字：周克钟作"九"，牍文作"九"，改曲笔圆转为直笔方折。还有如顷字：篆文作"顷"，牍文作"顷"，改纵向用笔为横向用笔等等。

三、最早的古隶墨迹

以上表明，秦国简牍文字虽然传承殷周古文字，但到战国晚期，确切地讲是在秦武王二年（前309）时，秦系木牍文字已有了很大改变，省减删繁，以趋约易。可以说青川木牍文字墨迹是迄今具有明确纪年，由篆书向先秦古隶这一书体隶变的最早实例。晚于青川木牍文字墨迹的睡虎地秦简，1986年甘肃天水放马滩秦简，湖北江陵岳家山木牍，云梦龙岗秦简以及2002年湖南湘西里耶出土的36000余枚秦简等，其文字墨迹均是用笔墨书写，它们的字体书风与青川木牍文字墨迹的字体书风几乎完全相同。这些秦系文字资料

的大量出土，说明秦始皇统一中国前后这种书体的文字已经在中央政府和民间广泛流传和使用。这些字体有长方、宽扁、正方等，笔画有明显的波势，笔画还有肥瘦刚柔之变化。20世纪70年代长沙马王堆汉墓出土《老子》甲乙本帛书上的文字书风与上述秦简文字一脉相承，并显露出汉隶的雏形。所以青川木牍文字墨迹实为古隶之书，其古隶字体的间架、波势、提按、转折甚至蚕头燕尾的笔意已初步形成。其书体的形成当来源更古，至秦武王二年（前309）时，应该有一个较长时期的发展。这里我们不由得想起许慎《说文》叙中所说："是时秦焚烧经书，涤除旧典，大发隶卒，兴戍役，官狱职务繁，初有隶书，以趋约易，而古文由此绝矣。"又《书断》曰："篆字难成，乃用隶字，以为隶人佐字，故曰隶书。"卫恒《四体书势》在"小篆"下记载隶书是秦始皇时下邽人"程邈删古立隶文"，即程邈始作隶书。前文所列举四川青川出土秦武王二年木牍、甘肃天水放马滩秦简、两湖地区出土之多批简牍，证明上述记载有误，与实际发现不符，隶书绝不是程邈一人所"献"。先秦古隶这一书体应始创于秦武王二年以前，当时古隶与篆书有可能是同时代的两种书体文字，不能武断地认为隶书这一书体就一定比篆书中的小篆晚。

　　战国时代，社会动荡，变革激烈，奇诡纵横，礼乐崩溃。反映在文字书体的发展上也同样是变化无穷，我们不仅能看到有出土的西土秦系简帛文字，也能见到出土的东土楚系简帛文字等六国古文字资料。在战国文字书体发展的脉络中，青川木牍文字墨迹的出土，使人们看到秦统一以前的古隶文字，确定秦以前的隶书字体，是隶书这一书体发展中的重要一环，填补了先秦古隶到秦汉隶书之间墨迹文字的空白，使隶书墨迹自成系统，解决了汉字书体发展史上的一些问题，是研究中国文字——古隶发展演变过程的一件很重要的实物资料，弥足珍贵。

概述隶书

华人德

一、隶书的形成

早在秦王朝建立以前，秦国日常应用中已经产生一种笔画方折、结体简约、书写便捷的字体——"隶书"。这可以在1980年四川青川郝家坪秦墓出土的木牍得到印证。木牍正背两面约有字150余个，书写时间为秦武王二年（前309），其中大多数字已用隶书的笔顺、笔势、笔画的连接形式，与西汉早期的隶书十分相似。数十年来陆续出土的甘肃天水放马滩秦简，湖北云梦睡虎地和龙岗秦简、荆州关沮周家台秦简，湖南湘西土家族苗族自治州里耶秦简等都显示出隶书将篆书圆转的笔画变为方折，并将部首偏旁和结体加以简省的特征与轨迹。秦隶依然保持了篆书修长的结构和笔画的纵势，而逆入平出的笔法和波磔挑法已渐渐明显。

秦始皇二十六年（前221）兼并六国，统一天下，颁布了一系列法令："一法度衡石丈尺，车同轨，书同文字。"秦代常用的有8种书体：大篆、小篆、刻符、虫书、摹印、署书、殳书、隶书。大篆是以前秦国使用的文字，得以保留。小篆是在大篆基础上加以省改的书体，以用于庄重场合。刻符、虫书、摹印、署书、殳书等用于符节、幡信、玺印、题署、兵器一类的书刻。其时因"大发隶卒兴役戍、官狱职务繁"，隶书书写便易，应时而出。《汉书·艺文志》云："……是时（秦）始造隶书矣，起于官狱多事，苟趋省易，施之于隶徒也。"隶书之名，其来源就是"施之于徒隶也"了。其实，在秦始皇统一之前，秦国已有隶书了，书法史上有许多名称往往都是以后追加的，许慎在《说文解字序》中讲到新莽时有"六书"，并有简短的说明，其"三曰篆书，即小篆，秦始皇使下杜人程邈所作也；四曰佐书，即秦隶书"。王莽为了"应制作"，将秦8体改并为6体，以篆书（小篆）为正体，而隶书只是辅助书体，故称为"佐书"，且专指"秦隶书"，即"古隶"。清代学者段玉裁《说文解字注》认为："秦始皇使下杜人程邈所作

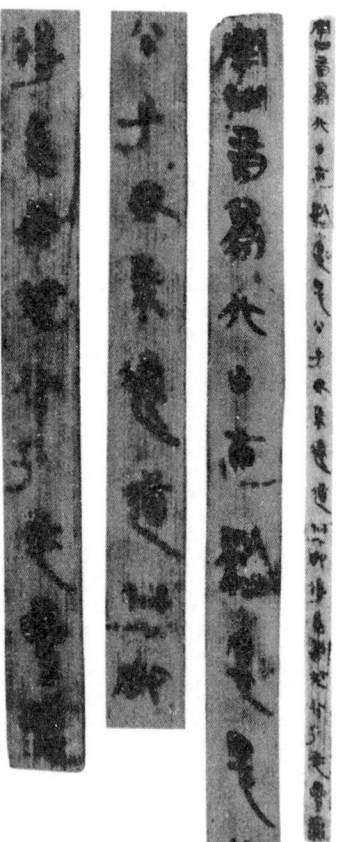

◎秦简《公子从军》

也。"这 12 字应属下句，即"四曰佐书，即秦隶书，秦始皇使下杜人程邈所作也。"并以蔡邕《圣皇篇》中有"程邈删古立隶文"语为旁证。到晋宋时，论书多折中其说，认定程邈是隶书的创作者或改定者。卫恒《四体书势》云："或曰，下杜人程邈为衙狱吏，得罪始皇，幽系云阳十年，从狱中作大篆，少者增益，多者损减，方者使员，员者使方，奏之始皇，始皇善之，出以为御史，使定书。或曰，邈所定乃隶字也。""秦既用篆，奏事繁多，篆字难成，即令隶人佐书，曰隶字。汉因行之。"以后羊欣、庾肩吾、江式等因袭其说。于是"隶体，秦时隶人程邈所作"就成定说了。

汉承秦制，西汉前期的隶书，我们现在看到最多的还是出土的竹木简牍。如湖北江陵张家山汉简（吕后二年，前 186 年）、高台木牍（文帝前元七年，前 173 年）、凤凰山汉简（文帝前元十六年，前 164 年）；湖南长沙马王堆汉墓出土的帛书和竹简遣册（西汉早期），沅陵虎溪山汉简（文帝后元二年，前 162 年）；湖北随州孔家坡汉简（景帝后元二年，前 142 年）等都承袭了秦简的隶书书风，但是篆书的结构在不断减弱，隶书所特有的波挑逐渐在形成，这是刻意而作的，是一种审美情趣使然，是对艺术的自觉创造。不过仍保持纵势，字形仍为修长。

汉武帝即位不久，就出兵反击匈奴，并一直坚持到暮年。武帝以前，汉朝对匈奴都是采取和亲、互市、防御的策略，但匈奴还是时常侵扰，边患不断。武帝于是改变策略，一方面派张骞通使西域，联络西域诸国，以断匈奴右臂；一方面不断派兵主动出击匈奴。从元鼎二年（前 115）始，先后在河西设置酒泉、武威、张掖、敦煌（今均属甘肃）4郡。太初三年（前 102）春，武帝遣光禄勋徐自为出五原塞（今内蒙古包头西北）外数百里，远者千余里，筑城、障、列亭，遣强弩都尉路博德筑居延泽上（今内蒙古额济纳旗）。从敦煌向西至盐泽（今新疆罗布泊）起亭燧，轮台（今新疆轮台东）、渠犁（轮台东）皆有田卒，置使者、校尉领护。西北边事，终西汉之世至新莽时，一直修武备而未敢懈怠，20 世纪以来，在敦煌、居延、罗布泊一带亭燧关塞发现、出土的数以万计的简牍，就是从西汉武帝直至东汉初年这一时段边陲将佐吏卒遗留下来的文书簿籍、传符检署，甚至还有用作临习小学篇章的觚。

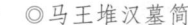
◎马王堆汉墓简

敦煌汉简编号 1922 的为汉武帝太始三年（前 94）简，其书改西汉早期波磔纵势的写法，而完全取横势，每个字都呈扁阔形，左波右磔都较其他笔画丰肥，隶书已趋于成熟。至西汉宣、元、成帝三朝，凡隶书简，虽个人风格不一，但其转折处笔锋转换方折，波磔充分向左右拓展，并恣意地显示毛笔提按粗细变化的柔畅美。如居延汉简 1328 号汉宣帝元康二年（前 63）简，1511、1512 号汉元帝初元三年（前 46）简，1523 号汉成帝建始元年（前 32）简，1524A、1524B 号河平四年（前 25）简等，说明书写者已熟悉掌握了隶书的书写规律，挥运自如，隶书已完全成熟了。这一特征的书体到东汉末一直为日常应用。汉代以后，仍作为铭石书而沿习使用。

证明西汉中晚期隶书已完全成熟的最有力证据，莫过于 1973 年河北定县八角廊 40 号汉墓出土的大批竹简古籍。墓主经考定为中山怀王刘修，其卒年为五凤三年（前 55），这批古籍都是用公正匀称的隶书缮写的，用笔逆入平出，主笔皆蚕头雁尾，中段稍提笔收束，波磔较丰肥，结构宽扁，重心安稳，形态舒和。东汉中晚期的著名碑刻如《乙瑛碑》《张景碑》《元孙残石》等用笔结体与之极为相

◎居延汉简

似，已完全脱尽了篆书笔意。

传统观点认为西汉"绝无后汉之隶""盖西汉之前，无熹平隶体，和帝以前，皆有篆意"（见康有为《广艺双楫·分变第五》）。这是因为没有见到西汉简牍，只见到传世东汉碑刻而得出的结论。20世纪以来，大量敦煌、居延汉简被发现，由于其中有明确纪年的西汉中晚期工整的隶书较为零散，故一些学者仍坚持这一看法，如郭沫若1965年还认为："拿隶书来说，秦人的隶书尚未脱离篆书的体段，西汉人的隶书也还未把隶书笔意完全脱尽。东汉可以算是隶书的最高峰。"（见郭沫若《〈驳议〉的商讨》收于《兰亭论辨》，文物出版社，1977年。）这个论断显然应该修正了。

隶书的笔法较以前的书体要丰富，尤其背分的体势和波磔跌宕起伏，显示出独特的美感。产生隶书形式美的因素主要有两个方面：一是实用。隶书自汉武帝时开始向扁阔的结构定型，很大的原因可能是在狭长的竹木简上要尽可能将字写得大，而一简中容字又要多，容字多就可以节省篇幅，但是字与字之间不能太挤，要留有一定间距，以便能清楚舒适地阅览，于是将受篆书影响而保持纵势的古隶尽量压扁。下垂的波磔使其向左右伸展。另一是美观。篆书是引书，其用笔婉转而少粗细变化，古隶则逐渐产生了华饰性的波磔。但是波磔表现在纵势的字体上，往往使文字结构不平衡，且下垂的波磔占用了简上太多的空间，当波磔横向伸展时，并不影响结构的平衡，反而使重心更加安稳，在形态上更具美感。

汉简成熟的隶书笔画向纵向延伸的情况，一般是出现在一篇的结尾一字的末一笔竖画。这一笔往往又长又粗，显得十分有力、醒目。一方面由于简上还有空余部分，可以让笔画舒展，另一方面也表示至此就结束了。这一有规律的写法，往往可以使学者用以定散乱的简册之次序。如甘肃武威磨咀子18号汉墓中著名的"王杖十简"，出土时已散乱，其排列顺序，各家意见有所不同。郭沫若曾根据这一写法的规律，提出了与众不同的排列法。但是也有在简文中间将有些字的竖画写得很长的情况，如"年"字的一竖常常写得很长。这在汉代的碑刻中也时有所见，如西汉《五凤二年刻石》中的"年"字，东汉《石门颂》中的"命""升"二字，《张景造土牛碑》中的"府"字等。前人认为汉人将"年""命"等字写长，是为了祈求长年、长命，恐怕并非如此，而是书者兴致所到，追求笔势之放逸。

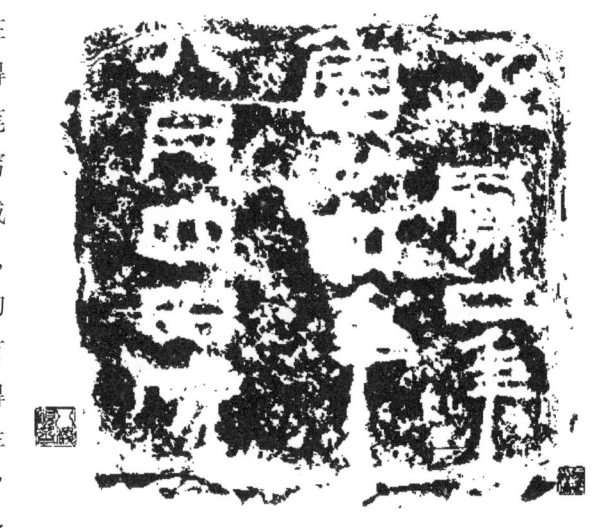

◎五凤二年刻石

1959年7月，在甘肃武威磨咀子6号汉墓出土的《仪礼》木简，约书写于西汉成帝时期（前32年-前7年），整篇抄录儒家经典。书手有着高超的书法修养。其结体左敛右舒，重心偏向于字的左侧，顾盼生姿，笔画轻纤而不软弱，粗细变化，飘洒流动，有百炼钢化作绕指柔的感觉。由于运笔较快，一些笔画往往出锋收笔，致使一些"撇""钩""捺"等笔画类似于后世的楷书。这在汉隶碑刻中是不多见的，尤其是一些端庄严正的丰碑巨刻中的隶书，"撇"的收笔都是留住稍顿藏锋，或是逐渐丰肥，最后顿笔趯起，而类似楷书的"钩"几乎没有，"捺"的收笔大多数是微微上翘。这使我们看到了楷书是由隶书简捷书写逐渐形成的一个例证。楷书的一些特征，在两汉后期隶书成熟时就已经孕育了。

西北地区出土的简牍，有较大一部分是新莽时期和东汉初的，其隶书承袭了西汉后期的书风。出土的东汉中后期简牍数量甚少。甘肃省甘谷县东汉墓中出土的桓帝延熹元年至二年（158—159）和23枚"两行"木简，是宗正府卿刘柜所上给皇帝的奏书，以诏书形式颁布州郡奉行的官方文书。凡汉代朝廷下达的诏书及郡国转承的诏书，大多在末尾署上属、掾或令史、书佐之名。这些木简的书写者，自然就是当时的令史、书佐一类的文吏。这些字的主笔画伸展很长，中心结构紧密，字虽小，而逆折钩趯非常分明，刚健奔放而不草率，笔力可搏犀象，其结体和用笔，与早于此简的《阳嘉残石》［阳嘉二年（136）］和晚于此简的《孔彪碑》［建宁四年（171）］、《曹全碑》［中平二年（185）］有十分相似之处，应是东汉中后期官文书的典型书体。

汉代有种大扁书，写在木板上，榜于乡市通衢里门，也有直接书写于墙壁，告示吏民，字因而要写得大，以便看得清楚。汉简中有"□□丞岂兼行丞事，下库城仓居尉，明白大扁书乡市里门亭显见"。1987年在甘肃敦煌和瓜州交界处发现了汉代的悬泉置，遗址中有一处墙皮较完整的墙面，长222厘米，宽48厘米，上书平帝时太皇太后颁布一道诏令，题为《使者和中所督察诏书四时月令五十条》，为安汉公王莽奏请然后逐级下达各地方的文书，内容为规定四季的不同禁忌和须注意的事项，用毛笔大字书写，应是大扁书的实物遗存。大扁书都是写的重要公文，应该都是用有波磔的隶书书写。

汉简中除了用有波磔的典型隶书书写外，还有很大一部分是波磔不明显，笔画长短、结体疏密不讲究的书体，相应的比有波磔的隶书——八分书要简捷、草率。有些文字家称之为汉隶中的"粗书"或"新隶体"。西汉中期有些隶书即已没有明显的波磔，起笔稍加顿驻，横画收笔也有回锋，而"撇"则出锋，收笔较尖，这些和后世楷书、行书有相似之处。如敦煌汉简中2165号简（天汉三年简），这是因笔势连贯、书写速度加快而自然形成的。敦煌汉简796号简为宣帝元康元年（前65）所书，其中有些字有丰肥的波磔，因书写快捷，有些字则完全取消了波磔。捺笔丰肥，是魏晋楷书较为显著的特征，这一特征到南北朝后期的写经中还仍然保持着。敦煌汉简1161号简［神爵二年（1601）所书］之横画折笔都明显向里钩，与行书楷书写法几乎一样。到东汉中期以后，简牍中经常能见到和行书、楷书接近的书体，如敦煌汉简中永和二年（137）所书的1974号简和没有纪年的1985号简、2390号简等。其他载体上类似的书体还有传世的熹平元年（172）解殃陶瓶上的朱书和东汉晚期安徽亳县曹氏宗族墓砖刻字等。传说汉晚期刘德昇创行书，而钟繇、胡昭俱学之于刘德昇。钟繇兼善各体，尤精隶、楷，以行书、楷书兼长的书法名家产生于东汉晚期，是完全可能的。

汉代隶书，真正灿若群星、彪炳后世的应是汉代碑刻。西汉由于尚无如东汉以后在形制和功用上能称之为"碑"的石刻流传，故凡所见刻有文字之石，概称之为"刻石"。西汉刻石数量甚少，而以隶书刻字者又仅占其半。现在能见到的有汉武帝时刻霍去病墓石题"平原乐陵宿伯牙霍巨孟"10字，宣帝地节二年（前68）四川巴县《杨量买山地记》，五凤二年（前56）山东曲阜《五凤二年刻石》，五凤间（前57—前54）江苏江都甘泉山《广陵王中殿石题字》，成帝河平三年（前26）山东平邑《麃孝禹刻石》，新天凤三年（16）山东邹城《莱子侯刻石》等10余种。西汉刻石类别很杂，形制不固定，字数较少，石质粗粝，不甚磨治。书风皆雄浑朴茂，凝重简率，书写不重款式，无挂无碍，一任自然。由于西汉刻石风气并未形成，故尚未有技艺高超的石工产生。刻工都很粗率，锥凿而成，能表现笔意者较少。到新莽时期，墓葬渐趋豪华，墓室内开始用画像石装饰，石工技艺逐渐向工致精细方面发展。一些篆隶书刻石如《居摄两坟坛刻石》《莱子侯刻石》《郁平大尹冯孺久墓室题记》等都十分注意行式的齐整，有些还加界栏。那些世代相传、技艺逐渐精湛的石工，是东汉产生辉煌的碑刻书法艺术不可或缺的人才条件。

◎敦煌汉简

二、汉代碑刻

东汉时期，由于统治者提倡名节孝道，崇扬儒学，私学授受经学更为兴盛，到中后期，地主士大夫、外戚和宦官集团之间的斗争日益尖锐，社会上树碑立传，崇丧厚葬蔚为风气，各种碑刻门类几乎齐全，诸如碑碣、墓志、摩崖、石阙、画像刻石题字、石经以及其他类型杂刻皆大备，碑刻数量多得难以估计。以致给社会带来沉重的负担，既浪费了大量的人力、财力，又增长了虚伪掩饰的风气。献帝建安十年（205）曹操以天下凋敝，下令不得厚葬，又禁立碑，立碑的风气于是稍稍煞住。魏文帝曹丕在洛阳天渊池建九华殿，殿基全用洛中故碑累叠起来。以后历代兵燹灾厄、造桥筑路、牧竖毁损、亡佚镵灭，又不知凡几，而今考古从地下不断有所发现，存世两汉碑刻或刻石已毁佚而拓本幸存者，共有400余种，其中绝大多数是东汉碑刻，尤其集中在东汉中后期，可以想见当时之盛。现存汉代碑刻最多的地区是山东、四川、河北、河南、陕西等省，另外北京、山西、江苏、安徽、浙江、湖北、云南、甘肃、青海、新疆等省、市、自治区也有保存和出土。

碑帖是古人学习书法最普及的范本，在我国书法发展史上所起的作用至巨。古人对汉代书法的了解和隶书的研习，其主要依据是东汉的碑刻。

汉代碑刻根据其不同类别，其书法会有不同的特点。简述如下：

碑

东汉的碑，有圆首、尖首和平首。圆首、尖首碑的正中或偏上方往往有一圆孔，名曰"穿"。典型的碑，有碑额，上面刻碑铭题署。碑之正面称碑阳，背面称碑阴，两侧称碑侧。碑下有座，以起稳固作用，称为趺。趺多作长方形。前人以为碑要到六朝时才作螭首龟趺，而东汉光和六年（183）四月立的王舍人碑和建安十年（205）三月立的樊敏碑，均作螭首龟趺。典型的碑式在东汉早期，即光武帝建武元年至章帝章和二年（25—88）尚未有发现。汉碑碑阳一般刻正文，记事颂德，如《乙瑛碑》《礼器碑》等。墓碑列墓主名讳、里贯、履历。碑文末尾常系4字一句的铭辞。正文如碑阳刻不下，则连续刻于碑阴，如《鲜于璜碑》。人之生前死后皆可立碑，立碑者除子女外，还有门生、故吏。碑阴一

◎曹全碑

般列门生故吏姓名及出钱数目，如《孔宙碑》《张迁碑》等，碑阴写不下有写于碑侧者，如《礼器碑》。非门生故吏而出钱者，谓之义士。

汉代各类碑刻中，碑阳上所书刻的文字较为庄重、讲究，行列整齐，有些碑刻还划有棋坪方格书写。碑阴和碑侧的字相对于碑阳，要活泼、随意些。

汉碑石材选取甚讲究，有专门的人去选石、采石，为的是勒铭贞石，以垂久远。由于立碑之目的是为了使碑主的事迹、功德传世，故撰写者为何人并不很重要，一般碑铭都是由令史、书佐等地位不高的文吏撰书。当时碑铭体例大多不列撰书者名，只有少数例外，如《华山庙碑》、《樊敏碑》等有书者之名。而刊

刻造作的石工名字却常常隶于碑末，这也是受当时物勒工名的影响。

汉碑以山东一带最多，而今传世的汉碑主要集中保存于曲阜孔庙和济宁汉碑廊等处。

墓志

墓志是将墓主姓名，有的还附有爵里、卒葬年月、生平事迹及其他有关内容，写刻于砖、石（后世也有以木、瓷等为载体者）而设于圹中者。汉代墓志形式不固定，后人所加的名称也多不同，有葬砖、墓志、柩（椁）铭、墓室题记等。

单设的石质墓志是最早的实物，是东汉延平元年（106）九月十日葬之《贾武仲妻马姜墓记》，高46cm、宽58.5cm，扁方形，洛阳出土，志文180多字，散文，所记内容形式类似同时期的墓碑碑文。还有山东邹县出土的延熹六年（163）《□临为父通作封记》，作正方形；山东高密出土的熹平四年（175）《孙仲隐墓志》，作圭形。这类墓志数量极少，且无固定形制。

东汉的刑徒墓葬中大多有葬砖。如1964年发掘的东汉洛阳城南郊的刑徒墓522座，共出土葬砖820余块，每一墓中一般放两块葬砖，少数有不放葬砖及放一块或多至四五块的。凡一墓中有两块葬砖以上，除死者本人的葬砖一块或两块之外，其他均为他人的旧葬砖。刑徒葬砖上刻有部属、职别、狱名或郡县名、刑名、姓名、死亡日期等，墓坑中原来都有棺材，葬砖放在棺上，有少数还附刻"官不负"的字。"官不负"，即刑徒的死葬，官方不负责任。葬砖是利用残缺废弃的砖块（少数也有石质的），把砖面磨平，先用朱笔写后再刻，有时正背面都刻字，刻后再用朱描字，字体都是隶书阴刻。这些"表识姓名"的葬砖一般有两块，可能是一块放在圹中，一块放在圹上，这样就相当于一志一碑。

汉代人往往在石棺、石椁上刻上死者的职官、里贯、姓名等，详细的还刻卒葬年月，书刻极工细。如陕北所出《故雁门阴馆丞西河圜阳郭仲理之椁》《西河圜阳郭季妃之椁》，及四川芦山出土的王晖石棺等。这种棺铭、椁铭到西晋时就成了单设的墓志，而其墓志的题额、题首往往仍称某某之柩。

东汉时，盛行画像石墓，有时会在墓室中刻上墓主姓名、官职里贯、卒葬年月或简单事迹、哀悼祈愿等内容的文字。所见最早者有新莽冯孺久墓主室中柱上刻"郁平大尹冯孺久始建国天凤五年（18）十月十柒日癸巳葬，千岁不发"。陕西绥德出土的东汉永元八年（96）《杨孟元画像石墓题记》也刻在墓中石柱上。永元十五年（103）《郭稚文墓门画像石题记》则分别刻在墓门门框上，左面为"圜阳西乡榆里郭稚文万岁室宅"，右面为"永元十五年三月十九日造作居"。河南南阳出土的建宁三年（170）《许阿瞿画像石题记》、四川郫县出土的《杨耿伯墓门题记》都是4字一句的铭文，刻于画像石上。

四川地区发现的大量东汉时期的崖墓，墓室石壁上往往刻有死者姓名，有的崖墓不止安葬一人。崖墓石壁一般不加雕饰，偶尔有简单的纹饰图案，石壁稍加整凿，就刻上题记，记年月、姓名、造墓大小、价值等。有许多仅刻死者姓名。崖墓题记比其他刻石显得简朴、粗率，结构开张，笔画奇肆，有很强烈的地方书风特色。按其功用性质应归入墓志，而以形式看则属于摩崖。

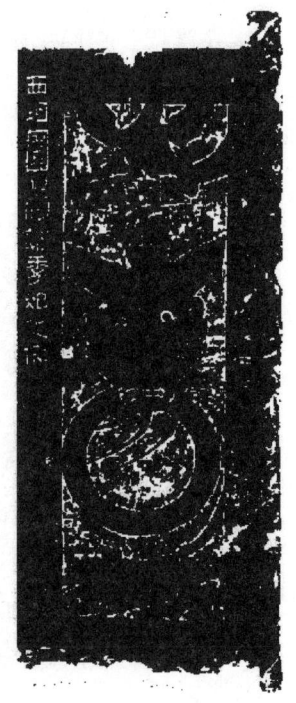
◎郭季妃石椁铭

摩崖

摩崖是指在天然崖岩上所刻的文字。有时崖岩需加以凿磨整治，然后再刻字。我国福建、贵州等地都有古代少数民族文字的摩崖刻石。秦始皇统一天下后，即巡行天下，在沿海地区多次"立石，刻颂秦德"。唯三十二年（前215）至碣石，刻辞于碣石门，而不言立石，则碣石门为摩崖刻石也。东汉，窦宪率师出塞，大破匈奴，"遂登燕然山，去塞三千余里，刻石勒功，纪汉威德，令班固作铭"（见《后汉书》卷五十三《窦融传附曾孙宪》）。永寿四年（15）所刻《刘平国刻石》是在今新疆拜城县博扎克拉格沟口之摩崖，也是为了宣威绥远，而勒铭天山。

内地摩崖刻石，多为纪颂重大工程。如陕西汉中市以北褒谷中的永平六年（63）《鄐君开通褒斜道刻石》、建和二年（148）《石门颂》、永寿元年（155）后不久所刻《李君通阁道记》、熹平二年（173）《杨淮表纪》，甘肃成县天井山古栈道建宁四年（171）《西狭颂》，陕西略阳白崖建宁五年（172）《郙阁颂》等都是官吏兴修栈道、便利交通所刻的纪念性颂辞，这些纪颂刻于断崖绝壁，书法奇纵豪迈，与山壑互通气息，为汉代摩崖中最为著名者。其他因势便刻于天然崖石上的文字尚有《连云港界域刻石》，内容为东海郡与琅琊郡界定区域范围，刻于西汉；《大吉买山地记》刻于建初元年（76），在浙江绍兴市东南25公里处的跳山，故又称《跳山摩崖》，字大可盈尺，为汉代石刻文字存世最大者。

摩崖刻石，一般因石面大，故字也比其他类别的碑刻字大，也因天然崖岩常有裂缝、石筋，书刻时须避让，故行款多不齐，往往字也大小不一，错落欹斜。也有石面较好而排列整齐者，如《西狭颂》正文。

摩崖刻石多用锥凿刻成，故笔画多圆，前人论述以为篆书笔法，其实是一种误解。锥凿时字口剥落，加之近两千年风化雨蚀，字迹残泐模糊，古意盎然。清代碑学书法兴起，书家追求金石气息，如何去理解意会、心慕手追、分寸把握，都可深思。《西狭颂》刊刻较精到，基本能表现出书写用笔起讫提按势态，意趣与其他摩崖就相异，可见所用刊刻工具和技法不同，对书风的影响甚大。

石阙

在汉代，祠庙、陵墓前有装饰性的建筑石阙。石阙在门前的两旁，阙中间为行走之道，称为神道。石阙上有的刻有铭文，河南登封太室阙、山东嘉祥武氏阙等铭文中，皆直称为"阙"，而四川渠县冯焕阙、沈氏阙，北京秦君阙等均称"神道"。故又称石阙为"神道阙"，如登封少室石阙即刻有篆书阳文"少室神道之阙"3行6字。

◎西狭颂

◎高颐双阙题名

大多石阙刻有铭文，铭文有刻于阙身者，如嵩山三阙，四川渠县冯焕阙、沈君阙等；也有刻于檐下枋头上的，如四川雅安高颐阙、绵阳杨氏阙等。有些铭文非汉代原刻，而为后代人所刻，如四川夹江杨氏阙，梓潼贾氏阙、杨氏阙和李业阙，以及高颐阙阙身之文字。也有汉代人将其他铭文刻于石阙者，如嵩山开母石阙上之《堂谿典嵩高山请雨铭》。除嵩山《少室神道阙》和《开母石阙》为篆书外，其他汉人在石阙上所刻铭文皆用隶书。《高颐阙枋头铭文》每个枋头刻一字，故字形方正。而《冯焕阙铭》和《沈府君阙铭》，因阙身宽大，故其字放纵恣肆，许多字的横向笔画伸展极长，这和四川崖墓中的《朱秉题记》《张君题记》有异曲同工之妙，其他地区的汉代碑刻极少有此类风格。

现存的汉代石阙，山东有4处，北京1处，河南4处，四川地区最多，有20处。石阙到汉代以后基本不再营造。南朝帝王公侯陵墓前也有"阙"和"神道"，但形态与汉代不同，作望柱石表形式。

石经

石经为官方所立，将儒家经典刻于石上，以为定本，让后儒晚学取正。熹平四年（175），蔡邕与堂谿典、杨赐、马日磾、张驯、韩说、单飏等，上奏要求正定六经文字，经灵帝特许，由蔡邕等书写经文于石，使工镌刻后立于洛阳太学门外，作为官方定本。因工程巨大，讫于光和六年（183），历时9年。

当时所刻经文，《隋书·经籍志》记有："《周易》一卷，《尚书》六卷，《仪礼》九卷，《春秋》一卷，《公羊传》九卷，《论语》一卷。"共七经，皆为今文经。所谓各经若干卷者，为存于秘府之"相承传拓本"。《洛阳记》记碑凡46石，用隶书一体，两面皆刻字。此石经为区别于后世所立之石经，名为《汉石经》《熹平石经》或《一体石经》。

◎熹平石经残石

旧籍以石经书写者归称蔡邕一人。蔡邕为东汉后期著名学者和书法家，光和元年（178）因陈灾变而获罪徙朔方，次年又亡命江海，居吴会（今江浙一带）12年，可参与时间仅3年。经文总字数约20万余，必非一人之力所完成，验诸各经残石，书法风格亦有不同，故知非蔡邕一人所书。不管怎样，这些石经的书写，应是当时儒林中善书者所成。石经的字是当时工整的官书体，也是铭石书的代表作。当时的后儒晚学也奉其书法为圭臬，所以"及碑始立，其观视及摹写者，车乘日千余辆，填塞街陌"（见《后汉书》卷六十下《蔡邕列传》）。这里面有观光的，有抄写校核的，再有就是摹习书法的，影响空前。石经的隶书，我们现在觉得因过于华美整饰而缺少生气，但在当时它是典范之作，可见古今审美标准是有差异的。

杂类

汉代刻石文字除上述各类外，尚有画像石题字、封门塞石题字、黄肠石题字、石人石兽题字、地券、镇墓文等。

西汉末和新莽时，墓室中逐渐出现了简单的石刻画像。东汉厚葬之风盛行，营造画像石墓较为普遍，尤以山东南部、江苏徐州、河南南阳、陕西绥德一带较为集中。这些画像石墓在墓门、墓室、石椁上雕刻铺首、神仙、圣贤、车骑、建筑、瑞禽怪兽、连璧蔓草等。地面上往往还建有祠堂石室，四壁雕刻画像。画像旁边有的刻有文字，其中有刻墓主职官姓名、卒葬年月及铭辞，属于墓志性质的椁铭、枢铭和题记，前面已提到过。也有刻祈愿文的，刻造墓时间及工值等内容的。另外还有在所刻圣贤和历史故事的画像上之题榜，犹如连环画之标题和简要说明。画像石题记的字都较小，刻得也细浅，结体生动自然。

西汉诸侯王墓葬多因山打隧道做陵寝，入葬后，隧道用巨石封塞。封门塞石上记有尺寸和石工名字。

黄肠石由黄肠题凑而来。黄肠题凑本是古代帝王诸侯墓圹中用柏木枋排叠成的框型结构，其内安放棺椁的一种葬式。柏木黄心，故曰黄肠。题凑是指木头皆向内，题即头，凑为聚向。这种葬式在汉代有时也特赐给大臣用。东汉有的墓葬用石条代替柏木，这些石条就称为黄肠石。一些黄肠石刻有文字，文字内容多为当时的地名、石工姓名，石之广、宽、长尺寸及第若干，以及年月等。如河北定县北庄汉墓黄肠石、山东济宁萧王庄任城王墓黄肠石。河南洛阳出土的黄肠石刻："尹任石广三尺，宽尺五寸，长二尺七寸。第廿六。永建三年（128）四月省。"也有人考证这些所谓黄肠石石块在今洛阳城东10公里之平乐村出土甚多，平乐村滨临旧渎，这些石块为当时修筑榖水堤堰所用之石，而非黄肠石，因而名之为"东汉榖堰石方题字"。末刻一"省"字，即为此石已经监管验收的主吏验看过，"第若干"是该石的编号，石上之文即主吏所记。同一时间的一批黄肠石所书刻的格式、书风几乎完全相同，就是主吏或命专人统一写刻。有些虽然很草率，但也都是先书后刻，当然刊刻时不一定完全依照笔势来刻，似乎都是单刀契刻或凿刻的，故都是刀锋直露，无粗细变化，平直无波势，转折处分用两笔来刻。

石人石兽，有的设于陵墓，有的设立以为纪念，也带有厌胜性质，如四川都江堰李冰石像。上面的题字有的是表明石人的身份，有的则是题上刻造者或吉祥语等，书体有篆有隶。

在封建社会，田地是重要的私有财产，若要占有、转让或买卖，都要建立契约，为示郑重，往往镂刻于金石。西汉地节二年（前68）四川巴县的《杨量买山地记》、东汉建初元年（76）浙江绍兴跳山《大吉买山地记》记载都很简略，仅记年月、买主及所出钱值等。建初二年河南偃师缑氏乡出土的《侍廷里父老僤买田石券》文较长，记永平十五年（72）侍廷里的居民用"父老僤"的团体，敛钱买田，僤中成员按资产轮次充任里父老，可借用此田，收获充作里父老用度，并作了一些规定，立此石券，以为约束。在后面还刻了25位成员的姓名。东汉设立买地券的风气盛行，除了一些刻于石上有实际意义的地记、地券外，还有专门埋设于墓中的地券，所书刻的内容是向神灵买下敛地，这是用作随葬的一种迷信品，所以这种买地券后人又称为"墓券""幽契"。这一类买地券质地有玉、砖、铅等，铅券都做成简牍形，如建宁二年（169）《王未卿买地铅券》作简形，正反面刻隶书；中平五年（188）《房桃枝买地铅券》作牍形，隶书阴刻。

与买地券相类似的还有镇墓文，内容大致是为生人、死者祈求安宁的话，末尾有"急如律令"语。镇墓文也出现于汉代，如《刘伯平镇墓铅券》亦作简牍形状。这类铅质买地券和镇墓文似有专门制作的店铺，因为内容、语句大致相似，丧事人家来订做，可以当场书刻，或用朱色书写，铅质柔软，且颜色较黑，适宜刻画或用朱色书写。著名的熹平元年（172）《陈刻敬朱书陶瓶》以及1979年陕西宝鸡东汉墓出土的两只朱书《黄神北斗陶瓶》所写内容也都是镇墓文，其书体均作带隶书笔意的行书，是证明东汉后期行书已产生的重要实物。

◎建初元年买地券

东汉以隶书碑刻数量最多，篆书碑刻存世的只有《袁安碑》《袁敞碑》《祀三公山碑》《少室石阙铭》《开母石阙铭》等少数几种。其中墓碑只是袁安、袁敞父子二碑，这和东汉立今文经学为学官不无关系，立于学官的五经十四博士均为今文经学家。今文经学家兼通谶纬之学，这些经学家大多世代为显宦，其弟子门生也往往出仕当官。经师和官僚可以荐举弟子门生去当官吏，公府州牧、郡县守令又可以自行辟用掾吏，这些被举辟者，即是举主的"故吏"。宗师或举主死后，其门生、故吏均要出钱为之立碑。从存世和著录的东汉墓碑碑文看，碑主几乎都是今文经学派。包括袁安学孟氏《易》，也是今文经，《袁安碑》和《袁敞碑》以篆书书写，实为特例。在东汉时，常有波磔的工整隶书除了用于官文书中，还用于其他正规严肃的场合，如立于宗庙、山川、祠墓的碑铭都用这种隶书书刻。到东汉后期，由日常使用的无明显波挑的隶书逐渐演变出行书和一种较为工整的新型书体。古人习惯于将新型的书体称之为隶书，于是将这种工整的新型书体也称之为"隶书"，也称作"章程书"，"章程"二字急读，即为"真书"，以后又称为"正书"、"楷书"。一直到唐代，仍将楷书称之为隶书。为了将有波挑的工整隶书与之有所区别，就称之为"八分"或"分书"。"八分"之名称约起于魏晋之际，这和草书演变出今草后，将原来的草书称之为"章节"是一个道理。"八分"之得名原由，历来有数种说法，其中一种较有道理，即：汉隶演变"渐若'八'字分散，又名之为'八分'"（见［唐］张怀瓘《书断·上》）。清代包世臣即主此说，并认为八字可以训背，言其字势左右分布相背，以笔势横向背分而得名。八分书工整华美，笔法丰富，装饰性强，显得庄重，是当时最适宜用于碑刻，又能充分表现书法美的书体。因此，东汉中后期的著名碑刻几乎都用八分书书刻，所以又将其称作"铭石书"。蔡邕就是古代公认的以八分书成就之最高者。灵帝时鸿都门学中擅长八分书的书家有师宜官、梁鹄，还有梁鹄的弟子毛弘。汉末魏初的钟繇，擅长数种书体，而以铭石书最妙。可惜在传世的碑铭中，已无法确指何种为上述书家所书的了。

但是不管怎么说，东汉中后期大量的碑刻，是当时艺术家们施展书法才能技艺的最主要的场合之一。以年代考察，桓帝以前（146年以前）碑刻属前期，石质粗糙、打磨不细、刊刻不精的情况较普遍，八分书结体偏长。桓帝至东汉末（147年－220年）属后期，著名八分书碑刻多集中在这70余年间。如《武斑碑》《石门颂》《乙瑛碑》《李孟初神祠碑》《李君通阁道摩崖》《礼器碑》《郑固碑》《张景碑》《仓颉庙碑》《孔宙碑》《封龙山颂》《华山庙碑》《鲜于璜碑》《武荣碑》《史晨碑》《张寿碑》《衡方碑》《夏承碑》《西狭颂》《杨叔恭碑》《孔彪碑》《郙阁颂》《杨淮表记》《鲁峻碑》《娄寿碑》《熹平石经》《赵宽碑》《三公山碑》《校官碑》《魏元丕碑》《白石神君碑》《曹全碑》《张迁碑》《郑季宣碑》《圉令赵君碑》《樊敏碑》《甘陵相尚府君碑》《孟琁碑》《朝侯小子残碑》等，皆为八分书典型之作，为宋代以来金石家所著录、清代碑学书家所称赏者，也为当今临习汉隶最常选用的范本。这一时期的大碑名品皆石质坚好，制作精良，书刻俱佳，用笔波挑分明，结构渐趋扁方，皆堪为汉隶经典。这些碑刻皆为碑与摩崖。东汉前期诸如《鄐君开通褒斜道刻石》《子游残石》《阳嘉残碑》等，均古雅绝伦，不让后期佳品。

东汉的一些画像题记、墓志、崖墓题记、黄肠石等小品刻石文字，篇幅或字迹较小，或出土、发现较晚，以前金石家未有著录，或虽有著录，而对临池者来说，却一直未引起重视，甚至未曾见过。这些刻石在数量上占东汉碑刻十之八九，其中许多皆精彩。如陕北绥德、神木等地出土的画像石墓室题记及石椁铭文，书刻皆精美，不让《乙瑛》《礼器》诸碑，而秀润过之。山东嘉祥《武氏祠画像石榜题》《沂南北赛村汉墓画像石榜题》《苍山城前村汉画像墓题记》等字用单刀刊刻，刀锋起讫冲运技巧掌握得十分纯熟，线条富有趣味。崖墓题记中如《朱秉题记》《建宁三年题记》《张君题记》等皆笔势超迈，线条圆凝，纵逸神异，出乎意外。这些刻石都是研究汉隶书写技法和书法史不可忽略的材料。有志于在隶书创作上别开生面者对这些刻石应该关注和借鉴。

三、隶书的继承和发展

秦和两汉的简牍帛书是我们研究文字、书体发展演变最直接可靠的资料，而东汉的碑刻则是无名的书家和石工施展技艺和才华的最佳场所，正是碑石这种便于施展和流传的载体，使得汉隶以多姿多彩的风格在将近二千年间得以继承和发扬。

魏晋时期，已经逐渐进入正书时代。这一时期也是碑禁较严的时期，但是一些官方设立的大碑依然使用八分书书刻，书体方峻刻板，笔法程式化。如魏黄初元年（220）所立《上尊号碑》《受禅表碑》《封孔羡碑》以及《曹真碑》，晋咸宁四年（278）立《皇帝三临辟雍碑》等风格与东汉时大异。清代傅山曾批评道："汉隶之不可思议处，只是硬拙，初无布置等当之意，凡偏旁左右，宽窄疏密，信手行去，一派天机。今所行圣林梁鹄碑，如墼模中物，绝无风味，不知为谁翻杬者，可厌之甚！"（见傅山《霜红龛集·杂技三》）《封孔羡碑》讹传为梁鹄所书，不确。晋代因碑禁极严，都将墓碑做得很小，直立于墓室中，所书字大多为八分书，风格与《三临辟雍碑》相似。

东晋十六国时期，北方一些少数民族政权所立碑用隶书书刻，虽书刻不精，反倒有"一派天机"，如前秦《广武将军碑》、高句丽《好大王碑》的字，都为书家所称道，真是"礼失而求之野"。

当魏晋隶书向楷书逐渐过渡时，佛教写经体演变较滞后。抄写佛经的主要群体是僧尼、清信士女和佣书为业的经生，他们习字的范本和抄写的底本往往就是前人的写经，所以抄写楷书的风格都保持着魏晋时期浓重的隶书笔意和结体，平画宽结，横画左轻右重，捺笔肥腴，意态古穆。这种带隶意的写经风格一直沿习至北朝后期，而南方的楷书早已脱尽了隶书的痕迹。北方因北魏太武帝和北周武帝先后灭佛，北齐广刻写经碑和摩崖佛经、佛号，以备法难。如《唐邕写经碑》《水牛山文殊般若经碑》《泰山经石峪摩崖》邹城四山摩崖等，皆为放大的写经体，形同隶书，圆浑遒劲，宽容博大。

东晋以后，八分书在南方几乎不见，皆追慕二王新体。史书所载王羲之"尤善隶书，为古今之冠"；王献之"工草隶，善丹青"云云。《晋书》为唐人所撰，唐人所谓隶书，即真书也。

东魏、西魏及北齐、北周所遗志铭，多效八分书，波磔挑剔，不避重出，笔画软弱，体态佻达，无有可观者。

隋代隶书碑版存世极少，而纵览出土墓志，用八分书书写者约占三分之一，大多规整端庄，为唐人隶书开了先河。

唐代可以讲是八分书中兴的时代，出了一批擅长八分书的名家。初唐有欧阳询、殷仲容。盛唐有卢藏用、张廷珪、梁昇卿、郭谦光、刘升、胡证、白曦旰、徐浩、戴千龄、顾诚奢、史惟则、蔡有邻、韩择木及其子秀荣、秀实、秀弼等。中唐有李潮、李德裕、史镐等。值得一提的是唐玄宗李隆基，偏爱八分书，内廷供奉多为隶书名家，本人也擅长书法，丰碑巨刻，常亲操翰墨。现存及有著录者20余处，皆八分书。当时虽有学士侍御摹勒润色，然而风貌大体，岿然卓立，丰伟英特，雍容巨丽，登高而呼，四方响应，汇成盛唐新体，一扫初唐窘束之态。其代表之作有《纪泰山铭摩崖》《华山铭》《石台孝经》《唐阙特勤碑》《唐贞顺皇后武氏碑》《唐一行禅师塔碑》等。当然，因为唐隶书家风格差距不明显，笔画程式化，雕饰痕迹较重，光润丰腴，失之肥俗。故清人对唐隶往往多贬词。

五代至明末，八分书沉寂不闻，偶有专擅名家，不论可也。即如文徵明，各体皆精，尤以八分书最自负。其子文嘉说他"隶书法钟繇，独步一世"。时评也对其隶书极推崇。

然而传世隶书作品不多。曾为无锡华氏所书《春草轩记》刻于石，用八分书，平硬挑拔，峻正方截，一似黄初元年《上尊号碑》与《受禅表碑》（二碑传为锺繇所书）。明以前，凡取法皆需名家之作，这是帖学的思路，待清代碑学书派兴起，这一陈见才给打破。

明万历初在陕西郃阳莘里村出土了一块汉碑。是碑石质坚好，字迹完整，书法遒美，刊刻精到，如睹墨迹。这就是《曹全碑》，拓本广为流传，受到金石家和书法家如周亮工、郭宗昌、王铎、王弘撰、傅山、顾炎武、郑簠、朱彝尊等的青睐。另有许多汉碑，如《华山》《礼器》《乙瑛》《史晨》《夏承》《娄寿》《张迁》等碑也普遍受到推崇。

一些金石、书法家逐渐形成了访碑、摹拓、考订、评赏、收藏、交流的风气。在清初，傅山、郑簠、朱彝尊的隶书名声极大，尤其是郑簠，被周亮工誉为"于分书有摧廓之功"。确实，他们与唐代隶书名家和元明书家崇尚魏晋方峻的隶书而"不知有汉"的审美标准完全不同，郑簠说他学了汉碑，"始知朴而自古，拙而自奇"。傅山提出过"四宁四毋"的书法观念，还针对汉隶讲过"其不可思议处只是硬拙"，不能"布置等当"，写时应"信手行去，一派天机"。但是他们写隶书仍是用传统的帖学笔法，过于飞动流便，或失于狂怪疏野，没有拙朴的感觉。到乾嘉时期，碑学书派已逐渐形成，审美观念有所转变，更注重内敛、朴实、厚重、逆涩、沉着、古拙等新的标准（有的是相同名称而不同理解）。一些学者和书家对清初郑簠、傅山的隶书进行了激烈的批评，认为他们"字迹丑恶，殊无古意"，对郑簠苛评更多，说他的字"偏枯""飘忽"，是"恶趣"。由于碑学书派托古而新兴，又随着他们不断搜访收集古代碑刻，可供取法的书法资料层出不穷，这正切合碑学书派取法非名家书法和创作求新求变的艺术观念。所以自乾嘉以来，出现了一大批擅长隶书的名家，面目之纷繁和成就之大是书法史上空前的。其代表性书家有金农、丁敬、钱大昕、翁方纲、桂馥、邓石如、黄易、巴慰祖、伊秉绶、阮元、陈鸿寿、赵之琛、吴熙载、何绍基、莫友芝、杨岘、俞樾、赵之谦、吴昌硕等等，擅长隶书而未提及的更不在少数。他们中有兼善数种书体者，甚至精篆刻及绘画，还有一些是金石、文字学家。这些碑学派书家抛开历来传统的名家谱系，直追两汉，求本溯源、探索技法、开阔眼界、抒发个性、提高境界，创立风格面目。当然这些名家独特的风格往往也包含着一定的习气，茫昧而从者有时会走入魔道而不自知。不管怎样，清代也可以看作是隶书第二次中兴的时代，而唐代的隶书比之乎清代，在成就和影响上都是远不如的。

青川木牍的秦篆形体析论

林进忠

一、绪言

四川省青川县郝家坪五〇号战国秦墓出土的《更修为田律》墨书木牍，书写年代推定为秦武王二年（前309），早于秦统一天下有八十八年之久，为目前所见年代最古的有纪年秦文墨迹，自发掘简报在一九八二年一期《文物》发表以来，受到古文字学界及书法界高度的重视，青川木牍文字的字体被海内外学者多数公认为"秦隶"，并经常被引用为古代篆隶书法演变论述的依据。

近年来由于青川木牍及云梦睡虎地、云梦龙岗、天水放马滩、江陵王家台等地秦简文字相继出土，再结合汉初马王堆、张家山、阜阳、银雀山、凤凰山等地的简帛文字，文字书法学界对于战国秦汉间篆隶字体演变的研究成果与看法渐趋一致，可以归纳概括如下：A、统一前后的秦文字无截然分明的差异，隶书非程邈所造；小篆亦非李斯等人所省改，是春秋战国的秦文所逐渐形成。B、秦篆与秦隶为同时形成于战国晚期的兄弟关系，其时已有二种字体并行分用，小篆是正体官用标准文字，施于重要诏书与刻石、玺印等，惟因书写不易而未能推广；秦隶则是俗体通用文字。C、秦始皇采用隶书统一文字[①]。

但是，我们从多方面推敲思考后对于B、C二项则有不同的看法，曾三次为文论述[②]，认为秦文字没有存在二种字体并行分用的事实，只有正处篆隶演化中的一种字体，秦篆、汉隶是相互传承的母子关系。从追寻汉代隶书源流去逆向探讨时，青川木牍文字虽然确是形成早期隶书的古隶母体，但是若从商周文字的发展演变及战国时代的异域比较做顺向分析时，青川木牍的文字实应正名为"秦篆"，它正是秦文字毛笔书法的真实形相，也是当时唯一的字体，而秦刻石文字则是其时的规整化篆文美术字，此即本文论述主旨，主要理由在第四、五章中论述，二、三章则为背景交代。

为便于论述与沟通，谨将本文中较常用的重要术语略加说明于下。"字体"，指篆、隶、楷、行、草

---

* （台湾）《艺术学报》，1997年12月（总第61期），第17-39页。

① 见郭沫若《古代文字之辩证的发展》，《考古》1972年1期。北文《秦始皇"书同文字"的历史作用》，《文物》1973年第1期。吴白匋《从出土秦简帛书看秦汉早期隶书》，《文物》1978年第12期。裘锡圭《文字学概要》，第72页，商务印书馆。

② 拙稿。《传李斯刻石文字非秦篆书法实相》，刊《艺术学》研究早报，第四期，第7-88页，1990年3月，艺术家出版社。《古代文字书法制作背景的综合研究例》，刊《一九九三年书法论文选集》，第41-51页。《汉简识字书在文字与书法史上的重要意义》，刊《第三届金石书画学术研讨会论文集》，高雄师范大学印行，1997年5月。

等;"书体"则意指相同字体的不同书法风格,如楷书中习称的颜体、欧体、褚体等。文字常会有方正、细长、矮扁等不同,文字的外形相貌我们称为"字相",而"字形"则更包含文字的结构而言。同一个字常会因文字造形理念差异而有不同的字相,如附表(一)中,a、k、j等文字结构虽一样,但其字相不同,而a、b、c及d、e、f则均可视为"字相相同",若说是"字形相同"则均有欠妥未安之处。尤其在不同文字相互比较时,如j与x、a与w都仍可指为字相相同,此时若用字形一词便极难沟通说明,在文字形体学研究上,字相的考察是常被疏忽的重要部分。至于s与t,q与r,在相互比较时可说是"字相"相同、"文字骨架"如一,但其用笔的"线质"不同。最后,从其制作理念而言,r、t、v是自然写成的"书写本相",而a、b、c则是被限定在固定方形范围中的"规整化字形",而d、e、f则是"设计化字形"的美术字、装饰文字;不同的理念会产生不同的文字风格及"书体",但它们的字体基本上都是属于篆书"字体"的大范围中。

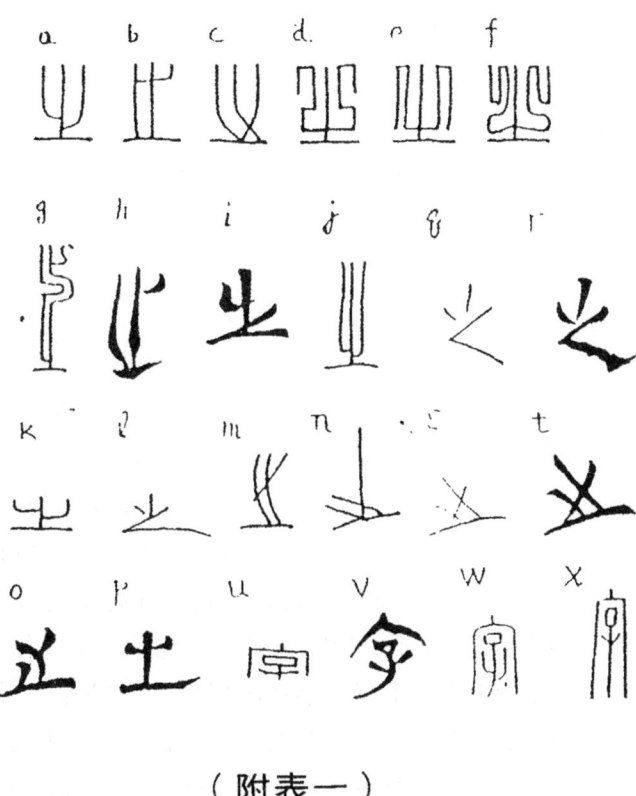

(附表一)

二、古代字体略述

字体的名称首见于汉代人的著述中,包括秦代,之前并没有关于字体分类的论述与事实。东汉许慎《说文·叙》云:"自尔秦书有八体:一曰大篆,二曰小篆,三曰刻符,四曰虫书,五曰摹印,六曰署书,七曰殳书,八曰隶书。"很显然许慎在述说八体时"体""用"并包的,文字制作的质材差异是重要的依据,其中刻符、摹印、署书、殳书是分指用于符信、玺印、封检题尚、兵器等不同用途的文字,事实它们或有不同书法风格差异的"书体"之别,但都不足单独称为一种"字体",而虫书是将篆书设计化的美术字,也不是日常文书所用,故值得讨论的只有大篆、小篆、隶书三种字体及许慎书中所录的古文。

"古文"的字体基本上是属于大范围的篆书，有确实使用年代与地域。许慎以为其所录标记"古文"者是自仓颉作书以来传用的最古文字，并云："至孔子书六经、左丘明述春秋传，皆以古文。"《说文》书中所依据的古文资料主要是张苍所献《春秋左氏传》及孔宅壁中经书等简牍文字抄写本，其年代当在孔子生存时至秦代厉行焚书罢用六国文字之间，实主要为东周齐鲁系文字，属于战国文字中的"六国古文"，并不是商周以前的最古文字原貌。许慎虽云："郡国亦往往于山川得鼎彝，其铭即前代古文，皆自相似。"但《说文》书中引用资料并无任何鼎彝铭文，清吴大澂即曾指其"不获见古籀真迹"[1]，此因东汉当时尚无以纸张拓取铭文以流传的风气，最多只能以笔抄摹于简牍上，而当时人已大多不熟于商周文字，目视青铜器摹写铭文亦非易事，故许慎或以其所见摹写字形印象说与孔壁古文等"皆自相似"是可以理解的。东周列国因长期分裂割据、各自为政，复值政商与思想文化急速发展的时代，后起形声字大量出现，各地域取用的声符与形符时有差异，加上用字与书写习性的分歧，经长期累积形成所谓各诸侯国间"言语异声、文字异形"的现象，由近年出土的大量战国文字资料看，确是存在相当程度差异的事实。《说文》所录"古文"便是与《史籀篇》残简及秦汉文字字形有异者，书中古文五一〇字，其中四十四字有异形重文，有六字具三种不同写法，异形字较多显见壁中经书等古文资料繁多，出自不同的年代与抄写者所致。被罢用的"六国古文"指的是与其时秦国文字"有异的部分"，相同的部分因不具特色便不足为论，所以基本上六国古文与秦汉文字演变的关系不大。

《说文·叙》云："及宣王太史籀，著大篆十五篇，与古文或异"、"皆取史籀大篆，或颇省改，所谓小篆者也。"可见"大篆"是指籀文，即较小篆前而古形的文字，许慎主要采录自西周抄写流传至东汉所见的学童识字书《史籀篇》。《汉书·艺文志》于史籀篇下注云："建武时亡六篇矣。"显示该篇在西汉中晚期时已因甚少流传使用而残缺不全。《说文》的体例为"今叙篆文，合以古、籀"，故知，若古文与籀文之字形同于字头正篆时，则不另列出；反之，字头正篆亦有某些是汉篆所无而以古、籀字形列入者，古文与籀文的字数当然不只是书中指出者。许慎从残存的九篇文字中，取录字形与古文、正篆有异的二二五字，标明为籀文而不称大篆，明示采自《史籀篇》，由于资料来源单纯有限，所以籀文中同一字有两种不同结构的只有"其、嬙"二字。《汉书·艺文志》说《史籀篇》是"周时史官教学童书也，与孔壁中古文异体"，西周时的原版《史籀篇》应即为当时通用的标准文字，也是形成东周各国文字的母体，所以我们在出土的秦与六国文字资料中，都可见到不少合于籀文字形的用例[2]。但是识字书具有"文字教育"的实用功能，在西周以后的时代中，在历经无数的教学抄写过程里，《史籀篇》中的文字难免因实用之需而被后代教学者以"时用字形"入替改易而失原貌，因此，我们在秦代与西汉的出土文字资料中仍可见到些许亦被列为籀文的用例[3]。许慎与班固在东汉所能见到的残本应是汉初仍可使用的秦系文字抄本，所以它会和属于东周六国文字系统的孔壁的古文"或异"。再从另一方面来看，由于许慎著《说文》时，取为字形比较依据的，是包含部分由隶书所"篆定"的东汉篆文，故在《史籀篇》残本中部分在秦代与汉初所入替使用的字形，因古于东汉篆文，亦有被列入籀文之可能。

总之，"籀文"是许慎在比较东汉所见篆文与传抄古文字形后，取自历经西周至汉代屡经传抄的识字书《史籀篇》残本中较古的异形字，它是多少跨越时代的总和传抄文字资料，不足以代表东周秦国的文

---

[1] 见清吴大澂《说文古籀补·序》，光绪九年撰著。台北艺文印书馆刊印。
[2] 参见何琳仪《战国文字与传抄古文》，刊《古文字研究》第十五辑，1986年中华书局，第103页。
[3] 拙稿。《传李斯刻石文字非秦篆书法实相》，刊《艺术学》研究早报，第四期，第7-88页，1990年3月，艺术家出版社。《古代文字书法制作背景的综合研究例》，刊《一九九三年书法论文选集》，第41-51页。《汉简识字书在文字与书法史上的重要意义》，刊《第三届金石书画学术研讨会论文集》，高雄师范大学印行，1997年5月。拙稿刊《艺术学》文，第17页。

字,亦未能全面反映西周宣王时文字全貌,《说文》书中列古文、籀文,意在标明所录异形字的依据来源,王国维早就指出籀文并不是一种字体的名称①。许慎称太史籀所著十五篇为大篆,"大篆"应是汉代人对所见资料中字形古于其时"小篆"(实是汉篆)的一种概括性相对称法,大篆或可勉强指称代表西周宣王时代的字体,但绝不足以代表战国时代的秦国文字。许慎列大篆为秦书八体之一,但检视出土或传世的秦代文字资料,只有极少数的几个字是籀文的字形,并无全篇同体是以多数籀文或大篆所书写的实证,"大篆"并没有"是一种通行于秦代的字体"的事实。

《说文·叙》云:"分为七国……言语异声、文字异形。秦始皇初兼天下,丞相李斯乃奏同之,罢其不与秦文合者。斯作《仓颉篇》,中车府令赵高作《爰历篇》,太史令胡母敬作《博学篇》,皆取史籀大篆,或颇省改,所谓小篆者也。"依此可知小篆即是秦篆异名,但一种字体的形成必定是经长期缓慢演变而约定俗成的,非一时人为所能创制。班、许二贤在指称"小篆""秦篆"时依据的是汉人所见《仓颉篇》的文字,意指它是书写简牍的通用墨迹文字。将汉初阜阳墓中出土的"秦式本"《仓颉篇》文字②,与睡虎地、天水等战国晚年秦简文字相互比较③,彼此在文字结构上没有显著感知的差异,可以证实在秦统一前后的文字未曾经过人为改易。所谓"皆取史籀大篆,或颇省改""而篆体复颇异"的意思,是指班、许二人比较了在东汉所见《史籀篇》与《仓颉篇》二种传抄识字书中的字形结构及文字内容后,所得的观感心得,"取"及"省改""颇异"是在二书中所呈现的异同,并未明指是因李斯等人"制定小篆"。李斯原为河南上蔡的楚人,中年始入秦,应长于楚文字而弱于秦文字,汉儒著述中亦未曾言及李斯善书之事。文中"作仓颉篇"等的"作"字,应是指李斯等三人"撰述"文章内容之意。即使世均为李斯所书的《泰山》等诸刻石,在史书中亦仅载有"议刻金石"而已,并无李斯手书的凭证。且东汉时班、许二人所见的传抄本《仓颉篇》决非秦初原本,二贤并未指称文中小篆为李斯等人所"创制"字体。《史记·秦始皇本纪》云:"法度衡石丈尺,车同轨,书同文字。"可知是以秦制的度量车轨同施于全国,亦以秦国文字传布共遵的文书律令,以文字而言,即为"秦同之,罢其不与秦文合者",同的是,共同用秦文;罢的是,不与秦文合的六国古文,统一的国家使用同一的文字是自然而必需的,故六国古文也因被罢用,许慎才叹云"由此绝矣"。战国时代各国文字的"地域性差异",自此逐渐统一于秦系文字中,汉承秦制,从出土的西汉文景前后时期文字,如湖北江陵张家山及凤凰山、湖南长沙马王堆、安徽阜阳双古堆、山东临沂银雀山等地出土的文字资料可证,秦系文字虽有个别的异形字存在,那是由于传抄与逐渐统一自然演变所致,但已不再是统一前的地域性群体间差异。促成统一的因素,包括罢用六国古文、焚书坑儒、禁私学、以吏为师等,最主要的是长期使用相同的新编秦文识字书《仓颉篇》等共三篇合称的三苍,秦初时三苍含重文虽仅三三〇字,但在长期共同使用中,历经传抄增订加入汉用篆隶以合时用,各地文字必然会因而逐渐统一于秦系文字中的汉代文字。此则为同体中的文字变迁。

从出土的阜阳、居延、敦煌等汉简中的《仓颉篇》文字字形差异,完全能对应反映出汉初至东汉间众多日常文书所用字形呈现的变迁演化情况,这便是用为文字教习课本识字书《仓颉篇》实质上具有"时代性标准文字"的性质,其中不同时代所书《仓颉篇》字形会依时转易而不同,便是在传抄教习过程中因"时用与实用"而自然产生。故东汉时班、许二人所能见到的《仓颉篇》小篆字形为何,今日固已无从考证比对,但可以肯定绝非早其三百余年前的秦代原初本,二贤若取与《史籀篇》残本文字相互比较,觉得

---

① 见王国维《史籀篇疏证序》,在《观堂集林》卷五,1959 年中华书局。收入《王国维全集》初编三册。
② 见胡平生、韩自强《仓颉篇的初步研究》,《文物》1983 年第 2 期,第 45—51 页。
③ 专书《睡虎地秦墓竹简》,文物出版社,1976 年。天水放马滩秦简,见《中国书法金集·四》1996 年 11 月北京荣宝斋出版。

其字形"或颇省改""篆体复颇异"则是可理解与必然的，但这是在不同时代的书迹上所呈现的文字长期演变的结果，不代表李斯等人有逐字省改、取用、创制文字的行为。

《说文》书中虽称小篆即为秦篆，但其所录正篆并非秦篆原貌，其中除有部分是"今叙篆文，合以古籀"所取的古文、籀文，字形或会古于秦篆；另外亦包含部分汉代新增"由隶书篆定"而成的东汉篆文，则或会比秦篆隶化，事实上《说文》是跨越西周至秦汉时代的文字集成资料，仅能视为重要参考依据，而真正秦文字的使用情况，必然是存在于战国秦汉间秦人所书写的文字史料中。

上距秦代已有三百年左右的东汉许慎，其手书篆文犹未必是秦文实相，而传世今本《说文》曾历经汉晋隋唐不断传抄与改易，又经辗转修改复刻，其篆文字形与字相必然已非当年许慎手书原貌。即使取安国本一百六十五字《泰山刻石》与今本《说文》相互比较，二者字形有异者即有二十余字。刻石文字中"其"为籀文，而"躬、穷、天、建、男、隔"虽异于《说文》，但均为先秦已见用例字形，反之，如"六、宜、既、兴、长"《说文》中的字形应属汉篆，且"及"为讹形。虽然明安国本《泰山刻石》文字有学者疑为出自宋刘跂摹刻的《秦篆谱》[①]，但不论其是否为秦刻原石拓本，比起今本《说文》的字形，它仍然普遍较接近秦代用字的实况，以宋代郑文宝翻刻的《峄山刻石》做比对亦有相同的情形。可见，探研秦代文字真相时若以今本《说文》为"字形"标准依据根本就不是绝对可靠的。至于秦篆文字的"字相"与"线质"考察，今本《说文》为刻刊而成，已非许慎手书原貌，即使以魏《三体石经》与唐写本《说文》残卷相互比较，今本《说文》的字相与线质亦有不同，都未必能呈现秦篆文字的书法真貌。最重要的是，依班、许所言，"小篆"是写在简帛上的笔写文字，并且与金石刻铸的文字异"体"，也绝不会是指秦代刻石文字。

三、古代篆隶书法在字相与线质上的通性

今人在考察隶书字体时通常以东汉所刻的《乙瑛碑》等诸"八分"汉隶为典型代表，比照西汉晚期的《定县木简》（前五五年以前）[②]与东汉《甘谷汉简》（西元160年）、居延、敦煌等地多见的简牍文书，可以证实东汉碑刻隶书的字形刻制得极为精良写实，八分隶书较普遍的字相特征是左右开张与主笔"横式波磔"强势。值得注意的是在众多八分隶书作品中，"字体"相同，但因书者差异而呈现出各具风味的不同"书体"。至于小篆，今人通常以《说文》及《泰山刻石》等秦刻石文字为代表，"在字相上呈等大的稍长矩形，结字水平、对称、均齐，笔画线质则起笔藏收无痕、婉曲匀称同等粗细。"但是，篆隶书法是自殷商至东汉一脉传承演变而来，如果能暂抛"既有历来成见"，不先入为主的认定小篆的字相与线质必须是如何如何，从殷商至东汉的文字资料重新客观的考察，我们必可发现一般对小篆字相与线质的认知是极不符合毛笔书写原理的。从古代书迹考察可知：

（一）篆隶文字的"字相"，依其结构繁简与笔势张缩，会自然呈现长短宽窄不一，从商周以至战国秦汉，不论篆隶都是如此。即使是较为规整的《秦公镈》《秦公簋》《石鼓文》《大良造鞅量》《杜虎符》《新郪虎符》《秦诏版》等秦文字，或《曹全碑》《乙瑛碑》等东汉隶碑的篆额与隶书，个别字间的长短或宽

---

① 见容庚《秦始皇刻石考》，第153-154页，《燕京学报》十七期，1935年6月。陈志良《泰山石刻考》（下），第467-475页，《说文月刊》一卷三期，1939年。
② 《河北定县四十号汉墓发掘简报》，《文物》1981年11期，第12-23页。

窄并未刻意压伸成均齐，以自然书写情况而言是合于实情的[①]。像《泰山刻石》或翻刻的《峄山刻石》等刻意将文字布陈在固定等大的矩形方格中，很显然是与秦汉印的凿铸理念一样，是装饰性刻意规整化的结果。这和《赵孟介壶》《曾侯乙编钟》《蔡侯盘》《中山王鼎》《楚王鲁章钟》等诸器铭文呈现的文字造形设计理念也是相承相通的[②]。将文字的外形字相规整化成长短宽窄相同并整齐排列，是自东周列国即有的一种金石工艺制作风尚，沿用至东汉，并非秦刻石文字所独有。而且，从上述各器文字的时空背景考察，规整化字相文字都仅是该时地所见诸多文字资料中的少数，既非笔写文字本相也称不上是另一种"字体"，至多仅是文字应用表现的一种"书体"。

文字字相的长短宽窄自古即在篆隶字体中自然地呈现变化，这是文字的本相与通性，我们不会讶异在东汉八分隶碑中见到某些文字字相较纵长，同时我们在商周金文中见到某些字相宽扁的文字也不致怀疑它们是隶书。八分隶书大抵普遍趋于宽扁，其主因是主笔波磔笔势横向引长所致，也是与篆书字体最大的差异。同时东汉隶碑文字上下间隔拉开、左右近接，横式列字的排陈布字的形式，亦为形成宽扁特色的原因。

（二）篆隶字体文字在"自然书写"时，其横线往往会略具斜度，从商周秦汉的甲骨、金文、碑刻及简牍帛书等诸多文字墨迹上均可证实。即使是排列布字较整齐的汉代八分隶书，如石刻的《乙瑛碑》《曹全碑》《张迁碑》《礼器碑》《华山碑》等，其横线亦时见斜度，并非笔笔绝对水平；而在笔书墨迹的汉代简帛文字中，如敦煌及居延汉简、《定县木简》《甘谷木牍》等，横线略具斜度的例证更是随处可见。由此可知，横线是否水平在古代篆隶字体发展中并非必遵的共同法则，反而是，横线略具斜度更符合"人体置腕执笔"机能，才是古今书写文字的通性。也由于这种通性，篆隶之后发展出来的草、行、楷书字体才会横线略具斜度。当我们清楚认知此种通性之后，对刻铸的金石玺印等文字中部分横线趋向水平的布字方式，便可理解它们是在文字规整化理念下产生的设计性字相。

（三）用笔是书写文字的要领，远古初始用笔简易，愈后代愈繁难，故楷书用笔倍难于篆隶。由于毛笔是尖状软质的，沾墨书写时出现粗细变化是极自然而必然的现象，反之，线质粗细如一则是刻意规整化的设计理念所致。当毛笔被人类采用为书写文字的工具以后，古代文字与书法便是在人们"以笔书写文字"之中变迁演进，此应是不辩可知的事实。我们从书写在甲骨、玉石、陶片等殷墟出土的商代墨迹，及西周早期康王时代书写在青铜器上的《白懋簋》等七件墨书文字[③]，及春秋时代末期书写在玉石上的《温县盟书》《侯马盟书》《泌阳盟书》等三晋系墨迹，加上战国时代在曾、楚、中山、秦等各地出土为数众多的简牍帛书等[④]，便可以清楚地认知，不论是字形结构或书写风格具有任何时代或地域差异，在篆书时代的中国文字，书写时它的线质会自然产生不同的粗细变化，亦即线质有粗细变化是篆书书法中的通性。这种通性是本质而不是草化，也不是书法拙劣。因此，在秦与两汉的众多笔书文字中，线质仍具粗细变化；也因此通性，在草、行、楷书文字中书写的线质亦自然具有粗细变化。在商周的骨匕及鹿头等少数甲骨文及多数金文铸铭中均仍可清晰地看到此种通性，另外众多的甲骨文及部分商周金石刻铭的线质没有明显粗细变化，是因以刀代笔刻写所致，异于笔书墨迹是缘于书写工具材质之异。在西周晚期以降有部分金文铸

[①] 相关图版见《中国美术全集·书法篆刻编1》（商周至秦汉书法），人民美术出版社，1987年。说见二拙稿，刊《一九九三年书法论文选集》。

[②] 相关图版见《中国美术全集·书法篆刻编1》（商周至秦汉书法），人民美术出版社，1987年。说见二拙稿，刊《一九九三年书法论文选集》。

[③] 见蔡运章《洛阳北窑西周墓墨书文字略论》，《文物》1994年7期。

[④] 相关图版见拙稿，刊《艺术学》第四期。或北京荣宝斋《中国书法全集·四》，1996年11月版。或人民美术出版社《中国美术全集·书法篆刻编》，1987年。

铭或石刻碑版文字的线质呈现粗细如一，可以理解是在工艺制造中以其文字造形理念而刻意背离笔书通性，或是受限于金石材质制作工具所致的。总之，线质是否粗细如一并非古人书写篆书必遵的法则是清楚可知的。

（四）字体产生是经由长时期约定俗成缓慢演变形成的，草书、行书、楷书等形成初期的少数用例都是掺杂在其孕育母体中被"混用"的，少数字形有草化、行化、楷化或是隶化，并不足以证明是其时草书、行书、楷书、隶书等"字体"已经产生成熟，也不能称该篇文字的字体即为草书、行书、楷书或隶书，通篇文字中占多数的字体用例才有足以认定字体的依据。而过渡发展中近乎等量的异体混用现象，是一种新字体即将诞生独立的前兆明证。有草化不等于草书，有隶化也不等于是隶书。并且，文字在演化过程中，个别文字的草化或隶化步调，会自然呈现早晚不一的情况，极少数的草化字形往往会在远早于草书字体成立独用之前即偶尔可见，这可以证明草书字体来由与根源长远，但不能视为草书字体很早已经成立，隶书也是如此。

秦代是日常生活中仍书写使用篆书字体的最后时代，小篆系汉世依秦文字而命名，依《说文》及《汉书》可知；东汉晚年是日常书写使用隶书的最后时期，八分则是汉隶字体的典型代表。由于自殷商至秦代时间长远差逾千年，彼此虽说仍同处于篆书时代，但二者的文字形体实已有颇大差异。如"则"字商周文字左部大都从"鼎"，而汉隶从"贝"是讹变所致，但从"贝"之形在春秋晚期即有例证，故在篆书时代的战国与秦代文字中，字形从"鼎"或从"贝"常见混用便不足以据为是否隶化的凭据，《说文》中即两形皆录。此种在篆书时代中字形早已产生讹变，以致在秦代之前即与汉隶结构相同的现象是极为普遍的，如"是"字上部原从近似"早"之形而后省呈"旦"形，"年"字下部本从近乎"人"之形而后增为从"千"等，都同此例。在研究隶书根源与演化的过程时，或亦可视为"广义的隶化现象"，但如前所述，掺杂部分从"贝"、从"旦"、从"千"等篆变字形的战国以前用例文字仍不足以称为隶书，严格而论也不能视为隶化的凭证。再如"受"字，商周文字在上下两个手形的"爪、又"之间是一器皿的盘形"凡"，而有些东汉隶书及《说文》篆文中均已讹成"冖"形，但在汉代隶书文字资料中仍存古形的例证仍处处可见，证明此字隶化完成较晚。隶书时代的文字中，部分仍存篆形也是极自然的现象。

总之，篆隶字体在字形与用笔的差异是经由长时期缓慢演化累积形成的，二者并无截然可分的时间界线。同时，隶书与行书、草书产生初始都混用于母体，经长期孕育成熟后才脱出被以独体分用，其形成的过程与现象都应是相同道理。

四、青川木牍文字的形相考察

青川木牍在正背两面均有文字，背面字迹不清故本文从略，其正面全文共计一一九字，去除重见者共得单字七十七字，我们分别取《说文》篆文及商周秦汉文字逐一比对其字形的字相，以明其字体归属，详参阅附图字形表。

篆书与隶书的字体比较，以个别字差异而言，主要在其文字结构因书写习性改易形成差异，二者差异比较所依据的是篆书时代最晚期的战国文字与秦文字。另外，汉隶中最具特征的波磔引伸笔势也是二者形成差异的要因。

（一）津、波

水部写成三横点，这是青川木牍被指为"秦隶"最主要的依据之一。战国晚期的秦文字中与此同例多见，如《三年上郡守戈》的"漆"字亦同此例。在《睡虎地秦简》中除"江"字外水部之字亦全写成三横点。《天水放马滩秦简》在已发表的部分中，日书甲本的"治"及乙本的"清、法"等水部之字亦全写成三横点。但是，《五十二病方》及卷前四种医书、《刑徒墓志》等，仍存古形者亦多见。可以证实战国晚期的秦文字中，水部之字正在转变中，写成三横点或是仍存篆书古形者均有，二形是混杂并用，青川木牍中"梁"字所从的"水"即写古形。此种古新二形并用的例证，在秦代与汉初的文字资料中仍持续存在，凤凰山十七号秦墓出土的两方"泠贤"印文中二形各一并用是最佳例证。在秦与汉初的众多简牍、帛书、陶文及刻铸金石等文字资料，我们不可仅依其从水部之字的古新写法差异而据以区分其中字体有篆隶之别，必须观察整篇文字中隶化部分的比重高低才足以区分。例如水部偏旁有异的《五十二病方》与《青川木牍》，二者或有"书体、书风"之异，并无"字体"之别。青川木牍"波"字的"皮"形与商周文字相较已略有讹变，但仍异于东汉隶书，是战国秦汉间习见的写法，今本《说文》所录者则是更为讹变走样字形，不足为据。而"津"字所从的"聿"下方写似二横画，但在《青川木牍》中"律"字所从者则仍以左右四笔写成，虽异于《说文》之左、右、加一横之三笔写法，但此二形皆为战国文字所习见。故此"津、波"二字的"隶化现象"也可视为篆变所致，是种"同体内变"的产物。晚期篆书是隶法形成之母，这时隶书根本尚未产生，说是"受隶书影响"是本末倒置之论。

（二）桥、脩、草、行、袤、非、高

和前述的"波"字一样，《说文》中所存者"脩、高"字形是汉代篆隶写法，而其余各字均为讹误字形。青川木牍的字形为战国时代所通用习见，在战国晚期的秦文字时空背景中，它们的文字结构才是秦篆的时用正形，在文字结构而言均称不上是隶书。

（三）梁、离、发

"梁"字用为桥梁之"梁"，此字在战国六国文字中常见从"阜"不从"水"之形，青川木牍此字字形未见其他相同用例者，此字左右反向从二"阜"，中下部则从"水"不从"木"。"离"字用为蔓草之意，但是青川木牍此字左部从"禹"，在《说文》中未录，或为"离"之异形字，在战国币文中略可见讹变之迹，马王堆及汉碑、汉简中均有用例。但睡虎地秦简则同于《说文》，此形应非秦文通用正形。"发"字无"弓"形，战国文字中常见"弓"部独出于左旁，未从"弓"者亦有用例，《说文》中二形并收分列为两字。由于青川原为楚国属地，文中出现六国文字写法自有可能，它们是战国秦篆文字本身的异形混用，并非隶化。在秦统一文字之后此三例字形更非隶、楷文字主流，因此也与隶书称名无涉。

（四）大、正、步、隄、道、之、陷

草化与简化是人类书写文字的天性，也是自殷商以来文字不断演化转变的无形动力之通性。"大"字原像人正立时四肢分垂之状，战国时代在秦与六国文字中，"大"字曾有简草成上下二"人"形之用例，而且尤为楚文字中通用多见的特色。青川木牍此"大"字则更简草成状似行书的"六"字之形，在马王堆帛书中亦可见相同用例。在秦文字中此形较少见，应是受楚文字影响而来，但汉隶未传此形，我们仍显然可知它与"隶化"之事不具牵连。"正、步、隄、道"等等，其所从"止"之部均书写得较简草，类似笔意在先秦时代笔书墨迹中习见，是人类写字求速草化的通性。"之"字三见而工草各异，亦可作为上述注脚。"陷"字右下极为草简，不下于汉人。这些字的文字结构也不足称为隶书。

（五）酉、己、丞、臂、律、顷、尺、厚、秋、及、鲜、以、其、广、朔、民、为、而、下、封

上列诸字与《说文》字形略有小异，但是由西周文字演进之迹自然清晰，在战国文字中亦均有同形用

例，同时，与东汉八分隶书的字形或笔势比较时也都不类，其实它们都是笔书秦篆本相。

（六）青川木牍中其他所余诸字则与《说文》字形相同，均为其时通用习见。

以构成八分隶书最主要特征的波磔横向伸展及字形结构隶变等二项而论，在全部一一九字中事实上只有从水部的"津、波"等极其少数比例，而且它们的其他用例是混用在整体秦文字资料中，若据此推定青川木牍是别于秦篆的另一种字体，称为秦隶，是极不合理的。我们不禁要问，如果青川木牍是秦隶，那秦人用毛笔写在简牍上的"秦篆"又是什么样子？而字相与青川木牍文字的差别又在哪里？

（七）字相的体察。

每一种字体，都会因不同书手的字相习性差异而产生多种书体。欧、褚、颜、柳等个别的笔法与字相，都不足以作为楷书的法规定则。由于千余年来在未见秦人墨迹下，受到秦颂功刻石等金石应用文字的影响，致"以一种书体当作一种字体"，世人普遍对秦篆字相存有"务必长方均齐、婉畅匀称"的误识。但我们若以商周以降的"年"字的字相为例，即可了解秦人写字事实上是不可能那般刻板的。在今本《说文》、秦颂功刻石、秦印等规整化字形中，如"禾、木"等字左右上下有四笔通常都是对称的圆曲线，但从商周文字可知那四笔原本是左右斜入斜出的直线，可知青川木牍所书"禾、木"之形是文字本相也是秦篆本相，而规整化文字是秦篆变相。再以个别字来看，如"行、可、利、及、日、戊、千、顷、则、不、非"等字，青川木牍文字的字相无疑的都比较接近商周文字，而今本《说文》的字相是被刻意规整化的结果，并非秦文字本相。

（八）笔意线质的考察。

以"一、二、三"为例，商周金文中线质有粗细变化仍清晰可辨。西周、春秋、战国的笔书墨迹共同呈现出自然流露粗细变化是古人书写篆书时天经地义的事实。以书写的笔法来看，早期商周文字都是起笔露锋轻轻带过，楚文字中不少仍有此笔意，而东周以后则常见起笔略加顿停或是逆笔藏锋等不同变化。但是落笔时"自左上方往右下方"斜置起笔，略加顿笔藏锋或状似楷书写法者在东汉以前篆隶文字中是最主要而多见的，这种写法在以右手执笔置腕写小字的情况而言是极自然而必然的现象，也由于有较多数人如此书写篆书与隶书，因此，不论是否逆笔藏锋，其后的草书、行书、楷书的起笔才会持续保留自左上方往右下方向斜置起笔，横线的最左方呈现向右下斜的边缘。

青川木牍的用笔方法则是相反的"自右上方往左下方"逆入起笔，横线的最左方呈现向左下斜的边缘，这是后人所谓"蚕头"的隶书标准写法，在大部分睡虎地秦简及《曹全碑》等都可见相同例证，这也是学者普遍认为青川木牍为"秦隶"的主要佐证。但是，从天水放马滩、睡虎地、马王堆、张家山、阜阳等等秦代前后的全部秦系文字来看，不同于此种笔法所书写者亦不在少数，同于殷周以来的类似楷行书起笔者可谓比比皆是，即使是东汉的八分碑刻与居延、敦煌等简牍中亦是如此。由此可见，青川木牍的此种起笔书写方法仅是秦人写字的多种笔法之一，也不是"隶书"一定必备的条件，而且是多数汉代人写隶书不用蚕头法（连居延与敦煌出品的识字书也是如此），否则后来便不会产生草、楷、行的起笔法。隶书既然不一定要那般书写，那么篆书也不能说不可以那样书写，隶书笔法若没有几分神似篆书，那二者之间何能传承。传生的两种字体中，必定会有类近的笔意，隶与楷、楷与行、草与行皆如此。可见，不洞察秦汉笔书墨迹用笔的实况，先入为主的设定隶书必定的用笔法以区分字体是不够客观的。事实是，青川木牍的笔法代表战国晚期秦篆的一种书写用笔实相，它的特征鲜明，虽非古人篆隶书法的主流，但仍多少流传并曾影响至东汉。至于秦颂功刻石的用笔，上不通商周与战国，下未传于汉代隶法，在篆隶笔法传承上并未占任何一席之地。有人以为小篆是一种"刻铸体"，根本昧于班、许等汉人"依笔书文字论字体"的事实，而且，离开笔写文字去论述以毛笔书写所发展的古代文字与书法历史，其实是丧失立论的立场。班、许二人说"小篆者也""秦篆者也"时，已明白指认是写《仓颉篇》的笔书简帛文字之字相与线质。

五、青川木牍文字实为秦篆书法实相

当今学者都指称青川木牍文字为"秦隶"，并认为另有"秦篆"存在，但是也都说不出在简帛上以"毛笔书写"的"秦篆"是何样子。在出土的秦人笔书墨迹中，并无"秦篆"与"秦隶"二种不同字体"通行分用"的事实，秦书字体不只没有"八体"，秦文字事实上只有形成汉隶的"秦篆"一体，学者普遍误识的原因，是由于先入为主的认定今本《说文》及《泰山刻石》等规整化金石文字的字相及线质为秦篆必然的条件所致。以下再略分数点论述青川木牍文字实为秦篆书法实相的理由。

（一）秦文字的"标准"必然存于笔书墨迹之中

甲骨文中有"聿"字，像人手执笔，为后代"笔"字本形。殷商与西周均有笔书墨迹实物，东周并有毛笔多处出土，故最迟自殷商以降即为"笔书文字时代"应无争议。在如此文化背景下，若论文字发展、论字体演变、论书法风格，如果没有笔书墨迹的实证，其论点是极难成立的。

论者通常都以《泰山刻石》等颂功刻石及秦虎符、秦印等非笔书墨迹的铸刻金石文字为例证，视为秦篆文字字相与用笔的标准。先不论秦人日常笔书篆文与上述金石文字是否完全相同，秦代尚未发明纸张，亦未具碑版拓墨与印刷技术，立于高山、海滨、郊野的石刻文字不只是识读不易，它们和王侯府邸所用的青铜器与秦官印等均未具"传播普及"与"文字教育"功能。"标准"是靠文字传播与教学所无形中形成，进行文字教学需要特定场所、文字教材、教育人员，同时需要经由逐字解说示范及临习书写等研习过程。因此，即使是立于市集内的碑文，未经教学研习，不识字者终日进出多年亦必依然不识文字形义。而教学时文字是"笔书"而不是"刻铸"。若金石文字经人以笔摹写传抄，则抄本已成为笔书墨迹，如班、许诸汉人所见的秦刻石等文字传抄资料。

青川木牍是战国晚期的官方法律文书，《秦公簋》有"咸畜胤士制度"，战国始有唯贤与功的"选官制度"。秦代"禁私学"，《韩非子》中即有"以法为教""以吏为师"的主张。《史记·秦始皇本纪》云："若欲有学法令，以吏为师。"战国秦国能学习法律、使用文字者是有特定对象的，睡虎地出土的秦简《秦律十八种·内史杂》记云："非史子也，毋敢学学室，犯令者有罪。"可见，即使是"史"及"令史"这类职掌文书记事、撰写主管命令的卑小官吏，都是从小就到培训官吏机构的"学室"去接受读写文字与法律的教育，而且不是"史"的孩子或弟子是不准入学的，《秦律杂抄》中有"除弟子律"，以吏为师的学吏弟子均需要立名籍以保举。故在秦"禁私学"的法律下其文字使用应无公私之区分。认为笔写秦文字有官用与民用之别的说法，是毫无根据的。先秦时传用的《史籀篇》及李斯等三人所编的《仓颉篇》《博学篇》《爰历篇》等识字书即是学童学习文字的教本，它们是以毛笔书写于简牍上的笔书墨迹，经由长时期传抄、教学、研习使用，简牍上的文字才实际具有"标准性"与"文字教育性"，也是真正具有"传播普及"功能实质达成文字统一的途径。

有学者以为"小篆是官书、正体；隶书是不登大雅之堂的俗体，为徒隶所用"。秦律中没有文字教学要区分官私正俗二体的记载，统一犹恐不及，岂有再加分体复杂化。事实上掌文书的徒隶小吏也是官，小官到年长升大官之后需要另外学习书写另一种"非徒隶之书"的字体？公告官书必是大官亲自以官书书写以别于徒隶之书？都是毫无可信的说法。出土的简牍秦文字内容包罗万象，法律条文更是官方文书，可以证实不论其书写内容与书者身份地位的差异，其文字都无字体的差别，而且与汉初阜阳墓中出土的"秦式本"《仓颉篇》文字是相互传承一体的。《史记·秦始皇本纪》记云："天下事无大小皆决于上，上至以衡石量书。"秦始皇每天亲自批阅近一百二十斤重以竹木简牍写成的"事无大小"官文书，其中必然包括大官、小官与徒隶所写文书，最重要的它们都是笔书墨迹，官书并非刻铸的金石文字。可以说，在笔书文字的时代中，不论是官私文书，其传达流通文字的"标准"字形与字相同源自识字书，绝对是建立并存在于简牍上的笔书墨迹之中。

许慎、班固等东汉人在述说"小篆"、"秦篆"字体名称时，所依据的《史籀篇》《仓颉篇》及传抄秦刻石文字资料，以及所书原本的《说文》篆文等，都是笔书墨迹而非刻铸金石文字的拓本（所以《说文》中引用刻石文字仅极少数，且如"及"等字即有误形，而异于亦多）。许慎的秦书八体中，将刻符、摹印、殳书等刻铸的金石文字与小篆、隶书分开列举，基本上便认定小篆并不是刻铸的金石文字。（许慎将小篆与隶书分列，是因他误认为其时所用西汉武帝后熟的东汉八隶书即为秦时程邈所创而沿用流传者，详后述。）

班固谓"《仓颉》多古字，俗师失其读，宣帝时征齐人能正读者"，可证在西汉中期时《仓颉篇》仍无篆、隶两种版本可资对照（亦即当时尚无篆、隶两种字的概念），"所谓秦篆者也"便是该识字书唯一的字体。所谓"又以八体试之""又以六体试之"实不可信，若依"萧何草律"所言，则西汉尚书史等官吏皆经六体或八体测试，都精于大篆、小篆及古文，则上述宣帝之事及"今古文经之争"便不会发生，其理甚明可知①。

一种字体的形成和演变，是存活在人们书写使用之中长年累积所致，而约定俗成便是它具有流通共识的普遍性书写方法，如果是人们流通使用中未曾那般书写的字相与用笔，便不具备代表一个时代与地域的"文字标准"，也没有一种"字体"成立的条件。有学者以为"秦刻石等金石文字是秦所颁布的标准文字，因书写不易难为推广，致为秦隶所取代"，试问书写难易否在推广之前有可能不知？秦律严苛，不写"标准"文字或推广不力，必成大案，但此皆史籍中所未载。而未曾推广使用的文字更不具备"字体"成立的条件，则文字与书法历史上的"秦篆"将无存在的事实。事实上这都是误认金石刻铸饰用美术字书体，以为是秦篆标准所致。而所谓"标准"的金石文字在不能拓碑与印刷时要如何颁布推广？如果是经由传抄教学，则还是笔书墨迹。另有学者以为"秦篆是石刻体的标准文字，秦隶是简牍体的俗写文字"，那么秦始皇及高官等书写简牍的字，是标准还是俗写？在日常生活中普遍使用毛笔的笔书时代中，以制作材质来区分影响时代的字体，在非笔书的文字资料中求取毛笔书写历史中的字体，都是难以成立的论说。总之，以秦文字使用的时代背景而言，姑且不论笔书墨迹和刻铸金石文字相同或是有异，若有所谓的"标准"则必定是存在于笔书墨迹之中，尤其是文字教育课本《仓颉篇》简牍中，此论应是合于情理的。

（二）笔书墨迹是秦文字本相，金石文字若与其有异，则是秦文字的变相如前所述，刻铸金石文字不具有传播普及、教学传承的"文字教育"功能。在笔书时代中，因识字书的流传使用，人们自幼年接受文字教育开始，接触使用的教本或是自我习作都是简牍等墨迹文字。自王侯以至庶人，任何人对文字的学习、识读、应用，都是建立在笔书墨迹所构筑而成的文字天地中，这和今人可以利用拓本、照相、印刷等方法去认识古文字是不同的。因此，如果金石文字呈现不同于笔书墨迹的字相与线质时，是吃墨迹文字奶水长

---

① 参拙稿，刊《第三届金石书画学术研讨会论文集》；高雄师范大学，1997年5月。

大的金石文字制作者，以其个人工艺专业的文字造形理念所改易处理所致，是脱开书写实况的文字造形艺术。墨迹文字是他们认知文字的"本相"，而刻铸的金石文字若与墨迹文字产生差异，则金石文字是一种"变相"文字表现。东周至汉代金文中的鸟虫书与多样的规整化文字都是设计理念的产物，是文字造形艺术的优异成就，但与毛笔书法及文字本相有别。

如本文前述，从商周至秦汉的笔书墨迹可以清楚地观察出来，文字的字相会随其结构与笔势而自然呈现高矮宽窄不一、书写的点画线质会有粗细变化、横线常见稍具斜度、字形架构未必都齐匀对称等，这些都是古代篆隶书法墨迹中均存在的"通性"，这些通性也同样存在于青川木牍墨迹文字中，它是战国晚期秦人书写文字的本相，是当时日常生活中通行共识的文字书写实迹。反之，刻铸的金石文字如秦代的诸颂功刻石等，文字的字相等长同宽、结字严密对称匀齐、线质圆转等粗，虽然这是当今普遍对秦篆的通识成见，但它们显然是被刻意规整化所致，多少背离了篆隶文字书写的通性与本相，此种文字规整化的处理手法自东周起在多国的青铜器铭文中流行使用，亦非秦所独有。有不少学者以为秦颂功刻石文字是正体的标准字形，简牍帛书文字是种将正体写成简率草写化的俗体字形，显然是将二者本末倒置的论点，如果有所谓"正体"，当时必须是写在简牍上的。当然，整个文字书法史是在人类以笔书写之中逐渐发展演进，简率与草化原本就是影响字体演化极重要的固有因素，商周古人书写篆书如果不是具有简草特质，后来何能产生隶书，以至草、行、楷书？

印刷用的"宋体字"是由宋版印书的规整化字形而来，但不会有人认为它是宋人书法的实相。青川木牍文字虽然含有简率与草化特质，字相与线质也不规整匀齐，但这些均合于毛笔书写文字的自然通性，它是战国晚期秦人书写文字的本相。

（三）青川木牍文字的字体应正名为"秦篆"，汉隶是由秦篆逐渐演变形成。

秦文字只有一种字体，"小篆"是因秦篆而命名，青川木牍文字应正名为"秦篆"，秦颂功刻石文字如同秦汉印篆般是种规整化饰用篆文。广州中山大学谭世保教授研究秦文字颇具卓识，一九八〇年即曾撰文指出："尽管秦代文字遗迹现存甚少，但是可以看出其中既无标准的篆体，也无标准的隶体或草体。秦人实际是把近似标准小篆的字和隶化、草化字混合而用的，而且后者的比重日益增加。"[①] 从近年考古出土的庞大秦人笔书墨迹文字资料完全可以证实谭教授的论点，青川、天水放马滩、睡虎地、龙岗、江陵王家台等秦人书迹虽有书风书体之小异，但都是同一也是唯一的"字体"，秦人没有分别书写二种字体并行使用的事实。简化或草化是自殷商以来在毛笔书写中都有的自然现象。战国秦篆中含有极少数隶化、草化的痕迹，是战国晚期秦篆本来就如此地事实呈现，它们固然可以证明隶书与草书产生渊源久远，但如果因其通篇文字中有极少数隶化、草化字便称其为"秦隶"或"秦草"，是对"字体"区分的不正确论点。

《说文》撰著体例是"今叙篆文，合以古、籀"，其书中所录字形事实上是"自西周至东汉间篆隶文字的综合文字传抄资料"，所以，《说文》书中文字结构偶有比当时秦人文字"更为古形或较隶化者"，都是自然而可能的现象。我们不能依《说文》字形去否定秦人书写使用文字的事实。例如，"则"字左旁从"鼎"是古形，因为《说文》书中二形皆录，便没有人会指称从"贝"者是隶而不是篆。再如出土的两方"泠贤"印般，秦人书迹亦是古新二形并用，但是若因《说文》书中水部之字不录三横点者，即因此而认定"秦篆水部岂能有写成三横点者？"便是昧于史实以致对"则"与"水部"抱持不同标准的一种成见。

将秦文字非笔写的资料取与毛笔写的简牍墨迹相互比较时，去除线质的先天差异后，可以证实彼此没

---

① 谭世保《秦始皇的"车同轨、书同文"新评》，《中山大学学报》1980年4期，第53页。

有"字体"的不同，但在"文字造形表现"上（毛笔书法亦可包含在内）则呈现出各具风格异趣的广义"书体"差异。秦、汉印文字是由少数专业职工所凿制，印面文字设计理念清晰可识，具有传承共守的布字规则，在正方形或长方形的界定范围中布字，故同印文字的字相同一，但不同印间则长短或异。秦虎符之文字则因没有界格，故文字的字相随着结构之异呈现长短不一，尤其战国晚期的《杜虎符》更是宽窄大小自然错落。以上这些文字彼此因布字的设计理念有小异，致其字相、大小略有不一；但大同的是横平竖直、转弯曲折者占较大比例。至于数量较多的诏铭文字则因施制者众而呈现方圆均有、规整与错落各异的现象，但其中以近似《杜虎符》般线条平直方折、大小长短自然错置者较多。在残陶片上所见诏文则是以四字一印所押成，字相较均齐近于秦印。稍早于青川木牍的《大良造鞅量》《大良造鞅戟》《石鼓文》等亦是字相的宽窄长短不一，只是在行列排字时上下左右对齐，看起来较为慎重有规划。

春秋时代的秦国铸刻金石文字有《秦公镈·钟》《秦公簋》《秦子戈》等，在字相上都自然呈现宽窄长短变化，并未曾被刻意加以规整设计化，可以说除了因制作金石文字的工具差异，以致线质与毛笔墨迹异趣之外，在大体上其字相均极接近殷商以来自然书写的通性，这种字相在近百件的兵器刻铭上仍隐然可见传承的痕迹，虽然其中存有文字结构因年代差距产生篆变而小异，刻铭文字也有工草与刻者文字能力的差异，但若以《四年相邦樛斿戈》《十二年相邦义戈》《四十年上郡守戈》《五年相邦吕不韦戈》《十二年上郡守寿戈》及《二十一年寺工献车器》等[①]系列文字一脉相传自然发展而来是无可置疑的，尤其是取与青川、天水放马滩、云梦睡虎地、云梦龙岗、江陵王家台等秦简文字的笔书墨迹文字相比较可知，彼此是相通互应的，只有线质用笔因工具不同而有别。

由于秦代"罢六国文字"，文字学研究中形成所谓"六国古文"的便是它"和秦文字中有异的部分"，因为被罢用，以致除"其"等极少数字仍偶见于汉初的传抄文字资料中而已，而用笔习性固然是难免，但从文字构造而言，六国古文与汉隶之间并未具多少传承关系，也由于汉人大都不解六国古文才会有西汉古文经真伪之争。而秦篆因广用于全国，借由秦所编《仓颉篇》等三仓识字书的使用教育，战国时代地域性差异现象消失，文字终获全国统一。秦篆本身在人们书写使用之中仍持续简化与草化的文字发展通性，逐渐形成汉初的古隶与西汉晚期成熟的八分隶书，许慎时代的东汉人日常生活书写的已是八分隶书，取与传抄留存的上代秦文字《仓颉篇》等相比较，则同体衍化的不同时代书迹亦已卓然有别，故小篆与隶书成为二种字体。两汉时代主流的今文学家以为汉隶是"仓颉时书"，是父子相传不得改易的正文，但许慎误信东汉隶书是秦时程邈所创延用而来。另一方面，金石工艺制作群少数专业职工，仍承续先秦以来将金石应用文字规整化处理手法，一部分延用秦代金石篆文遗规，一部分参用当时隶体文字结构，加上个别文字设计理念的差异，以致在汉印、汉碑额、汉金文、刻石等形成风味丰富多变的汉代金石应用篆文，但这些饰用篆文都和简帛墨迹的"时用文字"无涉。由于历经隶变文字多有讹误，多数人已不识古文字篆文，故才有许慎著《说文》、汉魏刊《三体石经》的"正字与正经"需求背景。原本《说文》篆文为笔书墨迹，线质必有轻重粗细，《三体石经》及唐抄本《说文》残卷均起收笔留尖，但亦仅略存遗韵而字相线质已失先秦文字风貌。由汉末魏晋时人因罕见先秦墨迹而称出土的古代简册文字有肥尖变化为"蝌蚪文"，即可了解当时人们的认知已失真相。其后更因难见秦篆书迹真相，李斯与秦代颂功刻石地位益尊，终致狭窄地"把一种书体视为一种字体"。今本《说文》在历经传抄、改易刊刻后变成今貌，小篆的字相、线质遂独成固定不可易的一体一形，完全丧失在楷、行、草、隶仍存有的毛笔自然书写趣韵。段玉裁、吴让之、邓石

---

① 相关图版见拙稿，刊《艺术学》第四期。

如等人的小篆书法，因字相字形依从同一，主要是以线条粗细密疏形成书风差异，而后人大字小篆以中锋书写，与秦人书写0.7公分左右简牍小字不同，在执笔与用笔上均存有差异。没有事实证明秦人日常都能以毛笔在简帛上书写如同秦刻石般字形字相的小字铁线篆。至于徐三庚、赵之谦等均是参用多法写篆。清人在篆书书法上表现的成就，是值得肯定的艺术创作行为。但是我们探求史实必须归复于秦人书写文字的时空环境背景下论证，很显然清人写篆的情状并不足以推证秦人写篆的实况。

综观全部秦文字资料，不论是笔书或刻铸，不论是自然书写或刻意规整设计，不论是工整或草率，从文字构造与字形笔势而论，秦文字是掺杂简草混用一体，它虽有多种不同表现风味的广义"书体"，但绝对只有一种"字体"应该是没有疑义的，在同时代战国文字中的楚系、三晋系均有同样的状况。《赵孟介壶》《曾侯乙编钟》《蔡侯盘》《中山王鼎》《楚王章钟》等铭文是饰用规整化字形，盟书与简帛的墨迹才是文字本相。楚国金文与简帛文字间没有"字体"之别，包山楚简文字没有理由也未曾被称为"楚隶"，但年代相近的青川木牍却被称为"秦隶"，这是很奇怪的。因为当时秦文字只有一种字体，我们没有理由称青川木牍为"秦隶"，否则使用毛笔的文字书法史上秦文字将没有篆书，"小篆"原就是因笔书的秦篆而命名，它实指自春秋至秦代逐渐形成异于六国古文的秦文字。请注意，班、许二贤说"而篆体复颇异，所谓秦篆者""或颇省改，所谓小篆者也"时，其所依据的是写在简牍上的《仓颉篇》文字，阜阳汉墓葬于西元前一六五年，出土的"秦式本"《仓颉篇》残简与当时二贤所见称小篆、秦篆者应相去不远，而其文字与青川木牍亦仅略有小异。青川木牍应正名为"秦篆"，它是其时秦篆字相与书法的真实本貌，秦印与颂功刻石文字等是将笔书秦篆再规整化设计的应用性篆文，是种金石工艺应用文字产生的变相篆文。汉隶是由战国秦篆逐渐演化而成，秦篆与汉初古隶之间没有急速转变的明显区分界点，此与草书、行书、楷书各字体形成过程的情形相同，"秦篆""汉隶"是依时代区分的简易称法。确认毛笔书写的秦篆文字与书法的实相之后，小篆书法才会有书体的不同风格，才不致"万人同貌"，才能上通商周下启汉魏，也才能真正理解欣赏秦篆表现在字相与笔趣上丰富变化的书法艺术内涵。

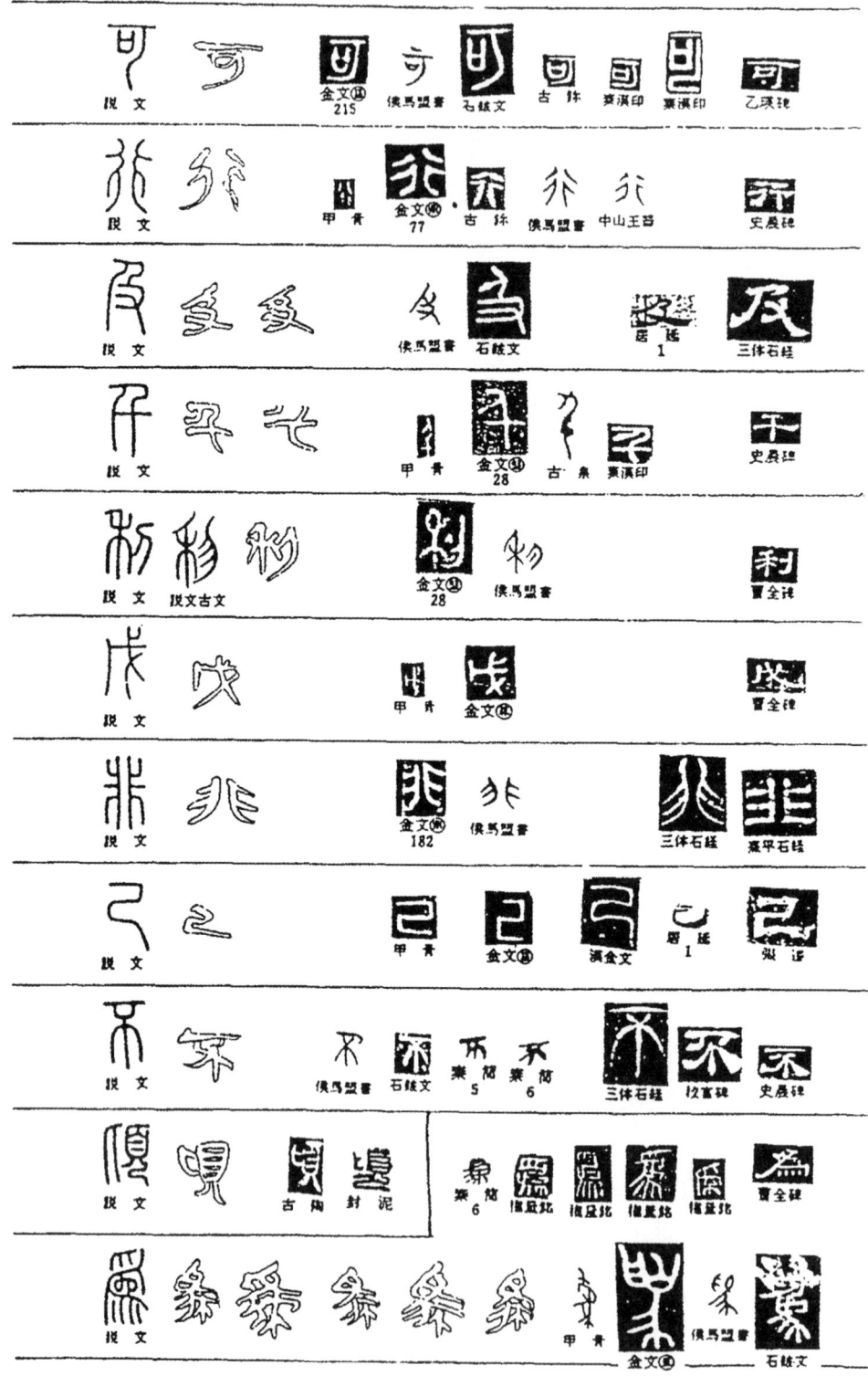

青川木牍的秦篆形体析论 ·397·

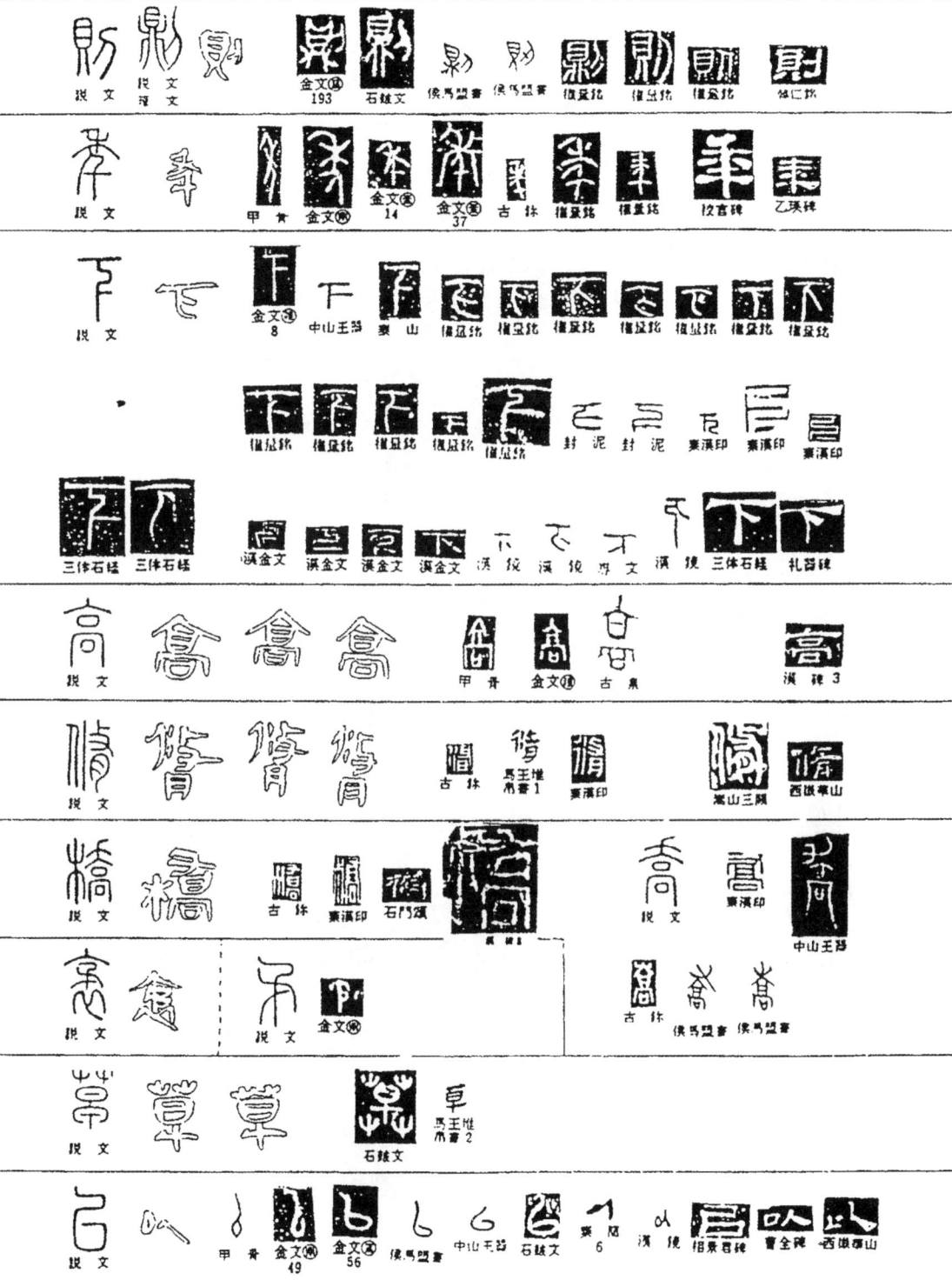

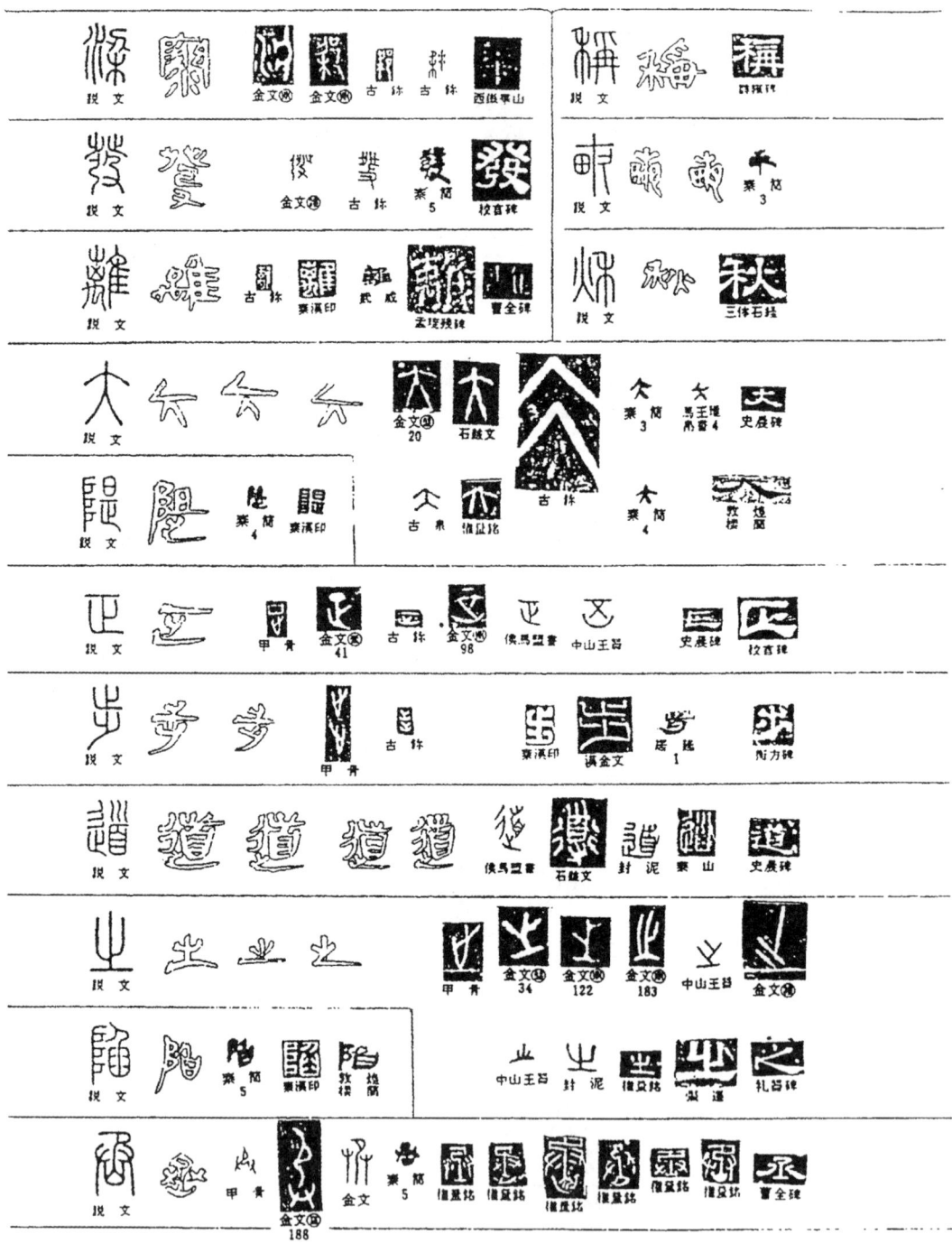

青川木牍的秦篆形体析论　·399·

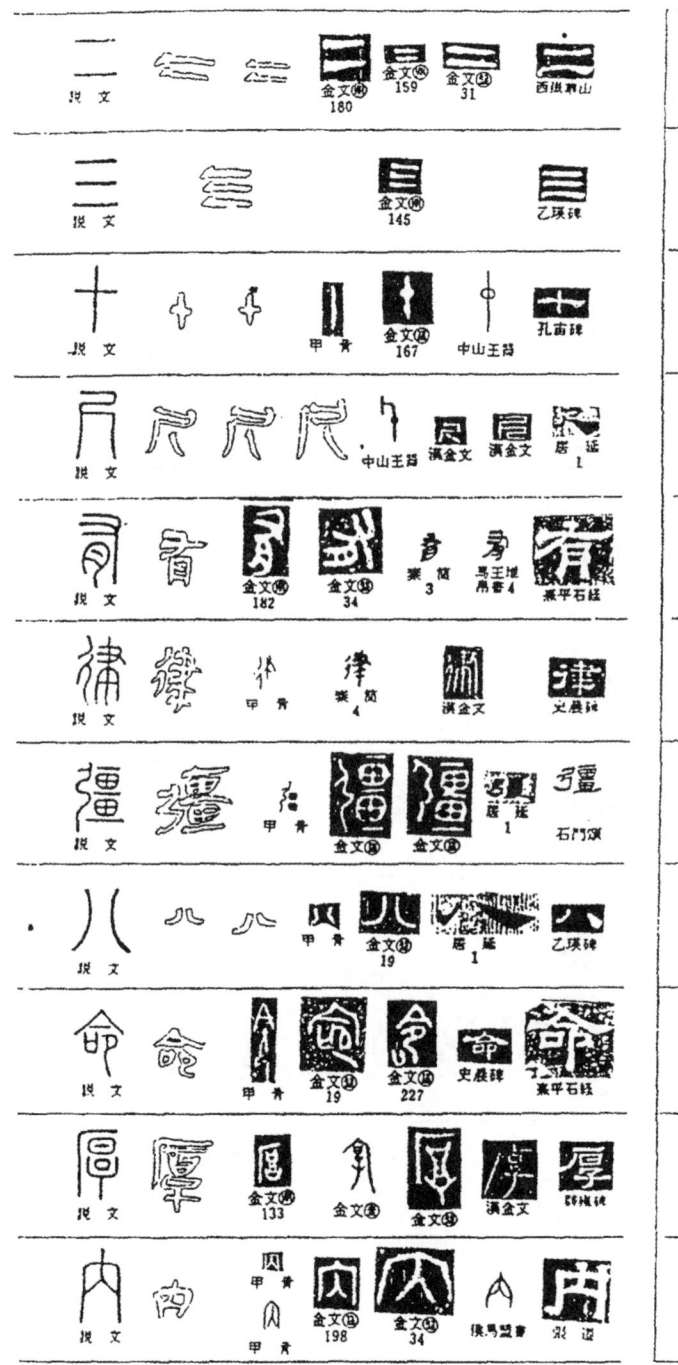
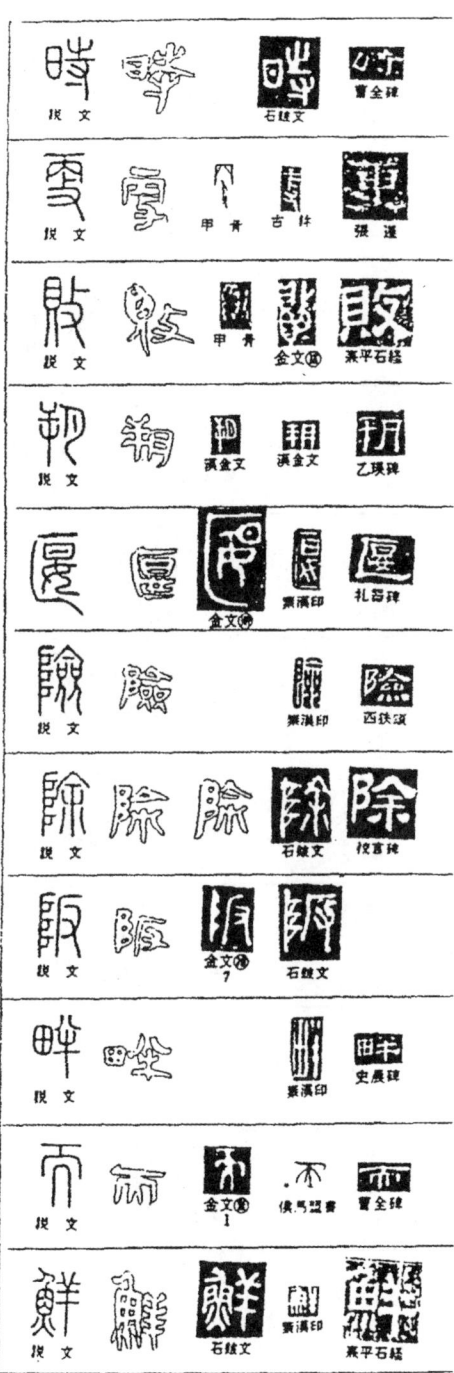

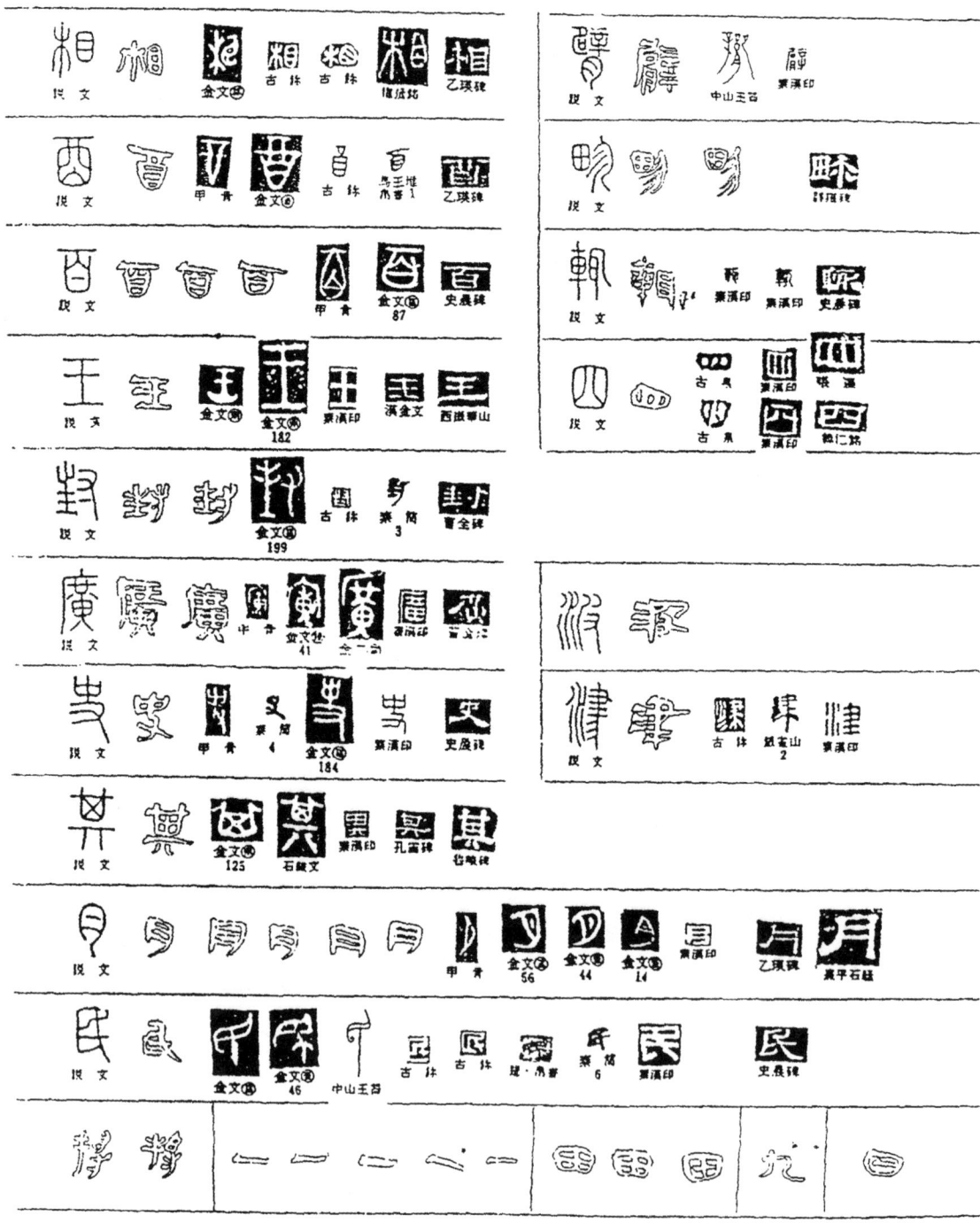

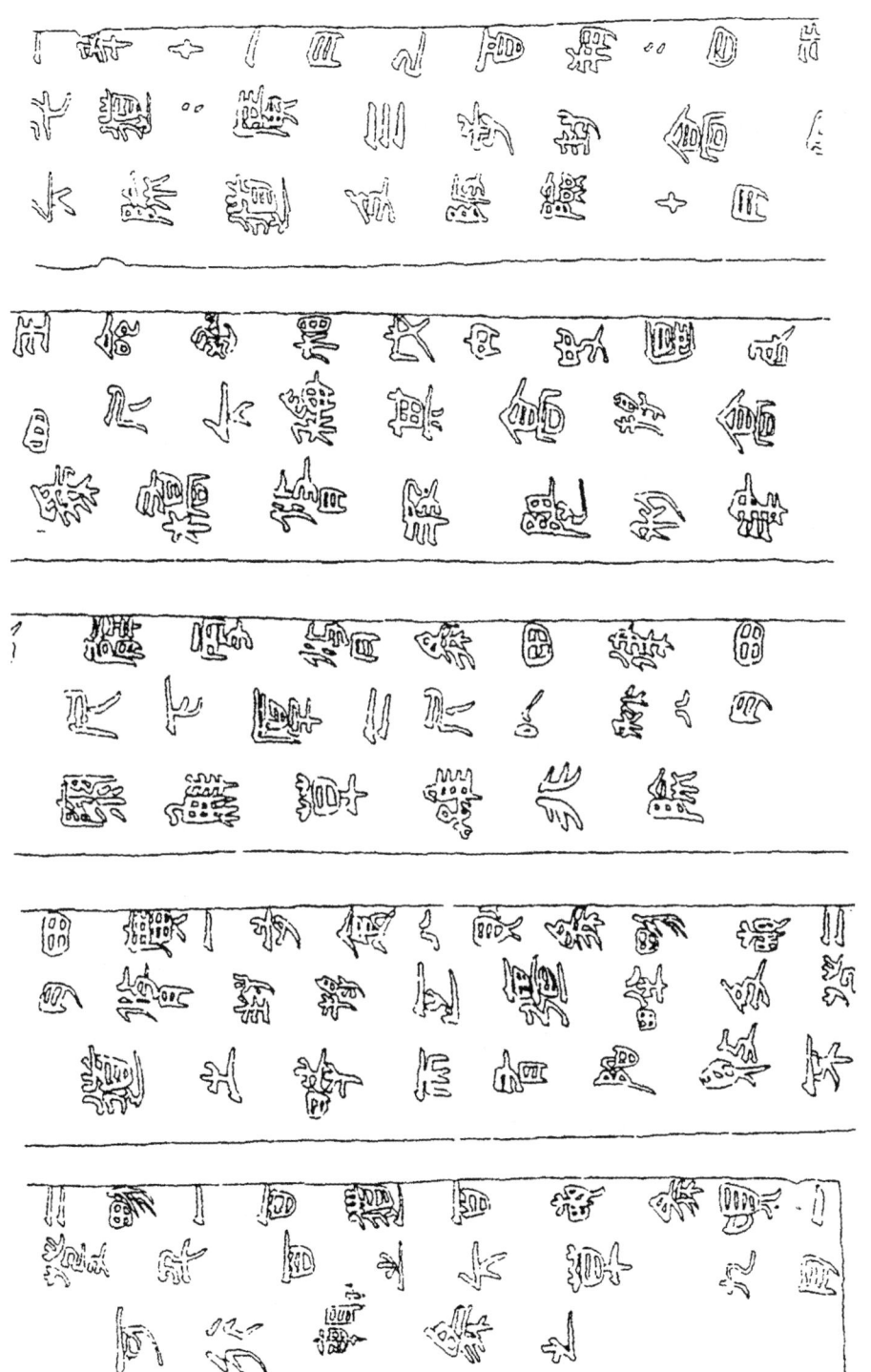

战国秦青川木牍文字摹本

青川郝家坪秦牍《田律》历日考释

许名玱

新近由武汉大学简帛研究中心主办，陈伟主编《秦简牍合集》第一辑，煌煌六大巨册，简牍图版清晰而精美，释读方面不仅释文更加精确，训解亦且臻于达诂。每一种简牍后均附有参考文献，按图索骥，有"集成"之效。《秦简牍合集》出版，为研读秦简牍提供极佳"善本"，嘉惠学林，其功厥伟，势将引领另一番研究热潮。笔者不敏，近二三年学习秦汉简牍，尝以天文历法视角，习作小文若干，呈武汉大学简帛网站请教。今读青川郝家坪秦牍，管窥《田律》天文学背景，拟考论其所载"二年十一月己酉朔朔日"历术背景。绠短汲深，固知其难也，不揣鄙陋，恭谨搦管，博雅闳达，幸垂教焉。首先移录牍文于下：

> 二年十一月己酉朔朔日，王命丞相戊（茂）、内史匽氏臂更脩（修）为《田律》：田广一步，袤八则，为畛。畛二畛，一百（陌）道。百晦（亩）为顷，一千（阡）道。道广三步。封高四尺，大称其高。捋（埒）高尺，下厚二尺。以秋八月，脩（修）封埒，正疆畔，及癹千（阡）百（佰）之大草。九月，大除道及阪险。十月为桥，脩（修）波隄，利津梁鲜草。虽非除道之时，而有陷败不可行，辄为之①。章手。

青川郝家坪秦牍《田律》所载"二年"，学者皆论证为"秦武王二年"，信可敬从。然于"十一月己酉朔"之论证，多据历代长历以为说，未达一间。以汪曰桢《历代长术辑要》为例，其载"武王二年"明言"周正建子癸丑……十己卯"②。十月己卯朔，则十一月己酉朔，但不可据以为证，盖秦、汉初历用《颛顼》，而非《周历》。其下又载"秦十甲申"十月甲申朔，则十一月甲寅朔。与牍文"十一月己酉朔"不能相符，且误差达五日之巨，就历法言，无论观象授时或历术推步，皆不能有之，其误至明。所以致误，盖以十月为年始，所谓"秦十甲申"（十月甲申朔；十一月甲寅朔），实为秦武王元年纪日，有一年误差。秦武王元年十一月甲寅朔，实际天象真朔在癸丑（儒略日 160 8540；前 310 年 12 月 11 日）。武王二年十一月己酉朔，实际天象真朔在戊申（儒略日 160 8895；前 309 年 11 月 30 日）③。两者相差 355 日，恰合四分历术一年之数④。由是观之，此时秦虽历用《颛顼》，然不以十月为年始。秦用《颛顼》，以十月为年首，

---

* 武汉大学简帛研究中心 http://bsm.org.cn/show_article.php?id=2372
① 陈伟主编：《秦简牍合集》第一辑第贰册，武汉大学出版社，2014 年，第 190 页。
② 汪曰桢：《历代长术辑要》，《续修四库全书》第 1041 册，上海古籍出版社，第 43 页。
③ 张培瑜：《三千五百年历日天象》，大象出版社，1997 年，第 589 页。
④ 四分历术平年无连大月为 354 日，有连大月为 355 日。武王元年十一月至二年十一月间有连大月，故有 355 日。又阳历先 11 日，亦合平年连大月朔策年积日与岁实年积日之差：365 又 1/4 日 − 29 又 499/940 日 × 12 = 10 又 827/940 日，连大月进 1 日为 11 日。

始于何时，待考。由睡虎地秦简、周家台秦简、里耶秦简、岳麓秦简、北大秦简、张家山汉简、孔家坡汉简、银雀山汉简等所记录历日文献考之，自秦王政以来，至于汉武元封七年，以十月为年首，殆可确信。青川郝家坪秦牍《田律》"二年十一月己酉朔"，年始寅正，著无疑义。汪曰桢误信"秦年首十月建亥"，以十月为年始，故《辑要》云"秦十甲申"（十月甲申朔；十一月甲寅朔）。论者以其"武王二年"同年上文"周正建子癸丑……十己卯"（十月己卯朔；十一月己酉朔），以证木牍所载历日，非是。

以下采用汉传古六历历术重新推步课校。六历中《黄帝历》《周历》《鲁历》《殷历》皆行天正建子，《夏历》则施用寅正，并皆天正甲子朔冬至起元，唯《颛顼历》元起人正建寅己巳朔立春。六历岁实朔策数均相同，唯其步算上元有别。刘宋大明六年（462）祖冲之上《大明历》，历议云："古之六术，并同四分。"① 六历皆为四分法，其历朔所以互异，乃上元气朔不同而已。《后汉书·律历志下》记六历甲子，云："黄帝造历，元起辛卯，而颛顼用乙卯，虞用戊午，夏用丙寅，殷用甲寅，周用丁巳，鲁用庚子。"② 且述《殷历》《颛顼历》历元日月相会之星宿位置，云："甲寅历于孔子时效；己巳颛顼秦所施用。……夫甲寅元天正正月甲子朔旦冬至，七曜之起，始于牛初。乙卯之元人正己巳朔旦立春，三光聚天庙五度。"③《唐开元占经》一〇五卷载有六历上元干支及积年④，如下：

古今历上元己未至今开元二年（714）甲寅岁积

黄帝历上元辛卯至今 276 0863 年算外，相当前 276 0150 年，近元在前 1350 年。

颛顼历上元乙卯至今 276 1019 年算外，相当前 276 0306 年，近元在前 1506 年。

夏历上元乙丑至今 276 0589 年算外，相当前 275 9876 年，近元在前 1076 年。

殷历上元甲寅至今 276 1080 年算外，相当前 276.0367 年，近元在前 1567 年。

周历上元丁巳至今 276 1137 年算外，相当前 276 0424 年，近元在前 1624 年。

鲁历上元庚子至今 276 1334 年算外，相当前 276 0621 年，近元在前 1821 年。

上文引《后汉书·律历志下》云："夏用丙寅"，不与《唐开元占经》同。张培瑜先生据夏历校验春秋史日、日食及战国简牍考知，夏历上元当为乙丑，《唐开元占经》所传为是⑤。

以下据六历四分历术步算武王二年气朔，以课校青川秦牍《田律》历日。

1. 四分历术参数

朔策 $29\frac{499}{940}$　　岁实 $365\frac{1}{4}$

章岁 19　　章闰 7　　章月 235

蔀岁 76　　蔀月 940　　蔀日 27759

纪法 1520

元法 4560

《后汉书·律历志下》云："日周于天，一寒一暑，四时备成，万物毕改，摄提迁次，青龙移辰，谓之

---

① 梁·沈约：《宋书·律历志下》，中华书局，1983 年，第 308 页。
② 晋·司马彪：《后汉书·律历志下》，中华书局，1987 年，第 3082 页。
③ 上揭书，第 3042–3043 页。
④ 唐·瞿昙悉达：《唐开元占经》，景印《文渊阁四库全书》第 807 册，台湾商务印书馆，1986 年，第 943–944 页。
⑤ 张培瑜：《中国古代历法》，中国科学技术出版社，2008 年，第 220 页。

岁。岁首至也，月首朔也。至朔同日谓之章，同在日首谓之蔀，蔀终六旬谓之纪，岁朔又复谓之元。"四分历岁实三六五又四分之一日；四分一四六一日，即一回归年日数，其中一四六一为"周天"，四为"日法"。以其余分为四分之一，故称"四分历术（四分法）"。六历中除《颛顼历》元起人正建寅己巳朔立春，日月会于营室五度外，余并皆天正甲子朔冬至起元，日月会于牵牛初度，而归余分于斗，称为"斗分"。此必非上元天象，晋虞喜之前，古人不知岁差，《后汉书·律历志下》云："夫甲寅元天正正月甲子朔旦冬至，七曜之起，始于牛初。"此战国中期天象，非上元之实录。十九回归年置闰七次，得月二三五，得日六九三九又四分之三，是谓"章"，此时"至朔同日"，然非夜半子正。

19 回归年　　$365\frac{1}{4} \times 19 = \frac{1461}{4} = 6939\frac{3}{4}$ 日

235 朔望月　　$29\frac{499}{940} \times 235 = 6939\frac{705}{940} = 6939\frac{3}{4}$ 日

历元起于夜半子正，一章之后，至朔同日，然余分有三，必四章而后，至朔同在日首，是谓"蔀"。一蔀四章七六岁，得月九四〇，得日二七七五九。

一蔀月数　　235（12×19+7）×4 = 940 月

一蔀日数　　$6939\frac{3}{4} \times 4 = 27759$ 日

一蔀岁、月、日齐同，然其日名（日干支）不同，以二七七五九非一周甲倍数故。必二十倍之，日名相同，为年一五二〇，得日五五五一八〇，是谓"纪"，所谓"蔀终六旬谓之纪"是也。一纪一五二〇岁，岁名不复，必三倍之，得四五六〇，岁名复始，是谓"元"，所谓"岁朔又复谓之元"是也。一元至、朔、日、岁悉皆复始，乃四分历术最大循环周期。

2. 推入蔀年

入蔀年 = 入纪年/蔀法 = 入蔀数$\frac{入蔀数}{蔀法}$

黄帝历　　（前1350-前309）/76 = $13\frac{53}{76}$　　　　　　　　入天纪辛卯蔀第54年

颛顼历　　（前1506-前309）/76 = $15\frac{57}{76}$　　　　　　　　入天纪甲寅蔀第58年

夏历　　　（前1076-309前）/76 = $10\frac{7}{76}$　　　　　　　　入天纪甲午蔀第8年

殷历　　　（前1567-309前）/76 = $16\frac{42}{76}$　　　　　　　　入天纪戊子蔀第43年

周历　　　（前1624-309前）/76 = $17\frac{23}{76}$　　　　　　　　入天纪丁卯蔀第24年

鲁历　　　（前1841-309前）/76 = （1532-1520）/76 = $\frac{12}{76}$　　入地纪甲子蔀第13年

3. 推积月数

首先推步入蔀以来积月数，其用有二：一为判定闰月，闰余十二以上，其年置闰；一为步算朔积日，以定月朔日名。既得积月数，以其余分定闰月所在。然先汉、汉初武帝之前，多"年终置闰"。《左传·文公元年》510："先王之正时也，履端于始，举正于中，归余于终。"《史记·历书》1259、《汉书·律历志上》983并引此言。所谓"无中置闰",恐是汉武施用《太初历》后事。《汉书·律历志上》984云:"朔不得中,是谓闰月。"六历推武王二年,闰余皆小于十二,是为平年,不闰。算式如下:

$$\frac{入蔀年 \times 素月}{素岁} = 积月 \frac{闰余}{素岁}$$

黄帝历　$(53 \times 235)/19 = 655\frac{10}{19}$　积月 655　闰余 10　平年

颛顼历　$(57 \times 235)/19 = 705\frac{0}{19}$　积月 705　闰余 0　平年

夏历　　$(7 \times 235)/19 = 86\frac{11}{19}$　积月 86　闰余 11　平年

殷历　　$(42 \times 235)/19 = 519\frac{9}{19}$　积月 519　闰余 9　平年

周历　　$(23 \times 235)/19 = 284\frac{9}{19}$　积月 284　闰余 9　平年

鲁历　　$(12 \times 235)/19 = 148\frac{8}{19}$　积月 841　闰余 8　平年

4. 推朔积日

$$积月 \times 朔策 = 朔积日\frac{小余}{蔀月}$$

由上式所求得积月数,乘月策,便得朔积日。朔积日满六○去之,得大余,从所入蔀名起,算外,得六历中颛顼历入正朔日名,他五历为天正朔日名。小余四四一以上为大月。正月朔大小余加朔策,则为次月大小余。累加,得各月,以至于终。大余满六○,去之;小余满九四○,进一,从大余。

黄帝历　$655 \times 27759/940 = 19342\frac{665}{940}$　癸丑朔大　小余 665

颛顼历　$705 \times 27759/940 = 20819\frac{235}{940}$　癸丑朔小　小余 235

夏历　　$86 \times 27759/940 = 2539\frac{614}{940}$　癸丑朔大　小余 614

殷历　　$519 \times 27759/940 = 15326\frac{481}{940}$　甲寅朔大　小余 481

周历　　$284 \times 27759/940 = 8386\frac{716}{940}$　癸丑朔大　小余 716

鲁历　　$148 \times 27759/940 = 4370\frac{532}{940}$　甲寅朔大　小余 532

5. 推气积日

$$岁实 \times 入蔀年 = 气积日\frac{小余}{日法 4（中法 32）}$$

黄帝历　$365\frac{1}{4} \times 53 = 19358\frac{8}{32}$　己巳冬至　小余 8

颛顼历　$365\frac{1}{4} \times 57 = 20819\frac{8}{32}$　癸丑立春　小余 8

夏历　　$365\frac{1}{4} \times 7 = 2556\frac{24}{32}$　　庚午冬至　小余 24

殷历　　$365\frac{1}{4} \times 42 = 15340\frac{16}{32}$　　戊辰冬至　小余 16

周历　　$365\frac{1}{4} \times 23 = 8400\frac{24}{32}$　　丁卯冬至　小余 24

鲁历　　$365\frac{1}{4} \times 12 = 4383\frac{0}{32}$　　丁卯冬至　小余 0

据上文推步，制为古六历武王二年气朔表。首列月建；次列各月大小、月朔干支，后附小余余分；其次为儒略日，后附西历日期；后两栏为节气，先列干支，后附小余余分，次为日序、节气名。

表一　黄帝历　秦武王二年（前 310.12—309.11）气朔表

月建	月朔干支　小余	儒略日（月　日）	节气干支　小余　日期　节气名	
子	正月大　癸丑　665	160 8540（12.11）	甲寅　1　初二大雪	己巳　8　十七冬至
丑	二月小　癸未　224	8570（1.10）	甲申　15　初二小寒	己亥　22　十七大寒
寅	三月大　壬子　723	8599（2.8）	甲寅　29　初三立春	庚午　4　十九雨水
卯	四月小　壬午　282	8629（3.9）	乙酉　11　初四惊蛰	庚子　18　十九春分
辰	五月大　辛亥　781	8658（4.7）	乙卯　25　初五清明	辛未　0　廿一谷雨
巳	六月小　辛巳　340	8688（5.7）	丙戌　7　初六立夏	辛丑　14　廿一小满
午	七月大　庚戌　839	8717（6.5）	丙辰　21　初七芒种	辛未　28　廿二夏至
未	八月小　庚辰　398	8747（7.5）	丁亥　3　初八小暑	壬寅　10　廿三大暑
申	九月大　己酉　897	8776（8.3）	丁巳　17　初九立秋	壬申　24　廿四处暑
酉	十月大　己卯　456	8806（9.2）	丁亥　31　初九白露	癸卯　6　廿五秋分
戌	十一月小　己酉　15	8836（10.2）	戊午　13　初十寒露	癸酉　20　廿五霜降
亥	十二月大　戊寅　514	8865（10.31）	戊子　27　十一立冬	甲辰　2　廿七小雪

表二　颛顼历　秦武王二年（前 309.2—308.1）气朔表

月建	月朔干支　小余	儒略日（月　日）	节气干支　小余　日期　节气名	
寅	正月小　癸丑　235	160 8600（2.9）	癸丑　8　初一立春	戊辰　15　十六丙辰
卯	二月大　壬午　734	8629（3.9）	癸未　22　初二惊蛰	戊戌　29　十七春分
辰	三月小　壬子　293	8659（4.8）	甲寅　4　初三清明	己巳　11　十八谷雨
巳	四月大　辛巳　792	8688（5.7）	甲申　18　初四立夏	己亥　25　十九小满
午	五月小　辛亥　351	8718（6.6）	乙卯　0　初五芒种	庚午　7　二十夏至
未	六月大　庚辰　850	8747（7.5）	乙酉　14　初六小暑	庚子　21　廿一大暑
申	七月小　庚戌　409	8777（8.4）	乙卯　28　初六立秋	辛未　3　廿二处暑
酉	八月大　己卯　908	8806（9.2）	丙戌　10　初八白露	辛丑　17　廿三秋分
戌	九月大　己酉　467	8836（10.2）	丙辰　24　初八寒露	辛未　31　廿三霜降
亥	十月小　己卯　26	8866（11.1）	丁亥　6　初九立冬	壬寅　13　廿四小雪
子	十一月大　戊申　525	8895（11.30）	丁巳　20　初十大雪	壬申　27　廿五冬至
丑	十二月小　戊寅　84	8925（12.30）	戊子　2　十一小寒	癸卯　9　廿六大寒

表三　夏历　秦武王二年（前309.2—308.1）气朔表

月建	月朔干支　小余	儒略日（月　日）	节气干支　小余　日期　节气名			
寅	正月大　壬子　672	160 8599（2.8）	丙辰	13　初五立春	辛未　20	二十雨水
卯	二月小　壬午　231	8629（3.9）	丙戌	27　初五惊蛰	壬寅　2	廿一春分
辰	三月大　辛亥　730	8658（4.7）	丁巳	9　初七清明	壬申　16	廿二谷雨
巳	四月小　辛巳　289	8688（5.7）	丁亥	23　初七立夏	壬寅　30	廿二小满
午	五月大　庚戌　788	8717（6.5）	戊午	5　初九芒种	癸酉　12	廿四夏至
未	六月小　庚辰　347	8747（7.5）	戊子	19　初九小暑	癸卯　26	廿四大暑
申	七月大　己酉　846	8776（8.3）	己未	1　十一立秋	甲戌　8	廿六处暑
酉	八月小　己卯　405	8806（9.2）	己丑	15　十一白露	甲辰　22	廿六秋分
戌	九月大　戊申　904	8835（10.1）	己未	29　十二寒露	乙亥　4	廿八霜降
亥	十月大　戊寅　463	8865（10.31）	庚寅	11　十三立冬	乙巳　18	廿八小雪
子	十一月小　戊申　22	8895（11.30）	庚申	25　十三大雪	丙子　0	廿九冬至
丑	十二月大　丁丑　521	8924（12.29）	辛卯	7　十五小寒	丙午　14	三十大寒

表四　殷历　秦武王二年（前310.12—309.11）气朔表

月建	月朔干支　小余	儒略日（月　日）	节气干支　小余　日期　节气名			
子	正月大　甲寅　481	160 8541（12.12）	戊辰	16　十五冬至	癸未　23	三十小寒
丑	二月小　甲申　40	8571（1.11）	戊戌	30　十五大寒		
寅	三月大　癸丑　539	8600（2.9）	甲寅	5　初二立春	己巳　12	十七雨水
卯	四月小　癸未　98	8630（3.10）	甲申	19　初三惊蛰	己亥　26	十七春分
辰	五月大　壬子　597	8659（4.8）	乙卯	1　初四清明	庚午　8	十九谷雨
巳	六月小　壬午　156	8689（5.8）	乙酉	15　初四立夏	庚子　22	十九小满
午	七月大　辛亥　655	8718（6.6）	乙卯	29　初五芒种	辛未　4	廿一夏至
未	八月小　辛巳　214	8748（7.6）	丙戌	11　初六小暑	辛丑　18	廿一大暑
申	九月大　庚戌　713	8777（8.4）	丙辰	25　初七立秋	壬申　0	廿三处暑
酉	十月小　庚辰　272	8807（9.3）	丁亥	7　初八白露	壬寅　14	廿三秋分
戌	十一月大　己酉　771	8836（10.2）	丁巳	21　初九寒露	壬申　28	廿四霜降
亥	十二月小　己卯　330	8866（11.1）	戊子	3　十一立冬	癸卯　10	廿五小雪

表五　周历　秦武王二年（前310.12—309.11）气朔表

月建	月朔干支　小余	儒略日（月　日）	节气干支　小余　日期　节气名			
子	正月大　癸丑　716	160 8540（12.11）	丁卯	24　十五冬至	壬午　31	三十小寒
丑	二月小　癸未　275	8570（1.10）	戊戌	6　十六大寒		
寅	三月大　壬子　774	8599（2.8）	癸丑	13　初二立春	戊辰　20	十七雨水
卯	四月小　壬午　333	8629（3.9）	癸未	27　初二惊蛰	己亥　2	十八春分
辰	五月大　辛亥　832	8658（4.7）	甲寅	9　初四清明	己巳　16	十九谷雨
巳	六月小　辛巳　391	8688（5.7）	甲申	23　初四立夏	己亥　30	十九小满
午	七月大　庚戌　890	8717（6.5）	乙卯	5　初六芒种	庚午　12	廿一夏至
未	八月大　庚辰　449	8747（7.5）	乙酉	19　初六小暑	庚子　26	廿一大暑
申	九月小　庚戌　8	8777（8.4）	丙辰	1　初七立秋	辛未　8	廿二处暑
酉	十月大　己卯　507	8806（9.2）	丙戌	15　初八白露	辛丑　22	廿三秋分
戌	十一月小　己酉　66	8836（10.2）	丙辰	29　初八寒露	壬申　4	廿四霜降
亥	十二月大　戊寅　565	8865（10.31）	丁亥	11　初十立冬	壬寅　18	廿五小雪

表六　鲁历　秦武王二年（前 310.12—309.11）气朔表

月建	月朔干支　小余	儒略日（月　日）	节气干支　小余　日期　节气名
子	正月大　甲寅　532	160 8541（12.12）	丁卯　0　十四冬至　　壬午　7　廿九小寒
丑	二月小　甲申　91	8571（1.11）	丁酉　14　十四大寒　壬子　21　廿九立春
寅	三月大　癸丑　590	8600（2.9）	丁卯　28　十五雨水
卯	四月小　癸未　149	8630（3.10）	癸未　3　初一惊蛰　　戊戌　10　十六春分
辰	五月大　壬子　648	8659（4.8）	癸丑　17　初二清明　戊辰　24　十七谷雨
巳	六月小　壬午　207	8689（5.8）	癸未　31　初二立夏　己亥　6　十八小满
午	七月大　辛亥　706	8718（6.6）	甲寅　11　初四芒种　己巳　20　十九夏至
未	八月小　辛巳　265	8748（7.6）	甲申　27　初四小暑　庚子　2　二十大暑
申	九月大　庚戌　764	8777（8.4）	乙卯　9　初六立秋　　庚午　16　廿一处暑
酉	十月小　庚辰　323	8807（9.3）	乙酉　23　初六白露　庚子　30　廿一秋分
戌	十一月大己酉　822	8836（10.2）	丙辰　5　初八寒露　　辛未　12　廿三霜降
亥	十二月小己卯　381	8866（11.1）	丙戌　19　初八立冬　辛丑　27　廿三小雪

由以上诸表察知六历中，就历面言，《黄帝历》《殷历》《周历》《鲁历》"十一月己酉朔"，皆合于青川郝家坪秦牍《田律》历日，唯《夏历》《颛顼历》不合。然《黄帝历》《殷历》《周历》《鲁历》施行子正，而《夏历》、《颛顼历》施行寅正。所谓"十一月己酉朔"，其指涉历点实不同。若以相同月建朔日比较，则可表述如下：

表七　秦武王二年六历同月建朔日比较

	黄帝历	颛顼历	夏历	殷历	周历	鲁历	真朔①
寅月	壬子 723	癸丑 235	壬子 672	癸丑 539	壬子 774	癸丑 591	癸丑 09：28
子月	戊申 73	戊申 525	戊申 22	戊申 829	戊申 124	戊申 880	戊申 02：10

由上表可以察知汉传古六历月朔余分差异，如表八。

表八　汉传古六历月朔余分差异关系

	夏历	黄帝历	周历	颛顼历	殷历	鲁历
月朔余分差	0	51	102	503	807	858

推步同月建朔日，所得余分，《夏历》最小，《鲁历》最大。而《殷历》较《颛顼历》大 304。青川秦牍《田律》历日所显示秦用实历，比之汉传古《颛顼历》，其月朔余分大 415-472。刘羲叟以来历家以殷术较颛顼历术多合史志，其故在此。《史记》《汉书》及后代史传承《史》《汉》之说者，多言秦、汉初施用《颛顼历》②，《夏历》之不合于《田律》历日，自在情理，而《颛顼历》之不合，则有可论说者。《颛顼历》历术，载诸史传，历历清晰，然考之史事历日，率多不符，反不如《殷历》较多相合。此宋代刘羲叟固知之矣，故其《长历》两存之。刘氏辑术全书久佚，仅存乎《通鉴目录》③。清人汪曰桢以为汉用殷术。《历代长术辑要》高帝元年乙未下，氏云：

---

① 请参张培瑜：《三千五百年历日天象》第 589 页。
② 《史记·张丞相列传》2685 云："张苍文学律历，为汉名相，而绌贾生、公孙臣等言正朔服色事而不遵，明用秦之《颛顼历》。"《史记·历书》1260 云："是时天下初定，方纲纪大基，高后女主，皆未遑，故袭秦正朔服色。"《汉书·律历志》974 云："汉兴，方纲纪大基，庶事草创，袭秦正朔。以北平侯张仓言，用《颛顼历》。"《后汉书·律历志·熹平论月章》3038 云："汉兴承秦，historiused《颛顼》，元用乙卯。"《晋书·律历志》498 云："秦并天下，颇推五胜，自以获水德之瑞，用十月为正。汉氏初兴，多所未暇，百有余岁，袭秦正朔。"《新唐书·历志三上》611 云："及汉兴，张苍等亦以为《颛顼历》比五家疏阔中最近密。"
③ 请参见清·汪曰桢：《历代长术辑要》附《二十四史月日考序目》，第 5 页。

> 汉用殷术，丁卯蔀七十年，十丁亥，十一丙辰，正乙卯……
> 颛顼术十丙戌，正乙卯……

按《通鉴目录》载刘氏长术起此年。汉初承秦，仍以十月为岁首，用殷术，或云仍用颛顼术。今从刘氏长术两存之（引者谨案：其下自注：以史文考之，似殷术为合。）[①]。近人陈垣《二十史朔闰表》以殷术多合史志，故专采用之。其《例言》云：

> 汉未改历前用《殷历》，或云仍秦制，用《颛顼历》，故刘氏、汪氏两存之。今考纪志多与《殷》合，故从《殷历》。

秦、汉初行用何种历术，聚讼两千载。山东临沂银雀山二号汉墓出土《七年历日》，记录武帝元光元年（前135.10—前134.11）历日，此为今人首次亲睹汉初实历真貌，开启研究秦、汉初用历真况的契机。该简册所载历日与汉传《颛顼历》、《殷历》皆未能全合。是年有闰，十三月朔干支，合于颛顼术者七，而合于殷术者十，似于《殷历》为近，然其节气干支则合于《颛顼》。步其月朔余分，比之古《颛顼》历术，大477—487分。

出土文献最能存真，如睡虎地秦简、周家台秦简、里耶秦简、岳麓秦简、北京大学藏秦简、张家山汉简、孔家坡汉简、银雀山汉简、走马楼汉简所载历日，固为当时用历实录。以汉传《颛顼》历术，稽寻史传，既多不合；征诸简牍，舛误夥颐。故知汉传古《颛顼历》，非秦、汉初实用《颛顼历》旧观，或恐汉人推步古年代之作。证诸史传及新近出土秦汉简所载历日，当非凭空造说。以汉传古《颛顼历》为基础，系联上述出土晚秦、汉初简牍，进退月朔余分，未必得其历术真貌，然可初步复原当时用历旧观。青川郝家坪秦牍《田律》所载历日，仅为单例孤证，无法建立一准确历术模型，但可得其时五十八种可能历术。以汉传古《颛顼历》为基础，进其月朔余分470，所得历日合于牍文"十一月己酉朔"。谨敬列秦实历武王二年气朔表于下：

寅	正月大	癸丑	705	160 8600 (2.9)	癸丑	8	初一立春	戊辰	15	十六丙辰
卯	二月小	癸未	264	8630 (3.10)	癸未	22	初二惊蛰	戊戌	29	十七春分
辰	三月大	壬子	763	8659 (4.8)	甲寅	4	初三清明	己巳	11	十八谷雨
巳	四月小	壬午	322	8689 (5.8)	甲申	18	初四立夏	己亥	25	十九小满
午	五月大	辛亥	821	8718 (6.6)	乙卯	0	初五芒种	庚午	7	二十夏至
未	六月小	辛巳	380	8748 (7.6)	乙酉	14	初六小暑	庚子	21	廿一大暑
申	七月大	庚戌	409	8777 (8.4)	乙卯	28	初六立秋	辛未	3	廿二处暑
酉	八月小	庚辰	438	8807 (9.3)	丙戌	10	初八白露	辛丑	17	廿三秋分
戌	九月大	己酉	937	8836 (10.2)	丙辰	24	初八寒露	辛未	31	廿三霜降
亥	十月大	己卯	496	8866 (11.1)	丁亥	6	初九立冬	壬寅	13	廿四小雪
子	十一月小	己酉	55	8896 (12.1)	丁巳	20	初十大雪	壬申	27	廿五冬至
丑	十二月大	戊寅	554	8925 (12.30)	戊子	2	十一小寒	癸卯	9	廿六大寒

---

① 请参见清·汪曰桢：《历代长术辑要》附《二十四史月日考序目》，第50页。

秦汉农田道路与农田运输

王子今

秦汉农田道路往往由政府统一规划,以法律形式保证其确定不移。农田道路除多作为田界之外,更重要的作用在于作为农人耕作的通道,同时,畅通发达的农田道路也是秦汉政府对农业生产进行有效的组织管理的重要条件。

农田道路与农户运输能力相结合,构成农田运输的基础。农田运输的发展对于农业生产的进步有直接的促进作用。特别是在施肥、收获、储藏等方面对于减轻劳动强度、提高生产效率意义十分显著。秦汉农田运输除体现为农业生产过程的直接组成部分而外,同时又是生产过程在流通过程内的继续。通过农田运输的发展水平,不仅可以了解当时农业生产的情形,也有助于分析当时整个社会经济生活的某些特征。

秦汉农田道路与农田运输的状况不仅与社会生产力的水平有直接的关系,同时也受到生产关系形态的一定影响。

一

研究中国农史中秦汉时代这一重要阶段,有必要对当时农田道路的发展进行探讨。

《史记·齐太公世家》说,齐顷公十年(前589),晋军败齐,齐侯请和,晋人"令齐东亩"。裴骃《集解》引服虔曰:"欲令齐陇亩东行。"可见先秦时代农田道路的作用已经受到重视,对农田道路的规划有时可成为表现国家权力的重要标志。反映政府重视农田道路建设的最著名的历史事件,是商鞅变法时"为田开阡陌"之举。据《史记·秦本纪》,事在秦孝公十二年(前350)。《史记·商君列传》记述这一事件作"为田开阡陌封疆,而赋税平"。《战国策·秦策三》和《史记·蔡泽列传》称此作"决裂阡陌"。西汉时人区博则称之为"置阡陌"[①]。《汉书·地理志》颜师古注引三国时人张晏的意见,以为即"开立阡陌"。杜佑《通典·食货一》也解释为"立阡陌""制阡陌"。看来,商鞅实行变法时的这一重要措施,有改革旧田制,以保证赋税收入的意义,而这一改革是通过农田道路的重新规划而实现的。阡陌是农田间的道路。《史记·秦本纪》司马贞《索隐》引《风俗通义》:"南北曰阡,东西曰陌。河东以东西为阡,南北

---

* 《中国农史》,1991年第3期,第16—23页。

① 《汉书·王莽传》。

为陌。"

四川省青川县郝家坪战国秦墓出土了"秦更修为田律"木牍，内容为秦武王时关于田制的律令。值得注意的是其中有关于农田道路的严格规定：

> 田广一步、袤八则为畛。亩二畛，一百（陌）道。百亩为顷，一千（阡）道，道广三步。

又规定：

> 以秋八月及叕（汔）千（阡）百（陌）之大草。九月，大除道及除澮（澮）。十月为桥，脩陂隄，利津□。鲜草，雖（虽）非除道之时，而有陷败不可行，相为之□□。

李学勤先生曾作译文：

"农田宽一步，长八步，就要造畛。每亩两条畛，一条陌道。一百亩为一顷，一条阡道。道宽三步。……在秋季八月……要除去阡陌上生长的草；九月，大规模修治道路和难行的地方；十月，造桥，修筑池塘水堤，使渡口和桥梁畅通，清除杂草。不在规定修治道路的时节，如道路破坏不能通行，也应立即修治。"[1]

云梦睡虎地秦墓竹简《语书》中说到南郡守腾修"田令"事。《秦律十八种》中又有"田律"。汉时亦有"田令"[2]"田律"[3]，当有承袭相沿的内容。青川郝家坪木牍的意义，不仅在于使我们看到秦武王时改订的关于农田规划的法律包括关于农田道路的内容，而且由此可推知秦汉时代关于农田制度的律令中应该也有类似的规定。

关于青川郝家坪木牍中畛、陌、阡的形制众说不一，又田制历经修订，而且各地区或又有所不同，秦汉时代农田道路的具体形式目前尚难以完全确知。但是我们知道当时一般的农田道路，确实是由政府作统一规划的。《汉书·晁错传》记载，汉文帝时曾筹划向北方边郡大规模移民，在讨论新的农业经济区的建设规划时，晁错就特别强调"通田作之道，正阡陌之界"。

成书于秦昭王以后的云梦睡虎地秦简《法律答问》中有这样的条文：

> "盗徙封，赎耐。"何如为"封"？"封"即田千佰（阡陌）、顷半（畔）"封"也，且非是？而盗徙之，赎耐，何重也？是，不重。

说到田间阡陌可以是具有法定意义的田界，其"封"如有人私加移动，当判处赎耐。

以道路作为田界是秦汉时代的普遍情形。我们从一般公认可信的汉代买地券中可以看到这样的文例：

> 买皋门亭部什三陌（陌）[4] 西袁田三亩[5]。

---

[1] 《青川郝家坪木牍研究》，《文物》1982年第10期。
[2] 《后汉书·黄香传》。
[3] 《周礼·士师》郑玄注。
[4] 汉时阡陌均有定名，如此"什三陌（陌）"及下引"罗陌""马领佰（陌）""桓千（阡）"等。《汉书·游侠传》有"京兆仟（阡）""南阳仟（阡）""原氏仟（阡）"。又《匡衡传》有"闽陌""平陵陌"。《华阳国志·蜀志》有"王女陌"。
[5] 《建宁二年（169）王未卿买地铅券》。

卖所名有广德亭部罗陌田一町，贾钱万五千，钱即日毕。田东比张长卿，南比许仲异，西尽大道，北比张伯始①。
　　买长谷亭部马领佰（陌）北冢田六亩，亩千五百，并直九千，钱即日毕。田东比胡奴，北比胡奴，西比胡奴，南尽松道②。
　　买石梁亭部桓千（阡）东比是佰（陌）北田五亩。……田南尽陌，北、东自比謌子，西比羽林孟③。
　　买广德亭部罗西比□步兵道东冢下余地一亩④。

道路不仅常作为方位的标识，还往往是田地四至的界线，即晁错所谓"阡陌之界"。
《汉书·晁错传》中还说到"田作之道"。农田道路除作为田界之外，更重要的作用当然在于作为农人从事耕作时的通行道路。汉成帝时著名农学家氾胜之曾在关中地区指导农业，作《氾胜之十八篇》，后世称作《氾胜之书》。其中记录有称作"区田法"的农田技术，"区田法"规定：

　　以亩为率，令一亩之地，长十八丈，广四丈八尺；当横分十八丈作十五町；
　　町间分十四道，以通人行，道广一尺五寸；町皆广一丈五寸，长四丈八尺⑤。

按照这一规定，町间十四道占地1008平方尺，占亩面积8640平方尺的11.6%。"区田法"是以精耕细作方式创造高额丰产的方法，在田亩中以如此大比率的耕地作为道路，可见当时已充分认识到农田道路对于农业生产的突出作用。

农田道路的开辟方便播种、施肥、灌溉、收获等各种田间农作。以"畛""道"等划分田块，还有利于合理计划种子和粪肥用量。四川德阳出土的汉代画像砖"播种"图中⑥，可以看到农人在田间小道上播种的情形。《氾胜之书》："区种，天旱常溉之。"担水溉田，可沿"道"行。引水溉田，"道"又相当于后世所谓"埂"。整齐的"道"，也利于控制水量做到合理用水。汉代画像砖中关于水田生产的画面中⑦，也可以看到这种田间小道对于灌溉的作用。

秦汉时代的农田道路多为土质柔性路面，遇雨则往往"陷败不可行"，因而崔寔《四民月令·五月》说道："淋雨将降，储米谷薪炭，以备道路陷淖不通。"当时已比较重视农田道路的养护以保证其通行效率。青川郝家坪木牍中已将对农田道路养护的严格规定列入律令之中。王褒《僮约》中列举僮仆职责，也包括"研陌杜埤"，即整治农田道路。日本学者宇都宫清吉在《〈僮约〉研究》一文中指出："按埤字当作界字。界字中世俗作堺字，与埤字形近而讹也。""研陌杜埤"，就是按照规定的区段修治好田间道路。大致在土地私有制度确立之后，一般是由邻近田主分段经管，以保证道路畅通。

通过考古发掘，我们可以看到秦汉农田道路的实际遗存。辽阳三道壕西汉晚期村落遗址中，在农民居住地点的北面发现铺石大路，可知在有条件的地方，当时也曾尽可能地改进农田道路的路面结构。铺石大

---

① 《建宁四年（171）孙成买地铅券》。
② 《光和元年（178）曹仲成买地铅券》。
③ 《光和七年（184）樊利家买地铅券》。
④ 《中平五年（188）房桃枝买地铅券》。
⑤ 万国鼎《氾胜之书辑释》第63页，农业出版社，1980年。
⑥ 《在四川德阳县收集的汉画像砖》，《文物参考资料》1956年第7期。
⑦ 《四川汉代画像砖与汉代社会》，文物出版社，1983年。

路路面上有明显的两排并列的辙迹，"可以想见当时大车往来各走一辙，畅行无阻的情况"①。大道最宽处可超过 7 米，由此可知秦汉农田道路的规模。《释名》："陌，山谷草野而过也。"然而汉乐府诗《陌上桑》中有诗句云："使君从南来，五马立踟蹰。"可见当时田间的陌道实际上往往也是可以驰行车马的。

二

《文选》卷二七魏武帝《短歌行》李善注引应劭《风俗通义》："里语云'越陌度阡，更为客主'。"田间道路虽一般为农人所行，有时也集中通过大量的人员、车马和物资。前引《史记·齐太公世家》记述晋人"令齐东亩"事，司马贞《索隐》："垄亩东行，则晋车马东向齐行易也。"秦汉史籍中多见由所谓"间道"行军的史例，如：

> 沛公留车骑，独骑一马，与樊哙等四人步从，从间道山下归走霸上军②。
> （项羽）使（黥）布等先从间道破关下军③。
> 广武君李左车说成安君："……愿足下假臣奇兵三万人，从间道绝其辎重……"④。
> （韩信）选轻骑二千人，人持一赤帜，从间道萆山而望赵军⑤。
> 马援破羌，乃潜行间道，掩赴其营⑥。

"间道"，颜师古注："微道也。""间道"或称"儳道"。《后汉书·何进传》："驰从儳道归营。"李贤注：儳，"音仕鉴反。"朱起凤《辞通》以为："间隙之间，与仕鉴反声近，故通用。"

"间道"，一般解释为小道、微道，或谓疾行之道。如《后汉书·何进传》李贤注引《广雅》曰："儳，疾也。"实际"间道""儳道"者，即后世所谓捷径。交通即使十分发达，大道毕竟疏阔有限，在诸如战争这类极其复杂特殊的社会活动中，对其他道路的利用成为必需。当时所谓"间道""儳道"等等，在农业地区，应当主要是农田道路。

战争毕竟是非常时期的特殊的社会现象，在平时一般情况下，农田道路的使用也具有十分重要的意义。《汉书·成帝纪》载汉成帝阳朔四年诏："方东作时，其令二千石勉劝农桑，出入阡陌，致劳来之。"要求地方高级行政官员通过农田道路至田间生产现场进行生产鼓动。《汉书·循吏传》记载召信臣任太守时，"好为民兴利，务在富之，躬劝耕农，出入阡陌，止舍离乡亭，稀有安居时。"于是"其化大行，郡中莫不耕稼力田，百姓归之，户口增倍"。可见，畅通发达的农田道路是秦汉时代政府对生产进行有效的组织管理的重要条件。正因如此，云梦睡虎地秦简《为吏之道》中作为学习做吏者的识字课本的"除害兴利"一节里，包括"千（阡）佰（陌）津桥"这样的词句。"阡陌"与"津桥"这样重要的交通设施同样作为官吏常用词语，可见农田道路对于当时政府行政事务的重要意义。

《盐铁论·水旱》："器不善者不集，农事急，挽运衍阡陌之间，民相与市买。"说到铁制农具直接通过

---

① 《辽阳三道壕西汉村落遗址》，《考古学报》1957 年第 1 期。
② 《史记·樊郦滕灌列传》。
③ 《汉书·黥布传》。
④ 《史记·淮阴侯列传》。
⑤ 《史记·淮阴侯列传》。
⑥ 《后汉书·马援传》。

农田道路输送到田间。《盐铁论·散不足》中攻击世风奢侈，说到"闾巷县佰，阡伯（陌）屠沽，无故烹杀，相聚野外，负粟而往，挈肉而归。"说明当时民间有时也利用农田道路以为集市贸易之所。

尽管农田道路的作用如此广泛，其主要的最突出的作用仍是作为与农业生产活动直接相关的运输活动，例如播种、施肥、收获时的农田运输的条件。当时的识字书《急就章》中有"顷町界亩畦畤嬴，疆畔畷佰（陌）耒犁耝（锄）"，可见当时人已认识到农田道路对于农业生产的作用与土地和农具相当。

秦汉农田运输的主要形式仍是以人力为主。汉代画像中多可看到表现人力担负的画面①，汉墓中也有"负物俑"出土②。《新语·资质》说："广者无舟车之通，狭者无步檐（担）之蹊。"可见，人力担负对道路的要求不高，田间尺许宽的小道已足以适应这一类运输的需要。

秦汉农田间较宽的道路，如亩间的陌、顷间的阡，一般均可经行车辆。秦汉时代是我国古代运输事业得到空前发展的时代，其主要标志之一即运输车辆的进步与普及。运输车辆的发展有两个突出的标志，即独轮车的出现和双辕车的普及。

《说文》："辇，车轹规也，一曰一轮车。"刘仙洲先生曾以此推断在许慎著此书时，我国已经有了独轮车。他还指出，史籍中多见的所谓"鹿车"，就是独轮车③。独轮车制作简便，车轮浑整厚重，也便于操纵，在东汉时已成为十分普遍的运输工具。《三国志·魏书·苏则传》裴松之注引《魏略》说，苏则讥嘲吉茂："我诚不能效汝寒寒驱鹿车驰也！"可见这种车辆是下层劳动者普遍使用的运输工具，甚至也成了他们卑贱身份的标志。四川渠县蒲家湾汉阙石刻画像有推鹿车者的形象，旁立一人，手持农具。可见鹿车停置之处，应该就是田间道路。鹿车独轮，以人力为动力，对道路宽度要求不高，在当时显然是普遍应用于农田运输的车辆。

最早的陶制双辕车模型出土于陕西凤翔战国秦墓④。大约在汉代，双辕车得到普及，并成为当时陆路运输中的主体车型。双辕车可驾一马或一牛，也可人力推挽，节省了运输动力，提高了运输效率。《公羊传·隐公元年》疏引《尚书大传》："士乘饰车两马，庶人单马木车。"说明双辕车首先在下层社会出现并普及。双辕车的另一优点，是对路面宽度的要求也较单辕车为低。秦汉时代用于农田运输的畜力车主要是双辕车。同时，双辕车的广泛使用必然也推动了农田道路的建设。《盐铁论·散不足》说，古者"庶人之乘马者，足以代其劳而已，故行则服轭，止则就犁。"往往用曳耕犁地的牲畜作为引车的动力。江苏睢宁出土的汉画像石"农耕图"中，则各有引车之牛和曳犁之牛，耕作时引车之牛即卸轭放逸⑤，说明当时农田运输之发展，使有的农户已具备专作运输动力的牛。

东汉时农田运输得到进一步发展，制车技术已相当普及。有的富户家中有专职"造车匠"⑥。山东嘉祥县洪山出土的汉画像石有表现地主田庄中工匠制车的画面⑦。辽阳三道壕西汉村落遗址中，六处农民居住址中有五处发现残车具⑧，可见农田运输已发展到新的水平。从河南密县打虎亭汉代画像砖表现关于收租的画面看，交纳租谷的佃户有的也拥有运输车辆⑨。山东沂南汉画像石墓中表现类似题材的石刻也可说明

---

① 《山西平陆枣园村壁画汉墓》，《考古》1959 年第 9 期。
② 《四川汉代雕塑艺术》，中国古典艺术出版社，1959 年。
③ 《我国独轮车的创始时期应上推到西汉晚年》，《文物》1964 年第 6 期。
④ 《陕西凤翔八旗屯秦国墓葬发掘简报》，《文物资料丛刊》。
⑤ 《江苏徐州汉画像石》，科学出版社，1959 年。
⑥ 《后汉书·应奉传》李贤注引谢承《后汉书》。
⑦ 《山东汉画像石选集》，齐鲁书社，1982 年。
⑧ 《辽阳三道壕西汉村落遗址》，《考古学报》1957 年第 1 期。
⑨ 《河南密县打虎亭发现汉代壁画墓和画像石墓》，《文物》1960 年第 4 期。

这一事实[1]。《三国志·魏书·仓慈传》裴松之注引《魏略》说，颜斐为京兆太守，"课民以闲月取车材，使转相教匠作车""一二年间，家家有丁车、大牛"，也记载了农田运输发展的情形。

三

秦汉时代农田道路与农田运输的发展，对于当时农业生产的进步有直接的促进作用，特别是在施肥、收获、储藏等方面对于减轻劳动强度，提高工作效率意义甚大。

两汉墓葬中大量发现猪圈及猪圈与厕所相连的陶制模型，这说明当时已采用现今东北和华北一些农村仍通行的积肥方式。辽阳三道壕西汉村落遗址中畜圈与厕所靠近，往往内有粪肥痕迹[2]。广东佛山澜石东汉水田模型中有粪堆[3]，说明当时已施用底肥。粪肥需通过运输手段运往田间，而汉代实行精耕细作的农田粪肥用量是相当大的。氾胜之"区田法"规定，区种大豆，"一亩用种二升，用粪十二石八斗"。种麻，"以蚕矢粪之，树三升"。"区种粟二十粒，美粪一升，合土和之。""区种瓜""一科用一石粪，粪与土合和，令相半。"种瓠，"区种四实，蚕矢一斗，与土粪合"，十亩"用蚕矢二百石"。此外，种枲，亦"布粪田"，种芋，"择肥缓土近水处，和柔粪之"。农田施用充足的肥料，必然是以农田运输的发展为条件的。

除施肥外，秦汉农作中另一提出较繁重运输任务的生产程序是收获。《僮约》："五月当获，十月收豆""拾粟采橘，持车载辏"[4]。由于铁制农具的普及，水利灌溉事业的发展和农业生产技术的进步，秦汉时代农业生产产量较前有相当大的提高。值得注意的是，当时不仅将粮食作物的籽粒收归仓储，作物的茎、叶即所谓"刍稿"一般也要回收，并常常作为赋税内容上缴政府。《淮南子·氾论》："秦之时……入刍稿，头会箕赋，入于少府。"云梦睡虎地秦简《秦律十八种·田律》中规定：

> 入顷刍稿，以其受田之数，无垦（垦）不垦（垦），顷入刍三石、稿二石。刍自黄穤及□束以上皆受之。入刍稿，相输度，可殹（也）。

田律还规定："禾、刍稿彻（撤）木、荐，辄上石数县廷"，要求及时向县廷报告粮草石数。《史记·秦始皇本纪》记载：二世元年，"下调郡县转输菽粟刍稿。"刍稿的回收和上缴大大增加了农田运输的工作量。刍稿与谷米的运输，即所谓"蜚刍挽粟"[5]，成为秦时人民的沉重负担。《九章算术·方程》中有算题：

> 今有上禾三秉，中禾二秉，下禾一秉，实三十九斗；上禾二秉，中禾三秉，下禾一秉，实三十四斗；上禾一秉，中禾二秉，下禾三秉，实二十六斗。问上、中、下禾实一秉各几何。

《说文》："秉，禾束也。"可见汉代即使不上缴刍稿，收获时仍是连同茎、叶一起回运的，以致对禾估产时须以"秉"计。从汉代画像砖提供的资料中，也可以看到运送禾草的情形[6]。

---

[1] 《沂南古画像石墓发掘报告》，文物出版社，1956年。
[2] 《辽阳三道壕西汉村落遗址》，《考古学报》1957年第1期。
[3] 《广东佛山市郊澜石东汉墓发掘报告》，《考古》1964年第9期。
[4] 《太平御览》卷598引。
[5] 《史记·平津侯主父列传》。
[6] 《重庆市博物馆藏四川汉画像砖选集》，文物出版社，1957年。

秦汉墓葬中大量发现随葬的陶制仓囷模型，可以说明当时贮粮设施已比较发达。《吕氏春秋·仲秋纪》："是月也，穿窦窌，修囷仓。乃命有司趣民收敛，务蓄菜，多积聚。"又《季秋纪》："是月也，申严号令，命百官贵贱，无不务入以会天地之藏，无有宣出。命冢宰农事备收，举五种之要，藏帝籍之收于神仓，祗敬必饬。"可知当时有官仓、民仓，又有神仓。云梦睡虎地秦简中，属于《仓律》者达二十六条。《汉书·食货志》引贾谊语："苟粟多而财有余，何为而不成？"汉代对粮食积贮的重视，可以通过对汉代粮仓的考古发掘和《九章算术》中有关算题等材料得到反映。粮谷由分散的农户集中入仓，其运输过程必然经过农田道路方可实现。

秦汉农田道路是当时农业生产过程中的必要条件之一，其作用甚至超出农业生产领域之外，它的意义，正相当于秦汉社会经济的微循环系统。秦汉农田运输，既是农业生产过程的直接组成部分，同时又是生产过程在流通过程内的继续。通过农田运输的发展水平，不仅可以了解当时农业生产的情形，就中也可以透露出整个社会经济生活的多种信息。

秦与西汉前期的农田道路具有定式化、规范化的突出特点，大小道路有规律地交错，整齐划一。这是和当时国家对于土地的支配权力有密切关系的，而作为社会基本生产单位的一般为五口之家的小农户，则无力经营道路的开筑。由于其极其规整的特点以及对于农业生产的重要作用，农田道路常常可以作为田地的象征。秦汉时人常以"阡陌"作田地的代称，如《史记·陈涉世家》："俛仰阡陌之中。"西汉中期以后，土地兼并成为社会问题，富者"多规良田"[1]"田连仟（阡）佰（陌）"[2]。《汉书·游侠传》记载原涉的事迹：

> 初，武帝时，京兆尹曹氏葬茂陵，民谓其道为京兆仟（阡）。（原）涉慕之，乃买地开道，立表署曰南阳仟（阡），人不肯从，谓之原氏仟（阡）。

豪族地主可以"买地开道"，当时农田道路的分布和走向较前应有所变化。当如曹植诗《送应氏》中所说："游子久不归，不识陌与阡。"成书于西汉后期至东汉初期的《九章算术·方田》中计算田地面积的算题，其中田亩形状已可见圭田（等腰三角形田）、邪田（直角梯形田）、箕田（等腰梯形田）、圆田、宛田（球冠形田）、弧田（弓形田）、环田（圆环形田）等多种形式之区别，这一方面可说明荒地垦辟的发展，另一方面也说明土地分割之破碎。由此所决定的田亩间道路的形式，亦当已千变万化。汉成帝时有"邪径败良田，谗口乱善人"的童谣[3]，"邪径"交错，似可表现土地私有制确立的某一阶段中农田道路的特征。看来，农田道路与农田运输的状况不仅与社会生产力的水平有直接关系，同时也受到生产关系形态的一定影响。

纵观历史，可以看到秦汉时代的农田道路和农田运输，为以后近2000年中国农田道路和农田运输的发展奠定了基本格局。直至近代，农田道路的形式和规模及农田运输的水平并未出现突破性的演进。这是和农业生产发展的水平相适应的，也是和中国封建社会缓慢进步的基本趋势相一致的。这也是我们对秦汉时代农田道路和农田运输的性质和特点进行探讨的原因之一。

---

[1]《汉书·陈汤传》。
[2]《汉书·食货志》引董仲舒评商鞅时事，实际上反映了当时的土地问题。
[3]《汉书·五行志》。

四川青川秦律与稻作农业

罗二虎

1979 年至 1980 年，四川省博物馆等单位在四川省青川县郝家坪发掘了一批战国时期的墓葬，其中在 50 号墓中出土了一件木牍（M50：16），上面记载有《为田律》的内容[1]。这部秦律的出土对于中国古代土地制度史和农田制度史的研究都具有十分重要的意义。

该木牍出土后引起了学术界的广泛关注，于豪亮[2]、李昭和[3]、杨宽[4]、李学勤[5]、林剑鸣[6]、田宜超和刘钊[7]、黄盛璋[8]、罗开玉[9]等多位学者先后撰文，专门对该木牍的内容进行了深入的研究。但是，诸位学者并未具体指出《为田律》中所指的"农田"究竟是哪种类型的耕地，是水田或者是旱地农田。本文主要就《为田律》中与南方稻作农业相关的问题进行一些探讨。通过讨论，也希望能进一步理解战国时期秦国的田亩制度和农田规划是如何在南方稻作农业地区实施的。

为了讨论的方便，先附上出土有《为田律》内容木牍的全部释文（采用李学勤释文）[10]。木牍正面的文字如下：

> 二年十一月己酉朔朔日，王命丞相戊、内史匽，民臂（辟），更修《为田律》：田广一步，袤八，则为畛。亩二畛，一百（陌）道；百亩为顷，一千（阡）道，道广三步。封高四尺，大称其高；捋（埒）高尺，下厚二尺。以秋八月，修封捋（埒），正彊（疆）畔，及发千（阡）百（陌）之大草；九月，大除道及阪险；十月，为桥，修波（陂）堤，利津梁，鲜草离。非除道之时而有陷败不可行，辄为之。

---

* 四川大学学报（哲学社会科学版），2001 年第 4 期。
[1] 四川省博物馆、青川县文化馆《青川县出土秦更修田律木牍——四川青川县战国墓发掘简报》，《文物》，1982 年，第 1 期。
[2] 于豪亮《释青川秦墓木牍》，《文物》，1982 年，第 1 期。
[3] 李昭和《青川出土木牍文字简考》，《文物》，1982 年，第 1 期。
[4] 杨宽《释青川木牍的田亩制度》，《文物》，1982 年，第 7 期。
[5] 李学勤《青川郝家坪木牍研究》，《文物》，1982 年，第 10 期。
[6] 林剑鸣《青川秦墓木牍内容探讨》，《考古与文物》，1982 年，第 6 期。
[7] 田宜超、刘钊《秦田律考释》，《考古》，1983 年，第 6 期。
[8] 黄盛璋《青川秦牍"田律"争论问题总议》，《农业考古》，1987 年，第 2 期。
[9] 罗开玉《青川木牍〈为田律〉所规定的"为田"制》，《考古》，1988 年，第 8 期。
[10] 李学勤《青川郝家坪木牍研究》，《文物》，1982 年，第 10 期。

该木牍正面的文字内容大体可以分为三部分：第一部分是说明修改《为田律》的时间、人物和原因；第二部分是《为田律》中关于农田规划的具体内容；第三部分是《为田律》中与农田规划相关的月令农事的具体内容。

木牍背面的文字残蚀较甚，可识者如下：

四年十二月不除道者：□二田，□一田，章一田，□六田，□一田，□一田，□一田，□一田。

该木牍背面的文字是关于当年某一地区内不依法修路的情况记录。

一、《为田律》修改原因

《为田律》是秦制定与农田规划相关的法律。此次修改是在公元前309年。秦灭巴蜀，将自己的统治势力扩展到南方的巴蜀地区是在公元前316年。从将自己的统治和法律实施范围扩展到巴蜀地区到修改《为田律》，其间仅隔数年时间，原因肯定是该法律的某些内容不能适应南方巴蜀地区以稻作为主的农业的具体情况。秦的法律不但种类很多，而且每种法律的条文也非常繁复。但是，该木牍的内容却较少。因此，李学勤先生认为该木牍记载的内容只是《为田律》中秦武王作了修改的部分[1]。笔者也赞同这一观点。

关于修改《为田律》的原因，木牍上记载是因为当地的民"臂（僻）"，李学勤先生解释"臂"为不遵守法度[2]。秦法严厉，对于违法者要严惩，但为什么会有如此众多的人民不遵守法律，以至于法不治众，秦不得不修改《为田律》呢？我们知道，在秦灭巴蜀以前，秦的领土仅限于秦岭以北的干旱和半干旱地区，基本都为旱地农耕区，而巴蜀地区位于秦岭以南，是传统的稻作农耕区，两地间从农田规划到耕作制度都存在很大的差别。因此，笔者认为之所以要对《为田律》进行修改，其目的是为了适应当时巴蜀地区的稻作农业。

《为田律》的修改者之一是丞相甘茂。《史记·樗里子甘茂列传》记载：秦武王元年（前310）"蜀侯恽、相壮反，秦使甘茂定蜀。还，而以甘茂为左丞相"。甘茂之所以参与修改这项法律，是因为他到过巴蜀地区，熟悉当地的情况，以便使法律条文的修改能更好地适应巴蜀地区稻作农业的具体情况。

二、关于农田规划

在青川木牍中，最令人费解的是"田广一步，袤八，则为畛"一句，诸家从释文到解意大相径庭。笔者大体同意李学勤先生的解释，但在理解上仍有一定的差异。

汉代以前，古书中关于"畛"有各种解释，如罗开玉先生便列举了四种[3]。但是，其最基本的含义主要为两种：一种认为是田间的"田界"，如《小尔雅·广诂》将其释为"界也"。一种认为是"田间小

---

[1] 李学勤《青川郝家坪木牍研究》，《文物》，1982年，第10期。
[2] 李学勤《青川郝家坪木牍研究》，《文物》，1982年，第10期。
[3] 罗开玉《青川木牍〈为田律〉所规定的"为田"制》，《考古》，1988年，第8期。

径"，如《楚辞·大招》王逸注释"畛，田上道也"，《诗·载芟》疏畛"谓地畔之径路也"。

笔者认为这两种观点都是可取的。也就是说，"畛"既可以是单纯的田界，也可以是田间的小径，当然这种小径本身也可以起到田界的作用。"畛"在南方应该主要指稻田的田埂（即田界），前者为小田埂，而后者既是大田埂，同时也作为小径。但是，在"田广一步，袤八，则为畛"这一句中的"畛"，当是指单纯的田界，即小田埂。整个这句话的意思是：耕田只要有宽一步、长八步的面积，就应该修造小田埂。当时的一步为六尺，约合现在的1.38米。宽一步、长八步的面积为秦亩的三十分之一，约相当于现在的15.24平方米。

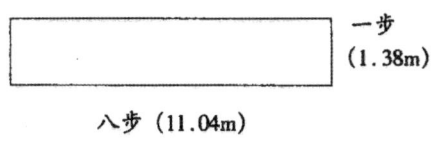

图一　《为田律》中的最小单位稻田

"亩二畛，一百（陌）道；百亩为顷，一千（阡）道，道广三步。"这一句的意思是一亩耕田的四周要有两条大田埂（畛）和一条陌道。另一条陌道应该是从其他亩中划出。一百亩为一顷，在一端要有阡道一条，而另一端的阡道应该是从其他百亩中划出。阡道的宽度为三步，约合现在的4.14米。这里所说的"畛"，当指大田埂，即作为亩与亩之间的田界，同时也作为田间小径，并与陌道相通。阡道很宽，可能是当时的主要交通要道，可供车辆和军队通过。陌道与畛都未说明宽度，陌道可能稍宽于畛这种田间小径，但也不会太宽。

值得注意的是：巴蜀地区的农田规划制度与秦岭以北的北方地区有很大的区别。在北方地区，周代的一亩是宽一步、长百步的细长条形田[1]，同时亩又是最小的农田单位，并且是百亩田平行，组成一个正方形。秦的田制与周的大体相同，只是在秦孝公时期，将一亩改为宽一步、长二百四十步，但形状也是细长条形田[2]。北方地区的田亩之所以采用这样的形状，是由当时的旱地耕作制度和农业工具所决定[3]，此外地理环境也是一个重要原因。

《为田律》中规定的巴蜀地区农田制度显然与北方地区的不同。其区别主要有两点：第一，亩不是最小的农田单位，每亩之中还有一种宽一步、长八步的最小单位，这种单位的面积相当于三十分之一亩，是一种小区划农田。第二，其农田单位无论大小，在农田四周都有田埂或道路将农田分割开。例如，在最小单位的小区划农田周围，有小田埂与同一亩中的其他农田隔开。在每一亩农田四周，又有大田埂和道路将不同亩的其他农田分开。

巴蜀地区的农田之所以采用这样的方式规划，显然是由于巴蜀地区水稻农耕的耕作制度和地理环境所决定的。我们知道，水稻必须生长在有水浸泡的水田中，而要保住水就必须要有高于水平面的田埂。因此，田埂的设置是开垦水田所必不可少的。西汉末年成书的《氾胜之书》中讲到："种稻：春解冻，耕反其土。种稻区不欲大；大则水深浅不适。"巴蜀地区总的来说都属于丘陵山地，地势高低不平，因此每一块水田的面积宜小不宜大。《为田律》中规定修造这种小区划水田的农田，正是当时巴蜀地区这种农田耕作制度和地理环境的反映。

关于当时这种小区划水田的具体形状，《为田律》中没有具体说明，也无同时期的其他文献资料和水田实物遗存资料加以说明。不过，在巴蜀地区的汉代墓葬中出土了大量随葬的水田模型，其时代距《为田律》颁布的时代也较近，可以进行比较。

---

[1] 清·桂馥《说文解字义证》。
[2] 李学勤《青川郝家坪木牍研究》，《文物》，1982年，第10期。
[3] 李学勤《青川郝家坪木牍研究》，《文物》，1982年，第10期。

在汉代出土的这些稻田模型中，有一类即为小区划稻田。这种稻田的特点是每一块大的稻田四周有大的田埂以及道路围住，在大的稻田中又有直的或不规则形的小田埂将稻田分割成若干小块。稻田旁边还有陂池，有的还有水渠从大的稻田之间通过，例如四川宜宾草田崖墓①、合江草山砖室墓②、彭山崖墓③中出土的陶水田模型（图二）。但是，由于出土的这些都仅是模型，所表现的稻田场景往往受到空间的限制，因而我们无法确切地知道每一块大的稻田中有多少块小稻田，但是这种稻田的规划大体上还是与《为田律》中的农田规划属于同一类型。例如，模型中大区划稻田四周的大田埂和道路大体相当于《为田律》规定每亩田周围的大田埂和陌道，而模型大区划稻田内被分割的若干块小区划稻田则相当于《为田律》中规定的最小单位的小区划农田，这种小区划稻田的小田埂也就相当于《为田律》中小区划农田周围的小田埂。

通过这种比较我们大体可以推测，中原地区每亩的农田形状与《为田律》中规定巴蜀地区每亩的农田形状有很大的差别。中原地区每亩农田呈细长条形，而巴蜀地区每亩农田可能为长方形或不太规则的长方形，在每亩农田内的小区划农田也可能为长方形或不规则形。这种农田形状体现了巴蜀地区丘陵浅山地带稻作农业的特点，与中原地区的平原旱地农业形成鲜明的对比。

三、农事月令

木牍正面文字的第三部分："以秋八月，修封埒（埒），正疆（疆）畔，及癹千（阡）百（陌）之大草；九月，大除道及阪险；十月，为桥，修波（陂）堤，利津梁，鲜草离。非除道之时而有陷败不可行，辄为之。"这一部分规定的是秋收以后的月令农事。已有学者指出，《为田律》中的这些月令农事与《礼记·月令》《管子·四时》《吕氏春秋·孟春记》等文献记载的月令农事不同，前者只适宜在南方执行，而后者则只适宜在北方执行④。

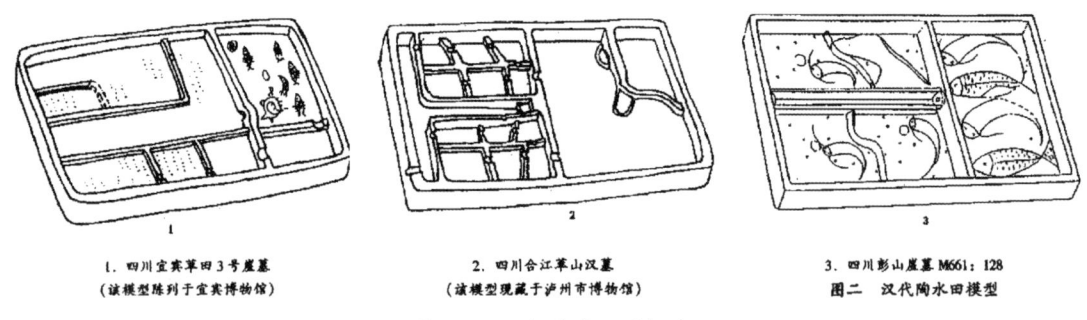

1. 四川宜宾草田3号崖墓　　　2. 四川合江草山汉墓　　　3. 四川彭山崖墓 M661：128
（该模型陈列于宜宾博物馆）　（该模型现藏于泸州市博物馆）　图二　汉代陶水田模型

图二　汉代陶水田模型

《为田律》颁布时，秦国在南方的统治仅限于巴蜀地区，因此可以认为《为田律》中关于这部分的修改，完全是针对巴蜀地区的气候和稻作农业的情况制定的。因此，《为田律》中记载的有关秋后农事月令，也适宜巴蜀地区的具体情况，并且与现在四川盆地内的农事月令仍然大体相似。秦的这种因地制宜的制度也为汉所继承。例如，在西汉早期的《户律》中规定："汉中、巴、蜀、广汉，自择伏日。俗说：汉中、

---

① 秦保生《汉代农田水利的布局及人工养鱼业》，《农业考古》，1984年，第1期。
② 谢荔、徐利红《四川合江县东汉砖室墓清理简报》，《文物》，1991年，第4期。
③ 南京博物院《四川彭山汉代崖墓》，文物出版社，1991年，第41-42期。
④ 罗开玉《四川通史：二册》，四川大学出版社，1993年，第255页。

巴、蜀、广汉，土地温暑，草木早生晚枯，气异中国，夷、狄畜之，故令自择伏日也。"[1]

四、《为田律》适用范围

青川出土木牍上记载秦修改《为田律》的具体时间是秦武王二年，即公元前309年。在当时，原巴蜀两国统治集团的残余势力均较强，因此秦在巴蜀地区采取的是郡县制与册封制并行的双重统治方式。郡县制主要是在秦移民中实施，而册封制主要是在原巴蜀土著居民中实施。以后随着秦在巴蜀地区统治的逐渐巩固，郡县制统治的范围才逐渐扩大[2]。

这种册封制的主要特点是秦在新占领的异族地区，对原统治者或首领进行册封，在承认秦统治的前提下，允许这些受到册封的原土著上层人物继续依照传统的统治方式去管理本族的人民，秦派到巴蜀地区的官吏仅通过这些土著上层人物实行间接的统治。因此，推测《为田律》等法律可能主要是在秦的移民中实施，而在册封制统治下的原巴蜀地区的土著居民中难以全面实施。

出土《为田律》木牍的青川郝家坪墓地是一处规模较大的战国时期墓地，发现的墓葬上百座，其中已经发掘清理了72座[3]。从这些墓葬的葬制和随葬品等观察，其文化面貌表现出相当大的一致性，属于同一民族集团，而与同时期以船棺葬具和巴蜀青铜器为特征的巴蜀土著居民墓葬有很大的差异。该墓地应当是外来秦移民的墓地。在墓地中出土了《为田律》木牍，这也可以从一个侧面说明该墓地的居民集团在生前实行的是郡县制统治。这与我们推测《为田律》等秦的法律当时主要在外来移民中实施的情况是相符的。

从《为田律》中可以看出，其规划的农田都属于小区划农田，而与我们晚期在川西平原等平原地区所见的大区划水田有较大的差异。出现这种情况的原因可能有两种。其一，是因为《为田律》的适用范围在当时可能本身就限于巴蜀地区的广大丘陵和浅山地带，而川西平原在当时主要是受到册封的蜀侯（原蜀王后裔）管辖的区域，不在《为田律》等法律的适用范围之内。其二，也可能在战国时期以前成都平原上的稻田也是小区划水田为主，只是到了汉代以后才逐渐向大区划水田过渡。同一地区在长期的稻作农耕过程中，每一单位水田的面积从小逐渐变大，这是一般的发展趋势[4][5]。当然，目前这些仅是限于推测，仍然有待于在今后的考古工作中加以证实。

---

[1] 汉·应劭撰，王利器校注《风俗通义校注·佚文》，中华书局，1981年，第604页。
[2] 罗二虎《秦汉时期的中国西南：四章"政治制度"》，天地出版社，2000年，第79页。
[3] 四川省博物馆、青川县文化馆《青川县出土秦更修田律木牍——四川青川县战国墓发掘简报》，《文物》，1982年，第1期。
[4] 这样的实例在日本的古代水田遗址发掘中较为多见。此外，在重庆云阳县李家坝遗址唐宋至明清时期的水田中，也有这种趋势。
[5] 四川大学历史文化学院考古系、重庆市文化局、重庆市云阳县文物管理所《重庆云阳李家坝水田遗址1997年度发掘简报》。

青川秦墓木牘を讀む

楠山修作

一

史記卷三十平準書に武帝治世の始めに國家が經濟的に豐かであったことを逃べ

家庶街巷有馬。阡陌之間成羣。（衆庶も街巷に馬有りて、阡陌の間に群を成す）

とあり、加藤繁氏は、「一般人民も馬に騎りて街巷を行き、其の馬は田間にて牧せられ、阡陌に群を成すの意。街巷は城內の道路。阡陌は田間の道路」と注記しておられる(1)。この田間の道路である阡陌の解釋について、古來諸說紛々としている。私は、いまから二十年前に「阡陌の研究」なる小論を本誌第三十八輯に發表し、先人の研究を整理し、かつ自己の阡陌解釋を提示した(2)。それ以前の先學の諸說を大別すると次の三種類となる。

(一) 城外田間の單なる道路とする說
(二) 直角に交わる大小の眞直な道路とする說
(三) 耕地を千畝百畝に區畫する道路とする說

私は、阡陌は大道であることを考證し、右の三說をすべて否定した。そして、阡陌とよばれる大道は、城內の邑居たる里の耕作地を區畫した境界であることを主張した。そのような經緯から、阡陌及び秦の商鞅の開阡陌に關して、短いものを含めると、いままで四篇に達する論文をものしてきた(3)。その間、一九七五年には、湖北省雲夢縣睡虎地において秦律を記した竹簡（いわゆる秦簡）が發見され、その中に含まれた阡陌に關する記載によっても、阡陌が大道であることが裏づけられているように思われる(4)。

ところが、一九七九年末に、四川省青川縣郝家坪の秦墓から一片の木板が發見され、その表裏に秦の田律に關する文字が記されていた。表題に掲げたいわゆる青川秦墓木牘にほかならない。秦の田制を知るための第一等の史料と考えられるから、彼地の學者が、すぐ解讀に取り組んだのは當然である。一九八二年になると「文物」誌上等に中國人學者の木牘文解釋が續々と發表された。それらの解釋は、いずれも私の阡陌大道說を否定するような內容ばかりである。

一九八四年十二月十八日、私は、佐藤武敏先生の主宰される中國古代史硏究會において表題のような話をする機會を與えていただいた。しかし、當時の私は、中國學者の木牘解釋及びそれに基く阡陌理解に追隨するのがやっとで、なんら御期待にそえるような內容の話ができなかった。參加して下さった方々にいまでも恥しく申し譯なかったと思っている(5)。

二

前置が長くなったが、いよいよ本題に入る。まず問題の青川木牘に記された文字を次に寫す。判讀しがたく論者によって讀み方の異なる文字は□で示した(6)。

表面　三行、一一八字

第一行　二年十一月己酉朔朔日王命丞相戊內史匽□更脩

第二行　爲田律田廣一步袤八則爲畛畝二畛一百道百畝爲頃一

第三行　千道道廣三步封高四尺大稱其高埒高尺下厚二尺以

裏面　四行、三十字

第一行　四年十二月不除道者

第二行　　一日　　　一日　　辛一日

第三行　壬一日　　　□一日　　□一日

第四行　戌一日　　　　　　　　一日

第三行　秋八月脩封埒正彊畔及登千百之大草九月大除道及□□十月爲橋脩□陂利津□鮮草□非除道之時而有陷敗不可行□爲之

右に掲げた木牘の文のうち、特に重要なものは、表面の田律に關する記載である(7)。それ故、ここで取りあげる對象も表面の記事を中心としたい。さいわい、この木牘の文に關する左のような邦人學者の研究がすでに發表されている。私が「讀む」と言っても、これらのすぐれた先行硏究に賴り、それらを批判的に攝取して讀むという意味であることを始めに斷っておきたい。

A　間瀨收芳氏「秦帝國形成過程の一考察──四川省青川戰國墓の檢討による──」(〈史林〉六七─一、一九八四)。以下「間瀨論文」と略稱。

B　渡邊信一郎氏「阡陌制論」(〈東洋史硏究〉四三─四、一九八五)。以下「渡邊論文」と略稱。

C　佐竹靖彥氏「商鞅田制考證」(〈史學雜誌〉九六─三、

青川秦墓木牘を讀む（楠山）

一九八七）。以下「佐竹論文」と略稱。

D　原田浩氏「青川秦墓木牘考」（「史海」三五、一九八八）。以下「原田論文」と略稱。

いま、議論を進める便宜上、「佐竹論文」に從って番號及び記號を付すことにする。文の後の〔　〕で示した要約は、「原田論文」に據った。

〔I〕二年十一月己酉朔、朔日。王命丞相戊（茂）、內史匽□、更脩爲田律。〔以上、田律改定事情〕

〔II〕
(a)田廣一步、袤八則、爲畛、畝二畛。
(b)一百道、百畝爲頃、一千道、道廣三步。

〔III〕封高四尺、大稱其頃。埒高尺、下厚二尺。〔以上、田の區畫規定〕

〔IV〕
(a)以秋八月、脩封埒、正彊畔、及芟千百之大草。
(b)九月大除道及□□。
(c)十月爲橋、脩□隄、利津□、鮮草□。
(d)非除道之時、而有陷敗不可行、□爲之。〔以上、共同作業規定〕

木牘の文について、つとに考察をめぐらされた間瀨氏は、「ほぼ發掘簡報の讀みに從う」とことわって、次のように讀んでおられる。

〔I〕二年十一月己酉朔朔日、王、丞相戊、內史匽に命じ、□更め脩して田律を爲す。

〔II〕
(a)田は、廣さ一步、袤さ八を則ち畛と爲し、畝ごとに二畛。
(b)一百（陌）道。道は廣さ三步。

〔III〕封は高さ四尺、大は其の高さに稱う。將（埒）は高さ尺、下の厚さ二尺。

〔IV〕
(a)秋八月を以て封埒を脩し彊畔を正せ。及び千百（陌）の大草を芟（芟）せよ。
(b)九月大いに道を除し及び隂（澮）を除せ。
(c)十月橋を爲り陂隄を脩し津□を利し草を鮮せよ。
(d)除道の時に非ずと雖□を利し草を鮮せよ。而し陷敗して行く可からざるもの有らば輒ち之を爲れ。

〔II〕乃至〔IV〕のうち、もっとも論議を呼んでいるのは、〔II〕の田制に關する部分である。前述の會に出席して話した際の私の讀み方も、ほぼ間瀨氏のそれと一致するものであった。〔II〕を間瀨氏のように讀むと、陌も阡も廣さはただの三步となり、六尺＝一步で一尺を二三・三センチメートルとすると、四・一四メートルの幅となり大道とは稱し難い。

もっとも、間瀨說は、中國學者の諸說とは大きく異り、木牘に書かれた新田制は、四川省の稻作地帶にのみ適用された、とされるユニークな考えに立っている。氏によれば、「武王元年（前三一〇）の蜀の亂を平定した甘茂が翌二年に丞相となり、蜀地安定の基本施策として、渭水盆地の畑作に基づく阡陌制を根幹とする田律を蜀地の稻作水田に適合するように更修したのが木牘田律であろう」とされる。

この間瀨説に對して、渡邊氏は、次のように批判を加えておられる。「田律規定の中に水利規定のないことは、それが畑地に對する規定であることを明らかにしている。水田にとっては水位のレベリングが第一であるから、耕地を田律規定のように均一な矩形に統一してしまうことは非合理である。田律の對象は華北の畑地であろう。」(〔渡邊論文〕註(20))(8)

また、原田氏は、「この木牘の發見された墓葬は秦文化の影響も色濃くあり、私は、この木牘に見える田制を四川にのみ限定したものとは解さない。このように考えると〔間瀨論文〕で想定されるような—楠山注〕小區畫にする必然性はなくなる。」

さらに原田氏は、木牘〔I〕にみられる「内史」について次のように逑べて、四川施行田律とみる間瀨説を批判される。「内史は京師を治めると一般的にいわれているが、雲夢秦簡には内史が八例見られる。これを見ると、内史は京師を治めるのみでなく、多くの縣を管轄下においていることがわかる。このような内史が田律改定に加わっていること、さらに張家山漢簡にこの木牘の田律と酷似した内容が記されていることを勘案すれば、この田制は青川など蜀地のみでなく各地で施行されていたと推定できる。」

右の渡邊、原田両氏の批判によって、木牘田律は四川のみに適用されるとする間瀨説は一應否定されたと考えられる。

三

渡邊氏は、「楠山説は、これまでの文獻史料に基づく阡陌制研究の中では最も合理的解釈であったと思う。」と拙論を評價されながら、つづけて、「しかし、青川木牘に見える阡陌の記述に照してみるとき、楠山説にも限定を加えるべきところが出てくるように思われる。」と書かれ、結論として、はじめに掲げた阡陌解釈の第三説「耕地を千畝百畝に區畫する道路とする説」に加擔されている。

木牘〔II〕を氏は次のように讀まれる。

田、廣さ一步・袤(たけ)八〔步〕をば則ち畛と爲す。畛ごとに二畮あり。一百〔畝〕ごとに道あり。道の廣さ三步なり。一千〔畝〕ごとに道あり。

氏は、右のように讀まれたあとで、とくに(b)の部分について解説し、"一百道"と"一千道"とは、極めてぶっきらぼうな表現である。それは、その前提に共通のものが考えられているからこそそうなっているに違いない。千と百とに共通する前提とは何か。それは恐らくその直前にある"畝二畛"の畝であろう。私は"一百畝ごとに道(陌)あり、百畝を一頃とする。一千畝ごとに道(阡)あり、阡陌の道の廣さはともに三步である"と理解したい」と述べておられる。これによって、〔II〕の(b)

四

私は、この氏の卓説に舌を卷いた。

の「百」、「千」を「陌または佰」、「阡または仟」と解する説は否定し去られ、この「百」、「千」は、畝に冠する単なる単位と把握されることになったのである。したがって、木牘の〔Ⅱ〕の(b)に記された千、百の文字は、いわゆる阡陌とは、全く無關係、沒交涉とされなければならない。しかるになんぞや渡邊氏は、驚くべき卓說を出す一方、「道（陌）」、「道（阡）」と記されているのは何に據るのか、私にはまったく不可解である。

この「道」は、〔Ⅳ〕の(b)、(d)にみえる「道」と同じもので阡陌などではない。一百畝ごとの道は畔であり〔Ⅳ〕の(a)にみえている(9)。斷じて陌ではないのである。

「この木牘がこれほど注目されているのはそこに阡陌の構造に關する內容が記されているからである」（原田論文）とされ、渡邊氏、佐竹氏も〔Ⅱ〕の部分を「阡陌に關する規定」と思いこんで讀みとっていったようである。そこに誤解（私から見れば）が胚胎していたようである。

渡邊氏は、自らの阡陌說を補強するために漢代の買地券五例を引いておられるが、氏の解釋には納得しがたい部分もあるので、そのことについて觸れてみたい。樊利家買地券に

平陰男子樊利家。從雒陽男子杜謂子子弟□買石梁亭部桓千東比是伯北田四畝。畝三千。幷直萬五千。葵卽日畢。（中略）田南盡陌。北東自比謂子。西比羽林孟□。

とあり、右の「比是伯」について渡邊氏は、臨沂銀雀山漢墓出土の孫子吳問篇に「中行是」、「趙是」とある「是」の字は「氏」の誤りであることから「比氏伯（比氏の伯）」と解され、比は「皮」であり、姓氏を表すとされた。しかし、この比の字は、右の買地券に「北東比張長卿。南比許仲異。西盡大道。北比胡奴。南比羽林孟□」の比、あるいは、孫成買地券に「田東比胡奴。北比胡奴。西比胡奴。北比張伯始」、曹仲成買地券に「田東比胡奴。北比胡奴。南盡松道」（渡邊論文）とある比と同意であり、某々の土地と境を接する、並ぶという意味であり、「比是伯」は、「是伯に接する」という謂であり、さればこそ、その後で、「田、南は佰に盡く」と記されているのである。それ故、「桓千東比是伯北田五畝」は、「桓阡の東部、比（皮）氏陌の北側に位置する五畝の耕地」でなく、「桓阡の東部、是陌の北側に位置する五畝の田」と解すべきである。

渡邊氏は、"比氏の陌"は比氏の陌であり、"馬領陌"は馬領の陌であり、馬領は恐らく個人の姓名を冠したものに相違ない。では、何故にかく姓氏・姓名が陌に冠せられるのか。陌は百畝＝一頃の耕地を統轄する道路であり、それらは編號を附され亭部に管理された。」と述べられている。一家に百畝＝一頃の耕地が基本單位として認められたとしても、その耕地に世襲的占

有者の姓名が附されるのならまだしも、その四至の一邊の道路に所有者の名稱が冠せられるなどとは、常識的にも考えられない。しかも、すでに賣買の對象となっている以上は、所有者が變るごとに陌の名稱が變るというのである。これでは、あまりにも非現實的であろう。

渡邊氏のあげられた買地券の五例のうち、樊利家買地券の賣買の對象となった五畝の土地は、たまたま是陌に接しているが、孫成買地莂、曹仲成買地券の場合は、阡陌に接していない。それ故、前引のように、また「渡邊論文」でも指摘されているように、いちいち四至を記しているのである。

他の二例、王未卿買地券には、「買毂門亭部什三陌西袁田三畝」、王當買地券には、「買皐門亭部三佰西袁田十畝」とある。渡邊氏は、いずれも陌の西端の土地であり、陌が數字による編號によって示されている證據であると圖示されて説明されている。私は、この陌は東西に走るのではなくて南北に走っているか(10)、あるいは、西は北を讀み誤ったのではないかと考えるが、明確な解答は用意していない。

いったい現存の買地券に記載された土地はほとんどが墓地であり(11)、その面積はきわめて零細であり、阡陌の研究のためには、取扱いによほど注意を要するのであるが、少くとも先の三例によっても、陌なる田間の道は、是陌、羅陌、馬領陌などと、半永久的な固有名を附されている大道であることが明白であろう。さればこそ、亭部が阡陌を基準として、耕作者が變っても耕地の管理をすることが可能であったに相違ないのである。

四

木牘Ⅱの(a)「田廣一步。袤八則。爲畛。畝二畛」も難解の文である。「間瀨論文」、「渡邊論文」のように讀むのでは何のことか判然としない(12)。佐竹氏は、胡平生氏の說を引き、「卅步爲則」(夏侯竈の墓から出た竹簡の記載)及び「袤二百卅步」(江陵張家山漢簡の記載)から、「則」は、「すなわち」ではなく、長さを表す單位であることを提示された。ただ、氏は畝は二百四十步であるという前提で、畛(氏は「畛」と讀まれているが)をその半分の百二十步と考えられ(おそらく、氏は、(b)を「田は廣さ一步、袤(長さ)八則にして畛と爲す。畝ごとに二畛」と讀まれたのであろう)、そこから必然的に則は十五步であると結論された(「佐竹論文」)。

しかし、これでは、せっかくの「三十步を則と爲す」という前述の竹簡の記載が生かされなくなってしまう。これを生かすためには原田氏の如く、「田は廣さ一步・袤(たけ)八則。畛を爲(つく)ること畝ごとに二畛」と切って讀むべきであろう。これで「則」は三十步という單位を表し、畝は二百四十歩であるということが兩立しうると考えられる。

五

本節では、青川木牘の文と雲夢睡虎地秦簡の記載との關係について、主として、「田律」及び「阡陌」の二點にしぼって考察することにしたい。

木牘〔Ⅰ〕には、「〔武〕王が丞相戊（甘茂と考えられている）・內史匽□□に命じて、更修して田律を爲す」とある。この「更修して田律を爲す」は、一般に、「改訂して」の意とされているが、佐竹氏は、「第某次編集」の意と解されている。いずれにしても、以下に集めた田律を書きならべることを示した前文の如きものであることに相違あるまい。

この前文〔Ⅰ〕を受けて、〔Ⅱ〕、〔Ⅲ〕では、田の區畫規定（「原田論文」、「渡邊論文」）では、「地割規定」、ただし、渡邊氏が「阡陌制の構造を示す」と形容されているのは、本文で逑べるように贊成しがたい）が記され、次に〔Ⅳ〕では、「共同作業規定」（「原田論文」、「渡邊論文」）では、「八・九・十月に涉る阡陌・道路・橋梁の維持補修規定である」とより具體的に仕事の內容を逑べる）が記されている。

〔Ⅰ〕の更修を改訂あるいは編集のいずれに解するにしても、一枚の木板に記されたわずか百字足らずの〔Ⅱ〕〜〔Ⅳ〕の規定が、更修された田律の全てを含んでいる必然性はないという「佐竹論文」の說は肯ける。しかし、田律の他の部分（未發見の隱されている部分）が、いかに長文であろうとも、今回發見された木牘〔Ⅱ〕〜〔Ⅳ〕の文が、更修された田律の主要部をなしているということは、これまた否定しえないことであろう。

周知のように秦簡中に秦律十八種と分類される二百一簡が含まれており、この冒頭に「田律」六ヵ條が記されている。以下に揭げることにしたい（13）。

第一條　雨爲澍、輒以書言澍稼、誘粟及墾田賜毋稼者頃數。稼巳生后而雨、亦輒言雨少多、所利頃數。旱及暴風雨、水潦、蚤（蚤）蟲、群它物傷者、亦輒言其頃數。近縣令輕足行其書、遠縣令郵行之、盡八月□□之

　　田律

（雨ふりて、澍（うるおい）を爲し、粟を秀（しげら）すに及べば、輒ち書を以て、稼を澍し粟を秀せしことと、墾田と賜（不毛）にして稼無き者の頃數に生じて后にして雨ふれば、亦輒ち雨の多少、利するところの頃數を言え。旱及び暴風雨・洪水・蚤（いなご）・群の它の物の稼を傷う者あらば、亦輒ち其の頃數を言え。近縣にては、輕足をして其の書を行らしめ、遠縣にては、郵をして之を行らしめよ。八月を盡して□□之。）

第二條　春二月、毋敢伐材木山林及雍隄水。不夏月、毋敢夜草爲灰。取生荔、麛鷇，毋□□□□□毒魚鱉、置穽罔、到七月而縱之。唯不幸死而伐綰享者、是不用

時。邑之紤皂及它禁苑者、癉時毋敢將犬以之田。百姓犬入禁苑中而不追獸及捕獸者、勿敢殺。其追獸及捕獸者、殺之。河禁所殺犬、皆完入公。其它禁苑殺者、食其肉而入皮。

（二月、敢えて材木を山林に伐り、陂水を壅（ふさ）ぐことなかれ。夏月ならずば、敢えて夜草を灰と爲し、ニラ・獸の子・卵・雛を取り□□□□□□魚・鼈・網を置くことなかれ。七月に到りて之をゆるす。唯、不幸にして死して棺槨を伐る者のみ、是れ時を用いず。邑の皂及び它の禁苑に近きものは、癉時敢えて犬を將いて以て狩に行くことなかれ。百姓の犬、禁苑中に入りて獸を追わずして、獸を捕うるに及ぶ者は、敢えて殺すことなかれ。其の獸を追いて獸を捕うるに及ぶ者は、之を殺せ。阿禁せるも殺す所の犬は、皆公に完入せしむ。其の他の禁苑の殺せし者は、其の肉を食わすも皮を入らしむ。）

第三條　入頃芻稾、以其受田之數、無墾不墾、頃ごとに芻三石、稾二石。芻自黃薻及蘖束以上皆受之。入芻稾、相輸度、可殿（也）。

（入らしむる頃ごとの芻稾は、其の受くる田の數を以て、墾及び墾不墾となく、頃ごとに芻三石・稾二石を入らしむ。芻は黃薻及び蘖の束より以上なれば、皆之を受く。入らしむる芻稾は相い輸度するも可なり。）

第四條　禾、芻稾徹木、荐、輒上石數縣廷。勿用、復以荐蓋。

（禾・芻・稾は木荐を撤すれば、輒ち石數を縣廷に上る。

第五條　乘馬服牛稟、過二月弗稟致者、皆止、勿稟致、稟大田而毋恒籍者、以其致到日稟之、勿深致。

（乘馬服牛の稟は、二月を過ぎて稟すること弗くを致すものは、皆止め、稟し致すことなかれ。大田に稟するも、恒籍なき者は、其の致を以って到る日に之に稟するも、深く致すことなかれ。）

第六條　百姓居田舍者毋敢酤酒、田嗇夫、部佐謹禁御、有不從令者有罪。

（百姓の田舍に居る者は、敢えて酒を酤することなかれ。田嗇夫、部佐は謹んで之を禁御せよ。令に從わざる者有らば罪有らしめよ。）

整理小組の「說明」では、「田律」とこれに續く「廐苑律」は、「農田水利、山林保護、牛馬飼育に關する法律である」となっている。まことにそのとおりで、青川木牘のような「田地の區畫（地割）規定」や「共同作業（阡陌・道路・橋梁の維持補修）規定」はみられない。それでは、その種の規定が秦簡に全然みられないかというと、それはそうでもなくて、わずかに秦簡法律答問にある

田律

田律

田律

田律

田律

田律

盗徒封、贖耐。可(何)如為封。頃半(畔)封殹(也)、且非是。而盜徒之、贖耐、可(何)重也。是、不重。

という一文が、青川木牘〔Ⅱ〕〔Ⅲ〕の部分に通じる點があるようであり、また、これはさらに微妙で極めて薄い香りしかかぎとれないが、「爲吏之道」に四字句を四八條並記したなかに

千陌津橋

なる一條があり(14)、これは木牘〔Ⅳ〕の規定する點を極度に煮つめて表現したものといえるのではなかろうか。この四八條の四字句について秦簡講讀會は、「官吏として常に念頭になければならぬことを些細に列擧したものである」と註しておられるのは妥當な説明であろう(15)。

渡邊氏は、禮記月令篇仲秋の條、鄭玄注に引く主居明堂禮の

季秋、除道、致梁。以利農也。

(季秋には道を除し、梁を致(設)け、以て農を利するなり)

及び、國語卷二周語中に先王之教として

雨畢而除道。水涸而成梁。

(雨ふり畢りて道を除し、水涸れて梁を成す。)

とあり、韋昭の注に

九月雨畢。十月水涸也。

青川秦墓木牘を讀む(楠山)

(九月に雨ふり畢り、十月に水涸るるなり)とあるのを引いて、これらの記述は、文牘〔Ⅳ〕の記述にほぼ一致する、と指摘されているのは、卓見であると思う。そういえば、管子四時篇の

四政曰。端險阻。修封疆。正千伯。

(四の政に曰く、險阻を審らかにし、封疆を修め、千伯を正す)

とある一條も、文牘〔Ⅳ〕に述べるところと部分的に重なるといいうるであろう。

阡陌の草を繁茂させて放置することは、その附近の農耕地に雜草を繁殖させることになり、農業生產上好ましくないことはもちろんである。しかし、單にそれだけではなく、阡陌という大道は幹線道路であるという性格と大きな地を區畫する大境界であるという機能をもつ。それ故、長い草が生い茂って、交通に支障をもたらしたり、境界が判然としなくなって勝手に移動させられたりしては困るのである。以上述べてきたところを要約すれば、次の如くである。

(一) 青川木牘記載の田律は、秦簡の田律と直接關係しない。

(二) むしろ秦簡の他の部分に木牘記載の田律と關連する部分がある。

(三) 木牘〔Ⅱ〕の(b)にみられる「百」、「千」と〔Ⅳ〕にみられる

（四）〔Ⅳ〕にみられる「千百」こそは、私のいう大境界、幹線道路たる阡陌にほかならない。

（五）百畝＝一頃（〔Ⅱ〕の(b)）であり、その境界は、〔Ⅳ〕の(a)にみえる畔である。したがって、阡陌を百畝・千畝を區切る境界道路とする説は青川木牘によっても成立しない。

六

これまでの考察にもとづいて、はじめに掲げた木牘の文を読み下すことにする。

〔Ⅰ〕（秦武王）二年（前三〇九）十月己酉朔の朔日、王、丞相戊（甘茂）・內史匽に命じて、□□更修せしめ田律を爲らしむ。

〔Ⅱ〕(a)田は廣さ一歩、袤（長）八則。畛を爲ること畝ごとに二畛。
(b)一百（畝）ごとに道あり。百畝は頃と爲す。一千

〔Ⅲ〕道は廣さ三步。封は高さ四尺、大は其の高さに稱う。埒は高さ尺、下の厚さ二尺。

〔Ⅳ〕(a)秋八月を以て封埒を修し彊畔を正せ。及び千百（阡陌）の大草を芟せよ。
(b)九月大いに道を除し及び□を除せ。

(c)十月橋を爲り、陂隄を修め、津梁を利し、草萊を鮮（刈）れ。道を除するの時に非ずとも、陷敗して行くべからざるところあれば、輒ちこれを爲せ。

右は、「原田論文」に多く教えられた結果であるが、〔Ⅰ〕の讀めない文字□□について私見を述べておきたい。いった い、この木牘の田律「更修」が根本的な法規の改訂あるいは編集であれば、史記（殊に秦本紀、甘茂列傳）、漢書その他の文獻史料になんらかの言及があってしかるべきであろう。それがみられないのは、この更修は、田律の根本的、全面的改訂を意味するのではなく、部分的な、一部の手直しにすぎないことを意味するのではないか、と考えられる。それ故、□□の二字はそのような意味の副詞が入るのではないかと推測しておきたい。

木牘の後半すなわち本稿の〔Ⅳ〕の部分は除草のことに主眼をおいている。ここに至ると、裏面の記事に注目せざるをえなくなる。

木牘裏面の四年というのは、おそらく武王四年をさすものであろう。十二月は、表面〔Ⅳ〕の(d)の規定にいう「除道の時に非ず」という月である。しかるに「除道せざりし者」として十二月中の八日を擧げているのは、いかなる理由によるものであろうか。

これは、全く私の憶測にすぎないのであるが、本來除道し

なくてよいと田律に定められている十二月においても、明記した八日間以外は除道に従事したことを報告したものか、あるいはその報告を除道に従事したものではなかろうか。さらに飛躍して考えれば、表面の記載は、裏面の四年十二月の行爲の正當性を主張するために引いた從屬的な意味しかもたなかったのではないかとも考えられる。しかし、それだけのことであれば、なにも、地割（田地區畫）の規定をわざわざ引く必要もなかったと反論されるであろう。要するに、木牘表面の記述と裏面のそれとは、どのようにつながるのか、いまの私には明確な解答を出すことはできない。博雅の士の御教示を待つばかりである。

一枚の木片にかかれた百數十にすぎぬ文字にしても、その解釋はさまざまにわかれる。そのかかれた意図については、管見では、あまり意見が出ていないようであるが、たとえば、史記に出てくる酷吏などが、さかんに曲筆舞文して人民を虐げる話がでてくるが、そのようなものとしてとらえることも強ち不可能とは言い切れないと思う。更修した田律が記録されてそのまま殘っていたにすぎないというのでは、いかにも單純な理解ではなかろうか。

七

乏しい材料によって多くのことを語りすぎた感じがある

が、私の主張したい眼目は、青川木牘の記載によっても、阡陌が大道であり、千畝百畝を區畫する底の道路ではなかったということに盡きる⒃。高論を參照させていただいた間瀨、渡邊、佐竹、原田の四氏に深く感謝をささげる。また、誤解した點があれば御海容をお願いしたい。

一九八九、六稿了

註

(1) 加藤繁譯註『史記平準書・漢書食貨志』岩波文庫本二五ページ。

(2) 拙稿「阡陌の研究」（『東方學』三八、一九六九。のち拙著『中國古代史論集』自費出版、一九七六に收載）。たとえば、次のようなものが數えられる。

　(一)「商鞅の轅田」（『東方學』四六、一九七三。前記拙著所收）。

　(二)「阡陌雜說――とくに墓地との關係について――」（『藤岡謙二郎先生退官記念論文集』大明堂、一九七八、所收）。

　(三)「阡陌前史」（前記拙著所收、一九七六）。

　(四)「阡陌の研究再論」（『東方學』六六、一九八三）。

(4) 本論文第五節に該當する秦簡法律答問の阡陌の記載を引く。なお、註(3)の四論文を參照されたい。

(5) 當日の參加者は次の四諸氏であったと記憶する（アイウエオ順、敬稱略）。

稻葉一郎、木村秀海、佐藤武敏、末次信行、杉村一臣、杉本

(6) 田宜超・劉釗氏「秦田律考釋」(『考古』一九八三年第六期所收)に「秦田律考釋」として收載されている。
(7) 從來の彼我の研究の關心が、もっぱらこれに向けられていることを指しているのであって、後で觸れるように裏面の記載を無視してよいというのでは、もちろんない。
(8) 「渡邊論文」を收めた氏の著書『中國古代社會論』(青木書店、一九八六)には、なぜか、この註が省かれている。
(9) 說文、畔字に「畔。田界也。」とあり、段注に「田界者、田之竟處也。一夫百畝。則畔爲百畝之界也。」とある。
(10) 史記卷五秦本紀孝公十二年の「索隱」引く應劭の風俗通に次の如く曰う。
南北曰阡。東西曰陌。河東以東西爲阡。南北爲陌。
(11) 註(3)の渡邊氏著書を參照されたい。
(12) 註(8)の渡邊氏著書では、「田廣さ一步・袤八則ごとに畛を爲(おさ)む。畛ごとに二畛あり。」と訂正されている。
(13) 整理小組篇『睡虎地秦墓竹簡』(文物出版社、一九七八)に據った。書き下しは、秦簡講讀會『湖北睡虎地秦墓管竹簡』譯注初稿」(『中央大學大學院論究』一〇-一、一九七八)に從った。なお、池田雄一氏「湖北雲夢睡虎地秦墓管見」(『中央大學文學部紀要』二六、一九八一)の田律に關する部分にも教えられるところが多かった。
(14) 參考までに四字句の文四八條を揭げる。整理小組の改訂した文字によった。

均襦實罰。僞悼戲暴。墾田仞邑。賦斂無度。城郭官府。門戶關鑰。除陛甬道。命書時會。事不且須。貫債在外。阡陌津橋。除陛墻垣。犀角象齒。溝渠水道。困屋墻垣。犀角象齒。皮革蠡突。久刻職物。倉庫禾粟。兵甲工用。樓椑矢閱。庭藏封印。水火盜賊。息子多少。作務員程。金錢羽旄。徒隸攻丈。苑囿園池。老弱羸病。藥斬澄□。漏屋塗滛。苛難留民。畜產肥豬。衣食飢寒。倨驕無人。變民習俗。朱珠丹青。監事不敬。緩令急徵。決獄不正。須身逢過。輿事不時。
不精于財。廢置以私。
陳吉興利。慈愛萬姓。無罪可枚。孤寡窮困。老弱獨轉。

第三句目に「毋罪無罪」の四字があるが、講讀會の說に從って除いた。
(15) 秦簡講讀會『睡虎地秦墓竹簡』譯註初稿(承前)三」(『中央大學大學院論究』十二-一、一九八〇)。
(16) 紙屋正和氏は、「史學雜誌』一九八三年の歷史學界-回顧と展望-」(九三-五、一九八四)中國の部、戰國・秦・漢の項において、註(3)の四に擧げた拙稿を紹介批判されたあと、「里陌相關說については、楠山氏自身、青川秦墓木牘(『文物』一九八二年一期)を考慮にいれて現在再檢討しているような模樣である。」と書かれている。どこからそういく言っている楠山が、青川木牘に關して默っている譯はなかろうと判斷されての催促のようなものと私には受けとられた。ただし、木牘文を里陌相關の根據とすることは、まず不可能である。けれども、だからといって私が里陌相關說を放棄したのでないことを明言しておきたい。

阡陌制論

渡邊信一郎

はじめに
一 商鞅阡陌制の先驅
二 阡陌の構造
三 阡陌制の崩壞
おわりに

はじめに

一九七九年の春、四川省青川縣郝家坪の戰國墓から二枚の木牘が出土した。その中一枚には秦の武王二(前三〇九)年に修訂された田律が百數十字にわたって記されていた。(1)。多くの中國人研究者がその釋文を試み、秦の阡陌制について新しい知見を陸續として獲得しつつある。(2)。青川木牘の出現は、阡陌制研究を新段階へ導きつつある。

私は、七八年に公表した論文の中で商鞅の阡陌制施行に言及し、『漢書』卷二八地理志下に見える"孝公用商君。制轅田開仟佰"の解釋を試み、制の字義を『說文解字』(3)の一曰の解にしたがって制止の制と考え、"轅（爰）田≡土地割換制の停止をともなう仟佰制の創始"であると理解した。また、八三年に公刊した論考の中では分田という言葉に注目し、それが戰國中期から唐中葉に至るまでの農民的土地所有とその對極に位置する國家的土地所有とのイデオロギー的表現形態

― 34 ―

---

* 《东洋史研究》第 43 卷第 4 号（1985 年），第 638-662 页。

であることを明らかにし、後漢末期までの分田觀念を、阡陌制をその實體的基礎としていたことを指摘した。この二つの論考を通じて、阡陌制の施行時期を、前四世紀中葉から後三世紀初頭に至るまでの約五百年あまりとすることになる。しかし、二つの論考は、阡陌制そのものを對象とするものではなかった。前稿で展開した所說をより明確にするためにも、阡陌制についての考えを明らかにしておく責任が私にはある。阡陌制についての考えを明らかにする結果になるかも知れないが、青川木牘の出現によって可能となった新知見を以下に披瀝し、大方の批判を仰ぎたく思う。

一　商鞅阡陌制の先驅

阡陌制の創始は、商鞅の第二次變法（孝公一二年・前三五〇年）に置かれるのが通說である。始皇帝による全國統一の基礎的條件を作ったという歷史的意義から見れば、この通說の實質的意味は動かしがたい。しかし、阡陌制施行を商鞅の獨創と見なすならば、それは必ずしも正しくはない。商鞅變法以前、三晉の領域內において、すでに阡陌制が施行されていたと考えられるからである。しばらくこのことについて考察を試みることにしよう。

銀雀山漢墓出土の『孫子』吳問篇に次のような記述がある。

……范・中行是〔氏〕は田を制するに、八十步を以て畹（畹）と爲し、百六十步を以て吻（畝）と爲し、而して伍にしてこれに稅す。其の田を〔制〕すること陝くして、士を置くこと多ければ、伍にしてこれに稅し、公家富む。公家富み、主は喬（驕）にして臣は奢り、功を襄いて數しば戰う。故に曰く、先に〔亡ぶ、と。〕

……趙是〔氏〕は田を制するに、百廿步を以て畹と爲し、二百卌步を以て吻と爲し、公これに稅することなし。公家貧にして、其の士を置くこと多く、伍にしてこれに稅し、公家富む。……韓・巍は田を制するに、其の田を〔制〕すること陝くして、士を置くこと多く、二百卌步を以て吻と爲し、主は僉（儉）に臣は□にして、以て富民を御す。故に曰く、國を固め、晉國これに歸す、と。……

孫武は吳王闔閭（前五一四―前四九六在位）に仕えたと言われる（『史記』卷六五本傳）。吳王との問答を傳えるこの吳問篇は、當然吳王闔閭との對話であるはずである。闔閭即位元（前五一四）年は、羊舌氏をはじめとする晉の公族を六卿が誅滅し、その邑を分割した年であり（『春秋左氏傳』昭公二八年、『史記』十二諸侯年表周敬王六年・晉頃公一二年）、六卿による晉國の分割が一層強化され、事實上の獨立が果たされてゆく時期である。それ故、吳王と孫武との對話の内容は、史實をかなりふまえていると見てよいだろう（表Ⅰ阡陌制關係年表參照）。

吳問篇によると、范氏・中行氏の支配下では一六〇步一畝制が、智氏の支配下では一八〇步一畝制が（竹簡では缺文となっているが、意によって補った）、魏氏・韓氏の支配下では二百步一畝制が、趙氏の支配下では二四〇步一畝制が施行されており、前六・五世紀交替期の晉國諸支配領域において、多様な田制とそれに基づく收取との行われていたことが分かる。とりわけ、趙の支配領域における二四〇步一畝制は、正しく商鞅阡陌制下の地割たる二四〇步一畝制と同一のものであり、趙氏の田制と商鞅阡陌制との繼承關係を推測せしめるのである。

この繼承關係を別の面から見てみよう。新しい田制が施行されていることは、それ以前の晉國の田制の否定を意味する。晉國では惠公六（前六四五）年に轅（爰）田が施行されている（『春秋左氏傳』僖公一五年、『國語』卷九晉語三）。この轅田制は、前稿で明らかにしたように、殷周期の切替畑式農法から戰國期以降の年一作式農法へ轉換してゆく過渡期に對應する土地制度であり、割換制に基づく共同所有・個別經營段階を基礎として出現したものであった。この轅田制施行後、ほぼ一五〇年を經て、晉國の六卿支配領域下においては、いくつかの異なる田制が新たに施行されているのである。晉國における轅田制から新田制への移行は、秦國孝公一二（前三五〇）年における轅田制の停止と阡陌制の施行に正しく照應するものである。とりわけ趙氏支配下における轅田制から二四〇步一畝制への轉換は、秦國のそれと全く軌を一にするものと言わねばならない。秦國の阡陌支配下・二四〇步一畝制が趙氏の田制改革を繼承している可能性は極めて高いのである。

では、こうした趙氏における田制改革は、いつ頃、誰によって、どのような形で行われたのであろうか。興味ある史料が残されている。『戰國策』卷一八趙策一に次のごとくある。

張孟談既固趙宗。廣封疆發五百。乃稱簡之塗。以告襄子曰。昔者前國地君之御有之曰。五百之所以致天下者。約主勢能制臣。無令臣能制主。……

この文章にはかなりの亂れがある。これについて、我が横田惟孝は次のような解釋をほどこしている。

上の五百、疑うらくは當に阡陌に作るべし。下の五百、當に五伯に作るべし。蓋し阡陌は舊と千百に作る。劉向が所謂牛字なり。傳寫誤りて下（文五佰）に依りて千を五に作り、上（文千百）に依りて伯を百に作れるなり。"封疆を廣き阡陌を發く"とは、卽ち商君傳に所謂"阡陌封疆を開く"なり。豈に孟談の商鞅に先んじてこれを爲りしものならんか。簡の下疑うらくは子或は主の字を脱す。簡子は襄子の父なり。蓋し簡子が國家を治めし道を謂う。

この解釋は正鵠を射たものと思う。"廣封疆"と"發五百"とは相對して文章を構成するものが五百あるいは五霸では文義をなさない。封疆に對應する言葉は、概ね阡陌である。著名な『史記』商君列傳の"田開阡陌封疆"は言うまでもない。『管子』四時篇第四〇にも四政に曰くとして"封疆を修め、千伯を正す"ことが見える。また、次に檢討する青川田律にも"秋八月を以て、封埒を俗め、彊畔を正し、及び千百の大草を發す"とあり、封埒・彊畔＝封疆と千百とが對應している。横田惟孝が言うように、"發五百"の五に因って誤ったものであり、本來は"廣封疆發千百"であったに相違ない。かくして、趙策の言うところは"張孟談が趙氏一族の政權を安定し、封疆を擴大し、阡陌を開いたうえで、先代國主たる趙鞅（簡子）の治政方針をたたえ、趙襄子と對話したものと解し得るであろう。

趙簡子・襄子二代に涉る活動を年表にまとめると表Ⅰのようになる。『孫子』吳問篇にかかわる前六・五世紀交替期の趙の當主は、正しく趙簡子であり、この時期に二四〇歩一畝制が施行されているのである。そして、その子襄子の卽位初期に、その相張孟談が、晉陽の難をきりぬけ、趙氏政權の基盤を整備するに際し、先代簡子の治政方針を徹底して二四〇歩一畝制を基礎とする阡陌制を施行したのである。恐らくは、趙簡子治政期に二四〇歩一畝制が施行された段階で、阡陌制の原型はすでに施行されていたのであろう。その後、前四五三年の晉の三分割にともなって領域がほぼ劃定した時、趙國の領域に二四〇歩一畝・阡陌制が擴充推進されたものと考えられるのである。

商鞅變法における阡陌制の施行は、この趙國における阡陌制を基本的に踏襲したものであろう。商鞅の政治は三晉との關係をぬきにしては考えられない。たとえば、『史記』卷七四孟子荀卿列傳の集解に引く劉向『別録』には、"尸子の書を案ずるに、晉人なり。名は佼、秦相衞鞅の客なり。衞鞅商君、事を謀り計を畫し、法を立て民を理るに、いまだかつて佼とこれを規らずんばあらざるなり。商君刑せらるるや、佼ならびに誅されんことを恐れ、すなわち亡逃して蜀に入る"と見える。これによれば、商鞅の政治參謀に晉人たる尸佼がおり、かかっていたことが分かる。また商鞅自身も衞の庶公子であり、入秦以前、魏の相公叔座に中庶子として仕え、魏國の政體をその中樞にあって知る機會があった（『史記』本傳）。更に、魏の文侯の師であった李悝の法經六篇が、商鞅によって秦にもたらされ適用されたことを『晉書』卷三〇刑法志は傳えている[11]。このように商鞅の施策と三晉の政治とは、商鞅によって深い關連をもっており、趙國で施行されていた阡陌・二四〇步一畝制が商鞅によって秦國に導入された蓋然性は極めて高いのである[12]。

これまでの考察をまとめておこう。前七世紀中葉、晉國では土地割換制を內容とする轅田制が施行されたが、ほぼ一五

642

表Ⅰ　阡陌制關係年表

前645年	晉作爰田，又作州兵。
前526年	晉昭公卒，六卿强，公室卑。
前517年	趙簡子以頃公九年在位。
前514年	六卿誅公族，分其邑。 吳闔閭元年。
前497年	趙鞅（簡子）伐范・中行。
前496年	吳闔閭死。
前490年	趙鞅敗范・中行。
前458年	趙簡子卒，在位六十年。
前457年	趙襄子元年。
前454年	與智伯分范・中行地。
前453年	襄子敗智伯於晉陽，與魏韓三分其地。
前350年	秦孝公用商君，制轅田開仟佰。爲田開阡陌・封疆。

○年を經た前六・五世紀交替期には、六卿の半獨立化にともなってそれぞれの支配領域で新しい田制が施行されるに至る。趙簡子の支配領域では後の秦制につながる二四〇步一畝制が行われていたが、前四五三年の三晉分立に際し、趙襄子の相張孟談によって、阡陌制をともなってその領域下に擴充推進されたのである。この趙國における阡陌制・二四〇步一畝制は、ほぼ百年後、商鞅によって秦國に導入され、全國統一の基礎的條件を構成することになる。では、このようにして生れた秦國の阡陌制・二四〇步一畝制は、具體的にはどのような構造をもつものであったのだろうか。

二 阡陌の構造

阡陌制の內部構造の理解については、先學の厖大な研究がある。その代表的なものについては、楠山修作氏が簡潔に整理している。(13) その整理からも分かるとおり、木村正雄・平中苓次・守屋美都雄・西嶋定生ら諸氏は、阡陌を槪ね耕地を千畝百畝の一定面積に區劃する道路と理解してきた。これら諸說に對して楠山氏は、一里百家の耕地＝百頃を區切る道路・境界であると解した。楠山說は、これまでの文獻史料に基づく阡陌制研究の中では最も合理的解釋であったと思う。しかし、青川木牘に見える阡陌の記述に照してみるとき、楠山說にも限定を加えるべきところが出てくるように思われる。以下、靑川木牘に基づく阡陌制理解の一案を提示してみたい。まず全文を擧げておこう。(14)

二年十一月己酉朔朔日王命丞相戊內史匽□更脩爲田律田廣一步袤八則爲畛畝二畛一百道百畝爲頃一千道道廣三步封高四尺大稱其高捋高尺下厚二尺以秋八月脩封捋正彊畔及登千百之大草九月大除道及除□十月爲橋脩波隄利津梁鮮草離非除道之時而有陷敗不可行輒爲之

現在目覩しうる寫眞は不鮮明であり、我邦では摹本による字句の確認より方法がない。寫眞や現物によって解讀に當った中國の硏究者の閒にも讀みとりや解釋について異見がある。それらの主要なものについては註の中で紹介することにし、取捨した結果を左に讀み下しておこう。

644

（秦武王）二（前三〇九）年十一月己酉朔の朔日、王、丞相戊（甘茂）・内史匽・□□に命じて、更に田律を脩爲せしむ。

田、廣さ一步・袤八〔步〕をば則ち畛と爲す。畝ごとに二畛あり。一百〔畝〕ごとに道あり。道の廣さ三步なり。封は高さ四尺、大いさその高さに稱う。一千〔畝〕ごとに道あり。封は高さ尺、下の厚み二尺なり。

秋八月を以て、封埒を脩め彊畔を正す。及び千百の大草を發す。九月、大いに道を除し及び□を除す。十月、橋を爲り、波（陂）隄を脩め、津梁を利し、草離（萊）を鮮る。除道の時に非ずとも、而（如）し陷敗して行くべからざるところあれば、輒ちこれを爲めよ。

田律は二段に分けられる。前分は地割規定であり、後分は八・九・十月に涉る阡陌・道路・橋梁の維持補修規定である。後分の規定は『禮記』月令篇の記述にも通ずるところがあり、この時代の律と禮との深い關連、未分化狀態を示している。たとえば月令篇仲秋條の鄭玄注に引く『王居明堂禮』には"季秋、道を除し梁を致け、以て農を利するなり"と見え、九月における道路の草とりと橋の設置に言及している。また『國語』卷二周語中には"故に先王の敎に曰く、雨ふり畢りて道を除し、水涸れて梁を成す〔韋昭注：敎とは月令の屬を謂うなり。九月に雨ふり畢り、十月に水涸るるなり〕。……故に夏令に曰く、九月に道を除し、十月に梁を成す。"と見える。『王居明堂禮』や「夏令」の記述は、青川田律後分の記述にほぼ一致する。先秦期における律と禮との關連については、今後檢討されるべき課題であるが、ここでは深入りしない。本來の目的である阡陌制の構造を記す前分の記述に注目しよう。

先ず、"田廣一步袤八則爲畛。畝二畛"と規定されている。一步×八步（約一・三八ｍ×一一・〇四ｍ）の畛は畝ごとに二條ある。『孫子』吳問篇に言及する趙制では、一二〇步を畹とし、二四〇步を畛（畝）としている。畝は二分されているのであり、そこにはそれを區劃すべき小道が存在したはずである。青川田律の畛こそそれに相當するのではあるまいか。田宜超・劉釗・閒瀨收芳ら諸氏が述べるように、畛は畝と畝との境界を分かち、また畝をも二分するための小道であると考えられる[20]。とすれば畝の縦の長さは畛の長さ八歩となる。
逆算すると一畝の面積は八歩×三〇歩（約二一・〇四ｍ×四一・四ｍ）の構成をなし、その両端と中央に畛が縦走していることになる（圖Ⅰ）。この八歩×三〇歩の畝制は、すでに楊寛氏が指摘するとおり『氾勝之書』の畝制と一致するものである。

『齊民要術』種穀第三に『氾勝之書』の區種法を引いて次のように述べている。

凡そ區種するに、治地を先にせず、荒地を便としてこれを爲む。畝を以て率となす。一畝の地をして、長け十八丈、廣さ四丈八尺ならしめ、當に十八丈を横分して十五町を作り、町間を分ちて十四道となし、以て人行を通ぜしむべし。……

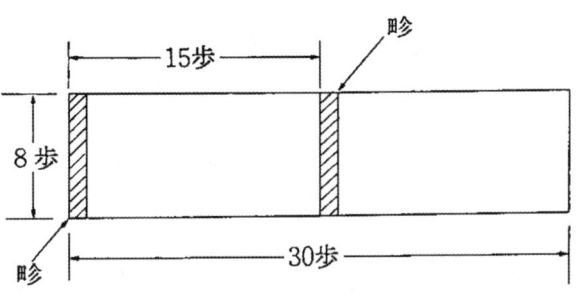

圖Ⅰ　畝概念圖

ここに見える一八〇尺×四八尺の畝は、六尺＝一歩に換算すれば正に三〇歩×八歩となり、見事に田律と合致する。氾勝之の區種法は、成人の男女二人を基本的勞働力とし、畝を單位として一〇畝を標準經營面積としている[22]。それは明らかに耒や耜を用いて行われる手勞働農法を基礎とするものである。この氾勝之の畝制と同一構成をもつ靑川田律の畝制が手勞働農法を前提としていることは疑いない。

このことの意義については、第三章でふれるであろう。

次に續く"百道。百畝爲頃。一千道。道廣三歩"の規定に移ろう。楊寛氏を典型として中國人研究者の多くは、百を佰と解し、畛に直交する長さ三〇歩（幅一歩）の道路とみなし、百畝に百條あるものと理解している[23]。そして、千（阡）は、この一頃百條の陌に直交し、それを統轄する道路であると考えている[24]。つまり、一本の阡と百條の陌によって區劃されるのが一頃＝百畝の耕地なのである。楊説をはじめとするこうした理解は一見明快であるが、一阡陌單位で統轄される土地が一頃ではあまりに狭く思われるし、それによって"一百道"の百は理解しえても、"一千道"の千の意味が不分明にならざるを得ない。"一百道"と"一千道"とは、極めてぶっきらぼうな表現である。それは、その前提に共通のものが考えられているからこそそうなっているに違いない。千と百とに共通する前提とは何か。それは恐らくその直前にある"畝二畛"の畝であろう。私は"一百畝ごとに道(陌)あり、一千畝ごとに道(阡)あり、阡陌の道の廣さはともに三步である"と理解したい。先述した三〇步×八步の畝を一頃とする。一千畝ごとに統轄する道が阡であり、その陌に直交し、十陌すなわち千畝を統轄する道が阡であると考えるのである。かくして、阡陌とそれによって區劃される耕地の構造とについては、木村氏らの見解を支持することとなる。しかし、阡陌とそれによって區劃される耕地の構造としてみなした木村正雄氏らの見解になお不充分さが殘っている。(25) 青川田律によっても、これ以上の内容はつかみがたい。その構造を知るには他の史料との照合を必要とする。

ここに注目すべき資料として漢代の買地券がある。眞券たることゆるぎない買地券を列擧しておこう。阡陌制にかかわる漢代買地券はすべて五例ある。

(a) 建寧二(一六九)年王未卿買地券

　建寧二年八月庚午朔廿五日甲午。河南懷男子王未卿。從河南河南街郵部男子袁叔威。買擧門亭部什三郎西袁田三畝。畝買錢三千一百。幷直九千三百。錢卽日畢。時約者袁叔威。沽酒各半。卽日丹書鐵卷爲約。

　　　　　　　　　　　　　　　　(『貞松堂集古遺文』卷一五)

(b) 建寧四(一七一)年孫成買地券

　建寧四年九月戊午朔廿八日乙酉。左駿廐官大奴孫成。從雒陽男子張伯始。買所名有廣德亭部羅佰田一町。賈錢萬五千。錢卽日畢。田東比張長卿。南比許仲異。西盡大道。北比張伯始。

(c) 光和元(一七八)年曹仲成買地券

　　　　　　　　　　　　(後略　羅振玉『蒿里遺畛』)

(d) 光和二 (一七九) 年王當買地券

光和元年十二月丙午朔十五日。平陰都郷市南里曹仲成。從同縣男子陳胡奴。買長谷亭部馬領佰北冢田六畝。畝千五百。并直九千。錢卽日畢。田東比胡奴。西比胡奴。南盡松道。

光和二年十月辛未朔三日癸酉。告墓上墓下中央主土。敢告墓伯魂門亭長墓主墓皇墓呂。青骨死人王當弟伎・偸及父元興等。從河南男子左仲敬子孫等。買穀郷亭部三佰西袁田十畝。以爲宅。賈直錢萬。錢卽日畢。卷書明白。故立四角封界。界至九天上九地下。死人歸蒿里。地下不得何止。他姓不得名侑（有）。（中略）田本曹奉祖（租）田。賣與左仲敬等。仲敬轉賣與王當弟伐・偸・父元興。約文□□。時知黄唯留登勝。

（後略）仁井田陞「漢魏六朝の土地賣買文書」『東方學報』東京八册 一九三八年 中村不折書道博物館藏

(e) 光和七 (一八四) 年樊利家買地券

光和七年九月癸酉朔六日戊寅。平陰男子樊利家。從雛陽男子杜誷子子弟買石梁亭部桓千東比是佰北田五畝。畝三千。并直萬五千。戔卽日畢。田中根土著。上至天。下至黄。皆□□行。田南盡佰。北東自比誷子。西比羽林孟□。若一旦田爲吏民秦胡所名有。誷子自當解之。

（後略）『貞松堂集古遺文』卷一五『洛陽東漢光和二年王當墓發掘報告簡報』『文物』一九八〇年六期

五例の記述から次のことが分かる。第一に注目すべきは、耕地の所在が亭部・阡陌によって示されたことは、すでに日比野丈夫氏が指摘している。しかしより重視すべきは、基本單位としては陌ごとに耕地が管理されていることである。この ことは、阡陌制理解にとって極めて重要である。それは、以下の考察によって次第に明らかにされてゆくであろう。

第二に注目したいのは、五例のうち(a)王未卿券の"臺門亭部什三陌西袁田三畝"および(d)王當券の"穀郷亭部三佰西袁田十畝"という記載である。この兩者について注目すべき第一點は、亭部が陌ごとに耕地を管理する場合、本來的には田十畝"

"三陌""什三陌"のように數字による編號をもって登録されていたことである。亭部所管の陌は、一陌・二陌・三陌・四陌……一三陌・一四陌と編號によって記帳し、統一的に把握されていたと考えられる。第二點は、兩者が奇しくも"西袁の田""と呼ばれていることである。袁の字は、縁・沿・樊などと古音同部に屬し、邊・端を意味する(28)。"西袁の田"は、西端の田の意味であり、袁の字に西という限定が付されているともそれを傍證する。五例中、"西袁の田"の記載がある二例を除いて、三例にはすべて四至の記載の所在を指示しているからに他ならない。王當券の場合は"穀郷亭部所管の第三陌所屬の西端の田十畝"を指示し、王未卿券の場合は"皋門亭部所管の第一三陌所屬の西端の田三畝"を指示していると見るべきである。また、これらの記載から、一陌には少なくとも三畝・十畝の耕地の所在を指示していたことが分かる。楊寛氏らは一畝ごとに一陌の道があてられていたと考えるのであるが、それは現存する買地券の記載に全く照合しないのである。

五例の買地券から分かることの第三は、以下のことである。陌は、王未卿券・王當券のように、本來編號によって管理された。では残る三例に見える"羅陌""馬領陌""比是陌"は何を表現するのであろうか。そこで注目したいのが(e)樊利家券の"比是陌"である。"比是陌"の是は、前章に引用した『孫子』吳問篇の"笵・中行是""趙是"の例にも見られるとおり、氏字の假借である。"比是陌"は比氏の陌であり、たものに相違ない。では、何故にかく姓氏・姓名が陌に冠せられるのか。陌は百畝＝一頃の耕地は、すでに明らかにしたように"分田"の基本單位であり、戰國期の農民的所有の標準面積と観念されるものであった。商鞅の阡陌制施行に際し、この分田理念やそれに先行する趙制に基づいて、阡陌によって區劃され、一陌によって統轄される一頃の耕地の世襲的占有が農民に認められたと考えられる。そうして、亭部が編號によって把握した一陌＝一頃ごとの耕地は、民間にあってはその世襲的占

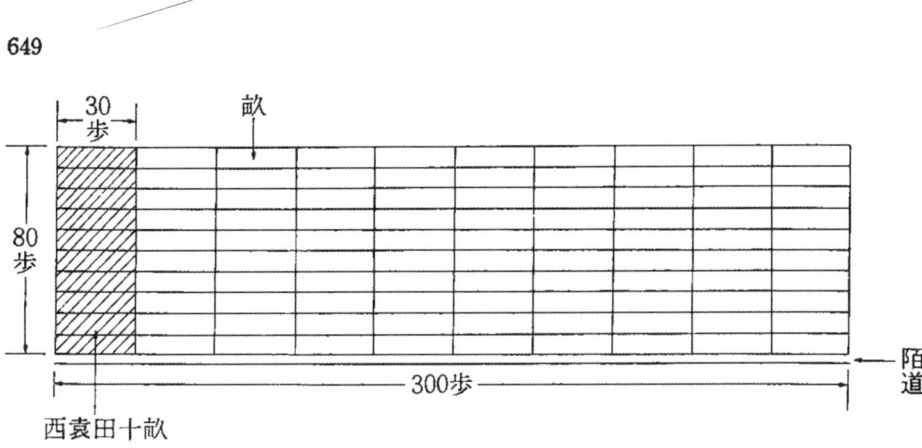

圖Ⅱ　穀陝亭部三佰概念圖

有者＝家の姓をとって通常"某（氏）陌"と呼ばれたに相違ない。そこで注目したいのが買地券に表われる三例の"名有"という言葉である。(b)孫成券では"張伯始の名有する羅佰の田一町"と見え、(d)王當券では"他姓の名有し得ぬ"田と表現され、(e)樊利家券では"耕地が吏民・秦胡によって名有された場合には、もとの所有者が紛争處理にあたる"ことがうたわれている。"名有"とは名籍に登記し國家から占有・用益を認められることであるが、この三例から分かるように、他姓や異種族の侵害を排除してなりたっているものである。阡陌制施行當初、恐らくこの"名有"という行爲は一陌＝一頃ごとに行われたのであり、某氏の"名有"に歸するものであることを表示するために、通常は陌に姓氏を冠して呼んだものと考えられる。そして、時代が下るにつれて様ざまな形で占有權の轉賣や移譲が起った結果、後漢末の買地券が示すように、一陌＝一頃の中に數家による耕地の占有狀態が出現することになったと思われる。地名は、一旦つけられると、その實體の有無にかかわらず踏襲されることが多い。"羅陌""比是陌"の"馬領陌"という名稱は、本來の"名有"＝世襲的占有者がその用益・耕作者でなくなった時點においても踏襲・使用された結果、漢末の買地券に名殘りをとどめることとなったのであろう。買地券に見える陌の呼稱は、分田理念が阡陌制という實體的基礎と密接な關係にあったことを明示するものである。

最後に、ではこの五例の買地券を通じてどのような阡陌の構造がうかびあがるのか。まず手掛りになるのは王當券である。そこに見える"穀郊亭部三陌西袁田

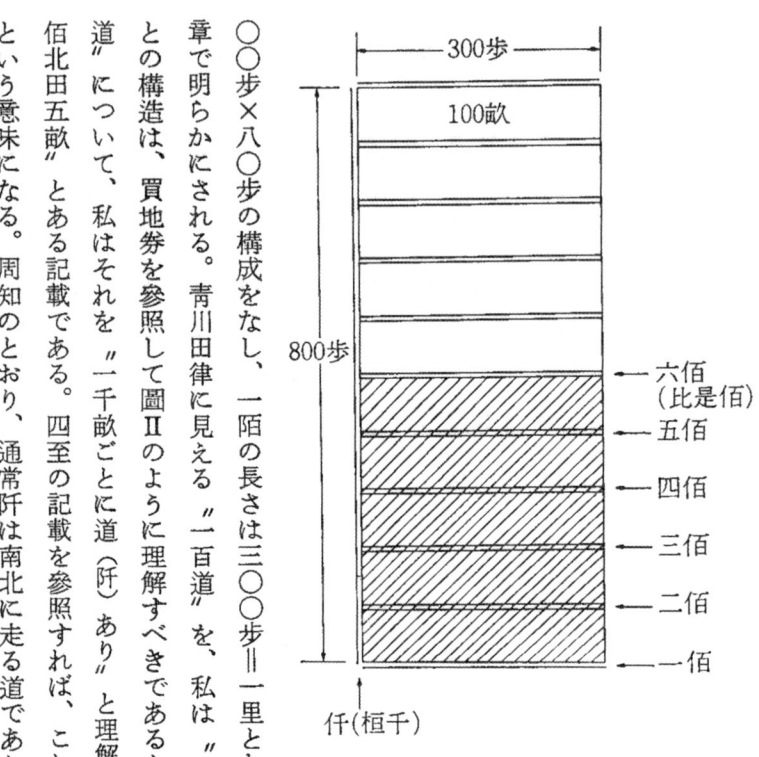

図Ⅲ　阡陌概念図
（斜線部＝代田單位）

〇〇歩×八〇歩の構成をなし、一陌の長さは三〇〇歩＝一里となり、極めて興味深い数字がうかびあがる。その意味は次章で明らかにされる。青川田律に見える"一百道"を、私は"一百畝ごとに道（陌）あり"と解したが、陌と百畝の耕地との構造は、買地券を参照して圖Ⅱのように理解すべきであると思う。次に問題となるのは阡である。青川田律の"一千道"について、私はそれを"一千畝ごとに道（阡）あり"と理解した。そこで注目したいのは、樊利家券に"桓千東比是佰北田五畝"とある記載である。四至の記載を参照すれば、これは"桓阡の東部・比氏陌の北側に位置する五畝という意味になる。周知のとおり、通常阡は南北に走る道であり、陌は東西に走る道である。樊利家券の記載はこれに合致している。先の田律の考察によれば、陌に直交し、十陌＝千畝を統轄する道が阡であった。田律と樊利家券の記載とを照合すると、比氏陌は、桓阡の東部にあり、これと直交する十本の陌の中の一つであることが分かる。一阡陌によって區劃される耕地は、三〇〇歩×八〇〇歩の構成を図示すれば、圖Ⅲのような阡陌制の概念図を得ることができる。一阡陌

十畝"が穀郷亭部の第三陌に所屬する西端の耕地のすべてだと假定してみよう。その形態は、三〇歩×八〇歩の構成をなす畝が縦に十箇連結されたもの、すなわち三〇歩×八〇歩の構成をもつ耕地となる。これを基本單位として、それを東の方向へその東端に至るまで、すなわち百畝になるまで延長すれば、次のような概念図を得ることができる。一陌が統轄する百畝の耕地は三

もつ十頃の耕地なのであった。

以上は阡陌制の基本構造であった。ついではその周邊部分に眼を向けねばならない。出土資料の他に從來から知られている文獻史料がある。とりわけ有名なのは『漢書』卷八一匡衡傳の次の記述である。

　初め衡、僮（縣）の樂安鄉に封ぜらる。鄉の本田は隄封三千一百頃なり。南のかた閩佰を以て界と爲す。初元元（前四八）年、郡圖誤りて閩佰を以て平陵佰と爲す。積むこと十餘歲、衡、臨淮郡に封ぜられ、遂に眞の平陵佰に封して以て界と爲す。四百頃多し。……

楠山修作氏は、この史料を基礎として、佰が百頃單位の土地を劃する道路であったと見なし、阡陌を一里百家分の耕地を區劃する道路・境界であると考えたのである。この記述に着目されたのは、確かに氏の炯眼であった。しかし、青川田律が出土し、研究條件が變ってしまった今日、氏の卓說も再度檢討してみる必要がある。閩陌・平陵陌は、確かに百頃單位で耕地を區劃している。この事實認識は正しい。しかし、それを阡陌制そのものに直接位置づけることはできないのではないか。青川田律や漢代の買地券を通じて明らかにしたように、一阡陌は最大限十本の陌と一本の阡とによって區劃し構成される十頃＝十家分の耕地である。では、閩陌・平陵陌の存在をどう考えるべきであろうか。そこで注目したいのは、一頃＝百畝の土地を統轄する陌が編號もしくは姓氏を冠して呼ばれるのに對し、百頃單位の土地を區劃する陌の例は他の文獻にも散見する。たとえば『續漢書』郡國志第一九弘農郡條に"陝。本と虢仲國なり。焦城あり。陝陌あり。"と見える。劉昭はこの陝陌に『博物記』を引いて"二伯の分かつ所"と注釋している。西周の昔、召公奭と周公旦とがこの地を境に全土を分割統治したという傳說をふまえての指摘である。傳說の眞僞は別として、少くとも地名を冠する陌はより廣い疆域を區劃するものであったことが分かる。今一つ例を擧げよう。『水經注』卷一二巨馬水注に引く『地理書上古聖賢冢地記』に、"督亢の地、涿郡にあり。今の故安縣の南に督亢陌あり。幽州の南界なり。"と見える。督亢陌は地名を冠し、州の南界を劃する陌である。それは、平陵陌

(33)

が樂安鄉の南界を劃したその役割に全く同じい。州界・鄉界を劃する陌は、すべて地名を冠して呼ばれているのである。特に注目したいのは、匡衡傳で"眞の平陵佰に封し"て界としたように、こうした廣い疆域を劃する陌には封（もり土）がほどこされていることである。阡陌制の陌は本來一頃＝百畝の耕地を統轄する道路であるが、そのうち百頃單位で疆界の役割しうるような地點に存在する陌や州界・郡界など行政區域を劃しうる陌には地名を冠し、もり土をほどこして疆界の役割を果たさせたものと考えられるのである。楠山氏の注目した陌は、商鞅變法に言う"阡陌・封疆を開く"の封疆なのであった。

封に關連して青川田律前分の殘る部分に言及しよう。"道の廣さ三步（約四・一四ｍ）"に續けて"封は高さ四尺（約九二cm）、大いさその高さに稱う。埒は高さ尺（約二三cm）、下の厚み二尺（約四六cm）なり"と規定されている。封は、前述したように封疆を劃する場合にも用いられるが、基本は阡陌にかかわる規定で耕地の大きな境界を示すものである。睡虎地出土秦簡に"可如を か封となすや。封とは卽ち田の千佰頃半（畔）の封なり"（「法律答問」『雲夢睡虎地秦墓』圖版八九、四三四簡）とあるのはそれを示す。先揭(d)王當券には"四角に封界を立つ"とあり、封は他姓の所有地と區別するために築かれ、王當券のように四角にのみ設けられるのが普通ではなかったかと思われる。埒はその大いさから見て、明らかに一枚ごとの耕區を區切るアゼであろう。

以上の考察から明らかになったのは、次のことどもである。阡陌は、耕地を千畝百畝に區劃する幅約四ｍの道路であ
る。陌は百畝（三〇〇步×八〇步）の耕地を統轄するものであり、この陌に直交し、十陌＝千畝（三〇〇步×八〇〇步）を統轄するのが阡である。阡陌によって區劃された耕地は、編號を以て登錄される陌＝一頃ごとに、亭部によって統一的に管理された。こうした陌は、阡陌制施行當初にあっては通常姓氏を冠して呼ばれ、それが統轄する耕地がその家の"名有"＝世襲的占有にかかるものであることを表示された。これとは別に、百頃單位のより廣い領域や州界・郡界・鄉界などを區劃する際にも陌が用いられたが、その場合には地名を冠し、もり土が陌上にほどこされて"封疆"されたのであった。

阡陌制は、前稿で述べたように、土地割換制に基づく轅田制を廃止し、この時期に形成された年一作方式農法に基づく個別小經營により適合的な地割方式として施行されたものである。それは、趙國では前五世紀牛ばに確立し、秦國では前四世紀牛ばに趙制をうけて施行され、やがて秦の全國統一とともに、少なくとも華北の畑作地一帶に擴延されていったものと思われる。そして、三國期以降の買地券に亭部阡陌による耕地把握の記述が全く見られなくなるところから、阡陌はほぼ三世紀初頭にその歷史的使命を終えたらしいことが分かる。前五世紀中葉から後三世紀初頭までの六世紀牛の長きにわたって、阡陌制は維持されてきたのである。では、それは何故に崩壞せざるを得なかったのか。

三　阡陌制の崩壞

阡陌制は、亭部との關連にも見られるように軍制ともつながるなど、社會・經濟・政治の動向から生ずる多樣な原因によってその興廢が規定される存在である。したがってその崩壞原因も多樣であり得る。しかし、阡陌が耕地の地割を基礎とする以上、その崩壞の基本的原因は農法の變質にこそ求められねばならない。私はそれを、耒・耜などの手勞働耕起用具を基礎とする小農法的農業から、犁耕を基軸とする大農法的農業への社會的轉換の結果としてとらえたく思う。以下、それを基軸に阡陌制の崩壞について考察しよう。

阡陌制の端的に示すのは、趙過の代田新法である。周知の文獻ではあるが、前漢武帝期末年に施行された趙過の代田新法は、『漢書』卷二四食貨志上に記述されている。以下、分段しながら訓み下してその內容を紹介しよう。

(A) （趙）過よく代田を爲（おさ）む。一畮ごとに甽あり、歲ごとに處を代う。故に代田と曰う。古法なり。

(B) 后稷始めて田に甽（みぞ）つくる。二つの耜を以て耦と爲す。廣さ尺・深さ尺なるを甽と曰い、長さは畮（一〇〇步）に終る。一畮ごとに三甽あれば、一夫（百畮）に三百甽あり。而して甽中に播種す。苗三葉以上を生ずれば、稍やく隴（うね）の草を

654

耨り、因りてその土を隤して苗根に附す。故にその詩に曰く、或は芸り或は芓し、黍稷儗儗たり、と。芸とは除草なり。芓とは根に附するなり。言こころは、苗稍やく壮んとなれば、耨るごとに輒ち根に附し、盛暑の比い、隴盡きて根深く、風と旱とに能う、故に儗儗として盛んなるなり。

(C)其れ耕耘下種の田器は、皆な便巧あり。率ね十二夫ごとに田を爲れば、一井一屋、故に畮は五頃なり。耦犁・二牛三人を用う。一歳の收、常に縵田に過ぐること畮ごとに一斛以上、善くする者はこれに倍す。

(D)過、敎えて太常・三輔に田つくらしめ、大農に工巧の奴と從事とを置きて、田器を作らしむ。二千石は令長・三老・力田および里の父老の田を善くする者を遣して、田器を受け、耕種・養苗の狀を學ばしむ。

(E)民或は牛少なきに苦しみ、以て澤に趣くなし。故の平都令・光、過に敎えて人を以て犂を輓かせしむ。率ね人多き者は田つくること日ごとに三十畮、少なき者も十三畮、故を以て田多く墾闢す。

(F)過、試みに離宮の卒を以てその宮の壖地に田つくらしむるに、課たして穀を得ること皆なその旁田より多きこと畮ごとに一斛以上なりき。命家をして三輔の公田に田つくらしめ、また邊郡および居延城に敎う。この後、邊城・河東・弘農・三輔・太常の民、みな代田を便とす。力を用うること少くしてしかも穀を得ること多ければなり。

言うまでもなく、この代田法の記述をめぐっては種種の異見や論爭がある。それらの紹介はここではあえてさけ、小論の目的にのみしぼって考察をすすめたい。この代田法の記事は、(A)(B)(C)の農業技術を述べた前段と(D)(E)(F)のその具體的施行過程を述べた後段とに大きく分段し得る。小論の考察對象となるのは主に前段である。以下前段を中心にその內容を檢討することにしよう。

一讀して分かるように、前段の中には二つの代田法が併記されている。すなわち(B)で述べられる后稷の代田古法と(C)で述べられる趙過の代田新法とである。(A)の部分は、導入部であるとともに、兩者に共通する基礎である"代田"の內容規

— 50 —

定を行うところである。それは、一畝ごとに三本の甽と壟とを作り、毎年その位置を交替させて地力維持を圖るものであり、(B)の古法と(C)の新法との共通の前提をなすものである。この前提を基礎に(B)と(C)とにおいて古法と新法との對比が行われる。

その對比は、表Ⅱで示すとおり耕起過程とそれにともなう單位經營面積に重點がおかれている。經營面積は耕起過程に規定されるから、その核心は言うまでもなく耕起用具と耕起組織とにある。すなわち耜による耦耕と犂による二牛三人の耕起過程との對比である。この對比を通じて犂耕農法の優位性が明らかに主張されている。後段の(E)で人力による犂の牽引が提唱され、實施に移されているのもこのことを示している。

表Ⅱ

	耕起組織	耕具	中耕・除草	單位耕地
古法	耦耕（二人）	耜（ふみすき）	芸・芋	100畝 [100步×100步]
新法	三人	耦犂（二牛）	（同上）	1200畝＝5頃 [400步×300步]

牛犂耕はすでに戰國期から出現しており、その來歷は古い。しかし、社會的な擴りをそれがどの程度もっていたかについてはなお檢討を要する問題である。私は、すでに言及したように前漢中期まではそれほど規定的な意味をもたなかったのではないかと考えている。(36)たとえば後段の(E)では牛力の乏しい社會狀況を指摘している。また、代田新法施行時にやや先だつ『淮南子』卷九主術訓にも次のような記述がある。

夫れ民の生を爲すや、一人耒（ふみすき）を蹠みて耕すは、十畝に過ぎず。中田の獲・卒歲の收、畝ごとに四石に過ぎず。妻子老弱、仰いでこれに食らう。時に澇旱災害の患あり、有た以て上の徵賦・車馬兵革の費に給す。これによりてこれを觀れば、人の生憫れなり。

ここには、國家に租賦を收納する一般農民がとりあげられ、耒を使用する農業經營が普通のこととして例示されている。同じ『淮南子』卷十繆稱訓にも"夫れ織る者は日に以て進み、耕す者は日に以て却く〟と見える。犂耕であれば前進するはずであるから、この場合は踏犂によるあとずさりしながらの耕起を指していると見てよい。『淮南子』が前提する一般的耕起法は、耒・耜等を用いるものであり、それはこの時期の他の史料とも合致し、何よりも先述しきたった當時の耕制（三〇歩×八歩）に適合的なものなのである。耜を耕起用具とする代田古法を論ずる班固の記述は、この意味では前漢初期までの一般的技術段階を象徴するものと見なしてよいだろう。勿論、代田法が后稷に由來すると考える代田古法を前提に代田古法を論ずる班固の記述は、我われの見てきた阡陌制下の耕制とは異っており、明らかに井田制をイデオロギー的素材として組み立てられたものである。しかし、古法と新法との對比の核心をなすのは、手勞働耕起に對する犂耕農法の決定的優位性の主張であり、それは社會的現實を踏まえた立論である。賈思勰は〝故に趙過始めて牛耕を爲すや、實に耒耜の利に勝る〟（『齊民要術』序）と述べている。彼のこの判斷を尊重したい。漢代中期以降、文獻・出土資料ともに犂耕の事例が急激にふえることは、それを左證する。このことこそ阡陌制の崩壞にかかわってくる社會的事象なのである。

青川田律に規定された畝制は、三〇歩×八歩（約四一・四ｍ×一一・〇四ｍ）の構成をもっている。その中心に畛が走るとすれば、一枚の耕地の大きさは、畛をふくめて一五歩×八歩（約二〇・七ｍ×一一・〇四ｍ　圖Ⅰ參照）の構成をもつものとなる。その大きさから言っても、また『氾勝之書』區田法の記述から見ても、それは當然耜や耒を用いる小農法的農業にこそふさわしい畝制である。小農法的農業が支配的な生産力的基礎をなしている閒は、この畝制をゆるがすべき犂耕農法が社會的に推し進されてゆくのである。では、その犂耕農法たる代田新法が前提する地割はどのようなものであったか。しかし武帝期末年には、政治力をも背景にしてこの畝制をゆるがすべき犂耕農法が社會的に推し進されてゆくのである。では、その犂耕農法たる代田新法が前提する地割はどのようなものであったか。

犂耕を基礎に置く趙過の代田新法では、五頃が一經營單位とされている。小農法に基づく氾勝之の區田法が一畝を基本單位とする十畝の經營を説くのと、それは好對照をなしている。班固は、古法との記述の整合性をはかるために、井田制

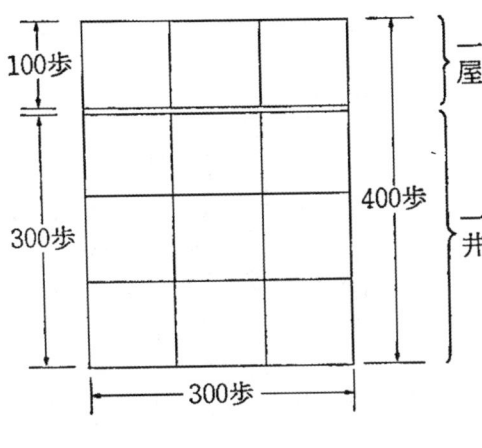

圖Ⅳ　代田圖

下の一〇〇歩＝一畞制との關連で、一二夫＝一井一屋の廣さとしてそれを說明している。一井は方一里＝三〇〇歩×三〇〇歩×四〇〇歩の土地を指す（圖Ⅳ）。この井田制イデオロギーによって潤色されている現實が何であるか、我われはすでに知っている。それは、阡陌制下の五つの陌と一屋はその三分の一、すなわち一〇〇歩×三〇〇歩＝五頃の耕地そのものである（圖Ⅲ參照）。これをもう一つつぎたせば、つまり代田新法の二單位經營は、正に圖Ⅲの一阡陌に合致する。代田新法の前提をなす地割は、明らかに靑川田律に規定される阡陌制なのである。漢人たる班固は、現實に行われていた阡陌制を當然知っていたはずである。そして、代田新法が五頃を單位として實施されたことを知った彼は、それを現實のままに說明することなく、井田制イデオロギーを素材として再解釋し、后稷につなげることによって漢王朝の施策を權威づけたのである。班固の潤色をとりのぞけば、そこに殘るのは阡陌制そのものであり、靑川田律の畫く田制と見事に一致するのである。

しかし、一致するのは阡陌制の大枠であり、しかもその半分である。犂耕を基礎とする代田新法にとっては、その內部を構成する畛や陌は重要性をもたない。それは五百畞の大枠を一單位とするからである。犂耕を行うには、耕地が細長く犂の反轉回數が少ないほど作業效率がよく合理的である。畛や陌が阻碍することをなし得る可能性もそこに存在する。班固が潤色をなし得る可能性もそこに存在する。これまでの阡陌制が犂耕農法にとって不都合になることは、火を見るより明らかである。少なくとも畛や陌の一部分はつぶされ、犂により適合的な耕地が作られて行ったのであろう。阡陌制は、犂耕農法の社會的進展とともに、犂によって蹂躙され、崩壞してゆくのである。

一・五頃を適正經營規模とみなす『齊民要術』卷頭雜說の記事をまつま

でもなく、この時期の犂耕による經營は一頃をこえて遂行されるものであり、戰國期以來の阡陌制に基づく地割には本來なじまないものであった。趙過の代田新法の推進は、この犂耕農法の擴大とともに阡陌制の廣汎な崩壞の基礎を準備した。『後漢書』循吏傳第六六は、この時期における中國南域への牛犂耕の擴延を傳えている。たとえば王景は、建初八（八三）年に廬江太守となった時、"これより先、百姓牛耕を知らず……郡界に楚の相孫叔敖が起せしところの芍陂の稻田あり。景すなわち吏民を驅率して、蕪廢せるものを修起し、敎えて犂耕を用いしむ。これに由りて墾闢倍ます多く、境内豐給す"るようになったと言われる。任延の場合、さらに南方のベトナム北部に位置した九眞郡に牛耕を傳えている（本傳）。後漢一代を通じて、犂耕農法が相當の社會的擴りをもつに至る一端をそれらは明示している。犂耕農法の社會的擴延は、阡陌制崩壞の基礎を作りだすものであった。そうして、漢末の一大動亂の中で秦漢的國家體制が瓦解してゆく時、阡陌制の崩壞は現實のものとなっていったのである。

おわりに

阡陌制は、戰國初期の趙國において、紀元前五世紀の半ばまでにはその領域下で施行されていた。商鞅はこの阡陌制・二四〇步一畝制を秦國に導入し、始皇帝による全國統一の前提條件を作り、秦漢期の田制の基礎を築いたのである。

阡陌制は、三〇步×八步の畝を基本的構成單位とする地割である。陌は、この阡を十單位分、すなわち千畝（三〇〇步×八〇〇步）の土地を區劃し統轄する道路であり、阡は、この陌を十單位分、すなわち千畝（三〇〇步×八〇〇步）の構成をなす一〇〇畝＝一頃の土地を區劃し統轄する道路であった。阡陌によって區劃された耕地は、編號によって登録される陌ごとに、亭部によって統一的に管理された。陌を通じて把握される百畝の耕地は、阡陌制成立期にあっては農民家族の世襲的占有を許された土地であり、通常その姓氏を冠して呼ばれた。後漢期の買地券はその名殘をとどめるものである。趙過の代田新法を一つの劃期とする犂耕阡陌制は手勞働耕起用具を基礎とする小農法的農業を前提とする地割であった。

耕農法の社會的進展とともに、阡陌制は自らの崩壞の基礎を擴大していった。そうして漢帝國の崩壞とともに阡陌制そのものもその歴史的使命を終えるのである。これ以降の阡陌は、農道の單なる一般的稱呼となり、その政治的・經濟的意味を喪失してしまうに至る。

新しい出土資料をもとに阡陌制の實態解明を試みた。史料の限られた中での解釋である。推論をはさんだ箇所も多く、私見も多多誤りなきを得ない。阡陌制研究を一歩でも進める契機となれば、幸いこれに過ることはない。大方の御批判を重ねて仰ぐ次第である。

註

（1）四川省博物館・青川縣文化館「青川縣出土秦更修田律木牘──四川青川縣戰國墓發掘簡報」（『文物』一九八二年第一期）

（2）管見の及ぶ範圍では以下の研究がある。于豪亮「釋青川秦墓木牘」、李昭和「青川出土木牘文字簡考」（以上ともに『文物』一九八二年第一期）、楊寛「釋青川秦牘的田畝制度」（『文物』一九八二年第七期）、黃盛璋「青川新出秦田律木牘及其相關問題」（《文物》一九八二年第九期）、李學勤「青川郝家坪木牘研究」（《文物》一九八二年第一〇期）、林劍鳴「青川秦墓木牘内容探討」（《考古與文物》一九八二年第六期）、田宜超・劉釗「秦田律考釋」（《考古》一九八三年第六期）

（3）「古代中國における小農民經營の形成──古代國家形成論の前進のために──」（『歷史評論』第三四四號　一九七八年）

（4）「分田收──國家的土地所有のイデオロギー──」（『中國史像の再構成──國家と農民──』文理閣　一九八三年）

（5）銀雀山漢墓竹簡整理小組「臨沂銀雀山漢墓出土《孫子兵法》殘簡釋文」（『文物』一九七四年第一二期）。のち『孫子兵法』（文物出版社　一九七六年）として出版された。〔　〕内の字は不明箇所に字を補ったもの。

（6）この對話が三晉分立という史實と異なる結果を豫想していることは、逆に吳問篇の素材となった史實の古さをうかがわせる。なお、武內義雄博士は、吳問篇に關連する『孫子』十三篇の原本の成立を戰國初期としている（《孫子の研究》全集第七卷　一九七九年）。

（7）『說文解字』第一三篇下に、畮。六尺爲步。步百爲畮。秦田二百四十步爲畮。とある。なお、黃盛璋氏は、前揭註（2）の論文で吳問篇の記事に注目し、商鞅の二四〇步一畝制と三晉との關係を指摘している。

（8）前揭註（3）拙稿參照。

（9）テキストは上海古籍出版社『戰國策』（一九七八年）による。

(10)『戰國策正解』卷六上（一八二六文政九年序刊）

(11) 雲夢睡虎地出土秦簡の中に、秦律とともに"魏戸律""魏奔命律"《雲夢睡虎地秦墓》圖版一一二、一一三 六九四～七〇六簡 文物出版社 一九八一年）の條文が發見されている。

(12) 秦と趙とがその祖を共にし嬴姓であったことも考慮に入れておいてよいであろう《史記》卷五秦本紀及び卷四三趙世家）。

(13)『阡陌の研究』《中國古代史論集》一九七六年）參照。楠山氏が本文で紹介した以外の研究として次のものがある。水津一朗「古代華北の方格地割」《地理學評論》第三六卷第一號一九六三年）、越智重明「秦の商鞅の變法をめぐって」《社會經濟史學》第三七卷三號 一九七一年）、古賀登「漢長安城の建設プラン―阡陌・縣郷制度との關係を中心として―」《東洋史研究》第三一卷第二號 一九七二年）、豐島靜英「中國における古代國家の成立について―商鞅變法を素材として―」《歷史學研究》四二〇號 一九七五年）、太田幸男「商鞅變法の再檢討」（一九七五年度歷史學研究會大會報告・歷史における民族の形成」一九七五年）。いずれも特色ある阡陌制理解を示しているが、あえて内容の紹介は行わない。ついで參照されたい。

(14) 前揭註（1）論文によると、この木牘の大きさは、長さ四六九cm、幅二・五cm、厚さ〇・四cmあり、本文で紹介した正面一二九字の他、背面に三三三字が記されている。

(15) この二字について于豪亮氏は"民顡"と釋し、李昭和・黃盛璋氏は"取臂"と釋し、李學勤氏は"民臂"と釋し、田宜超・劉釗氏は"取脜"と釋す。（以上前揭註（2）諸論文參照、以下同じ）

(16) 李學勤氏は"更修《爲田律》"と讀み、"爲田律"を律名とし、"爲田"を制田の義と解釋している。古代漢語には"俯爲"のようにある動詞の下に更に爲字をつけて熟語にする場合がままに見られる。たとえば、『詩經』鄭風"緇衣"に"緇衣之宜兮。敝予又改爲兮。"とあり、『呂氏春秋』貴生篇に"響之若爲"と見え、高誘は"爲、作なり。"と注解している。また『史記』卷二八封禪書に"召案緒・臧縮・臧自殺。諸所與爲皆廢。"と見え。"爲田律"と讀むべき必然性はない。

(17) 隄（澨）と隙との二解釋がある。

(18) 于豪亮氏の解釋に從う。詳しくは前揭註（2）論文參照。

(19) 律文の改訂箇所がどの部分であるかという問題も残る。木牘背面に"四年十二月。不除道者。□一日。□一日。……"とあり、後分の規定にかかわる記事であるところから、今のところ改訂箇所は後分にかかわるものであったのではないかと考えている。

(20) 前揭註（2）田・劉兩氏論文、閒瀨收芳「秦帝國形成過程の一考察―四川省青川戰國墓の檢討による―」《史林》第六七卷第一號 一九八四年）參照。なお閒瀨氏はこの田律規定が四川省の水田に適用されたものと考えている。一一の反論はひかえるが、田律規定の中に水利規定のないことは、それが畑地に對する規定であることを明示している。水田にとっては水位のレベリングが第一であるから、耕地を田律規定のように均一な矩形に統一してしまうことは非合理である。田律の對象は華北の畑地であろう。

(21) 前掲註(7)『説文解字』參照。

(22) 『齊民要術』種穀第三引『氾勝之書』區種法に、上農夫區。…一畝三千七百區。……丁男長女治十畝收千石。……中農夫區。…一畝千二十七區。……下農夫區。…一畝五百六十七區。

(23) 前掲註(3)拙稿第二章參照。

(24) 楊寬氏の他、林劍鳴・田宜超・劉劍諸氏がこの考えに立つ。黃盛璋氏は"每畝の兩端に各おの一畛があり、長さ八步で、畝の別の兩邊が陌道である。……陌は畝の兩邊をなし、阡は頃の兩邊をなす。"と楊氏に近い說に立つ。李學勤氏は、舊來の一步×二四〇步＝一畝の立場に立ち、一阡陌で一〇〇步×二四〇步の構成をもつ耕地が區劃されると考えている。

(25) たとえば二四〇步一畝制がどのような構成をもつかについての明確な言及はなく、したがって阡陌の具體的構造についても明瞭さを缺いている。

(26) 歷代買地券については、本文に揭げた仁井田論文の他、池田溫「中國歷代墓券略考」(《東洋文化研究所紀要》第八六冊一九八二年)があり、ゆきとどいた校訂に基づく輯成がなされている。本文の引用に際しても參照したが、數箇所相違するところがある。

(27) 「鄕亭里についての研究」(《東洋史研究》第一四卷第一・二號 一九五五年)

(28) 袤(一四部 Bernhard Karlgren : Gramata Serica (Stockholm 1940) 256a giwăn—カールグレン氏再構上古音、以下 GS と略す。韻の分部は段玉裁『六書音韻表』による(一四部 GS 171d djwan)・沿(一四部 GS 229b djwan)・樊(一四部 GS 263b b'jwan)。袤を樊等の假借と見たい。

(29) 比氏は皮氏であろう。『春秋左氏傳』莊公十年條に"覬出蒙皐比。而先犯之"とあり、杜預の注に"皐比は虎皮なり"と釋する。比は皮の假借であろう。

(30) 前掲註(4)拙稿參照。

(31) このことにかかわって耕地率を問題にしておきたい。後述する代田法の記述から言っても、當時の耕地率は五〇％を超えないのが普通らしい。『漢書』卷二八地理志下には、三二一二九萬〇九四七頃の可墾不可墾田と八二七萬〇五三六頃の定墾田數が記されている。不安定耕地と見られる可墾不可墾田は、安定耕地たる定墾田の約四倍に相當し、この時期の占有地の中でも年平均にして五〇畝の作付が行われれば良い方ではなかったかと思われる。一頃の占有地の中で數家による耕地の占有狀態の上昇にともなって一陌＝一頃の中に數箇所耕地が出現することになったと考えられる。

(32) 『史記』卷五秦本紀"爲田開阡陌"條の索隱に引く應劭『風俗通』に、

南北曰阡。東西曰陌。河東以東西爲阡。南北爲陌。

と見える。ここで"桓阡"について言及しておきたい。十陌を統轄する阡は、桓も恐らくは姓氏ではないかと思われる。兵制・鄕保組織たる什伍制にかかわるものであり、什長の姓氏を冠したものではないか。一案を提示して後考を待ちたい。なお什伍制と阡陌制との關連については、木村正雄「『阡陌』について」(『史潮』第一二卷第二號　一九四三年)及び米田賢次郎「二四〇步一畝制の成立について——商鞅變法の一側面——」(『東洋史研究』第二六卷第四號　一九六八年)參照。

(33) 督亢陌の亢字について、『說文解字』第一三篇下に、亢。竟也。一曰百(陌)也。趙魏謂百爲亢。从田亢聲。とある。一曰見える亢であろう。督亢自體で督陌の意味を指したものが、後に更に陌字を加えたものであろう。また亢に境界の意味のあることにも注意したい。これらについては、なお前揭註(32)木村論文參照。

(34) 前揭註(26)池田論文參照。

(35) 前揭註(32)木村・米田論文參照。

(36) 前揭註(3)拙稿參照。なお、陳文華・張忠寬編「中國古代農業考古資料索引」第二編生產工具(『農業考古』一九八一年第二期)には、これまでの犂の出土資料が整理されており、この傾向を明示している。出土例は、偶然に左右されるとは言え、前漢以降急激に增加している。

(37) 前揭註(3)拙稿及び註(36)「中國古代農業考古資料索引」參照。

(38) 註(36)參照。

青川秦墓木牘考

原田 浩

はじめに

『史記』商君列伝に

居すこと三年、作為し冀闕宮庭を咸陽に築き、秦、雍より徙りて之を都とす。而ち民の父子兄弟、室を同うし内息する者をして禁を為さしむ。而ち小都郷邑聚を集めて県と為し、令・丞を置く。凡そ三十一県。田を為りて阡陌を開き封に封す。而ち賦税平かにし、斗桶権衡丈尺を平かにす。

とある。周知のごとく、これは前三五〇年の商鞅の第二次変法の記事である。中国古代の転換期ともいわれるこの商鞅の変法については、これまでその社会組織、政治組織などについて多くの研究がなされてきた。その中で特に研究蓄積が多いのが土地制度に関する問題である。右の史料の傍線部分が変法の土地制度に関する記事であり、いわゆる阡陌制である。阡陌制について、これまで、田租との関係、軍制・軍功爵との関係、土地所有形態など様々な視点から研究がなされてきた。ところが最近、四川省青川県より木牘が発見され、これをめぐって阡陌の構造や阡陌制について言及する論文が多く発表された。阡陌制研究は新たな段階に入ったのである。そこで本稿は、商鞅の変法を歴史的に位置づけるためにも重要なこの阡陌制について、阡陌の構造に関する研究史を整理すること、青川の木牘から阡陌の構造を明らかにすること、この二つを目的とする。

一、阡陌の構造に関する諸研究

(一) 木牘出土以前の諸研究

青川から木牘が発見される以前に阡陌の構造を提示しているのは次に挙げる四氏である。

(A) 水津一郎氏。氏は、方格地割制は後代まで踏襲されるという観点から検討している。秦の伝統的な土地制度は、一〇〇畝＝二〇〇歩×一〇〇歩、一尺＝二七・六五cmの大尺を基礎単位として、千畝の地積にそう中央の南北線が阡、

---

*《史海》第三十五輯（1988年），第49—64頁。

の論点である[1]。しかし、ここでは、①秦の伝統的土地制度が一〇〇畝=二〇〇歩×一〇〇歩であること、②変法時に大尺から小尺となったこと、の二点の根拠が乏しく、にわかにはこの説に従いがたい。が、仮に阡陌制が秦の全土に施行されたとするならば、阡陌の地割の大枠がくずれないという論点は継承すべきであろう。

(B) 米田賢次郎氏。氏は、「開阡陌」による新しい田制は軍制・邑制と一致する、という視点から検討している。軍制・邑制ともに基礎となる数は五であり、田制もこの五により、五〇〇歩四方の地を区画し中央の道を幅二〇歩として両側に五家分の田を向かいあわせにならべたものが阡陌制である〈図2〉としている。ここに軍制・邑制の什伍制と田制の阡陌制が五と一〇に基礎を持つものとして、

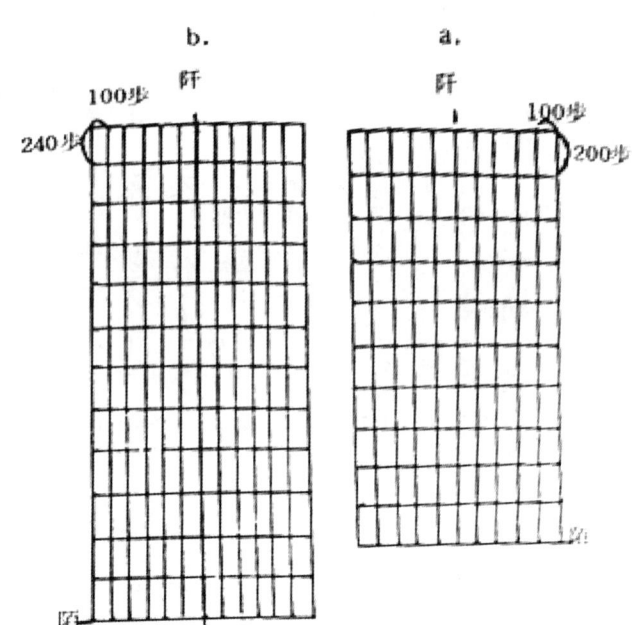

図1. 水津氏の阡陌概念図

百畝の地積を区画する東西線が陌であった（図1・a）。しかし、商鞅の第二次変法の際に、一〇〇畝=二四〇歩×一〇〇歩、一尺=二三・〇四cmの小尺に変更し、阡の片側に一〇〇畝の耕地を六つずつ十二段として、図1・bの阡陌プランが成立した。これによると、

（aの200歩 ＝ 6尺×200×27.65 ＝ 331.8 (m)
 bの240歩 ＝ 6尺×240×23.04 ＝ 331.77 (m)
 aの500歩 ＝ 6尺×500×27.65 ＝ 829.5 (m)
 bの600歩 ＝ 6尺×600×23.04 ＝ 829.44 (m)）

となり、阡陌の地割はほとんどくずれない。以上が水津氏

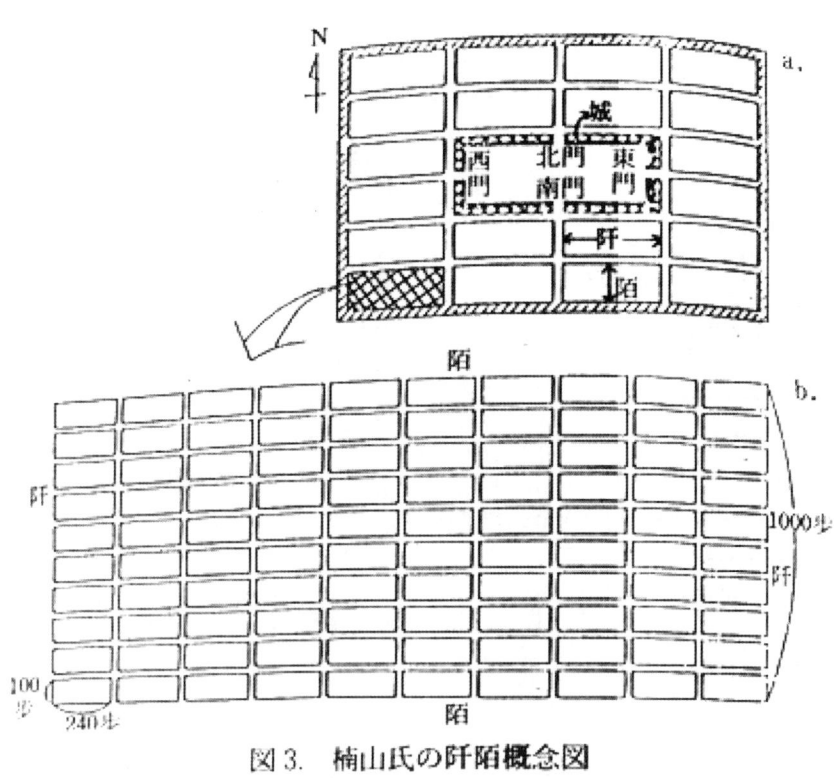

図3. 楠山氏の阡陌概念図

邑制との関連で考察することは重要である。

(C) 楠山修作氏。そして、氏は邑制との関連で阡陌制をとりあげた。その際、四つの城門から城外へ四方に伸びる南北の道が阡、東西の道が陌、とする宮崎市定氏[3]の説を基礎としている。図3・aのように城外に阡と陌があり、その一ブロックが図3・bである。注目すべきは、田制と邑制により一里百家分の耕地が区画され、「阡陌」とよばれたとしている[4]。馬王堆出土の「駐軍図」などから、一里百家が実態かどうかは疑問だが、田制と邑制とを共に考える点つまり阡陌と里とを結合していることである。阡は千歩の長さ、陌は継承すべきである。

(D) 古賀登氏。氏は、阡陌の名称は阡頃・百頃を区画することに由来するとした。商鞅の「開阡陌」は図示すると図4・aになり、大河に流入する諸川を利用して耕地造成を行ったものである。また、雲夢秦簡の法律答問の内容から「阡・陌・頃・畔」を田界の道路として、さらに百頃内の田界は図4・bとなる、とした[5]。雲夢秦簡の訓読、一畝の耕地を図4・bとしている点は首肯しがたいが、阡陌の構造を考える際に雲夢秦簡の法律答問の一条を検討することは重要である。これについては後に考察したい。

以上、四氏の説を検討してきた。ここでは、以前の地割が踏襲される、邑制と軍制との関連でとらえる、などの観点から阡陌の構造を推測していた。ところが、一九七九年に四川省青川県の戦国墓より阡陌の構造を具体的に示す木牘が発見された。そこで、次に、この木牘の出土状況、木牘についての諸研究を検討していきたい。

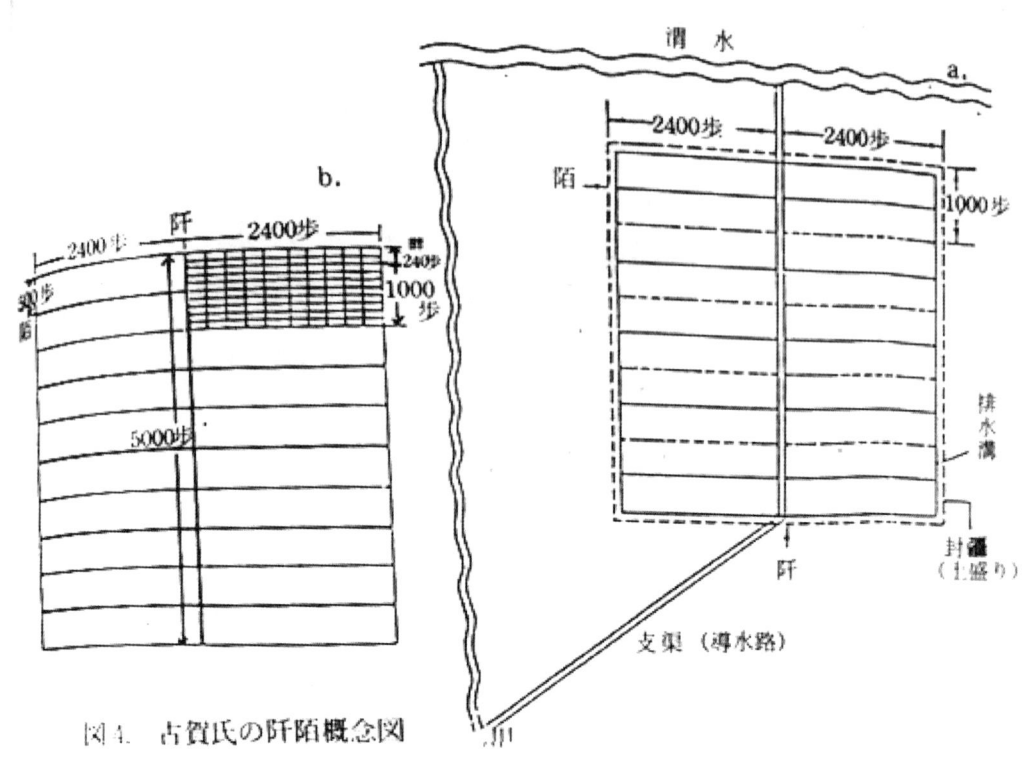

図4. 古賀氏の阡陌概念図

(3) 木牘と諸研究

一九七九年一月、四川省青川県郝家坪にて戦国期の古墓が一〇〇座発見された。この戦国墓については、『文物』の発掘簡報(6)、間瀬収芳氏の研究(7)があり、これらを踏まえて簡単に触れておきたい。

まず墓葬の特徴であるが、大量の白膏泥が使われていること、副葬品は鼎・盒・壺の陶器の組合せが多く、また漆器が多いことから、楚文化の影響が強い。しかし、副葬品の半両銭は「半」の字の下の横棒と「両」の字の上の横棒が短いという秦銭の特徴を有している。このことから考えると、被葬者は旧楚の有力者である可能性はあるが秦との関係も確実に有していたとかわかる。次に埋葬年代に関しては、木牘の内容、陶器の組合せから見て戦国期の後半であることは間違いない。以上のことから、この戦国墓から出土した木牘は秦の阡陌制を考える場合の有力な史料たる資格をもっている。

そこで次に木牘の内容にうつる。木牘は五〇号墓から出土し、そこには表裏合計一五四字が確認できる。左は発掘簡報による釈文である。

二年十一月己酉朔朔日王命丞相①戊内史匽②□更修為田律田廣一歩袤八則為③畛畝二③畛一百道百畝為頃・（以上一行）千道道廣三歩封④大稱其高⑤將正彊畔及⑥除陰十月為橋修陂高尺下厚二尺以秋八月修封⑦除陰及⑧登千百之④大草九月（以上二行）⑨靡艸⑨離非除道之時而有陷敗不可行⑩相為殹利津⑧□

之□ ⑭四年十二月不除道者〈以上一行〉 ⑪□ ⑫一日□ ⑬一日□ ⑭一日□ ⑮卒一 ⑯田〈以上二行〉 ⑰壬 ⑱□ ⑲日 ⑳亥 ㉑田 ㉒辰 ㉓日〈以上三行〉 ㉔戌一 ㉕日□ ㉖日〈以上四行〉〔以上裏〕

この木牘に関する先行研究は数多くある⁽⁸⁾。個々の字句の異同を示すと次のようになる⁽⁹⁾。

① 「茂」、② 「民臂」 b、「民臂」 e、「勦」、④ 「六」 h、⑤ 「取魚」 h、「□」 ③ 「勦」 fjop、「取魚」 h、「□」 klm、③ 「勦」 bfilno、「除澮」 acgkp、「阪險」 あるいは「陀險」 e、「除陰」 m、⑧ 「梁」 b、「深」 c、「陸」 e、「梁」 fjlmnp、「盛」 h、「□」 k、「沱(渡)」 o、⑨ 「桑」 p、⑩ 「萊」 bfm、「雖」 aeghk、「離」 lo、「英」 p、⑪ 「九」 b、⑫ 「三」 bf、⑬⑭⑯⑲㉑㉓㉕㉖ 「□」 bf、⑮ 「九」 f、⑰⑳㉒㉔ 「□」 f。

以上、字句に関しては諸説紛々しているが、この木牘がこれほど注目されているのはそこに阡陌の構造に関する内容が記されているからである。そこで、次にこの木牘からみた阡陌の構造に関する先行研究を順に見ていこう。

(A) 干豪亮氏。畛は一歩×三〇歩の田間の小道と解し、一畝の田の両側にあるものとし、一歩×三〇歩、一頃＝三〇畝×九〇畝としている（図5）⁽¹⁰⁾。これには

一頃が千畝となるなど疑問は多い。

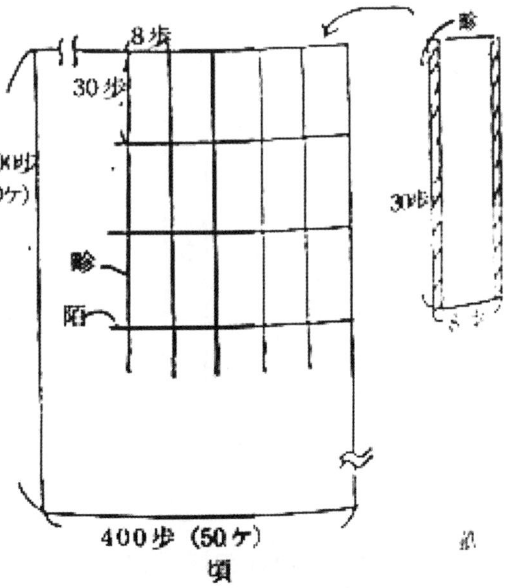

(B) 楊寛氏。畛は田の両端にあり一歩×八歩の田間の小道、畝の大きさは八歩×三〇歩、さらに百畝が横に一列にならんだものを一頃とする。また、陌道を百畝の田中の、阡道を千畝の田中の主要な道路とし（図6）、封と埒を一頃毎の田界としている⁽¹¹⁾。

(C) 黄盛璋氏。畛と畝は楊氏と同一のものを想定している。しかし、一頃を八〇歩×三〇〇歩としている（図7）点が楊氏と異なる⁽¹²⁾。

(D) 林劍鳴氏。畛と畝は楊・黄氏と同一であるが、百畝の中に阡道と陌道があるとしており図8を想定していると思

図5. 于氏の阡陌概念図

(ハ) 田宜超・劉釧氏。畔の大きさは楊氏らと同一にしているが、二畔のうち一つを畝の中心に置いている。さらに、一頃の中に図9のように網の目のごとく道を配置している。特異な点は、封を田界の盛り土とせず、田面からの高さ、つまり阡陌という道の高さを示すものとし、埒を畝の中に

われる[13]。

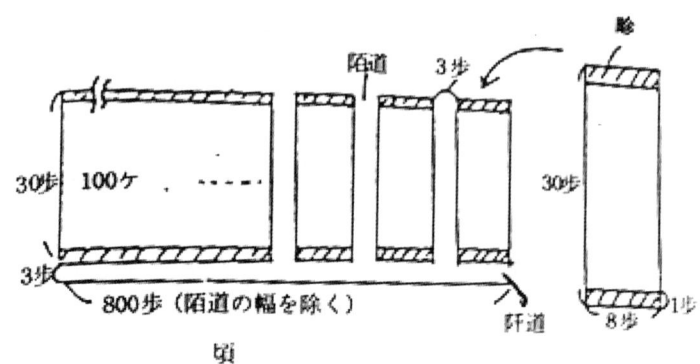

図6. 楊氏の阡陌概念図

ある耕作のためのうねとしていることである[14]。このように理解するため、「大」を「六」と釈すなど字句の異同も多い[15]。

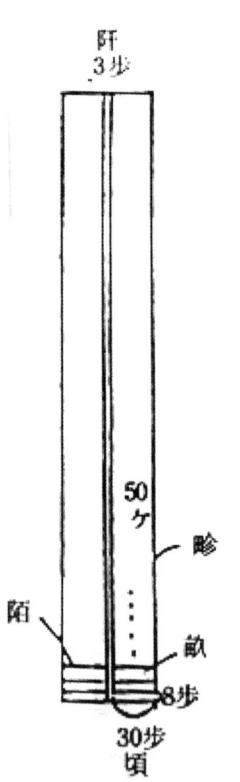

図8. 林氏の阡陌概念図

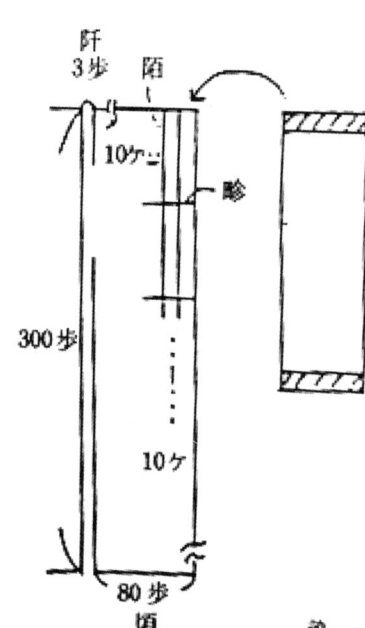

図7. 黄氏の阡陌概念図

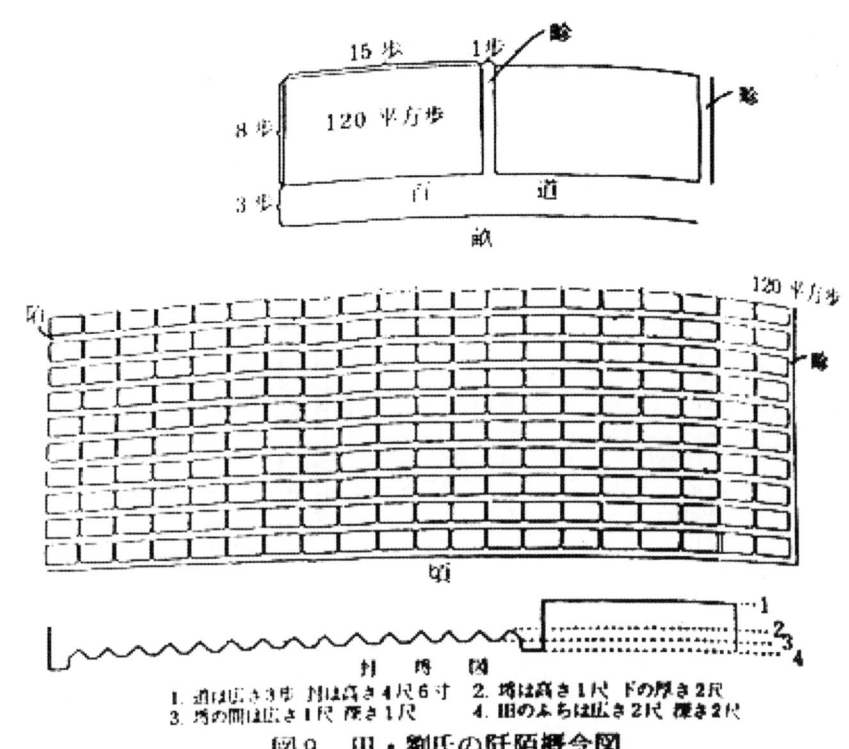

図9　田・劉氏の阡陌概念図

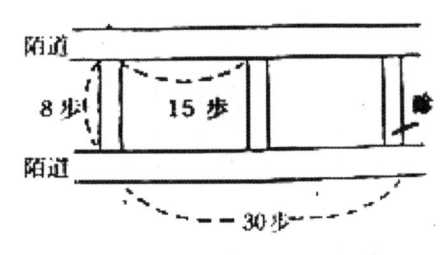

図10　閒瀬氏の畝の図

にしている。ただし、甫氏と著しく異なり、この木牘の田制は畑作ではなく四川特有の稲作水田のため耕地は小区画にする必要があるとしている[16]。しかし、先述したように、この木牘の発見された墓葬は秦文化の影響も色濃くあり、私は、この木牘に見える田制を四川にのみ限定したものとは解さない。このように考えると小区画にする必然性はなくなる。

以上の六氏は個々異なる点はあるが、一様に、畝を八歩×三〇歩とし、これを基礎として阡陌の構造を考究している。

(G) 張金光氏。木牘中の「田廣一歩袤八」の下に「十」が欠落しているとして「十」を補い、かつ、銀雀山出土の『孫氏兵法』呉問篇を根拠に畝を田地の区画の名称としており、一畝＝一歩×八〇歩、一畝＝一歩×一六〇歩とし、阡陌の構造を図11のようにしている[17]。これは、字を新たに補うこと、一畝＝一六歩という田制が実在したかという点で疑問であるが、対を一定の地域の四至を示すものと

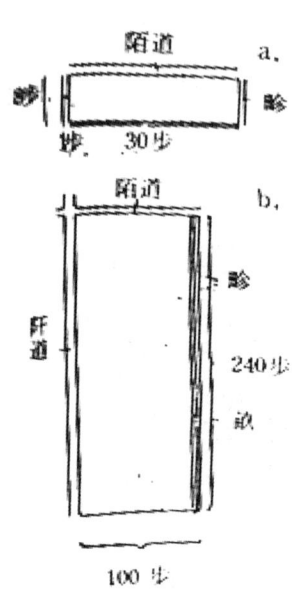

図12 李氏の阡陌概念図

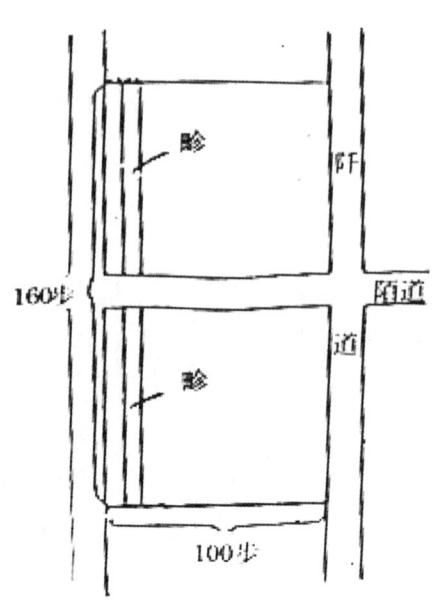

図11 張氏の阡陌概念図

している点が注目できる。

(11) 李学勤氏。畝は木牘から図12・aのように考えられる。しかし、これは『呂氏春秋』の秦畝と矛盾し、かつ、道路が多くの面積を占め法家の「地力を尽す」思想と異なるとして、一畝は一歩×二四〇歩であるとして図12・bのごとく阡陌の構造を想定した。(18)。しかし、なぜ一畝が一歩×二四〇歩となるかは言及していない。

(12) 胡澱咸氏。木牘の一行目の「則」に注目している。前記の諸氏はこれを接続詞としているが、胡氏は長さの単位としている。また、『孫子兵法』呉問篇に一畝＝二畛とあり、これは木牘の一畝＝二畛と対応するものとして、一畝＝二畛＝一歩×二四〇歩とした図(13)(19)。

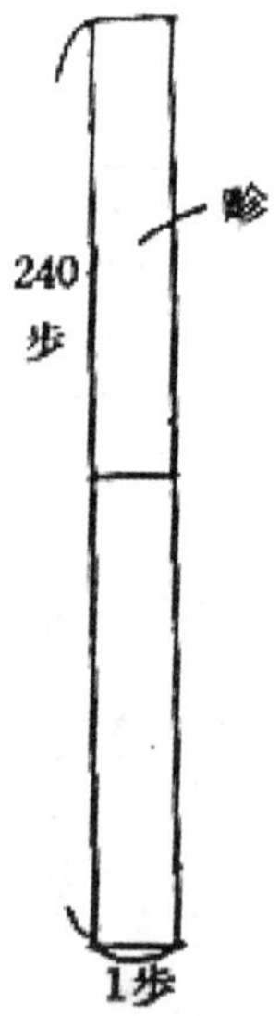

図13 胡氏の畝図

(13) 胡平生氏。胡澱咸氏は「則」を単位とする明確な史料を提示しなかったが、胡平生氏は、阜陽漢簡に「卅歩為則」とあることに依拠して、一則＝三〇歩とし、木牘中の「八則」とあることによって畛を一歩×二四〇歩の田とする。これによって畝を一歩×二四〇歩とする（図14）例。八則＝二四〇歩、一畛＝一歩×二四〇歩、一畝＝二畛＝一歩×四八〇歩制とした図であるが、一畝＝二四〇歩としたのは卓見であるが、一則＝三〇歩とする史料は他に見当たらない。

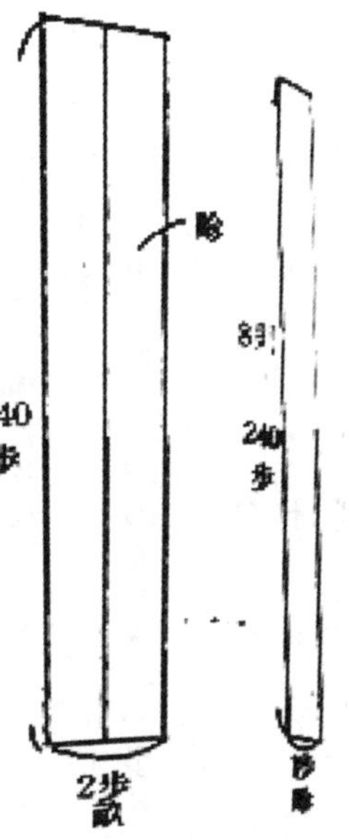

(K) 渡辺信一郎氏。木牘の「秦八則」の部分が張家山漢簡では「秦二百卌歩」となっていることから、一畝＝一歩×二四〇歩として図15のように阡陌概念図を想定している⑳。

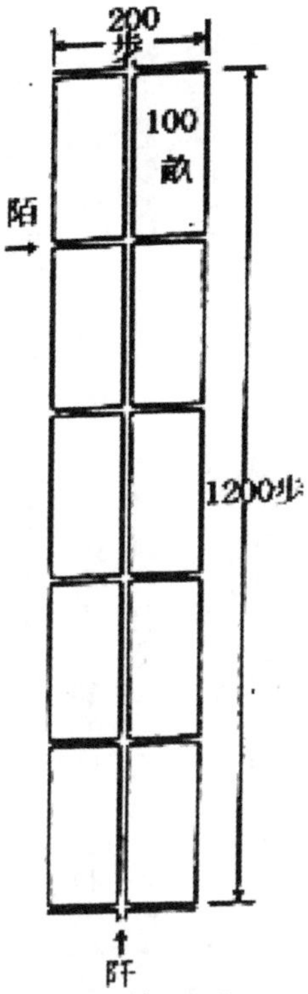

図15 渡辺氏の阡陌概念図

(L) 佐竹靖彦氏。木牘中の勭、畝はそれぞれ『孫子兵法』呉問篇の嬺、勭に相当し、一畝は二四〇歩、一勭を八等分した一則は一五歩であり、一頃の耕地はたてが旧制一〇〇歩よこ新制二四〇歩としている（図16）㉒。これは、単純に勭＝嬺、畝＝勭とできるか、よこの尺制の差異、この田律で一則＝一五歩だったものが漢代に一則＝二〇歩となったことの是非など疑問点は多い。

以上、一つの木牘をめぐって様々な阡陌概念図が提示さ

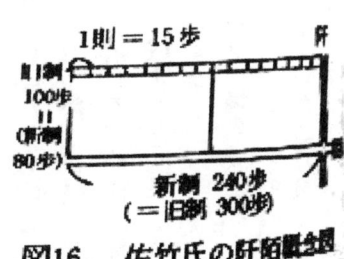

図14 胡氏の畝図

二、木牘の解釈と阡陌の構造

図16．佐竹氏の阡陌概念図

れてきた。ここでは、特に胡～渡の四氏により、一畝＝一歩×二四〇歩であることが確定したといってよいだろう。しかし、まだ木牘中の嗪・畝・百道・頃・千道・封・埒・鼉畔の関係が明確になっていない。そこで、次にこれらの関係を明らかにし、阡陌概念図を構築していく。

先の諸研究を踏まえて、まず木牘の読み下しを提示しておく。

① 二年十一月己酉朔の朔日、② 丞相③ 戊・④ 内史匽問篇の嬺に命じて更條し田律を為らしむ。

⑤ □□に命じて更條し田律を為らしむ。

田は広さ一歩・袤⑥ 二百⑦ 嗪を為ること⑧ 畝ごとに道あり。百畝は⑩ 頃とし、⑨ 一百（畝）⑪ 八則為し、⑪ 千（畝）ごとに道あり。道は広さ三歩。⑫ 封の厚さ二尺。⑬ 埒は高さ尺、下は高さ四尺、大は其の旁に稱う。〔以上、田の区画規定〕

秋八月を以て封埒を修め、疆畔を正し、及び阡陌の大草を芟す。九月大いに道を除し及び⑭ □□を除す。十月橋を為り、陸梁を修め、津⑮ 刻を利し、⑯ 阜萊を靜る。道

を除するの時に非ざるも、陥敗して行くべからっさるところ有れば、輒ちこれを為せ□」（以上、共同作業規定）ものと解す。

以上が表面である。なお裏面については、李昭和氏が道路を修復せざる日数とし[23]、田宜超・劉釧氏は「日禁」とし[24]、一定の見解を持ちえず、そのうえ釈文も異なる。それ故、ここでは木牘の表面のみ考察の対象とする。

① 「二年」 発掘簡報、李昭和氏に従い、秦武王二年（前三〇九）とする。

②・③ 「王」「戊」 これも発掘簡報などに従い、「王」は武王、「戊」は左丞相の甘茂とす。

④ 「内史」 内史は京師を治めると一般的にいわれているが、雲夢秦簡には内史が八例見られる[25]。これを見ると、内史は京師を治めるのみでなく、多くの県を管轄下においているなど蜀地のみでなく各地で施行されていたと推定できる。このような内史が田律改定に加わっていること、さらに張家山漢簡にこの木牘の田律改定と酷似した内容が記されていることを勘案すれば、この田制は青川など蜀地のみでなく各地で施行されていたと推定できる。

⑤ 「□□」 この二字は不明としておく。

⑥ 「八則」 先述のように、則は単位であり、一則＝三〇歩、八則＝二四〇歩と解す。

⑦・⑧ 「畛」「畝」 田つまり一畝の大きさは一歩×二四〇歩という細長い耕地である。畛は、『左伝』の定公四年に「封畛七略」とあり、「会箋」は「畛亦た界なり。封畛は封じて之を界とするを謂う。三国の封なり」と注している封じて之を界とするなど田の境界に関するものである。

⑨・⑪ 「二百道」「二千道」 渡辺氏に従い、一百畝ごとに道（陌）、一千畝ごとに道（阡）がある。つまり阡は千畝を区画し陌は百畝を区画する幅三歩（＝四・一ｍ）の田間の道と解する。

⑩ 「頃」 文脈上、従来の説の通り百畝が一頃である。

⑫ 「封」 これはおおかたの説のごとく、田界の標識である。「封は高さ四尺、大は其の高さに称う」とあり、形状は高さ四尺、底辺四尺の四角すい台の盛り土であろう。『史記』商君列伝に「為田開阡陌封疆」とあり、『正義』が「封は聚土なり、疆は界なり。界上の封記を謂うなり」としているとおり、封は田界におく盛り土である。では、封はどこに設置されることにより田界となるのか。散氏盤には土地移譲の記事があり、境界の設定のため「封」という行為をする。この「封」は盛り土をするのか木を植えるのかは不明であるが、土地の周囲に目印たるものを設置することは確かである。また、一九七五年陝西省岐山県董家村から出土した九年衛鼎には、矩衛に林吾里を履み付せ、と。則ち乃ち夆を成すこと四夆なり。壽商嗣

とあり、境界設定に「夆を成し」、四至に「夆」を設置していう。この「夆」は封であるの[26]ことを考えると、封は境界設定のため標識として四至におかれていたことがわかる。封は境界設定のため実際に四至におかれていた周代において、封は境界設定のため実際に四至におかれて

いたのである。また文献史料で見ても、『周礼』地官・封人に、

　封人、王の社壝を掌詔し、畿封を為し、之を樹う。凡て国を封じ其の社稷の壝を設け、其の四疆を封ず。

とある。この記事はより広範囲の境界設定であり、また『周礼』の記述内容の年代を確定できないのであるが、周代には境界設定のため四至に封を置くと後代の人も観念的に理解していたのであろう。また同様の記事が後代にもある。『韓非子』難一には、

　是れ故四封の内は、禽（禽）を執りて朝し、名を臣と曰ふ、臣吏職を分け事を受けて、名を萌と曰ふ。

とあり、同じく詭使に、

　四封の内、聴従する所以のものは信と徳なり、而して陂知傾覆は使なり。

とあり、これは一国の範囲を示すものであるが「四封」とあって、封は四至にあるものとする観念が戦国期にも存在していたことがわかる。それでは後代においてはどうか。ここに興味深い史料がある。阡陌制にかかわる後漢の買地券である(27)。

(a)漢建寧四年（一七一年）九月雒陽左駿厩官大奴成買田券（鉛、洛陽出土）

　建寧四年九月戊午朔廿八日乙酉、左駿厩官大奴孫成、雒陽の男子張伯始従り、名行するところの広徳亭部の羅佰田一町を売（買）う。賈銭万五千、銭即日畢わる。田は、東は張長卿に比し、南は許仲異に比し、西は大

道に尽き、北は張伯始に比す。根生土著毛物、皆孫成に属す。田中に若し尸死有りて、男ならば即ち当に奴と為すべし。女ならば即ち当に婢と為すべし。皆当に孫成の趣走給使と為すべし。田の東西南北、大石を以て界と為す。時旁人樊永・張義・孫龍・異姓の樊元祖、皆張の約を知る。沽酒各半。

(b)漢光和二年（一七九年）一〇月壬当等買田券（鉛、一九七四年洛陽東漢墓出土）

　光和二年十月辛未朔三日癸酉、墓上墓下中央の主士に敢えて告ぐ。青骨死人の王当・魂門亭長・墓主・墓匄に告ぐ。青骨死人の王当・偶・偸及び父の元興囝、河南□□亭部の子孫従り、毅郷亭部の三佰（陌）西袁田十畝を買い、以て宅と為す。賈直銭万、銭即日畢わる。田丈尺有りて、巻書明白なり。故に四角に封界を立て、界は九天上、九地下に至る。（以下略）

この二つの史料は墓地購入の契約である。(a)には「一田の東西南北、大石を以て界と為す」とあり、購入した田の四至に境界を標示する大石がおかれている。(b)には「四角に封界を立て」とあり、やはり四至に封界を立て田の境界を標示している。なお、(a)(b)ともに「陌」の字が見え、阡陌制下であることがわかる。このように阡陌制下の後漢代においても、土地の境界を明示するため四至に大石、封なとが設置されている。このような土地の境界設定のため四至に置かれたものが木牘中の「封」であると考えられる。雲夢

秦簡の法律答問に、

封を盗徙せば贖耐す。何如なるを封と為すや。封は即ち田の阡陌なり。頃ごとの畔は封なるや、且た是に非ずや。是なり、而して之を盗徙せば、贖耐すとは何ぞ重きや。是なり、重からず（434・178頁）。

とあり、封＝阡陌となっている。畑地は水田と異なり耕地面と道路の高低差は微々たるものであり、それ故耕地と道路とは明確に区分しがたい。そこで耕地の四至という盛り土を設置し、阡陌なる道路と耕地との境界を明確にした。封があればこそ阡陌の位置が明確になるため、封＝阡陌と記されているのだろう。それでは、この封はどの面積の四至に置かれるものか。それは次の埒をも考え合わさなければいけない。

⑬「埒」 「埒は高さ尺、下の厚さ二尺」とあるように、その形状は高さ一尺、基底部の幅二尺の細長い盛り土であろう。ではどこに設置されたのか。木牘に「以秋八月修封・埒正彊畔」とあり、封埒と彊畔が対応している。つまり封埒は畔と関係する。そこで再度先の法律答問を見ると「頃ごとの畔は封なるや」とあり、畔は一頃ごとの耕地の封＝境界を標示する盛り土である。つまり、木牘中の埒は頃単位の耕地を区画するものであり、先に潰かれた細長い盛り土である。埒が一頃の耕地の境界であるならば、計＝阡陌であり、先述したように阡は千

畝を陌は百畝の耕地を区画する道であり、阡陌か十頃＝下畝の耕地を囲む、つまり阡は千畝と百畝の間に、陌は百畝と百畝の耕地の間に位置することによってはじめて阡が千畝、陌が百畝の耕地を区画する道になりうる。こう解せば、二・四・一頃・畝の四者の意味、関連は明確になる。・畝の四者の意味、関連は明確になる。頃の四隅に設置されたのである。

⑭「除□」 字句の異同が諸説分かれており、関連は不明としておく。

⑮「梁」 李学勤氏らに従い「梁」とし、「津梁」と橋と解す。

⑯「草薬」 「雖」を「薬」と釈すか「雖」と釈すか分かれているが、上文は「修陂隄、利津梁」と動詞の下に字の目的語とするべきではないか。ここも「草薬」と動詞の目的語がきている。したがって、「草薬」として「鮮」の目的語とするべきではないか。したがって、于豪亮氏、李学勤氏、渡辺信一郎氏らに従い「草薬」と釈し、「草薬を鮮る」と解す。

以上の木牘の検討からいかなる阡陌概念図が考えられるか。阡・陌・封・埒の関係からすると図17のようになる。阡陌に囲まれた十頃の耕地を、各地域の土地の条件、人口などの実情に合わせて数列並べて耕地区画を設定しようとしたのである。このように、阡陌は千畝・百畝を区画する幅三歩の田間の道路である。

さて、阡陌概念図が図17のごとくとすると、再度注目すべきが先の法律答問である。「封を盗徙す」とはどのような犯罪であろうか。これは二つのケースあるならば、計かそれ以上の単位の耕地の境界であろう。志律答問によって、封＝阡陌であり、先述したように阡は千

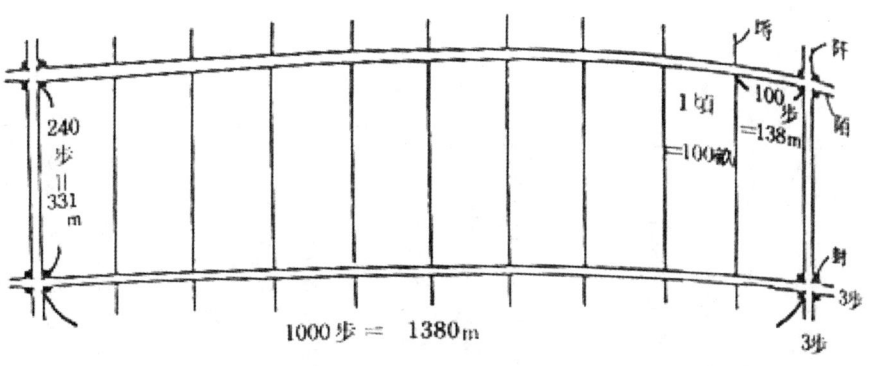

図17　阡陌概念図

た耕地で封を移動させる、(2)新たに開墾した地で封を移動させる、が想定できる。(1)の場合、各頃ごとの耕作面積を増やすため、封を数尺移動させて阡陌の一部をも耕地とする。(2)の場合、開墾した耕地の畝の長さが二四〇歩以上となり封をおき阡陌を設置しなければならないが、耕作面積を拡大するため封を移動し、一畝の長さが二四〇歩以上とする、という犯罪であろう。二つのケースともに封を動かすことにより十頃の耕地面積が変化することになる。だれが「封を盜徙す」るという行為をする

のか。(1)の場合は当然ながら耕作者、つまり農民である。(2)の場合も、国家は租を賦課する対象の耕地を帳簿上多くしなければならず封を動かすことはしない。耕地の実質的増加を図るのは開墾者、つまり農民である。ということは、農民が封を移動するのであり、しかも一家族の経営面積ではない十頃の耕地面積が変化することになるのである。すなわち、「封を盜徙す」ることは数家族の共通の利害が関係しているのであって、この点に関しては在地社会になお共同体的諸関係が存在しているのである。

最後に、以上の点を踏まえて佐竹氏、渡辺氏の説を再検討してみよう。両氏はともに「開阡陌」という商鞅の変法によって農民の個別小経営が確立したとする。その際、阡陌の構造とともに重要な史料として『漢書』地理志の

孝公、商君を用い、轅田を制し、阡伯を開き、東のかた諸侯に雄たり。

をあげている。この史料を佐竹氏は「この（共同体の：筆者注）易田のサイクルを、単位経営の内部で実現させ、単位農民経営を共同体の束縛から解放し、その生産力を飛躍的に高め、同時にそのことを国家の掌握下におく」とし、渡辺氏は「土地制替制に基づく田制を廃止し、この時期に形成された年一作式農法に基づく個別小経営により適合的な地割方式として施行された」と結論づけている。しかし、先の法律答問の「封を盜徙す」るという「盜徙封」に関する諸関係が存在する。さらに、この轅田とは本当に土地割替制であるのか、一開

阡陌」は農法の変化に対応させるための土地制度なのかという疑問が生じる。したがって、「開阡陌」によって個別小経営が完全に確立したとはいえないのではないか。私は、商鞅の変法は共同体的諸関係を残しつつ行われた改革であると考える。

おわりに

阡陌の構造に関する諸研究の整理、四川省青川県出土の木牘の内容についての検討を行ってきた結果、阡・陌は千畝と千畝、百畝と百畝の耕地間にあって、十頃の耕地を囲む幅三歩の道であり、封は十頃の四至に、埒は一頃ごとの間に設置された盛り土であり、阡陌概念図は図17のごとくなることが明らかになった。さらに、この阡陌概念図をもとに雲夢秦簡の法律答問「封を盗徙す」という記事を考えると、阡陌制下においても在地社会に共同体的諸関係が存在する。したがって、商鞅の第二次度法の「阡陌を開く」という改革により農民の個別小経営が確立されたとは理解しがたい。逆に「阡陌を開く」という改革は共同体的諸関係を残しつつ行われたと考えられる。このように阡陌制という土地制度の面から商鞅の変法を考えると、変法の目的は個別小経営の確立にあるのではなく、共同体的諸関係を残しつつ人民に対する支配体制を再編することにあったのである。

以上、土地制度の面から商鞅の変法にアプローチしたわ

けであるが、青川の木牘以前の諸研究で提示されたように軍制と邑制とを視野に入れて土地制度を考え、さらに商鞅の変法を秦の政治史に位置づけることや、商鞅の変法をトータルに理解するためには論議すべき点がまだまだ多い。これらは今後の課題としたい。

註：

(1) 米津一朗「古代華北の方格地割」『地理学評論』三六ー一、一九六三年。

(2) 米田賢次郎「二四〇歩一畝制の成立について」『東洋史研究』二六ー四、一九六七年。

(3) 宮崎市定「東洋的古代」同氏著『アジア史論考』中、朝日新聞社、一九七六年所収。

(4) 楠山修作「阡陌の研究」同氏著『中国古代史論集』一九七六年所収。

(5) 古賀登「阡陌制について」同氏著『漢長安城と阡陌・県郷亭里制度』雄山閣、一九八〇年所収。

(6) 四川省博物館・青川県文化館「青川県出土秦更修田律木牘—四川青川県戦国墓発掘簡報」『文物』一九八二年第一期。

(7) 問瀬収芳「秦帝国形成過程の一考察」『史林』六七ー一、一九八四年。

(8) a 前掲註(6)の発掘簡報。
    b 千豪亮「積青川秦墓木牘」『文物』一九八二年第

c 李昭和「青川出土木牘文字簡考」『文物』一九八二年第一期。

d 楊寬「釈青川秦墓的田畝制度」『文物』一九八二年第七期。

e 黄盛璋「青川新出秦田律木牘及其相関問題」『文物』一九八二年第九期。

f 李学勤「青川郝家坪木牘研究」『文物』一九八二年第十期。

g 林剣鳴「青川秦墓木牘内容探討」『考古與文物』一九八二年第六期。

h 田宜超・劉釗「秦田律考釈」『考古』一九八三年第六期。

i 胡澱咸「四川青川秦墓為田律木牘考釈」『安徽師大学報』一九八三年第三期。

j 胡平生「青川秦墓木牘"為田律"所反映的田畝制度」『文史』一九、一九八三年。

k 間瀬収芳前掲注(7)論文。

l 張金光「論青川秦牘中的"為田"制度」『文史哲』一九八五年第六期。

m 渡辺信一郎「阡陌制論」同氏著『中国古代社会論』青木書店、一九八六年所収。

n 朱紹侯「秦漢土地制度與階級関係」中州古籍出版社、一九八五年、二二〇〜二五頁。

o 胡平生・韓自強「解読青川秦墓木牘的一把鑰匙」『文史』二八、一九八八年。

p 佐竹靖彦「商鞅田制考証」『史学雑誌』九六—三、一九八七年。

(9) アルファベットのないものは前掲注(8)の論文、アルファベットのないものは同一見解であることを示す。

(10) 前掲注(8) b。

(11) 前掲注(8) d。

(12) 前掲注(8) e。

(13) 前掲注(8) g。

(14) 前掲注(8) h。

(15) ①封の高さを四尺六(約一m)としているが尺の下の寸というより小さい単位まで規定するか、②木牘中の「六」を「呉」(きのこ)とし、「大草」として「きのこと草」と解している。さらに『呂氏春秋』任地篇に「大草不生」とあるものをこの木牘から「六草不生」とすべきだとしている。しかし、張金光氏による雲夢秦簡では「大」と「六」を明確に区別しており、また『呂氏春秋』を見ても逆に木牘のこの部分を「大」とすべきではないか。以上の点から、封は阡陌の高さを示すという用・劉氏の説には納得しかねる。

(16) 前掲注(7)。

(17) 前掲注(8) l。

(18) 前掲注(8) j。

(19) 前掲注(8) i。

(20) 前掲注(8) g。

(21) 前掲注(8) o。

したが、この第二次変法の内容は「而」という接続詞三つで分けられている。従来、「為田開阡陌封疆」の部分は下の「而賦税平」と関連されてきたが、文の構造上、「而」を文頭とする三つの文に分けられ、「為田開阡陌封疆」の部分は上の「而集小都郷邑聚為縣、置令・丞、凡三十一縣」につながるのではないか。つまり「開阡陌」は農法の変化に対応させるための土地制度ではなく、当初は新たに県をつくるという開墾時に施行された土地制度であると考えられる。

〔付記〕

本稿作成にあたり太田幸男先生に御指導いただいた。また本稿は出土文物研究会の活動の成果も含まれている。末筆ではあるが、ここに御指教を賜った諸氏に厚く感謝の意を捧げる。もちろん、本稿によきところがあれば諸氏の御指教であり、独断があればひとえに私の責任である。

㉒ 前掲注(8) p。
㉓ 前掲注(8) c。
㉔ 前掲注(8) h。
㉕ 県に牛の管理を課す（廐苑律083～87、33頁）、県からの販売状況を報告される（金布律153087～155、64頁）など。
㉖ 岐山県文化館・陝西省文管会「陝西省岐山県董家村新出西周銅器窖穴発掘簡報」、唐蘭「陝西省岐山県董家村新出西周重要銅器銘辞的訳文和注釈」ともに『文物』一九七六年第五期等参照。
㉗ 池田温「中国歴代墓券略考」『東洋文化研究所紀要』第八六冊、一九八一年参照。
㉘ 『史記』商君列伝の「為田開阡陌封疆」などを見ても、封と疆とは関連がある。
㉙ 前掲注(8) p、三四頁。
㉚ 前掲注(8) m、八〇・八一頁。
㉛ 「轅田」または「爰田」の語の見える史料は周知のごとくこの『漢書』地理志と『左伝』僖公一五年と『国語』晋語三の三つである。このうち史料的には後者二つが古く、ともに秦に捕えられた晋侯（恵公）がようやく晋に帰された時に轅田（爰田）が作られたという記事であろうか。このような非常時に土地制度の大変革をなしえるであろうか。ここでの轅田は土地割替制ではなく、従来の説のごとく賞田なのではないか。『漢書』の記事もこれに基づいて解釈できるのではないかと考える。
㉜ 「はじめに」の部分で『史記』商君列伝の訓読を提示

后 记

青川县地处川、陕、甘三省交界处，四面大山环绕，县城北面的小沟汇入大沟的乔庄河穿城流过。青川县是鸡鸣"三省"之地。早在西汉时，现辖域内的沙洲就始置白水县，南北朝至西魏时置马盘县，唐天宝元年改马盘县名清川县，明改置青川守御千户所，清顺治初裁千户所，降为青川分县，民国三十一年（1942年）仍置青川县。1951年，青川县城由青溪乔迁至乔庄镇。上世纪70年代末以前，青川县只能算是四川偏远的小县，并不太知名。就是在1979年1月，县城乔庄城郊公社白井坝生产队社员在郝家坪修建房屋时挖出一座古墓，随着文物考古专业工作者的不断工作，出土不少的陶器、铜器，漆木器和秦半两钱币，数量达400余件。其中出土一件用毛笔书写在木片的文字墨迹尤其罕见、重要，且十分珍贵。后来公布发掘成果的简报将其称名为"青川木牍"。当时在国内外学术界引起巨大反响。《文物》《考古》《文史》《考古与文物》《农史》、高校《学报》、《书法》等国内外一流学术刊物纷纷发表关于《青川木牍》的研究文章。这些文章的作者有中国大陆的，也有香港、台湾地区的、还有日本等国的学者，其国际影响力可见一斑。正是这一重要发现，让处于川北偏远大山深处的山区小县，逐渐名扬海内外。因此，青川的乔庄镇作为新中国成立后乔置的县治所在地而显年轻，郝家坪青川木牍与先秦墓群的发掘又使世人洞见了乔庄镇厚重的历史与古老。当厚重的历史底蕴与活力四射的青川相遇时，秀美青川的巨大魅力正以大山里特有的淳朴与满腔的热情欢迎来自国内外学者到此访问、考察，观光旅游，收获人文历史、文化自信与山清水秀、五彩斑斓的自然景观。

20世纪70年代末，在青川县乔庄镇的郝家坪出土了战国土圹木椁墓群，是迄今四川省内现存的第一大棺椁墓葬群，墓葬的时代是战国中、晚期。在墓地内编号为第50号的墓葬木椁内出土一件带有用毛笔书写文字墨迹的木片，被考古、历史学界名称为"青川木牍"（又称青川秦牍）。青川木牍不仅填补了四川考古简牍出土的空白，还为研究先秦政治、经济、法律及隶书起源、汉字书体演变、发展提供了重要史料。2013年，青川郝家坪战国墓群被国务院公布为第七批全国重点文物保护单位。

在这件珍贵文物出土40周年前夕，我们汇集考古、历史、古文字、书法等学界同仁对青川木牍的研究文献，通过精心选稿和认真编排，在编辑过程中，凡是引用《简报》原文的文章，有把牍文中的"登"字作"癹"字者，编者已径改为"登"字，请读者识之。最终遴选出相关研究成果论文六十余篇。应当说，论文成果的结集出版，让更多的人系统了解和认识这件重要历史文物的独有价值和超凡的魅力，进一步推动文化遗产的保护研究和展示利用，是一件造福学林、利在千秋之事。这是我们文物管理所各位同仁的职责使命，也是常常萦绕心头的夙愿。

木牍之光，辉耀千秋。我们期待此书的出版能使青川文化遗产保护、文博工作等文化事业发展得到推动与提升，迈上新台阶。让更多的知识达人、家乡父老与民众百姓了解青川悠久的历史、灿烂的文化。我们坚信，新的时代，在中共青川县委、县人民政府的领导下，实现青川木牍等文化遗产的保护利用的规划蓝图，一定能把我们祖辈留存下来的珍贵遗产发扬光大，文化招牌擦得更加明亮……

两年以来，我们在编纂过程中也有幸得到相关研究机构、学界专家等各方面的热情支持和帮助。在对海内外有关青川木牍的论文及资料收集整理中，四川大学历史文化学院考古学系白彬教授，四川省文物考古研究院黄家祥研究馆员对整理工作做了悉心的指导。四川省文物局、四川省文物考古研究院、四川大学历史文化学院等单位也给予了鼎力相助。中共青川县委、县人民政府给予高度重视和大力支持，不仅明确提出编纂原则和质量要求，还在有限的财力中拨付专项经费，使此项文化工程得以顺利实施。这让我们倍受鼓舞，坚定了信心。不仅体现了青川县委、县政府和青川人民高度的文化自觉与自信，亦是国内外考古、历史、古文字、书法史等学术界众多专家、学者对青川木牍特有的关注、关心与关爱。在本书付梓之际，我们谨向所有为此书的编辑出版殚精竭虑、无私奉献的领导、专家和同仁致以诚挚的敬意和感谢！回顾资料收集、集辑出版的心路历程，我们不会忘记我国已故的老一辈古文字学、历史学家徐中舒先生，唐嘉弘教授，考古前辈沈仲长等先生。早在三十年前，鉴于青川木牍重要的学术价值及其在国内外学术界的影响，曾经就有意愿筹划集辑出版青川木牍论文集。感到欣慰的是，在青川郝家坪战国墓发掘和青川木牍出土四十年之际，《青川郝家坪战国墓木牍考古发现与研究》文集得以正式出版并公开发行，使老先生们生前的学术愿望得以实现，并以此文集对已故老一辈学者的学术情怀予以感恩、缅怀。本书付梓之际，我们谨向为此书的编辑、出版付出辛勤劳动，在编辑过程中充满学术追求与执着的巴蜀书社编辑童际鹏先生表示敬佩。作为最基层文博单位，编纂学术文集经验不足，疏漏、错误之处在所难免，恳请各位方家不吝赐教。需要说明的是，日本友人撰写的相关文章，出于谨慎，未作翻译，以影印处理。

因时间仓促及通讯地址不详等原因，尚无法与入选论文作者一一联系，如涉及版权与署名等问题，敬请作者与本书编委会联系。

再次感谢黄家祥老师为本书的题签。

李蓉

2018 年 8 月